地下工程建设预报预警北京市重点实验室

隧道衬砌-围岩接触类病害检测、评价与整治

Detection,Evaluation and Treatment of Contact Diseases
Between Tunnel Lining and Surrounding Rock

叶 英 编著

中国建筑工业出版社

图书在版编目（CIP）数据

隧道衬砌-围岩接触类病害检测、评价与整治＝
Detection，Evaluation and Treatment of Contact
Diseases Between Tunnel Lining and Surrounding
Rock/叶英编著. —北京：中国建筑工业出版社，
2022.10
ISBN 978-7-112-27651-6

Ⅰ.①隧…　Ⅱ.①叶…　Ⅲ.①隧道衬砌-围岩-隧道
病害-研究　Ⅳ.①U457

中国版本图书馆 CIP 数据核字（2022）第 130394 号

基于我国目前严峻的隧道运营现状，隧道病害问题已经成为隧道工作者关注的重点和热点。全书共分 8 章，首先从隧道衬砌-围岩接触类病害的概念、分类、特点及分布规律出发，阐述了隧道病害研究的发展、问题与展望。其次从衬砌自身缺陷、衬砌背后脱空、空洞方面介绍了隧道病害的成因与危害，隧道病害的根源是衬砌-围岩的相互作用问题，书中介绍了常见的围岩压力和衬砌结构受力计算与数值模拟方法。最后结合衬砌自身缺陷、衬砌背后空洞的受力分析与影响，介绍了衬砌-围岩接触类病害的检测方法、安全性评价方法、整治与防治措施。

本书反映了作者和合作者多年来的研究成果和业绩，可供隧道与地下工程工作者、大专院校高年级学生、研究生作为"铁路、公路、地铁、城市隧道病害研究、防治与管理"的主要参考书。

责任编辑：曾　威
责任校对：李辰馨

隧道衬砌-围岩接触类病害检测、评价与整治
Detection，Evaluation and Treatment of Contact Diseases
Between Tunnel Lining and Surrounding Rock
叶　英　编著
*
中国建筑工业出版社出版、发行（北京海淀三里河路 9 号）
各地新华书店、建筑书店经销
北京科地亚盟排版公司制版
北京建筑工业印刷厂印刷
*
开本：787 毫米×1092 毫米　1/16　印张：23½　字数：529 千字
2022 年 10 月第一版　　2022 年 10 月第一次印刷
定价：**88.00** 元
<u>ISBN 978-7-112-27651-6</u>
（39823）

前　　言

目前，我国隧道已经进入"高维修"管理期，隧道病害对结构服役安全的影响越来越被学界与工程界所重视，王梦恕院士提出：隧道的缺陷或病害问题是世界性问题，在我国尤为突出，因此，要改变以往"重建设，轻维修，轻整治"的理念。衬砌背后空洞是严重的隧道病害之一，根据对我国现有隧道工程的统计分析，约有三分之一的隧道存在不同程度的衬砌裂缝变形等问题。

隧道是在岩、土体等介质中开挖形成的，所处的地质环境非常复杂。隧道的衬砌结构是人工结构，处于复杂的地质环境中，由于受到的围岩压力、渗水压力等外力难以准确计算，在运营期间难免出现各种各样的隧道病害，如渗漏水、衬砌劣损、冻害等，严重威胁着交通安全和人身安全。

由于隧道施工具有工序繁多、隐蔽性大、地质条件复杂、存在潜在危险源等特点，加上施工队伍及施工设备良莠不齐，所以在隧道施工的过程中，容易出现施工缺陷，而大部分隧道病害都是由这些缺陷造成的。许多隧道投入运营前就出现了先天不足，给长期运营造成诸多困难与不便。

在施工及通车运营期间，空洞若引起隧道突发性的局部坍塌，很可能出现车毁人亡的悲剧。为此，需要对隧道进行定期的安全隐患检查，及时发现空洞病害，采取措施进行治理，且需要对空洞进行具体分析，以防止治理后空洞再次产生。

围岩与支护结构的相互作用问题一直是隧道工程稳定性的难点问题，而围岩与支护结构接触界面的力学性质是围岩与支护结构相互作用的核心问题，接触面模拟的合理与否对接触面上的应力分布以及支护结构和围岩的受力、变形都将产生重要的影响。根据现代隧道理论，隧道是集荷载、结构、材料三者为整体的结构物，其中，岩体作为支护结构所承担荷载的主要来源，自身也肩负着承载的作用，支护结构则是为了维护围岩的稳定而加以修建的人工辅助性结构。由围岩和支护结构共同作用的理论基础可知，理想的支护结构必须保证围岩与支护结构体系能够作为一个安全、稳定的整体。在施工的过程中，由于设计理论、施工方法的不同或者地质条件的差异，都会使围岩与支护结构体系间的相互作用问题变得复杂而且多变，常常会遇到支护结构由于刚度不足在施工中出现变形过大最终导致破坏的现象，甚至某些隧道工程在施工的初期就发生因支护结构承载力不足而导致围岩塌方的重大安全事故。因此，对于隧道工程，如何准确地获取围岩与支护结构在施工过程中的力学行为，保证岩体的稳定性是隧道设计和施工过程中必须要解决的难题之一。

因衬砌厚度不足、设计厚度与实际厚度存在差异、施工塌方处理不彻底，或在隧道建成后，由于地应力影响、地质条件恶化而导致在隧道衬砌背后留有空洞或形成破碎围岩带的现象是比较普遍的,这给隧道的结构埋下巨大的安全隐患。空洞作为隧道病害产生的主要原因之一,它使衬砌受到不均匀的荷载,不能产生充分的地层反力,衬砌上边缘容易发生开裂,导致失稳、脱落,严重时会发生突发性崩塌,因此处理隧道背后空洞对隧道的安全维护具有重大意义。破碎围岩是隧道病害产生的另一主要原因,它属于软弱围岩的一种。由于强烈的地质构造运动或风化作用造成岩体极度破碎,近乎散体。破碎围岩的岩块本身强度较高,围岩结构面极为发育,相互交织,将岩体切割成碎屑、颗粒状。隧道衬砌结构形成之后,破碎围岩适应不了应力重分布作用而发生变形和破坏,引起隧道洞室周围形成松动带或松动圈,给隧道的运营带来极大的安全隐患。

隧道病害表观特征与病害成因具有紧密联系,且研究者已经根据实际的经验总结了若干病害现象与成因之间的关系,并取得了宝贵的经验,但是由于隧道病害成因复杂,具有多样性和不确定性,尚需要根据病害现场分析结果或利用模型试验,进一步研究病害成因的基本规律。此外,还应结合目前实际病害检测结果和模型试验的结果,建立病害数据库与专家系统,进一步查明病害成因与病害现象之间关系,并展开病害成因与病害现象的模式化研究。

目前隧道检测常用手段有破损检测和无损检测,破损检测常用钻孔取芯法,由于钻孔取芯破损检测易破坏隧道的防排水系统,影响隧道的使用寿命,因而取芯数量有限,极易漏掉内部存在的隐患,检测结果的代表性也差,难以反映结构的整体质量,因此,近20年来人们逐步开始将无损检测技术应用于衬砌的质量检测。

隧道衬砌内缺陷检测常用的方法有声波反射法、冲击回波法、高密度电阻率法、瞬变电磁法、多频电磁法和地质雷达法等。地质雷达法在隧道衬砌质量检测中有广泛的应用,但由于高频、穿透力差、探测深度有限等原因,使得一些隧道病害检测受限。而瞬变电磁结构雷达作为一种新型的隧道工程质量检测技术,和其他无损检测技术相比,具有探测深度大、抗干扰能力强、数据图像直观和使用灵活方便等优点,与地质雷达配合使用,拓展了隧道衬砌-围岩接触类病害的探测能力。

目前隧道结构病害检测存在的困难主要有:随着隧道工程数量的增加,日常检测工作量随之增加,但是可供结构病害检测的窗口时间非常有限;以数字照相和激光扫描为代表的隧道结构检测技术发展迅速,但是针对检测获取的海量数据缺乏病害快速提取方法;缺少能够同时检测多种病害的高效手段,尚未形成高效的隧道结构病害综合检测体系。

隧道病害分类与分级方法、分级标准是隧道健康诊断的基础,众多学者根据工程中的有关资料开展了相关研究,提出了不同的分类方法,并针对多类病害提出病害分级方法和标准,且得到了广泛的应用。例如隧道养护规范中提出了变形、材质劣化、裂缝、渗漏水等多种病害的分级方法与标准。但是,目前的分级方法和标准发展尚不够完善,多种病害尚无法利用现有的方法加以有效的描述与表征,如钢筋腐蚀、衬砌剥落剥离等病害分级方法需要进一步研究。

综合上述分析,可以看出隧道衬砌-围岩接触类病害检测、病害成因分析、病害分级与量化、病害安全分析、病害健康诊断、病害补强与加固等各个方面都是隧道病害研究的重要内容，各方面内容之间紧密关联，所以应加强各个研究方向的联系与相互促进。

　　笔者曾于 2007 年主持北京市科委项目"北京地区不良地层隧道注浆综合技术研究"，该项目获北京市 2009 年度科学技术进步三等奖；2009 年主持交通部联合攻关项目"隧道健康诊断、评价及快速修复成套技术研究"，该项目获中国公路学会 2013 年度科学技术三等奖；2013 年主持北京市政路桥集团科技项目"隧道病害定期快速调查新技术研究"，该项目获北京市 2017 年度科学技术进步三等奖；2015 年主持北京市政路桥集团科技项目"城市浅层瞬变电磁雷达研制及应用"，该项目获中国市政工程学会 2017 年度科学技术一等奖。以上在隧道结构理论、病害成因、检测方法、评价体系等方面的研究成果可以抛砖引玉，期望在隧道衬砌-围岩接触类问题上解决行业的实际难题。

　　书中的内容得到了地下工程建设预报预警北京市重点实验室团队、项目组的多方协助与合作，在此表示感谢。

目　　录

1 绪 论

随着交通工程建设的飞速发展，中国已成为世界上隧道工程最多、最复杂、发展最快的国家。据交通运输部《2018年交通运输行业发展统计公报》统计，截止到2018年底，我国共建交通隧道36782km。其中，公路隧道共有16500处，总里程为15940km；铁路隧道共17177处，总里程16331km；地铁隧道4511km。我国隧道已建和在建总里程居全球首位，隧道修建技术位居世界前列。

目前，我国隧道已经进入"高维修"管理期，隧道病害对结构服役安全的影响越来越被学界与工程界所重视，王梦恕院士提出：隧道的缺陷或病害问题是世界性问题，在我国尤为突出，因此，要改变以往"重建设，轻维修，轻整治"的理念。衬砌背后空洞是严重的隧道病害之一，根据对我国现有隧道工程的统计分析，约有1/3的隧道存在不同程度的衬砌裂缝变形等问题。

根据国外资料显示，当拱背存在高30cm以上的空洞且衬砌厚度小于30cm时，空腔落石就可能砸坏衬砌结构，国内外均有过类似事例，如图1-1所示。衬砌背后脱空普遍存在于运营隧道之中，是隧道常见的质量缺陷，是造成隧道病害主要诱因之一。由于超欠挖现象在隧道施工中普遍存在，按照《公路隧道设计细则》（JTG/T D702010）规定，超挖部分必须按照要求回填，但部分施工单位对超挖部分用泡沫、石块、木块等杂物填充，这种情况称为围岩与衬砌接触不密实；对超挖部分不处理或混凝土由于重力、收缩等情况造成的回落，使围岩与衬砌结构不能接触，这种情况称为衬砌背后脱空。把超挖未处理在衬砌背后形成体积型空腔称为衬砌背后空洞。随着隧道运营时间的增长，脱空在围岩荷载、运营荷载等作用下延伸、扩展，严重危害隧道安全运营。良好的围岩-衬砌接触关系应该

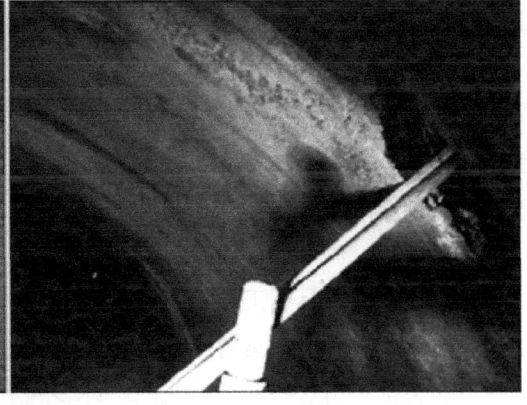

图1-1 衬砌脱空照片

是围岩与衬砌之间密贴，形成良好的相互作用关系，而衬砌背后脱空，恶化了围岩-衬砌接触关系，改变了围岩应力传递路径，降低了隧道结构整体安全性。

隧道是在岩、土体等介质中开挖形成的，所处的地质环境非常复杂。隧道的衬砌结构是人工结构，处于复杂的地质环境中，由于受到的围岩压力、渗水压力等外力难以准确计算，在运营期间难免出现各种各样的隧道病害，如渗漏水、衬砌劣损、冻害等严重威胁着交通安全和人身安全。据调查，日本 60% 以上的隧道都存在着不同程度的病害，日本政府为此提供巨额经费用于研究隧道检测评估方法以及整治措施。近年来，我国也有相当比例的隧道病害问题，隧道病害问题也越来越受到重视。

瑞士国家公路网始建于 19 世纪 60 年代，包括大量的隧道，所有的隧道都有混凝土衬砌，其中一些隧道已运营超过 40 年。在联邦道路局的 KUBA-DB 的数据库中，将近一半的隧道都受到衬砌裂缝的困扰。

截至 1990 年 4 月，日本拥有 6705 座公路隧道，总里程达 1970km，衬砌背后存在空洞的隧道超过 60%，调查发现已发生恶化的隧道约占隧道总数的 23.9%。在隧道的病害中，衬砌开裂最多。自 1999 年 6 月福冈县境内隧道发生混凝土掉块事故之后，日本运输省要求对全国铁路线上 4826 座总长 3360km 的隧道开展检查。同时，日本建设省对全国 3529 座公路隧道进行检查，有 435 座出现漏水、裂隙及冷缩缝，在 74 座隧道中有 145 处存在严重问题，约占隧道总量的 2%。

1999 年 6 月 30 日，日本铁路 Sanyo Shinkan Sen 线上的 Fukuoka 隧道，在拱肩截面冷缝底连接部位的衬砌剥落，砸坏了列车头顶的线缆，导致列车突然停止。1999 年 11 月 28 日，日本铁路 Muroran Main 线上 Rebunhama 隧道从隧道弧顶掉下 5 片混凝土块落在轨道上，大小有十几厘米，在轨道上行驶的一辆货车来不及避开而撞上，并导致出轨。1999 年 12 月 9 日，山阳新干线北九州隧道的边墙上端发生了混凝土剥落事故。日本的铁路隧道在 1999 年相继发生三次重大的混凝土掉块事故，引起运输省的高度重视。日本一些有识之士提出 "2020 年的警钟" 的说法，就是说日本将从土建大国变为修缮大国。

2006 年 7 月 10 日晚，美国波士顿中央隧道的顶部混凝土板塌落，塌落的混凝土衬砌重量达 12t，当场砸死一名女乘客和砸伤一名司机。

韩国的 Dae-HyuckLee 在 4 座小于 5 年服役期的隧道中，检测发现主要有四类裂缝：拱顶沿隧道轴向的纵向裂缝占 42%，拱部横截面裂缝占 11%，边墙横截面裂缝占 30%，施工接缝处裂缝占 17%。可见，拱顶纵向裂缝是影响隧道衬砌安全性和可靠性的主要因素。在拱顶纵向裂缝中，在拱顶圆心角 40° 范围的占 93%。众所周知，施工过程中在拱顶区域容易出现空洞，进而导致衬砌纵向开裂。

由于隧道施工具有工序繁多、隐蔽性大、地质条件复杂、存在潜在危险源等特点，加上施工队伍及施工设备良莠不齐，所以在隧道施工的过程中，容易出现施工缺陷，而大部分隧道病害都是由这些缺陷造成的。许多隧道投入运营前就出现了先天不足，给长期运营造成诸多困难与不便。

1.1 隧道病害概述

隧道工程作为土木工程的一个重要分支，是一门既古老又年轻的学科。1970 年，世界经济合作与发展组织（OECD）将隧道从技术方面定义为"以任何方式修建的，最终使用于地表以下的条形建筑物，其空洞内部净空断面在 $2m^2$ 以上者称为隧道。"

隧道以其独特的优势应用到公路建设的同时，各种病害的出现也使得隧道建设越来越引起工程建设及研究人员的关注，如隧道水害、衬砌裂损、衬砌腐蚀、隧道冻害、衬砌背后空洞等，其中空洞越来越成为影响隧道安全的重要因素之一。衬砌背后产生空洞后，会对衬砌的良好受力状态起到不利作用，当空洞的形成产生应力集中时，有可能对衬砌造成破坏，使得衬砌出现变形过大、裂损，甚至出现坍塌，严重影响隧道的安全和运营。隧道工程以其隐蔽性著称，空洞往往出现在衬砌的背后，隐蔽性更强，更加难以被发现，一旦出现，其危害性不言而喻。

在施工及通车运营期间，空洞若引起隧道突发性的局部坍塌，很可能出现车毁人亡的悲剧。为此，需要对隧道进行定期的安全隐患检查，及时发现空洞病害，采取措施进行治理，且需要对空洞进行具体分析，以防止治理后空洞再次产生。

衬砌与围岩的相互作用问题一直是隧道工程稳定性的难点问题，而衬砌与围岩接触界面的力学性质是衬砌与围岩相互作用的核心问题，接触面模拟的合理与否对接触面上的应力分布以及支护结构和围岩的受力、变形都将产生重要的影响。目前，对于衬砌与围岩的相互作用问题，关于初期支护与二次支护模筑混凝土间的接触面的问题研究较多，但对于新奥法锚喷支护喷射混凝土与围岩间的接触面的问题研究不多，普遍认为喷射混凝土能够与围岩形成较稳定的整体，共同工作。

根据现代隧道理论，隧道是集荷载、结构、材料三者为整体的结构物，其中，岩体作为支护结构承担荷载的主要来源，自身也肩负着承载的作用，支护结构则是为了维护围岩的稳定而加以修建的人工辅助性结构。由围岩和支护结构共同作用的理论基础可知，理想的支护结构必须保证衬砌与围岩体系能够作为一个安全、稳定的整体。在施工的过程中，由于设计理论、施工方法的不同或者地质条件的差异，都会使衬砌与围岩体系间的相互作用问题变得复杂而且多变，常常会遇到支护结构由于刚度不足，在施工中出现变形过大最终导致破坏的现象，甚至某些隧道工程在施工的初期就发生因支护结构承载力不足而导致围岩塌方的重大安全事故。因此，对于隧道工程，如何准确地获取衬砌与围岩在施工过程中的力学行为、保证岩体的稳定性是隧道设计和施工过程中必须要解决的难题之一。

因衬砌厚度不足、设计厚度与实际厚度存在差异、施工塌方处理不彻底，或在隧道建成后，由于地应力影响、地质条件恶化而导致在隧道衬砌背后留有空洞或形成破碎围岩带的现象是比较普遍的，这给隧道的结构埋下巨大的安全隐患。空洞作为隧道病害产生的主要原因之一，它使衬砌受到不均匀的荷载，不能产生充分的地层反力，衬砌上边缘容易发生开裂，导致失稳、脱落，严重时会发生突发性崩塌，因此处理隧道背后空洞对隧道的安全维护具有重大意义。破碎围岩是隧道病害产生的另一主要原因，它属于软弱围岩的一种。由于强烈的地质构造运动或风化作用造成岩体极度破碎，近乎散体。破碎围岩的岩块本身强度较高，围岩结构面极为发育，相互交织，将岩体切割成碎屑、颗粒状。隧道衬砌结构形成之后，破碎围岩适应不了应力重分布作用而发生变形和破坏，引起隧道洞室周围形成松动带或松动圈，给隧道的运营带来极大的安全隐患。

1.1.1 隧道病害分类

基于我国目前严峻的隧道运营现状，隧道病害问题已经成为隧道工作者关注的重点和热点。隧道病害其成因、机理较为复杂，表现形式不尽相同，处置方法多种多样，但需对症下药，因此隧道病害的研究也是一个难点。

常见隧道病害主要有衬砌裂损、渗漏水、冻害及衬砌材料劣化等几个方面。其中，隧道衬砌裂损表现形式为衬砌变形、衬砌移动、衬砌开裂三种；隧道渗漏水病害表现形式为隧道漏水和涌水（拱部滴水、隧底冒水、孔眼渗水），隧道衬砌背后积水，潜流冲刷及侵蚀性水对衬砌腐蚀等。隧道冻害表现形式主要有挂冰、冰锥、冰塞、冰楔、围岩冻胀、衬砌材料冻融破坏及衬砌冷缩开裂。隧道衬砌材料劣化主要表现为隧道衬砌的腐蚀。隧道病害由于其复杂性，也使其分类众多。

1）根据结构与外观，有些专家把隧道典型病害分为表面病害和非表面病害两大类，其中表面病害主要包含隧道衬砌裂损、衬砌渗漏水、衬砌拱墙挂冰等；非表面病害则主要指借助仪器才能进行检测的病害，主要包括隧道衬砌背后空洞、衬砌厚度不够、衬砌强度不足等。

2）根据隧道病害产生原因可分为 12 大类，包括：松弛土压力、偏压、地层滑坡、膨胀性土压、承载能力不足、静水压、冻胀力、衬砌劣化、渗漏水、衬砌背面空洞、衬砌厚度不足、无仰拱。隧道病害的表现形式主要反映在衬砌结构上，包括渗漏水、衬砌裂损、衬砌侵蚀、隧道冻害、震害、洞内空气污染以及火灾威胁等。归结为以下几类：

（1）由外力引起的隧道病害

由外力引起的隧道病害很多，如衬砌变形、开裂、移动、冻胀（鼓出、开裂）、下沉、洞门前倾等。而引起隧道病害的外力又分为很多种，有松弛地压力、偏压蠕动、滑坡、膨胀性土压力，每种类型的外力产生的病害现象也有所不同。

（2）由衬砌材料劣化引起的隧道病害

衬砌材料劣化引起的隧道病害，视其环境、施工条件、使用条件等各不相同。病害发生的时期及发展性也大不相同，与时间有密切关系。一般而言，材料劣化种类很多，且并不是单独产生，很多情况下几种病害现象同时发生，相互助长使病害加重。这些病害的发生、发展与隧道的地理环境、水文情况、地质条件、防水设施、混凝土品质、配合比、通风条件等有密切的关系。

（3）由水引起的隧道病害

水引起的病害是隧道最主要的质量通病。隧道的修建，破坏了山体原始的水系平衡，改变了原有地下水的渗流规律，隧道成为穿过山体附近的地下水集聚的通道，使隧道处于地下水的包围之中。当隧道围岩与含水地层连通，而衬砌的防水及排水设施、方法不完善时，隧道水害就必然要发生。在运营隧道中，渗漏水是最常见的病害。一般情况下，隧道渗漏病害的表现形式主要有拱顶渗水、滴水，拱脚渗水、淌水，伸缩缝部位渗水、淌水，侧墙渗水、淌水，局部涌水、涌泥，道床积水、翻浆冒泥等。在寒冷地区，还会导致路面冻结，形成冰锥、冰坡，以及拱顶挂冰，严重影响了行车安全。同时，由于衬砌内水的冻胀而对混凝土造成冻害。冻害是寒冷地带导致衬砌混凝土劣化的主要原因。隧道渗漏水导致衬砌混凝土劣化和砂土流出，结构承载力下降，引发病害。因此，弄清楚隧道水害的成因、机理是我们治理隧道水害的基础。

（4）由其他原因导致的隧道病害

① 地震

我国现有的隧道相当多地位于地震区，地震引起的隧道病害尤其以华北、西南和西北的铁路、公路隧道处于高烈度者居多。例如，位于 8、9 度地震区的铁路隧道，成都铁路局有 113 座，北京铁路局有 110 座，兰州铁路局有 70 座。这些隧道绝大部分都有病害。地震对隧道工程的破坏相当大，而且很多是毁灭性的破坏。1995 年日本兵库县南部 7.2 级地震，造成 100 多座隧道损坏。2008 年 5 月 12 日汶川大地震中宝成铁路徽县 109 隧道破坏导致铁路运输中断。

② 有害气体

隧道在运营过程中有害气体的主要来源是交通车辆、电气设备等释放出多种有害气体，瓦斯隧道本身还会释放出瓦斯气体，在长隧道中抛弃废物也会化学分解出各种气体，这些都属于有害气体。当隧道内的有害气体不能很快消散，积累的浓度超过一定值时，会造成严重的危害。

③ 火灾

隧道是交通的咽喉要道，无论是公路铁路或地铁隧道，火灾都是极其危险的。由于隧道和地铁建筑结构的复杂性，环境密闭，人员密集，一旦发生火灾，扑救难度大，人员难以疏散，造成的损失非常大。1996 年 11 月 18 日英法海峡隧道发生大火，约 600m 隧道造成严重破坏，400mm 厚的混凝土内壁出现剥离，钢轨扭曲，中断交通达半月，造成约 2.3 亿英镑的损失。还有伦敦、东京、莫斯科地铁发生的恐怖事件，爆炸引发的火灾让人记忆犹新。

1.1.2　隧道病害特点

隧道工程是一项规模庞大的系统工程，前期需要勘察设计，中期需要施工建设，后期需要运营维护，受制于设计、施工、运营维护等诸多环节中主客观因素的影响，相当比例的铁路隧道衬砌背后普遍存在接触松散、空洞等质量缺陷。

由于隧道大多为穿越复杂多样地质条件的工程，因此其衬砌结构种类复杂，同时衬砌结构内力、周边围岩压力和结构材质均受到地质、水文、气候以及人工扰动等因素的较大影响。根据统计，隧道衬砌背后空洞病害的特点如下：

（1）病害隧道数量大，类型多，分布广，整治难度大，维修经费高，治理周期长。早期修建的铁路隧道大多断面狭小，工作空间有限，而且很多线路天窗时间短，若停运整治，对整个线路影响巨大。

（2）复杂性。隧道产生病害的原因是错综复杂的，总结起来有地形地质因素，有水文上的原因，有勘察设计上的缺陷，也有施工技术质量的问题等。有时几种因素在时间上交织在一起，有时在空间上同时存在，各种隧道病害相互影响。

（3）典型性。一般而言，隧道病害不是单独存在的，而是相互影响、互相作用的，但其中最典型、最常见的病害是水害，所谓"十隧九漏"既点出了隧道病害的重点，也反映了隧道水害的频繁。隧道由于渗漏水、积水，将会影响行车安全，造成衬砌原有裂缝发展变大，加速衬砌裂损。而衬砌一旦开裂，将会给地下水打通一条外渗的通道，引发更加严重的水害。在严寒地区，水害还会发展为冻害，进而使衬砌发生冻胀开裂，以及道床冻胀上鼓、洞内挂冰等病害。

（4）反复性。病害隧道整治常常出现反复，想"一招制胜"难度相当大。宝成线隧道，采用喷注水泥砂浆防水，当时效果很好，后来由于冻融喷层遭到破坏，引发水害。宝成线隧道，边墙采用嵌缝堵漏及排水暗槽排除施工缝的渗漏水，开始效果不错，后来淤积失效。隧道病害整治尤其是整治渗漏水，受季节影响特别大，常常需要反复治理才能根除。

（5）区域性。在我国东北和西北地区众多隧道都有不同程度的冻害，严重者常年有7～8个月不能使用，有的甚至报废。据铁道部门统计，截至1994年，我国属于严寒地区的铁路隧道有70～80座，由于气候影响和防排水处理不当，不少隧道存在积水结冰、衬砌胀裂、线路冻胀等病害，严重威胁行车安全。而在我国西南地区，高水压和偏压现象比较突出。

（6）多样性。隧道衬砌背后空洞引起的其他隧道病害形态具有多样性。在多种不利因素的共同作用下，衬砌背后空洞引起的其他隧道病害表现出了多种多样的表观形态特征，在空洞形成初期衬砌只是产生裂缝，在经过地质、水文、气候等因素的共同作用下，裂缝不断扩大成空洞的形式。不同不利因素占主导作用时，衬砌裂损的特征也不尽相同。因此在研究空洞成因时要综合人为、自然两方面因素共同分析考虑。

（7）发展性。若未能对衬砌裂损采取有效的维护措施，各种不利因素将加剧衬砌结构的劣化过程，衬砌结构的承载性能将急剧降低导致隧道发生破坏。例如衬砌产生裂缝时，地下水沿裂缝渗透入衬砌内，带来混凝土碳化、腐蚀和钢筋锈蚀等多种病害，以致隧道结构未达到设计基准期而急需大修。

（8）成因不确定。由于隧道深埋于围岩当中，生存环境往往是不清楚的，不同类型衬砌破坏的外观表现形式可能大同小异，但是造成衬砌背后出现空洞的原因可能完全不同。

隧道衬砌空洞破坏特征与病害成因之间并不是我们想象的相对应的关系。另一方面，在自然和人为多种不利因素相互影响下，不同因素对空洞影响的程度难以量化，导致病害的主导因素不好辨别，找不出空洞形成的真正原因。

（9）由于修建年代久远，基础资料不完整，管理手段落后，隧道病害检查和检测手段亦落后，而且不够规范，隧道早期病害难以发现；或是整治不及时，使某些可以早期整治的病害得以发展成严重的病害，彻底整治更加困难。

（10）恶劣的地质环境严重影响隧道的正常使用功能，浅埋、偏压、高水压、高地应力、滑坡、泥石流、地震等一系列环境因素和地质灾害问题都会给运营隧道造成严重的病害，而且这些因素造成的病害程度难以准确估计，治理难度大，代价高。

（11）隧道衬砌材料的耐久性、耐腐蚀性、耐高（低）温性、抗渗性、抗震性差，时刻威胁着隧道结构的安全，而且可能进一步加重已有病害的发展，反复治理，效果仍不明显。

（12）新建隧道的设计和施工遗留问题较多，比如地质勘察钻孔密度低，地质资料搜集不全面，实际地质情况考虑不周全，设计安全系数低，施工队伍的素质、施工工艺的质量、施工管理的水平等都会在后期给完工的隧道带来不可估计的病害。

由于上述种种原因，加之隧道本身具有的特殊性（地质环境的复杂性、隐蔽性、随机性和模糊性），在勘测设计过程中往往会简化隧道空间存在的结构模型及环境条件，所以一旦隧道环境条件与实际条件不符，就会产生种种隧道病害而影响隧道健康状况。

事实上，隧道病害存在于全过程，有些隧道在使用之前病害就已存在，形成的原因很复杂，对隧道使用寿命的影响差异很大。随着隧道修建不断向长、大、深方向发展，地质条件愈加复杂，隧道病害更加突出，与运营的矛盾更加尖锐，长期影响着线路的畅通和行车的安全。因此隧道病害的检查以及状态的评估是确定维修决策和养护措施的重要前提。

1.1.3　隧道病害分布规律

由于我国各地自然条件差异大、复杂多变的工程地质及水文地质条件、隧道工程的特殊性与地质勘察、设计、施工及运营管理和维修养护等因素的影响，隧道建成后在运营过程中会出现各种各样不同程度的病害，部分隧道甚至在投入使用前就出现隧道病害问题，之后隧道病害问题日益突出。隧道所出现的一系列病害，不但造成了巨大的经济损失，缩短了隧道结构的使用寿命，同时也威胁着行车安全，有些虽然进行了整治，但效果不甚理想。

1.1.3.1　病害分布的相关研究

1）我国铁路干线隧道失格率统计

我国铁路工务部门每年秋季对隧道进行一次全面的检查，根据检查结果把病害严重需要进行大修的隧道定为"失格"隧道。根据1997年、1999年及2000年的秋检资料，这三年的隧道失格率分别为65%、65.2%和65.7%。图1-2、表1-1显示了我国1991年到2000年几种铁路隧道病害数量的发展情况。

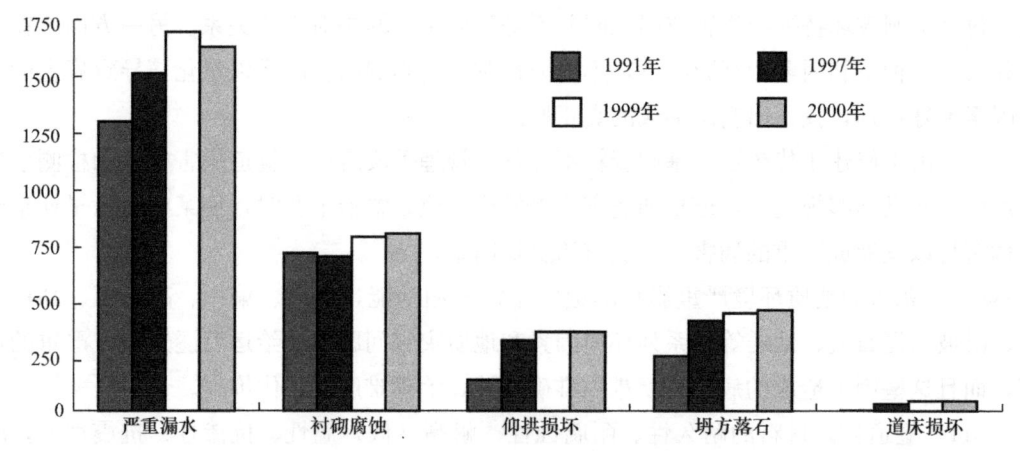

图1-2 隧道病害数量分布图

我国铁路干线隧道失格率统计　　　　　　　　　　表 1-1

线别	隧道总座数	严重漏水（座）	衬砌裂损（座）	仰拱、铺底损坏（座）	坍方落石（座）	失格座数/失格率（%）
陇海	232	80	134	—	33	207/89.2
成昆	276	170	58	28	36	235/85.1
襄渝	400	224	88	117	86	333/83.8
阳安	148	92	48	3	18	122/82.4
宝成	344	66	17	4	37	267/77.6
贵昆	180	63	32	34	31	134/74.4
焦柳	436	95	27	4	8	195/44.7
京原	128	19	4	1	6	83/64.8
襄黔	319	33	3	43	5	117/36.7

2）宁波 11 座国省道公路隧道

杨吴礼等在完成宁波 11 座国省道公路隧道无损检测后，对所检测出的所有衬砌背后空洞的特征（空洞的高度与长度）进行统计分析，获取公路隧道衬砌背后空洞的一般规律。本次检测共查出 169 处衬砌背后空洞，不同位置及不同围岩段对应的衬砌背后空洞数量分布比例如图 1-3、图 1-4 所示。

3）铁道部 100 余座隧道

北京交通大学张顶立教授在铁道部重点科研项目"铁路运营隧道病害综合整治技术研究及安全性评价"的支持下，取得了 100 余座铁路运营隧道衬砌背后空洞的检测数据。这些隧道主要分布在京九线、漳龙线、京广线、陇海线、成昆线、滨洲线、南疆线等铁路干线上。检测方法采用地质雷达法，在拱顶、左右拱肩和左右拱脚位置共布置了 5 条纵向测线，单层衬砌隧道测线长 48.58km，复合衬砌隧道测线长 26.64km。所检测的隧道包括了单层衬砌和复合衬砌，覆盖了 Ⅱ 类到 Ⅴ 类围岩，并进行了详细的统计分析，得出以下结论：

（1）衬砌背后的松散区和空洞是普遍存在的，在检测隧道中所占比例达 11.56%，并且不同隧道的差异性较大。

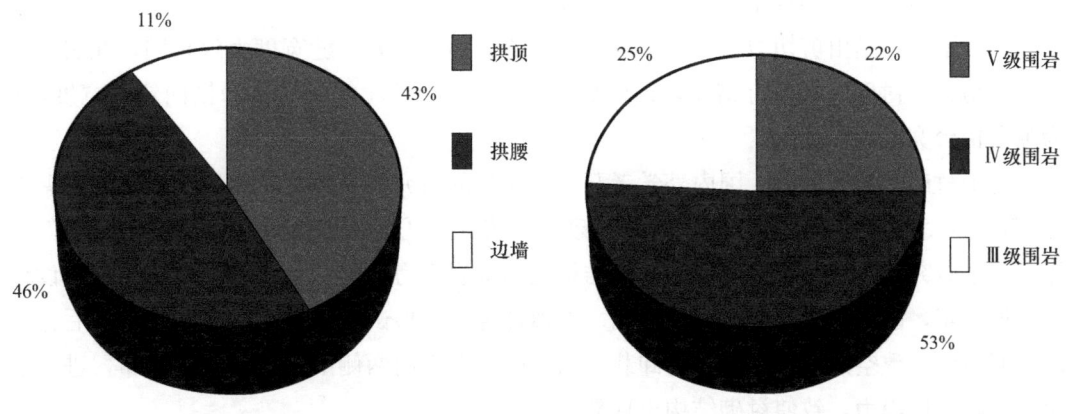

图 1-3 不同位置衬砌背后空洞数量　　　　图 1-4 不同围岩衬砌背后空洞数量

（2）在相同围岩条件下，单层衬砌结构比复合衬砌结构更容易出现衬砌背后接触不良的状况，且在衬砌背后接触不良的严重程度方面单层衬砌明显较高。

（3）衬砌背后接触不良的占比及严重程度与围岩级别有密切关系，在围岩稳定性较差的路段，出现的概率更高，且接触不良的状况也更为严重。

（4）衬砌背后接触不良状况出现的比例以及径向尺寸的均值、标准差以及变异性随分布的位置而变化，通常按拱顶－拱腰－拱脚的顺序而逐渐减小。

4）浙江的 48 座隧道

同济大学黄宏伟教授等在 2010 年对浙江的 48 座隧道进行了现场调查。调查结果表明：衬砌裂缝以纵向裂缝和环向裂缝为主，所占比例分别为 46.44% 和 42.34%；按分布位置分拱顶、拱腰和边墙上的裂缝所占比例分别为 42.27%，27.08% 和 30.65%。其中，环向裂缝主要分布于边墙，比例为 44.48%，位于拱顶和拱腰的比例大体相当，分别为 30.38% 和 25.24%；纵向裂缝绝大部分分布于拱顶，为 64.92%；其次为拱腰，为 27.30%；最少的是边墙，仅为 7.78%。从致裂类型看，衬砌裂损主要分张裂、压溃和错台三种类型。

（1）张裂：是由弯曲受拉和偏压受拉引起的衬砌裂损。裂缝、裂面与应力方向正交，缝宽由表及里逐渐变窄。如图 1-5(a) 所示，图中 d 为裂缝宽度。

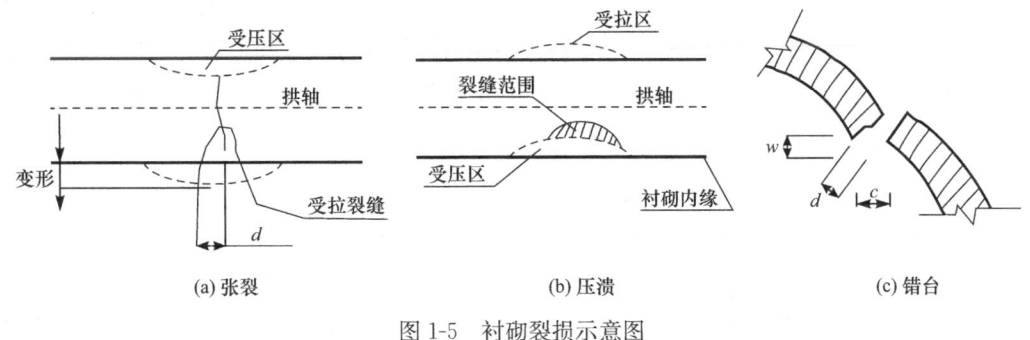

(a) 张裂　　　　　　　　　　(b) 压溃　　　　　　　　　　(c) 错台

图 1-5 衬砌裂损示意图

（2）压溃：是由弯曲或偏压引起的衬砌裂损，裂缝边缘呈压碎状，严重时受压区表面产生碎片剥落、掉块等现象。如图 1-5（b）所示。

（3）错台：是由剪切力引起的裂缝。在裂缝表面与深处裂缝宽度大致相同，在裂缝两侧沿剪切方向衬砌混凝土有错动，即形成错台。如图 1-5（c）所示，c 为横向错台宽度，w 为纵向错台宽度。

对于衬砌开裂的原因，国内外学者开展了大量的研究，大致可归为以下四类：①温度收缩；②不均匀地压（地形偏压）；③衬砌材料劣化；④渗漏水和冻胀。其中，不均匀地压主要是研究地形偏压引起作用在衬砌结构上的围岩压力荷载的不均匀，大大偏离了设计值。近几年，国内外学者采用现场检测、数值计算和模型试验等研究，发现衬砌背后存在的空洞不仅导致空洞区围岩压力的卸载，而且引起了空洞两侧围岩压力的重分布，进而恶化了衬砌结构内力，致使衬砌结构出现裂缝。

以衬砌结构作为研究对象，可将导致隧道衬砌裂损的原因分为两大类：一是作用在衬砌结构上的外部荷载（通常是围岩压力）发生变化，进而改变了衬砌结构的受力状态；二是衬砌结构本身存在的一些缺陷，如衬砌厚度不足、强度不足、混凝土内部的细裂缝和空洞等。而隧道结构包括衬砌结构和围岩结构两部分，且两部分是相互作用、相互影响的，"围岩-衬砌"作用关系是隧道结构的核心，作用关系决定了围岩结构和衬砌结构的内力和变形。因此，作用在衬砌结构上外部荷载的变化是"围岩-衬砌"作用关系发生变化的体现。衬砌背后出现的空洞改变了围岩结构与衬砌结构间的接触状态，恶化了围岩与支护的相互作用。从衬砌结构上看，直接改变了作用在衬砌结构上的外部荷载，即围岩压力荷载。

1.1.3.2 与围岩级别的关系

张素磊、刘昌等通过对 100 余座公路隧道衬砌无损检测共计 1117 处衬砌背后脱空，统计的隧道围岩级别为Ⅲ级、Ⅳ级、Ⅴ级，其中Ⅴ级围岩衬砌背后脱空有 442 处、占脱空总数的 40%；Ⅳ级围岩有 552 处、占脱空总数的 49%；Ⅲ级围岩有 123 处、占脱空总数的 11%。衬砌背后脱空所处围岩级别比例如图 1-6 所示。

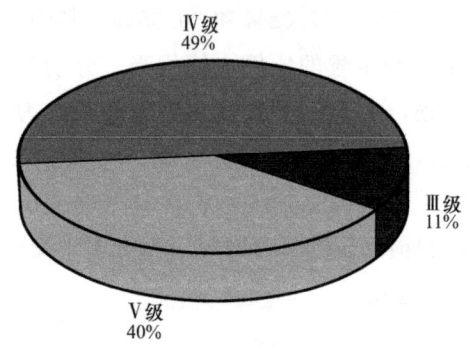

图 1-6　脱空所处围岩级别比例图

为更方便地比较各级围岩条件下脱空出现的频率，对所检测隧道围岩级别长度进行了统计，其中Ⅴ级围岩段长 8892m、Ⅳ级围岩段长 14931m、Ⅲ级围岩段长 12380m，即Ⅴ级围岩脱空分布密度为 4.92 处/百米、Ⅳ级围岩脱空分布密度为 3.7 处/百米、Ⅲ级围岩脱空分布密度为 0.99 处/百米，如表 1-2 所示。

不同围岩条件下脱空分布密度表　　　　　　　　　　　　　表 1-2

围岩级别	Ⅴ级	Ⅳ级	Ⅲ级
脱空平均分布密度（处/百米）	4.92	3.7	0.99

由表 1-2 可知，随着围岩变差，衬砌背后脱空出现的频率相应增高，对于围岩状况较差的Ⅴ级、Ⅳ级围岩段，由于超欠挖以及回填不密实等因素造成的衬砌背后脱空现象较Ⅲ级围岩段严重，脱空分布密度基本遵循Ⅴ级＞Ⅳ级＞Ⅲ级的规律，可见衬砌背后脱空多见于围岩等级较差的Ⅴ级和Ⅳ级围岩段。

在围岩不同级别条件下，不同位置处的衬砌背后空洞尺寸分布如图 1-7 所示，空洞高度主要集中在 0.2～0.5m 范围内，随围岩级别的提高幅度变小。为了量化分析方便，对衬砌背后空洞尺寸的分布规律进行函数拟合，拟合曲线对应的参数如表 1-3 所示。

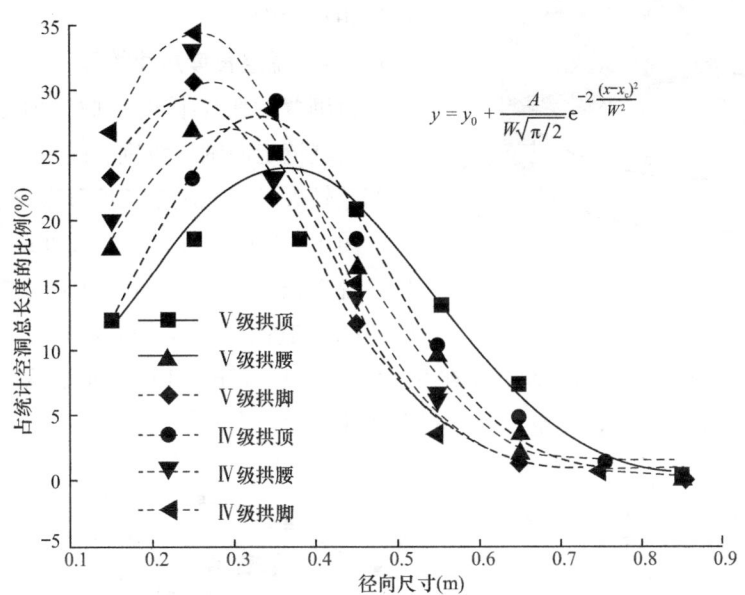

$$y = y_0 + \frac{A}{W\sqrt{\pi/2}} e^{-2\frac{(x-x_c)^2}{W^2}}$$

图 1-7 单层衬砌背后空洞径向尺寸分布拟合曲线

单层衬砌背后空洞径向尺寸分布拟合曲线对应的参数　　表 1-3

位置	围岩等级	y_0	x_c	w	A	σ
拱顶	Ⅴ	−0.31	0.36	0.36	11.03	0.18
	Ⅳ	1.05	0.34	0.28	9.59	0.14
拱腰	Ⅴ	0.63	0.29	0.32	10.69	0.16
	Ⅳ	1.12	0.27	0.27	10.13	0.14
拱脚	Ⅴ	1.72	0.25	0.30	10.24	0.15
	Ⅳ	0.68	0.26	0.29	12.49	0.15

1.1.3.3 脱空部位规律统计

为了统计脱空所处位置的分布规律，沿隧道走向布置了 5 条测线，根据测线布置情况，将衬砌背后脱空所处位置分为拱顶、拱腰（包括左、右拱腰）及边墙（包括左、右边墙）三种情况来讨论。通过 1117 处衬砌背后脱空检测，其中，437 处位于拱顶、占总数的 39%，629 处位于拱腰、占总数的 56%，51 处位于边墙、占总数的 5%，各位置脱空数目及比例如表 1-4 所示。

脱空所处位置	拱顶	拱腰	边墙
数量（处）	437	629	51
占总数比例	39%	56%	5%

拱顶及拱腰处脱空之和占总数的 95%（图 1-8），可见，脱空主要分布在拱顶及拱腰等隧道起拱线上部位置，边墙由于重力作用，混凝土浇筑时填充效果较好，因此，衬砌背后脱空现象相对较少。

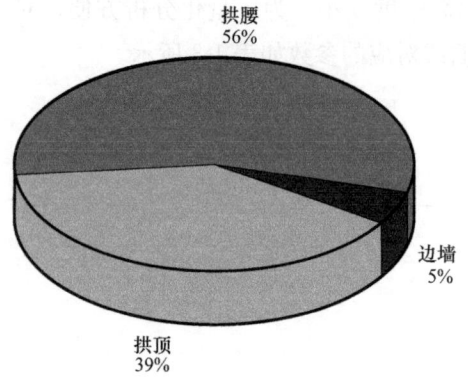

图 1-8　脱空分布位置比例图

1.1.3.4　脱空长度规律统计

衬砌背后脱空长度指脱空沿隧道走向的长度，沿隧道走向围岩级别、隧道埋深、地质条件等相差较大，因此脱空长度分布离散性较大。

图 1-9 为衬砌背后脱空长度统计图，由图可见，脱空长度在 0～5m 范围内的数量约占总数的 60%，其次分布较多的是 5～10m、15～20m、10～15m 和大于 20m 的区间，而分布在 5～10m、10～15m、15～20m、大于 20m 区间的脱空数量相差不大，可见，脱空长度分布离散性较大。

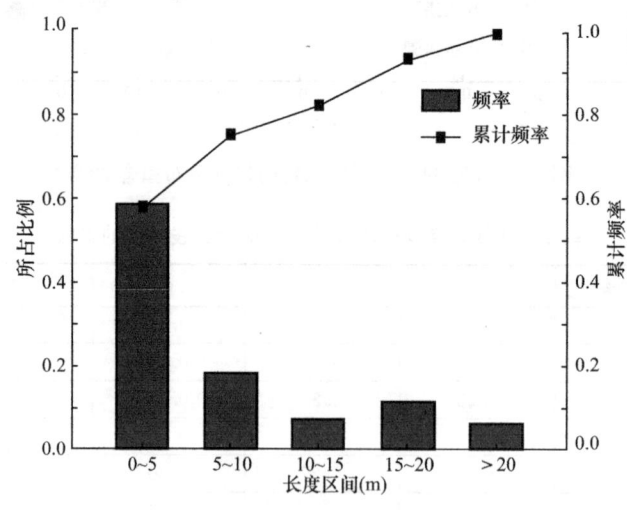

图 1-9　脱空长度统计图

总体来说，衬砌背后脱空长度主要分布在 0～5m 范围，但分布离散性较大，且围岩级别和所处位置对脱空长度分布影响较大。

1.1.3.5　脱空高度规律统计

衬砌背后脱空高度主要指脱空沿隧道径向的高度，衬砌背后脱空主要分布在拱部，边墙由于混凝土重力作用，混凝土填充较密实，脱空相对较少。

图 1-10 为脱空径向高度分布散点图，可见，所统计的 1117 处脱空径向高度主要分布

在 0~35cm 范围，其中，20cm 以下分布密集。

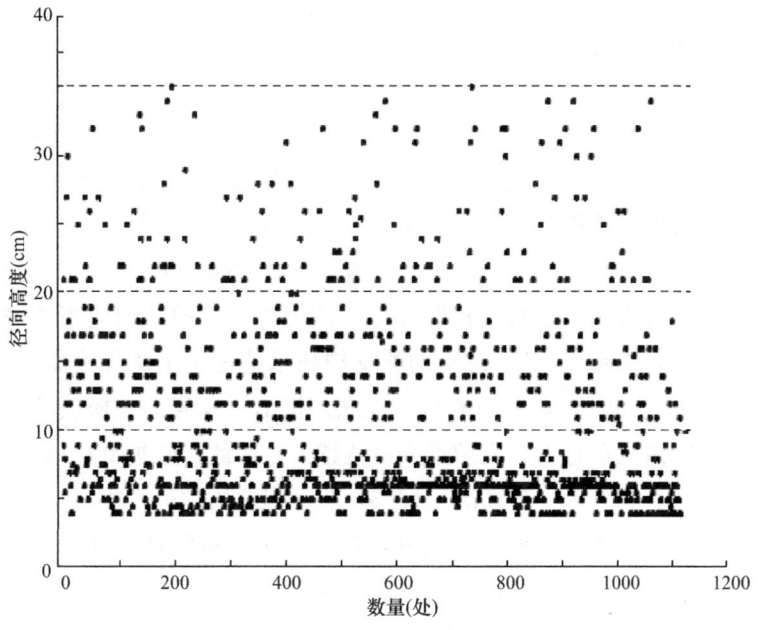

图 1-10 脱空径向高度分布散点图

1.2 国内外研究现状

近年来随着隧道病害的增多，越来越多的国内外学者采用理论分析、模型试验及数值分析等手段研究了衬砌背后脱空对隧道结构的影响，并取得了一系列有价值的研究成果。

1.2.1 接触理论研究

国外，20 世纪早期以 Hwim、Rankine 和 Kinnick 理论为代表的古典压力理论，认为隧道支护结构受到的力就是上覆土层或岩层的重量。但后来人们发现，随着隧道开挖深度的加大，古典压力理论已经与实际工程不再相符，以 Karl Terzaghi 理论和普氏理论为代表的"坍落拱"理论应运而生，该理论认为支护结构受到的压力仅为开挖洞口上部坍落拱内的岩体自重，坍落拱的高度与洞宽和围岩的力学性质相关。"坍落拱"理论的重要贡献是肯定了围岩具有自承能力。20 世纪 60 年代新奥法（NATM）出现，该法的核心理念是充分发挥隧道围岩的自承作用，使衬砌与围岩共同作用形成稳定而又坚固的"支承环"。在此期间，基于新奥法的原理，日本的山地宏志、樱井春辅发表了隧道衬砌与围岩的应变控制理论，此理论认为"隧道围岩应变随支护结构刚度的提高而减小，而容许应变则随支护结构的提高而增大，因此通过增加支护结构刚度能较容易地将围岩应变控制在容许应变范围之内。"

目前，新奥法已经成为隧道工程设计和施工的主要方法之一，同时对于一般软岩支护问题的处理，新奥法也取得了很好的效果，但由于新奥法是以岩石力学理论中的经典弹塑性理论为基础的，不可避免地存在着一些不足，比如对软岩的流变特性的考虑已经超出了弹塑性问题的理论范畴。

在国内，众多专家和学者针对软岩问题进行了大量的研究，逐步奠定了一些有影响的理论。例如，于学馥（1981）等提出"轴变论"，该理论认为隧道的坍落破坏是因为围岩的应力超过了其自身所能承担的极限强度所致，坍落会导致隧道轴比的改变，从而使围岩应力发生重分布直至围岩稳定而停止，此时隧道的形状为椭圆形。

陆家梁（1990）等提出"联合支护"理论，认为对于支护结构应当遵循"先柔后刚，先让后抗，柔让适度，稳定支护"，锚喷网的支护技术就是基于此理论而发展起来的。中国矿业大学的董方庭（1994）基于松弛荷载理念，提出了围岩的"松动圈理论"，认为松动圈越大，围岩的收敛变形越大，支护难度也就越大，因此，施加支护的目的是防止围岩松动圈发展过程中的有害变形。何满潮（1993）从工程地质学的角度，以现代大变形力学为理论基础，通过分析岩体变形的力学机制，提出了一种新的针对软弱围岩的支护理论，通过研究软岩成分、结构、不连续面等工程地质条件，确定了不同类型软岩的变形力学机制，建立了以转化复合型机制、使软岩能量安全释放为核心的软岩工程力学理论体系，形成了以力学对策设计、过程设计和参数设计为特点的软岩工程设计方法，开发了相应的支护技术。

早在 1882 年，H. R. Hertz 开始研究两物体接触后产生的应力和应变问题，而且在弹性体的接触问题上开展了比较全面的研究工作，创立了伟大的 Hertz 接触理论。从此，各个领域的实际接触问题越来越受到广大研究者的重视。早在 20 世纪 60 年代末期，有限元方法便被应用在接触问题的研究探索中了。

在接触问题中，由于接触结构的材料性能存在较大的差异，在外力加载的条件下，在其接触面上有可能会出现错动滑移的现象。接触面的受力与变形情况比较复杂，对于这类接触结构物，正确地分析接触面的受力变形机理以及接触面的应力-应变关系，且在进行数值模拟分析时，合理地模拟实际的接触情况，对于其数值分析的精确性是非常重要的。因此，国内外许多研究者针对接触问题展开了长期、大量的研究工作，并先后根据自己不同的观点推导出了解决多种接触问题的计算模型与本构模型。在计算模型方面，1968 年，Goodman 针对平面问题引入了弹簧刚度的概念，并建立了无厚度接触面单元模型，后来这一模型又被称为节理单元模型。该模型至今仍得到广泛应用，但是合理选取弹簧刚度系数存在一定的难度。

1970 年，Wilson 和 Parson 率先提出了解决二维弹性无摩擦接触的有限元解法。1972年，Chan 和 Tuba 利用有限元分析方法研究分析二维和轴对称的弹性结构在接触中的库伦摩擦，然而却忽略了摩擦功在加载过程当中存在的不可逆性。在 1973 年，Tsuta 等人在前人研究的基础上推出了基于载荷增量的有限元法，该方法可以较好地解决了摩擦功在加载过程当中的不可逆性，而且还利用该方法进行了二维算例分析。Fredriksson 等研究学者从虚功原理的理论出发进行推导，得到了弹性接触体之间增量的控制方程和有限元解析方法。Campos 和 Oden（1982）等研究者从变分原理的研究角度出发，推导出了接触问题的变分不等式，得到了接触问题最终有限元解的误差估计式。在变分不等式的基础上，Curnier（1984）、Wriggers（1985）、Zavarise（1992）、Simo（1992）和 Laursen（1993）和 Heegaard（1993）建立了接触问题中滑动摩擦的本构关系，即增广拉格朗日法，分析接触问题解的存在和唯一性，在有限元分析方法中，增广拉格朗日法应用比较广泛。国内外很多学者在此基础上做了大量的研究，在接触问题这方面得到了很多有效的计算方法，例如子结构法，将整个研究的接触区域聚集至接触点，根据研究对象的接触条件来进行求解计算，而且每一次迭代运算都不需要重新建立刚度矩阵；除此以外，还有广义子结构法和混合有限元法等计算方法，这些方法都能有效降低运算量，而且对计算机的内存要求也有所降低。还有学者对于接触问题的研究，偏重采用电子计算、有限元、边界元以及变分法等数值计算方法。钟万勰（1985）采用变分原理求解了平面与空间中的摩擦接触问题。郑家栋（1985）利用边界元法求得了平面接触问题的数值解，且其方法可以推广到求解轴对称问题以及三维问题。

20 世纪 90 年代初，Kalker 在"完全理论"的基础上，开发出了 CONTACT 程序，该程序是迄今为止用于解决三维弹性非 Hertz 接触问题中最为完善的一种理论。其中，可以将任意的接触区域进行离散，然后来求解法向的接触压力，该接触压力的分布形式较 Hertz 接触压力的分布更加准确。此外，CONTACT 程序在接触问题中接触面的粘滑区划分、接触点的滑动变形量和切向作用力等方面相比其他理论更加精准。

1990 年，Boulon 等学者建立了接触面的弹塑性模型，但是该模型由于过于复杂而未能推广使用。1994 年，殷宗泽等通过大尺寸直剪试验，得出了 T_s 与 W_s 之间的双曲线关系，指出该曲线关系仅适合于某些符合规定尺寸的试样所发生的剪切破坏，但是该关系不能适用于所有接触面上剪切变形的变化规律，最终建立了接触面刚塑性模型。2000 年，卢廷浩等建立了接触面切向刚度和法向刚度相互耦合的非线性本构模型，高俊合提出了有厚度的剪切滑移薄层单元。2001 年，安关峰等建立了接触面的三维弹-粘-塑性模型。

日本学者以新干线隧道标准断面为原型，设计 1：30 的模型试验，研究了衬砌背后空洞对隧道衬砌结构安全性的影响，研究结果表明，当拱部衬砌背后存在空洞时，对侧压力的大小敏感；空洞范围越大越易变形，且围岩越硬，空洞的影响越大。

兰宇（2005）基于模型试验研究了不同围岩级别下拱顶及边墙衬砌背后空洞对隧道结构的影响，试验结果表明，空洞的存在降低了衬砌结构的承载能力，改变了围岩应力分布状态；随着空洞环向范围的增大，衬砌结构变形越大，承载能力降低程度越大；围岩级别越高，空洞对隧道结构安全性影响越大。

朱春生、杨晓华（2010）等依托于模型试验结果，采用有限元软件 ANSYS 对衬砌背后不同位置空洞进行了模拟，对比分析了不同侧压力系数下拱顶、边墙背后空洞填充前后衬砌结构的力学性能，得出了空洞回填对衬砌整体结构受力性能有较大改善的结论。

崔文艳、宋建（2011）等通过室内模型试验研究了衬砌背后不同部位存在空洞，对衬砌结构力学性能的影响规律。

李明、陈洪凯（2011）等基于室内模型试验，研究了衬砌背后空洞对衬砌结构受力性能的影响，研究结果表明：①衬砌背后空洞的存在使衬砌结构安全性降低达 2/3；②随衬砌背后空洞环向范围的增大，衬砌承载能力呈降低趋势；③根据不同尺寸空洞对衬砌结构的受力影响给出相应的评判指标。

张素磊（2012）基于平面应变假设和弹性假设推导了衬砌背后空洞下非圆断面隧道双向应力状态及三向受力状态下围岩应力和位移的理论计算公式；并基于室内模型试验、数值分析和现场检测等方法对隧道衬砌结构病害成因、隧道常见缺陷等进行了深入研究。

应国刚（2016）基于室内模型试验对空洞条件下结构体系的安全性进行了深入的研究，研究揭示了空洞对隧道结构的作用机理、衬砌背后空洞与衬砌裂缝出现空间位置和发展规律的关系，建立了空洞条件下衬砌结构安全性计算模型。

方勇、郭建宁（2016）等基于模型试验分析了富水地层条件下衬砌背后空洞对隧道结构受力特性的影响规律，研究结果表明，空洞的存在对其附近衬砌结构内力影响最大，且空洞附近内力增大幅度明显大于其他区域。

张旭、张成平（2017）等依托于模型试验结果，采用有限元软件 ANSYS 对衬砌背后不同位置空洞进行了模拟，对比分析了不同侧压力系数下拱顶、边墙背后空洞填充前后衬砌结构的力学性能，得出了空洞回填对衬砌整体结构受力性能有较大改善的结论。

薛晓辉、张军（2017）等基于室内模型试验研究了公路隧道衬砌背后空洞注浆对隧道结构的影响，研究表明，衬砌背后空洞恶化了隧道结构的受力性能，降低了隧道结构的安全性能，注浆后衬砌应力减小幅度达 40%，围岩应力增大幅度达 35.5%，注浆加固大大改善了隧道结构的受力性能。

1.2.2　数值模拟研究

对于数值模拟方法，我国学者运用十分广泛，主要有 ANSYS、FLAC、MIDAS、ABAQUS 以及 PFC 等软件，国内开发的软件主要有同济曙光、TRAS 等，但软件相对较少且使用不是很多。

F. H. Kuihawy（1975）用有限元法探讨了几种因素对地下洞室受力变形的影响和开挖面附近隧洞围岩的三维应力状态，开始将力学分析引入非连续岩体和施工过程的计算。

Hisatake（1982）利用边界元方法分析浅埋隧道掘进引起的三维地面沉陷，考虑了掘进速度和隧道开挖面位置的影响，由所得的分析结果提出了一个计算多层粘弹性地层沉陷的简便方法。

宋瑞刚、张顶立（2004）针对隧道衬砌背后空洞病害运用地层结构法建立二维模型进行弹塑性数值模拟，分析了衬砌背后存在空洞对隧道衬砌结构安全性的影响，提出了衬砌结构与围岩之间不密贴是导致隧道病害的一个重要原因，得到的结论合理解释了实际工程检测中遇到的问题。

罗鑫、李志斌（2006）等通过对公路隧道衬砌背后空洞产生的原因和危害进行统计分析，运用"同济曙光 GeoFBA"有限元软件建立弹塑性二维分析模型，研究了在不同围岩等级条件下，衬砌背后存在的不同位置、不同规模空洞对衬砌结构内力的影响。

刘海京、夏才初、蔡永昌（2007）在对公路隧道衬砌背后空洞病害形成原因、病害发展过程与病害作用机理进行详细统计分析的基础上，运用接触方法建立了隧道衬砌背后存在空洞病害的二维数值计算模型，通过计算对比分析了矩形空洞与弧形空洞对衬砌结构围岩压力和安全系数影响之间的差异。

H. H. Mo，J. S. Chen（2008）运用三维有限元软件，分析了在顶推力作用下盾构隧道管片衬砌裂缝状态，并通过计算得出衬砌裂缝在接缝位置和正常荷载作用下衬砌结构不会产生裂缝的结论。

彭跃、王桂林（2008）等运用 ANSYS 有限元软件，对隧道衬砌背后空洞这种病害进行二维数值模拟分析，对比分析了隧道衬砌背后不同部位以及不同规模的空洞对隧道结构内力以及相应部位衬砌结构安全性的影响规律。

M. A. Mefuid，H. K. Dang（2009）运用有限元分析方法，借助于弹塑性分析理论依据，得出了隧道衬砌的应力和弯矩在衬砌背后存在不同空洞时的影响规律：空洞的尺寸对隧道衬砌环向应力有明显的影响，当空洞存在于仰拱下时，仰拱部位结构的弯矩会减小；当空洞尺寸达到一定程度时，结构的弯矩可能会发生明显的变化。

王华牢、李宁、褚方平（2009）运用有限元软件 ANSYS 建立荷载结构模型进行二维数值计算，考虑Ⅲ级和Ⅳ级围岩两种条件下衬砌厚度不足，比较隧道衬砌各位置的内力和安全系数，分析公路隧道衬砌厚度不足对衬砌安全性的影响。分析结果表明：隧道衬砌出现厚度不足病害时，衬砌结构的安全系数显著减小；不同位置衬砌安全系数减小趋势不同；随着衬砌厚度不足范围增加，衬砌结构安全系数整体呈减小趋势；随着衬砌厚度不足区域从边墙向拱顶移动，衬砌受影响的范围逐渐增大。

陈达才（2010）通过对连拱隧道衬砌结构背后存在局部空洞引起衬砌裂缝进行数值仿真模拟，认为当隧道衬砌结构背后存在空洞时，空洞的位置对隧道衬砌结构裂缝的产生影响比较大；当拱顶附近出现空洞时，拱顶和拱腰会产生裂缝，空洞位置逐渐偏离拱顶，裂缝也逐渐变小。结果表明拱顶位置衬砌背后空洞的存在造成衬砌位置出现局部荷载时，对隧道结构最为不利。

王春景、雷明峰（2011）等运用荷载结构法，结合对实际工程的分析，建立了隧道衬砌结构厚度不足、材料劣化以及衬砌背后空洞三种缺陷病害的力学模型并进行数值计算，利用规范中的混凝土截面强度验算公式对隧道衬砌结构安全性进行评价，提出了病害隧道结构安全性评价的具体方法，对实际工程提出加固维修的建议。

李彬、雷明峰、李文华（2011）基于荷载结构法，建立平面分析模型，分析隧道衬砌结构出现厚度不足、衬砌背后空洞以及混凝土衬砌材料劣化这三类病害对衬砌结构安全性的影响规律。认为衬砌结构厚度不足直接降低了结构截面刚度，结构承载能力降低，截面安全系数也随之降低，欠厚部位安全性能随之下降。

周成涛、陈俊涛（2012）结合工程实例，运用 ANSYS 软件进行三维弹塑性数值模拟，选取具有普遍意义的矩形槽状空洞，对不同空洞尺寸条件下初期支护的应力分布变化情况进行分析。利用有限元强度折减法算出各种工况下隧道衬砌结构的安全系数进行对比分析，对初期支护的拉应力、压应力与相应的安全系数进行线性回归，反算得到隧道结构失稳破坏时的最大拉应力与最大压应力，综合评价隧道结构的稳定性。

刘海京、郑佳艳、林志（2012）根据存在病害时衬砌结构的几何特征与承载机理，基于荷载结构方法建立了存在裂缝、厚度不足、材料劣化三类病害的隧道计算模型，并编制了相关计算程序，利用有限元软件 ANSYS，结合工程实例进行数值计算，分析了衬砌结构的内力及衬砌界面的安全系数，得出了衬砌结构两侧厚度不均可能导致偏压效应的结论，为分析病害对衬砌结构的承载特征和安全性的影响规律提供了理论依据，为运营隧道状态评定及病害处治奠定了基础。

傅鹤林、陈琛（2016）等基于荷载-结构模型对拱顶、拱顶和拱腰、拱顶和双侧拱腰三种工况下衬砌背后空洞对衬砌结构安全性的影响进行了研究，计算结果表明，当空洞范围较小时，对衬砌结构的受力状态影响不大，相反地在某种程度上衬砌最小安全系数有所提高，并得到不同范围空洞对衬砌结构安全系数的影响规律，最后根据研究结果对衬砌背后空洞提出了相应的治理措施。

张鹏（2017）依托某隧道工程衬砌背后空洞案例，对衬砌背后空洞的影响进行了数值分析，并提出了隧道衬砌背后预贴纵向花管注浆施工工法，该方法具有注浆效果好、操作简便等优点。

1.2.3 检测方法研究

目前隧道检测常用手段有破损检测和无损检测，破损检测常用钻孔取芯法，也就是利用钻机和人造金刚石空心薄壁钻头，从衬砌结构中钻取芯样以检测衬砌内部缺陷的方法，虽是一种直观、可靠和准确的方法，但由于钻孔取芯破损检测易破坏隧道的防排水系统，影响隧道的使用寿命，因而取芯数量有限，极易漏掉内部存在的隐患，检测结果的代表性也差，难以反映结构的整体质量，因此，近 20 年来人们逐步开始将无损检测技术应用于衬砌的质量检测。

常用的无损检测方法有回弹法、超声波法、超声回弹综合法。回弹法采用回弹仪检测衬砌或底板表层一定范围的混凝土强度，检测结果具有一定局限性。超声波法可反映混凝土内部的强度，但仍然受到混凝土骨料粒径等材料本身的影响。超声回弹综合法结合了前两种方法的优点，弥补了单一回弹法和超声波法的不足，具有测试精度高，操作相对较简便等优点，因而在国内外得到普遍推广。

隧道衬砌内缺陷检测常用的方法有声波反射法、冲击回波法、高密度电阻率法、瞬变电磁法、多频电磁法和探地雷达法等。探地雷达作为一种新型的隧道工程质量检测技术，与其他无损检测技术相比，具有检测效率高、精度高、抗干扰能力强、数据图像直观和使用灵活方便等优点，因而探地雷达在隧道衬砌质量检测中得到了越来越广泛的应用。国外较早开展探地雷达检测隧道衬砌结构的应用研究。

1）地质雷达法

1910年，德国科学家 Letmbach 和 Lowv 在埋地特性的专利技术中首次提出了探地雷达的概念。直到20世纪60年代末、70年代初，等效采样技术和亚纳秒脉冲技术的发展，才从技术角度加速了探地雷达的发展。但由于地下介质的复杂性和强的电磁衰减特性，电磁波在地下的传播比在空气中传播复杂得多，因此探地雷达在应用初期仅限于对电磁波吸收很弱的冰层、岩盐等介质中。20世纪70年代后期随着电子技术的发展及数字处理技术的应用，探地雷达的研究和应用范围迅速扩大。在国外，由世界上第一家专业研制探地雷达的美国 GSSI 公司推出了 SIR 系列探地雷达，随后比利时、意大利、英国、德国、瑞典及挪威的一些大学和科研机构相继推出了各种商用探地雷达产品。如意大利的 RIS-IIK 系列，瑞典的 RAMAC/GPR 系列，日本的 GEORADAR 系列，加拿大的 PulseEKKO 系列，俄罗斯的 LS-3、RASCAN-2、SPP 系列，英国的 SPRscan 系列雷达等。国内对探地雷达的研究起步比较晚，在引进国外仪器的基础上，我国自行研制的探地雷达在硬件设备、信号提取、处理及成像等方面取得了重大突破并开始应用到生产实践中，如中国电波传播研究所的 LTD 系列探地雷达，煤炭科学总院重庆分院的 KDK-3、4型矿井防爆探地雷达，中国科学院长春地理所的 SIZR 型探地雷达，东南大学的 GPR-1 型高频探地雷达，艾迪尔公司的 CBS-9000 和 CR-2000 探地雷达，大连理工大学的 DTL-1 型探地雷达，西安交通大学的无载波脉冲探地雷达，长江工程地球物理勘测研究院的相控阵探地雷达等。随着雷达系统分辨率和探测深度的提升，使雷达系统不但可以获得丰富的信息，也使薄层识别成为可能，因而其应用领域不断扩大，现已覆盖考古、水文地质调查、矿产资源勘探、岩土勘察、工程建筑物结构调查、无损检测、军事等众多领域，成为浅层勘探和无损检测的有力工具。

为了更进一步开展地质雷达用于隧道衬砌质量检测的精确性研究，很多学者进行了大量试验与数值模拟研究。

在国外，1985年美国最早采用线性调频脉冲雷达技术应用于隧道工程质量检测，对具有80年历史的纽约地铁隧道结构完整性进行了全面检测，取得了较好效果。Holub（1994）使用探地雷达对瑞士一段严重渗水的引水隧道进行了检测，查明了空洞和渗水部位，并经钻孔验证了检测结果。美国科研小组 Siggins A F，Whitely R J 在2000年就对配有 1400MHz 天线的地质雷达在检测精度及空洞和混凝土不密实等常见病害的反射特征方面进行了试验模拟验证和研究；Cardarelli E，Marrone C，Orlando L（2003）使用地震层析成像和探地雷达技术对意大利中部的一条隧道进行了探测，应用 200MHz 天线和层析资料分析围岩的弹性特性和不连续性，用 450MHz 天线探测松散区的范围，查明了岩石的碎裂和混凝土的废退是导致隧道不稳定、围岩坍塌的主要因素。

在国内，李大心（1994）、刘四新、曾昭发（2006）、粟毅（2006）等对探地雷达的数据采集、参数设置、资料处理和解释等进行了比较深入的讨论。王水强（1999）等结合工程实例探讨了不同探地雷达测量参数对数据采集效果的影响；西南交通大学于2000年对10座新建铁路隧道衬砌质量进行了探地雷达法探测的应用研究；李大洪（2000）根据探测距离与探地雷达的天线频率及分辨率的矛盾，提出了探地雷达天线频率选择的一些基本原则和相应措施；钟世航（2001）对探地雷达检测隧道的一些常见图像特征进行了分析，并提出提高探地雷达探测精度的措施；周黎明、王法刚（2003）研究了探地雷达检测隧道衬砌混凝土质量的应用效果，主要分析了除强度以外的混凝土密实性、脱空和厚度等，认为在注意雷达波速测取的情况下，衬砌厚度的精度能达到 2～4cm，并提出要想精确确定厚度必须做收发距的校正，但对于脱空区的波速无法测定，脱空高度确定不准确；李志顺（2004）对铁路隧道衬砌厚度及其所存在的空洞、裂隙和不密实带进行了探测，并经钻孔验证，同时论述了测线布置、天线类型选择、资料处理和判释依据；冯慧民（2004）、葛增超（2006）、杨缄鑫（2005）等都在探地雷达法隧道衬砌检测中做过研究与应用；黎霞（2008）研究了衬砌混凝土不同龄期和不同深度的介电常数，提出了衬砌混凝土的介电常数模型；倪章勇、史付生（2010）等均在理论基础上研究了衬砌背后空洞大小的计算，并对实际检测空洞进行了对比验证；杨文、陈屹林（2013）简述了地质雷达在检测隧道衬砌质量时存在的问题，为试验提供了很多经验；孙忠辉、刘伟（2013）等通过隧道衬砌地质雷达检测的正演模拟验证了衬砌中钢筋、钢拱架以及隧道不同填充溶洞的检测效果及反射特征；陈屹林（2013）通过二维正演数值模拟研究了衬砌背后不同形状（圆形、椭圆、矩形）空洞的地质雷达检测剖面图的波形特征；韩振中（2014）等通过多层实木板的三棱主体、袋装碎石模拟空洞和混凝土不密实的检测，研究了隧道衬砌空洞和混凝土不密实等病害的地质雷达波形图；杨艳青（2014）等通过检测模拟隧道衬砌背后积水的情况，对检测图像作出了分析；赵常要（2014）等对隧道衬砌背后空洞的雷达波组图的特征进行了分析。

探地雷达技术在世界范围内越来越受到重视，每年都召开一两次国际讨论会，并且不断扩充它的应用范围和应用领域。

2）瞬变电磁雷达法

瞬变电磁法历经近百年的发展，从美国科学家 L. W. Blan（1933）最早提出利用电流脉冲激发供电电偶极形成时域电磁场，到目前已形成了较为完备的系统，应用也很普遍。但在浅层瞬变电磁法研究方面，由于理论和技术上的许多困难，在国内外这一问题多年来一直处于搁置状态。20 世纪 90 年代中后期（1994～1998）美国国家自然基金会执行了一个专门的研究项目叫 "Very Early Time Electromagnetic System"，简称 VETEM 计划，由 Pellerin 等领导执行（Pellerin at al. ，1994、1995、1996、1997、2000 年计划）。该项目研究取得了突破性进展，研究成果形成了一种相对独立的 VETEM 方法。我国在 2004年，由吉林大学研制了具有自主权的 ATTEM 系统。这些研究推动了浅层瞬变电磁法的发展，在地下水、地热环境及工程勘察中有广泛的应用。

工程质量检测是浅层瞬变电磁法的一个比较新的应用领域，黄桂柏（2001）、高永才（2005）、董延朋（2006）、徐善杰（2006）等分别在埋地钢质管道腐蚀检测、地下隐蔽工程质量检测、桩基础钢筋笼长度等方面开展了大量的研究工作。笔者及团队在利用瞬变电磁法检测混凝土结构质量方面进行了长期大量的研究工作，基于浅层瞬变电磁法理论、瞬变电磁雷达技术、结构雷达天线及拟地震数据处理与显示，利用欠阻尼中心回线瞬变电磁效应检测混凝土结构质量及各种缺陷取得了好的效果。

3）冲击回波法

冲击回波法（Impact-Echo Method，也被称为 IE 法），是 20 世纪 80 年代由美国 Cornell 大学与美国联邦标准局共同提出并验证的一种混凝土无损检测技术。20 世纪末，B. H. Jaerer（1996）等在研究中，对应不同波阻抗反射界面存在两种性质的应力波，提出了相应的不同频率公式，并将冲击回波法用于检测具有后张法预应力管道缺陷的板状结构物及其动力响应特性。在国内，南京水利科学研究院、同济大学声学所、长江科学院等研究机构也分别对其在不同领域内的应用进行了一定的研究工作。冲击回波法专门应用于较厚隧道衬砌的检测。目前冲击回波检测厚度精确范围仅局限于 5～300mm，更厚的单层介质或双层介质检测仍存在较大难度，值得深入探究。

近年来，冲击弹性波法的技术和设备发展迅速，并在土木工程无损检测中得到广泛应用。其中，冲击回波法作为其代表方法之一，在混凝土内部缺陷检测中发挥了重要作用。该方法对材料的力学特性敏感，受混凝土内钢筋、含水量的影响较小，适合于隧道衬砌的质量检测。

目前冲击回波法的检测大多集中在对不同缺陷类型的检测，而对缺陷尺寸的大小可能造成的影响机制与程度尚缺少充分的研究。

4）其他新技术

（1）数字照相技术主要是利用数字相机或摄像机采集隧道表面图像，利用图像处理技术可以检测隧道渗漏水和裂缝。在数字照相检测技术方面，2007 年由 Masato Ukai 研制出针对隧道表面的监测设备。瑞士 Terra 研制出裂缝检测设备 tCrack，可以用于城轨隧道的裂缝检测，速度为 2.5km/h。我国在数字照相隧道检测方面，同济大学黄永杰、柳献等提出的盾构隧道渗漏水自动检测技术，可用于盾构隧道的定期检测。

（2）激光扫描技术采用激光测距原理进行三维数据的测量，其主要优势是能快速、高密度、高精度获取三维数据，即点云数据。三维激光扫描技术的系统精度与点云密度、检测移动速度、地面基站布设等均有关系，可根据前后检测的隧道结构三维数据进行对比得到内轮廓变形情况。

（3）通过激光打击回声判断衬砌内部及背后有无缺陷。由于手工打击作业效率低，劳动强度大，且安全隐患大，日本开发出了一种新技术——"激光打击声"。该方法是采用高强度脉冲激光照射隧道壁面，诱发混凝土共振，根据共振频率，判断混凝土内部缺陷。搭载在轨道车上，可以实现远距离、非接触式探测衬砌内部病害，但检测深度有待进一步提高。

（4）红外热成像检测新技术。通过探测器获取隧道红外热像图，由于渗水区域温度较低，在图像中可清晰辨认，用于检测隧道衬砌渗漏水。法国 HGH 红外系统公司研制的隧道检测系统具有激光扫描和红外热成像功能，可用于探测隧道裂缝、渗水、剥离等。

1.2.4 评价方法研究

土木工程结构可靠性方面研究源于 1946 年，由美国学者 A. M. Freu DenthaL 发表了《结构安全度》一文，首先探讨了结构可靠性设计的思想。此后，美国的 C. A. CorneL L 在 1967 年提出与结构失效概率相关的可靠指标 P，并用 P 作为一类统一的定量指标，判定结构安全度，并推导出了其二阶矩模式，1971 年加拿大学者 N. C. Lin D 在 C. A. CorneL L 的基础上，采用分离函数方式把 P 表达成方便于工程设计的分项系数形式，至此，结构可靠度方法趋近于实用。

而后，可靠性理论在岩土工程内得到进一步的应用，HooPer、Lumb、松尾捻等展开可靠性设计的相关工作，工作内容基础性强，即搜集土的性能统计性质的资料，并进行相应的研究；在 20 世纪 80 年代初召开的国际土力学及基础工程会议上正式宣布了可靠性设计。1984 年，松尾捻编著的《地基工程学》对诸多地下结构阐述了结合概率论理念。巴顿以约 200 座欧洲隧道资料为基础进行统计分析，提出了围岩分类和相应支护结构的建议。日本在大量分析隧道病害的基础上，提出了隧道病害的典型形式，并对隧道病害进行了分级，整理出了《隧道变异对策设计手册》和《隧道维修管理手册》等，为隧道病害的分类及治理提供了大量有益的参考，近几年组织进行了多项有关公路隧道长期安全性评价和维护加固对策的专题研究，在此基础上形成了《公路隧道维护管理便览》。

我国在地下结构的可靠性方面也进行了许多研究，并取得了大量的研究成果，特别是 1980 年以后，国内许多院校和相关部口都涉入地下工程、隧道工程可靠性问题的研究。关宝树教授（1989）使用数量化理论及模糊数学理论，提出隧道围岩分类的预测与判定标准；谢锦昌（1992）等率先用概率分布函数对隧道塌方高度与衬砌受载进行了拟合；张弥（1993）使用模型试验对隧道计算模式不确定性进行了研究。此后，王兵（1998）、景诗庭（2004）等都在地下结构可靠性方面做了一些工作。

目前，根据综合评价指标体系和权重的确定方法不同，常用的综合评价体系主要包括 5 类：层次分析法、模糊综合评价法、人工神经网络法、灰色系统评价法和专家评价法。权重的常用构权方法有：单准则 AHP 构权法（又称互反式两两比较构权法）、分配型判断构权法、环比构权法、直接构权法、函数生成构权法、方差信息构权法、熵权法、神经网络系统分析法（NNS）。

鉴于多指标综合评价方法及构权方法的多样化，加上隧道衬砌病害种类繁多且指标存在各种交互性、不确定性和模糊性，业界人士利用各种评价方法结合隧道衬砌的实际情况做了大量研究。

20 世纪 90 年代末，姜松湖、关宝树等开发了铁路隧道病害诊断专家系统，提出了隧道的健全度（即隧道功能的健全程度），基于可信度理论及模糊理论的健全度判定和措施决策中应用的推理理论，建立了健全度定量判定的层次结构模型；并且从衬砌开裂、衬砌厚度、空洞程度、仰拱的有无、衬砌材料的劣化等方面重点分析了衬砌的健全度评价。

关宝树（2004）的《隧道工程维修管理要点集》也对隧道病害的分类及对策作了详尽

描述，对隧道的安全性评价和管理维护加固提供了重要的指导作用。并且，目前各国加强了对建筑物的检查鉴定的立法、标准和规范的研究和编制。近几年建筑物可靠性鉴定的研究成果越来越多，出版了一系列具有丰富理论和实践经验的著作和研究成果。

S. W. Park（2006）等对韩国的30条铁路隧道病害情况及典型隧道病害成因进行了调查，提出了隧道衬砌结构技术评定的缺陷指标法（Defect Index Method），即主要的隧道衬砌结构病害（裂缝、渗漏水、衬砌混凝土劣化、衬砌表层脱落、衬砌剥离、衬砌混凝土粉化）最大缺陷评分为 26 分，隧道外部条件（排水系统、洞门、围岩环境、冻害情况）最大缺陷评分为 6 分，并以实际隧道衬砌缺陷值总数与隧道最大缺陷值（为 32）之比 F，将隧道衬砌结构技术状况划分为 A～E 级（A：F＜0.15；B：0.15≤F＜0.3；C：0.3≤F＜0.55；D：0.55≤F＜0.75；E：F＞0.75）。

Gong Li 等基于模糊综合评价方法研究了铁路运营隧道的安全性评价系统，主要从衬砌缺陷、衬砌病害、围岩等级、地下水状态和设备毁损 5 大方面，将指标层分为衬砌厚度、强度、背后空洞、回填不密实、基础不密实、衬砌渗漏水、衬砌裂缝、衬砌位移和变形、间隙不足、衬砌起层剥落、衬砌塌陷、道床损伤、仰拱或底板破坏、基床软化和翻浆、围岩等级、地下水发育、照明、通风、防火设施 19 个检测指标，并采用专家评价法确定了准则层及指标层的权重。

我国《公路隧道养护技术规范》中，将土建结构的检查工作分为日常检查、定期检查、特别检查和专项检查四类，其中将日常检查、定期检查和特别检查结果划分为 A、B、S 三级进行判定，而专项检查结果划分为 3A、2A、A、B 四级，并给出了相应的判定标准。

我国《铁路桥隧建筑物劣化评定标准 隧道》规定，采用劣化度的方法判定铁路隧道结构物的功能状态，并将铁路隧道劣化等级划分为 A、B、C、D 四级，其中 A 级又细分为 AA 级和 A1 两级，同时又将隧道病害分为隧道衬砌裂损、衬砌结构渗漏水、衬砌劣化三大类，并给出了不同类型病害的劣化标准和评定方法。

日本铁路隧道采用健全度指标将隧道的安全等级划分为 A、B、C、S 四级，A 级又细分为 AA、A1、A2 三级，并针对总体检查和个别检查两种检查方法，对外力、劣化、漏水、剥落等健全度的判定标准进行了介绍；日本公路隧道安全等级划分同铁路隧道一样，也是基于健全度指标的，在检查阶段，将隧道安全等级划分为 A、B、C 三级，而在调查阶段，判定根据措施紧急性的优先度将隧道安全等级划分为 3A、2A、A、B 四级，并根据经验将病害分为外力、材料劣化、渗漏水病害，并分别提出了外力崩塌、变形、开裂破损、错台、材料劣化、强度降低、钢材腐蚀以及渗漏水的判断基准。

德国铁路隧道设计、施工和养护规范（DS853）中的《人工建筑物的监控和检查规范》规定，用损坏数码 1、2、3 作为衬砌各个损坏和缺陷的评价尺度。

美国《公路和高速铁路隧道检查手册》中参照美国联邦公路局桥梁检查者培训手册中的 10 标度评定方法，将隧道状态按照 0～9 十级标度进行划分。

罗鑫（2007）建立了公路隧道健康状态诊断指标体系，研究了诊断指标体系中诊断指标的特点,采用乘积标度法、模糊理论和人工神经网络确定了指标层指标的标度权重,而后又结合模糊综合评价方法建立了公路隧道健康状态的模糊综合评价模型,并开发了相应的公路隧道健康状态诊断系统。

褚方平、夏才初(2009)等建立了多层次模糊综合评价模型,对模糊综合评价过程中指标集的建立、权重及隶属函数的确定方法、模糊算子的选取作了详细的阐述。吴江滨基于既有铁路运营隧道衬砌状态评估经验和相关隧道状态等级评定规范,采用衬砌厚度变化和衬砌围岩接触状态变化作为定量评价指标,通过层次分析法确定了各评价指标的权重,给出了两个评价指标的具体定量评定标准。

王华牢、许崇帮(2012)等依据公路隧道病害调查结果与隧道病害机理,建立了完整的公路隧道健康状态综合诊断指标体系,并采用改进的层次分析法——乘积标度法确定了各评判指标之间的相对权重,并结合隧道病害评判自身的特点,提出了新的适用于隧道健康评价的模糊运算法则。

杨建国(2011)等运用层次分析、物元理论、模糊集合论和信息熵理论建立隧道衬砌结构技术状况的熵权物元评估模型,并通过工程实例进行了分析。

张素磊(2012)对公路隧道衬砌主要病害(裂缝、衬砌背后空洞、厚度不足、强度不足)进行了监测统计,并用试验模型计算分析了空洞对结构安全的影响,同时依据灰色尖点突变模型和混凝土断裂理论研究了裂缝的稳定性;基于层次分析法的模糊综合评价法从裂缝、衬砌背后缺陷、强度不足、厚度不足、渗漏水、衬砌起层剥落、衬砌变位、钢筋锈蚀及保护层厚度 9 个方面建立了评价指标体系,将评价指标以分段的隶属度函数进行定量化评分;给出了先单元划分评分,再对隧道衬砌结构整体综合评分的具体思路。

1.3 存在的问题及发展趋势

隧道病害的研究已成为隧道工程师关注的热点问题,研究现状表明目前国内外隧道工程研究人员主要从隧道病害的检查与量测方法、隧道劣化机理分析、隧道病害分类与病害等级评定指标,以及隧道病害的维修整治技术措施这四个方面对隧道病害进行研究。

1.3.1 存在问题

1)在隧道支护理论方面

虽然随着科学的进步,支护理论已取得了很大的发展,但依然存在着理论认识和支护方法上的诸多问题。

(1)难于弄清围岩变形破坏的机理。只有充分而深入地研究围岩的变形机理,才能选择适当的支护时机、支护形式以及确定合适的支护参数。

(2)深埋隧道软弱围岩与一般隧道软弱围岩变形破坏特征不同,应采取适应于深埋隧道软弱围岩的支护对策。

（3）难于选取合理的支护参数。支护参数的选取直接影响着隧道的稳定性，对于锚喷支护参数的选取基本上采用工程类比法，当工程地质条件简单，此法基本满足要求。当地质条件复杂，则不能满足要求的，再加上目前隧道工程地质越来越复杂，相似实例很少，无法进行工程类比。

2）在隧道病害成因研究方面

隧道病害表观特征与病害成因具有紧密联系，且研究者已经根据实际的经验总结了若干病害现象与成因之间关系，并取得了宝贵的经验，但是由于隧道病害成因复杂，具有多样性和不确定性，尚需要根据病害现场分析结果或利用模型试验，进一步研究病害成因的基本规律。此外，还应结合目前实际病害检测结果和模型试验的结果，建立病害数据库与专家系统，进一步查明病害成因与病害现象之间的关系，并展开病害成因与病害现象的模式化研究。

3）在隧道病害数值模拟方面

在隧道结构-围岩接触类病害研究方面，目前已进行了大量工作，取得了许多丰硕的成果，不少学者根据病害检测结果建立相关计算模型并分析衬砌结构位移受力与安全性，得出了不少具有实际意义的结论。但是多数研究缺乏对缺陷病害结构力学模型的力学机理和建模方法的详细说明，而且大多针对某一特定围岩环境与病害特征的隧道，不具有普遍适用性。

（1）隧道病害计算模型大多数都是采用二维数值模型，忽略了考虑洞室的三维空间效应；洞室开挖施工方法对围岩稳定有重要影响，目前关于隧道病害研究的模型，很少有考虑施工方法因素的作用；围岩与衬砌支护结构的应力与应变状态是控制洞室整体稳定的重要指标，目前针对隧道病害的研究分析主要致力于衬砌结构轴力、弯矩及安全性分析，对衬砌与围岩应力-应变作用关系深入研究的不多。

（2）衬砌背后空洞作用机理的研究，已有学者指出空洞的存在改变了衬砌与围岩的"接触状态"，恶化了衬砌结构的内力和降低了结构的安全性，但并没有分析"接触状态"变化后对围岩与衬砌结构间相互作用关系的影响。其本质是围岩结构和衬砌结构间的相互作用和相互影响，是基于"围岩-支护特征曲线"的相互作用关系；研究的核心问题可归结为空洞的存在对地应力和作用在衬砌结构上围岩压力荷载的影响，以及衬砌结构的响应。国外已有个别学者认识到空洞临近范围围岩压力的变化，并做了数值分析和模型试验，但其研究是针对圆形截面刚性的室内模型，在起拱线和仰拱间的腐蚀空洞，且没有明确围岩压力重分布的特征和变化规律，仅仅是指出了这个现象，这对于理论研究和工程应用是远远不够的。另外，空洞的存在会引起地应力的改变，加速围岩的长期劣化，同时会导致空洞周边围岩的剥落而形成更大的空洞甚至小型垮塌，并形成地下水的积累和渗流，这些都不利于衬砌结构的稳定和耐久。可见，围岩压力的变化是空洞对隧道结构作用的最本质问题，需要开展系统的研究。

（3）衬砌背后空洞存在下衬砌结构安全性的计算模型研究。荷载结构模型具有概念清晰、计算简单、工作量小等特点，深受隧道工程师的欢迎。空洞的出现会引起围岩压力的重分布，改变了作用在衬砌结构上的围岩压力荷载，而目前尚没有明确的围岩压力荷载重分布特征和规律。况且，当前在计算衬砌背后存在空洞下衬砌结构安全性计算时，仅仅在规范荷载模式上去掉了空洞区的围岩压力荷载，没有考虑衬砌背后空洞对荷载模式的影响，这不仅影响了计算结构的精度，也限制了荷载结构模型在空洞存在下的应用。

（4）衬砌背后空洞与衬砌结构开裂的关联性研究。产生衬砌裂缝的原因往往是多方面的，有湿度变化、混凝土收缩、偏载偏压、衬砌背后空洞、衬砌混凝土自身缺陷等。而衬砌背后空洞，特别是位于拱顶和拱腰部位的空洞是隧道最常见的病害，空洞的存在引起了围岩压力荷载的变化，致使衬砌结构开裂。目前，尚没有开展空洞与衬砌结构开裂的关联性研究。

（5）因隧道工程的复杂性，结构计算过程中存在以下难点。

① 围岩的力学参数难以准确确定；

② 围岩自身承载能力不仅受限于围岩自身的性质，而且与施工方法、施作时间、支护形式、洞室几何尺寸等众多因素有关；

③ 围岩本构关系的复杂性和屈服准则的不完善性，使得无法合理控制围岩自承能力。

总之，荷载-结构法仅计算支护结构，而无法计算围岩的应力和变形。基于连续介质力学理论的地层-结构法，不仅可以计算支护结构的内力，也可以计算围岩的应力和变形。但由于该方法的影响因素众多，所能得到的解析解并不多，因此不得不依赖于数值方法或半数值半解析的方法。

4）在隧道病害检测方面

目前隧道结构病害检测存在的困难主要有：随着隧道工程数量的增加，日常检测工作量随之增加，但是可供结构病害检测的窗口时间非常有限；以数字照相和激光扫描为代表的隧道结构检测技术发展迅速，但是针对检测获取的海量数据缺乏病害快速提取方法；缺少能够同时检测多种病害的手段，尚未形成高效的隧道结构病害综合检测体系。

（1）隧道病害检测技术、方法、程序与制度的研究。深入的病害研究，离不开准确、有效的病害检测技术与方法，也离不开详细、严格的病害检测程序与制度，所以首先需要进一步发展隧道病害检测技术、仪器、方法、程序，以准确、详细测量隧道病害特征。隧道属于地下工程，具有半隐蔽性，病害检测仪器受到地下水、单面测量等不利因素的影响，检测精度不高，所以应结合隧道病害检测基本特征，发展新的病害检测仪器，或进一步提高现有仪器的检测精度，规范病害检测方法与程序，为病害成因分析、健康诊断奠定基础。此外，隧道围岩与衬砌相互作用情况比较复杂，衬砌围岩压力是关乎结构安全性的决定性因素之一，但是难以通过相关的试验测得，亦需展开相关研究。

（2）数据传输速度慢。隧道检测与监测范围扩大，精度提高，必然会增加数据量。传统的传输方法远不能满足海量检测与监测数据的传输，人工携带存储设备的方法速度慢，从而影响后续数据处理分析。

（3）人工识别效率低。采集的大量检测数据需要专门人员分析处理，不仅增加了人力成本，劳动强度大，而且检测结果受人为主观因素影响大。

（4）检测与监测体系不完善。检测与监测技术日益增多，一种检测手段可同时检测多种病害，对同一种缺陷或病害也有多种检测与监测手段。如何运用好这些检测与监测技术，充分发挥其作用，目前尚未形成完善的隧道结构病害综合检测体系。

5）隧道结构状况评定方面

病害分类与分级方法、分级标准是隧道健康诊断的基础，目前已经根据工程中的有关资料开展了相关的研究，提出了不同的分类方法，并针对多类病害提出病害分级方法和标准，且得到了广泛的应用。例如《公路隧道养护技术规范》（JTG H12—2015）中提出了变形、材质劣化、裂缝、渗漏水等多种病害的分级方法与标准。但是，目前的分级方法和标准发展尚不够完善，多种病害尚无法利用现有的方法加以有效的描述与表征，如钢筋腐蚀、衬砌剥落剥离等病害分级方法需要进一步研究。

目前隧道衬砌结构技术状况综合评定的已有研究主要存在以下问题：

（1）评定指标选取不合理。主要表现在选取的指标过多和过少，过多易造成指标间的信息重复，过少易造成指标不满足完备性条件，不足以描述衬砌结构的技术状况，另外，有些研究所选取的评定指标现场采集难度大，不易操作，所选取的评定指标意义不大。

（2）指标的量化标准不统一，各指标之间的判定难以统一化。目前多数评定方法仍然基于经验进行评定，各个体评定结果之间差异性较大，难以达成共识，缺乏量化的评定方法。

（3）评价方法不合理。目前，常用于隧道衬砌结构技术状况综合评定的方法有：加权综合评估法、模糊综合评价法、物元分析法、故障树分析法等评价方法，采用这些方法进行隧道衬砌结构技术状况的评定普遍存在不足之处，主要体现在评定指标合理权重的选取和综合评定的算法两个方面。隧道衬砌结构技术状况的综合评定是基于隧道内行车和行人安全性的评定，如果将各个指标进行权重综合计算，可能会淹没极端评定指标的信息，造成评定结果的失真。

（4）病害健康诊断方法的研究。隧道病害健康诊断方法在日本开展较早，国内铁路隧道部门也有相关研究，但多数研究是利用层次分析法和模糊数学方法进行的，是基于经验的方法。实际上，隧道健康诊断中一般应包含两个主要内容，一是隧道结构安全性能的诊断与研究，另外一个方面是隧道使用性能的诊断与研究，其中前者是后者的前提和基础，但是目前病害健康诊断大多缺乏隧道结构安全性分析与研究，所以病害健康诊断应综合结构安全性和使用性能两个方面的研究结果，然后通过病害分级方法，进行结构健康诊断。

（5）隧道安全性分析和计算模型的研究。病害的安全性研究应根据病害的几何与物理、力学性质，从病害的作用机理入手，建立隧道病害力学模型，在此基础上分析病害对于衬砌结构承载特征，并进一步计算病害对于隧道结构安全性能的影响，值得注意的是，并非所有病害都与结构的安全性能相关，所以应该根据病害安全分析需要，重新对病害进行分类与量化，以进行结构安全性分析。此外，病害安全性力学分析方法属于量化的方法，所以病害量化的参数应该能够准确标示病害特征，为建立力学模型奠定基础。

1.3.2 发展趋势

衬砌与围岩的相互作用问题一直是隧道工程稳定性的核心以及难点问题。目前广泛采用的方法有经验类比法和直接观测法。

（1）由于围岩岩体的非连续性和多变性，单纯应用一种数值分析方法有时不能完全满足计算要求。多种数值方法的耦合是研究的趋势，可以充分发挥不同数值方法的优点，提高计算速度和精度。多种学科交叉融合，比如人工智能的引入，也是未来的发展趋势。

岩体的破坏往往首先是沿结构面开始的，所以在块体单元中，如何用接触面来模拟裂隙的破坏过程，是块体单元法需要解决的一个关键问题，仅用接触面的应力和破坏准则来分析裂隙的破坏过程过于简单，远没有揭示裂隙岩体损伤至破坏的演化过程。此问题还没有很好地解决，尚需进一步研究。

离散介质模型仍将是岩石力学发展的一个方向，尽管目前还有很多问题没有得到解决，但它毕竟已从岩体结构分析出发，来研究岩体的变形及破坏规律，随着研究的进一步发展，其作用必将愈显突出。

因为岩体的复杂性，综合多门学科来研究岩体力学是一条很有效的途径，所形成的交叉学科将为我们打开更为开阔的视野。如节理岩体损伤力学就是损伤力学理论与岩体力学、工程地质学之间的交叉学科。块体单元理论与断裂损伤理论和实验研究的结合，应该是一个很好的方向。

（2）隧道传统设计方法主要包括经验类比法、荷载结构法、地层结构法和信息反馈法。主要侧重结构的安全，在围岩荷载、水压力取值以及岩体破坏机理方面，缺乏突破性进展，且较少涉及运营期的管理、维护等问题，诸如防排水系统维护更换、运营期突涌水等。同时，在投资上存在重建设期、轻运营期的现象。针对复杂及深部地层的隧道工程，急需建立考虑结构耐久性的隧道全寿命周期设计方法，将空间三维结构、物料特性、工艺设计与全寿命周期管理融于一体，实现高应力和高渗压作用下隧道结构的定量设计，开发耐腐蚀和耐疲劳等超高性能的混凝土材料，以适应复杂地层和深部地层的特殊地质环境和运营要求，并制定相应的标准和规范，使隧道在设计和建造阶段就充分考虑到全寿命的使用性能和要求。

（3）总结现有常见隧道病害无损检测方法和存在的问题。

① 继续对现有无损检测技术理论基础及影响因素进行深化研究。如探地雷达的电磁波在混凝土介质中的传播特性及传播影响因素有待全面深入研究。现有混凝土外加剂和配比与多年前相比已经有了很大变化，使用回弹法检测混凝土强度技术已经有了几十年的历史了，为减小检测误差，还需进行进一步试验研究。

② 无损检测方法种类多，涉及学科领域宽广，而随着科技的发展，无损检测技术在加强更新换代的同时，还应积极开拓新的无损检测方法，使得无损检测技术在数据处理上更高效、便捷，检测结果直观、智能，减少检测结果依靠人工经验判读所带来的误差等。

③ 目前国内尚缺乏既有铁路隧道专用病害综合检测车，有必要开展铁路隧道多功能

无损检测车的研发。国内研制的隧道病害检测车大多用于公路隧道上，而且没有得到广泛应用。例如国内大多数在建隧道在使用探地雷达进行衬砌质量检测时，通常借助装载机或者汽车临时搭载雷达天线进行检测，由于无法使得雷达天线密贴衬砌表面且很难保证雷达天线沿测线匀速直线运动，从而严重地影响了检测效果。为了降低检测车的使用成本，所研制的检测车要便于拆卸和安装，通用性强，可用于公路、铁路在建隧道以及既有隧道的病害检测。检测车还应具有检测多种病害的功能，同时具有病害检测自动识别程度高、检测精度和检测效率高、数据后处理速度快等特点，方便及时了解隧道裂缝等病害分布及发展情况。这一技术在国内的应用还有待进一步拓展，设备方面也有待进一步国产化。

④ 虽然探地雷达在隧道工程检测中应用得非常普遍，但其检测与解释基本都是应用二维技术。二维检测能检测到衬砌内不良病害的存在及定位，但对不良病害的形状、大小、空间形态难以提供更为准确的信息，也无法评价病害的危害程度，因此采用二维与三维相结合的隧道衬砌检测方法，二维检测确定病害的存在与否，三维检测评定病害的形态和范围，充分发挥二维检测的快速和三维检测的精确与直观，为实现探地雷达隧道衬砌检测技术由定性描述到定量应用开辟一条新的道路，对于隧道病害的评估及质量司法鉴定具有重要的意义。

（4）在隧道结构病害检测设备发展方面有如下几个趋势：

① 检测自动化，虽然目前病害检测仍以人工巡检、全站仪和水准仪人工测量为主，但是各类传感器和自动检测设备越来越多地应用于病害检测中，病害检测方式由传统的人工检测趋向于半自动检测和全自动检测；

② 检测实时化，由于传感器设备的发展和普及，特别是全自动监测设备（如预埋应力应变传感器、倾角传感器等），检测由定时检测趋向于实时监测；

③ 检测集成化，检测工具由单一病害检测仪器趋向于综合病害检测系统，可实现一种设备一次检测多种病害。如搭配数字相机的隧道综合检测设备或基于三维激光扫描的隧道新型检测设备。

自动化、实时化和集成化将是未来隧道检测设备发展的重要方向。传统人工＋设备的检测模式将逐步转化为设备自动检测，技术人员的主观判别将逐渐被自动化检测代替；而集成化的检测设备也必将成为未来隧道检测设备的发展趋势。

综合上述分析，可以看出病害检测、病害成因分析、病害分级与量化、病害安全分析、病害健康诊断、病害补强与加固等各个方面都是隧道病害研究的重要内容，各方面内容之间紧密关联，所以应加强各个研究方向的联系与相互促进。

参 考 文 献

[1] 赵勇，田四明. 中国铁路隧道数据统计 [J]. 隧道建设，2017，37（5）：641-642.

[2] 刘琴琴. 隧道围岩与支护结构的相互作用研究 [D]. 南京：南京理工大学，2010.

[3] M. A. Meguid, H. K. Dang. The effect of erosion voids on existing tunnel linings [J]. Tunneling and Underground Space Technology，2009，24（3）：278-286.

［4］ Mohamed A. Meguid，Sherif Kamel. A three-dimensional analysis of the effects of erosion voids on rigid pipes ［J］. Tunneling and Underground Space Technology，2014（5）：276-289.

［5］ 薛晓辉，张军等. 公路隧道衬砌注浆加固力学特性研究 ［J］. 公路交通科技，2017，34（4）：93-100.

［6］ 刘海京，夏才初，朱合华等. 隧道病害研究现状与进展 ［J］. 地下空间与工程学报，2007，3（5）：947-953.

［7］ 张顶立，张素磊，房倩，陈峰宾. 铁路运营隧道衬砌背后接触状态及其分析 ［J］. 岩石力学与工程学报，2013（2）：217-224.

2 衬砌与围岩接触类病害成因、危害

隧道作为承受地层压力、防止围岩变形坍落的工程建筑物。由于地层压力作用、温度和收缩应力作用、围岩膨胀性或冻胀性压力作用、腐蚀性介质作用、原建筑施工中人为因素的影响等，使隧道衬砌结构物产生裂缝变形和裂损病害，影响到隧道的正常运行。

隧道所受的地层压力的大小，主要取决于工程地质和水文地质条件及围岩的物理力学特性，同时与施工方法、支护衬砌是否及时、工程质量的好坏等因素有关。作用在支护衬砌上的地层压力，主要有隧道开挖后岩体变形产生的挤压力和塑性变形区的岩体滑移、松动产生的自重压力两种。

由于隧道施工的特殊性，在施工过程中容易留有质量缺陷。如衬砌支护厚度不足与衬砌背后空洞等，这些施工缺陷无论是在施工中还是在运营后都对隧道结构的安全性构成严重威胁。研究施工缺陷及其引起的隧道病害，有助于提高对施工缺陷问题的认识和警惕，为隧道工程避免和控制施工缺陷提供理论支持。

2.1　衬砌自身缺陷

隧道衬砌裂损的自然发展过程：隧道衬砌结构受力（轻微变形、移动）→局部出现少量裂缝（变形范围、变形量增大；移动部位、移动量增大）→裂缝宽度、密度增大，隧道净空变小（严重变形、移动显著增大）→隧道净空严重缩小、衬砌破碎、失去承载能力→局部掉块、失稳甚至拱坍墙倒。

衬砌裂损的发展一般有缓慢变化和急剧变化两个阶段，往往是交替呈周期性出现。

（1）节段衬砌没成环之前出现的裂损，在成环之后可能渐趋稳定。

（2）由于衬砌背后回填不及时造成的裂损，在回填之后可能渐趋稳定。

（3）因拆模过早造成的裂损，待竣工强度提高后可能呈相对稳定。

（4）由于围岩膨胀引起的裂损，当外荷条件发生变化，例如雨季地下水丰富，围岩软弱夹层软化而产生错动，季节冻融变化引起围岩冻胀与融沉，以及由于种种外因引起围岩变形，山体压力的大小和分布发生变化等可能使已呈稳定的裂损重新发展，或使完好的衬砌发生裂损。

2.1.1　衬砌裂损病害

现代研究表明，混凝土在未施加荷载以前内部已经存在裂缝及缺陷，其中一些是由于离析和泌水，特别是当骨料较大时尤为严重；一些是由于水泥本身的收缩造成的开裂；一些是水泥与粗、细骨料界面上的粘结裂缝，同时还存在着施工原因造成的空洞、孔隙及气泡等。而目前都把混凝土材料假设成各向同性的弹性体，因而衬砌混凝土的裂损可用线弹性断裂力学来加以研究。

线弹性断裂力学是断裂力学的一个分支，其研究对象是带裂缝的物体，研究其裂缝的扩展规律，并把研究对象作为理想的线弹性体。它认为材料断裂的标志是所受应力大于材料的应力强度因子或应变能释放率达到临界应变能释放率。

断裂力学认为，衬砌混凝土的破坏是由于微裂缝在局部应力下的扩展造成的，其破坏断裂分为三个过程：裂缝引发、裂缝缓慢生长、裂缝快速生长。

由于混凝土本身存在原始裂缝，在低压力作用下（混凝土应力不大于极限应力的50%），在混凝土内部微小局部区域内引发一些裂缝（裂缝<2mm），这些裂缝在低荷载作用下保持稳定，当荷载增加时，裂缝就开始增大、延伸、发展成为一个连续的裂缝体系，即在混凝土衬砌上出现长度较长的裂缝，衬砌出现裂损、轻微掉块，若荷载继续加大，裂缝将继续延伸，裂缝体系变得不稳定，导致衬砌断裂破坏。

2.1.1.1 裂缝分类

衬砌开裂是隧道工程最常见的病害之一，通过在运营中观测，发现裂损病害形态是多种多样的。常见的裂缝有单缝、双缝、环形缝、X 形缝、树枝斜缝、龟裂等。

1）按裂缝的走向分类

主要可分为纵向裂缝、斜向裂缝及环向裂缝三种，如图 2-1 所示。

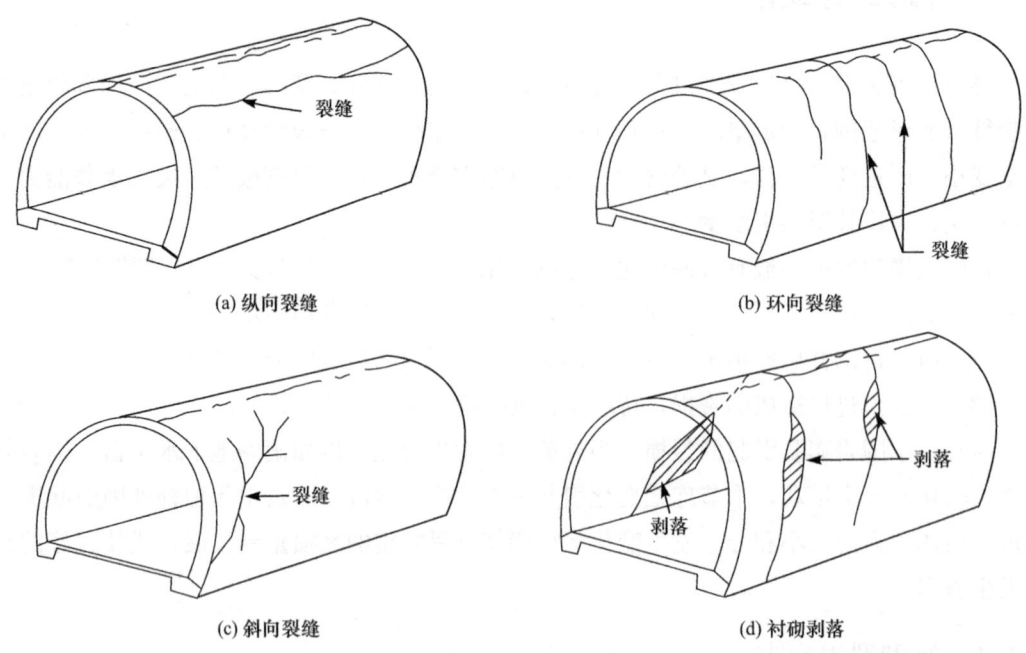

(a) 纵向裂缝   (b) 环向裂缝

(c) 斜向裂缝   (d) 衬砌剥落

图 2-1 衬砌裂损形式

（1）纵向裂缝

走向与隧道纵向轴线基本保持平行关系的裂缝成为纵向裂缝。相比于其他形式裂缝，纵向裂缝对隧道结构安全产生的危害最大。纵向裂缝的发展轻则引起拱顶塌落，重则引起整条隧道坍塌。

单线隧道出现的纵向裂缝多见于边墙部位，双线隧道出现的纵向裂缝多见于拱腰部位。当衬砌内出现纵向裂缝时，一般是因拱顶内缘受压导致内侧混凝土挤压衬砌开裂、衬砌局部出现块状，导致衬砌剥落掉块；衬砌结构拱腰部位内缘受拉张开；衬砌结构拱脚部位裂缝的产生则会导致衬砌的错动以致发生掉拱；当裂缝出现在衬砌结构边墙部位时，主要是由于衬砌结构混凝土内缘受拉张开而错位，使得整个隧道失稳。

（2）环向裂缝

环向裂缝走向与隧道轴线基本保持垂直，主要是因为结构的不均匀沉降所致，多发生于完整岩石地层与不良地质地带的交接处，或发生在施工缝、变形缝处。相对于另外两种裂缝，环向裂缝危害较小。

（3）斜向裂缝

斜向裂缝走向与隧道轴线夹角一般呈 $45°$，在边墙、拱部都有发生，主要是因为隧道衬砌结构受纵向力和环向力组合而成的拉应力而产生。斜向裂缝的危害一般大于环向裂缝而小于纵向裂缝，当多条斜向裂缝相交时，极易引起隧道衬砌掉块，在隧道病害治理时需谨慎对待。

根据已有统计资料，隧道裂缝以纵向裂缝最为常见，纵向裂缝方向大致与隧道纵轴线相平行，多数发生在拱顶和拱腰。纵向裂缝占裂缝总数的 $75\%\sim80\%$，其危害性比较大。衬砌剥落掉块，边墙折断等现象一般均是纵向裂缝发展严重而造成的。斜向裂缝和环向裂缝比较少，其中斜向裂缝占裂缝总数的 5% 左右，环向裂缝占裂缝总数的 $15\%\sim20\%$。见表 2-1。

某隧道衬砌裂缝情况调查表 表 2-1

序号	裂缝种类	裂缝长度的比例	裂缝部位	占裂缝长度的比例
1	纵向裂缝	78.3%	拱顶裂缝	3.9%
			拱腰裂缝	65.0%
			边墙裂缝	17.7%
			拱脚裂缝	13.4%
2	斜向裂缝	5.0%		
3	环向裂缝	16.7%		

2）按衬砌受力变形形态和裂口特征分类

隧道衬砌结构裂缝可以根据其受力变形特征和裂口特征划分为衬砌受弯张口型裂缝、衬砌内缘受挤压闭口型裂缝、衬砌受剪错台型裂缝及收缩性环向裂缝等四种，具体特征情况见表 2-2。

衬砌受力变形形态和裂口特征分类表

表 2-2

裂缝种类	变形形态与裂口特征
衬砌受弯张口型裂缝	常见拱腰部位、边墙中部，衬砌承受较大的地层压力作用，衬砌受弯向内位移，内缘拉应力超过混凝土的极限抗拉强度
内缘受挤压闭口型裂缝	常见在对应于两拱腰内移，发生较严重的纵向开裂；拱顶部位衬砌向上位移，出现闭口型纵裂。严重处拱顶内缘在高挤压应力作用下发生剥落掉块
衬砌受剪错台型裂缝	偶见拱腰部位衬砌裂缝，在其背后局部松动滑移围岩的推力作用下，沿水平工作缝较薄弱处，有一侧的衬砌变形突出，形成错台型错缝
收缩性环向裂缝	多见于隧道靠洞口地形，受气温变化影响较大，混凝土衬砌环向施工缝出现收缩性裂缝

（1）衬砌受弯张口型裂缝：衬砌由于受弯向内位移，内缘拉应力超过混凝土的极限抗拉强度而破坏。这种裂缝两侧边缘齐整，其张口宽度随深度渐小，一般为纵向裂缝，多发生在拱腰部位（图 2-2）。图中 δ 为裂缝宽度。

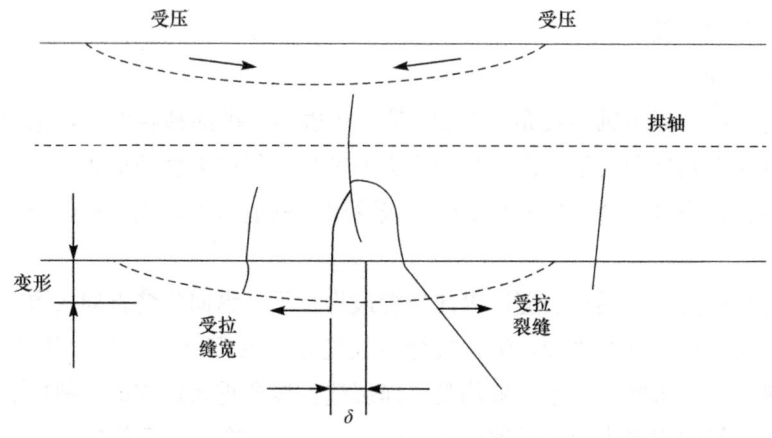

图 2-2　衬砌受弯张口型裂缝

（2）衬砌内缘受挤压闭口型裂缝：衬砌由于受挤压超过混凝土的抗压强度而破坏。表现为沿裂缝一定宽度的混凝土逐渐分层剥落掉块，一般开始时呈现鱼鳞状脱皮，逐步发展为掉块。这种裂缝常发生在对应于两拱腰发生较严重的纵向张裂内移地段的拱顶部位。出现闭口型裂缝时，衬砌常常向上位移（图 2-3）。图中 Δ 为变形量，b 为裂缝范围。

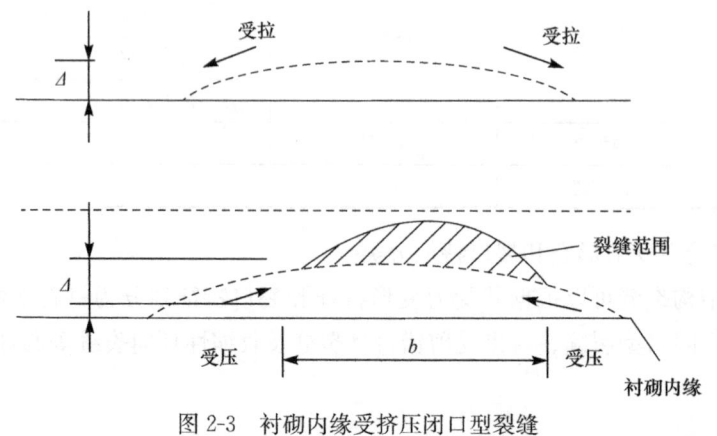

图 2-3　衬砌内缘受挤压闭口型裂缝

（3）衬砌受剪错台型裂缝：衬砌由于受较大剪切力而使混凝土被剪断。这种裂缝一般为斜向，多出现在拱脚和边墙上半部。用手垂直裂缝方向抚摸，有一侧的衬砌变形突出，有高低错台感（图2-4）。

（4）收缩性环向裂缝：多出现在隧道靠洞口地段，受气温变化较大影响，混凝土衬砌环向施工缝出现收缩性裂缝。

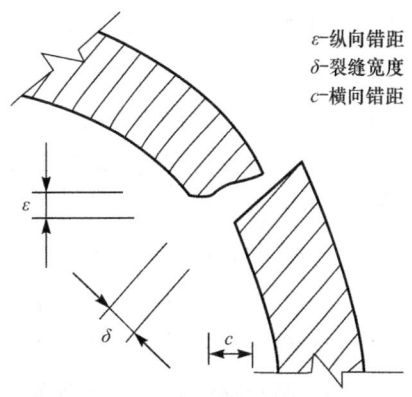

ε—纵向错距
δ—裂缝宽度
c—横向错距

3）按裂缝宽度最大值进行分类

隧道衬砌结构裂缝可以按照宽度最大值进行分类。世界道路协会《公路隧道手册》按照裂缝宽度最

图2-4 衬砌受剪错台型裂缝

大值，将预应力混凝土衬砌裂缝和非预应力混凝土衬砌裂缝分开进行了分级，前者划分为两种等级，后者划分为三种等级。《铁路工务技术手册》按照裂缝宽度最大值将衬砌结构裂缝划分为四级，相应的分级结果见表2-3。

衬砌裂缝分级标准表　　　　　　　　　　　表2-3

标准名称	裂缝宽度值（mm）	裂缝等级
铁路工务技术手册	≤0.3	毛裂缝
	0.3～2	小裂缝
	2～20	中裂缝
	>20	大裂缝
美国隧道手册非预应力混凝土	≤0.8	轻度
	0.8～3.2	中度
	>3.2	重度
美国隧道手册预应力混凝土	≤0.1	中度
	>0.1	重度

4）按裂缝开裂成因划分

隧道衬砌结构裂缝还可以按照开裂成因划分为温度裂缝、接槎裂缝、干缩裂缝和变形裂缝等四种，具体情况见表2-4。

根据开裂原因的裂缝分类表　　　　　　　　　　表2-4

裂缝类型	开裂成因
温度裂缝	温度裂缝因水泥水化时释放大量热能或环境温度急剧变化，混凝土内外产生大于本身约束力的温差应力而产生
接槎裂缝	施工缝、变形缝等的处理不当引起的裂缝
干缩裂缝	混凝土硬化伴随着水分蒸发散失和材料胶体干燥收缩变形，同时受到了结构围岩和混凝土模具的约束而产生应力，当应力值超过抗拉强度时，混凝土出现干缩裂缝
变形裂缝	外荷载作用产生，其中包括各种形式（如不同的围岩压力等）的荷载引起的裂缝

5）按裂缝开裂深度划分

隧道衬砌结构裂缝可以根据开裂深度划分为非贯通性裂缝和贯通性裂缝。贯通性裂缝贯穿整个隧道衬砌结构，容易成为隧道衬砌流水通道，从而引发隧道渗漏水、衬砌破坏等问题。非贯通性裂缝没有贯穿衬砌全部厚度，但其持续发育则会给隧道带来很高的风险。

2.1.1.2 衬砌裂损分布特点

了解和掌握衬砌裂损的分布特点，及早发现病害，及时采取对策。衬砌裂损的分布一般有以下特点。

1) 按纵向节段分布：

(1) 洞口与洞口段，特别是斜交洞门有偏压或边、仰坡不稳固的洞口段。

(2) 设有大型洞室的节段或各种洞室的接头处。

(3) 洞身穿过断层、构造破碎带、接触变质带、滑坡带等山体压力大且岩体不稳定的节段。

(4) 洞身穿过软弱围岩的节段。

(5) 偏压隧道没有采用加强衬砌或偏压衬砌的节段。

(6) 寒冷地区围岩有冻胀现象的节段。

(7) 衬砌实际厚度不足或竣工强度过低的节段。

(8) 施工中超挖过大没有回填或回填不密实及施工中发生大塌方的节段。

(9) 施工中已经发生裂损的节段。

2) 按横断面分布：

(1) 洞口附近及傍山隧道靠山侧裂损多，靠河侧少。靠山侧以拱腰、墙腰内缘张裂多，靠河侧墙顶压劈或墙脚张裂较多。

(2) 衬砌断面对称，实际荷载分布不对称的变形、移动和裂损的部位也不对称。

(3) 衬砌的变形、移动和裂损多沿施工期间出现过的裂缝和施工缝发展。

(4) 衬砌背后存在没有回填或回填不密实处则该部位易出现较大的移动和外鼓。

(5) 衬砌背后临时支撑未能全部拆除的，在支撑部位会出现较大的集中荷载，此处衬砌内缘易出现张裂和错台。

(6) 采用三心圆尖拱衬砌的隧道，易在拱腰、墙腰产生内鼓开裂，拱顶内缘压碎。

(7) 由于各种原因（如塌方、拱架下沉、施工困难等）衬砌厚度不足，则此处衬砌容易发生变形和裂损。

2.1.1.3 衬砌裂损成因

导致隧道衬砌开裂的主要原因：衬砌背后空洞、衬砌厚度不足、围岩处理不当和塑性地压 4 个因素。其中衬砌厚度不足即为衬砌减薄情况，而诸如超挖欠挖的围岩处理不当以及塑性地压又可以进一步归为衬砌背后空洞或者地形和地质偏压的原因。事实上，所有力学相关的裂缝成因中，隧道所处的围岩环境恶化以及施工质量问题的主要表现形式为衬砌背后空洞和衬砌减薄，另外隧道结构临近斜坡运动引起衬砌结构开裂、地震作用引起衬砌结构开裂、围岩挤压或挤出造成衬砌结构开裂、断层临近或穿过隧道结构引起开裂和地下水压引起的隧道结构开裂也可归为地形和地质偏压以及衬砌背后空洞这三种病害形式。

由于隧道穿越山体的工程地质和水文地质条件复杂多变，受修建时期的勘测设计条件限制，未能取得完整准确的地质资料，衬砌类型选择不当，使衬砌结构与实际荷载不相适应。在施工时，受技术条件限制或方法不当、管理不善，造成工程质量不良。

衬砌裂缝病因错综复杂，想要准确分析隧道裂缝产生的原因，难度大且伴随着一定程度的不准确性。实际施工中需要根据隧道建设过程中各方面的资料来对裂缝病因进行判断并采取相应的整治措施。通常来说，隧道衬砌结构裂缝病因可以分为：衬砌外力作用、设计因素、施工因素和材料劣化因素等。

1）地质因素

围岩变形、地质条件改变等会引起隧道衬砌结构承受荷载发生变化，力学因素是最为直观的裂缝产生原因，即当衬砌混凝土结构中的应力值超过一个额定范围，材料即发生开裂。

（1）松弛地压

松弛地压指隧道围岩发生松弛，不能与围岩其他部分结合在一起支撑自重而压在隧道结构上对衬砌产生的荷载，以垂直压力为主。围岩风化、地下水作用均会导致松弛地压随时间不断发展，施工或天然形成的衬砌背后空洞也会加剧松弛地压的发展。

松弛地压沿隧道纵向连续作用，导致拱顶沿隧道纵向产生张性裂缝，在拱肩处产生斜向裂缝和龟甲状裂缝。若隧道拱顶上方存在较大空洞，空洞上方围岩脱落时，衬砌承受其带来的冲击荷载，如荷载值过大容易引起衬砌崩塌。

（2）偏压

偏压指作用于隧道衬砌结构上的围岩压力显著不对称的状态。偏压成因有地形因素，如傍山隧道所处斜坡地貌、水坝渗水水位上升；有地质因素，如围岩层状岩体倾斜；还有工程因素（人为因素），如近接施工、施工中崩塌处回填不足。偏压荷载会导致衬砌断面轴向受压状态被破坏，即使很小也能引起衬砌张拉开裂。偏压所导致衬砌裂缝形态为：主动土压作用侧的拱肩产生纵向的开口开裂，被动土压侧的拱肩产生龟甲状开裂和斜向开裂，拱与墙接缝处产生错台，偏压作用的端部附近将产生斜向开裂和环状开裂。

（3）膨胀性土压

膨胀性土压指使隧道净空面积变小，而挤出的围岩作用于衬砌和支护结构上的土压，由风化围岩、围岩塑性变形和含黏土矿物围岩的体积膨胀引起。一般来说，膨胀性土压会随着时间长期增长，对衬砌结构产生很大的荷载。膨胀性土压在边墙或拱肩处引发水平开裂，在衬砌接缝处易引发错台，在拱背空洞处引发衬砌抬升并产生局部压溃。

（4）滑坡

构成斜坡的地表表层因地下水等而产生的滑动现象，或者随之产生的移动现象均称为滑坡，多发生于岩堆、第三纪的软岩地带、温泉作用的变质带、构造线附近的变质岩类地带，但一定与水有关。滑坡方向可能与隧道轴线平行、垂直或斜交，斜交可以看作前两者间的耦合。滑坡引起的隧道衬砌开裂走向基本与滑坡方向一致，平行型滑坡导致衬砌结构横向移动并引起纵向主裂缝，垂直型滑坡使隧道横断面被截断，产生环向裂缝。

（5）水作用力

水作用力一般指水压对隧道衬砌结构产生的作用力，同时在严寒条件下还需要考虑因水引起的围岩冻胀力。隧道结构通常不考虑水作用力带来的荷载影响，但当水压急剧上升时（如连续大雨积水渗透），隧道在水压作用下会达到极限平衡状态，因此衬砌拱部到边墙部分出现纵向裂缝和环向裂缝。严寒地区冻胀力引发主动土压力作用于衬砌拱的下部至边墙区域，而使拱顶附近形成被动压力区域，导致拱顶附近产生局部压溃，路面拱起。

（6）不均匀沉降

当隧道拱脚处承载力不足时，隧道会产生不均匀沉降，引起隧道衬砌开裂。隧道开裂有几种模式：隧道纵向不均匀沉降引起隧道边墙接地部位垂直开裂，并逐次产生环状裂缝；隧道横向不均匀沉降引起衬砌拱部纵向开裂；重力式或半重力式的端墙多采用与洞口部分离的结构，洞口部的承载力不足时，洞门端墙将前倾，洞口部的拱部将产生环状开裂，路面也会开裂。

（7）隧道结构邻近斜坡运动

衬砌裂缝特征与邻近斜坡运动方向有关，具体情形如下：

① 当隧道轴线与斜坡运动方向垂直时衬砌结构出现纵向裂缝；

② 当隧道轴线与斜坡运动方向平行时衬砌结构出现水平环向裂缝；

③ 当隧道轴线与斜坡运动方向呈一夹角时衬砌结构出现斜裂缝。

（8）地震作用

日本铁道技术研究所依据隧道调研结果和实验室模型试验结果指出，当由地震作用引起的落石和由于混凝土浇筑失误造成的衬砌背后出现空洞这两个原因相互作用时，衬砌结构出现环向裂缝。同时，同一地区持续余震的作用下，结构有可能出现钢筋暴露，混凝土脱落和渗水情况，并伴随衬砌结构开裂。

（9）围岩挤压

围岩挤压或挤出的程度与开挖时间相关，并且受到来自衬砌结构的限制。从而一些隧道衬砌结构会受到围岩的持续挤压力而发生向内的位移，并产生斜裂缝。此情形下裂缝形态可以是张性裂缝也可以是压碎型裂缝。前者是由混凝土衬砌结构拉弯破坏造成，而后者由压剪破坏造成。

（10）断层

断层直接穿过隧道结构会对衬砌造成很大影响。另外，由于断层带地质特点的变异性，衬砌结构所在围岩的力学特性会发生恶化。

（11）隧道所处的围岩环境恶化造成结构开裂

隧道结构所处的围岩环境会随着时间的推移而发生改变，其力学性能有可能发生退化，从而加大衬砌结构上的荷载，严重时将造成衬砌结构开裂。围岩环境恶化的原因主要有两方面：

① 在软弱岩层中由隧道开挖扰动引起的围岩力学性能退化；

② 隧道所处环境水文地质情况变异造成的围岩力学性能退化。

前者对地质材料属于短期的直接影响，而后者通过改变地下水流的方式使水文地质情况发生变异从而影响其受力特性。

2）设计因素

在进行隧道结构设计时，由于目前工程地质勘探技术水平有限，设计人员无法全面准确地掌握整个工程的地质水文情况，导致设计时对围岩等级分级结果不准确，进一步影响衬砌形式和材料的选择。施工时未及时纠错或将擅自变更正确设计方案，都会导致衬砌结构承载能力低于围岩荷载，导致衬砌产生裂缝。常见的设计问题有：

（1）隧道穿越膨胀性不良地质带时，没有使用曲墙式衬砌，也没有设置仰拱；

（2）隧道承受偏压荷载时，未针对偏压采用特殊措施；

（3）隧道穿越风化地质带时，结构的防水排水措施不当，隧道路基混凝土强度厚度设计均存在缺陷，引发隧道不均匀沉降；

（4）隧道穿越断层破碎带时，作用在衬砌上的围岩松弛应力较大，而未采取适当的措施加强隧道衬砌结构；

（5）据实际调查，对于抗拱腰拉裂和拱顶压裂，单心平拱比三心圆尖拱有利。

3）施工因素

在工程实践中，因施工工法实施不当、施工标准执行不严、施工管理不善且技术条件有限，容易导致衬砌产生裂缝。

（1）施工时对施工缝、变形缝未采取适当处理措施，导致与隧道衬砌环平行的环向裂缝产生；

（2）采用先拱后墙法施工的隧道，施工过程中隧道拱部支撑结构会出现下沉变形，衬砌拱部位置因此产生了不均匀沉降，导致拱顶和拱腰部位出现裂缝；

（3）施工时超挖或欠挖导致施作的混凝土衬砌与背后围岩无法密贴，存在一些空隙。这些空隙没有及时注浆回填，导致衬砌结构拱顶处在一定范围内存在空载而拱腰处承受大部分围岩荷载，这种"马鞍型"的受力状态会对隧道拱部衬砌安全带来危害，导致拱腰内移张裂、内缘受挤压、相应拱顶上移等常见衬砌病害产生；

（4）因混凝土配合比计量不准，砂石级配不好，振捣质量不佳，混凝土模板不平或清洗不净等因素导致衬砌混凝土质量不佳，产生蜂窝麻面等问题，降低了承载能力。

（5）边墙灌注混凝土前底部的破碎泥岩没有清除干净，遇水软化降低了边墙基底的承载能力，容易引起边墙下沉，导致灌注混凝土拉裂。

（6）施工工法选用和施工管理存在问题，施工时衬砌环不能及时封闭成环，例如二衬跟进施作偏慢，没有在最佳时间段开挖仰拱等，这些问题会导致初期支护变形值超出预设范围，进一步引发二衬施作厚度不足，衬砌结构承载性能降低等问题。

（7）施工材料质量引起的裂缝。混凝土主要由水泥、砂、骨料、拌合水及外加剂组成。配置混凝土所采用材料质量不合格，可能导致结构出现裂缝。

（8）施工工艺质量引起的裂缝。在混凝土结构浇筑、构件制作、起模、运输、堆放、拼装及吊装过程中，若施工工艺不合理、施工质量低劣，容易产生纵向的、横向的、斜向的、竖向的、水平的、表面的、深进的和贯穿的各种裂缝，特别是细长薄壁结构更容易出现。裂缝出现的部位、走向和裂缝宽度因产生的原因而异。

4）材料因素

（1）温度变化引起的裂缝

混凝土具有热胀冷缩性质，当外部环境或结构内部温度发生变化，混凝土将发生变形，若变形遭到约束，则在结构内将产生应力，当应力超过混凝土抗拉强度时即产生温度裂缝。在某些大跨径桥梁中，温度应力可以达到甚至超出荷载应力。温度裂缝区别其他裂缝最主要特征是随温度变化而扩张或合拢。

（2）收缩引起的裂缝

在实际工程中，混凝土因收缩而引起的裂缝是最常见的。在混凝土收缩种类中，塑性收缩和缩水收缩（干缩）是发生混凝土体积变形的主要原因，另外还有自生收缩和炭化收缩。

塑性收缩：发生在施工过程中、混凝土浇筑后 4～5h，此时水泥水化反应激烈，分子链逐渐形成，出现泌水和水分急剧蒸发，混凝土失水收缩，同时骨料因自重下沉，此时混凝土尚未硬化，称为塑性收缩。塑性收缩所产生量级很大，可达 1% 左右。

在骨料下沉过程中若受到钢筋阻挡，便形成沿钢筋方向的裂缝。在构件竖向变截面处如 T 梁、箱梁腹板与顶底板交界处，因硬化前沉降不均匀将发生表面的顺腹板方向的裂缝。为减小混凝土塑性收缩，施工时应控制水灰比，避免过长时间的搅拌，下料不宜太快，振捣要密实，竖向变截面处宜分层浇筑。

缩水收缩（干缩）：混凝土结硬以后，随着表层水分逐步蒸发，湿度逐步降低，混凝土体积减小，称为缩水收缩（干缩）。因混凝土表层水分损失快，内部损失慢，因此产生表面收缩大、内部收缩小的不均匀收缩，表面收缩变形受到内部混凝土的约束，致使表面混凝土承受拉力，当表面混凝土承受拉力超过其抗拉强度时，便产生收缩裂缝。混凝土硬化后收缩主要就是缩水收缩。如配筋率较大的构件（超过 3%），钢筋对混凝土收缩的约束比较明显，混凝土表面容易出现龟裂裂纹。

自生收缩：自生收缩是混凝土在硬化过程中，水泥与水发生水化反应，这种收缩与外界湿度无关，且可以是正的（即收缩，如普通硅酸盐水泥混凝土），也可以是负的（即膨胀，如矿渣水泥混凝土与粉煤灰水泥混凝土）。

碳化收缩：大气中的二氧化碳与水泥的水化物发生化学反应引起的收缩变形。炭化收缩只有在湿度 50% 左右才能发生，且随二氧化碳浓度的增加而加快。碳化收缩一般不作计算。

混凝土收缩裂缝的特点是大部分属表面裂缝，裂缝宽度较细，且纵横交错，呈龟裂状，形状没有任何规律。

（3）钢筋锈蚀引起的裂缝

由于衬砌混凝土质量较差或保护层厚度不足，混凝土保护层受二氧化碳侵蚀炭化至钢筋表面，使钢筋周围混凝土碱度降低，或由于氯化物介入，钢筋周围氯离子含量较高，均可引起钢筋表面氧化膜破坏，钢筋中铁离子与侵入到混凝土中的氧气和水分发生锈蚀反应，其锈蚀物氢氧化铁体积比原来增长约 2～4 倍，从而对周围混凝土产生膨胀应力，导致保护层混凝土开裂、剥离，沿钢筋纵向产生裂缝，并有锈迹渗到混凝土表面。由于锈蚀，使得钢筋有效断面面积减小，钢筋与混凝土握裹力削弱，结构承载力下降，并将诱发其他形式的裂缝，加剧钢筋锈蚀，导致结构破坏。

要防止钢筋锈蚀，设计时应根据规范要求控制裂缝宽度、采用足够的保护层厚度（当然保护层亦不能太厚，否则构件有效高度减小，受力时将加大裂缝宽度）；施工时应控制混凝土的水灰比，加强振捣，保证混凝土的密实性，防止氧气侵入，同时严格控制含氯盐的外加剂用量，沿海地区或其他存在腐蚀性强的空气、地下水地区尤其应慎重。

（4）冻胀引起的裂缝

当隧道处于低温严寒条件下时，隧道衬砌很容易受冻害而发生材质劣化。大气气温低于零度时，吸水饱和的混凝土出现冰冻，游离的水转变成冰，体积膨胀 9%，因而混凝土产生膨胀应力；同时混凝土凝胶孔中的过冷水（结冰温度在 $-78℃$ 以下）在微观结构中迁移和重分布引起渗透压，使混凝土中膨胀力加大，混凝土强度降低，并导致裂缝出现。尤其是混凝土初凝时受冻最严重，成龄后混凝土强度损失可达 30%~50%。这些问题都会导致混凝土衬砌强度降低，进一步导致衬砌混凝土表面剥落病害发生。

（5）地下水的影响。隧道围岩中存在的地下水，有的成分对衬砌有害，尤其是酸性地下水。它们直接或间接接触衬砌内部或表面，都可能使衬砌劣化、强度降低等。

（6）经年劣化。衬砌混凝土的材质性能会随着时间流逝而逐渐降低，这成为混凝土的经年劣化，通常认为混凝土碳化是经年劣化的主要成因。混凝土碳化会降低自身的密实性且对钢筋造成一定程度的腐蚀，从而导致混凝土强度降低，衬砌结构可能因此而产生裂缝。

2.1.1.4 衬砌裂损稳定性分析

完好的隧道衬砌是以隧道全长或一个节段为整体，属于空间结构。因此，分析衬砌裂损的稳定性时，要对整个节段作全面分析。一般认为衬砌裂损的稳定性总是与已开裂的截面（或称裂面）的应力状态和稳定性相联系的。下面就对衬砌裂损的分布特点、稳定性问题进行探讨。

1）衬砌裂面的应力状态与稳定性

已开裂的衬砌截面的应力状态与稳定性依其裂损的基本形态和裂损程度而异。

（1）衬砌张裂

① 弯曲受拉或偏心受拉开裂。无论裂面是否贯通整个衬砌，另一边缘必有受压应力，因为混凝土的抗压强度远大于抗拉强度，所以当受拉边缘部分截面强度已失去承受拉应力的能力时，受压边缘的部分截面强度仍能承受一定的压应力，该截面可以形成塑性铰。因而，当裂损继续发展而受压边缘的压应力未超过竣工体的弯曲抗压极限强度以前，该截面仍有一定的承载能力，裂面不会失去稳定。

② 轴向受拉。全部截面发生应力超过竣工体抗拉强度极限，截面没有承受拉应力的能力，如裂损继续发展，该裂面即丧失稳定。例如，墙基下沉，边墙下部被拉断而随着下沉。

41

（2）隧道衬砌压裂

① 弯曲受拉或偏心受压开裂。衬砌内缘受压，外缘受拉，往往是外缘先出现张裂，当张裂即将贯通衬砌时，受压边缘也因为应力已达抗压极限而发生劈裂，随着劈裂区的扩张，劈裂区与外缘拉裂缝连通。该裂面已经处于不稳定状态，不能承受开裂前出现的最大荷载，并导致衬砌变形加大。

衬砌变形大到一定程度，作用在衬砌上的实际荷载大小和分布情形随之发生暂时有利的变化，使衬砌暂时出现新的平衡。这是极限状态的平衡，如果荷载重复产生不利的变化，这种平衡状态即被破坏。

② 轴向受压。轴向受压时，全截面均受压，当两边缘出现一定的压劈区，该裂面会立即失去稳定。失稳后的情形与偏心受压相同。

（3）隧道衬砌剪裂

① 弯曲受剪开裂。当裂面在前述弯曲受拉或弯曲受压的同时产生错动，则属于弯曲受剪。这种情形，裂面已贯通衬砌，只要错距仍在一定限度内，截面内必有受压区存在，当受压区没有完全被压碎就能够承受一定的偏心压应力，裂面仍没有完全失去稳定。如裂损继续发展，受压区的压应力完全超出其抗压极限时，该裂面不能再承受任何应力而立即失去稳定。

② 直接受剪开裂。这种裂面均已贯通衬砌，故其承受直接剪力已经丧失，但当错距不大、缝宽微小，如果裂面同时有较大的轴向力作用时，仍存在一定摩擦抗力，不会完全失去稳定。

（4）隧道衬砌环裂

隧道衬砌出现收缩性环向裂缝，一般对衬砌结构正常承载影响不大。

2）衬砌碎裂块体的稳定性

一个裂面的失稳，只能表示该截面已失去承受外力和抵抗变形的能力。如果衬砌是整体浇筑，则不会引起衬砌掉块。只有多个裂面相互交叉才能把一个整体的衬砌分割成大小不同的块体。要判断已碎裂的竣工块体能否在自重和外力作用下产生滑移、错动、坠落，可用隧道爆破后危石鉴定的方法，也可以用以下方法判断分析。

（1）裂损衬砌截面外缘已经发生张裂，碎裂的块体坠落的可能性较大。

（2）裂损衬砌截面的形态要素变化大或块体的周边裂面之一存在下沉和错牙，则块体已经处于不稳定状态。

（3）衬砌裂损变形属于内鼓（拱顶下沉、底拱上拱、边墙底拱腰内鼓等），此时该变形既无支撑杆承受，又无被动抗力抵抗，在荷载继续增加时裂损必然恶化。

（4）如果块体周围裂面都已失去稳定条件，则该块体随时可能脱落。

3）衬砌裂损的整体稳定性

一个块体的塌落可以使衬砌留下一个空洞但不一定能使整个衬砌坍塌。然而，衬砌被分割为碎裂的块体后，因为出现了一定数量和产状的失稳裂面，一定数量和部位的块体脱落，会导致衬砌的一部分失稳，继而引起整体失稳。因此，裂损衬砌的整体失稳可从以下

方面判断:

(1) 衬砌开裂或错台长度大于 10m,宽度大于 5mm,且变形继续发展,拱部开裂呈碎块状;

(2) 拱顶压溃范围大于 3m²,衬砌有可能剥离、剥落,落下块体大于砖块的;

(3) 滑坡滑动使衬砌移动加速,衬砌变形、移动、下沉发展迅速者,则砌体变形或移动速度大于 10mm/d。

4) 衬砌裂损对运营的危害

(1) 降低衬砌结构对围岩的承载能力;

(2) 拱部衬砌掉块,影响行车和人身安全;

(3) 使隧道净空变小,侵入隧道建筑接近限界的地方,影响超限货物列车安全通过;

(4) 裂缝漏水,造成钢轨扣件锈蚀和道床翻浆,还可能影响接触网的正常使用;

(5) 隧道铺底和仰拱破坏,造成基床翻浆、线路变形,影响行车安全,造成列车运行速度降低,大量增加养护维修工作量;

(6) 在运营情况下对隧道衬砌裂损进行整治,施工与行车互相干扰,施工困难,费用增大。

2.1.2 衬砌强度不足

造成衬砌混凝土强度不足的常见原因有两个方面:一是混凝土原材料的质量差;二是未严格按照配合比施工及施工工艺不正确。

1) 原材料质量差

混凝土是由水泥、砂、石、水、外加剂按一定比例拌合而成的,原材料质量的好坏与否直接影响到混凝土的强度。

(1) 水泥

水泥质量不好是造成混凝土强度不足的关键因素,主要包括强度低和安定性不合格两个方面。原因有两个:一是水泥出厂质量差。实际工程应用时水泥的 28d 强度试验结果尚未测出,当 28d 水泥实测强度低于原估算值时,就会造成混凝土强度不足;二是水泥熟料中含有过多的游离氧化钙或游离氧化镁,由于掺入石膏过多而造成。安定性不合格的水泥所配制的混凝土表面虽然无明显的裂纹,但强度极度低下。

(2) 石子

石子质量不好包括石子强度低、体积稳定性差、石子形状与表面状态不良。在混凝土试块试压时,有时会发现石子被压碎了,这说明石子强度低于混凝土的强度,导致混凝土实际强度下降。有些由多孔燧石、页岩、带有膨胀黏土的石灰岩等制成的碎石子,在干湿交替或冻融循环作用下,常表现为体积稳定性差,而导致混凝土强度降低。针片状石子含量高影响混凝土强度,石子表面光滑则无法与水泥砂浆很好地结合,也会影响混凝土强度。

(3) 砂子

配制混凝土用砂子的粗细程度按细度模数分为粗、中、细 3 个等级,配制混凝土宜优先选用中砂。砂子质量的好坏可用细度模数、含泥量、泥块含量等几项指标来评定。其中含泥量、泥块含量对混凝土强度影响最大。这是因为泥块遇水会呈现浆状，胶结在一颗或数颗砂子表面，在混凝土中与水泥起着隔离作用，从而影响了水泥与石子的粘结力。

（4）外加剂

外加剂造成混凝土强度不足的原因有两种：一种是外加剂本身质量有问题；一种是外加剂组成配比不当。外加剂本身有问题主要是指混凝土外加剂材料过分追求降低价格以次充好。外加剂组分配比不当指在防冻剂中，防冻组成数量不足；在缓凝减水剂中，缓凝剂的用量过大；在早强剂中，早强成分剂量过大。以上情况都会影响混凝土的 28d 强度。

2）未按照配合比施工及施工工艺不正确

混凝土配合比是决定强度的重要因素之一，其中水灰比的大小直接影响到混凝土强度，其他如用水量、砂率等也影响混凝土的各种性能。常见的造成混凝土强度不足的现象如下。

（1）用水量过大

比较常见的有搅拌机上加水装置不准确；不扣除砂、石子的含水量，甚至为了方便施工在浇筑地点任意加水。防治这一现象除了对水严格计量外，还应根据现场当时砂、石子的含水率，将试验室配合比换算为施工配合比，而按试验室配合比施工是不正确的。

（2）外加剂掺量不准确

普通型减水剂，如木质素磺酸钙、糖钙等掺量过大是最常发生的掺量不准确现象。超掺严重时，会造成对混凝土强度的永久性不足，值得注意的是，掺量少也会使 28d 强度达不到要求，但长龄期强度仍可达到空白混凝土强度。

（3）其他原因

例如：外加剂使用不当；砂石计量不准确和水泥用量不足；搅拌不佳、时间过短造成搅拌不均匀；因模板问题造成的水泥浆漏失；养护不当，如早期缺水干燥、冬期受冻等原因都会造成混凝土强度不足。

3）混凝土强度不足造成的后果是混凝土抗渗性能降低，耐久性降低，构件出现裂缝和变形，承载能力下降，严重者会影响到建筑物正常使用甚至造成安全事故。

2.1.3 衬砌厚度不足

导致初期支护厚度不足缺陷的原因有很多，其中大多数是由于在隧道施工期间，施工单位的技术与设备参差不齐，另外还有一部分施工单位偷工减料不能严格按照设计要求进行施工等，从而造成初期支护混凝土喷射厚度不足；对初期支护厚度不足的危害认识不清，在不处理欠挖的情况下为确保二次衬砌厚度，私自减薄了喷射混凝土厚度；工艺与工法落后，作业环境空气污浊，人为减少喷射混凝土数量；另外，由于设计围岩级别分界线里程与开挖时的具体围岩状况有差异，实际开挖时未能及时作出调整，则会因为围岩变形而导致实际开挖面比相应围岩级别的设计开挖断面小，初期支护就出现厚度不足情况。

隧道工程中初期支护厚度不足与衬砌背后有空洞是常常联系在一起的，初期支护厚度不足降低了衬砌支护对围岩变形的约束能力，围岩在洞室开挖后变形及应力释放得不到有效限制，出现围岩过度松弛，将产生严重后果；衬砌结构在厚度的减薄部位将会形成结构薄弱面而出现应力集中现象，致使隧道衬砌结构承载能力的下降，造成隧道结构产生较大的变形，这样不仅侵占了建筑限界和行车限界，也会引起围岩弹性抗力的大小和位置出现改变；另外，当初期支护厚度不足的情况比较严重时，隧道衬砌甚至会发生断裂、塌落等灾难性后果，严重影响隧道结构的安全性。

初期支护厚度不足对隧道结构作用的表现形式有：会引起拱顶位置上鼓与衬砌内缘压裂、掉块等；造成隧道宽度缩小；由于侧压增大使边墙、起拱线附近的拱肩出现开裂、错缝、错动；拱顶压溃；隧道高度缩小；背后空洞没有回填压注或压注不足时会使拱顶产生水平开裂、错缝；边墙背后留有空洞会使隧道拱顶缩小；拱顶出现水平开裂与错缝。

1）衬砌厚度不足的成因

充分了解和认识隧道二次衬砌厚度不足的严重性和危害性及其处治的特殊性、困难性，通过广泛和细致深入的调查研究，下面从设计和施工两方面分析隧道衬砌厚度不足的成因。

（1）设计方面

① 部分工程项目为降低工程造价，在断面设计时，Ⅲ～Ⅴ类围岩未设置预留变形量，施工又要满足设计建筑限界要求，由于围岩变形嵌入二次衬砌限界，施工时二次衬砌厚度只能小于设计值。

② 为降低工程造价，设计对防水卷材材料要求不高，防水材料的柔韧性直接影响其与围岩的贴附程度，防水卷材不能紧贴支护围岩，造成局部二次衬砌厚度小于设计值。

（2）施工方面

施工质量不理想是造成隧道二次衬砌厚度不足的主要原因，主要有围岩开挖光面爆破效果不好、施工过程人为因素、技术因素三个方面。

① 围岩开挖光面爆破效果不好

光面爆破不够完善，造成隧道开挖轮廓凹凸不平，围岩超挖部分衬砌变厚，而局部欠挖又侵入衬砌；初期支护喷射混凝土没有把凹凸面补平，平整度达不到规范要求。

② 施工过程人为因素

A. 发现围岩欠挖，而事后未能妥善处理，造成局部衬砌厚度偏薄。

B. 由于初期支护没有及时跟进，围岩变形量过大，超出设计预留变形量，嵌入二次衬砌限界内。另外，在及时支护的情况下，由于支护效果不理想，没有及时变更设计加强支护，围岩变形量过大。

C. 在拱顶混凝土施工出现堵管，现场人员在未仔细分析的情况下即认为已经泵满，停止混凝土泵送造成二次衬砌厚度不足。

D. 用输送泵泵送混凝土时，拱顶面的混凝土在输送过程中把部分空气密闭在狭小的空间内，混凝土振捣不到位，不能把大量的空气气囊消除，造成拱背留有空隙，引起厚度不足。

E. 初期支护锚杆外露过长，没有进行切割处理，致使防水板不能紧贴围岩导致二次衬砌厚度不足。

F. 防水板安装时未预留足够的松散系数，致使局部紧绷，混凝土泵送压力不能促使防水板与初期支护紧贴导致衬砌不足。

G. 现场技术管理人员对现场衬砌实际需要的混凝土数量不清，提供混凝土用量的不真实数据，造成搅拌站停止搅拌，实际衬砌在未注满的情况下停止。

H. 施工班组为降低工程成本，主观上存在偷工减料行为，通过调整衬砌台车标高，减小衬砌厚度。

③ 技术因素

A. 由于施工测量放线发生差错，放样轴线偏位或开挖断面局部点位不准确，造成围岩超欠挖，引起衬砌厚度不足；衬砌台车就位测量放样不准，造成台车偏位或标高错误引起衬砌厚度不足。

B. 混凝土施工配合比水灰比偏大、混合料坍落度大、混凝土振捣不密实，混凝土自重下沉；混凝土收缩徐变，造成留有空隙，导致厚度不足。

2）衬砌厚度不足的影响

研究表明，围岩对二次衬砌结构施加主动荷载，而衬砌底部基底对结构存在约束。通过有限元程序 ANSYS 分析得出：同一断面由于部位不同，二次衬砌结构厚度不同，通常拱部的应力和位移变化要大一些，而且发现二次衬砌厚度变化对位移的变化影响较大，位移的变化从拱部向边墙逐渐减小，随着二次衬砌厚度的增加，隧道的竖向位移减少，在局部不平整的地方有较大的位移。

因此厚度不足的地方，在衬砌内形成了多处薄弱面，这些薄弱面受混凝土收缩、温度变化等综合作用而开裂，形成不规则的斜向和竖向裂缝。此外，衬砌厚度不足往往伴随拱背脱空现象，脱空部位容易形成水囊，随着时间推移，导致隧道渗漏水病害。

当隧道二次衬砌厚度不足时，衬砌不足部位刚度减弱，弯矩减小，但相邻部位弯矩增大。二次衬砌拱顶和拱腰位置弯矩较大，如果这两个部位衬砌厚度不足，最容易产生病害。拱顶内侧最大拉应力增加较快，尤其当拱顶衬砌厚度不足时，拱顶混凝土拉应力成倍增长，当拉应力增加超出相应标号混凝土的极限抗拉强度后，相应部位出现裂缝；拱腰部位衬砌厚度不足时，拱腰内侧的压应力明显增加，厚度不足处形成压应力集中，容易造成衬砌结构破坏。此外，二次衬砌厚度局部不足容易造成拱顶下沉的病害。

2.2 衬砌背后脱空病害

衬砌背后脱空已成为隧道主要质量缺陷之一，且是隧道病害的主要诱因，根据《公路隧道施工技术规范》（JTG/T 3660—2020）的规定，喷射混凝土施工质量控制标准对于空洞检测的规定值是"无空洞、无杂物"。但是实际施工及验收过程中，由于各种原因使得隧道衬砌背后脱空普遍存在。

2.2.1 脱空病害成因

脱空的成因主要可分为：设计理念、施工质量以及运营期的维护管理三大方面。

1）设计理念

我国早期修建的隧道大多数采"先拱后墙"的施工工艺，在隧道修建过程中，先浇筑拱部衬砌结构、后浇筑边墙结构，在浇筑边墙衬砌时容易造成隧道拱部混凝土下沉，使得衬砌与围岩间存在不接触及脱空的现象，形成衬砌背后脱空。

2）施工质量

施工质量是衬砌背后脱空存在的主要原因。常见的施工质量缺陷造成衬砌背后脱空的情况主要有超挖回填不密实、二衬浇筑时泵送压力不足、混凝土回落及收缩、过早拆模等。衬砌背后脱空如图 2-5 所示。

图 2-5 隧道衬砌背后脱空

（1）超挖部分回填不密实

采用钻爆法开挖的隧道，由于炸药量、炮孔间距、深度等控制不好，往往造成超挖现象，超挖部分应按设计要求回填，实际施工过程中，施工单位为节省成本，往往采用废渣、石块、泡沫、干草等不满足要求的杂物进行回填，甚至对超挖部分不进行处理，而后在表面喷射薄层混凝土加以覆盖，回填不密实势必会造成衬砌背后脱空的存在。

（2）防水板挂设松弛度不合适。防水板如果挂设太松，在混凝土浇筑过程中会因挤压形成褶皱，褶皱之间会留下空隙；防水板如果挂设太紧，会造成防水板与初支面之间留下空洞或因压力太大撑坏防水板。隧道防水板施工主要使用热风枪焊接热熔垫圈。施工作业时，热量过大会焊伤防水板，甚至烧穿防水板，热量偏小则焊接质量差，容易脱焊。两者都易造成防水板挂设的粘结力不足。

（3）泵送压力控制不良

在二次衬砌施工过程当中，由于输送泵传送混凝土质量不合格及施工过程中对抽拔泵送管操作不正确，拱部混凝土浇筑不到位，混凝土冲顶不满等原因，拱顶、拱腰处的混凝土常常很难达到饱满密实，导致模筑混凝土的厚度达不到设计要求，从而产生了不同尺寸、不同形状的空洞。

（4）混凝土收缩及自重回落

浇筑隧道拱顶、拱腰部位二次衬砌混凝土后未能及时浇筑隧道边墙底部，边墙在产生竖直位移的同时会导致拱顶、拱腰混凝土沉降，受重力作用，拱顶、拱腰衬砌混凝土严重脱空，形成空洞现象。混凝土在浇筑过程中振捣不密实，浇筑完成后附着式振动器振动时混凝土下沉产生空洞。难以精确掌握混凝土用量及冲顶时混凝土泵的压力，或者混凝土浇筑过程中未振捣密实和混凝土本身发生收缩和徐变，浇筑完成后混凝土受自重下沉，导致拱部混凝土灌注量不足而形成拱部局部空腔。

（5）二衬封端模板拼接不严，尤其是拱部端头模板拼接不密实，存在漏浆、跑浆现象。模板支架下沿部位的土体疏松未加固稳定，以致使顶部模板过度沉降，受重力作用，拱顶、拱腰衬砌混凝土严重脱空，形成空洞现象。

（6）过早拆模

施工单位为了赶工期，往往在衬砌混凝土强度未达到拆模要求的混凝土强度时拆除模板，输送泵的泵管拆除过早，混凝土掉落形成漏斗。此时，由于衬砌混凝土强度较低，导致衬砌下沉而产生脱空。

（7）拱顶注浆管理设不规范。二衬混凝土浇筑时注浆管堵死导致拱顶回填注浆无法施作，二衬拱顶的脱空得不到填充。

（8）施工期间对原材料的使用把关不严：水泥未按质量要求购买、混凝土水灰比过大、砂粒粗细不一、隧道内通风不充分和温度差等都会使混凝土凝固不能满足要求，重力作用致使衬砌混凝土产生下沉脱空而产生空洞。

（9）在超挖或发生坍塌时，设置如石棉瓦、木板等隔离物，从而形成典型的人为脱空。

（10）采用低端头回填灌浆孔进行灌注时，形成了增压气囊或未确认灌注是否密实就终止了灌注，从而造成高端头脱空。

3）运营维护管理

隧道竣工投入运营后，在行车扰动及外荷载作用下，围岩应力场受到扰动，进一步恶化脱空周边围岩的受力性能，引发脱空区域扩大或产生局部坍塌现象；另外隧道运营过程中出现的裂缝、渗漏水等现象未及时进行处理，也使围岩-衬砌间接触状态恶化，可见，运营养护和管理方面存在的缺陷是隧道衬砌背后脱空发展和病害产生的基本诱因。

2.2.2 脱空病害危害

1）脱空对支护结构的影响

围岩、初支和衬砌之间依次较紧密接触是地下结构区别于地面结构的主要特征。但脱空改变了隧道支护结构的整体性及围岩与初支、初支与衬砌之间本应较紧密接触的受力状态。

按传统设计理念，在将松散压力视作荷载时，沿结构连续分布的地层抗力对支护结构受力具有重要影响，因此在进行脱空情况下的松散压力计算时，应考虑一定的冲击荷载作用；按新奥法设计理念，复合衬砌尤其是初支与围岩共同变形、共同承载，因脱空带来的结构不连续接触状态会改变复合衬砌和围岩的约束变形状态，也会对结构受力产生重大影响。

2）脱空的发展和危害形式

围岩与初支不连续接触即初支背后有空洞（简称初支脱空），使其背后相应区域的围岩失去约束或前期无约束，自由变形使松弛区和塑性区几乎不受约束地扩大、积累，导致不连续接触边界附近的初支承受更大的荷载，增加破坏概率，当松弛围岩积累到阈域时则可能脱落、坍塌或作用于承担主要前期荷载的初支结构上，从而引起初支变形增大或破坏；初支与衬砌不连续接触（简称衬砌脱空），则使围岩-初支体系施加于衬砌的荷载不连续，同样引起衬砌类似的变形增大或破坏，只是由于结构的设计承载能力余量和初支的过度承载，延迟和减缓了危害发生的时间和程度；初支脱空和衬砌脱空的叠加则使隧道变形增大或破坏的时间提前，危害程度增大。

脱空危害的常见形式有：初支或（和）衬砌后支护系统崩溃导致隧道坍塌，松散荷载导致拱部支护碎裂和（或）十字形开裂，形变压力导致拱部沿型钢架环向或纵向开裂、压溃和掉块，支护变形侵限，以及衬砌开裂位置漏水等。如图2-6所示。

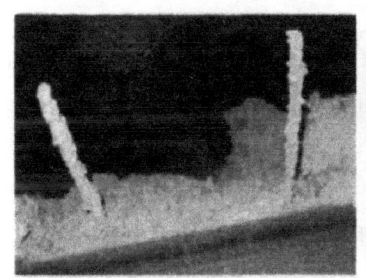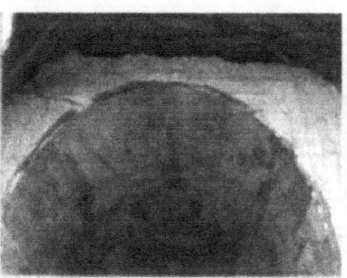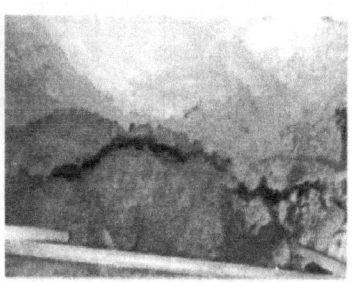

(a) 初支超挖脱空　　　　(b) 衬砌悬切板脱空　　　　(c) 初支收缩脱空

图2-6　脱空危害形式

2.3　衬砌背后空洞病害

根据《公路隧道施工技术规范》及《公路工程质量检验评定标准》等相关现行规范的规定，原则上隧道建成验收时不允许衬砌背后存在空洞，围岩土体应与隧道衬砌结构密实接触。但在实际工程中，由于各种主观和客观因素的影响，隧道衬砌背后普遍存在空洞缺陷。由于空洞处的围岩无法产生足够的抗力，从而使衬砌结构承受非对称的复杂荷载作用，这是导致衬砌结构产生开裂的主要原因。并且，空洞如果超过一定尺寸，当空洞处围岩出现突发性坍塌时，掉落的岩块会造成衬砌开裂甚至衬砌整体失稳破坏。可见，衬砌背后空洞的存在对衬砌结构安全、隧道的防渗等方面有较为严重的影响。

2.3.1 初支背后空洞成因分析

隧道空洞是隧道结构体系内部的缺陷，可能产生于隧道交付运营之前，也可能产生于隧道运营过程之中。隧道衬砌背后空洞破坏了围岩与支护体系之间的原有平衡关系，导致隧道结构受力不均匀并产生局部应力集中现象，在一定条件下导致隧道结构发生变异。衬砌背后空洞的形成大多与隧道工程所在区域的不良工程地质情况有关，工程区不良地质情况对空洞的产生常常起到推动的作用，同时现场施工状况与施工工艺的情况也是空洞产生的重要影响因素。一般来说衬砌背后空洞产生的原因大致有以下几种情况。

（1）爆破控制不当导致超挖进而形成空洞

山岭隧道的开挖由于工程地质的原因及开挖爆破控制的不当往往产生超挖，超挖易导致空洞。在有节理裂隙发育地段进行爆破开挖时，由于节理裂隙之间存在断裂及填充物导致围岩完整性遭到破坏，围岩变得松散不完整，开挖时极易导致超挖。

（2）水流冲刷及隧道渗漏水的因素

目前我国多数山岭隧道采用"以排为主，排堵结合"的防水设计原则，在地下水的冲刷中，会带走部分的泥砂，进而在隧道衬砌背后形成空洞。隧道发生渗水或涌水时，喷射混凝土不能立即堵塞渗水，在地下水压力作用下初步成型的喷射混凝土容易产生变形，在变形的混凝土后会形成空洞。

（3）塌方造成衬砌背后空洞

在围岩级别较差的地层中修建隧道时，隧道开挖施工期间围岩土体容易出现不同规模程度的塌方，如对塌方处治不彻底，塌方部位极易产生空洞。

（4）岩溶作用引起的空洞

我国南方的一些岩溶地区，不同形状、规模和填充介质的溶腔广泛存在于岩石地层中。在此类地层中修建隧道时，部分岩溶腔体在隧道施工过程中被揭露出来，如果处治不当很容易留下空洞；部分未被揭露出来的隐伏溶腔随着时间的推移，在水和空气的化学溶蚀作用下不断扩大，直至与隧道结构连通。这是岩溶地区隧道衬砌背后产生空洞的主要原因。在岩溶地区隧道衬砌背后产生空洞的几率更大，隧道面临的客观自然环境更加恶劣。

（5）地下水的动力侵蚀

地下水在流动过程中可对流经的土体产生破坏作用，能够将松散堆积物中颗粒细小的粉砂、泥土带走，使岩土结构变松，孔隙扩大。在黄土发育地区，地下水的动力冲刷对地层的破坏作用更为明显。

鉴于目前大多数山岭隧道采取"以排为主，排堵结合"进行隧道防排水系统设计，对于黄土地区修建的隧道而言，在地下水的长期动力冲刷作用下，隧道结构体周边的泥土极易流失进而形成空洞。

（6）养护不当或不及时

隧道交付运营后，由于养护管理水平不足，不能及时对新生空洞进行有效治理。在长期的列车振动以及地下水的动力侵蚀作用下，新生空洞区域附近围岩强度不断降低，最终造成空洞周边区域围岩塌落，进而形成更大范围的空洞。

2.3.2　初支背后空洞的危害

空洞的形成并非偶然的，一旦形成后将对隧道衬砌结构产生诸多不利影响。因其具有高度隐蔽性，初期难以发现，而一旦危害显露，则说明已经对隧道衬砌结构产生破坏。其危害性表现具体如下。

1) 恶化"围岩-支护"关系

根据围岩与支护结构相互作用的机理可知，一个理想的支护结构应该具有能够与围岩密实接触的特性，以保证支护结构与围岩成为一个完整的整体。在密实接触状态下，一方面支护结构对围岩能够提供比较均匀的径向约束力和切向约束力，改善围岩应力状态，促进围岩稳定；另一方面作用在支护结构上的围岩压力也比较均匀，不会出现应力集中或局部偏压现象，保证了支护结构受力状态良好。

隧道衬砌背后空洞的存在恰好破坏了围岩和支护结构之间的良好受力状态，恶化了"围岩-支护"相互作用关系。隧道衬砌背后空洞造成衬砌结构局部区域不能与围岩有效、密实地接触，对于衬砌结构与围岩来讲，二者均处于不利的受力状态。从衬砌对围岩作用的角度看，衬砌的作用除了提供必要的承载能力外，更为重要的作用是约束围岩变形，充分发挥围岩的自承载能力，促进围岩稳定，而空洞的存在造成空洞邻近区域围岩失去支护结构的约束，空洞区域围岩因自由变形而发生松动，在车载、重力、水压等作用下容易失稳塌落冲击衬砌；从围岩对衬砌作用的角度来看，衬砌与围岩接触密实时，衬砌结构在承受围岩压力作用的同时，也受到来自围岩的地层反力作用，约束着衬砌结构的变形，使衬砌结构处于良好的受力状态，而空洞的存在使得理论上对衬砌有利的围岩弹性抗力不再存在，衬砌结构易发生外挤变形。

使衬砌背后围岩变得松散，围岩压力发生改变。当空洞产生后，空洞与衬砌相接触段之间的良好接触状态发生改变，此处衬砌实际与围岩发生脱空，不再承受围岩压力。同时，空洞的存在使得此段衬砌背后围岩压力形成重分布的现象，而设计衬砌时是依照围岩完好时进行计算设计的，一旦应力状态发生改变，若产生严重应力集中的情况，即便设计人员会考虑到突发情况而进行偏安全的保守设计，也可能使衬砌产生变形甚至破坏。

当空洞所处地段围岩完整性较差时，松散接触的岩石有可能发生脱落，进而使空洞的体积增大，或可引发重大隧道灾难。

2) 引发隧道结构病变

衬砌背后空洞这种隧道结构内部缺陷，虽然不直接构成衬砌结构的病害实体，但能间接导致衬砌结构发生其他病变，潜在的危害性巨大。

(1) 衬砌结构的开裂与压溃

衬砌背后空洞的存在使得围岩无法产生充分的地层反力约束衬砌结构，在围岩压力作用下衬砌结构向外侧挤出变形。当挤出变形较大时，衬砌结构的内侧面将受到严重挤压而产生剥落掉块，外侧受到张拉而产生严重的开裂现象。

（2）降低衬砌结构的承载能力

由于衬砌结构没有地层反力的约束，在围岩压力的作用下衬砌结构向围岩侧发生挤出弯曲变形，使衬砌结构提前进入开裂或压溃状态。

（3）造成围岩的松弛塌落甚至隧道崩塌

任何级别的围岩都有一个极限变形值，超过这一极限形变值，围岩的粘聚力和摩擦角都会急剧下降，隧道空洞邻近区域围岩土体的坍塌正是遵循了这一机理。隧道空洞的存在使得衬砌结构无法对空洞区域围岩形成有效约束，空洞区域围岩在自身重力、车辆振动荷载、水力侵蚀等作用下变形不断累积增大，直至超出其极限变形值发生松弛塌落。如若衬砌背后空洞较大，隧道结构在塌落围岩土体的巨大冲击作用下，很容易造成隧道结构的突然性崩塌，国内曾发生多起隧道突发性崩塌事故。

松弛地压的含义是指围岩松弛，以致不能支撑其自重作用下衬砌上的荷载。由于空洞引起松弛地压，衬砌结构拱顶处会出现沿隧道纵向的开裂。围岩松弛现象会随着时间逐渐发展，主要是因为隧道中行车震动、围岩自重等因素，综合现有研究成果，空洞处松弛地压产生的原因有下几点：

① 衬砌背后存在空洞，引起风化，使土体节理面结合强度大大降低。

② 空洞的存在使砂质围岩中细颗粒沿空洞产生的通道流失，以致围岩粘结力下降。

③ 衬砌背后空洞进一步引起围岩松弛，衬砌混凝土结构产生较大的弯曲应力，其承载能力下降。

④ 空洞导致衬砌结构劣化：空洞所导致的松弛地压作用在隧道结构的部分区域时，结构上会产生半圆形等复杂形状的开裂，更严重时可能会产生错台等病害情况。隧道结构的变形在崩塌前能够目视确认，因此对于隧道结构的开裂应给予足够的重视，避免发生崩塌。

（4）空洞引起隧道偏压

衬砌背后空洞是导致隧道发生偏压的重要原因，偏压发生时，其附近的衬砌也会发生相应的开裂，作用的压力左右不同，一侧拱肩附近是主动压力，使得另一侧的断面上抬形成被动压力。同时，若拱肩处存在接缝，偏压会产生错台现象，主动压力作用侧的拱肩产生侧向的开裂。偏压作用的起点和终点附近产生纵向、环向开裂。

3）导致其他病害

隧道衬砌背后空洞会使衬砌结构的部分区域产生应力集中和挤出弯曲变形现象，导致衬砌结构外侧易受拉发育生成裂缝，衬砌结构内侧因挤压产生压溃剥落掉块现象。在富水地区或雨季开裂产生的衬砌裂缝容易引起渗漏水次生病害，流动的水流又会带走衬砌背后部分疏松的泥砂，从而造成衬砌背后形成更大范围的空洞。可以说衬砌背后空洞、衬砌结构裂损和渗漏水病害三者相互影响、互为制约。其中衬砌背后空洞是产生其他病害的诱因。

参 考 文 献

［1］ 应国刚. 衬砌背后空洞对隧道结构体系安全性的影响机理研究［D］. 北京：北京交通大学，2016.

［2］ 梁敏. 隧道二衬脱空原因分析及防治［J］. 铁道建筑，2014（6）：95-97.

［3］ 王立川，周东伟，吴剑等. 铁路隧道复合衬砌脱空的危害分析与防治［J］. 中国铁道科学，2011，32（5）：56-63.

［4］ 姜宁. 衬砌背后空洞对隧道衬砌结构安全性的影响研究［D］. 烟台：烟台大学，2016.

［5］ 张顶立，张素磊，房倩等. 铁路运营隧道衬砌背后接触状态及其分析［J］. 岩石力学与工程学报，2013，32（2）：217-224.

［6］ 张素磊，张顶立，刘胜春等. 基于对应分析模型的隧道衬砌病害主成因挖掘［J］. 中国铁道科学，2012，32（2）：54-58.

3 衬砌与围岩接触受力计算

隧道设计理论的形成经过了一个漫长的发展过程，人们从大量的工程实践中总结经验教训，直到 19 世纪随着科学技术的发展，才慢慢形成自己的理论体系，从而对隧道的设计与施工进行指导。

3.1 隧道设计理论的发展

在隧道计算理论形成的初期，由于人们对地上结构物的设计比较熟悉，所以隧道设计依照建造地上结构物进行设计，隧道（洞）多以砖石材料为主，采用木材为主要支护材料，采用增加施工步的方法进行施工。基于安全性能的考虑，二次衬砌的设计厚度都是远远大于结构安全性能要求的。隧道衬砌的设计主要是依照设计拱形桥来对比的，大部分考虑来自围岩的荷载，没有计算围岩的约束作用和对衬砌的支反力，忽略了围岩对隧道衬砌结构变形的约束。人们经过大量的工程实践，不断总结，不断实践，逐渐认识到围岩和支护体系的作用关系，即围岩对支护体系具有反作用力，能够约束支护体系。在长时间的摸索中，隧道工程界逐渐对隧道开挖过程中围岩和支护结构的受力特点有了认识，在之后的设计过程中开始考虑围岩对隧道衬砌结构本身的支撑作用和约束作用。1950 年代，随着计算机技术的出现和快速发展，及其在岩土力学和工程结构等领域的应用，大大推动了上述学科的发展，隧道计算方法得到了快速的创新发展。由于连续或不连续介质力学和非线性问题的理论分析取得了较大突破，有关隧道的围岩介质特性、围岩自稳能力及与隧道支护结构相互作用的研究都得到了发展。隧道设计理论的发展是一个渐变的过程，大致总结为七个阶段。

（1）刚性结构阶段

20 世纪之前世界各地修建的地下工程和地下设施 90％以上都是依靠建筑材料的承压性能而修建的拱形结构。砖石和一些素混凝土砌块虽然具备较好的抗压性能，但是抗拉性能却非常差，建成的建筑结构工程存在大量的施工接缝，遇到地震等自然灾害非常容易断裂垮塌。为了维持结构相对较好的稳定性，那个时候的地下工程（隧道和地下洞室等）开挖断面都相对较大，经过多层的砖石砌块支护之后，有效减小了结构因受力产生的变形。因而在隧道工程中将隧道衬砌作为刚性材料承受上层围岩压力进行计算的压力线理论最先被提出而得以发展。

压力线理论解决的前提是将隧道的支护结构看作大量的分散块体单元组合而成的整体

拱结构，拱结构周围的地层压力是它所受的主动荷载，当拱结构在主动荷载的作用下达到极限平衡状态时，拱结构由于受到主动荷载，将会达到极限平衡状态，这时可以将拱形支护结构视为绝对刚体组合而成的三铰拱静定体系。

由于是三铰拱，所以铰的位置假定和三铰拱桥的位置相似，分别处于拱顶和两侧墙底，这样一来利用静力学理论就很容易确定它的内力。只要假设了压力线在拱结构内部的分布位置，则结构内部任意横截面上的内力也就可以确定。由于假设的压力线与实际的压力线往往不能重合，一般情况下为了结构的安全，假设的压力线产生的内力都大于实际压力线产生的内力，造成较厚的衬砌结构。

（2）弹性结构阶段

在 19 世纪末，由于新材料的出现，如混凝土和钢筋混凝土材料，以及新材料在工程中的广泛应用，使隧道衬砌结构的稳定性及整体强度大大增强。此后，原内力计算采用的压力线理论也被具有弹性的连续拱形框架代替。根据静定结构力学方法计算弹性连续拱形框架内力，主动的地层压力作为主要受压荷载。由于其设计方法的理论缺陷，与实际情况不相符，没有考虑隧道周围土体对衬砌结构的约束作用。但该方法比之前的方法有了较大的进步，到目前为止仍在特定地质条件的隧道设计中使用。

（3）假定抗力阶段

该方法将隧道衬砌视为弹性材料，衬砌结构受到外部压力时将产生弹性变形，并受围岩的支撑反力作用。进行衬砌支护结构的内力计算时将不再简单按照之前的弹性结构来考虑了，而是引进了新的假设——考虑围岩对隧道衬砌的约束作用，即与变形相协调的弹性抗力。隧道结构的计算理论也随之往前迈出了重要的一步。

康姆烈尔在 1910 年首先将假设"弹性抗力呈直线分布作用于刚性边墙上"应用于整体式隧道结构计算当中。康式计算方法将拱圈看作支撑在固定铰支座上的无铰拱，将整体式结构的边墙和拱圈单独进行计算。

1922 年休伊特（Hewett）和乔纳森（Johannesson）最早在圆形隧洞研究中应用了弹性抗力方法，将支护结构发展为弹性抗力环之内。根据隧洞各处变形量的大小，大致可以认为弹性约束为梯形并确定其大小。

上述假定抗力法也存在一些缺点，主要是将围岩抗力的估计值定得过大，这样设计出来的结构安全系数过小。为了隧道衬砌结构的安全性，在隧道结构设计过程中采用将安全系数提高的方法，一般取为 3.5~4.0，使安全性得以保障。侏罗博夫和布加也娃在 1934 年根据结构的变形曲线特征假定了一段圆弧式的抗力图模型，将结构周边底层的沉陷与结构抗力紧密联系起来。该法与其他方法不同之处在于将直墙式和曲墙式两种不同形式的衬砌边墙和上面的拱圈结构视为一个整体，假设看作是一个直接支承在围岩上的尖形拱，其内力利用结构力学基本原理确定。因为这种方法根据变形特征假定了围岩弹性抗力是如何分布的，再与弹性变形协调的具体要求相结合确定量值，比前两种方法更为合理。

（4）弹性地基梁阶段

由于假定反作用力法对反作用力的形式考虑存在较大的随意性，人们不得已开始研究把边界墙视为弹性地基梁。隧道的边墙是支承在基地和侧壁上的二维弹性地基梁，用该假定形式对隧道的内力进行计算。

达维多夫在 1934～1935 年间首先提出了弹性地基梁理论是局部变形理论，1956 年纳乌莫夫又将其发展成为侧墙（指直边墙）按其局部变形弹性地基梁理论计算的隧道计算法。弹性地基梁理论的最早应用是在 20 世纪 30 年代的苏联，当时苏联在地铁设计中应用弹性地基梁理论考虑局部变形的圆环隧道衬砌结构内力的计算。该方法出现之后没过多久，协同作用下的变形弹性地基梁理论也开始出现在隧道的设计计算中。

1939 年达维多夫发表了基于共同变形作用下的弹性地基梁理论确定整体式隧道内力的方法。奥尔洛夫在 17 年之后的 1956 年，在前人的基础上独具匠心地用弹性理论更深入地探讨了基于共同变形作用下的弹性地基梁理论来计算隧道内力。1964 年，杜德克颁舒尔茨针对圆形隧道衬砌结构，将切向和径向两个方向上的变形影响和共同变形理论糅合，作了系统的分析。按照共同变形理论计算的优点，是根据地层的物理力学特性，并考虑地层之间的相互作用，使局部变形理论变得更具体。

（5）解析方法阶段

随着对隧道的认识进一步深入，工程师们重新考虑了围岩的作用，将围岩和隧道视为一个共同受力的整体。进入 20 世纪，随着连续介质理论的发展，应用连续介质力学理论来解决隧道支护结构内力的方法逐步被广泛应用。

费道洛夫将水工隧道作为弹性材料，得到了水工隧道受水压力的弹性解；温德耳斯和施密德研究获得了基于连续介质力学的隧道弹性解的计算模型；缪尔伍德对圆形衬砌结构的解析解进行了简化；随后柯蒂斯深入研究了缪尔伍德计算方法，并在此基础上进行了延伸；塔罗波和卡斯特罗纳德在圆形地下洞室支护结构的弹塑性解；樱井春辅、柯蒂斯和塞拉塔基于各种流变模型对多种地下工程介质开展了地下工程结构的粘弹性分析，主要涉及圆形隧道结构。我国学者也对弹塑性和弹粘塑性本构模型进行了大量的研究工作。针对圆形隧道分析理论的发展状况，以同济大学为代表的研究单位基于围岩和衬砌支护结构的位移协调变形条件，研究出了圆形隧道的粘弹性解和弹塑性解的计算方法对圆形隧道分析理论进行了发展。Duddeck 和 Erdman 发表了采用数值解析法进行隧道支护设计的有关论文。Schmidt 在实际的隧道施工工程中，采用不同假定进行解析计算，从而进行对比分析。

（6）数值方法阶段

应用连续介质力学来对隧道结构进行分析，要得到明确的数值解几乎是不可能的，在数学上现阶段还没有取得多少成果，仅在特殊形式的断面如圆形洞室取得了一些科研成果。20 世纪 60 年代以来，伴随着岩土工程本构模型关系的发展和现代化计算机技术的应用和推广，有限元数值计算方法在隧道工程中开始登上舞台，甚至主导了发展方向。1966 年 Deere 和 Reyes 在地下圆形洞室的结构设计中应用德鲁克-普拉格屈服准则开展了弹塑性分析。1968 年 Zienkiewicz 在不受围岩拉力状态下深入讨论了隧道的变形和受力，提出了初始应力释放法用以确定隧洞受到的围岩压力的大小。1977 年，威特基（Wittke）研究了隧道所处的地质情况和施工方法对开挖界面围岩稳定的影响效应，并建立三维模型，研究开挖面对周围岩体的影响，应用力学分析方法对非连续岩体工程进行研究。1975年，Zienkiewicz等人对圆形隧道的粘塑性状态开展了研究。这些年来，中国隧道工程界在地下结构物有限元非线性状态分析方面做了大量的工作，离散单元法、边界单元法、无限单元法等数值分析方法在隧道结构分析中得到了广泛应用。反分析法也被引入到地下工程尤其是隧道工程中，要点是根据现场实测数据对围岩和支护结构的应变、应力开展反演推算，获得岩石物理力学参数和数值计算需要的初始边界条件。

（7）极限和优化设计阶段

一般来说，用弹性力学来分析隧道支护结构的受力状况，不能反映结构处于极限承载能力状态，发生破坏时候的实际受力情况。极限状态是有效状态和故障状态之间的划分，是一个结构破坏的迹象，该组件将产生裂纹、倾覆、滑动等。也就是说，结构处于有效或者失效状态并没有明显的界限，功能丧失即证明结构失效。事实上，隧道衬砌支护结构的裂缝或局部塑性变形未表明该结构已经完全丧失承载能力，即使发生那样的故障它仍可以提供一个相对稳定的支持效用。国内外许多专家和学者对隧道的极限受力状态设计方法开展了研究。作为当前隧道衬砌结构设计发展的新方向，"极限状态法"在经济效益上比"弹性受力阶段的容许应力法"更优越。

结构力学中的优化设计方法也是隧道设计理论的一个研究方向。优化设计方法，重点在最佳结构搜索过程中，从各种可能的设计方案中选取对自然环境影响最小、使结构安全性能最高，建造成本最低的方案。优化设计方法使工程师们对隧道最优设计理念的追求从未停歇。

上述七个隧道计算理论的发展是一脉相承的，有其自然学科的发展脉络，不能简单地对较早的理论加以否定。后来的计算方法从某种意义上来说是在前人研究成果基础上的创新和拔高。鉴于岩土地质条件复杂多样的特性，上述计算方法难免存在各自的局限性，我们在选用时要注意各自的适用范围。但是，各种新方法的不断出现，使得隧道结构计算理论日益完善。

国际隧道协会（ITA）为了加强各国隧道设计的水平，提供一个各国隧道设计交流学习的平台，成立了结构设计模型研究组。1981年，该小组的报告当中针对四种不同类型的隧道，成员国所采用的新型结构设计见表3-1。

（1）以工程类比为依据的经验法（Empirical Method）。

（2）以测试为依据的收敛-约束法（Convergence-confinement Method）、实测法（Practical Measurement Method）、应力（应变）量测、现场和实验室的岩土力学试验以及实验室模型试验。

（3）作用-反作用模型（Action-reaction Model），例如弹性地基圆环（部分或全支承等）、弹性地基框架等。这种模型业界又称其为荷载—结构法。

（4）连续介质模型（Continuum Model），包括数值法和解析法这两种最重要的方法。

各国隧道结构设计模型   表 3-1

国家	锚喷、钢拱支护软土隧道	中硬石质深埋隧道
澳大利亚	初期支护：Proctor-white 法 二次支护：弹性介质中全支撑圆环 Muirwood、Curtis 法或假定隧道变形	初期支护：Proctor-white 法 二次支护：弹性介质中全支撑圆环 Muirwood、Curtis 法或假定隧道变形
奥地利	弹性地基圆环；FEM；收敛约束法	经验法
德国	覆盖<2D，顶部无支撑弹性地基圆环 覆盖>3D，全支撑弹性地基圆环，FEM	全支撑弹性地基圆环，FEM 连续介质或收敛-约束法
法国	FEM：作用-反作用模型；经验法	连续介质模型；收敛-约束法；经验法
日本	局部支撑弹性地基圆环；经验法加测试；FEM	弹性地基框架；FEM；特性曲线法
中国	初期支护：FEM；收敛约束法 二次支护：弹性地基圆环	初期支护：经验法 永久支护：作用-反作用模型 大型洞室：FEM
瑞士	作用-反作用模型	FEM；经验法；收敛约束法
英国	收敛约束法；经验法	FEM；经验法；收敛约束法
美国	—	弹性地基圆环法；Proctor-white 法； FEM；锚杆按经验
瑞典	—	通常为经验法；有使用作用-反作用法； 连续介质模型；收敛约束法
比利时	—	—

注：NATM——新奥法，其英文全称为 New Austrian Tunneling Method；FEM——有限元法，其英文全称为 Finite Element Method。

解析法主要分为近似解和封闭解两种方法，当前已经逐步被数值法所取代。数值法以有限元法为主，普遍又称之为连续介质力学法。侯学渊和刘建航结合我国目前隧道设计的特点，将当下的隧道设计模型分为如下四类：地层结构模型、经验类比模型、收敛约束模型和荷载结构模型。

（1）经验类比模型

目前，经验类比法是世界各个国家隧道及地下工程结构设计者们运用最多的方法。工程类比法主要依据的是设计者的经验，依照之前设计的隧道地质情况、水文情况等来对比现在要设计的隧道情况，用之前的支护参数等来类比现在要建设隧道的参数。现今随着科学技术水平的进步，可能辅以计算机软件计算分析，但其本质并没有变。设计者往往依照的是自己以前的经验，对隧道实际情况不能随时变更，而且在设计过程中为了保证隧道的安全性，将隧道支护参数设置较高，牺牲了经济性，造成了浪费。

我国已成功修建的长 14.295km 的大瑶山铁路隧道，以及长 18.46km 的秦岭特长隧道，其结构设计都毫无例外地以工程类比方法为主，辅以力学计算。根据经验总结而创立的新奥法（在我国称为"喷锚构筑法"）在预设计阶段，支护参数仍需采用工程类比经验方法来确定，即便是依据监控量测资料修正支护参数和施工方法，经验仍起决定作用。

（2）荷载结构模型

荷载结构模型是我国隧道设计规范中推荐采用的一种方法，其设计原理是按围岩分级或由实用公式确定地层压力，按弹性地基上结构物的计算方法计算衬砌内力，并进行结构截面设计。隧道及地下工程结构和地面上的建筑结构物有着天然不同的环境，虽然在几何上都属于框架结构工程，但是从受力特点和荷载性质方面来说两者却有着截然不同的地方：地上结构不论是桥梁工程还是房屋建筑工程，其设计标准和荷载等级都是明确的，而隧道结构被上部覆土和周边围岩罩着，它的变形都要受到周围土体的约束，正确认识围岩的作用，在隧道设计过程中非常重要。对隧道衬砌结构来说，围岩是力的来源，也承担了一部分的地层压力，故概括为荷载-结构模型。这种计算模型的优点是：计算工作量小、方法易掌握，在安全性评价方面具有专门的安全性评价系数。不足之处是：围岩压力计算结果的真实性将直接关系着其准确性，如果围岩压力计算失真，其准确性无法保证，且很难验证。

（3）地层结构模型

地层结构模型将衬砌和地层视为共同受力的统一体系，按变形协调条件分别计算衬砌与地层的内力，并据以评价地层的稳定性和进行结构截面设计。地层-结构法应用较多的领域是地下工程及洞室结构在施工阶段的力学行为分析，涉及地表沉降对周围环境的影响，包括施工中的围岩稳定性、初期支护参数的选择等。地层结构法在隧道及地下工程设计中采用岩体力学方法，围岩和支护结构作为一个整体，作为协同受力结构。分析方法有块体理论（DDR）、有限单元法（FEM）、有限差分法（FLAC）和边界元法（BEM）等，其中应用范围最广的是有限单元法（FEM）和有限差分法（FLAC）。目前该计算理论在小部分课题中已得到了精确的解析解，其他大量的研究课题还得借助于数值解法。

（4）收敛约束模型

收敛约束模型认为围岩压力与支护抗力是在围岩与支护系统共同变形中形成的，它主要关心的是支护抗力作用下的地层状态，而不是荷载作用下的支护结构状态，设置支护结构的目的是阻止围岩体受力变形状态的恶化，而不是主动承担荷载，从而体现了新奥法围岩自承作用的思想，新奥法的基本理念是充分保护和发挥围岩的自承能力，但在具体应用时，存在很多问题难以解决。

收敛约束模型基于监控量测，支护时机、地层特征和支护刚度是该方法主要考虑的三个因素。收敛约束法的思维方式不同于其他的结构模型，它的研究对象是围岩，与其他方法着重研究衬砌结构安全性能不同，它主要考虑的是围岩的变形以及受力状态。它以新奥法的思想，将支护结构作为改善围岩受力特性的外界措施，密切关注围岩受力状态的恶化。理论虽是如此，但在实际操作过程中存在许多问题，如收敛约束模型要求根据量测来保证隧道的安全性，但其实是一个补救措施，隧道发生危害的第一时间这种方法并不能作出反应，不能主动承担荷载。

随着科学技术的发展，理论分析方面的进步，计算机水平的快速飞跃，尤其是有限元软件的迅猛发展，相信未来还有更多更好的理论及设计方法出现。现在隧道国际化交流和学习日益增多，增进了各国间隧道工程水平的了解，各国之间也想找到针对各种类型地质的标准化的方法，但是这种求同心态恰恰是对复杂地质情况的无视，面对复杂的地质构造，努力创新技术、发展更新理论是当今摆在隧道工作者面前的一道难题。

3.2 围岩压力计算

开挖隧道所引起的围岩松动和破坏范围有大有小，有的可达地表，有的则影响较小。对于一般裂隙岩体中的深埋隧道，其影响范围仅局限在隧道周围一定范围。所以作用在支护结构上的围岩松动压力远远小于其上覆岩层自重所造成的压力，这可以用围岩的"成拱作用"解释。

实践证明：自然拱范围的大小除了受上述的围岩地质条件、支护结构架设时间、刚度以及它与围岩的接触状态等因素影响外，还取决于以下诸因素：

（1）隧道的形状和尺寸。隧道拱圈越平坦、跨度越大，则自然拱越高，围岩的松动压力也越大。

（2）隧道的埋深。人们从实践得知，只有当隧道埋深超过某一临界值时，才有可能形成自然拱。习惯上将这种隧道称为深埋隧道，否则称为浅埋隧道。由于浅埋隧道不能形成自然拱，所以，它的围岩压力大小与埋置深度直接相关。

（3）施工因素。如爆破的影响，爆破所产生的震动，常常是引起塌方的主要原因之一，造成围岩压力过大。又如分步开挖多次扰动围岩，也会引起围岩失稳，加大自然拱范围。

3.2.1 定义与分类

一般工程中，围岩的定义并不受尺寸大小的限制，它的范围是相对的，指的是隧道开挖后由于应力重分布而对稳定性产生影响的周围那部分岩体。隧道围岩压力即指在隧道开挖后，围岩作用到支护结构上的压力，它是隧道支撑或衬砌结构的主要荷载。

围岩压力的成因决定了其影响因素的众多，一般可以从性质上分为两大类：第一类是客观存在的自然地质因素，包括岩体的结构特征、结构面性质和空间组合、岩石的物理力学性质、初始应力场、地下水状况等；另一类是工程活动中的人为因素，包括隧道开挖断面的尺寸和形状、开挖工序及施工方法、支护结构的施作时间等。

隧道围岩压力按照其作用力产生的形态，可分为四种类型：

1）松动围压

由于隧道开挖，周围的岩体发生松动甚至坍塌，以重力形式对支护结构施加压力，即松动围压。松动围岩压力按照其作用在支护结构上的位置不同，有竖向、侧向和底压力三种形式。通常松动围压的产生有以下三种情况：

（1）虽然岩体整体保持稳定状态，但出现极少数由于松动而掉落的岩块；

（2）软弱松散的地质条件下，开挖洞顶及侧壁边帮脱落；

（3）有节理发育的裂隙岩体，沿着结构面由于剪切破坏或者受拉破坏造成围岩某些部位局部塌落。

2）形变围压

形变围岩的产生是由于围岩的变形会受到与之紧密接触的支护结构的约束，从而围岩与支护结构共同变形，在这个过程中围岩对支护结构产生的接触压力即为形变围压。可见，形变围压不仅与围岩的应力状态相关，同时也与支护的施作时间以及支护刚度有关。

3）膨胀围压

某些特殊地质条件的岩体会因为高吸水性、应力突然释放等原因而发生膨胀，由此产生的压力即为膨胀压力。它与形变围压的本质性区别在于它是因为吸水、应力释放等因素导致岩体膨胀而引起的。

4）冲击围压

冲击围压一般发生在高地应力条件和完整坚硬的硬质岩体中。围岩经年历代积累了大量的弹性变形能，当隧道开挖，围岩的约束被解除，破坏了其原始的平衡状态，弹性变形能瞬间释放，从而对支护结构产生巨大的压力，即冲击围压。

由于冲击压力是岩体能量的积累与释放问题，所以它与弹性模量直接相关。弹性模量较大的岩体，在高地应力作用下，易于积累大量的弹性变形能，一旦遇到适宜条件，它就会突然猛烈地大量释放。

3.2.2 经验公式的发展

经验公式法是目前应用广泛和发展较为成熟的确定围岩压力方法。它是以大量实际工程资料为基础，按不同围岩级别提出的经验总结。它便于工程技术人员方便快捷地求得围岩压力的大小和分布模式。其中有代表性的经验公式有：

1907 年，俄国学者 M. M. Protodyakonov（普罗托季亚科诺夫）提出围岩分类，并给出了松散地层和破碎岩体的松动压力公式。普氏理论认为作用在深埋松散岩体洞顶的围岩压力仅为压力拱内部岩体的自重。该公式中坚固系数 f 的确定存在很大的经验性。根据我国对普氏理论多年来的使用经验，$f=3$ 时，围岩压力值比较接近实际；$f=4$ 时（硬土地层），围岩压力值偏大；$f=2$ 时（软土地层）围岩压力值偏小。一般在松散、破碎围岩稳定性较差的深埋地段推荐采用普氏理论。

1922 年，Hewett 和 Johannesson 基于土压力理论来估算作用在衬砌结构上的压力大小和分布情况。这一结果往往基于工程技术人员的想法和经验，而且没有考虑岩土介质开挖后的应力重分布，因此具有很大的盲目性和不确定性。

1946 年，泰沙基（K. Terzaghi）基于应力传递法提出了松散岩体的围岩压力计算公式。泰沙基压力公式考虑了松散材料的内部粘聚力，但侧部摩擦系数均取为松散材料的内摩擦角的正切值。按照此法计算出的围岩压力值过于保守，适用于计算浅埋隧道围岩的压力。

1964 年，美国学者 Deere 在岩石质量指标体系 RQD 分类中给出了围岩压力的计算公式。

以上公式偏重单指标的计算。进入 20 世纪 70 年代后，工程围岩分类由定性向定量、由单因素向多因素综合评价方向发展，并由此得到了能够反映多因素的围岩压力估算公式。具有代表性的挪威 Barton 的 Q 系统分类、南非波兰籍学者 Bieniawsky 的 RMR 分类中的预测围岩压力的计算公式。

Barton 给出的围岩压力计算公式为：

$$P_{roof} = \frac{2.0}{J_r}Q^{-1/3} \times 0.1 \tag{3-1}$$

当节理数小于 3 时：

$$P_{roof} = \frac{2}{3}J_n^{1/2}J_r^{-1}Q^{-1/3} \times 0.1 \tag{3-2}$$

$$Q = \frac{RQD}{J_n} \times \frac{J_r}{J_a} \times \frac{J_w}{SRF} \tag{3-3}$$

式中：RQD 为岩石质量指标；J_n 为节理组影响系数；J_w 为地下水影响系数；J_r 为节理面粗糙度影响系数；J_a 为节理风化变异系数；SRF 为应力折减系数。

Bieniawsky 给出的围岩压力计算公式：

$$P = \frac{100-RMR}{100} \times \gamma B \tag{3-4}$$

式中：B 为隧道跨度；γ 为岩石密度。

印度 Bhawani Singh，R. K. Goel，J. L. Jethwa. 等人，基于喜马拉雅（Hmalayas）地层条件一直致力于围岩压力经验公式的研究工作。1992 年 Bhawani Singh 基于 Q 分级体系，对埋深超过 320m 的隧道，提出了与隧道埋深、隧道闭合、支护时间三个因素有关的围岩压力估算公式：

$$p_i = [0.2(5Q)^{-0.33}/J_r] \cdot f \cdot f' \cdot f'' \tag{3-5}$$

$$f = 1 + (H-320)/800 \tag{3-6}$$

式中：f 为埋深校正系数；H 为隧道埋深；f' 为隧道闭合率校正系数；f'' 为支护时间校正系数。

他们同时对非挤压地层中的隧道跨度对支护压力的影响也进行了分析。研究结果认为：在 2~22m 之间围岩支护压力不受隧道跨度的影响（20 个统计值），压力在 1~1.5MPa 之间。但实际上，尤其在浅埋隧道中，情况并非如此。

1996 年 Bhasin 和 G. Rimstad 对于破碎岩体的研究表明：围岩压力与隧道跨度 B 成正比，并基于 Q 体系提出建议公式：

$$p = (40B/J_r)Q^{-0.33} \tag{3-7}$$

式中：p 的单位为 kPa。

泰沙基理论提出的围岩压力理论适用于土层条件，并不适用于岩石地层，因为岩石有预先存在的软弱破裂面等偶然特征。因此，1911 年 GoelandJethwa 提出了基于 RMR 体系的估算围岩压力的计算公式：

$$p = (7.5B^{0.1}H^{0.5}-RMR)/20RMR \tag{3-8}$$

1994 年 Goel 提出了围岩压力与 RCR(Rock Condition Rating)体系的关系式。

1995 年，Goel，R. K 对泰沙基公式适用范围进行了修改，得到挤压条件与非挤压条件下，围岩压力与岩体系数 N 的关系：

$$p_{sq} = \left[f(N)/30 \right]\left[10^{H^{0.6}B^{0.1}/53.5N^{0.33}} \right] \tag{3-9}$$

$$p_{el} = (0.11H^{0.1}B^{0.1}/N^{0.33}) - 0.038 \tag{3-10}$$

$$N = (RQD \cdot J_r \cdot J_w)(J_n \cdot J_a) \tag{3-11}$$

式中　$f(N)$——隧道闭合率校正系数；

　　　　H——隧道埋深；

　　　　N——岩体系数；

　　　p_{sq}——挤压条件下压力；

　　　p_{el}——非挤压条件下压力；其他系数意义同前。

可以看出印度学者研究获得各种围岩压力的经验公式对于印度地层更为适用。另外，这些公式多数是针对矿井和巷道工程等深埋隧道更为适用。

在我国，莫勋涛（2001）结合铁路隧道关于围岩分级值与围岩塌方的统计公式，推出了具有概率理论基础的通过自稳时间进行初期支护可靠度设计的荷载确定方法。

我国比较有代表性的围岩压力公式有：《铁路隧道设计规范》（TB 10003—2016）中的基于 1025 个塌方资料，建议了按概率极限状态法下，视为松散体考虑的围岩压力计算公式；《公路隧道设计规范 第二册 土建工程》（JTG 3370.1—2018）中的浅埋隧道荷载计算公式、深埋隧道的围岩压力为松散体时的计算公式；《水工隧洞设计规范》（SL 279—2016）中的薄层状及碎裂散体结构的围岩条件下的围岩压力计算公式等。它们是在总结以往国内外围岩分类方法的基础上，针对中国特色工程实际而提出来的，基本上代表了我国当前围岩压力的最新研究水平。

经验公式法可大致分为两类，第一类是基于普氏理论、泰沙基理论和我国规范法的 $q = \gamma h$ 形式，他们的差异仅在于选用的等效厚度 h 的不同。该类型考虑的影响因素单一，使用方便，但计算结果与实际情况相差很大。第二类为基于 Q 或 RMR 分级体系的指数类型公式。这种类型公式考虑了多方面因素的影响，较前者有了较大的进步；但由于其考虑的指标较多，而且这些指标在选取上存在很大的主观性。因此，其计算结果在很多情况下因人而异，不利于工程技术人员的使用。

3.2.3　围岩压力计算方法

确定围岩松动压力的方法有：①现场实地测量；②按理论公式计算确定；③根据大量的实际资料，采用统计的方法分析确定。应该说实地测量是今后的努力方向，但按目前的测量手段和技术水平来看，测量的结果尚不能充分反映真实情况。理论计算则由于围岩地质条件的千变万化，引用计算参数难以确切取值，目前也还没有一种能适合于各种客观实际情况的统一理论。在大多数施工塌方事件统计基础上建立起来的统计方法，在一定程度上能反映围岩压力的真实情况。目前，采用几种方法相互验证的参照取值是确定围岩压力较通用的方法。

3.2.3.1 岩柱法

岩柱法是用来确定浅埋洞室围岩压力的一种方法。其主要思想是由于浅埋洞室的开挖会产生松散围岩压力，洞顶部分的松散岩体会使开挖的土体产生很大的位移沉降甚至会产生坍塌等不良事故，针对这种情况考虑把开挖区域由地面到顶部全部岩体的自重都作为隧道荷载，作用在开挖的洞顶上（其中除去部分摩擦阻力）。在岩柱法中有两个基本的条件假设：

（1）松散岩体的内聚力为零；

（2）假设中对产生松动压力机理的解释：洞室开挖后，上覆岩石体会产生向下位移，同时有两个破裂面出现在开挖的洞室两侧，破裂面与洞室侧壁的夹角为 $45° - \dfrac{\varphi}{2}$，在克服与两侧岩体的摩擦力之后，把可能产生向下位移最大的岩体自重作为围岩荷载施加在洞顶上部。如图 3-1 所示。

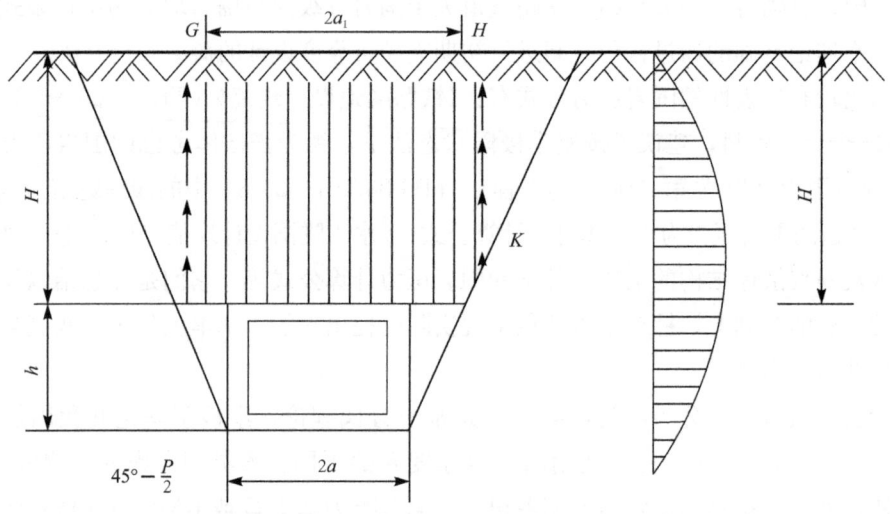

图 3-1 岩柱法确定浅埋洞室围岩压力示意图

根据岩柱法计算的假设条件，作用在洞顶上部围岩压力的计算公式可写为：

$$q = \frac{Q-F}{2a_1} = \frac{2a_1 \gamma H - \gamma H^2 \tan\left(45° - \dfrac{\varphi}{2}\right)^2}{2a_1} \tan\varphi = \gamma H\left[1 - \frac{HK}{2a_1}\right] \tag{3-12}$$

其中：

$$K = \tan\left(45° - \frac{\varphi}{2}\right)^2 \tan\varphi \tag{3-13}$$

洞室两侧的围岩压力可以由摩尔-库伦公式计算得到：

$$e_1 = q\tan\left(45° - \frac{\varphi}{2}\right)^2 \tan\varphi \tag{3-14}$$

$$e_2 = e_1 + \gamma H \tan\left(45° - \frac{\varphi}{2}\right)^2 \tan\varphi \tag{3-15}$$

式中　φ——摩擦角（°）；

$\quad\quad h$——洞室高度（m）；

$\quad\quad \gamma$——岩体天然容重（kPa/m^3）；

$\quad\quad e_1$——洞顶侧向围岩压力（MPa）；

$\quad\quad e_2$——洞底侧向围岩压力（MPa）；

$\quad\quad a$——洞室的半宽（m）；

$\quad\quad a_1$——洞顶围岩坍落半宽（m）；

$\quad\quad H$——隧道埋深（m）。

3.2.3.2 普氏理论

普氏认为，所有岩体都不同程度地被节理、裂隙所切割，因此可视为散粒体。但岩体又不同于一般的散粒体，其结构面上又存在着不同程度的粘结力。基于这种认识，普氏提出了岩体的"坚固性系数" f（又称为似摩擦系数）的概念。

岩体的抗剪强度 $\tau = \sigma tg\varphi + C$，现将岩体视为散粒体，但又要保证其抗剪强度不变，则 $\tau = \sigma f$。所以：

$$\tau = \sigma f = \frac{\tau}{\sigma} = \frac{\sigma tg\varphi + C}{\sigma} = tg\varphi + \frac{C}{\sigma} = tg\varphi_0 \tag{3-16}$$

式中　φ、φ_0——岩体的内摩擦角和似摩擦角；

$\quad\quad \tau$、σ——岩体的抗剪强度和剪切破坏时的正应力；

$\quad\quad C$——岩体的粘结力。

由此可以看出，岩体的坚固性系数 f 是一个说明岩体特性（如强度、抗钻性、抗爆性、构造、地下水等）的综合指标。为了确定围岩的松动压力，普氏进一步提出了基于"自然拱"概念的计算理论。他认为在具有一定粘结力的松散介质中开挖坑道后，其上方会形成一个抛物线形的自然拱，作用在支护结构上的围岩压力就是自然拱内松散岩体的重量。而自然拱的形状和尺寸（即它的高度 h 和跨度 B）与岩体的坚固性系数 f 有关。具体表达式为：

$$h = b/f \tag{3-17}$$

式中　h——自然拱高度；

$\quad\quad b$——自然拱的半跨度。

在坚硬岩体中，坑道侧壁较稳定，自然拱的跨度即为坑道的跨度，如图 3-2(a)所示。在松散和破碎岩体中，坑道的侧壁受到扰动而产生滑移，自然拱的跨度也相应加大，如图 3-2(b)所示。此时的 b 值为：

$$b = b_t + H_t \cdot tg\left(45 - \frac{\varphi_0}{2}\right) \tag{3-18}$$

式中　b_t——坑道的净跨之半；

$\quad\quad H_t$——坑道的净高；

$\quad\quad \varphi_0$——岩体的似摩擦角，$\varphi_0 = arctgf$。

围岩垂直均布松动压力

$$q = \gamma h \tag{3-19}$$

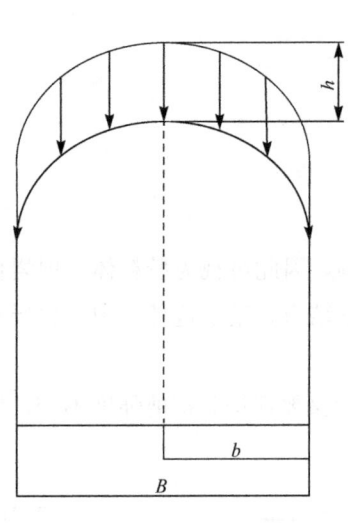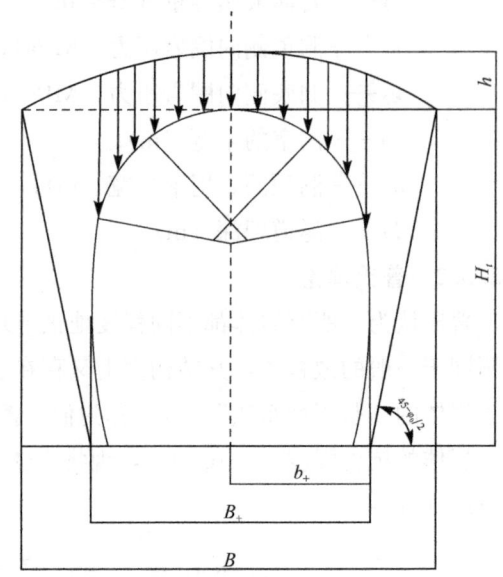

(a) 坑道侧壁较稳定

(b) 坑道侧壁受扰动

图 3-2 自然拱跨度

围岩水平均布松动压力可按人们所熟悉的郎金公式计算

$$e = \left(q + \frac{1}{2}\gamma H_t \right) \text{tg}^2 \left(45° - \frac{\varphi_0}{2} \right) \tag{3-20}$$

按普氏理论计算所得的软弱围岩松动压力,与实际情况相比较为偏小,对坚硬围岩则偏大,一般的松散、破碎围岩较为适用。

3.2.3.3 泰沙基理论

泰沙基也将岩体视为散粒体,他认为坑道开挖后,其上方的岩体因坑道的岩体变形而下沉,并产生如图 3-3 所示的错动面 OAB。假定作用在任何水平面上的竖向压应力 σ_V 是均布的,相应的水平力 $\sigma_H = k\sigma_V$(K 为侧压力系数)。在地面深度为 h 处取出一厚度为 dh 的水平条带单元体,考虑其平衡条件 $\sum V = 0$,得出:

$$2b(\sigma_V + d\sigma_V) - 2b \cdot \sigma_V + 2K\sigma_V \text{tg}\varphi_0 \cdot dh - 2b\gamma \cdot dh = 0 \tag{3-21}$$

展开后得:

$$\frac{d\sigma_V}{\gamma - \dfrac{K\sigma_V \text{tg}\varphi_0}{b}} - dh = 0 \tag{3-22}$$

解上述微分方程,并引进边界条件(当 $h = 0$、$\sigma_V = 0$),可得洞顶岩层中任意点的垂直压力为:

$$\sigma_V = \frac{\gamma b}{K \cdot \text{tg}\varphi_0}(1 - e^{-K\text{tg}\varphi_0 \cdot \frac{h}{b}}) \tag{3-23}$$

随着坑道埋深 h 的加大，$e^{-K \mathrm{tg} \varphi_0 \cdot \frac{h}{b}}$ 趋近于 0，则 σ_V 趋于某一个固定值，且

$$\sigma_V = \frac{\gamma b}{K \cdot \mathrm{tg} \varphi_0} \tag{3-24}$$

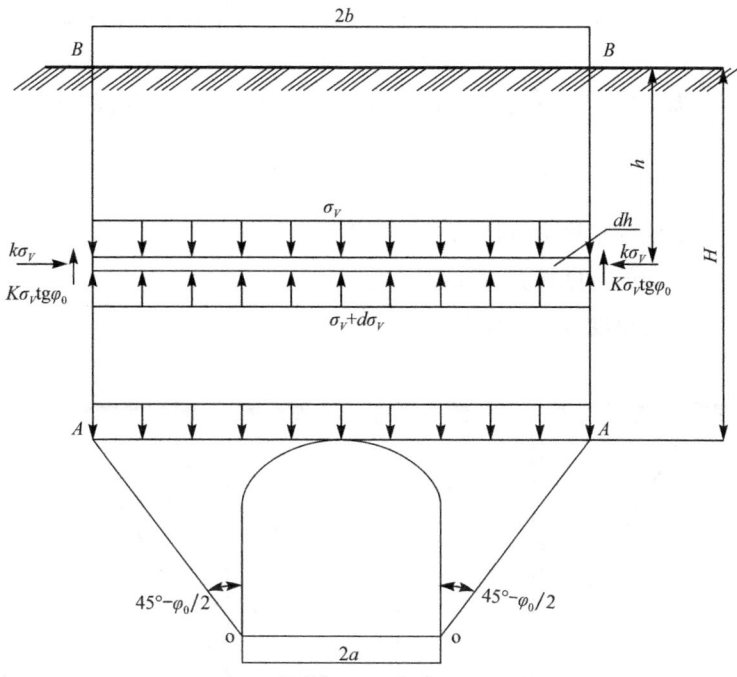

图 3-3 泰沙基理论模型

泰沙基根据试验结果，得出 $K = 1 \sim 1.5$，取 $K = 1$，则

$$\sigma_V = \frac{\gamma b}{\mathrm{tg} \varphi_0} \tag{3-25}$$

如以 $\mathrm{tg} \varphi_0 = f$ 代入，得

$$\sigma_V = \frac{\gamma b}{f} \tag{3-26}$$

式中 b、φ_0 意义同上。

此时便与普氏理论计算公式得到相同的结果。泰沙基认为当 $H \geqslant 5b$ 时为深埋隧道。至于侧向均布压力 e 则仍按郎金公式计算：

$$e = \left(\sigma_V + \frac{1}{2} \gamma H_t \right) \mathrm{tg}^2 \left(45° - \frac{\varphi_0}{2} \right) \tag{3-27}$$

3.2.3.4 比尔鲍曼理论

工程实践和试验表明，当隧道结构的埋深增加或土质较好，作用在结构上的垂直土层压力比按全土柱理论计算的结果要小，从而产生考虑土柱两侧摩擦力和粘聚力的比尔鲍曼理论（又叫岩柱计算理论），如图 3-4 所示。

洞室上覆土层垂直向下滑动时，土柱两侧产生两个滑动面 AB 和 CD，滑动面的起点在墙基，滑动面与垂直线的夹角为 $45° - \varphi/2$，在洞室上方的土柱为"GJKH"。由此可认

为，作用在结构上垂直土层压力为 Q（总压力），等于土柱 GJKH 的重量 G 减去两侧 GJ、KH 面上的夹制力 T，即

$$Q = G - 2T \tag{3-28}$$

如图 3-4 所示，夹制力 T 为摩擦力和粘结力之和，作用在土柱侧面处任一点夹制力为：

$$t = C + e_z \tan\varphi \tag{3-29}$$

式中　e_z——为距地面深度 Z 处一点上的侧压力（kN/m²），按朗金公式得

$$e_z = \gamma Z \tan^2\left(45° - \frac{\varphi}{2}\right) - 2C\tan\left(45° - \frac{\varphi}{2}\right) \tag{3-30}$$

　　　　C——土层的粘聚力（Pa）；

　　　　φ——土层的内摩擦角（°）；

　　　　γ——围岩重度（kN/m³）。

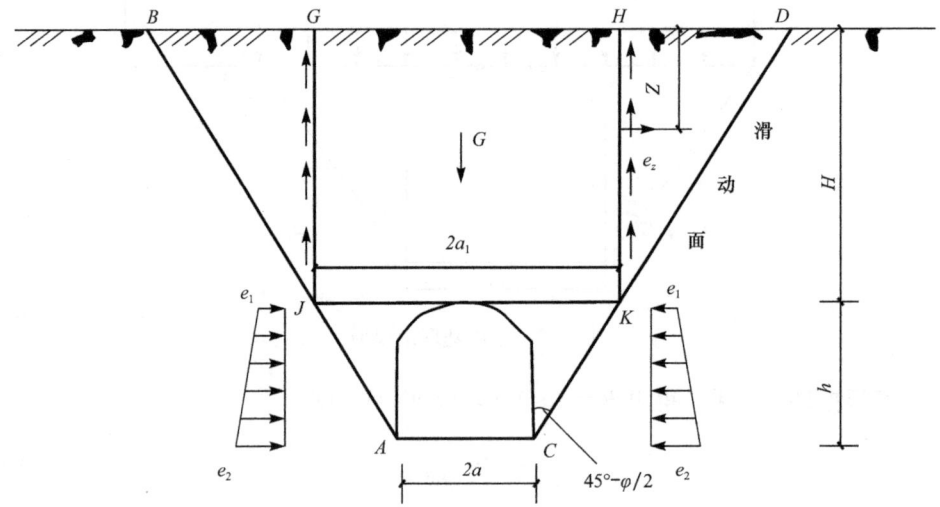

图 3-4　比尔鲍曼理论计算简图

将式（3-28）积分得土柱侧面的总夹制力为：

$$T = \int_0^H t\,dZ = \int_0^H (C + e_z \tan\varphi)\,dZ = CH + \frac{1}{2}\gamma H \tan\varphi \tan^2\left(45° - \frac{\varphi}{2}\right)$$

$$- 2CH\tan\varphi\tan\left(45° - \frac{\varphi}{2}\right) = \frac{1}{2}\gamma H^2 K_1 + CH(1 - 2K_2) \tag{3-31}$$

式中　$K_1 = \tan\varphi \tan^2\left(45° - \frac{\varphi}{2}\right)$，$K_2 = \tan\varphi\tan\left(45° - \frac{\varphi}{2}\right)$。

因此，作用在结构上的垂直土层压力的总值为：

$$Q = G - 2T = 2a_1\gamma H - \gamma H^2 K_1 - 2CH(1 - 2K_2)$$

$$= 2a_1\gamma H \left[1 - \frac{H}{2a_1}K_1 - \frac{C}{a_1\gamma}(1 - 2K_2)\right] \tag{3-32}$$

式中　$a_1 = a + h\tan\left(45° - \frac{\varphi}{2}\right)$，$a_1$ 为土柱宽度之半（m）；

a——隧道跨度之半（m）；

h——隧道的高度（m）。

作用在结构顶部的垂直均布压力 q 为：

$$q = \gamma H \left[1 - \frac{H}{2a_1}K_1 - \frac{C}{a_1\gamma}(1-2K_2) \right] = \gamma h_B \tag{3-33}$$

$$h_B = H \left[1 - \frac{H}{2a_1}K_1 - \frac{C}{a_1\gamma}(1-2K_2) \right] \tag{3-34}$$

式中 h_B——比尔鲍曼理论的塌落拱高度（m）。

3.2.3.5 隧道设计规范公式

1）浅埋公路隧道围岩压力计算方法

由于埋深不一样，使得围岩压力的作用机理与分布状态不一样，导致浅埋隧道与深埋隧道的围岩压力计算方法也是不一样的。浅埋隧道荷载计算方法如下：

（1）浅埋和深埋隧道的分界，按荷载等效高度值，并结合地质条件、施工方法等因素综合判定。按荷载等效高度的判定公式为：

$$H_p = (2 \sim 2.5)h_q \tag{3-35}$$

式中 H_p——浅埋隧道分界深度（m）；

h_q——荷载等效高度（m），按下式计算：

$$h_q = \frac{q}{\gamma} \tag{3-36}$$

式中 q——用式（3-39）算出的深埋隧道垂直均布压力（kN/m²）；

γ——围岩重度（kN/m³）。

在矿山法施工的条件下，Ⅳ～Ⅵ级围岩取：

$$H_p = 2.5h_q \tag{3-37}$$

Ⅰ～Ⅲ围岩取

$$H_p = 2h_q \tag{3-38}$$

（2）浅埋隧道荷载分下述两种情况分别计算：

① 埋深（H）小于或等于等效荷载高度 h_q 时，荷载视为均布垂直压力。

$$q = \gamma \cdot H \tag{3-39}$$

式中 q——垂直均布压力（kN/m²）；

γ——隧道上覆围岩重度（kN/m³）；

H——隧道埋深，指坑顶至地面的距离（m）。

侧向压力 e 按均布考虑时其值为：

$$e = \gamma \left(H + \frac{1}{2H_t} \right) \tan^2 \left(45 - \frac{\varphi_c}{2} \right) \tag{3-40}$$

式中 e——侧向均布压力（kN/m²）；

H_t——隧道高度（m）；

φ_c——围岩计算摩擦角（°），其值见表 3-2。

						表 3-2

各级围岩的物理力学指标标准值

围岩级别	重度 γ (kN/m³)	弹性抗力系数 K(MPa/m)	变形模量 E(GPa)	泊松比 μ	内摩擦角 φ(°)	粘聚力 C(MPa)	计算摩擦角 φ_c(°)
Ⅰ	26~28	1800~2800	>33	<0.2	>60	>2.1	>78
Ⅱ	25~27	1200~1800	20~33	0.2~0.25	50~60	1.5~2.1	70~78
Ⅲ	23~25	500~1200	6~20	0.25~0.3	39~50	0.7~1.5	60~70
Ⅳ	20~23	200~500	1.3~6	0.3~0.35	27~39	0.2~0.7	50~60
Ⅴ	17~20	100~200	1~2	0.35~0.45	20~27	0.05~0.2	40~50
Ⅵ	15~17	<100	<1	0.4~0.5	<20	<0.2	30~40

注：① 本表数值不包括黄土地层。
②　选用计算摩擦角时，不再计内摩擦角和粘聚力。

②　埋深大于 h_q 小于等于 H_p 时，为便于计算，假定土体中形成的破裂面是与水平面成 β，如图 3-5 所示。EFHG 岩土体下沉，带动两侧三棱土体（如图中 FDB 和 ECA）下沉，整个土体 ABDC 下沉时，又要受到未扰动岩土体的阻力；斜直线 AC 或 BD 是假定的破裂面，分析时考虑粘聚力 C，并采用了计算摩擦角 φ_c；另一滑面 FH 或 EG 则并非破裂面，因此，滑面阻力要小于破裂面的阻力，若该滑面的摩擦角为 θ，则 θ 值应小于 φ_c 值，无实测资料时，θ 可按表 3-3 采用。

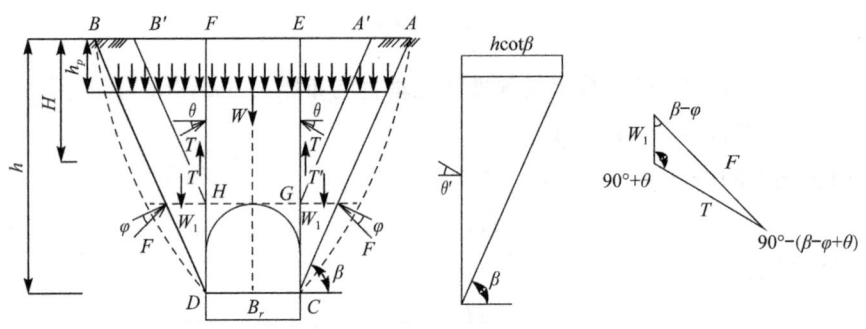

图 3-5　浅埋隧道受力分析图

				表 3-3

各级围岩 θ 值

围岩级别	Ⅰ，Ⅱ，Ⅲ	Ⅳ	Ⅴ	Ⅵ
θ 值	0.9φ_c	(0.7~0.9)φ_c	(0.5~0.7)φ_c	(0.3~0.50)φ_c

由图 3-5 可见，隧道上覆岩体 EFHG 的重力为 W，两侧三棱岩体 FDB 和 ECA 的重力为 W_1，未扰动岩体整个滑动土体的阻力为 F，当 EFHG 下沉，两侧受到阻力 T 和 T'，作用于 HG 面上的垂直压力总值 $Q_浅$ 为：

$$Q_浅 = W - 2T' = W - 2T\sin\theta \tag{3-41}$$

三棱体自重为：

$$W_1 = \frac{1}{2}\gamma h \frac{h}{\tan\beta} \tag{3-42}$$

式中 h——坑道底部到地面的距离（m）；

β——破裂面与水平面的夹角（°）。

由图据正弦定理可得：

$$T = \frac{\sin(\beta - \varphi)}{\sin[90° - (\beta - \varphi_c + \theta)]} W_1 \tag{3-43}$$

将式（3-42）代入式（3-43）可得：

$$T = \frac{1}{2} \gamma h^2 \frac{\lambda}{\cos\theta} \tag{3-44}$$

$$\lambda = \frac{\tan\beta - \tan\varphi_c}{\tan\beta[1 + \tan\beta(\tan\varphi_c - \tan\theta) + \tan\varphi_c\tan\theta]} \tag{3-45}$$

$$\tan\beta = \tan\varphi_c + \sqrt{\frac{(\tan^2\varphi_c + 1)\tan\varphi_c}{\tan\varphi_c - \tan\theta}} \tag{3-46}$$

式中 λ——侧压力系数。

其他符号意义同前。

至此，极限最大阻力 T 值可以求得。得到 T 值后，代入式（3-41）可求得作用在 HG 面上的总垂直压力 $Q_浅$。

$$Q_浅 = W - 2T\sin\theta = W - \gamma h^2 \lambda \tan\theta \tag{3-47}$$

由于 GC、HD 与 EG、EF 相比较往往很小，而且衬砌与土的摩擦角也不同，前面分析中均按 θ 计，当中间土块下滑时，由 FH 和 EG 面传递，考虑压力稍大些对设计的结构也偏于安全，因此，摩阻力不计隧道部分而只计洞顶部分，即在计算中用 H 代替 h，这样式（3-47）为：

$$Q_浅 = W - \gamma H^2 \lambda \tan\theta \tag{3-48}$$

由于 $W = B_t H \lambda$，故

$$Q_浅 = \gamma H(B_t - H\lambda\tan\theta) \tag{3-49}$$

式中 B_t——坑道宽度（m）。

换算为作用在支护结构上的均布荷载（图 3-6），即

$$q_浅 = \frac{Q_浅}{B_t} = \gamma H\left(1 - \frac{H}{B_t}\lambda\tan\theta\right) \tag{3-50}$$

式中 $q_浅$——作用在支护结构上的均布荷载（kN/m²）。

其他符号意义同前。

作用在支护结构两侧的水平侧压力为：

$$e_1 = \gamma H \lambda$$
$$e_2 = \gamma h \lambda \tag{3-51}$$

侧压力视为均布压力时，

$$e = \frac{1}{2}(e_1 + e_2) \tag{3-52}$$

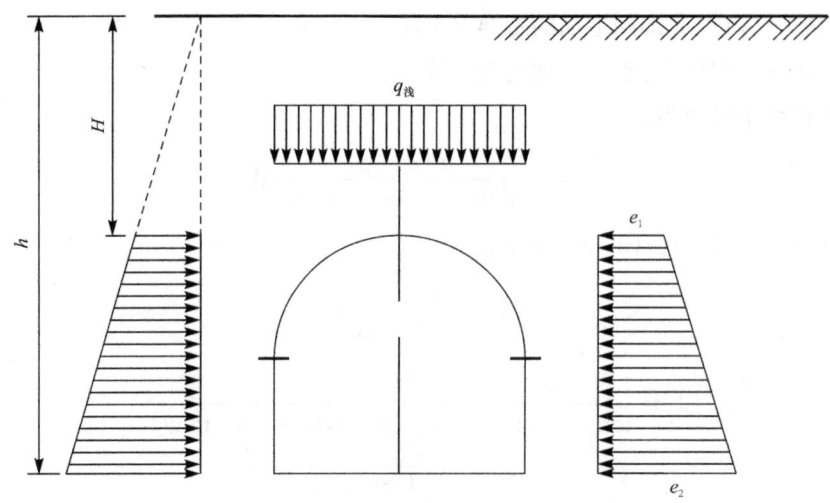

图 3-6　作用在支护结构上的均布荷载

2）深埋隧道围岩压力计算

深埋隧道是指隧道的埋置深度超过一定限值后，由于隧道的开挖，将在隧道周边的围岩内形成松动圈而成"自然拱"，成拱作用对地表没有影响，并且超过这个限值后，隧道埋深的增加对自然拱成拱作用没有影响。现将深埋公路隧道围岩压力的确定方法介绍如下：

（1）Ⅰ～Ⅳ级围岩中的深埋隧道，围岩压力为主要形变压力，其值可按释放荷载计算。

Ⅳ级以下围岩，喷射混凝土层将在同围岩共同变形的过程中对围岩提供支护抗力，使围岩变形得到控制，从而使围岩保持稳定。与此同时，喷层将受到来自围岩的挤压力。这种挤压力由围岩变形引起，常称为"变形压力"。

Ⅳ级以下围岩一般呈现塑性和流变特性，洞室开挖后变形的发展往往会持续较久的时间。采用模筑混凝土支护围岩时，顶替原有临时支护时扰动围岩以及衬砌同周围岩体不密贴都可招致松散压力，而当坍落发展到一定程度时，衬砌将与围岩密贴，并随围岩变形的继续发展，衬砌也将受到挤压，从而经受变形压力。

可见围岩与支护间围岩压力的传递是一个随时间推进而逐渐发展的过程。这类现象习称"时间效应"。

有限元分析中，变形压力常在计算过程中同时确定，而作为开挖效应的模拟，直接施加的荷载是在开挖边界上施加的释放荷载。

释放荷载可由已知初始地应力或与前一步开挖相应的应力场确定。先求得预计开挖边界上各节点的应力，并假定各节点间应力呈线性分布，然后反转开挖边界上各节点应力的方向（改变其符号），据以求得释放荷载，如图 3-7 所示。

① 初始地应力的确定

初始地应力 $\{\sigma_0\}$ 的确定常需专门研究。对岩石地层，初始地应力可分为自重地应力和构造地应力两部分。其中自重地应力可由有限元法求得，构造地应力可由位移反分析方法确定。如将其假设为均布应力或线性分布分力，并将其与自重地应力叠加，则可得到初始地应力的计算式为：

$$\left.\begin{array}{l} \sigma_x = a_1 + a_4 z \\ \sigma_z = a_2 + a_5 z \\ \tau_{xz} = a_3 \end{array}\right\} \tag{3-53}$$

式中 $a_1 \sim a_5$ 为常数，z 为竖向坐标值。

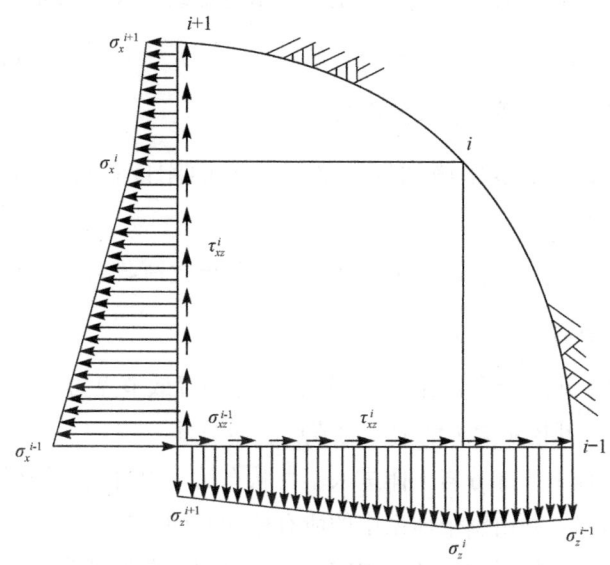

图 3-7 开挖边界节点

对软土地层，初始地应力的垂直分量可取为自重应力，水平分量则常由根据经验给出的水平侧压力系数 K_0 算得，初始计算式为：

$$\left.\begin{array}{l} \sigma_z = \sum \gamma_i H_i \\ \sigma_x = K_0 \cdot (\sigma_z - P_w) + P_w \end{array}\right\} \tag{3-54}$$

式中　σ_z、σ_x——竖直向和水平向地应力；

γ_i——计算点以上第 i 层土的重度；

H_i——相应土层的厚度；

P_w——计算点的孔隙水压力。

② 释放荷载的计算

对各开挖阶段的状态，有限元分析的表达式可写为：

$$[K]_i \{\Delta\delta\}_i = \{\Delta F_r\}_i + \{\Delta F_a\}_i \quad (i=1、L) \tag{3-55}$$

式中　L——开挖阶段数；

$[K]_i$——第 i 开挖阶段岩土体和结构的总刚度矩阵，由式 $[K]_i = [K]_0 + \sum\limits_{\lambda=1}^{i} [\Delta K]_\lambda$ 计算；

　　　　　$[K]_0$——岩土体和结构（开挖开始前存在时）的初始总刚度矩阵；

　　　　　$[\Delta K]_\lambda$——第 λ 开挖阶段的岩土体和结构刚度的增量或减量，用以体现岩土体单元的挖除、填筑及结构单元的施作或拆除；

　　　　　$\{\Delta F_r\}_i$——第 i 开挖阶段开挖边界上释放荷载的等效节点力；

　　　　　$\{\Delta F_a\}_i$——第 i 开挖阶段新增自重等的等效节点力；

　　　　　$\{\Delta\delta\}_i$——第 i 开挖阶段的节点位移增量。

采用增量初应变法解题时，对每个开挖步，增量加载过程有限元分析的表达式为

$$[K]_{ij}\{\Delta\delta\}_{ij} = \{\Delta F_r\}_i\alpha_{ij} + \{\Delta F_a\}_{ij} \qquad (i=1、L; j=1、M) \tag{3-56}$$

式中　M——各开挖步增量加载的次数；

　　　　$[K]_{ij}$——第 i 开挖步中施加第 j 增量步时的刚度矩阵，$[K]_{ij} = [K]_{i-1} + \sum\limits_{\zeta=1}^{j} [\Delta K]_\zeta$；

　　　　α_{ij}——第 i 开挖步第 j 增量步的开挖边界释放荷载系数，开挖边界荷载完全释放时有 $\sum\limits_{j=1}^{M}\alpha_{ij}=1$；

　　　　$\{\Delta F_a\}_{ij}$——第 i 开挖步第 j 增量步新增自重等的等效节点力；

　　　　$\{\Delta\delta\}_{ij}$——第 i 开挖步第 j 增量步的节点位移增量。

增量时步加荷过程中，部分岩土体进入塑性状态后，由材料屈服引起的过量塑性应变以初应变的形式被转移，并由整个体系中的所有单元共同负担。每一时步中，各单元与过量塑性应变相应的初应变均以等效节点力的形式起作用，并处理为再次计算时的节点附加荷载，据以进行迭代运算，直至时步最终计算时间，并满足给定的精度要求。

岩土体单元出现受拉破坏或节理、接触面单元发生受拉或受剪破坏时，也可按原理与上述方法类同的方法处理。单元发生破坏后，沿破坏方向的单元应力需予转移，计算过程将其处理为等效节点力，据以进行迭代计算。

（2）Ⅳ～Ⅵ级围岩中深埋隧道的围岩压力为松散荷载时，其垂直均布压力及水平分布压力可按下列公式计算：

① 垂直均布压力按式（3-57）计算。

$$q = \gamma h \tag{3-57}$$

$$h = 0.45 \times 2^{s-1}\omega$$

式中　q——垂直均布压力（kN/m^2）；

　　　　γ——围岩重度（kN/m^3）；

　　　　S——围岩级别；

　　　　ω——宽度影响系数，$\omega = 1 + i(B-5)$；

　　　　B——隧道宽度（m）；

　　　　i——B 每增减 1m 时的围岩压力增减率，以 $B=5m$ 的围岩垂直分布压力为准，当 $B<5m$ 时，取 $i=0.2$；$B>5m$ 时，取 $i=0.1$。

② 水平均布压力按表 3-4 确定。

围岩水平分布压力   表 3-4

围岩级别	Ⅰ、Ⅱ	Ⅲ	Ⅳ	Ⅴ	Ⅵ
水平均布压力 e	0	$<0.15q$	$(0.15\sim0.3)q$	$(0.3\sim0.5)q$	$(0.5\sim1.0)q$

注：应用式（3-57）及表 3-4 时，必须具备下列条件：

1. H/B 小于 1.7，H 为隧道开挖高度（m），B 为隧道开挖宽度（m）。

2. 不产生显著偏压及膨胀力的一般围岩。

3）常用深浅埋的界限理论

深浅埋条件下围岩压力的确定方法不同，其围岩压力数值差异也很大，影响围岩压力的因素主要为地质条件、埋深、施工方法和支护情况，因此，划分浅埋和深埋的界限是十分必要的。但是，目前还没有一个统一的划分办法。常用分界理论主要有以下三种。

（1）按塌落拱理论划分

隧道上覆地层的厚度 $H \geqslant (2.0\sim2.5)h_0$（$h_0$ 为塌落拱的高度）时为深埋，当 $H \geqslant (2.0\sim2.5)h_0$ 时为浅埋。

必须指出，塌落拱的形成不仅与埋深、土质有关，而且与隧道开挖跨度、高度、施工方法以及施工顺序有关，必要时，还要验算塌落拱的强度和稳定性，作为划分深埋的补充条件。

（2）经验判断法

松散地层地铁隧道设计，提出松散土层中分界深度为：

$$H_{分界} = (1.0\sim2.0)D \tag{3-58}$$

式中　D——隧道的跨度（m）。

还规定 $H_{分界} \geqslant (2.0\sim2.5)h_0$，$h_0$ 为塌落拱的高度（m）。

（3）理论估算公式

由比尔鲍曼公式——式（3-33）可知，当埋深达到一定深度以后，垂直压力 q 值就不再增加。对式（3-33）埋深 H 求导数，并令 $\dfrac{\partial q}{\partial H}=0$，即可得对应 q_{max} 值时的 H_{max}，此 H_{max} 就认为是浅埋深埋的分界深度 $H_{分界}$，当 $H \leqslant H_{分界}$ 为浅埋；$H > H_{分界}$ 为深埋。比尔鲍曼理论只适用于 $H \leqslant H_{max}$、内摩擦角小于 30° 的浅埋情况。

$$H_{分界} = H_{max} = \frac{a_1}{K_1}\left[1-\frac{C}{\gamma a_1}(1-2K_2)\right] \tag{3-59}$$

式中　$K_1 = \tan\varphi\tan^2(45°-\varphi/2)$，$a_1$ 为塌落拱半跨（m）；

a——隧道跨度之半（m）；

h——隧道的高度（m）；

C——土层的粘聚力（Pa）；

φ——上层的内摩擦角（°）；

γ——围岩重度（kN/m³）。

目前，根据欧美（一般采用泰沙基理论）应用的土压理论计算：当覆土层厚度 $H \geqslant$

$5a_1$（a_1——压力跨半跨）时，土层压力将趋近常数，通常作为深埋与浅埋的分界线。

4）偏压隧道围岩压力

（1）偏压隧道垂直压力的计算方法（图3-8）：

假定偏压分布图形与地面坡一致。

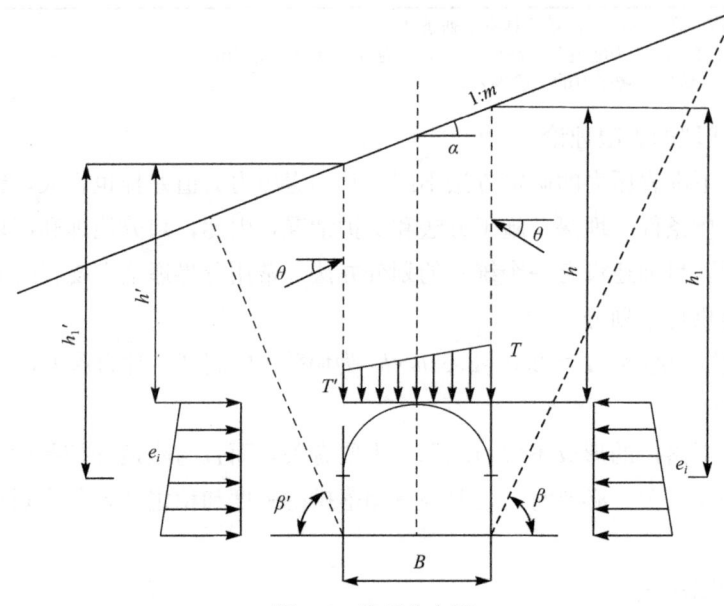

图3-8　偏压分布图

$$Q = \frac{\gamma}{2}\left[(h+h')B - (\lambda h^2 + \lambda'h'^2)\tan\theta\right] \tag{3-60}$$

式中　h、h'——内、外侧由拱顶水平至地面的高度（m）；

$\quad\quad B$——坑道跨度（m）；

$\quad\quad \gamma$——围岩重度（kN/m³）；

$\quad\quad \theta$——顶板土柱两侧摩擦角（°），当无实测资料时，可参考表3-3选取；

$\quad\quad \lambda$、λ'——内、外侧的侧压力系数，由下式计算：

$$\lambda = \frac{1}{\mathrm{tg}\beta - \mathrm{tg}\alpha} \times \frac{\mathrm{tg}\beta - \mathrm{tg}\varphi_c}{1 + \mathrm{tg}\beta(\mathrm{tg}\varphi_c - \mathrm{tg}\theta) + \mathrm{tg}\varphi_c\,\mathrm{tg}\theta} \tag{3-61}$$

$$\lambda' = \frac{1}{\mathrm{tg}\beta' + \mathrm{tg}\alpha} \times \frac{\mathrm{tg}\beta' - \mathrm{tg}\varphi_c}{1 + \mathrm{tg}\beta'(\mathrm{tg}\varphi_c - \mathrm{tg}\theta) + \mathrm{tg}\varphi_c\,\mathrm{tg}\theta} \tag{3-62}$$

$$\mathrm{tg}\beta = \mathrm{tg}\varphi_c + \sqrt{\frac{(\mathrm{tg}^2\varphi_c + 1)(\mathrm{tg}\varphi_c - \mathrm{tg}\alpha)}{\mathrm{tg}\varphi_c - \mathrm{tg}\theta}} \tag{3-63}$$

$$\mathrm{tg}\beta' = \mathrm{tg}\varphi_c + \sqrt{\frac{(\mathrm{tg}^2\varphi_c + 1)(\mathrm{tg}\varphi_c + \mathrm{tg}\alpha)}{\mathrm{tg}\varphi_c - \mathrm{tg}\theta}} \tag{3-64}$$

式中　$\quad\alpha$——地面坡坡角（°）；

$\quad\quad \varphi_c$——围岩计算摩擦角（°）；

$\quad\quad \beta$、β'——内、外侧产生最大推力时的破裂角（°）。

（2）偏压隧道水平侧压力的计算

内侧 $$e_i = \gamma \cdot h_i \lambda \qquad (3\text{-}65)$$

外侧 $$e_i = \gamma \cdot h_i' \lambda' \qquad (3\text{-}66)$$

式中 h_i、h_i'——内、外侧任意一点 i 至地面的距离（m）。

从上面的计算过程可以看到，公路隧道围岩压力的计算理论及公式与铁路隧道的计算理论及公式基本上一致，没有本质的区别。

隧道衬砌结构除了受到围岩压力作用，同时衬砌结构的变形受到周围围岩的约束，隧道设计规范利用地基梁的理论考虑围岩对结构约束作用，并根据经验给出了不同类别围岩的弹性抗力系数。我国上千条隧道设计经验表明，按照隧道设计规范给出的围岩压力计算方法计算得到的隧道围岩压力能较好地包含大多数的隧道衬砌压力情况，即多数隧道衬砌压力的分布都包含在上述的围岩压力范围之内，该方法对我国隧道结构的设计和施工工作起到了指导作用。

3.3 衬砌结构计算

衬砌结构计算就是采用数学力学的方法计算分析隧道建设与运营中隧道围岩及衬砌强度的刚度和稳定性。为隧道的设计及施工提供具体设计参数。计算方法主要有：工程类比法、荷载结构法、地层结构法、收敛约束法等。

3.3.1 工程类比法

隧道界的教授、专家，特别是有经验的高级工程师，不免发出这样的感慨：隧道工程与其说是一门科学，倒不如说是一种艺术（基于科学基础上的经验艺术）。工程类比法在我国甚至于世界隧道及地下工程的设计领域仍占据主导地位。我国已成功修建的长14.295km 的大瑶山隧道，以及我国最长的秦岭特长隧道（长 18.46km），在结构设计中都毫不例外地以工程类比法为主。当然辅以力学计算是必需的，同时力学计算方法也绝不可能排斥建立在工程类比基础上的经验设计方法。

工程类比经验设计方法的关键在于建立正确的围岩分级体系，以及既有工程资料的积累和整理。现行围岩分级本身带有很大的人为因素，仍是一个定性为主的分级，而工程类比也只是各单位仅依据局部有限的经验进行类比，同时标准图的设计对具体工程的适应性也绝非尽善尽美，由此做出来的隧道工程设计文件，难以做到"精益求精"，其"经济合理"的评定标准也只能人为而已。

3.3.2 荷载结构法

根据工程实际要求，隧道工程师通常采用近似方法确定围岩压力的分布模式和大小，将围岩与衬砌结构的相互作用情况简化为不同分布模式和不同大小的"围岩压力"和"围岩抗力"，同时将衬砌结构简化为结构力学中的梁单元，这种近似计算隧道衬砌结构的力学方法即为荷载结构方法。该方法是我国隧道设计规范推荐采用的标准隧道结构设计计算方法，意义直观，计算简便。根据国内127座基本跨度为5m的单线铁路隧道的417个施工塌方资料统计基础上，利用统计和理论分析相结合的方法给出了浅埋、埋深、偏压隧道的围岩压力大小和分布模式公式，已在隧道结构设计中得到广泛的应用。荷载结构法的设计原理认为，隧道开挖后地层的作用主要是对衬砌结构产生荷载，衬砌结构应能安全可靠地承受地层压力等荷载的作用。利用该方法进行计算，首先需要确定地层压力，然后计算衬砌结构在地层压力以及其他荷载作用下的内力分布，最后根据内力分布进行衬砌截面验算。因此，衬砌结构的力学简化方法和围岩压力的模式、大小确定是荷载结构方法的重点研究内容。

荷载结构模型认为地层对结构的作用只是产生作用在地下建筑结构上的荷载（包括主动地层压力和被动地层抗力），衬砌在荷载的作用下产生内力和变形，与其相应的计算方法称为荷载结构法。这一方法计算衬砌内力时需考虑周围地层介质对结构变形的约束作用，计算时先按地层分类法或由实用公式确定地层压力，在保证衬砌结构能安全可靠地承受地层压力等荷载的作用下，采用局部变形理论（即温克尔假定）考虑地层约束作用。将地层看成由无限多个各自孤立的弹簧构成，地层变化即相当于弹簧压缩，弹簧常数即相当于弹性压缩系数。按弹性地基上结构物的计算方法计算衬砌的内力，并进行衬砌截面荷载计算。

荷载结构法是目前隧道结构设计比较通用的方法，采用荷载结构法计算时，根据工程实际按深埋条件，参照现行行业标准《铁路隧道设计规范》构建计算模型。Ⅱ～Ⅲ级围岩二次衬砌作为安全储备，按承受围岩荷载的30%检算；Ⅳ～Ⅴ级围岩二次衬砌作为承载结构，分别按承受围岩荷载的50%～70%检算，得出荷载与结构安全系数。

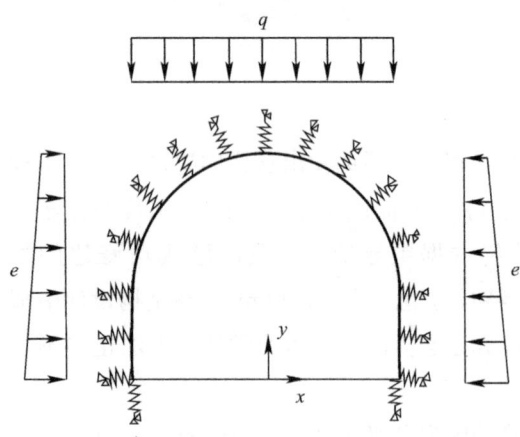

图3-9　荷载结构法模型计算示意图

根据上述的围岩压力计算方法、衬砌结构计算方法和衬砌结构安全性验算方法，衬砌结构受到的约束作用采用弹簧或弹性链杆来模拟，建立如图3-9所示的荷载-结构法计算模型。因围岩对衬砌结构的约束作用只能是压力作用，而不可能产生拉力，模拟计算过程中需要去掉产生拉力的弹簧或链杆，并不断迭代直到弹簧力全部为压力为止，最后得到衬砌结构的内力图。

荷载结构法除了要考虑隧道围岩压力与抗力的分布模式和大小外，同时还要考虑隧道衬砌结构的计算方法。为了方便应用，在荷载结构法中隧道衬砌结构一般采用梁单元进行模拟。

1）设计原理

荷载结构法的设计原理认为，隧道开挖后地层的作用主要是对衬砌结构产生荷载，衬砌结构应能安全可靠地承受地层压力等荷载的作用。计算时先按地层分类法或由实用公式确定地层压力，然后按弹性地基上结构物的计算方法计算衬砌的内力，并进行结构截面设计。

2）计算原理

（1）基本未知量与基本方程

取衬砌结构结点的位移为基本未知量。由最小势能原理或变分原理可得系统整体求解时的平衡方程为

$$[K]\{\delta\} = \{P\} \tag{3-67}$$

式中　$[K]$——衬砌结构的整体刚度矩阵，为 m×m 阶方阵，m 为体系结点自由度的总个数；

$\{\delta\}$——衬砌节点位移构成的列向量，$\{\delta\} = [\delta_1 \delta_2 \cdots \delta_m]^T$；

$\{P\}$——衬砌节点荷载组成的列向量，$\{P\} = [P_1 P_2 \cdots P_m]^T$。

矩阵 $\{P\}$、$[K]$、$\{\delta\}$ 可由单元的荷载矩阵 $\{P\}^e$、单元的刚度矩阵 $[K]^e$、单元的位移向量 $\{\delta\}^e$ 组装而成。故在采用有限元方法进行分析时，需先划分单元，建立单元的刚度矩阵 $[K]^e$、单元的荷载矩阵 $\{P\}^e$。

隧道承重结构轴线的形状为弧形时，需用折线单元模拟曲线。划分单元时，只需确定杆件单元的长度。杆件厚度 d 即为承重结构的厚度，杆件宽度取为 l(m)。相应的杆件横截面面积为 $A = d \times l$ (m²)，抗弯惯性矩为 $I = 1/12 \times l \times d^3$ (m⁴)，弹性模量 E(kN/m²) 取为混凝土的弹性模量。

（2）单元刚度矩阵的计算

设梁单元在局部坐标系下的结点位移为 $\{\bar{\delta}\} = [\bar{u}_i, \bar{v}_i, \theta_i, \bar{u}_j, \bar{v}_j, \theta_j]^T$，对应的结点力为 $\{\bar{f}\} = [\bar{X}_i, \bar{Y}_i, \bar{M}_i, \bar{X}_j, \bar{Y}_j, \bar{M}_j]^T$，则有

$$\{\bar{f}\} = [\bar{K}]^e\{\bar{\delta}\} \tag{3-68}$$

式中　$[\bar{K}]^e$——梁单元在局部坐标系下的刚度矩阵，并有

$$[\bar{K}]^e = \begin{vmatrix} \dfrac{EA}{l} & 0 & 0 & -\dfrac{EA}{l} & 0 & 0 \\ 0 & \dfrac{12EI}{l^3} & \dfrac{6EI}{l^2} & 0 & -\dfrac{12EI}{l^3} & \dfrac{6EI}{l^2} \\ 0 & \dfrac{6EI}{l^2} & \dfrac{4EI}{l} & 0 & -\dfrac{6EI}{l^2} & \dfrac{2EI}{l} \\ -\dfrac{EI}{l} & 0 & 0 & \dfrac{EI}{l} & 0 & 0 \\ 0 & -\dfrac{12EI}{l^3} & -\dfrac{6EI}{l^2} & 0 & \dfrac{12EI}{l^3} & -\dfrac{6EI}{l^2} \\ 0 & \dfrac{6EI}{l^2} & \dfrac{2EI}{l} & 0 & -\dfrac{6EI}{l^2} & \dfrac{4EI}{l} \end{vmatrix} \tag{3-69}$$

式中　E——梁单元的弹性模量；

l——梁的长度；

A——梁的截面积；

I——梁的惯性矩。

对于整体结构而言，各单元采用的局部坐标系均不相同，故在建立整体矩阵时，需按式（3-70）将按局部坐标系建立的单元刚度矩阵 $[\overline{K}]^e$ 转换成结构整体坐标系中的单元刚度矩阵 $[K]^e$。

$$[K]^e = [T]^T[\overline{K}]^e[T] \tag{3-70}$$

式中　　$[T]$——转置矩阵，表达式为：

$$[T] = \begin{vmatrix} \cos\beta & \sin\beta & 0 & 0 & 0 & 0 \\ -\sin\beta & \cos\beta & 0 & 0 & 0 & 0 \\ 0 & 0 & 1 & 0 & 0 & 0 \\ 0 & 0 & 0 & \cos\beta & \sin\beta & 0 \\ 0 & 0 & 0 & -\sin\beta & \cos\beta & 0 \\ 0 & 0 & 0 & 0 & 0 & 1 \end{vmatrix};$$

β——整体坐标系与局部坐标系之间的夹角。

（3）地层反力作用模式

地层弹性抗力由下式给出：

$$F_n = K_n \cdot U_n \tag{3-71}$$

$$F_s = K_s \cdot U_s \tag{3-72}$$

其中，

$$K_n = \begin{cases} K_n^+ & U_n \geqslant 0 \\ K_n^- & U_n < 0 \end{cases} \tag{3-73}$$

$$K_s = \begin{cases} K_s^+ & U_s \geqslant 0 \\ K_s^- & U_s < 0 \end{cases} \tag{3-74}$$

式中　　F_n 和 F_s——分别为围岩法向和切向弹性抗力；

K_n 和 K_s——相应的围岩弹性抗力系数，且 K^+、K^- 分别为压缩区和拉伸区的抗力系数，通常令 $K_n^- = K_s^- = 0$。

杆件单元确定后，即可确定地层弹簧单元，它只设置在杆件单元的结点上。地层弹簧单元可沿整个截面设置，也可只在部分结点上设置。沿整个截面设置地层弹簧单元时，计算过程中需用迭代法作变形控制分析，以判断出抗力区的确切位置。

3.3.3　地层结构法

地层结构法已经广泛应用于隧道工程设计、施工、维护加固研究中，地层结构法认为，地下空间的结构体系是由围岩和支护共同组成的，围岩既是荷载的来源，又是承载体系的一部分。从地层的初始应力状态出发，地层结构法采用固体力学计算开挖和支护对围岩应力和位移场的作用，而支护结构的内力和变形只是整个围岩结构体系计算结果的一部分。

地层结构法中，采用有限单元法计算时，岩土介质和衬砌结构都离散为仅在结点相连的单元，荷载移置于结点，利用插值函数考虑边界条件，并由矩阵力法或矩阵位移法方程求解结点未知数，据以计算岩土介质与衬砌结构的应力场和位移场。计算方法如下。

1) 设计原理

地层结构法的设计原理，是将衬砌和地层视为整体共同受力的统一体系，在满足变形协调条件的前提下分别计算衬砌与地层的内力，据以验算地层的稳定性和进行结构截面设计。目前计算方法以有限单元法为主，适用于设计构筑在软岩或较稳定地层内的衬砌。

2) 初始地应力计算

（1）初始自重应力

初始自重应力通常采用有限元法或给定水平侧压力系数的方法计算。

① 有限元法

即初始自重应力由有限元法算得，并将其转化为等效结点荷载。

② 给定水平侧压力系数法

即在给定水平侧压力系数 K_0 值后，按下式计算初始自重地应力：

$$\sigma_z^g = \sum \gamma_i H_i \tag{3-75}$$

$$\sigma_x^g = K_0(\sigma_z - P_w) + P_w \tag{3-76}$$

式中 σ_z^g、σ_x^g——竖直方向和水平方向初始自重地应力；

γ_i——计算点以上第 i 层岩石的重度；

H_i——计算点以上第 i 层岩石的厚度；

P_w——计算点的孔隙水压力，在不考虑地下水头变化的条件下，P_w 由计算点的静水压力确定，即 $P_w = v_w \cdot H_w$（v_w 为地下水的重度，H_w 为地下水的水位差）。

（2）构造应力

构造地应力可假设为均布或线性分布应力。假设主应力作用方向保持不变，则二维平面应变的普遍表达式为：

$$\left. \begin{array}{l} \sigma_x^\delta = a_1 + a_4 z \\ \sigma_z^\delta = a_2 + a_5 z \\ \tau_{xz}^\delta = a_3 \end{array} \right\} \tag{3-77}$$

式中 $a_1 \sim a_5$——常系数；

z——竖直坐标。

（3）初始地应力

将初始自重应力与构造应力叠加，即得初始地应力。

3) 本构模型

（1）岩石单元

① 弹性模型

对于平面应变问题，横观各向同性弹性体的应力增量可表示为

$$\{\Delta\sigma\} = \begin{Bmatrix} \Delta\sigma_x \\ \Delta\sigma_z \\ \Delta\tau_{xz} \end{Bmatrix} = [D]\{\Delta\varepsilon\} = \begin{bmatrix} \dfrac{E_0 E_v - \mu_{vh}^2 E_h^2}{E_0} & \dfrac{E_h E_v \mu_{vh}(1+\mu_{hh})}{E_0} & 0 \\ \dfrac{E_h E_v \mu_{vh}(1+\mu_{hh})}{E_0} & \dfrac{E_v^2(1-\mu_{hh}^2)}{E_0} & 0 \\ 0 & 0 & G_{hv} \end{bmatrix} \begin{Bmatrix} \Delta\varepsilon_x \\ \Delta\varepsilon_z \\ \Delta\gamma_{zx} \end{Bmatrix}$$

$$(3\text{-}78)$$

式中 E_v——竖直方向（z）弹性模量；

$\quad\quad E_h$——水平方向（x，y）弹性模量；

$\quad\quad \mu_{vh}$——竖直向应变引起水平向应变的泊松比（竖直面内的泊松比）；

$\quad\quad \mu_{hh}$——水平面内的泊松比；

$\quad\quad G_{hv}$——竖向平面内的剪切模量。

各向同性弹性体的应力增量可表示为：

$$\{\Delta\sigma\} = \begin{Bmatrix} \Delta\sigma_x \\ \Delta\sigma_z \\ \Delta\tau_{xz} \end{Bmatrix} = [D]\{\Delta\varepsilon\} = \dfrac{E(1-\mu)}{(1+\mu)(1-2\mu)} \begin{bmatrix} 1 & \dfrac{\mu}{1-\mu} & 0 \\ \dfrac{\mu}{1-\mu} & 1 & 0 \\ 0 & 0 & \dfrac{1-2\mu}{2(1-\mu)} \end{bmatrix} \begin{Bmatrix} \Delta\varepsilon_x \\ \Delta\varepsilon_z \\ \Delta\gamma_{zx} \end{Bmatrix}$$

$$(3\text{-}79)$$

② 非线性弹性模型

采用邓肯-张模型的假设，并认为应力-应变关系可用双曲线关系近似描述，则在主应力 σ_3 保持不变时：

$$\sigma_1 - \sigma_3 = \frac{\varepsilon_1}{a + b\varepsilon_1} \tag{3-80}$$

轴向应变 ε_1 和侧向应变 ε_3 之间假设也存在双曲线关系，即有

$$\varepsilon_1 = \frac{\varepsilon_3}{f + d\varepsilon_3} \tag{3-81}$$

式中 a、b、c、d 均为由试验确定的参数。

在不同应力状态下弹性模量的表达式为：

$$E_i = \left[1 - \frac{R_f(1-\sin\varphi)(\sigma_1-\sigma_3)}{2C\cos\varphi + 2\sigma_3\sin\varphi} \right]^2 K p_0 \left(\frac{\sigma_3}{p_0} \right)^n \tag{3-82}$$

式中 R_f——破坏比，数值小于 1（一般在 $0.75\sim1.0$ 之间）；

$\quad\quad C$、φ——土的粘聚力和内摩擦角；

$\quad\quad p_0$——大气压力，一般取 100kPa；

$\quad\quad K$、n——由试验确定的参数。

不同应力状态下泊松比的表达式为：

$$\mu_i = \frac{G - F\lg\left(\dfrac{\sigma_3}{p_0}\right)}{(1-A)^2} \tag{3-83}$$

$$A = \frac{(\sigma_1 - \sigma_3)d}{Kp_0 \left(\frac{\sigma_3}{p_0}\right)^n \left[1 - \frac{R_f(1-\sin\varphi)(\sigma_1-\sigma_3)}{2C\cos\varphi + 2\sigma_3\sin\varphi}\right]} \tag{3-84}$$

式中 G、F、d 为由试验确定的参数。

由 E_i 和 μ_i 即可确定该应力状态下的弹性矩阵 $[D]$。

③ 弹塑性模型

a. 屈服准则

材料进入塑性状态的判断准则采用 Drucker-Prager 或 Mohr-Coulomb 屈服准则，其中 Drucker-Prager 屈服准则的表达式为：

$$f = \alpha I_1 + \sqrt{J_2} - k = 0 \tag{3-85}$$

式中 I_1——应力张量的第一不变量；

     J_2——应力偏量的第二不变量，并有

$$\alpha = \frac{\sin\varphi}{\sqrt{3}\sqrt{3+\sin^2\varphi}}$$

$$k = \frac{\sqrt{3}C\cos\varphi}{\sqrt{3+\sin^2\varphi}} \tag{3-86}$$

Mohr-Coulomb 屈服准则的表达式为：

$$f = \frac{1}{3}I_1\sin\varphi - \left(\cos\theta + \frac{1}{\sqrt{3}}\sin\theta\sin\varphi\right)\sqrt{J_2} + C\cos\varphi = 0$$

$$\theta = \frac{1}{3}\sin^{-1}\left(\frac{-3\sqrt{3}}{2}\frac{J_3}{(J_2)^{\frac{3}{2}}}\right), \quad -\frac{\pi}{6} \leqslant \theta \leqslant \frac{\pi}{6} \tag{3-87}$$

式中 J_3——应力偏量的第三不变量。

b. 弹塑性矩阵

材料进入塑性状态后，其弹塑性应力-应变关系的增量表达式为：

$$\{d\sigma\} = \left[[D] - \frac{[D]\left\{\frac{\partial g}{\partial\sigma}\right\}\left\{\frac{\partial f}{\partial\sigma}\right\}^T[D]}{A + \left\{\frac{\partial f}{\partial\sigma}\right\}^T[D]\left\{\frac{\partial g}{\partial\sigma}\right\}}\right]\{d\varepsilon\} = ([D] - [D_p])\{d\varepsilon\} = [D_{ep}]\{d\varepsilon\}$$

$$\tag{3-88}$$

式中 $[D]$，$[D_p]$，$[D_{ep}]$——分别为材料的弹性矩阵、塑性矩阵和弹塑性矩阵；

             A——与材料硬化有关的参数，理想弹塑性情况下，$A=0$；

             f——屈服面函数；

             g——塑性势面函数，采用关联流动法则时，$g=f$。

c. 弹塑性分析的计算过程增量时步加荷过程中，部分岩土体进入塑性状态后，由材料屈服引起的过量塑性应变以初应变的形式被转移，并由整个体系中的所有单元共同负担。每一时步中，各单元与过量塑性应变相应的初应变均以等效结点力的形式起作用，并处理为再次计算时的结点附加荷载，据以进行迭代运算，直至时步最终计算时间，并满足给定的精度要求。

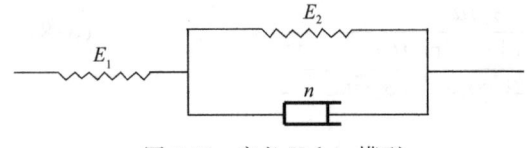

图 3-10 广义 Kelvin 模型

④ 粘弹性模型

三元件广义 Kelvin 模型，由弹性元件和 Kelvin 模型串联组成，如图 3-10 所示。其应力-应变关系式为：

$$\frac{\eta}{E_1+E_2}\dot{\sigma}+\sigma=\frac{\eta E_1}{E_1+E_2}\dot{\varepsilon}+\frac{E_1 E_2}{E_1+E_2}\varepsilon \tag{3-89}$$

衬砌施作后的蠕变方程为：

$$\varepsilon(t)=\left[\frac{1}{E_1}+\frac{1}{E_2}(1-e^{-\frac{E_2}{\eta}t})\right]\sigma_0=\sigma_0 J(t) \tag{3-90}$$

式中　$J(t)$——蠕变柔量；

　　　σ_0——常量应力。

（2）梁单元

与 3.3.2 荷载结构法中"单元刚度矩阵的计算"相同。

（3）杆单元

设杆单元在局部坐标系中的结点位移为 $\{\bar{\delta}\}=[\bar{u}_i,\ \bar{v}_i,\ \bar{u}_j,\ \bar{v}_j]^T$，对应的结点力为 $\{\bar{f}\}=[\bar{X}_i,\ \bar{Y}_i,\ \bar{X}_j,\ \bar{Y}_j]^T$，则有

$$\{\bar{f}\}=[\bar{k}]\{\bar{\delta}\} \tag{3-91}$$

其中 $[\bar{k}]$ 为杆在局部坐标系下的单元刚度矩阵，并有

$$[\bar{k}]=\begin{bmatrix}\dfrac{EA}{l} & 0 & -\dfrac{EA}{l} & 0 \\[2mm] 0 & 0 & 0 & 0 \\[2mm] -\dfrac{EA}{l} & 0 & \dfrac{EA}{l} & 0 \\[2mm] 0 & 0 & 0 & 0\end{bmatrix} \tag{3-92}$$

式中　l——杆长；

　　　A——杆的截面积；

　　　E——杆的弹性模量。

（4）接触面单元

接触面采用无厚度节理单元模拟，不考虑法向和切向的耦合作用时，有增量表达式

$$\begin{Bmatrix}\Delta\tau_s \\ \Delta\sigma_n\end{Bmatrix}=\begin{bmatrix}K_s & 0 \\ 0 & K_n\end{bmatrix}\begin{Bmatrix}\Delta u_s \\ \Delta u_n\end{Bmatrix}=[K^e]\begin{Bmatrix}\Delta u_s \\ \Delta u_n\end{Bmatrix} \tag{3-93}$$

式中　K_s——接触面的切向刚度；

　　　K_n——接触面的法向刚度。

接触面材料的应力-应变关系一般为非线性关系，并常处于塑性受力状态。当屈服条件采用莫尔-库伦屈服条件，并假定节理材料为理想弹塑性材料及采用关联流动法则时，对平面应变问题，可导出接触面单元剪切滑移的塑性矩阵为：

$$[D_P] = \frac{1}{S_0}\begin{bmatrix} K_s^2 & K_s S_1 \\ K_s S_1 & S_1^2 \end{bmatrix} \tag{3-94}$$

式中　　$S_0 = K_s + K_n \tan^2\varphi$；

　　　　$S_1 = K_n \tan\varphi$；

　　　　φ——接触面的内摩擦角。

对处于非线性状态的接触面单元，应力与相对位移间的关系式为：

$$\tau_s = K_s \cdot \Delta u_s$$

$$\sigma_n = K_n v_m \frac{\Delta u_n}{v_m - \Delta u_n} \qquad (\Delta u_n < v_m)$$

式中　　v_m——接触面单元的法向最大允许嵌入量。

4）单元模式

（1）一维单元

对两结点一维线性单元，设结点位移为$\{\delta\} = \{\mu_i,\ v_i,\ \mu_j,\ v_j\}$时，单元上任意点的位移为：

$$u = \sum N_1 u_i \tag{3-95}$$

式中 N 为插值函数，并有

$$\left.\begin{aligned} N_1 &= \frac{1-\xi}{2} \\ N_2 &= \frac{1+\xi}{2} \end{aligned}\right\} \tag{3-96}$$

（2）三角形单元

对三结点三角形单元，设结点坐标为 $\{x_i,\ y_i,\ x_j,\ y_j,\ x_m,\ y_m\}$，结点位移$\{\delta\} = \{\mu_i,\ v_i,\ \mu_j,\ v_j,\ \mu_m,\ v_m\}$，对应的结点力$\{F\} = \{X_i,\ Y_i,\ X_j,\ Y_j,\ X_m,\ Y_m\}$，则当取线性位移模式时，单元内任意点的位移为：

$$\begin{bmatrix} u \\ v \end{bmatrix} = [N]\{\delta\} \tag{3-97}$$

式中　　$[N]$——形函数矩阵，即

$$[N] = \begin{bmatrix} N_i & 0 & N_j & 0 & N_m & 0 \\ 0 & N_i & 0 & N_j & 0 & N_m \end{bmatrix} \tag{3-98}$$

其中　　$N_i = \frac{1}{2\Delta}(a_i + b_i x + c_i y)$；

　　　　$a_i = x_i y_m - x_m y_i$；

　　　　$b_i = y_j - y_m$；

　　　　$c_i = x_m - x_i$；

式中　　Δ——单元面积。

（3）四边形单元

采用四结点等参单元，并设结点位移为$\{\delta\} = \{\mu_1,\ v_1,\ \mu_2,\ v_2,\ \mu_3,\ v_3,\ \mu_4,\ v_4\}^T$ 时，

位移模式可由双线性插值函数给出，形式为：

$$\left.\begin{array}{l} u = N_1 u_1 + N_2 u_2 + N_3 u_3 + N_4 u_4 \\ v = N_1 v_1 + N_2 v_2 + N_3 v_3 + N_4 v_4 \end{array}\right\} \tag{3-99}$$

式中 N 为插值函数，即

$$\left.\begin{array}{l} N_1 = \dfrac{1}{4}(1-\xi)(1-\eta) \\[2mm] N_2 = \dfrac{1}{4}(1+\xi)(1-\eta) \\[2mm] N_3 = \dfrac{1}{4}(1+\xi)(1+\eta) \\[2mm] N_4 = \dfrac{1}{4}(1-\xi)(1+\eta) \end{array}\right\}$$

3.3.4 收敛约束模型

收敛约束模型认为围岩压力和支护抗力是在围岩和支护系统共同变形中形成的，它主要关心的是支护抗力作用下的地层状态，而不是荷载作用下的支护结构状态，从而体现了新奥法的岩石支承作用的思想。但在具体应用时，存在很多问题难以解决。首先目前仍无法很好地确定地层和支护的响应曲线（特征曲线），从而使得该方法仍停留在定性的描述阶段。要使它作为隧道支护定量分析与设计的实用方法，还有许多理论上的难题需要解决。

收敛约束法与之前研究围岩荷载作用下支护工作情况的方法不同，它主要研究的是在支护约束下岩层的行为。在这种理论下，支护的目的不再是阻止围岩弹性变形，防止准塑性区的形成，而主要是限制开挖面的变形和准塑性区的延伸。在设计阶段，把"支护-围岩"看作一个整体去分析，为人们提供了理解认识支护与围岩相互作用原理的指南，也许它并不能保证理论与实际完全一致，但随着研究的不断深入，可以帮助人们更好地分析处理之前不能解释的岩层行为。

1）收敛约束法的基本原理

收敛约束法起源于法国，近几十年通过人们不断地探索和完善逐渐成为一种综合理论、实测、经验的隧道设计方法。目前，在国内某些工程也开始将这种方法应用于实践中。

收敛约束法又被称为特征法，是因为它的基本理论中包含两条特征线，一条是地层特征线，描绘洞周围岩随着开挖工作的进行，其形变位移与衬砌对洞周围岩的作用力之间的关系；一条是支护特征线，描绘衬砌支护在施作后，支护发生的形变与衬砌受洞周地层作用力之间的关系。将这两条线同时绘制在同一 $u\text{-}P$ 坐标平面上时，设计人员可以依据这两条线交点的 u、P 值作为设计计算的依据，若在 P 值的情况下衬砌结构依然稳定，则 u 值为其最终变形值，地层也将稳定；反之，则地层不稳定，需要调整设计方案重新计算。具体的调整方向一般从衬砌的刚度和施作时机两个方面考虑。

图 3-11 为上述收敛约束法原理的示意图。图中纵坐标表示结构承受的地层压力，横坐标表示沿洞周径向位移，这些值一般都以拱顶为准测读计算。曲线①为地层特征曲线，曲线②为支护特征曲线。两条曲线交点的纵坐标即为作用在支护结构上的最终地层压力，交点的横坐标为衬砌的最终变形位移。

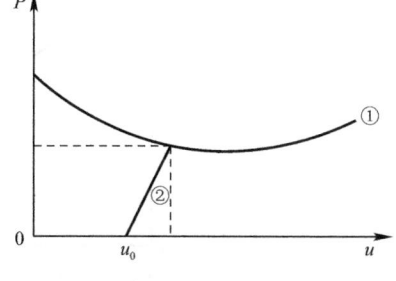

图 3-11　收敛约束法原理

因洞室开挖成形后一般需要间隔一段时间才修筑，在这段时间内洞室地层将在不受衬砌约束的情况下产生自由变形。图 3-11 中的 u_0 值即为洞周地层（毛洞）在衬砌修筑前已经发生了的初始自由变形值。

2）确定地层收敛线的方法

（1）塑性收敛线的确定

地层收敛线分为弹性收敛线和塑性收敛线，造成洞周地层出现塑性区的原因可能是埋深、地质状况、支护类型等原因，在静水压力下，其区域的外形与洞周的外轮廓线类似。

由式（3-100）可得在双向相等外压 P_0 及均匀内压 P_i 作用下地层出现塑性区后洞周位移的表达式（即塑性收敛线方程为）：

$$u = \frac{1+\mu}{E}\left\{ P_0 - C \times \cot\varphi\left[\left(\frac{R_p}{R_0}\right)^{\frac{2\sin\varphi}{1-\sin\varphi}} - 1 \right] - P_i\left(\frac{R_p}{R_0}\right)^{\frac{2\sin\varphi}{1-\sin\varphi}} \right\}\frac{R_p^2}{R_0} \tag{3-100}$$

其中 R_P 的计算式为：

$$R_p = \left[\frac{P_0 + C \times \cot\varphi(1-\sin\varphi)}{P_i + C \times \cot\varphi} \right]^{\frac{1-\sin\varphi}{2\sin\varphi}} \times R_0 \tag{3-101}$$

式中　μ——地质围岩的泊松比；

　　　E——地质围岩的弹性模量；

　　　P_0——作用在无穷远处的双向等压荷载；

　　　P_i——在圆形洞室周边上作用的径向压力；

　C、φ——地层特性常数；

　　　R_p——塑性区半径；

　　　R_0——圆形洞室的半径。

由以上两式可知，在 u-P 坐标平面上，上述塑性收敛线的部分为曲线，如图 3-12 所示。曲线与 P 轴的交点仍为 $(0, P_0)$，且仍表示开挖洞体前洞周地层处于初始应力状态。曲线靠近 P_0 的一段为直线，表示洞室周围地层在位移较小时处于弹性受力状态，仅当洞周位移超过一定量值后才进入塑性受力状态。

表示直线段的方程式仍为：

$$u = \frac{1+\mu}{E}a(P_0 - P_i) \tag{3-102}$$

决定直线段与曲线段分界点的条件 $R_p = R_0$，绘制曲线时应先计算 R_p，当 $R_p \leqslant R_0$ 时按式（3-102）绘制直线段；当 $R_p > R_0$ 时可按式（3-101）绘制曲线线段。

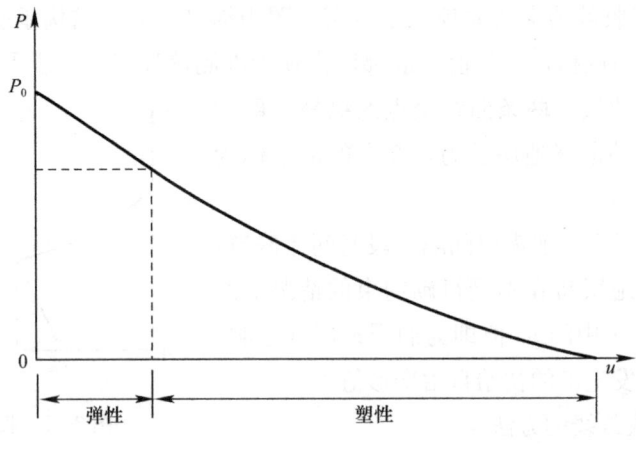

图 3-12　围岩塑性收敛线

由式（3-100）、式（3-101）及图 3-12 可见，塑性收敛线与弹性收敛线的变化趋势相同，P 值与 u 值成负相关，且支护刚度较大时提供的支撑力大；则地层压力较大；刚度较小的支护结构由于产生较大的变形，则地层压力较小。

（2）松动压力线与塑性收敛线

洞周地层在经过塑性变形后，随着作用的持续而转化松动区域，在三次应力状态下，衬砌所承担的地层压力不仅有地层的变形压力，还有形成的松动压力。卡柯在研究静水压力作用下圆形洞室的松动压力问题时，将围岩的塑性区视为松动区，且分布形状与洞室形状成同心圆分布，由此假定得到垂直轴上单元体的静水压力作用平衡下的松动压力 P_a 的计算式为：

$$P_a = -C \times \cot\varphi + C \times \cot\varphi \left(\frac{R_0}{R_p}\right)^{N\varphi-1} + \frac{\gamma R_0}{N\varphi-2}\left[1 - \left(\frac{R_0}{R_p}\right)^{N\varphi-2}\right] \tag{3-103}$$

式中，$N\varphi = \dfrac{1+\sin\varphi}{1-\sin\varphi}$，其余的符号含义与前相同。

由式（3-100），可得在均布松动压力 P_a 作用下洞周塑性收敛线的方程为：

$$u = -P_a \left(\frac{R_p}{R_0}\right)^{\frac{2}{1-\sin\varphi}} R_0 \tag{3-104}$$

由以上分析可知洞周地层的最终收敛线是由塑性区收敛线和松动区收敛线叠加而来的，如图 3-13 所示，曲线①为最终的塑性位移收敛线，曲线②为与松动压力相应的塑性收敛线，曲线③为与外荷载 P_0 及形变压力相应的塑性收敛线。

在设计中确定最终收敛线的步骤：第一步判断洞室周边是否出现塑性区，所依据的判据为 R_p 与 R_0 的比值和 1 的关系，若 $R_p/R_0 < 1$ 时，则判定洞周地层受力状态为弹性，最终收敛线为弹性收敛线；若 $R_p/R_0 > 1$ 时，则判定洞周地层受力区域出现塑性区，最终收敛线为塑性收敛线，可由式（3-100）求取塑性收敛线 $u_1 = f_1(P_i)$，即为图 3-13 中曲线③。第二步判断洞室周围地层是否出现松动区，所依据的判据为 P_i 与零的关系，若 $P_i > 0$，则由式（3-104）确定松动区的塑性收敛线，$u_2 = f_2(P_i)$ 得到曲线②，将曲线②和③叠加得到最终收敛线①，若 $P_i < 0$，则表示并未出现松动区，最终的收敛线为塑性收敛线。

实际量测中绘制的收敛曲线与卡柯公式得到的收敛曲线并不完全一致，图 3-14 中曲线①、②、③分别对应洞室顶部、侧向和底部三个不同位置的最终收敛线。分析这三条不同的曲线可以发现，松动压力仅作用于拱顶部分，侧向部分承受相应的应变压力，而底部承受的压力值可近似为它们的差。观察发现曲线①、②、③对应的地层压力逐渐降低，说明它们对支护的要求也是逐渐降低，其中底部在产生一定位移后与横轴相交，说明在一定情况下，底部不用施作支护，拱顶相对最需要支护。

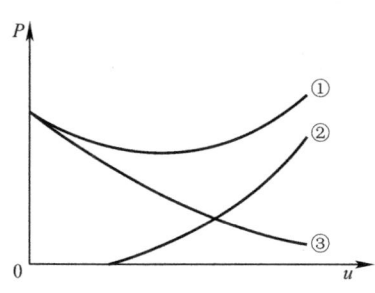

图 3-13　叠加塑性收敛线

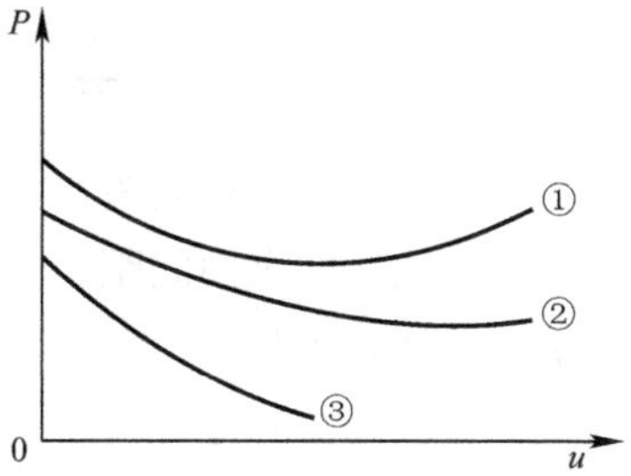

图 3-14　三种收敛线

3）确定支护限制线的方法

设圆形洞室的支护结构处于弹性受力状态，在静水压力作用下地层对支护结构的压力为 P_i，相应的结构径向变形为 u_i，则由半无限体薄壁圆筒弹性力学原理可导出：

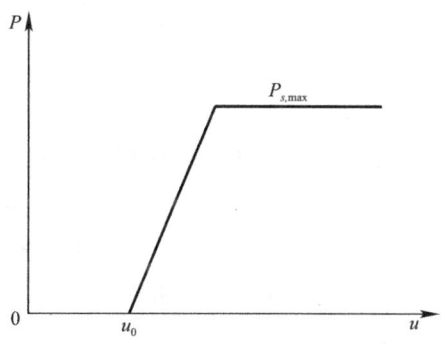

图 3-15　支护特性曲线

$$P_i = \frac{Ku_i}{r_i} \qquad (3-105)$$

式中，K 为支护刚度系数，r_i 为支护半径。

如图 3-15 所示，将支护修筑前圆形洞室洞周的初始径向变形 u_0 代入，则可导出支护限制线的表达式为：

$$u = u_0 + \frac{P_i r_i}{K} \qquad (3-106)$$

式中，K 的取值与支护结构的形式有关，给出 K 即得与结构形式相应的支护限制线。

（1）喷射混凝土支护

喷射混凝土支护刚度系数 K_c 的表达式为：

$$K_c = \frac{E_c [r_0^2 - (r_0 - t_c)^2]}{(1 + \mu_c)[(1 - 2\mu_c)r_0^2 + (r_0 - t_0)^2]} \qquad (3-107)$$

式中　r_0——圆形支护的内径；

　　　t_0——喷射混凝土支护厚度；

　　　E_c——结构材料的弹性模量；

　　　μ_c——结构材料的泊松比。

在一般情况下，喷射混凝土中的钢筋对 K 的影响可忽略不计。结构对地层提供的最大径向压力：

$$P_{s,\max} = \frac{1}{2}\sigma_{cc}\Big[1 - \frac{(r_0 - t_c)^2}{r_0^2}\Big] \tag{3-108}$$

式中　σ_{cc}——喷射混凝土材料的单轴抗压强度。

（2）锚杆支护

现在所使用的锚杆支护类型大体分为两种，一种是点状锚杆支护，其杆件刚度系数 K 的表达式为：

$$\frac{1}{K} = \frac{S_c S_l}{r_0}\Big[\frac{4l_b}{\pi d_b^2 E_b} + Q\Big] \tag{3-109}$$

式中　S_c——锚杆的环相间距；

　　　S_l——锚杆的纵向间距；

　　　d_b——锚杆直径；

　　　l_b——锚杆净长度；

　　　E_b——锚杆弹性模量。

　　　Q——与锚杆体、垫板、锚头的受力变形特征有关的常数，可由试验确定，表达式为：

$$Q = \frac{(u'_2 - u_2) - (u'_1 - u_1)}{T_2 - T_1} \tag{3-110}$$

式中　T_1、T_2——锚杆拉拔试验中大小不同的两个拉力；

　　　u_1、u_2——与两个拉力相应的锚杆计算伸长值；

　　　u'_1、u'_2——与两个拉力相应的锚杆实测伸长值。

锚杆支护对围岩能够提供的最大径向压力为：

$$P_{s,\max} = \frac{T_{bf}}{S_c S_l} \tag{3-111}$$

式中　T_{bf}——锚杆拔出试验确定的锚杆极限强度。

另一种为全长锚固锚杆支护，与点状锚杆支护相比，它的拉应力在全长上并不是均匀分布的，其剪力是通过借助锚杆与地层间的粘聚力传递剪力，在理论分析中可近似认为杆件所受最大拉力为支护的反力。

由剪应力 τ 为零且锚杆杆件最大拉力作用点的区域范围可得：

$$x_0 = \frac{l}{\ln\frac{l}{l+r_0}} - r_0 \tag{3-112}$$

式中　x_0——锚杆最大拉力截面离孔口的距离；

　　　l——锚杆长度；

　　　r_0——隧洞半径。

全长锚固锚杆在工作过程中的工作应力及杆体的应力状态与拉拔试验中并不相同，以最大拉力点为分界，上部剪应力方向向上，阻挠锚杆向外拔出，下部与之相反。

通过抗拔试验可得锚杆与地层间的极限抗剪力 $[\tau]$。$[\tau]$ 的计算式为：

$$N_1 = \int_0^l \pi d\tau_1 d\tau \geqslant k_1 l[\tau]\pi d \tag{3-113}$$

式中　d——锚杆或锚杆孔的直径；

　　　τ_1——拉拔试验中作用在锚杆体上的剪应力；

　　　k_1——剪应力 τ_1 分布的不均匀系数，可由试验确定。

全长锚固锚杆的最大支护拉力为：

$$N_2 = \int_{x_0}^l \pi d\tau_2 d\tau \geqslant k_2[\tau](l-x_0)\pi d \tag{3-114}$$

式中　τ_2——作用在锚杆体上的工作剪应力；

　　　k_2——剪应力 τ_2 分布的不均匀系数，可由试验确定。

由最大支护拉力的数值及锚杆的分布状态，可求出与之相应的径向位移和全长锚固锚杆的支护限制线。

（3）钢拱支护

钢拱支撑的刚度系数 K_s 的表达式：

$$\frac{1}{K_s} = \frac{sr_0}{E_s A_s} + \frac{sr_0^3}{E_s I_s}\left[\frac{\theta(\theta + \sin\theta\cos\theta)}{2\sin^2\theta} - 1\right] + \frac{2s\theta t_B}{E_B W^2} \tag{3-115}$$

式中　s——钢拱支撑沿洞轴纵向的间距；

　　　A_s——钢拱支撑的断面积；

　　　I_s——钢拱支撑的惯性矩；

　　　E_s——钢拱支撑的弹性模量；

　　　t_B——土垫块的厚度；

　　　E_B——土垫块的弹性模量。

钢拱支撑能对地层提供的最大径向压力：

$$P = \frac{3A_s I_s \sigma_T}{2sr_0\theta\left\{3I_s + xA_s\left[r_0 - \left(t_B + \frac{1}{2}x\right)\right](1-\cos\theta)\right\}} \tag{3-116}$$

式中　T——钢材的屈服强度；

　　　X——钢拱断面的高度。

（4）组合式支护

当采用上述支护形式中的 2 种或 3 种构成组合支护时，刚度系数的计算式：

$$K = K_1 + K_2 \text{ 或 } K = K_1 + K_2 + K_3 \tag{3-117}$$

式中　K_1、K_2、K_3——表示各支护的刚度系数。

值得注意的是，上述公式成立的条件是各个组成部分的支护结构均在使用范围内，并采用（3-115）计算洞周收敛线。如果其中一个支护构件出现了破坏或者失去作用，则认为整个结构处于破坏的状态。在此基础上，确定组合支护的最大承载能力：

① 计算 u_{max1}，计算式为 $u_{max1} = r_i P_{smax1}/K_1$。

② 计算 u_{max2}，计算式为 $u_{max2} = r_i P_{smax2}/K_2$。

③ 计算 u_{12}，计算式为 $u_{12}=r_iP_i/(K_1+K_2)$。

④ 若 $u_{12}<u_{max1}<u_{max2}$，可按式（3-115）写出洞周收敛线方程，其表达式：

$$u = u_0 + \frac{r_iP_i}{(K_1+K_2)} \tag{3-118}$$

⑤ 若 $u_{max1}\leqslant u_{12}<u_{max2}$，则 $P_{smax12}=u_{max1}(K_1+K_2)/r_i$。

⑥ 若 $u_{max2}\leqslant u_{12}<u_{max1}$，则 $P_{smax12}=u_{max2}(K_1+K_2)/r_i$。

式中　P_{smax12}——由两种支护构成组合支护时，对地层提供的最大压力。

（5）设置支护时间和结构刚度的合理选择

决定支护特征曲线的两个因素是衬砌结构的刚度和衬砌施作的时机，改变其中任意一个因素都会在 u-P_i 坐标平面上与地层特征曲线组成不同的组合，如图 3-16 所示。

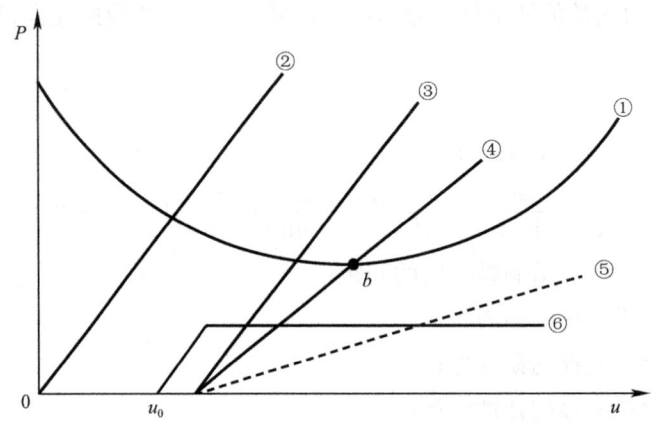

图 3-16　围岩与支护特征线及关系

图中曲线①在隧道开挖后拱顶的地层特征曲线，斜线②～⑥为改变支护特征线的两个影响因素后得到的不同的特征线。曲线①为上凹曲线，最低点 b 点表示最小的地层压力，斜线④的支护特征曲线与地层特征线相交于最低点，则说明这种施作方式下，衬砌所承受的地层压力最小，这种设计方案最经济且安全可靠。实际情况下，控制两种曲线相交于一个确定点并不现实，会出现一定的浮动范围，考虑到最低点右侧曲线表示周围地层形成松动区，意味着围岩出现较大程度的破坏，则将理想的交点定在最低点以左一定距离的范围内较为合适。

斜线②与③可作为两条对比支护线，它们的斜率相同，起始位置不同，说明它们代表的支护材料的刚度一致，斜线②是在隧道开挖后立即施作支护，斜线③表示为隔一段时间再施作的支护。由于施作时机的不同，可以观察到即使相同的支护材料，最终衬砌承受的地层压力斜线②要大于斜线③，说明可以适当推迟施作支护的时间，利用洞室周围地层的自承能力减小作用在衬砌结构上的地层压力，最终达到经济安全的目的。

斜线③与④可作为支护刚性、柔性的对比支护线，由于它们支护施作时机一致，刚度不同，所以在图中它们的起始位置相同，但斜率不同。可以观察到斜线④所承受的地层压力较小，对比之下柔性结构优于刚性结构。但这并不能一概而论，如同样施作时机的斜线⑤，由于支护刚度过小，则与地层特征线无交点，斜线⑥表示在围岩变形过程中，所施作的支护已经破坏，这两条斜线所代表的衬砌结构均未完成支护任务。可见，衬砌结构的刚度大小是相对值，应该在保证衬砌结构可以完成支护任务的前提下，选择适当的柔性结构作为衬砌结构。

4) 收敛约束法的应用步骤

从以上分析可以总结出，围岩特征曲线与支护特征曲线的交点为支护结构所承受的地层压力，其交点的求解步骤如下：

(1) 绘制围岩的特性曲线图；

(2) 绘制隧道洞壁沿轴线开挖步的变形曲线；

(3) 实测设置支护位置与掌子面的距离，并在变形曲线上对应求出初始位移值；

(4) 以初始位移值为起点绘制支护特征曲线；

(5) 找出围岩特性曲线与支护特性曲线的交点。

对于绘制围岩的特征曲线，以各个等级围岩的各个不同参数作为切入点，深入分析它的形态变化及变化趋势。对于绘制支护特性曲线，由于围岩的状况不同，得到的支护特征曲线也会相应地产生变化。结合围岩特征曲线与支护特征曲线的变化特点，求解衬砌结构所承担的最终地层压力的波动范围。

3.3.5 衬砌结构安全性验算方法

1) 素混凝土矩形截面强度验算

隧道设计规范根据衬砌结构截面的初始偏心距大小，给出了混凝土矩形截面与砌体结构的偏心抗压抗拉截面构件强度验算公式，若初始偏心距 $e=M/N\leqslant 0.2h$，则按式（3-119）进行截面强度验算，否则按式（3-120）进行验算。

抗压强度：
$$KN \leqslant \varphi a R_a bh \tag{3-119}$$

抗拉强度：
$$KN \leqslant \varphi \frac{1.75R_a bh}{\frac{6e_0}{h}-1} \tag{3-120}$$

式中　K——安全系数；

R_a——混凝土或砌体抗压极限强度；

N——轴向力（kN）；

b——截面宽度（m）；

h——截面厚度（m）；

φ——构件纵向弯曲系数，对于贴壁式隧道衬砌、明洞拱圈及墙背紧密回填的边墙，可取 $\varphi=1$；

a——轴向力的偏心影响系数。

若将式（3-119）和式（3-120）作为验算标准，则公式右端项可作为结构的极限承载力 N_u，并将安全系数定义为结构的极限承载力 N_u 与实际结构轴力 N 的比值

$$K = \frac{N_u}{N} \tag{3-121}$$

根据《公路隧道设计规范 第一册 土建工程》(JTG 3370.1—2018)，上式计算得到的安全系数应大于或等于规范中的安全系数，否则认为结构是危险的。

2）钢筋混凝土截面强度验算

隧道病害计算模型可以计算出衬砌构件截面承受弯矩 M、轴力 N 和剪力 V，钢筋混凝土设计理论根据构件断面承载特性和破坏特征，将偏心受压构件划分成大偏心受压构件和小偏心受压构件。大偏心构件的基本特征是：受拉侧混凝土产生裂缝、受拉钢筋侧屈服；小偏心构件的基本特征是：受压区混凝土被压碎，受压区钢筋屈服，大小偏心结构断面的安全性是按照以下步骤进行验算的。

(1) 根据模型计算的结构弯矩 M、轴力 N，求出结构的初始偏心距 e_0

$$e_0 = M/N \tag{3-122}$$

(2) 依据实际构件的特征，修正初始偏心距

$$e_i = e_0 + e_a \tag{3-123}$$

(3) 若 $\eta e_i < 0.3h$，则按小偏心方法计算结构极限承载力 N_a，对轴向力 N_a 作用点取距，得

$$\alpha f_c b x \left(\frac{x}{2} - e' - a'_s \right) + \sigma_s A_s e = 0 \tag{3-124}$$

如果计算界限破坏状态的受压高度 ξ_b 和受压高度 ξ 满足式（3-125）

$$\xi \leqslant 1.6 - \xi_b \tag{3-125}$$

钢筋应力 σ_s 距离轴向较远一侧满足式（3-126）

$$\sigma_s = \frac{\xi - 0.8}{\xi_b - 0.8} f_y \tag{3-126}$$

计算受压高度 ξ 为

$$\xi = p_1 + \sqrt{p_1^2 + q_1} \tag{3-127}$$

式中

$$p_1 = \frac{f_y A_s e}{(\xi_b - 0.8)\alpha_1 f_c b h^2} + \frac{0.5h - \eta e_i}{h_0}$$

$$q_1 = \frac{-1.6 f_y A_s e}{(\xi_b - 0.8)\alpha_1 f_c b h^2} + \frac{2 f'_y A'_s e'}{\alpha_1 f_c b h^2}$$

$$e = \frac{h}{2} - a_s + \eta e_i \tag{3-128}$$

$$e' = \frac{h}{2} - a_s - \eta e_i \tag{3-129}$$

结构极限承载力可按式（3-130）计算 N_u

$$N_u = \alpha_1 f_c b h_0 \xi + f_y A_s \left(1 - \frac{\xi - 0.8}{\xi_b - 0.8} \right) \tag{3-130}$$

$$N_u = \frac{\alpha_1 f_c bh\left(h_0 - \dfrac{h}{2}\right) + f_y A_s (h_0 - a_s)}{\dfrac{h}{2} - a_s - (e_0 - e_a)} \tag{3-131}$$

若不能满足式（3-125），则应按式（3-130）、式（3-131）两式同时计算 N_u，并取计算值较小者。

此外，尚应对小偏心受压破坏构件按照轴心受压构件进行正截面承载力验算，即须同时满足式（3-132）。

$$N_u = f_c A + f_y A_s \tag{3-132}$$

（4）若 $\eta e_i > 0.3h$，则按照大偏心受压破坏，对轴向力 N_u 作用点取距，得

$$\alpha f_c bx\left(\frac{x}{2} + e - h_0\right) + f'_y A'_s e' = 0 \tag{3-133}$$

可解得

$$\xi = -\left(\frac{e}{h_0} - 1\right) + \sqrt{\left(\frac{e}{h_0} - 1\right)^2 + \frac{2(f_y A_s e - f'_y A'_s e')}{\alpha_1 f_c bh^2}} \tag{3-134}$$

$$e = \frac{h}{2} - a_s + \eta e_i \tag{3-135}$$

$$e' = \frac{h}{2} - a_s - \eta e_i \tag{3-136}$$

若 $2a_s < \xi < \xi_b$

$$N_u = \alpha_1 f_c bh_0 \xi \tag{3-137}$$

若 $\xi < 2a_s$

$$N_u = \frac{f_y A_s (h_0 - a_s)}{e'} \tag{3-138}$$

若 $\xi < \xi_b$，则应按照小偏心受压破坏进行验证，即按照步骤 3 重新计算。可以计算出结构的设计极限承载力 N_u，则截面的安全系数 K_1 可定义为

$$K_1 = \frac{N_u}{N} \tag{3-139}$$

式中按荷载-结构法计算得到衬砌结构的轴力为 N_u。

按照上述方法可计算出混凝土矩形截面在偏心受压状态下，结构各断面的极限承载力 N_u 和安全系数 K_1，结构内力多存在反弯点，故衬砌结构承载状态比较复杂。一般衬砌断面按照对称的方式进行配筋，通过简化断面的受力平衡方程，计算出断面的计算受压高度

$$\xi = \frac{N}{\alpha_1 f_c bh} \tag{3-140}$$

将计算受压高度与临界受压高度相比较可确定截面偏心情况，如 $\xi > \xi_b$ 则截面为小偏心受力构件，如果 $\xi < \xi_b$ 则截面为大偏心。

（5）实际隧道衬砌截面也承受剪切荷载，且存在不同程度的剪切裂缝。钢筋混凝土设计规范中，轴心受压构件给出了截面剪切强度公式

$$KV \leqslant \frac{1.75}{\lambda + 1} f_t bh_0 + f_{yv} \frac{A_{sv}}{s} h_0 + 0.07N \tag{3-141}$$

隧道设计规范要求受弯截面的抗剪强度应满足

$$V \leqslant 0.3 f_t b h_0 \tag{3-142}$$

定义截面极限剪切承载力 V_u 为式（3-143）的右端项，同样可以根据截面的极限剪切荷载定义结构的安全系数

$$K_2 = \frac{V_u}{V} \tag{3-143}$$

比较式（3-139）和式（3-142），取 K_1、K_2 两者之间小者为截面的最终安全系数。上述推导过程中，各个参量的物理意义与取值方法参照文献。

根据钢筋混凝土或素混凝土截面偏心受压构件截面强度验算方法计算带病害衬砌结构安全性时，计算公式的参数应按照计算模型的等效参数或根据实际衬砌病害检测结果选取。

3）衬砌安全系数计算

衬砌安全系数可认为是反映衬砌工作状态的指标，隧道结构应按破损阶段法验算构件截面的强度。目前，对于隧道结构安全性验算主要是基于素混凝土截面强度验算公式进行的，按照素混凝土截面强度公式忽略了混凝土结构中的钢筋作用，一般认为结构偏于安全。首先根据材料的极限抗压或抗拉强度计算出结构的极限承载力 $N_{极限}$，再与实际内力进行比较，得结构截面安全系数 K，与规范规定的安全系数 $K_{规范}$ 进行比较，判断结构是否处于安全状态，即：

$$K = \frac{N_{极限}}{N} \geqslant K_{规范} \tag{3-144}$$

（1）结构强度由抗压强度控制时，$e_0 = \frac{M}{N} < 0.2h$，此时混凝土矩形截面轴心及偏心受压构件的抗压强度应按式（3-145）计算：

$$K = \frac{\varphi \alpha R_a b h}{N} \tag{3-145}$$

式中　R_a——混凝土抗压极限强度；

　　　N——轴向力（kN）；

　　　b——截面宽度（m）；

　　　h——截面厚度（m）；

　　　φ——构件纵向弯曲系数，对于贴壁式隧道衬砌、明洞拱圈及墙背紧密回填的边墙，可取 $\varphi = 1$；

　　　α——轴向力的偏心影响系数。

（2）结构强度由抗拉强度控制时，即 $e_0 = \frac{M}{N} \geqslant 0.2h$，此时混凝土矩形截面偏心受压构件的抗拉强度应按式（3-146）计算：

$$K = \frac{1.75 \varphi R_l b h}{\left(\dfrac{6e_0}{h} - 1 \right) N} \tag{3-146}$$

式中　R_l——混凝土抗拉极限强度。

采用以上公式得出了衬砌结构的安全系数,假如计算出的安全系数 K 大于或等于隧道设计规范规定的安全系数时(表3-5、表3-6),则认为结构是安全的,否则认为结构是危险的。

混凝土和砌体结构的强度安全系数 表 3-5

破坏原因 \ 荷载组合 \ 圬工种类	混凝土		砌体	
	永久荷载+基本可变荷载	永久荷载+基本可变荷载+其他可变荷载	永久荷载+基本可变荷载	永久荷载+基本可变荷载+其他可变荷载
混凝土或砌体达到抗压极限强度	2.4	2	2.7	2.3
混凝土达到抗拉极限强度	3.6	3		

钢筋混凝土结构的强度安全系数 表 3-6

破坏原因 \ 荷载组合	永久荷载+基本可变荷载	永久荷载+基本可变荷载+其他可变荷载
钢筋达到计算强度或混凝土达到抗压或抗剪极限强度	2.0	1.7
混凝土达到抗拉极限强度	2.4	2.0

3.4 隧道结构的数值模拟

近年来,随着计算机技术的迅猛发展,各种数值计算方法越来越多地被应用到围岩稳定性的分析中,比较常见的有边界元法、有限元法、离散元法、有限差分法以及块体单元法等。

(1)有限单元法

有限单元法,是一种有效解决数学问题的解题方法。其基础是变分原理和加权余量法,其基本求解思想是把计算域划分为有限个互不重叠的单元,在每个单元内,选择一些合适的节点作为求解函数的插值点,将微分方程中的变量改写成由各变量或其导数的节点值与所选用的插值函数组成的线性表达式,借助于变分原理或加权余量法,将微分方程离散求解。采用不同的权函数和插值函数形式,便构成不同的有限元方法。有限元方法最早应用于结构力学,后来随着计算机的发展慢慢用于流体力学的数值模拟。

在有限元方法中,把计算域离散剖分为有限个互不重叠且相互连接的单元,在每个单元内选择基函数,用单元基函数的线性组合来逼近单元中的真解,整个计算域上总体的基函数可以看作由每个单元基函数组成的,则整个计算域内的解可以看作是由所有单元上的近似解构成。在隧道数值模拟中,常见的有限元计算方法是由变分法和加权余量法发展而来的里兹法和伽辽金法、最小二乘法等。根据所采用的权函数和插值函数的不同,有限元方法也分为多种计算格式。从权函数的选择来说，有配置法、矩量法、最小二乘法和伽辽金法；从计算单元网格的形状来划分，有三角形网格、四边形网格和多边形网格；从插值函数的精度来划分，又分为线性插值函数和高次插值函数等。不同的组合同样构成不同的有限元计算格式。对于权函数，伽辽金（Galerkin）法是将权函数取为逼近函数中的基函数；最小二乘法是令权函数等于余量本身，而内积的极小值则为对待定系数的平方误差最小；在配置法中，先在计算域内选取 N 个配置点。令近似解在选定的 N 个配置点上严格满足微分方程，即在配置点上令方程余量为 0。插值函数一般由不同次幂的多项式组成，但也有采用三角函数或指数函数组成的乘积表示，最常用的是多项式插值函数。有限元插值函数分为两大类，一类只要求插值多项式本身在插值点取已知值，称为拉格朗日（Lagrange）多项式插值；另一种不仅要求插值多项式本身，还要求它的导数值在插值点取已知值，称为哈密特（Hermite）多项式插值。单元坐标有笛卡儿直角坐标系和无因次自然坐标，有对称和不对称等。常采用的无因次坐标是一种局部坐标系，它的定义取决于单元的几何形状，一维看作长度比，二维看作面积比，三维看作体积比。在二维有限元中，三角形单元应用最早，近来四边形等单元的应用也越来越广。对于二维三角形和四边形单元，常采用的插值函数有 Lagrange 插值直角坐标系中的线性插值函数及二阶或更高阶插值函数、面积坐标系中的线性插值函数、二阶或更高阶插值函数等。

作为一种具有坚实理论基础和广泛应用效力的数值分析方法，有限单元法可以求解过去用解析方法无法求解的问题，对边界条件和结构形状都不规则的复杂问题，有限元方法是一种有效的现代分析方法，是目前使用最广泛的数值方法之一。它可以用来求解弹性、弹塑性、粘弹塑性、粘塑性等问题，是地下工程岩体应力-应变分析最常用的方法。其优点是部分考虑了地下结构岩体的非均质性和不连续性，可以给出岩体的应力、应变大小和分布，可以近似地依据应力-应变规律去分析地下结构的变形破坏机制。

常见的有限元软件有：美国的 ABAQUS、ADINA、ANSYS、MARC、COSMOS、ELAS、MSC 和 STARDYNE，德国的 ASKA，英国的 PAFEC，法国的 SYSTUS 等。

有限元法不是万能的，关键是其思想，它完美地体现了哲学中局部与整体的关系，要解决整体问题，必须先研究局部问题，局部问题研究清楚后，再研究局部之间作用的关系，然后各个局部在一个统一的坐标尺度下综合，考虑整个系统和外部的关系，最后得到全局的特征。

（2）边界元法

边界元法 BEM（Boundary Element Method），也称边界积分方程法，由英国 Southampton 大学 C. A. Brebbia 等总结并提出，从 20 世纪 60 年代开始在工程计算中得到应用。Bettess 在 1977 年首次提出无限单元这一形式，克服了有限元法在无限领域中的限制；印度的 P. Kumar 结合无限单元与有限单元，运用有限元计算程序，对围岩稳定性问题进行了一系列的计算分析。与有限元法相比，边界元法具有降一维的特性，所以占计算机内存小、计算时间短。特别是由于边界元法可以适用于无限域和半无限域的特点，使其在岩土工程中得到特有的青睐。

边界元法是一种继有限元法之后发展起来的一种新数值方法，与有限元法在连续体域内划分单元的基本思想不同，边界元法是只在定义域的边界上划分单元，用满足控制方程的函数去逼近边界条件。所以边界元法与有限元相比，具有单元个数少、数据准备简单等优点。但用边界元法解非线性问题时，遇到同非线性项相对应的区域积分，这种积分在奇异点附近有强烈的奇异性，使求解困难。

边界元法又称边界积分方程-边界元法。它以定义在边界上的边界积分方程为控制方程，通过对边界分元插值离散，化为代数方程组求解。它与基于偏微分方程的区域解法相比，由于降低了问题的维数，而显著降低了自由度数，边界的离散也比区域的离散方便得多，可用较简单的单元准确地模拟边界形状，最终得到阶数较低的线性代数方程组。又由于它利用微分算子的解析的基本解作为边界积分方程的核函数，而具有解析与数值相结合的特点，通常具有较高的精度。特别是对于边界变量变化梯度较大的问题，如应力集中问题，或边界变量出现奇异性的裂纹问题，边界元法被公认为比有限元法更加精确高效。由于边界元法所利用的微分算子基本解能自动满足无限远处的条件，因而边界元法特别便于处理无限域以及半无限域问题。边界元法的主要缺点是它的应用范围以存在相应微分算子的基本解为前提，对于非均匀介质等问题难以应用，故其适用范围远不如有限元法广泛，而且通常由它建立的求解代数方程组的系数阵是非对称满阵，对解题规模产生较大限制。对一般的非线性问题，由于在方程中会出现域内积分项，从而部分抵消了边界元法只要离散边界的优点。

（3）离散元法

离散单元法 DEM（Distinct Element Method）是在 1971 年由 Cundall 首次提出，起源于分子动力学，最初用于岩石力学的研究。把研究对象分离为刚性元素的集合，使每个元素满足牛顿第二定律，用中心差分的方法求解各元素的运动方程，得到研究对象的整体运动形态。它是研究节理裂隙岩体的变形和稳定性的有效方法。离散单元法作为一种新的数值计算方法，因其对不连续变形性质的节理岩层的准确描述，特别适用于研究准静力作用或动力条件下的节理系统和块体集合的力学问题。它既可处理完全被节理切割的围岩，也可处理不完全被节理切割的围岩，最大的优点是能模拟岩块破坏、运动的大位移，块体之间可以是角-角接触、角-边接触和边-边接触，其显式计算模块对任何复杂的本构关系都能用微小增量的方法在计算中实现，而且不存在收敛的问题。

基于离散元法的商业软件：ITASCA 公司的 UDEC、PFC 及 Thornton 版 GRAN-ULE。优点是适用于模拟离散颗粒组合体在准静态或动态条件下的变形及破坏过程。应用领域：岩石、土力学、脆性材料加工、粉体压实、散体颗粒输送等。

（4）有限差分法

有限差分法（Finite Difference Method）是微分方程和积分微分方程数值解的方法。基本思想是把连续的定解区域用有限个离散点构成的网格来代替，这些离散点称作网格的节点；把连续定解区域上的连续变量的函数用在网格上定义的离散变量函数来近似；把原方程和定解条件中的微商用差商来近似，积分用积分和来近似，这样原微分方程和定解条件就近似地代之以代数方程组，即有限差分方程组，解此方程组就可以得到原问题在离散点上的近似解。然后再利用插值方法便可以从离散解得到定解问题在整个区域上的近似解。

在采用数值计算方法求解偏微分方程时，若将每一处导数由有限差分近似公式替代，从而把求解偏微分方程的问题转换成求解代数方程的问题，即所谓的有限差分法。有限差分法求解偏微分方程的步骤如下：

① 区域离散化，即把所给偏微分方程的求解区域细分成由有限个格点组成的网格；

② 近似替代，即采用有限差分公式替代每一个格点的导数；

③ 逼近求解。换而言之，这一过程可以看作是用一个插值多项式及其微分来代替偏微分方程的解的过程。

如何根据问题的特点将定解区域作网格剖分；如何把原微分方程离散化为差分方程组以及如何解此代数方程组。此外为了保证计算过程的可行和计算结果的正确，还需从理论上分析差分方程组的性态，包括解的唯一性、存在性和差分格式的相容性、收敛性和稳定性。对于一个微分方程建立的各种差分格式，为了有实用意义，一个基本要求是它们能够任意逼近微分方程，这就是相容性要求。另外，一个差分格式是否有用，最终要看差分方程的精确解能否任意逼近微分方程的解，这就是收敛性的概念。此外，还有一个重要的概念必须考虑，即差分格式的稳定性。因为差分格式的计算过程是逐层推进的，在计算第 $n+1$ 层的近似值时要用到第 n 层的近似值，直到与初始值有关。前面各层若有舍入误差，必然影响到后面各层的值，如果误差的影响越来越大，以致差分格式的精确解的面貌完全被掩盖，这种格式是不稳定的，相反如果误差的传播是可以控制的，就认为格式是稳定的。只有在这种情形下，差分格式在实际计算中的近似解才可能任意逼近差分方程的精确解。关于差分格式的构造一般有以下 3 种方法。最常用的方法是数值微分法，比如用差商代替微商等。另一方法叫积分插值法，因为在实际问题中得出的微分方程常常反映物理上的某种守恒原理，一般可以通过积分形式来表示。此外还可以用待定系数法构造一些精度较高的差分格式。

有限差分法主要用来解决有限元等方法不能求解的大变形问题。根据有限差分法的原理，提出了 FLAC（Fast Lagrangion Analysis of Continuum）数值分析方法。该方法能更好地考虑岩土体的不连续和大变形特性，求解速度较快，但缺点是边界问题不易解决，网格划分的随意性也较大。

（5）块体单元法

块体单元法（Block Element Method）的思想来自于刚体弹簧元法，所不同的是块体之间不再用弹簧来联系，而引入"缝单元"或称为薄层单元。较早的块体单元法，采用刚体位移模式，是以块体单元形心处的刚体位移为基本未知量，块体单元之间的缝单元用来反映结构的物理性质，将结构所受的外力简化为对块体形心作用的力和力矩作为块体荷载列阵，通过最小势能原理建立起块体单元法的系统支配方程，实质上也就是由各块体单元的外力在三个方向的投影方程和外力矩的平衡方程的整合，从而求得各块体形心处的刚体位移，然后再由缝单元两侧块体的相对位移确定缝面的变形和应力。刚体位移模式使结构刚度变大，某些文献采用了近似的方法来考虑块体的变形。根据缝面材料不同的本构关系，可以对结构面进行弹性、弹塑性或流变分析。

块体单元法是以块体单元的刚体位移为基本未知量，建立满足块体外力作用的平衡条件、变形协调条件及块体之间夹层材料的本构模型，根据变分原理建立块体单元法的支配方程，确定块体的位移以及夹层材料的应力状态。该法常用来解决非连续介质问题，特别适用于解决具有众多节理、裂隙岩体的变形、应力及其稳定性分析。与有限单元法相比，块体单元法可以减少未知量的个数，提高计算精度和计算速度，降低计算成本。

参 考 文 献

[1] 傅鹤林，陈琛，张加兵，谢芳. 衬砌脱空对现役隧道结构安全性影响研究 [J]. 铁道科学与工程学报，2016（3）：517-522.

[2] 李鹏飞，周烨，伍冬. 隧道围岩压力计算方法及其适用范围 [J]. 中国铁道科学，2013，34（6）：55-60.

[3] 王明年，王志龙，张霄等. 深埋隧道围岩形变压力计算方法研究 [J]，岩土工程学报，2019（9）：81-90.

[4] 关宝树. 隧道力学概论 [M]. 成都：西南交通大学出版社，1993.

[5] 唐雄俊. 隧道收敛约束法的理论研究与应用 [D]. 武汉：华中科技大学，2009.

[6] 徐干成，白洪才，郑颖人等. 地下工程支护结构 [M]. 北京：中国水利水电出版社，2001.

[7] Labious. 采用"收敛-约束"法分析点锚固在深埋岩石隧洞中的支护效果 [J]. 贾海宴译，世界隧道，1995，32（4）：59-67.

[8] 石根华著，裴觉民译. 数值流形方法与非连续变形分析 [M]. 北京：清华大学出版社，1997.

[9] 朱正国. 连拱隧道围岩压力计算方法与动态施工力学行为研究 [D]. 北京：北京交通大学，2007.

4　衬砌自身缺陷影响分析

对于特殊地质条件下隧道衬砌的设计及其优化，主要考虑衬砌结构的稳定性与经济性等方面的影响因素。影响衬砌受力和稳定性的因素有很多，本章重点从衬砌结构的典型工况、衬砌强度、厚度等方面进行数值模拟，研究对比这些影响因素产生变化后，隧道衬砌应力的状态及变化趋势。

4.1　衬砌典型工况受力

目前大多数隧道都采用新奥法进行设计施工，其支护模式主要是复合式衬砌，包括初期支护、防水层、二次衬砌。而目前国内外对于防水层在整个支护结构中的力学行为研究很少，在有限元数值模拟过程中，防水层采用杆单元或四边形结点单元模拟，对于径向力的传递效果较好，对于剪力的传递效果很差，甚至无法传递。

（1）初期支护与二次衬砌的作用

如图 4-1(a)为复合式衬砌关系图，表示初衬和二衬的关系；图 4-1(b)为初衬在围岩与二衬作用下的受力关系；图 4-1(c)为初衬作用下二衬的受力关系。

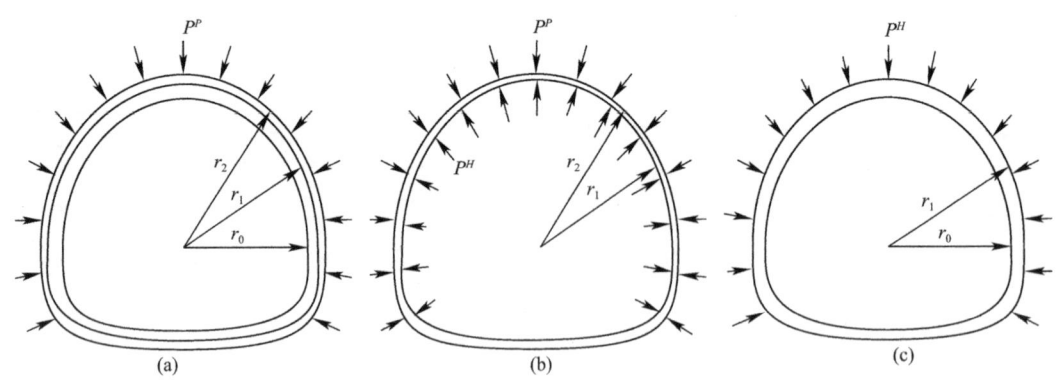

图 4-1　复合式衬砌作用关系图

（2）初期支护内缘变形

从图 4-1(b)可以看出，受 P^p 和 P^H 作用下，初期支护变形为：

$$U^p = \frac{P^H}{E^p(r_2^2 - r_1^2)} \cdot \left[(1 - v^p)r_1^3 + (1 + v^p)r_1 r_2^2 \right] - \frac{P^p}{E^p(r_2^2 - r_1^2)} \cdot 2r_1 r_2^2 \tag{4-1}$$

$$E^p = \frac{E_c}{1 - v_c}, \quad v^p = \frac{v_c}{1 - v_c}$$

式中　E_c——初衬混凝土弹性模量；

　　　v_c——初衬混凝土泊松比。

（3）二次衬砌外缘变形

从图 4-1（c）可以看出，受初衬 P^H 的作用，二衬变形 U^H 为：

$$U^H = \frac{P^H}{E^H(r_1^2 - r_0^2)} \cdot \left[(1 - v^H)r_1^3 + (1 + v^H)r_1 r_0 \right] \tag{4-2}$$

$$E^H = \frac{E_0}{1 - v_0^2}, \quad v^H = \frac{v_0}{1 - v_0}$$

式中　E_0——二衬混凝土弹性模量；

　　　v_0——二衬混凝土泊松比。

（4）变形协调

在初衬与二衬接触面上的位移相等，有下列方程：

$$U^H = U^p$$

由式（4-1）和（4-2）可得：

$$\frac{P^p}{E^p(r_2^2 - r_1^2)} \cdot 2r_1 r_2^2 = P^H \left[\frac{(1 - v^p)r_1^3 + (1 + v^p)r_1 r_0^2}{E^p(r_2^2 - r_1^2)} + \frac{(1 - v^H)r_1 r_0^2}{E^H(r_1^2 - r_0^2)} \right]$$

令
$$G_1 = \frac{2r_1 r_2^2}{E^p(r_2^2 - r_1^2)}$$

$$G_2 = P^H \left[\frac{(1 - v^p)r_1^3 + (1 + v^p)r_1 r_0^2}{E^p(r_2^2 - r_1^2)} + \frac{(1 - v^H)r_1 r_0^2}{E^H(r_1^2 - r_0^2)} \right]$$

并令 $G_0 = \dfrac{G_1}{G_2}$，则

$$P^H = G_0 \cdot P^p \tag{4-3}$$

式（4-3）表示二次衬砌接触压力 P^H 与围岩压力 P^p 的关系。G_0 为二次衬砌承担围岩压力比例系数，从式（4-3）中可以看出，它是一个与初衬、二衬的弹性模量、泊松比及厚度相关的函数。

除上述因素外，二次衬砌受力还受围岩工程地质条件，初期支护及二次衬砌设计参数和支护时机、施工方法等影响。结合监控量测情况，对二次衬砌承担围岩压力比例系数 G_0 作如下定义：

$$G_0 = \frac{监测二次衬砌压力}{监测围岩压力} \times 100\%$$

式中监测二次衬砌压力均值及监测围岩压力均值以隧道二衬稳定后为准。

4.1.1　不同埋深衬砌受力

处于不同围岩和埋深条件下的隧道具有不同的安全储备，为获取建成初期隧道的安全状态，分别按几种工况进行数值模拟。模型中喷混凝土初期支护采用 BEAM3 梁单元，初

期支护中锚杆对围岩的锚固作用，依据《公路隧道设计规范 第一册 土建工程》（JTG 3370.1—2018）建议采取提高其粘聚力的方式考虑。模型中预设锚杆加固区，计算中采取及时变更材料参数来考察锚杆对围岩的锚固作用。二次衬砌及围岩采用设定为平面应变状态的 OLANE42 单元模拟。计算模式为弹塑性模型，围岩材料按规范取低值，屈服准则选取为 Drucke-Prager 准则。计算模型见图 4-2。

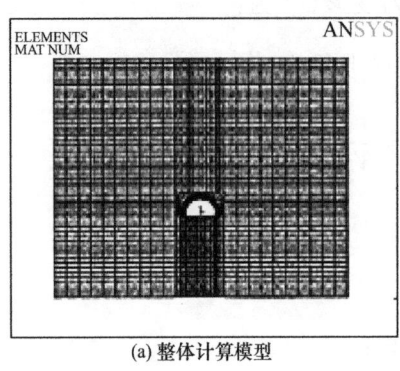

(a) 整体计算模型

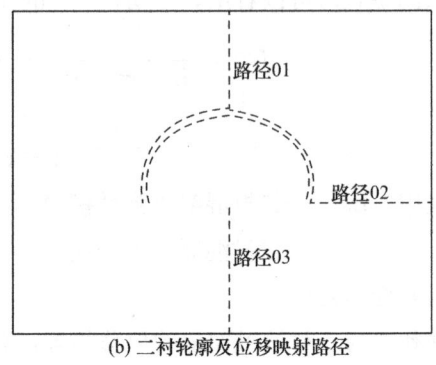

(b) 二衬轮廓及位移映射路径

图 4-2 计算模型及位移映射路径

1）Ⅱ级围岩计算结果

Ⅱ级围岩隧道建成后周边位移如图 4-3、图 4-4 所示。围岩条件相同的情况下，深埋

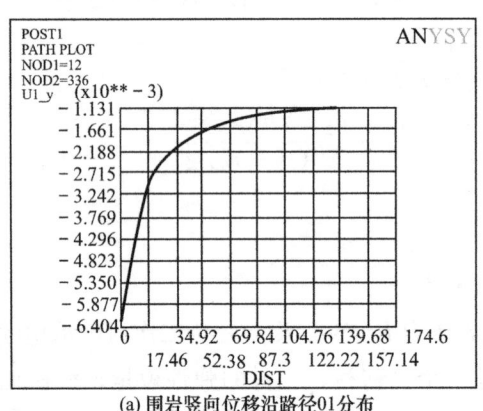

(a) 围岩竖向位移沿路径01分布

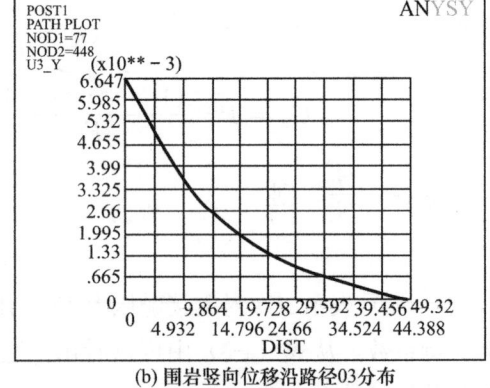

(b) 围岩竖向位移沿路径03分布

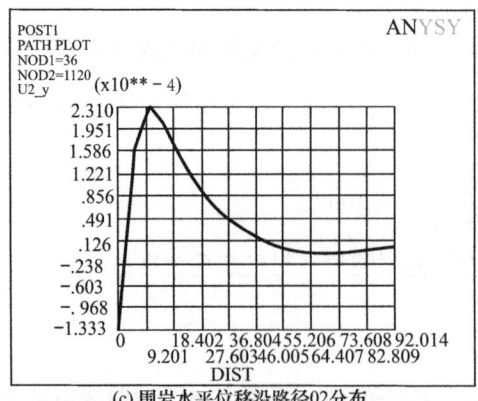

(c) 围岩水平位移沿路径02分布

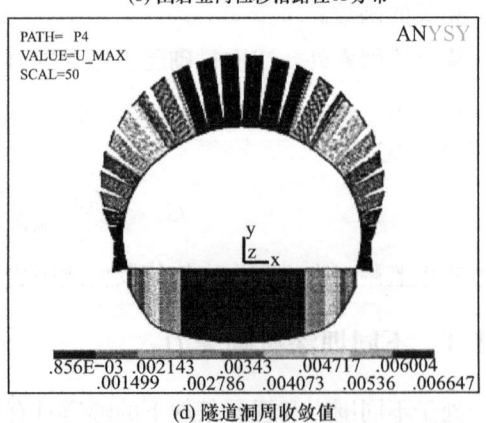

(d) 隧道洞周收敛值

图 4-3 Ⅱ级埋深 250m 隧道开挖完成后位移沿路径分布及洞周收敛图（m）

隧道开挖完成后其洞周收敛值较浅埋隧道大。如在Ⅱ级围岩条件下，埋深为 250m 时拱顶下沉和地板隆起值分别为 6.407mm、6.404mm；埋深为 80m 时其对应值为 2.227mm、−2.989mm。

岩体内部位移的分布由隧道拱顶及隧道底板向岩体内部延伸，岩体的竖直位移均逐渐减小。在两种埋深条件下，隧道周边岩体收敛位移值的分布情况由拱顶至边墙中部逐渐减小，由边墙中部至边墙脚逐渐增大。底板位移情况为底板中部至底板边缘逐渐减小。

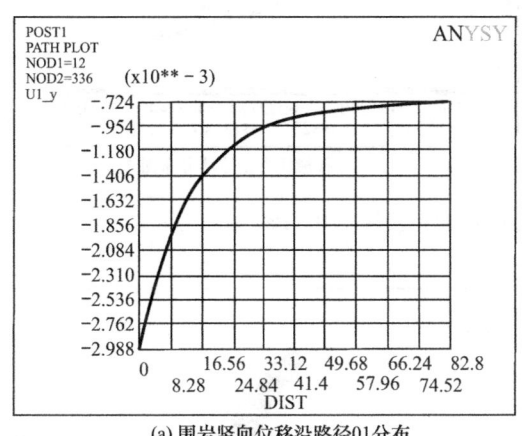

(a) 围岩竖向位移沿路径01分布

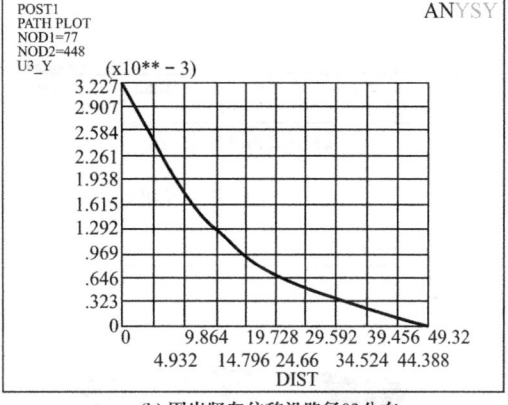

(b) 围岩竖向位移沿路径03分布

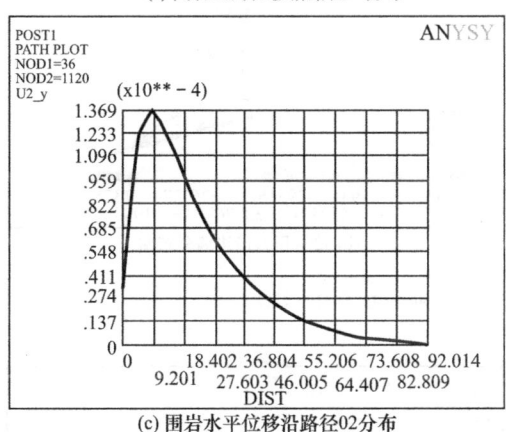

(c) 围岩水平位移沿路径02分布

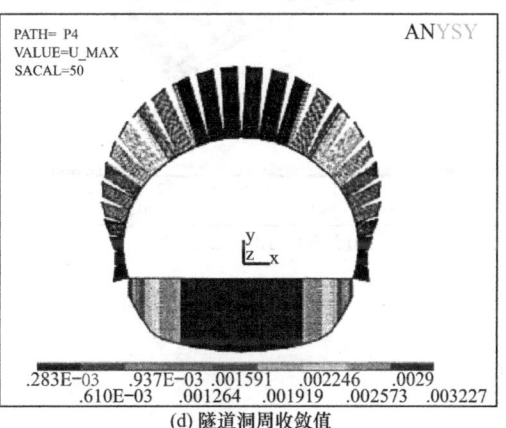

(d) 隧道洞周收敛值

图 4-4　Ⅱ级埋深 80m 隧道开挖完成后位移沿路径分布及洞周收敛图（m）

围岩与衬砌的接触压力分布如图 4-5、图 4-6 所示。在不同的埋深条件下，围岩与衬砌的接触压力均不大，并由拱顶至边墙脚均逐渐增大。在埋深为 250m 时拱顶、拱脚、边墙脚处的接触压力分别为 −50577Pa、−178034Pa、−943363Pa；埋深为 80m 时对应值分别为 −16904Pa、−73207Pa、−651709Pa。

衬砌的主应力如图 4-7、图 4-8 所示。由上述计算结果可知，二次衬砌整体受力较小，边墙脚部应力分布比较复杂，总体而言深埋条件下的应力较浅埋条件下要大。二衬所受最大拉应力分别为 808kPa 和 638kPa，位于墙脚；最大压应力为 2.1MPa 和 0.8MPa，位于边墙。二衬受力仍在材料允许范围之内，结构安全。

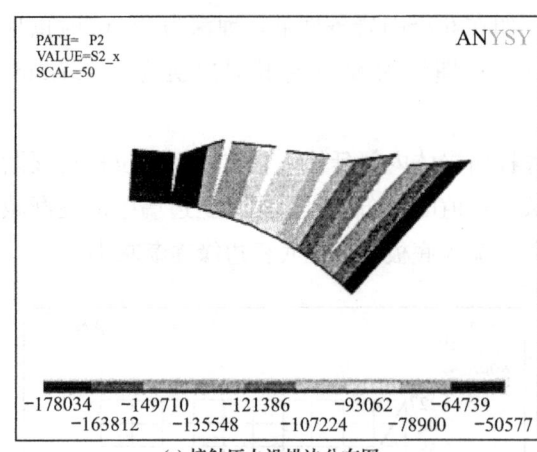
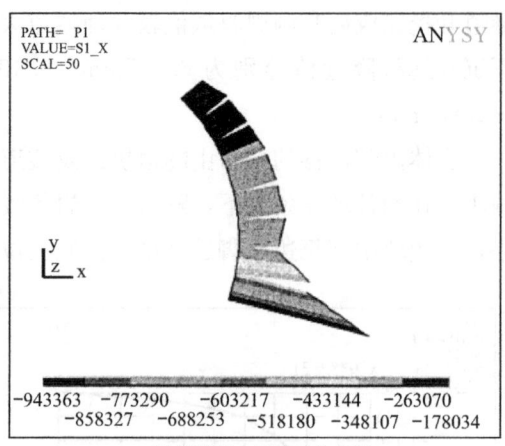

(a) 接触压力沿拱边分布图　　　　　　　(b) 接触压力沿边墙分布图

图 4-5　Ⅱ级埋深 250m 隧道围岩-衬砌接触压力（Pa）

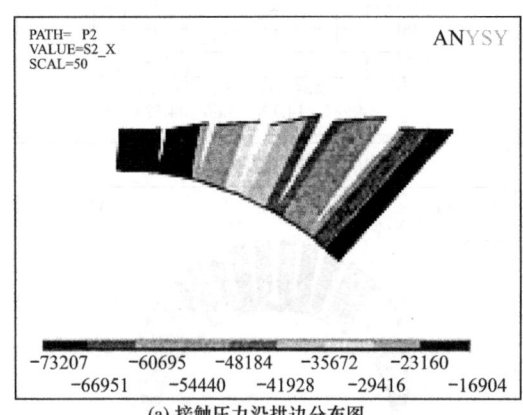
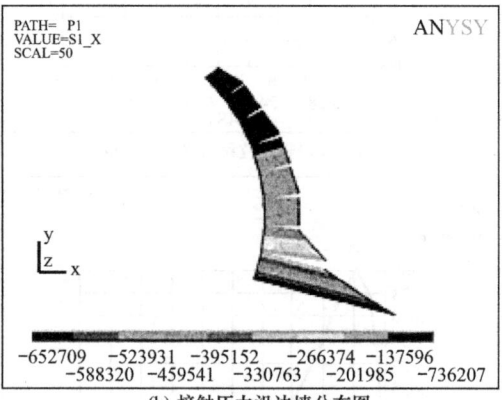

(a) 接触压力沿拱边分布图　　　　　　　(b) 接触压力沿边墙分布图

图 4-6　Ⅱ级埋深 80m 隧道围岩-衬砌接触压力（Pa）

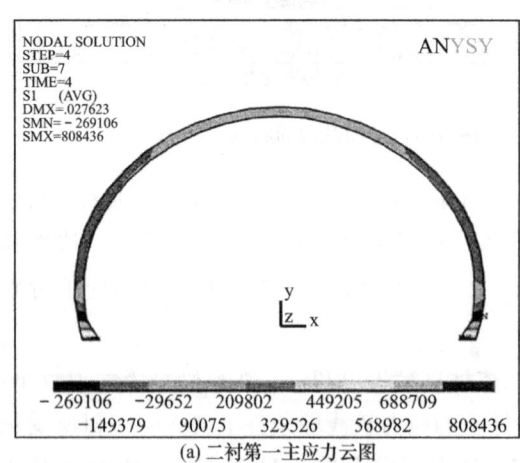
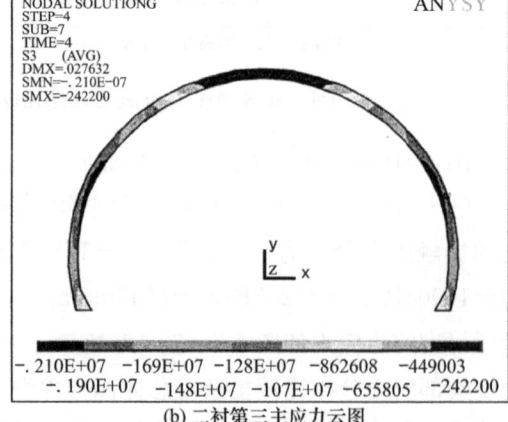

(a) 二衬第一主应力云图　　　　　　　　(b) 二衬第三主应力云图

图 4-7　Ⅱ级埋深 250m 隧道二衬主应力云图（Pa）

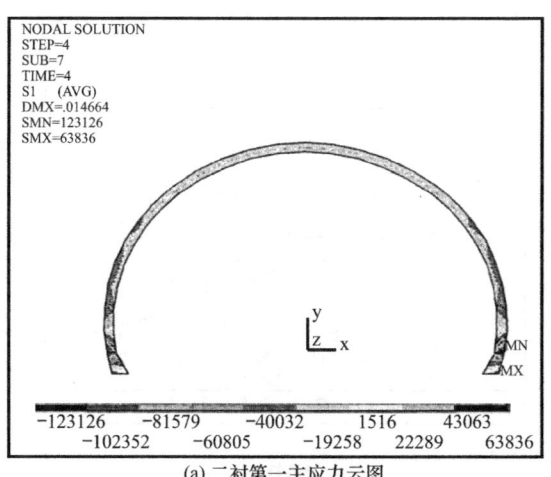

(a) 二衬第一主应力云图

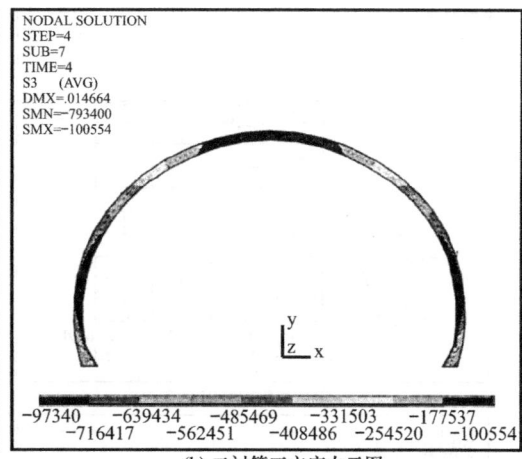

(b) 二衬第三主应力云图

图 4-8　Ⅱ级埋深 80m 隧道二衬主应力云图（Pa）

2）Ⅲ级围岩计算结果

Ⅲ级围岩不同埋深隧道开挖后位移分布及洞周收敛如图 4-9、图 4-10 所示。

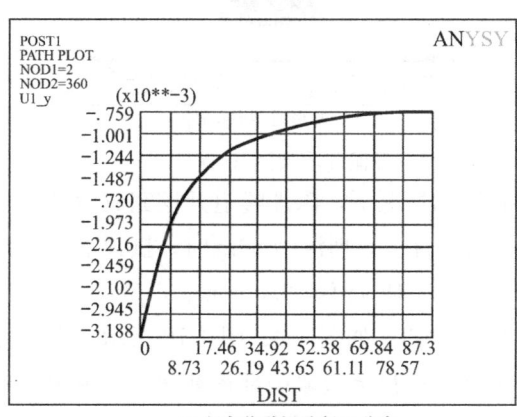

(a) 竖向位移沿路径01分布

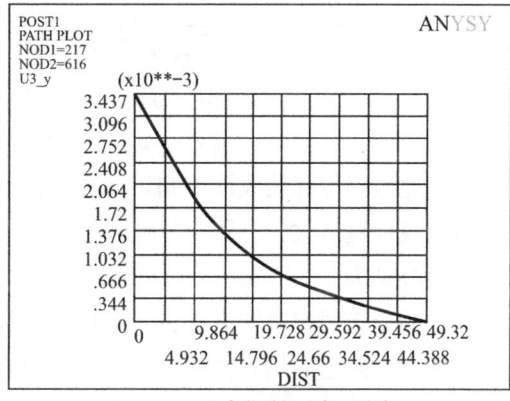

(b) 竖向位移沿路径03分布

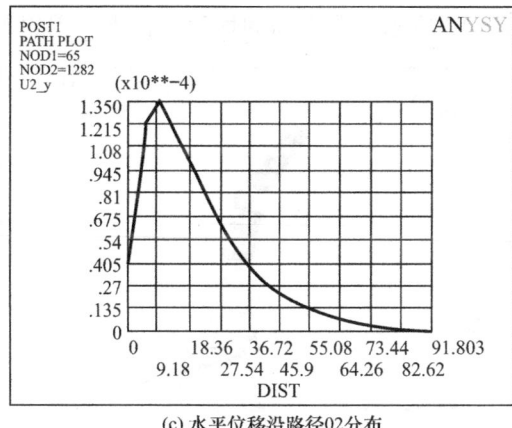

(c) 水平位移沿路径02分布

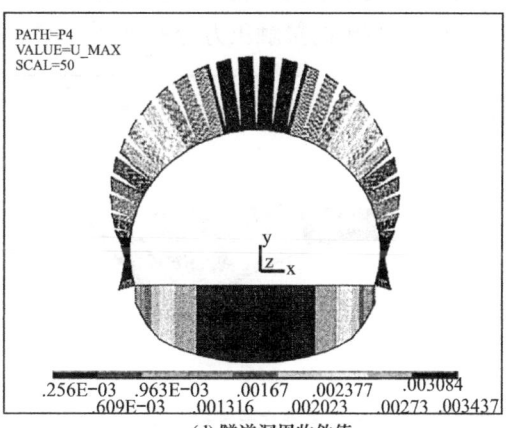

(d) 隧道洞周收敛值

图 4-9　Ⅲ级埋深 80m 隧道开挖完成后位移沿路径分布及洞周收敛图（m）

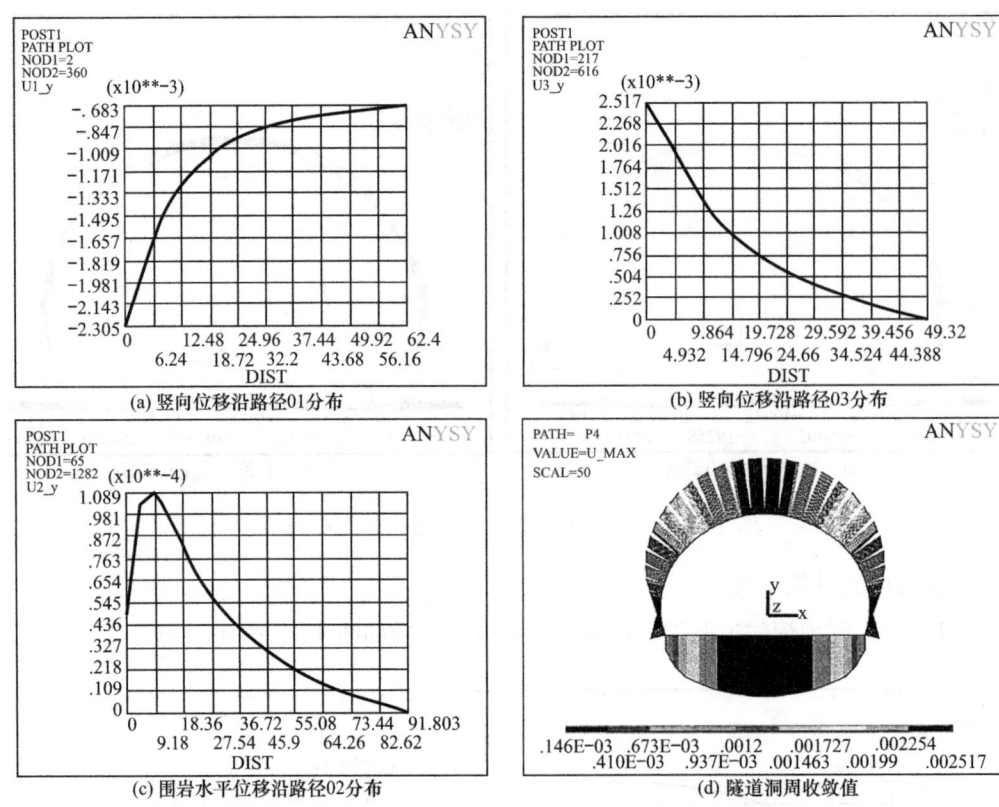

(a) 竖向位移沿路径01分布

(b) 竖向位移沿路径03分布

(c) 围岩水平位移沿路径02分布

(d) 隧道洞周收敛值

图 4-10　Ⅲ级埋深 60m 隧道位移沿路径分布及洞周收敛图（m）

由上述地层位移曲线图可知，在围岩条件相同的情况下，深埋隧道开挖完成后其洞周收敛值较浅埋隧道大。如图 4-9 所示，在Ⅲ级围岩条件下，埋深为 80m 时，拱顶下沉和地板隆起值分别为 3.19mm、3.44mm；埋深为 60m 时其对应值为 2.30mm、2.52mm；岩体内部位移的分布情况由隧道拱顶及底板向岩体内部延伸。如图 4-9、图 4-10 所示，在两种埋深条件下，隧道洞周岩体的收敛位移值分布情况由拱顶至边墙中部逐渐减小，由边墙中部至边墙脚逐渐增大。底板位移情况由底板中部至底板边缘逐渐减小。

围岩与衬砌的接触压力分布如图 4-11、图 4-12 所示。在不同的埋深条件下，围岩与

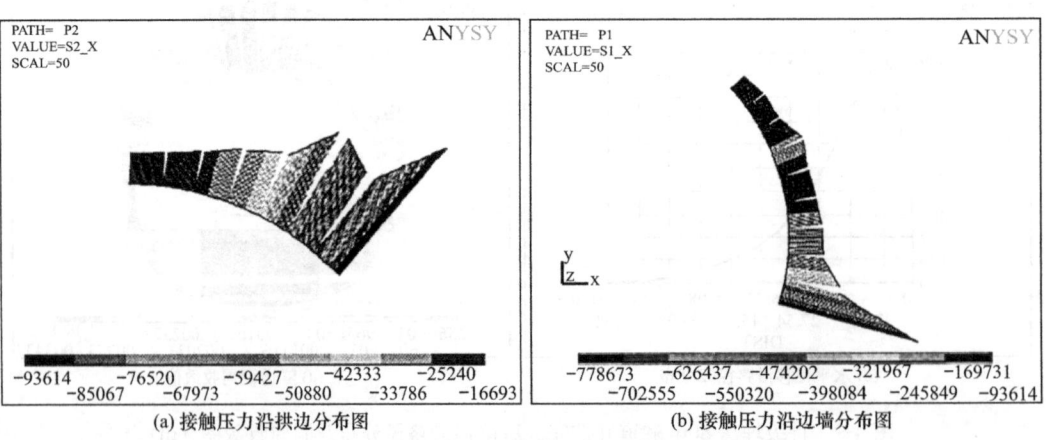

(a) 接触压力沿拱边分布图

(b) 接触压力沿边墙分布图

图 4-11　Ⅲ级埋深 80m 隧道围岩-衬砌接触压力（Pa）

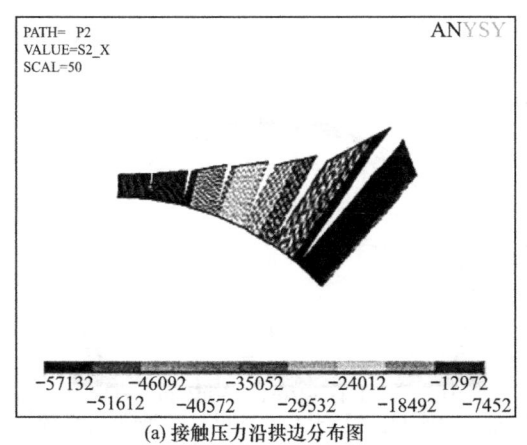 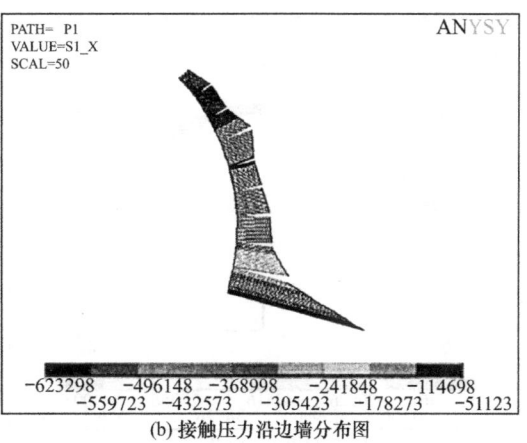

(a) 接触压力沿拱边分布图　　　　　(b) 接触压力沿墙边分布图

图 4-12　Ⅲ级埋深 60m 隧道围岩-衬砌接触压力（Pa）

衬砌的接触压力由拱顶至边墙脚均逐渐增大。在埋深为 80m 时拱顶、拱脚、边墙脚处的接触压力分别为 $-16693Pa$、$-93614Pa$、$-778673Pa$；埋深为 60m 时对应值分别为 $-7452Pa$、$-57132Pa$、$-623298Pa$。

衬砌主应力分布如图 4-13、图 4-14 所示，Ⅲ级围岩二衬应力与Ⅱ级类似，衬砌整体受力较小，相同埋深（80m）下Ⅲ级围岩衬砌受力稍大，但仍处于安全状态。

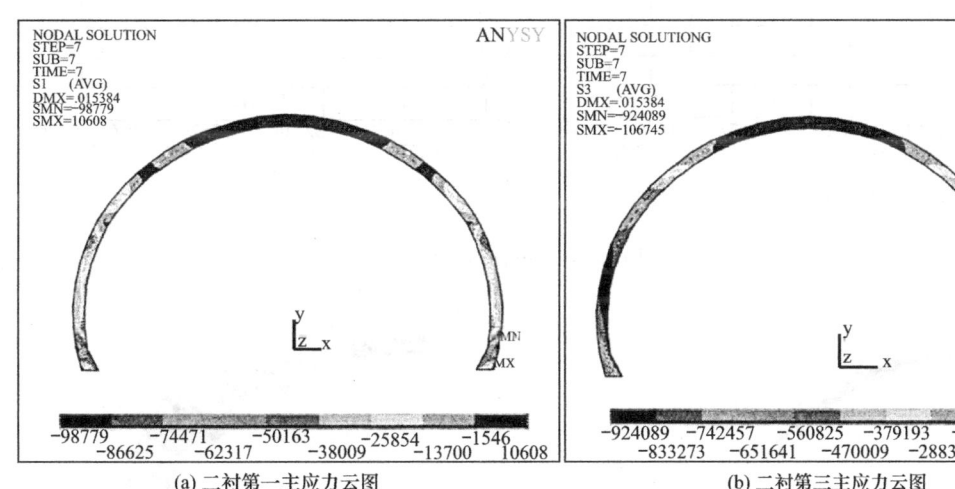

(a) 二衬第一主应力云图　　　　　(b) 二衬第三主应力云图

图 4-13　Ⅲ级埋深 80m 隧道二衬主应力云图（Pa）

3）Ⅳ级围岩计算结果

由图 4-15 可知，隧道开挖完成后拱顶最大沉降 5.3mm，拱底隆起最大值 7.8mm。通过沿路径方向围岩位移可知，沿路径 01 方向，竖向位移随着离拱顶距离的增大而减小。沿路径 02 围岩水平方向的位移值较小，在靠近隧道临空处向隧道中心位移。

由图 4-16 可知，Ⅳ级围岩隧道开挖完成后围岩和初期支护间的接触压力较大，最大值出现在墙脚。初期支护和二衬间的接触压力最大值出现在墙脚上方，最大值为 0.3MPa。

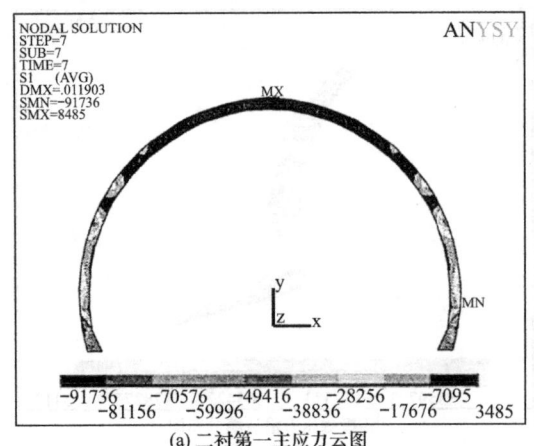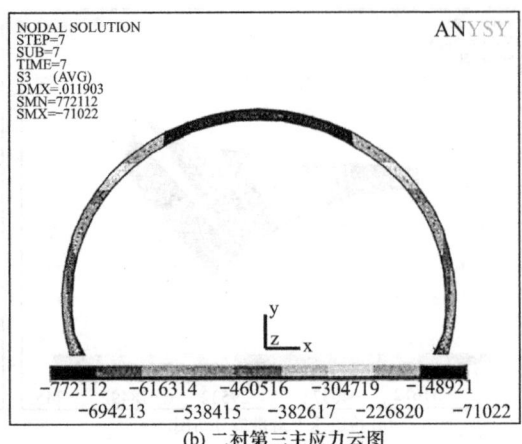

(a) 二衬第一主应力云图　　　　　　　(b) 二衬第三主应力云图

图 4-14　Ⅲ级埋深 60m 隧道二衬主应力云图（Pa）

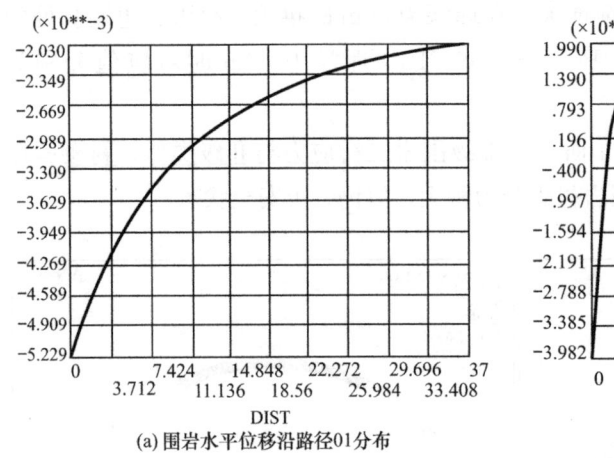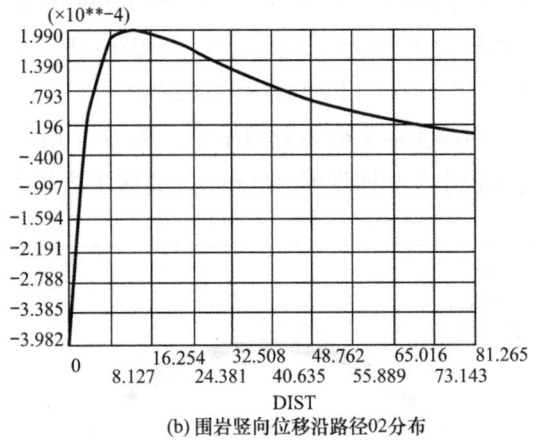

(a) 围岩水平位移沿路径01分布　　　　(b) 围岩竖向位移沿路径02分布

图 4-15　Ⅳ级围岩隧道位移沿路径分布（m）

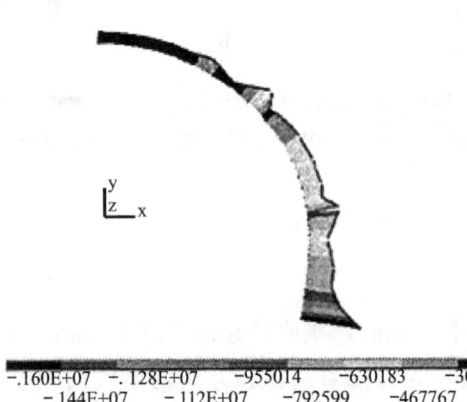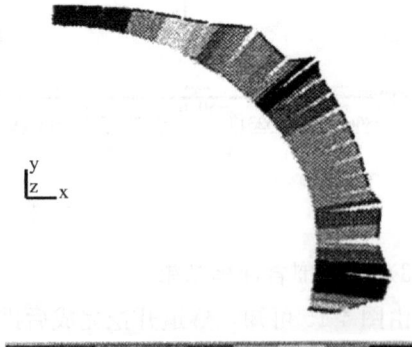

(a) 围岩与初期支护间接触压力　　　　(b) 初期支护与二衬间接触压力

图 4-16　Ⅳ级围岩隧道接触压力（Pa）

如图 4-17 所示，二衬最大轴力为 727kN，最大弯矩增幅较大，达到 44kN·m，最小安全系数为 7，满足安全要求。

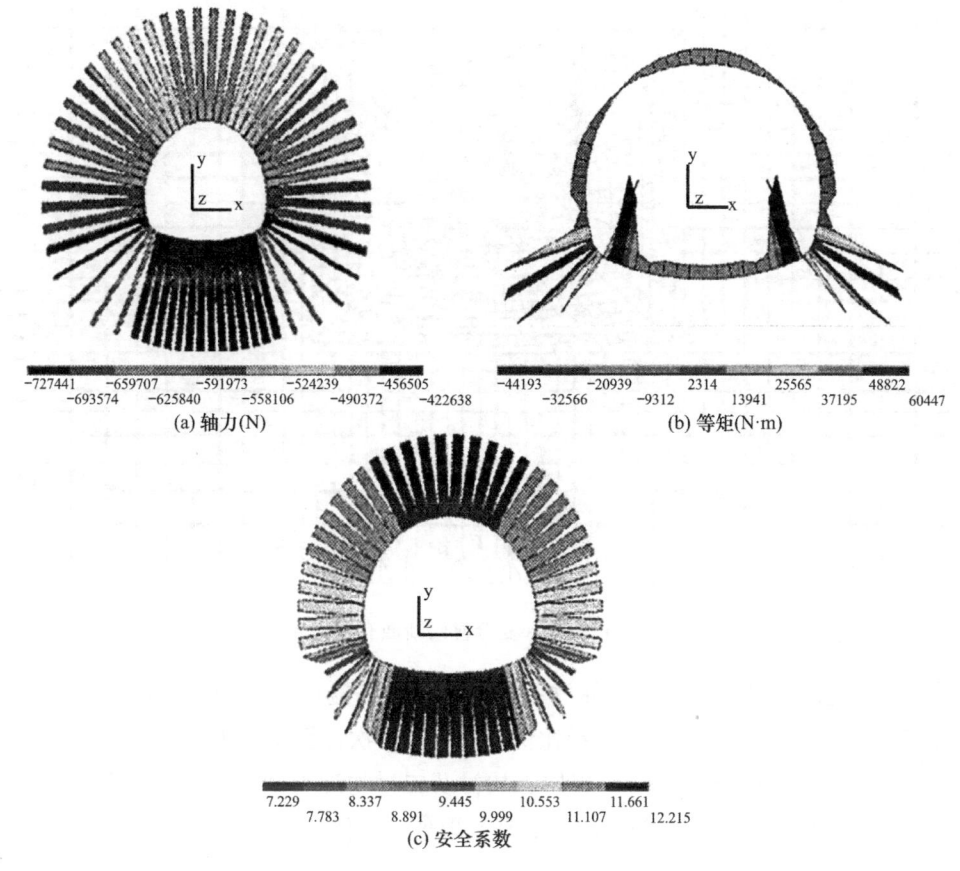

(a) 轴力(N)

(b) 等矩(N·m)

(c) 安全系数

图 4-17　二衬结构受力

4.1.2　不同地应力衬砌受力

岩体自重、构造运动、地形条件、温度、地震等都是形成初始地应力的因素，其中重力作用和构造运动是引起地应力的主要原因，其中尤以水平方向的构造运动对地应力的形成影响最大。与一般应力条件相比，高地应力条件下的围岩变形破坏特征以及演化过程具有明显的差别，最主要的表现是软岩易发生塌方及塑性大变形等问题，而对于硬脆性岩体最容易出现的是岩爆问题。

1）计算模型的建立

本次计算的原型为某隧道Ⅳ级围岩 S4a 复合式衬砌段，位于隧道洞身段，埋深 300m，隧道属于细长结构物，故采用平面应变计算，围岩按弹塑性考虑，采用 D-P 屈服强度准则，并认为围岩为介质各向同性材料。计算模型左右和下部各取开挖跨度的 5 倍范围，顶部与两侧采用应力边界，底部采用位移边界，边界节点竖直固定。锚杆采用提高地层参数的方式加固围岩。为保证计算精度和节约计算资源，隧道与土体加固区单元剖分较密，边界单元剖分较稀。模型情况见图 4-18。

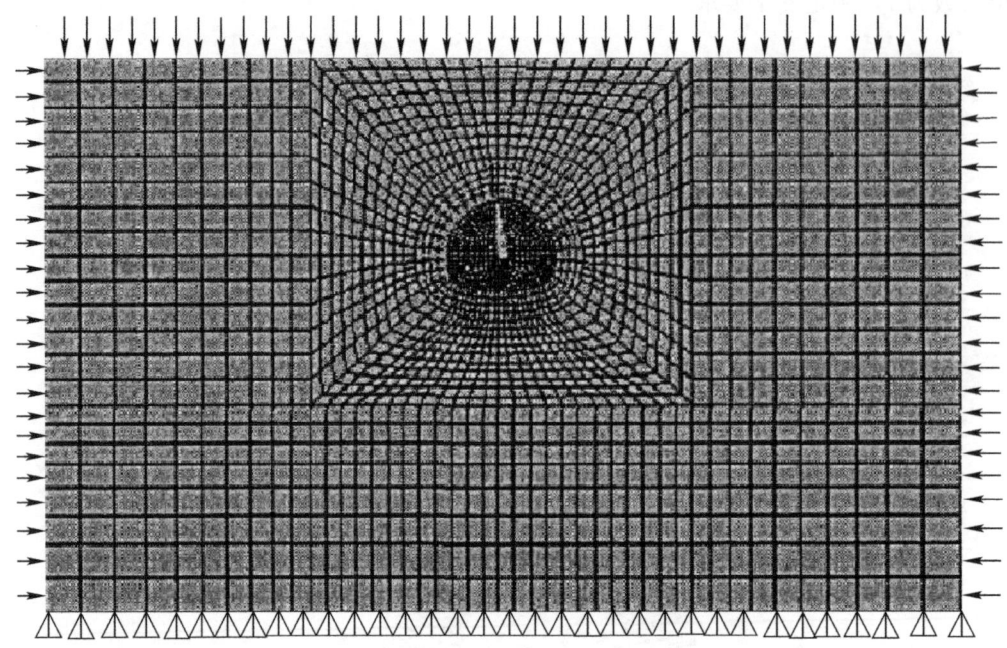

图 4-18 Ⅳ级 S4a 复合衬砌断面有限元模型

隧道开挖支护过程中洞周荷载释放系数根据《公路隧道设计规范 第一册 土建工程》（JTG 3370.1—2018）中释放荷载分担比例表取定。本次计算围岩毛洞开挖释放 50%，上初支释放 20%，上二衬释放 30%。岩层、初衬及二衬物理力学参数参考《公路隧道设计规范 第一册 土建工程》（JTG 3370.1—2018）取值，具体见表 4-1。

材料物理力学参数

表 4-1

项目/类别	弹性模量 E(GPa)	泊松比 v	粘聚力 C(MPa)	内摩擦角 φ(°)	密度 ρ(kg/m³)
Ⅳ围岩	2.0	0.35	0.4	32	2300
Ⅳ围岩小导管加固区	2.0	0.35	0.48	32	2300
初期支护	23	0.21	—	—	2400
二次衬砌	31	0.2	—	—	2500

注：围岩中强度参数偏于安全取低值，密度取高值。

2）数值计算结果分析

（1）围岩拉应力

由于围岩的抗拉强度远低于抗压强度，很容易在拉应力的作用下产生受拉的破坏，因此需要对隧道开挖后拉应力的分布进行分析。

从表 4-2、图 4-19 可知，围岩第一主应力最大值始终出现在仰拱围岩，且仅在 λ=0.5 时为拉应力，最大值为 0.08MPa，其余均为压应力。在埋深 300m 的Ⅳ级围岩中，围岩拉应力随侧压力系数的减少而逐渐增大。

不同侧压力围岩第一主应力图表 表4-2

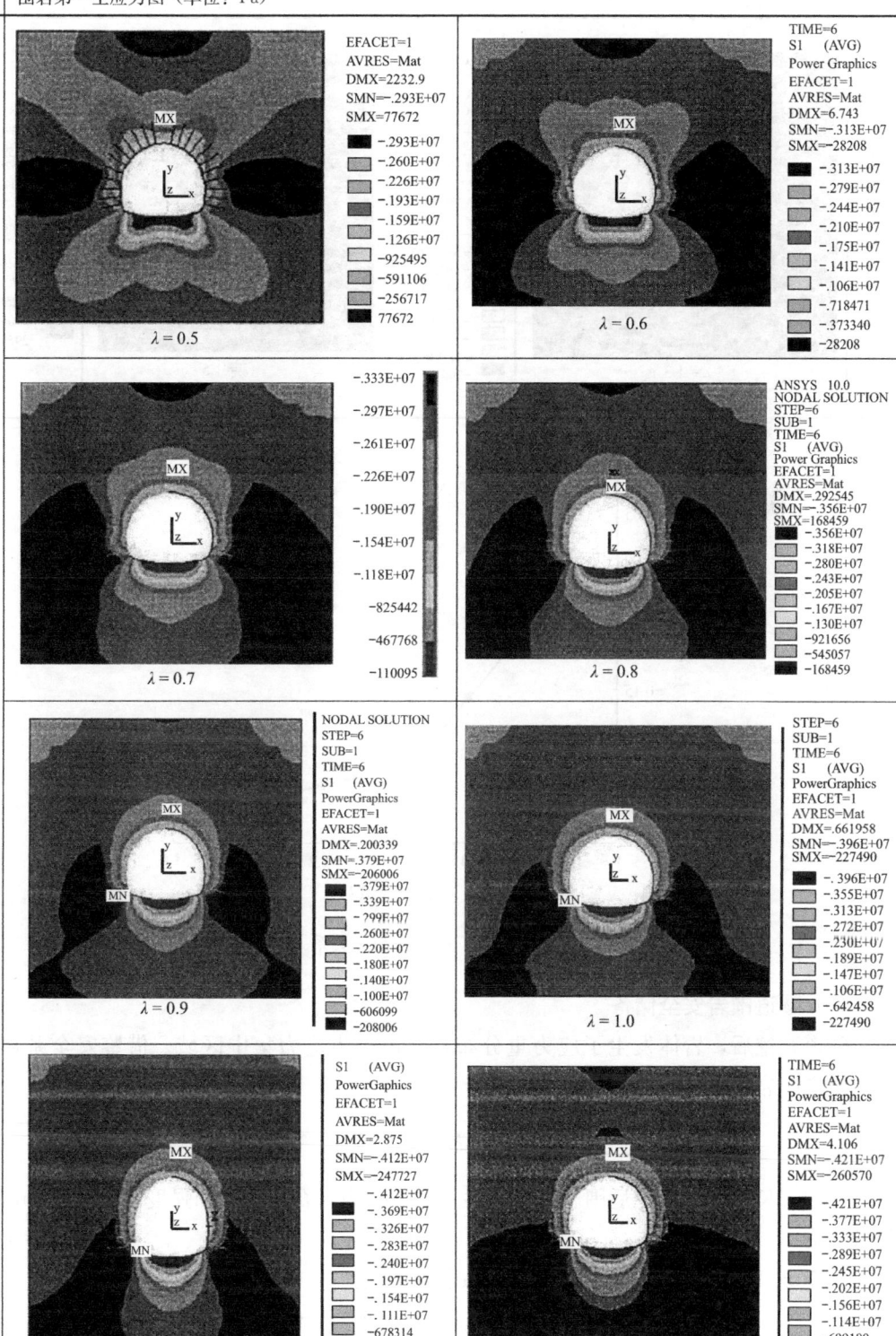

λ值	围岩第一主应力图（单位：Pa）

侧压力系数 λ 增加

λ值	围岩第一主应力图（单位：Pa）
侧压力系数 λ 增加	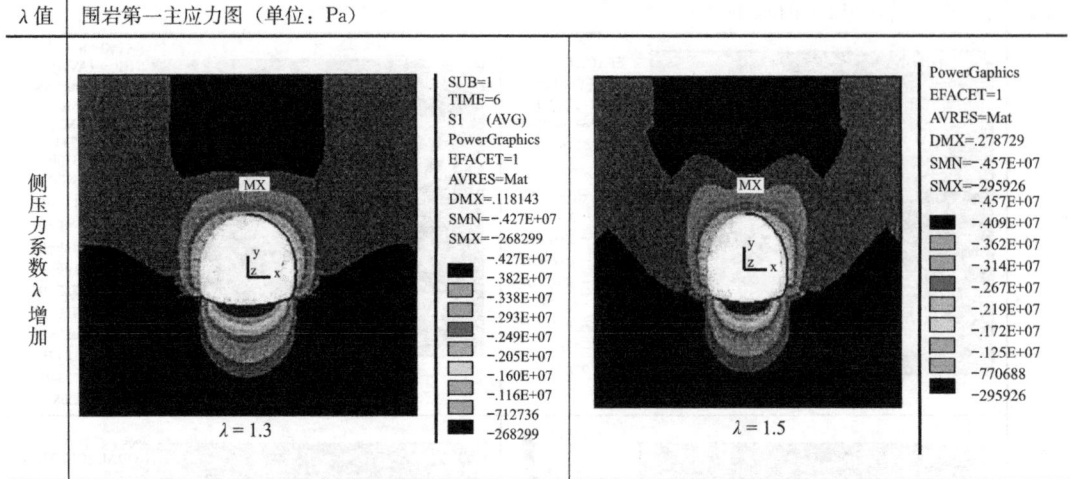

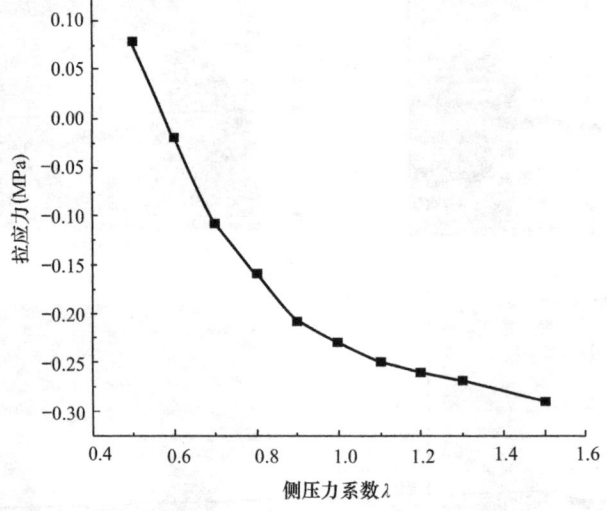

图 4-19　拉应力与 λ 关系

（2）隧道围岩安全储备

隧道开挖后，岩体发生了应力重分布，从而产生应力集中区域。借鉴安全系数的概念，定义围岩的稳定性系数为：

$$K = \frac{\sigma_c}{\sigma_m} \tag{4-4}$$

其中，K 为洞室开挖后围岩的稳定性系数，σ_c 为岩石单轴饱和强度，σ_m 为 Von-Mises 等效应力。

用 Von-Mises 等效应力来定义岩体稳定性系数：

$$\sigma_m = \frac{1}{2}\sqrt{(\sigma_1-\sigma_2)^2+(\sigma_1-\sigma_3)^2+(\sigma_2-\sigma_3)^2} \tag{4-5}$$

式中　σ_1——第一主应力；

σ_2——第二主应力；

σ_3——第三主应力。

定义：$C=1-\dfrac{\sigma_m}{\sigma_c}$，其中：$C$ 为稳定储备系数，如果围岩稳定系数大于 1，C 值就在 0～1 之间变化。C 值为 0 表示 0 储备，对应稳定系数为 1；C 值为 1 表示完全储备，对应稳定系数为无穷大。如果围岩稳定系数小于 1，则对应 C 值为负数，表示围岩应力在此处超过其强度，进入屈服或破坏阶段。围岩稳定储备系数分布如表 4-3 所示。

围岩稳定储备系数分布	表 4-3

λ 值	围岩稳定储备系数分布（单位：Pa）
随着侧压力系数 λ 增加	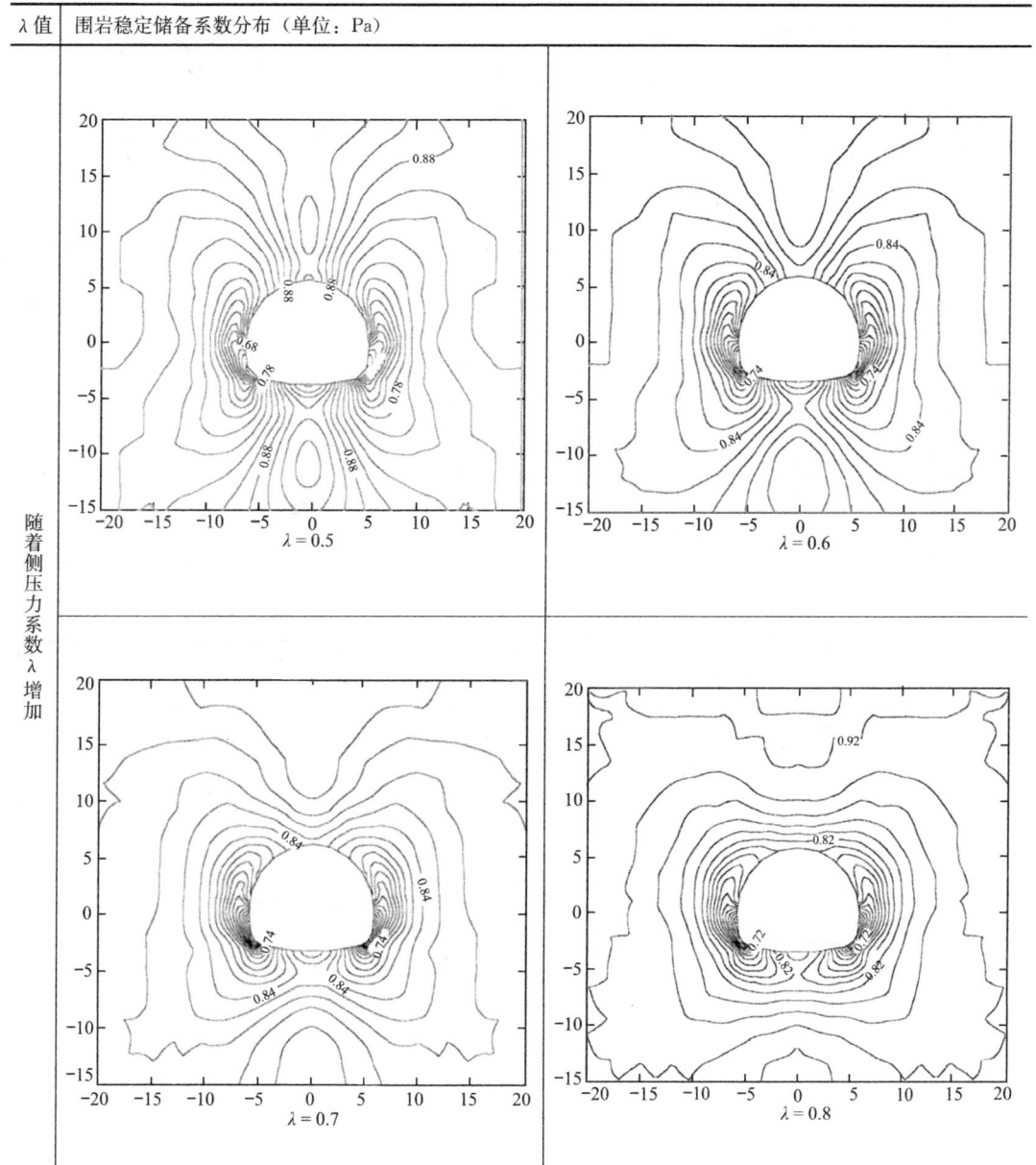

续表

λ值	围岩稳定储备系数分布（单位：Pa）

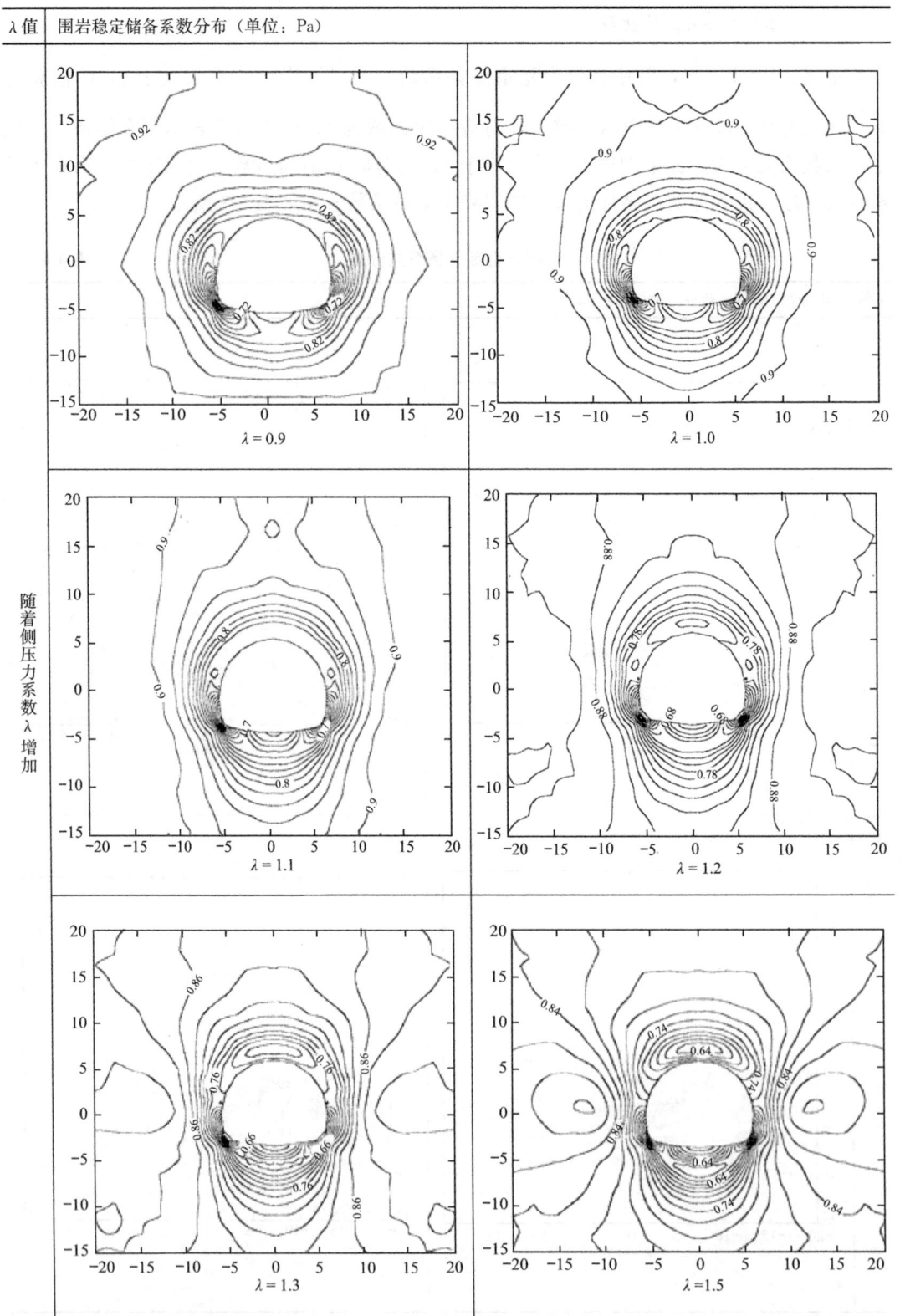

从表 4-3 可以看出，拱顶和仰拱稳定系数较高，但随着侧压力系数的增加其稳定系数是减少的，且与周边围岩接近。其原因是当侧压力系数 λ 较小时，拱顶和仰拱的第三主应力（最大压应力）较小，Von-Mises 等效应力主要是抗压强度，所以，拱顶与仰拱稳定系数较高，拱顶与仰拱通常不会被压坏。拱脚稳定系数最低，且随着 λ 的增加在减少，说明拱脚处围岩最容易被压溃。拱腰稳定系数相对较低，拱腰处围岩也易被压溃。随着 λ 的增加其稳定系数在缓慢增加，其原因是随着侧压力系数的增加，三个主应力更为接近，改善了围岩承载条件，其 Von-Mises 等效应力在减少。当 λ=0.8~0.9 时隧道周边围岩稳定储备较高，且等值线间距较大，分布接近圆形，应力集中程度低，有利于隧道整体稳定。

4.1.3 偏压围岩衬砌受力

所谓偏压隧道，就是指由于种种原因引起围岩压力呈明显不对称，从而使支护受偏压荷载的隧道。其主要有以下几个方面原因：

（1）地形原因

隧道傍山，地面显著倾斜，侧压力较大，且隧道埋深较浅。如图 4-20 所示。

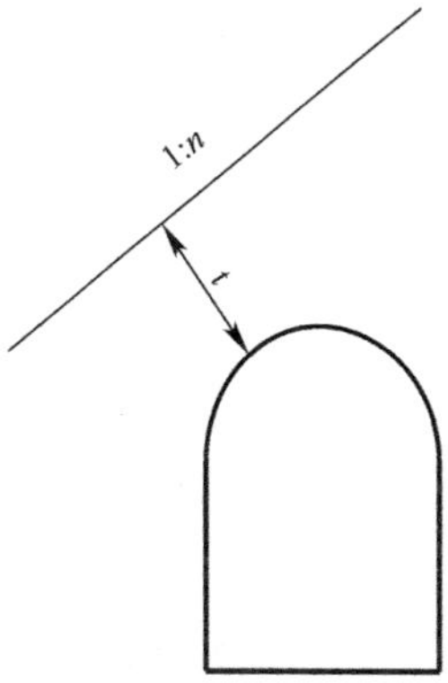

（2）地质原因

因岩层产状倾斜、节理发育，其间又有软弱结构面或滑动面，自稳能力极差，施工中一旦受到扰动，岩体就会因地形偏压沿层理面出现滑动。如图 4-21~图 4-23 所示。其压力的分布主要与下列因素有关：

图 4-20　地形引起偏压

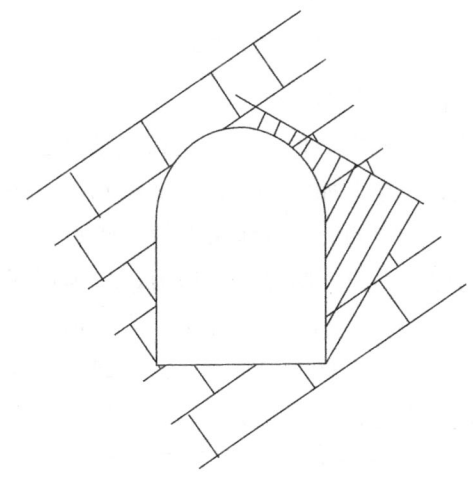

图 4-21　倾斜节理切割造成偏压

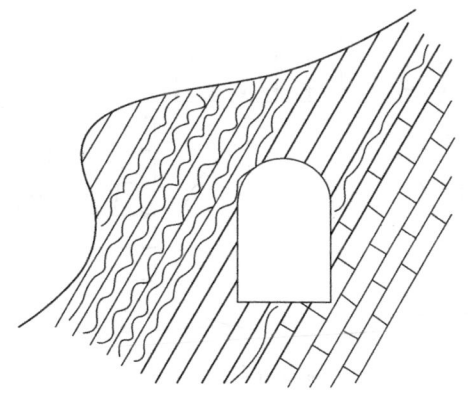

图 4-22　洞身由倾角较陡的软弱结构面形成偏压

① 围岩的工程地质条件及控制性裂隙、节理或层理，统称为软弱面的产状及其隧道轴线的组合关系；

② 围岩扰动范围；

③ 控制性软弱面的强度及作用在软弱面上法向力的大小等。隧道一侧受两个倾斜的软弱面及一组节理面所切割时，会形成不稳定块体，当围岩的内摩擦角小于软弱面倾角时，岩层将沿软弱面滑动并产生偏压。

（3）施工原因

因施工方法不当或支护不及时引起开挖断面局部坍塌，或回填不实造成土体不稳定，从而改变了围岩压力的相对稳定性，造成应力集中而引起隧道偏压，如图 4-24 所示。如处理得当，一般不会影响正常施工。

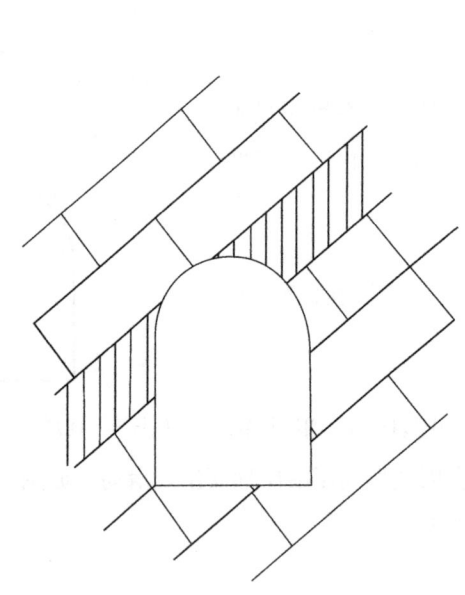

图 4-23　洞身由软弱夹层断裂带形成偏压

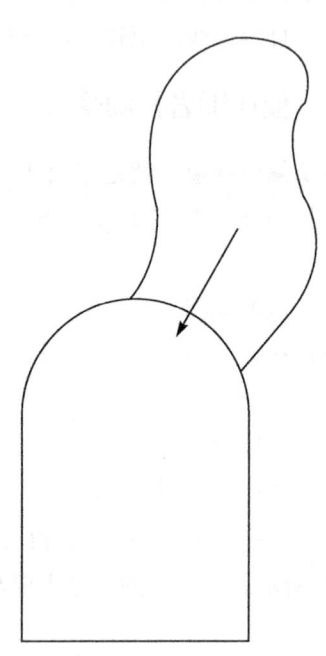

图 4-24　施工期间洞顶一侧塌方造成偏压

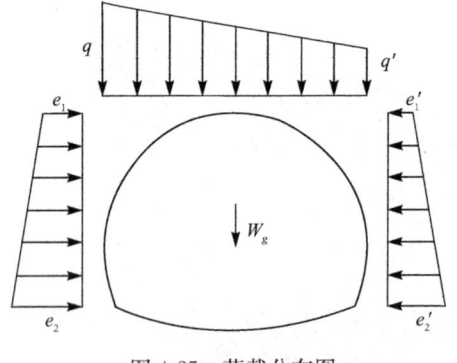

图 4-25　荷载分布图

1）计算模型建立

这里二衬模拟数值计算采用荷载结构法。荷载分布及计算模型如图 4-25、图 4-26 所示。图中的 W_g 为结构自重，q 为埋深大的一侧竖直土压力，q' 为埋深小的一侧竖直土压力，e_1 为埋深大的一侧（左侧）上部侧向土压力，e_2 为埋深大的一侧（左侧）下部侧向土压力，e_1' 为埋深小的一侧（右侧）上部侧向土压力，e_2' 为埋深小的一侧（右侧）下部侧向土压力。

计算参数选择：以某浅埋隧道断面为研究对象，断面拱顶埋深为 12.50m，断面埋深最大处位于左侧，距拱顶水平线 14.4m，断面埋深最小处位于右侧，拱顶水平线 10.6m。地表横坡坡度在 20°左右。根据隧道设计参数，并结合《公路隧道设计规范 第一册 土建工程》（JTG 3370.1—2018）选择相应的物理力学参数，围岩及支护结构物理力学参数见表 4-4，C30 混凝土的极限强度按表 4-5 取值。

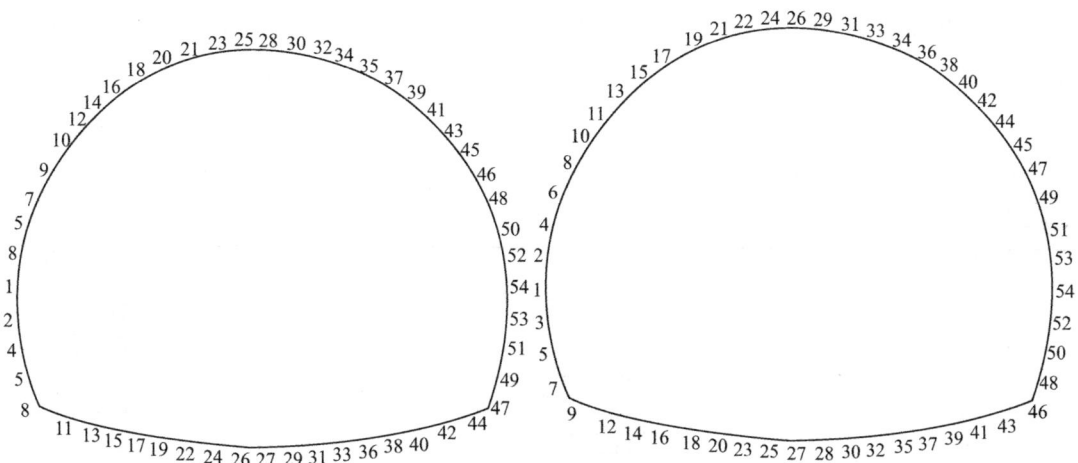

图 4-26 计算模型

围岩及支护结构物理力学参数表 表 4-4

材料类别	重度 $\gamma(kN/m^3)$	弹性抗力系数 $K(MPa/M)$	弹性模量 $E(GPa)$	泊松比 μ	内摩擦角 $\varphi(°)$	粘聚力 $C(MPa)$
偏压浅埋 V 级	22	150	1.5	0.4	24	0.08
二衬混凝土 C30	25	—	31	0.2	—	—

C30 混凝土极限强度（MPa） 表 4-5

强度种类	抗压 R_a	弯曲抗压 R_w	抗拉 R_l
强度等级	22.5	28.1	2.2

2) 不同地形坡度位移分析

下面讨论 15°、30°、45° 地形坡度对于二衬安全性的影响，围岩压力与二衬荷载如表 4-6 所示。

不同地形坡度围岩压力及二衬承担压力表 表 4-6

地形坡度			15°	30°	45°
围岩压力（kPa）	垂直压力	q	266.753	290.812	305.949
		q'	213.969	179.541	128.121
	水平压力	e_1	57.320	72.310	107.646
		e_2	95.747	115.816	164.459
		e_1'	39.138	31.142	22.037
		e_2'	71.849	61.491	49.810
二衬承担压力（分担比例 31.71%）(kPa)	垂直压力	q	84.587	92.216	97.016
		q'	67.850	56.933	40.627
	水平压力	e_1	18.176	22.929	34.134
		e_2	30.361	36.725	52.150
		e_1'	12.411	9.875	6.988
		e_2'	22.783	19.499	15.795

　　地形坡度为 15°、30°、45°时的位移云图如表 4-7 所示。各不同位置地形坡度的位移如表 4-8 所示。

位移云图表 表 4-7

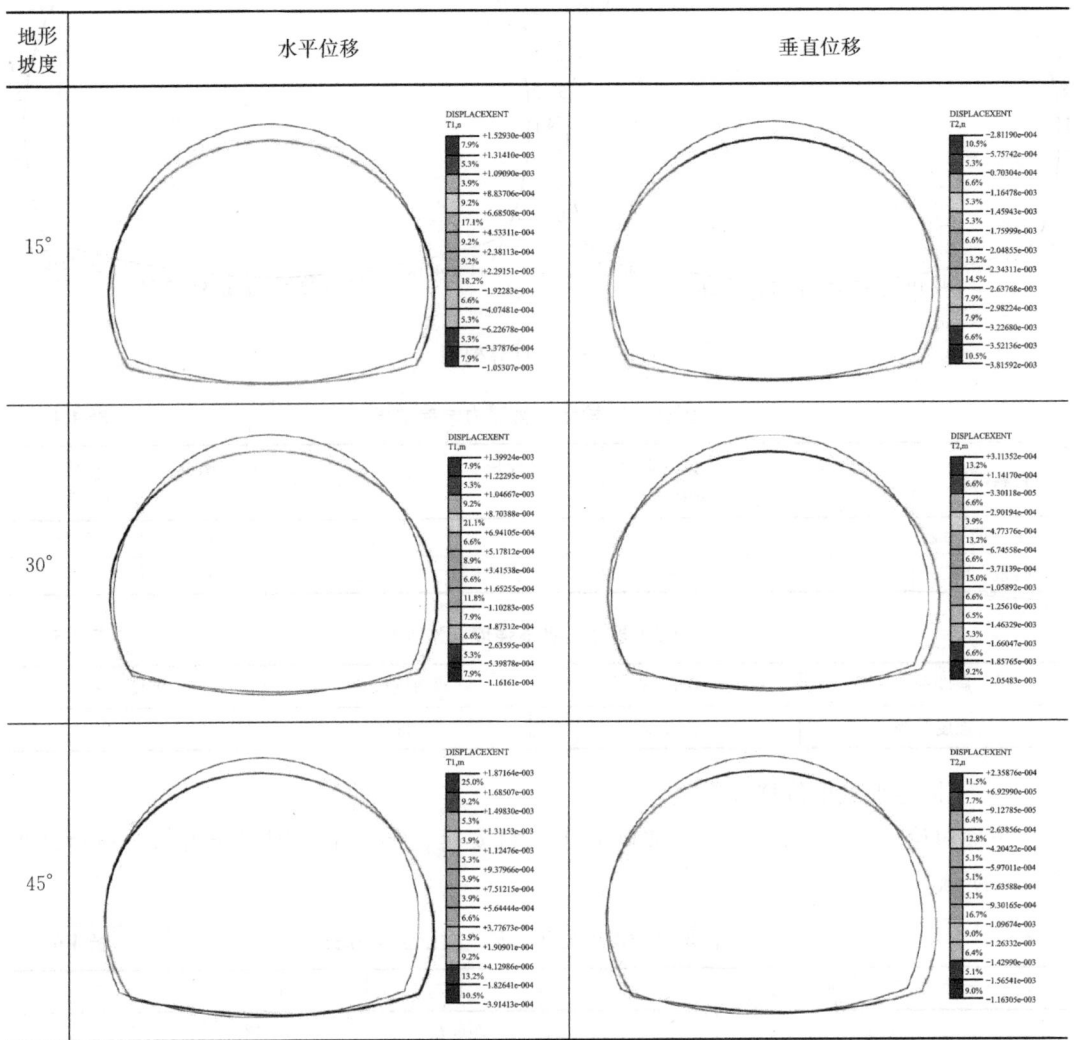

地形坡度	水平位移	垂直位移
15°		
30°		
45°		

不同地形坡度位移表 表 4-8

位置	角度	水平位移（mm）			竖直位移（mm）		
		15°	30°	45°	15°	30°	45°
拱顶	节点 28	0	0	0	−3.816	−2.055	−1.763
左边墙	节点 5	−1.045	−0.716	−0.241	−2.558	−0.982	−1.050
右边墙	节点 54	1.529	1.399	1.738	−2.125	−0.619	0.336
左拱脚	节点 6	−0.293	0.260	1.105	−2.437	−0.877	−0.951
右拱脚	节点 49	1.110	1.158	1.871	−2.042	−0.564	−0.334

　　注：水平位移中"—"表示二衬向左位移；竖直位移中"—"表示二衬向下位移。

　　从位移云图及表格来看，整体上水平位移最大处发生在右边墙处，即埋深小的一侧，随着地形坡度增大，二衬右边墙和右拱脚向远离凌空面方向的位移增大，右拱脚处位移增大幅度较大。拱顶附近的竖直位移最大，二衬各点竖向位移随着地形坡度变大而减小。

受偏压影响，隧道二衬结构整体向埋深小的一侧移动，并且地形坡度越大，移动幅度越大。

3）不同地形坡度内力分析

根据数值模拟结果，内力如表 4-9 所示。图表中弯矩数值前的"－"表示接近围岩一侧受拉，"＋"为接近净空一侧受拉；轴力数值前的"－"表示受压，"＋"表示受拉。

从表 4-9～表 4-12 可以看出，二次衬砌轴力全断面受压，轴力最大处位于埋深大的左

内力图分布   表 4-9

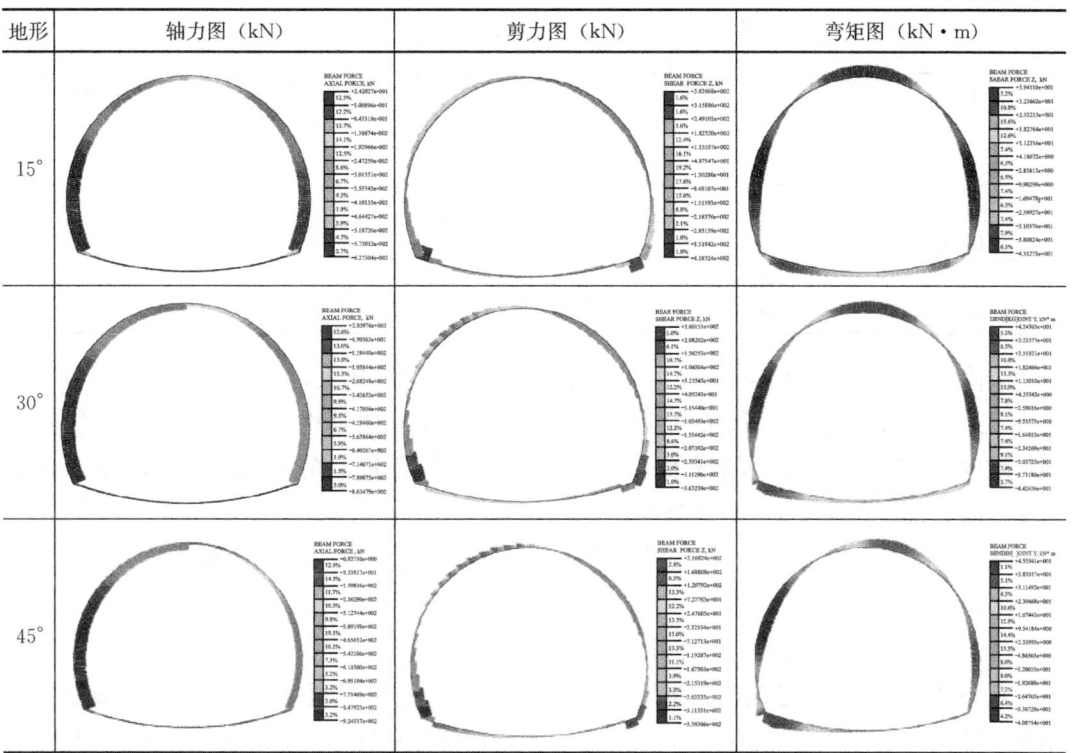

地形	轴力图（kN）	剪力图（kN）	弯矩图（kN·m）
15°			
30°			
45°			

轴力与地形坡度关系表（单位：kN）   表 4-10

位置	角度	15°	30°	45°
拱顶	单元 29	－148.563	－186.177	－112.282
左拱肩	单元 13	－389.534	－635.274	－751.82
右拱肩	单元 42	－352.73	－423.645	－283.167
左边墙	单元 1	－612.667	－848.995	－920.959
右边墙	单元 54	－558.534	－630.469	－484.158
左拱脚	单元 7	－596.438	－813.199	－877.903
右拱脚	单元 48	－552.34	－623.157	－502.46

剪力与地形坡度关系表（单位：kN） 表 4-11

位置	角度	15°	30°	45°
拱顶	单元 29	−36.237	−11.028	51.632
左拱肩	单元 13	146.562	129.534	85.092
右拱肩	单元 42	−180.115	−183.453	−157.35
左边墙	单元 1	−91.923	−171.996	−196.73
右边墙	单元 54	59.291	72.169	13.178
左拱脚	单元 7	−265.245	−363.239	−359.366
右拱脚	单元 48	228.109	245.182	149.928

弯矩与地形坡度关系表（单位：kN·m） 表 4-12

位置	角度	15°	30°	45°
拱顶	单元 29	38.728	42.450	35.016
左拱肩	单元 13	−4.950	−13.314	−22.370
右拱肩	单元 42	−10.782	−7.278	4.913
左边墙	单元 1	−43.322	−36.600	−28.545
右边墙	单元 54	−37.738	−30.294	−27.958
左拱脚	单元 7	−15.411	6.322	15.658
右拱脚	单元 48	−2.938	8.307	−6.323

侧边墙附近，值为 −627.304～−924.377kN，且地形坡度越大，埋深大的左侧二衬轴力越大。最大剪力出现在埋深大的左侧拱脚处，而在右侧拱脚处也出现了相对较大的剪力。地形坡度为 15°、30°、45°时最大负弯矩均出现在左边墙附近，在拱顶附近也出现较大的正弯矩。随着地形坡度增大，边墙处的负弯矩值减小。

从上述分析情况来看，拱脚、边墙和拱顶是偏压隧道二次衬砌受力最不利的部位，在设计施工中需注意控制。

4）不同地形坡度安全系数分析

从不同地形坡度的数值模拟结果可以看出，断面二衬的拱顶、边墙、拱脚位置受力最不利。计算 15°、30°、45°情况下，二衬受力最不利位置及最小安全系数如表 4-13 所示。

安全系数与地形坡度关系表 表 4-13

位置		角度	最小安全系数	控制标准
拱顶	单元 29	15°	6.09	抗拉
	单元 29	30°	5.96	抗拉
	单元 31	45°	5.88	抗拉
左拱肩	单元 13	15°	29.13	抗压
		30°	17.82	抗压
		45°	14.92	抗压
右拱肩	单元 42	15°	31.77	抗压
		30°	26.77	抗压
		45°	40.05	抗压

位置		角度	最小安全系数	控制标准
左边墙	单元1	15°	16.23	抗压
		30°	12.88	抗压
		45°	12.33	抗压
右边墙	单元54	15°	18.05	抗压
		30°	17.13	抗压
		45°	21.63	抗压
左拱脚	单元7	15°	18.9	抗压
		30°	13.93	抗压
		45°	12.91	抗压
右拱脚	单元48	15°	20.48	抗压
		30°	18.21	抗压
		45°	22.58	抗压

从计算结果来看，不同地形坡度最小的安全系数均出现在拱顶位置处，并且最小安全系数满足《公路隧道设计规范 第一册 土建工程》（JTG 3370.1—2018）对钢筋混凝土抗拉系数的要求（安全系数2.4）。随着地形坡度越大，拱顶位置的最小安全系数越小。这就要以拱顶位置为主要控制点进行优化设计。

4.2 衬砌强度不足

我国《公路隧道养护技术规范》（JTG H12—2015）中对衬砌强度给出了定性判定标准，如表4-14所示。

衬砌强度判定标准 表4-14

标度	标度描述	
	外荷载作用所致	材料劣化所致
0	结构无裂损、变形和背后空洞	材料无劣化
1	出现变形、位移、沉降和裂缝，但无发展或已停止发展	存在材料劣化，钢筋表面局部腐蚀，衬砌无起层、剥落，对断面强度几乎无影响
2	出现变形、位移、沉降和裂缝，发展缓慢，边墙衬砌背后存在空隙，有扩大的可能性	材料劣化明显，钢筋表面全部生锈、腐蚀，断面强度有所下降，结构物功能可能受到损害
3	出现变形、位移、沉降，裂缝密集，出现剪切性裂缝，发展速度较快；边墙处衬砌压裂，导致起层、剥落，边墙混凝土有可能掉下；拱部背面存在大的空洞，上部落石可能掉落至拱背；衬砌结构侵入内轮廓限界	材料劣化严重，钢筋断面因腐蚀而明显减小，断面强度有相当程度的下降，结构物功能受到损害；边墙混凝土起层、剥落、混凝土块可能掉落或已有掉落
4	出现变形、位移、沉降，裂缝密集，出现剪切性裂缝，并且发展快速；由于拱顶裂缝密集，衬砌开裂，导致起层、剥落，混凝土块可能掉下；衬砌拱部背面存在大的空洞，且衬砌有效厚度很薄，空腔上部可能掉落至拱背；衬砌结构侵入建筑限界	材料劣化非常严重，断面强度明显下降，结构物功能损害明显；由于拱部材料劣化，导致混凝土起层、混凝土块可能掉落或已有掉落

隧道衬砌强度缺陷是由于所用的混凝土没有达到设计强度要求，造成承载力降低，通常Ⅳ级围岩采用 C25 的混凝土。为了对隧道衬砌强度缺陷进行模拟，分别采用 C25、C20、C15 三种强度等级建立模型，通过单元内力计算该单元的安全系数，模型所加荷载、提取的单元内力、计算安全系数同上。

为更好地研究衬砌强度缺陷影响，这里选取的隧道埋深为深浅埋的交界深度为 15.03m，此时的荷载为：均布垂直压力 $q_{浅} = 288.022\text{kN/m}^2$；水平侧向压力 $e_1 = 64.131\text{kN/m}^2$、$e_2 = 93.231\text{kN/m}^2$。

根据《公路隧道设计细则 第一册 土建工程》（JTG 3370.1—2018）所述：Ⅳ级围岩二次衬砌的支护承载比例为≥30%。这里取 50% 进行计算，模型实际施加的荷载为竖向均布荷载为 $q = 144\text{kN/m}^2$，水平侧向压力 $e_1 = 32.1\text{kN/m}^2$、$e_2 = 46.6\text{kN/m}^2$。

计算单元编号见图 4-27，计算模型示意见图 4-28。安全系数计算过程如下。

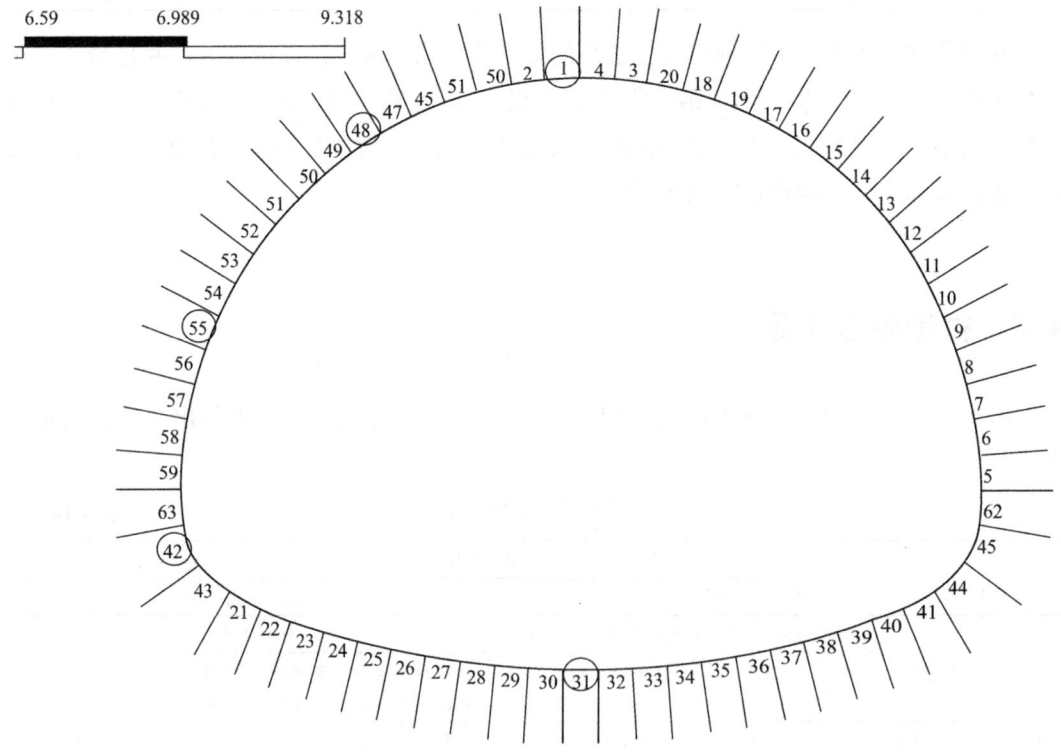

图 4-27　隧道衬砌厚度不足缺陷单元编号示意图

素混凝土安全系数计算：当初始偏心距 $e = M/N$ 小于 $0.2h$ 时，按式（4-6）：

$$KN \leqslant \varphi \alpha R_a bh \tag{4-6}$$

进行截面强度验算，否则按式（4-7）来进行强度验算。

$$KN \leqslant \varphi \frac{1.75 R_a bh}{\dfrac{6e_0}{h} - 1} \tag{4-7}$$

式中　R_a——混凝土或砌体的抗压极限强度（MPa）；

K——安全系数；

N——轴向力（kN）；

b——截面宽度（m）；

h——截面厚度（m）；

φ——构件弯曲系数，对于贴壁式隧道衬砌、明洞拱圈及墙背紧密回填的边墙可取 $\varphi = 1$；

α——轴向力的偏心影响系数；

R_l——混凝土的抗拉极限强度（mPa）。

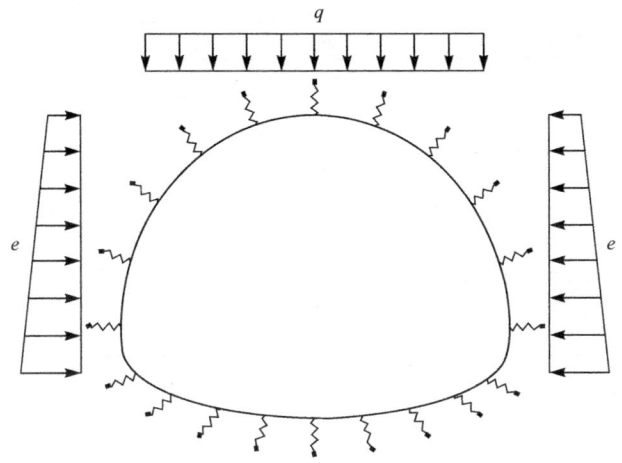

图 4-28　隧道计算模型示意图（单位：kN/m^2）

（1）拱顶不同缺陷长度安全系数计算结果

计算结果如表 4-15～表 4-17 所示。

拱顶不同缺陷长度安全系数计算结果　　　　　　　　　　　　　　　　表 4-15

缺陷长度	位置	C15	C20	C25
拱顶 0.5m 缺陷	拱顶（1♯）	11.292	11.520	11.61
	左拱肩（48♯）	13.12	13.125	13.128
	左拱腰（55♯）	10.666	10.671	10.669
	左边墙（42♯）	4.604	4.605	4.591
	左侧仰拱（31♯）	4.870	4.870	4.871
拱顶 1m 缺陷	拱顶（1♯）	11.196	11.437	11.61
	左拱肩（48♯）	13.119	13.124	13.128
	左拱腰（55♯）	10.652	10.662	10.669
	左边墙（42♯）	4.589	4.59	4.591
	左侧仰拱（31♯）	4.869	4.87	4.871
拱顶 2m 缺陷	拱顶（1♯）	10.915	11.310	11.61
	左拱肩（48♯）	13.088	13.111	13.128
	左拱腰（55♯）	10.636	10.656	10.669

缺陷长度	位置	C15	C20	C25
拱顶 2m 缺陷	左边墙（42#）	4.587	4.589	4.591
	左侧仰拱（31#）	4.868	4.869	4.871

（2）拱腰不同缺陷长度安全系数计算结果

拱腰不同缺陷长度安全系数计算结果 表 4-16

缺陷长度	位置	C15	C20	C25
拱腰 0.5m 缺陷	拱顶（1#）	11.6	11.606	11.61
	左拱肩（48#）	13.062	13.071	13.128
	左拱腰（55#）	10.645	10.647	10.669
	左边墙（42#）	4.533	4.535	4.591
	左侧仰拱（31#）	4.615	4.681	4.871
拱腰 1m 缺陷	拱顶（1#）	11.595	11.604	11.61
	左拱肩（48#）	12.651	12.952	13.128
	左拱腰（55#）	10.589	10.593	10.669
	左边墙（42#）	4.53	4.532	4.591
	左侧仰拱（31#）	4.609	4.65	4.871
拱腰 2m 缺陷	拱顶（1#）	11.544	11.558	11.61
	左拱肩（48#）	12.861	12.871	13.128
	左拱腰（55#）	10.588	10.59	10.669
	左边墙（42#）	4.504	4.512	4.591
	左侧仰拱（31#）	4.518	4.641	4.871

（3）边墙不同缺陷长度安全系数计算结果

边墙不同缺陷长度安全系数计算结果 表 4-17

缺陷长度	位置	C15	C20	C25
边墙 0.5m 缺陷	拱顶（1#）	11.604	11.609	11.61
	左拱肩（48#）	13.089	13.09	13.128
	左拱腰（55#）	10.392	10.465	10.669
	左边墙（42#）	4.559	4.564	4.591
	左侧仰拱（31#）	4.251	4.253	4.871
边墙 1m 缺陷	拱顶（1#）	11.58	11.599	11.61
	左拱肩（48#）	13.067	13.081	13.128
	左拱腰（55#）	10.376	10.46	10.669
	左边墙（42#）	4.508	4.517	4.591
	左侧仰拱（31#）	4.25	4.252	4.871
边墙 2m 缺陷	拱顶（1#）	11.563	11.589	11.61
	左拱肩（48#）	13.033	13.036	13.128
	左拱腰（55#）	10.372	10.443	10.669
	左边墙（42#）	4.503	4.509	4.591
	左侧仰拱（31#）	4.247	4.251	4.871

4.2.1 缺陷位置安全分析

1）拱顶不同缺陷长度分析

拱顶衬砌缺陷长度 2m/1m/0.5m 时，各缺陷长度安全系数对比如图 4-29、图 4-30 所示。

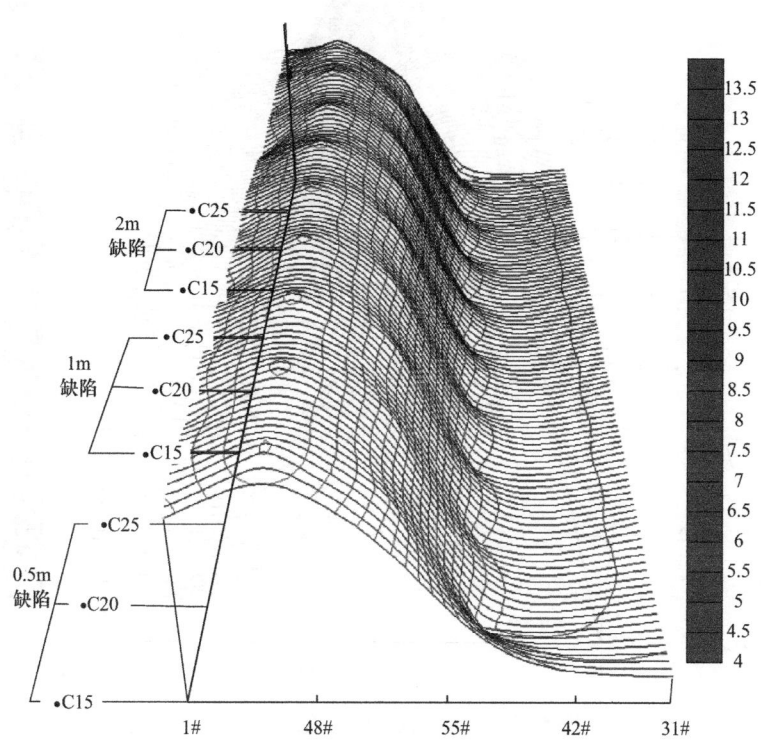

图 4-29　拱顶不同缺陷长度的安全系数

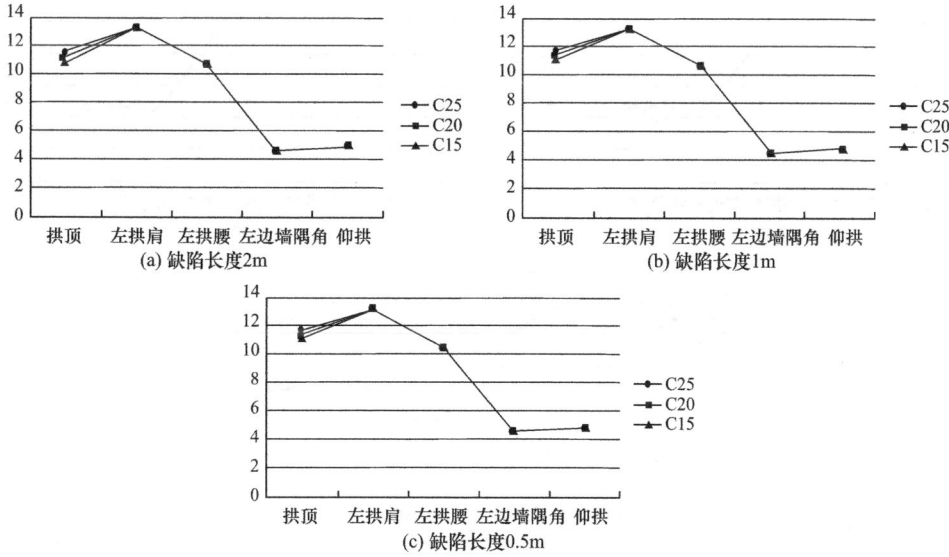

图 4-30　拱顶不同缺陷长度的安全系数对比

2）拱腰不同缺陷长度分析

拱腰衬砌缺陷长度 2m/1m/0.5m 时，各缺陷长度安全系数对比见图 4-31、图 4-32。

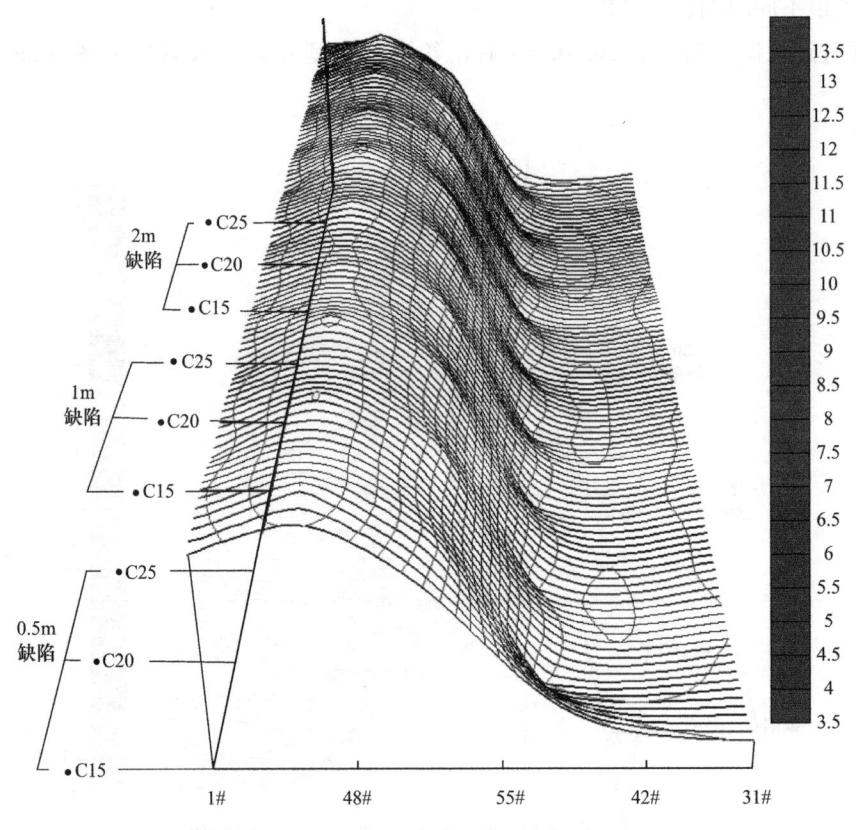

图 4-31　拱腰不同缺陷长度的安全系数

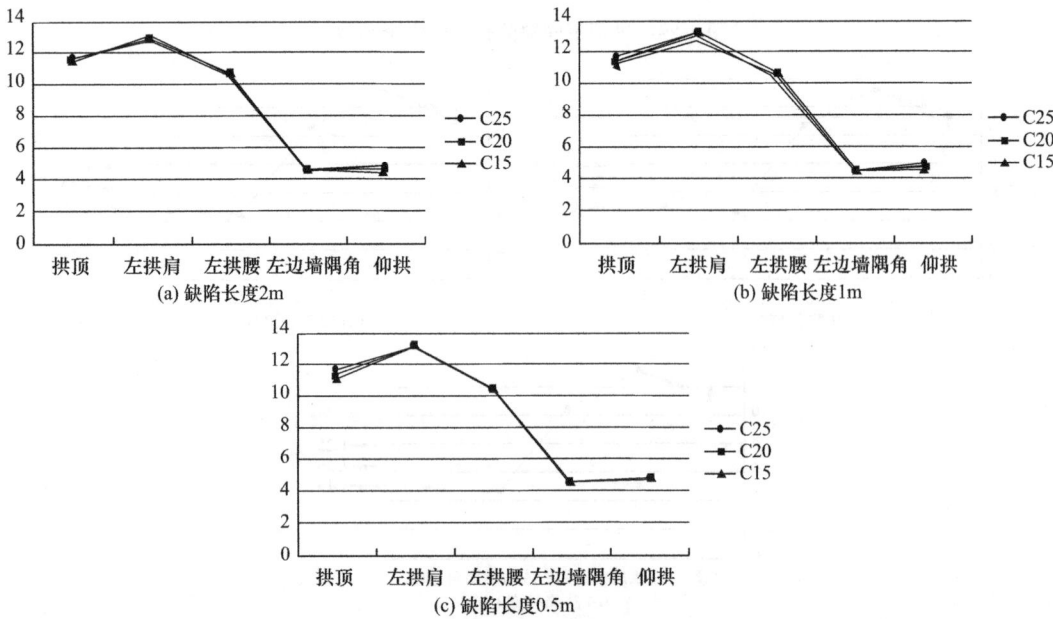

图 4-32　拱腰不同缺陷长度的安全系数对比

3）边墙不同缺陷长度分析

边墙衬砌缺陷长度 2m/1m/0.5m 时，各缺陷长度安全系数对比见图 4-33、图 4-34。

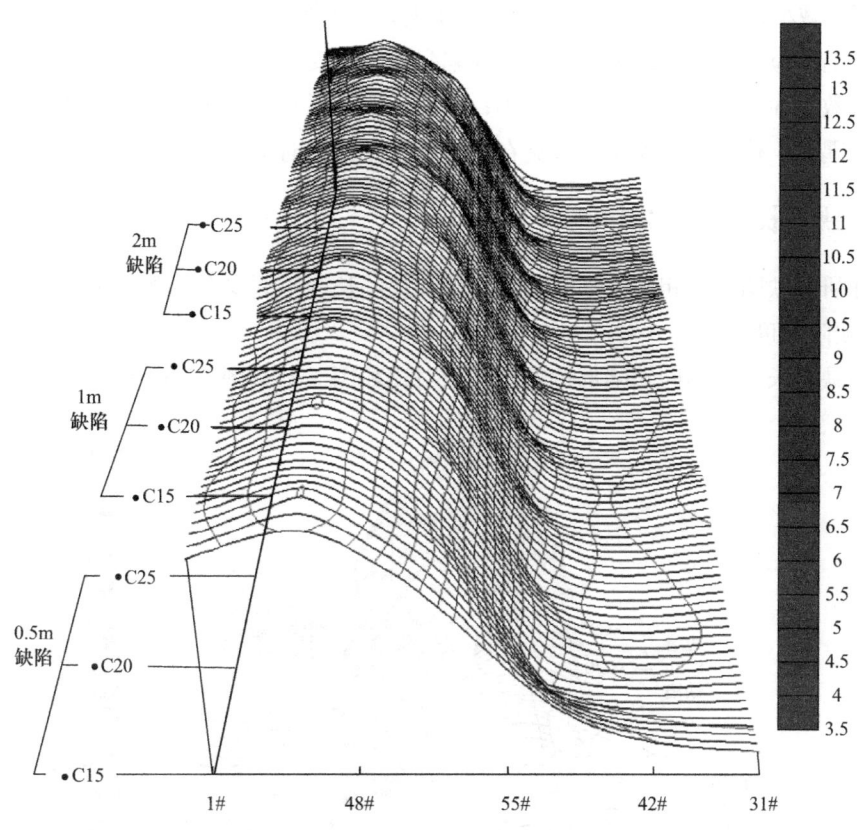

图 4-33 边墙不同缺陷长度的安全系数

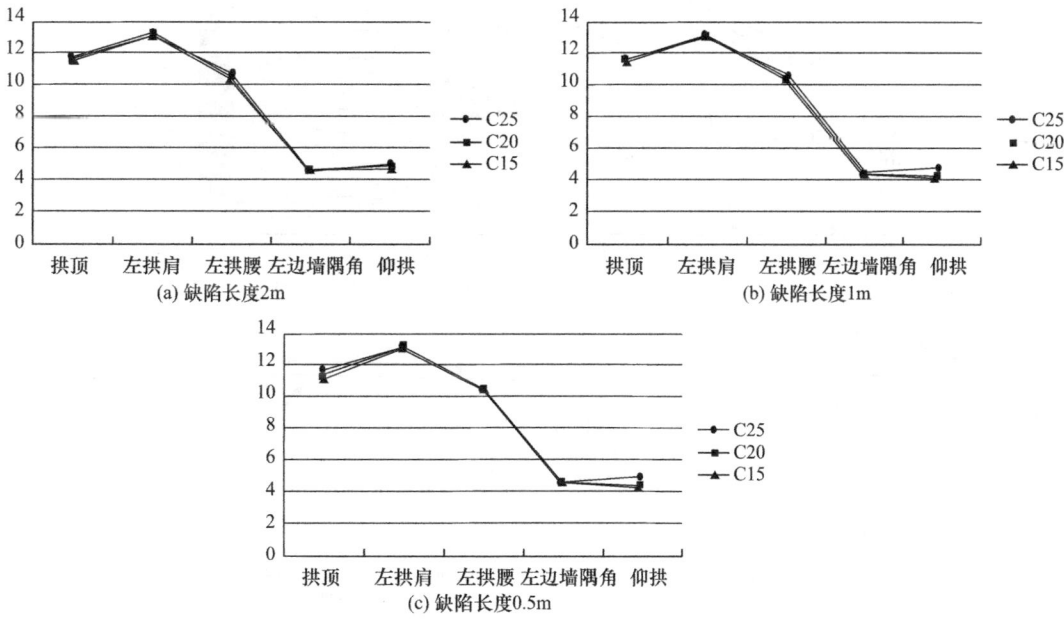

图 4-34 边墙不同缺陷长度的安全系数对比

从缺陷部位相同、缺陷长度相同、缺陷强度不同安全系数对比图中可以发现：拱顶、拱腰、边墙处出现衬砌强度缺陷时各部位的安全系数均是从拱顶到拱肩逐渐增大，从拱肩到边墙隅角逐渐减小，从边墙隅角到仰拱处逐渐增大，其中在边墙隅角处安全系数是最小的。

从缺陷部位不同、缺陷长度相同、缺陷强度相同安全系数对比图中可以发现：拱顶处的安全系数是在拱顶处出现缺陷时最小；拱肩处安全系数是在拱腰处出现缺陷时最小，拱腰、边墙隅角、仰拱处的安全系数是在边墙处出现缺陷时最小。

4.2.2 缺陷长度安全分析

下面研究缺陷部位相同、缺陷强度相同、缺陷长度不同安全系数对比。

1）缺陷长度 0.5m

相同缺陷长度、不同缺陷部位安全系数对比如图 4-35、图 4-36 所示。

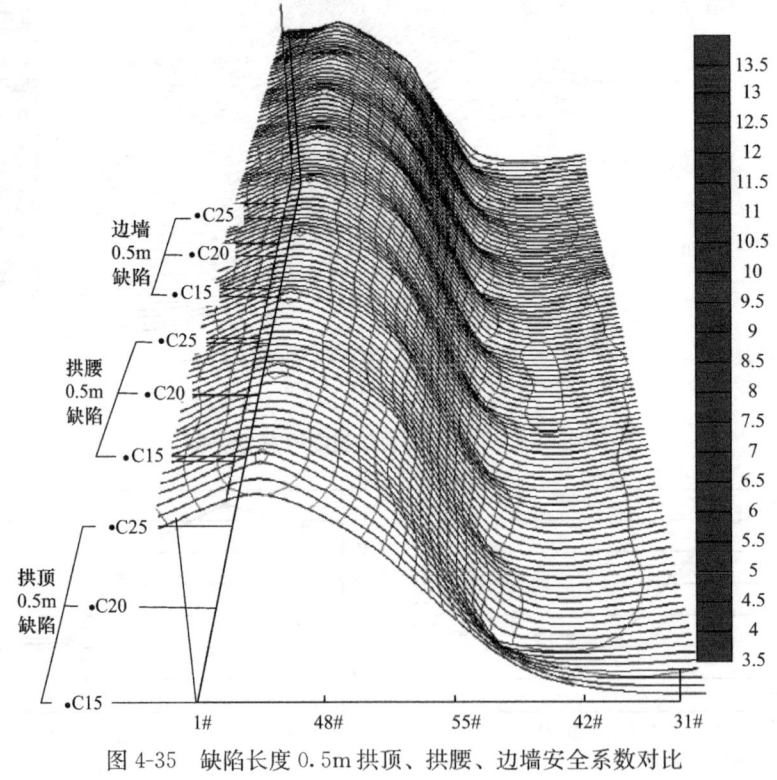

图 4-35　缺陷长度 0.5m 拱顶、拱腰、边墙安全系数对比

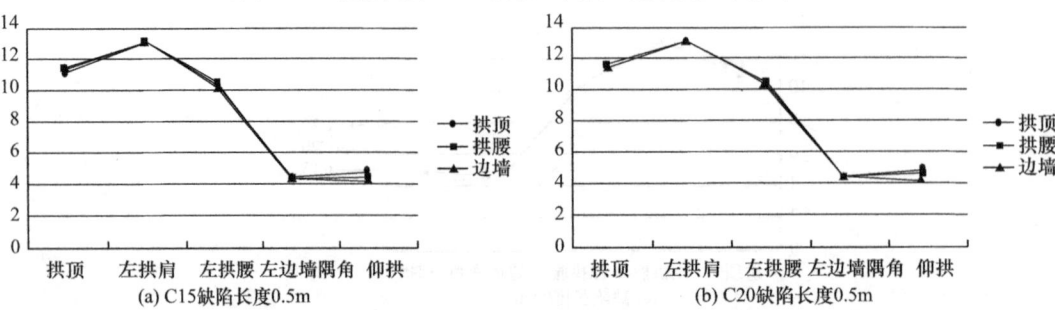

图 4-36　相同缺陷长度、不同缺陷部位安全系数

2) 缺陷长度 1m

相同缺陷长度、不同缺陷部位安全系数对比如图 4-37、图 4-38 所示。

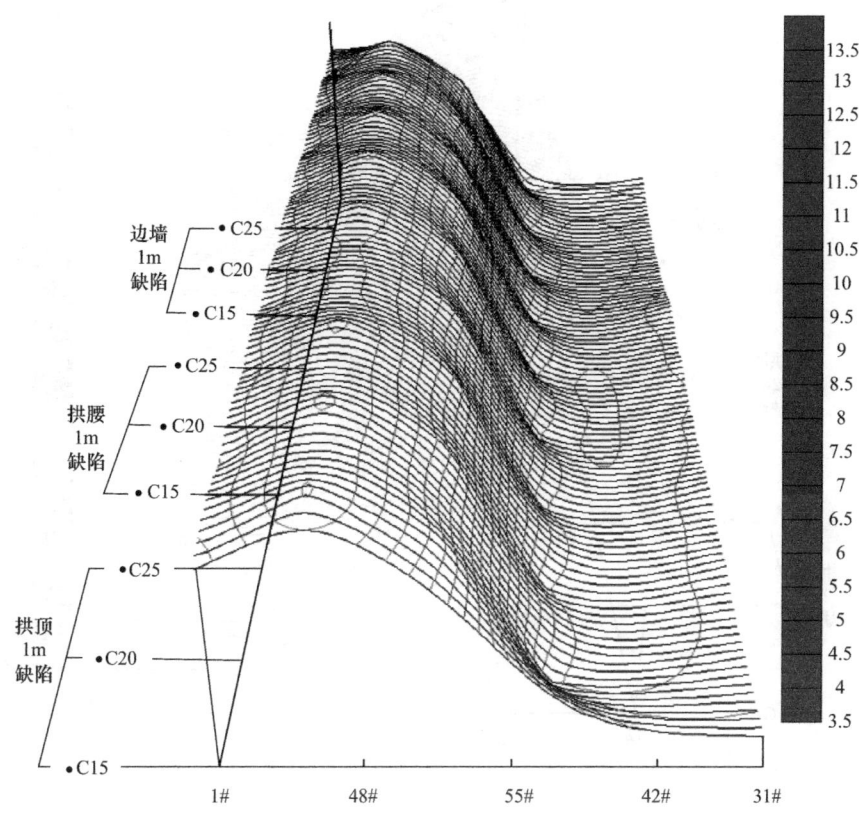

图 4-37 缺陷长度 1m 拱顶、拱腰、边墙安全系数对比

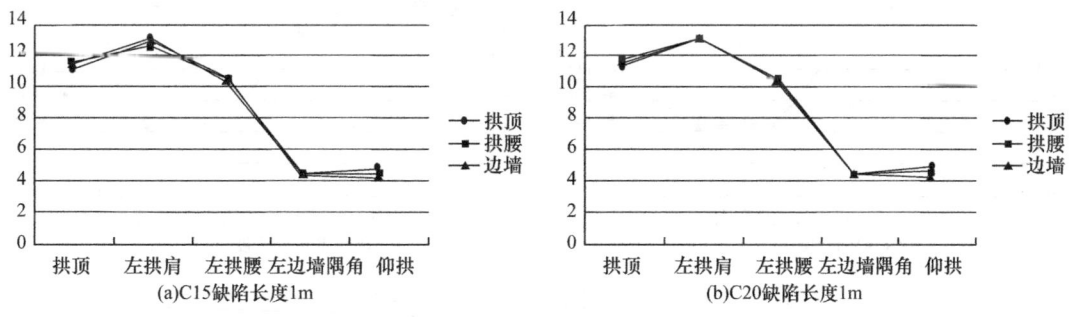

图 4-38 相同缺陷长度、不同缺陷部位安全系数对比

3) 缺陷长度 2m

衬砌缺陷长度 2m 时,不同缺陷强度、相同缺陷部位安全系数对比如图 4-39、图 4-40 所示。

从缺陷部位相同、缺陷强度相同、缺陷长度不同安全系数对比图中可以发现:拱顶、拱腰、边墙处出现缺陷时,各部位的安全系数均是随着衬砌长度的减小,安全系数也逐渐减小，但是下降幅度很小。

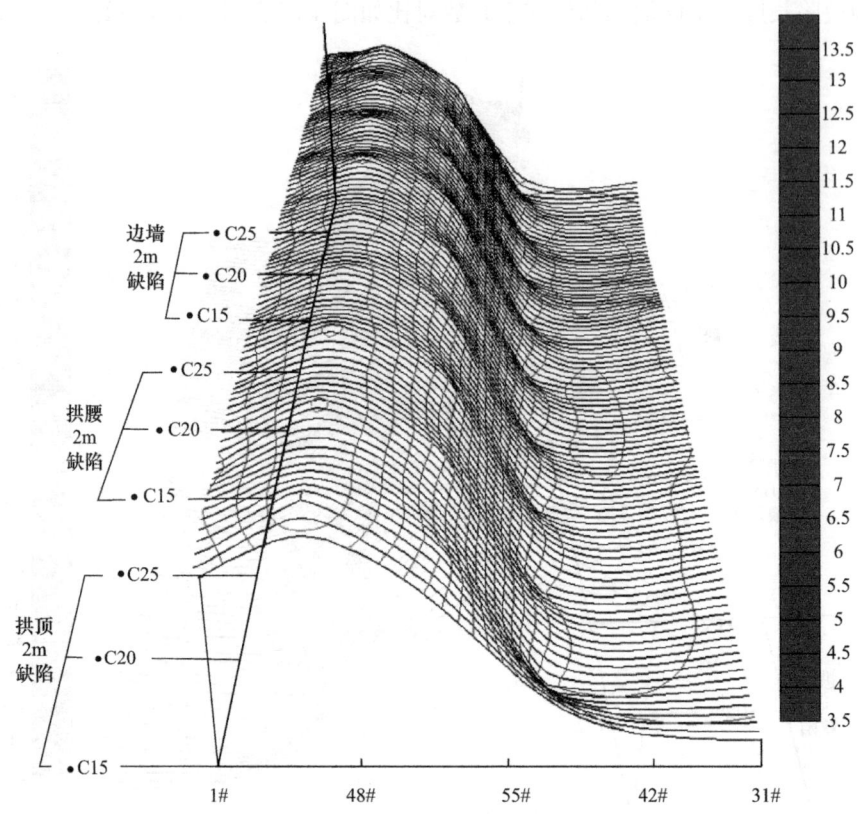

图 4-39　缺陷长度 2m 拱顶、拱腰、边墙安全系数对比

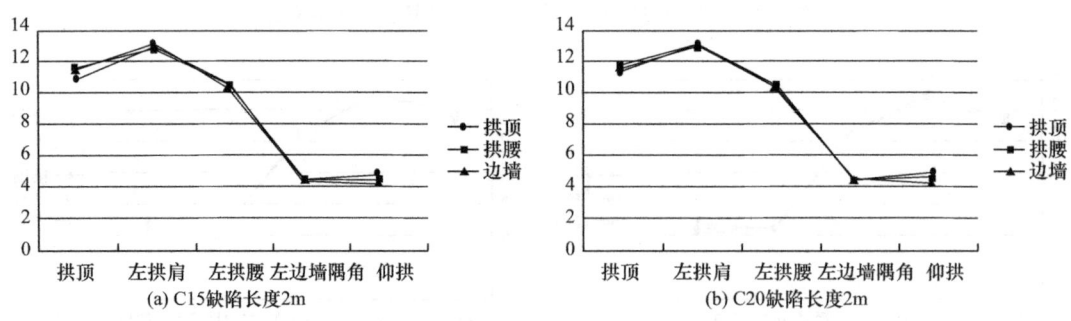

图 4-40　相同缺陷长度、不同缺陷部位安全系数对比

4.2.3　缺陷强度安全分析

相同缺陷强度、不同缺陷部位、不同缺陷长度安全系数对比如下所示（以 C15 为例）。

1）衬砌缺陷强度 C15

衬砌缺陷强度 C15 时，不同缺陷部位、不同缺陷长度安全系数对比如图 4-41、图 4-42所示。

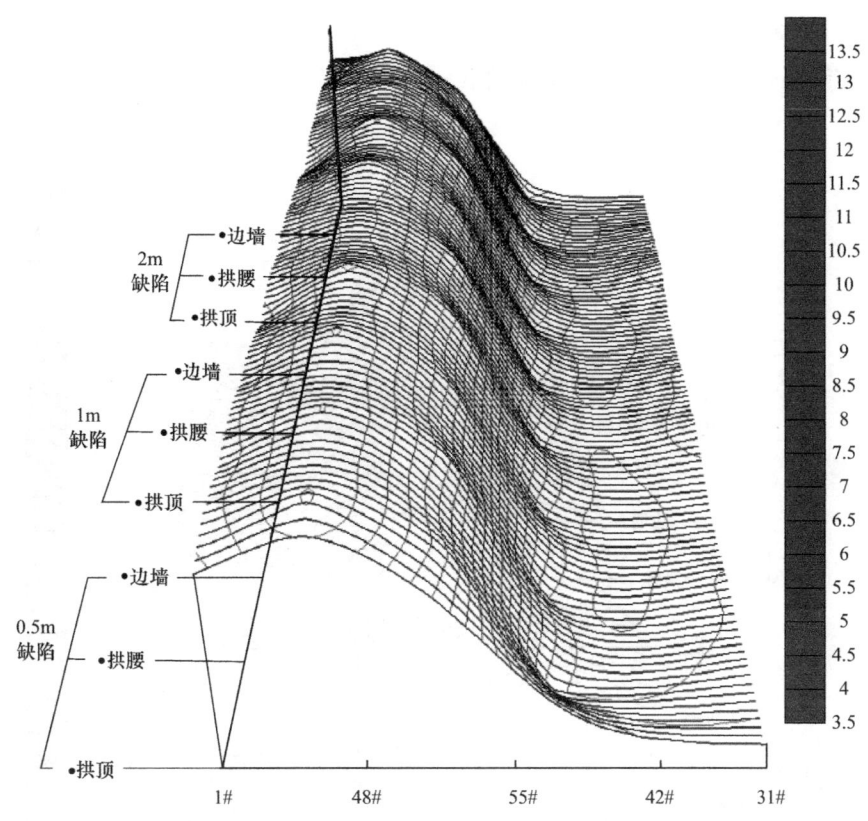

图 4-41　衬砌缺陷强度 C15 不同缺陷部位、不同缺陷长度安全系数

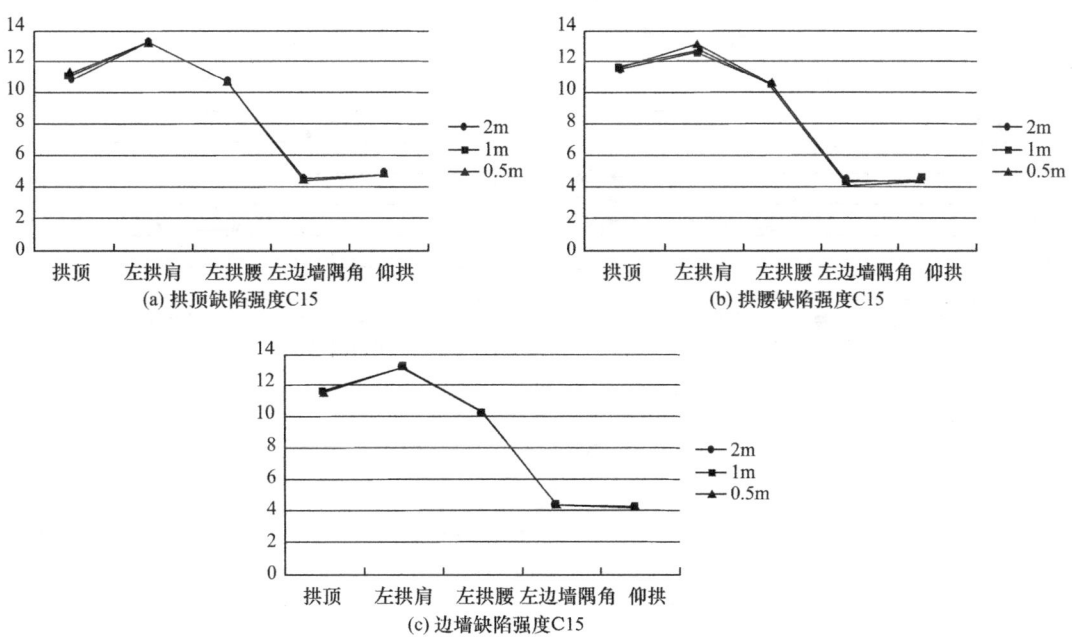

图 4-42　衬砌缺陷强度 C15 不同缺陷部位、不同缺陷长度的安全系数对比

2）衬砌缺陷强度 C20

衬砌缺陷强度 C20 时，不同缺陷部位、不同缺陷长度安全系数对比如图 4-43、图 4-44 所示。

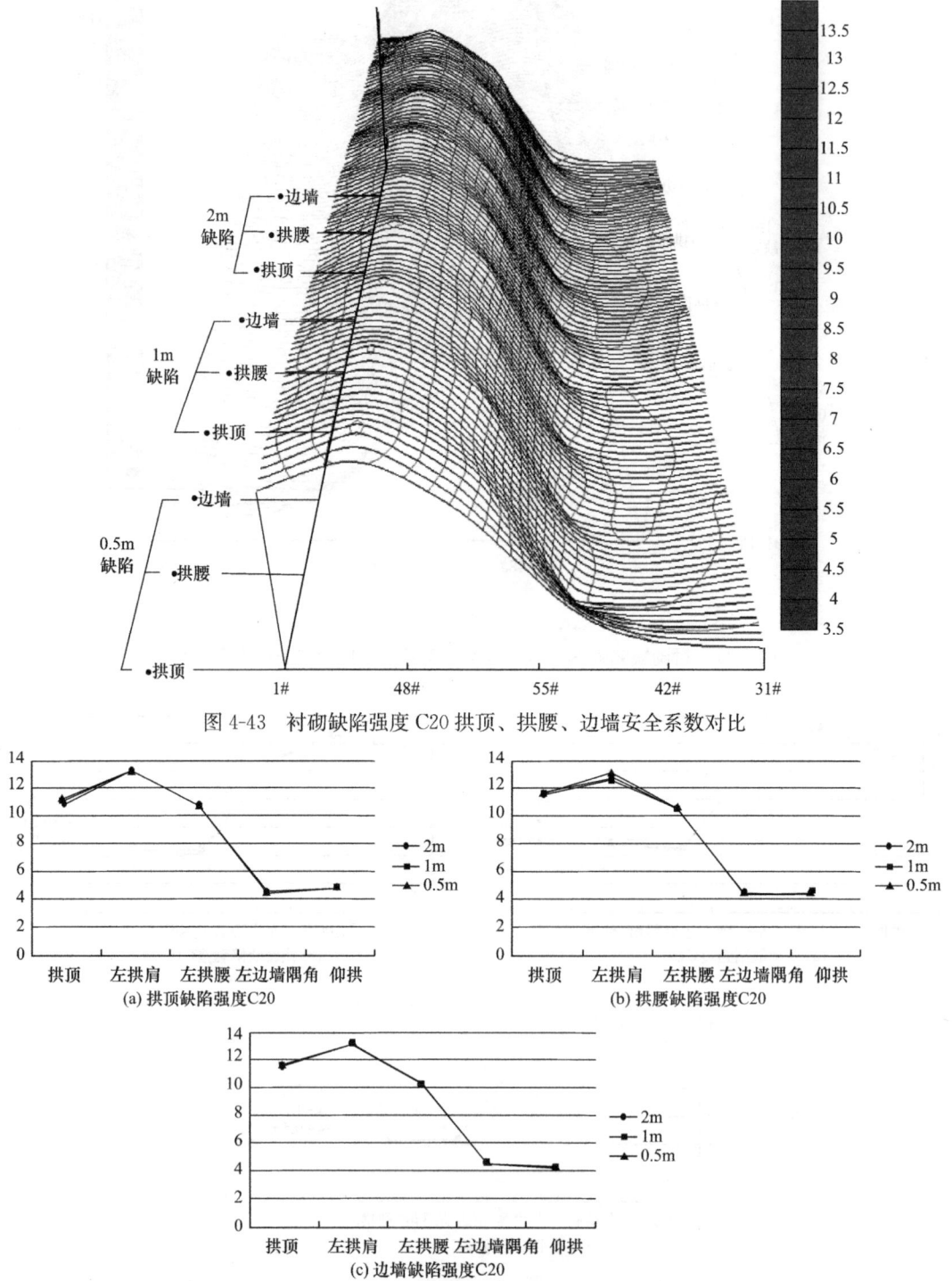

图 4-43　衬砌缺陷强度 C20 拱顶、拱腰、边墙安全系数对比

图 4-44　衬砌缺陷强度 C20 不同缺陷部位、不同缺陷长度的安全系数

3）衬砌缺陷强度 C25

衬砌缺陷强度 C25 时，不同缺陷部位、不同缺陷长度安全系数对比如图 4-45 所示。由于不同缺陷部位不同缺陷长度的安全系数相同，故未列对比曲线图。

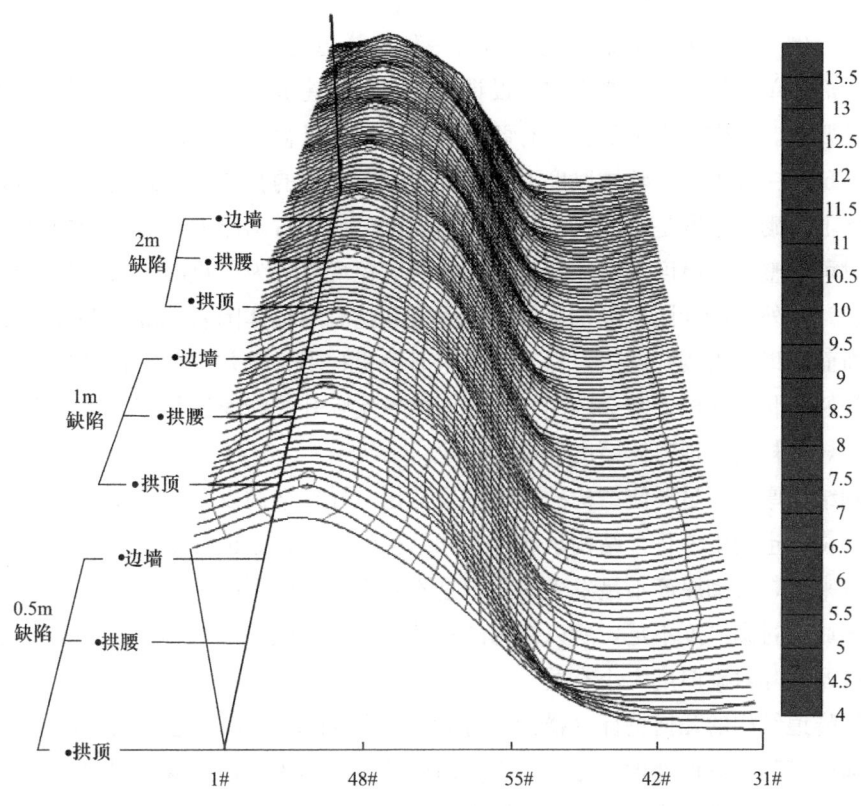

图 4-45 衬砌缺陷强度 C25 拱顶、拱腰、边墙安全系数对比

从衬砌缺陷程度取为 C15 为例，衬砌强度缺陷长度降低百分率对应各部位的安全系数降低百分率结果可发现：拱顶处安全系数降低百分率最大。

从定量分析的角度对各缺陷程度、缺陷长度的安全系数进行比较，以衬砌缺陷程度取 C15 为例，以衬砌强度缺陷长度降低百分率对应各部位的安全系数降低百分率来进行比较，具体如表 4-18 所示。

拱顶缺陷强度 C15 安全系数下降（上升）百分率计算结果　　　　表 4-18

所提取安全系数的单元、部位	衬砌缺陷长度 0.5m 时安全系数	衬砌缺陷长度 2m 时安全系数	安全系数下降（升高）百分率（%）
拱顶（1♯）	11.292	10.915	3.3
左拱肩（48♯）	13.120	13.088	0.2
左拱腰（55♯）	10.666	10.636	0.3
左边墙隅角（42♯）	4.604	4.587	0.4
左侧仰拱（31♯）	4.870	4.868	0.1

4.3 衬砌厚度不足

隧道衬砌厚度不足是常见隧道缺陷的一种，隧道建设时，施工单位技术水平参差不齐，且有部分单位偷工减料或未按照设计施工，导致建成隧道衬砌厚度和结构承载力无法满足设计要求。衬砌厚度不足主要有两种情况，一种是衬砌整体厚度不足，一种是衬砌局部厚度不足。一般来说，整体厚度不足在围岩较差区段的整体式模筑混凝土衬砌中较为常见，实际上衬砌的厚度是由开挖面决定的，也就是说，衬砌厚度在隧道开挖时已确定，浇筑衬砌时可调整衬砌厚度的余地较小。在隧道欠挖现象较为严重时，很容易出现衬砌厚度不足问题。此外，设计围岩级别分界线里程与开挖时的具体围岩状况有差异，如果设计时地质纵断面某里程为较好围岩，而实际开挖时该里程围岩较差，此时设计未作调整，仍按照围岩较好的状况开挖，则会因围岩变形而导致实际开挖断面比相应围岩级别的设计开挖断面小，导致衬砌出现整体厚度不足的状况。

衬砌结构厚度不足会使结构的刚度发生变化，导致结构发生较大变形，同时围岩抗力的大小和位置也发生变化，结构承载状态和结构的安全系数也发生改变。

一般来讲，衬砌厚度不足发生的范围是不确定的，既可能是衬砌整体厚度不足，也可能部分区域的衬砌厚度不足，所以结构的承载状态和安全特征与厚度不足发生的范围、区域位置以及实际衬砌厚度大小有关。

根据隧道结构的几何特征（横向尺寸远小于纵向尺寸），隧道衬砌厚度不足问题可简化为平面应变问题近似处理。考虑围岩与结构的共同作用，建立隧道衬砌整体厚度不足和局部厚度不足的计算模型，进行致害性机理分析，确定因衬砌厚度不足而导致衬砌结构危险的截面位置，从而对整个隧道结构安全性进行评价。

在计算建模时，对于衬砌整体厚度不足的计算处理，可以将相应梁单元的截面厚度设置为衬砌厚度不足时的实际厚度；对于衬砌局部厚度不足的计算建模，仅将衬砌厚度不足位置处的梁单元截面厚度设置为厚度不足时的厚度，其余位置处的厚度按设计值设置。具体可简化，如图 4-46 所示，衬砌结构设计厚度为 H，隧道衬砌的实际厚度 h 可利用地质雷达等无损探测方法或钻孔取芯等局部破损的方法测出，将模型中梁单元的几何特性取值如下：$A = Ah$；$I = Ih$，其中 Ih 和 Ah 是根据检测实际衬砌厚度 h 计算得出的惯性矩和截面积。

由上可知，衬砌厚度不足主要分为衬砌整体厚度不足和衬砌局部厚度不足两种类型。对于衬砌局部厚度不足主要考虑拱顶、拱肩和拱腰位置处的局部厚度不足。这里采用 MI-DAS-GTS 软件进行建模计算分析，建模时将衬砌离散为梁单元，假定衬砌为小变形弹性梁单元，在各个节点上设置弹簧单元，模拟围岩与初期支护对二衬的约束，并假设弹簧仅传递径向压力，而不传递径向拉力和切向力。衬砌整体厚度不足和局部厚度不足模型示意见图 4-47，衬砌局部厚度不足计算模型见图 4-48。

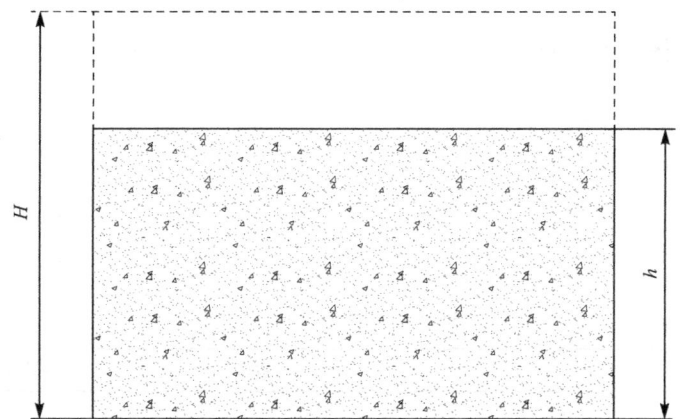

图 4-46 衬砌整体厚度不足和局部厚度不足模型示意图

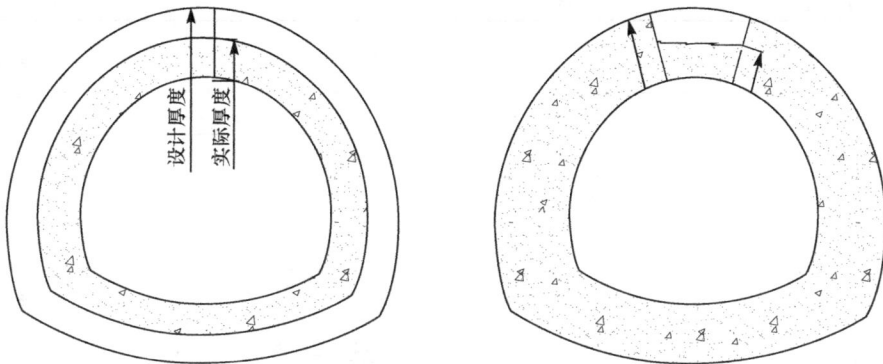

图 4-47 衬砌整体厚度不足和局部厚度不足示意图

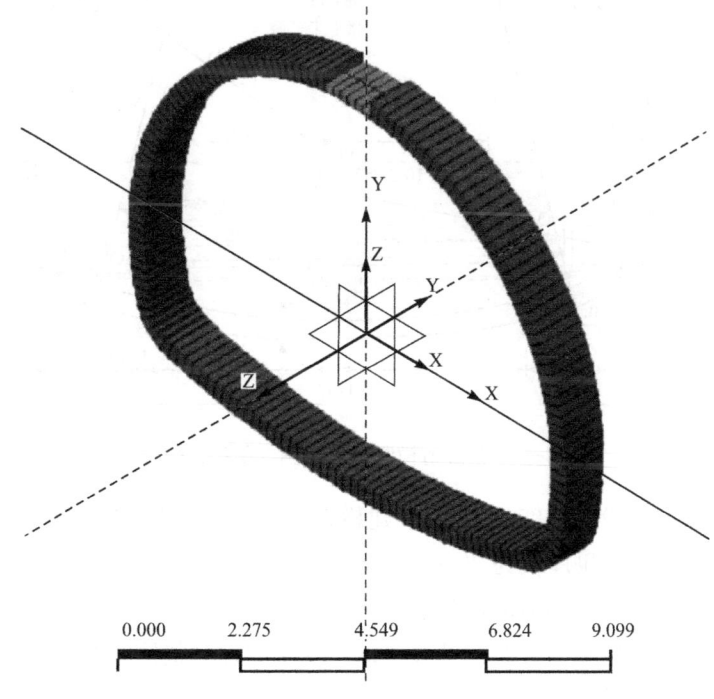

图 4-48 衬砌局部厚度不足计算模型图

4.3.1 衬砌整体厚度不足

从衬砌整体厚度不足进行数值建模。

4.3.1.1 不同衬砌厚度模拟

某隧道二次衬砌及围岩物理力学参数及深埋隧道衬砌所受围岩荷载见表4-19、表4-20，隧道几何尺寸见图4-49。

衬砌及围岩物理力学参数表　　　　　　　表 4-19

衬砌结构	泊松比	重度（kN/m³）	弹性抗力系数（MPa/m）
C25 混凝土	0.20	23.0	29.5
Ⅳ级围岩	0.20	25.0	500
Ⅴ级围岩	0.38	20.0	400

深埋荷载计算表　　　　　　　表 4-20

围岩级别	隧道竖向荷载（kN/m²）	水平均布侧压力（kN/m²）
Ⅳ级围岩	143.41	71.71

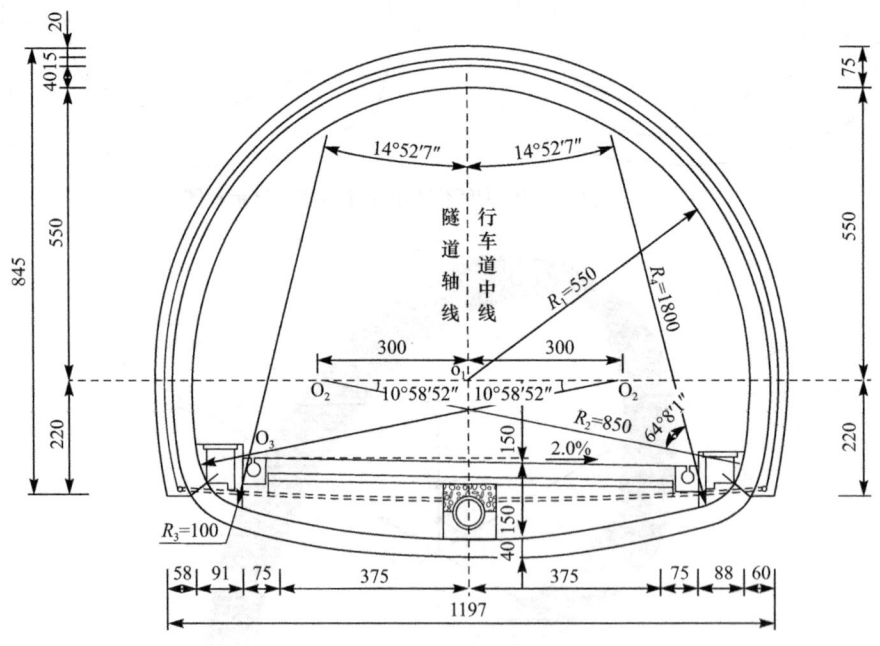

图 4-49　某隧道横断面示意图（单位：cm）

假定隧道二次衬砌设计厚度为40cm，建模在二次衬砌材料物理参数及所受荷载不变的情况下，分别取二次衬砌厚度为20cm、25cm、30cm、35cm、40cm进行数值模拟计算，得出各工况下的弯矩及相应轴力值，并根据规范分别计算衬砌部位的安全系数。二次衬砌在各工况下的弯矩及相应轴力分布图见表4-21，受不同程度整体厚度不足影响下的安全系数见表4-22。

不同厚度衬砌弯矩、轴力分布 表 4-21

厚度	弯矩分布	轴力分布
20cm		
25cm		
30cm		
35cm		

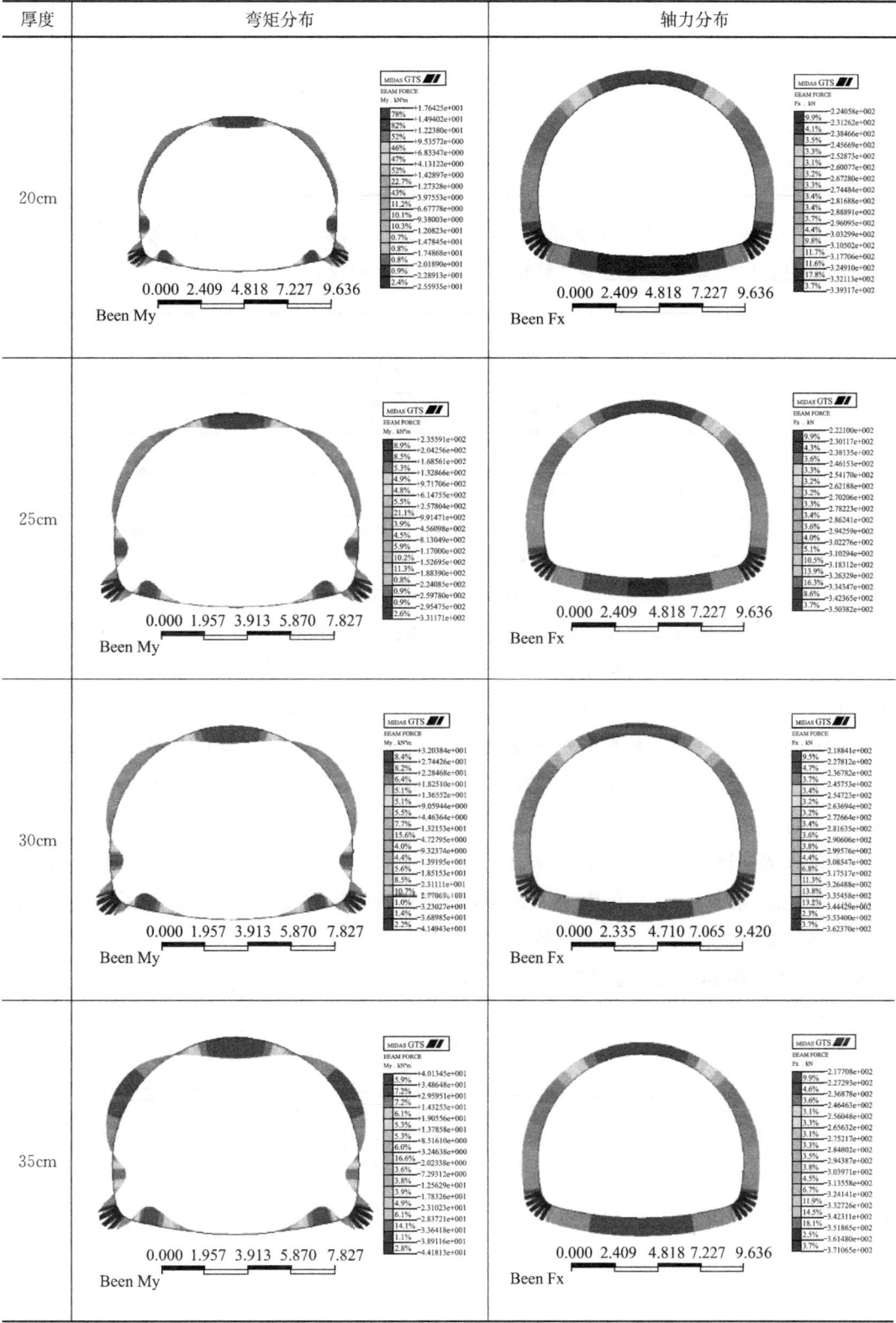

受整体厚度不足影响的安全系数　　　　　　表 4-22

位置	拱顶	左拱肩	左拱腰	左拱脚	仰拱	右拱脚	右拱腰	右拱肩
20cm	2.55	7.47	9.29	1.62	11.51	2.11	7.40	8.46
25cm	2.53	6.56	10.62	1.96	14.16	2.40	6.18	6.00
30cm	2.55	6.81	12.82	2.23	16.53	2.92	7.43	5.62
35cm	2.64	7.90	15.56	3.15	18.75	3.72	12.84	6.19
40cm	2.40	6.01	20.17	4.20	22.34	5.01	18.19	5.43

由表 4-22 和图 4-50 可知，随着衬砌整体厚度不足缺陷的增大，衬砌各部位安全系数出现降低的变化趋势，对隧道整体结构的承载能力影响较大，规律如下：

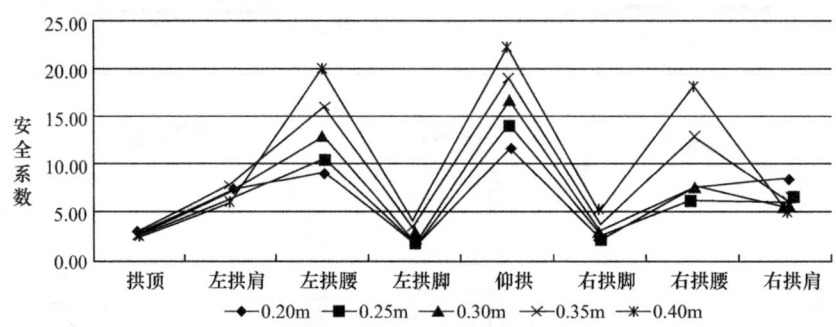

图 4-50　受整体厚度不足影响的安全系数变化图

（1）拱顶、拱脚处安全系数均呈下降趋势，但下降幅度微小；

（2）仰拱和拱腰部位安全系数呈直线下降趋势，且下降幅度较为明显，该部位承载能力受到较大削弱；

（3）拱肩部位安全系数数值变化较为复杂，有时而上升时而下降的趋势。

从表 4-22 可知，随着隧道二次衬砌厚度的不断变薄，隧道二次衬砌刚度和衬砌极限承载力也将随之降低，二次衬砌弯矩也会相应降低，并且有向拱顶、拱脚和拱腰等局部区域集中的趋势。这里所选拱肩部位位于弯矩变化交界处，在该部位的内力和极限承载力呈现复杂变化的同时，该部位的安全系数也会发生比较明显的变化。其他存在正负弯矩变化部位的区域也有类似情况，安全系数的变化比较复杂。

4.3.1.2　不同围岩衬砌厚度模拟

《铁路隧道设计规范》（TB 10003—2016）结构计算规定，铁路隧道衬砌结构的最小安全系数 K 为 2.0，否则须增加衬砌厚度或钢筋量。这里采用 MIDAS-GTS 软件建立隧道空间开挖的二维有限元模型，通过改变模型二次衬砌厚度，探讨二次衬砌厚度变化与隧道结构内力、衬砌强度安全系数的关系。计算不同二次衬砌厚度下的安全系数，以此分析比较衬砌的支护效果，对隧道衬砌的安全性进行评价，并在此基础上对二次衬砌厚度进行优化，以达到节约工程造价的目的。

1）模型建立

（1）二维模型的建立

因隧道是一个狭长的建筑物，纵向很长，横向尺寸相对较小，故计算时可取中间每延米隧道作为平面应变问题来近似处理。

二维模型根据某隧道详细勘察资料，将围岩划分为三层。从上至下依次为回填土、砂岩、泥质砂岩，研究隧道段处于泥质砂岩内。隧道轮廓和模型如图 4-51、图 4-52 所示。

图 4-51　隧道轮廓图

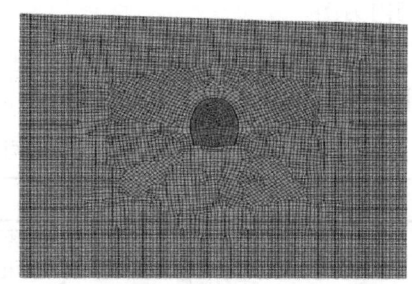

图 4-52　隧道模型图

（2）本构关系选取岩土材料简化为均质、连续、各向同性的实体单元，使用 Ducker-Prager 屈服准则，不考虑地下水的影响。支护结构均采用线弹性本构关系。

（3）模拟参数的选取

围岩的计算参数根据规范的范围和实际围岩特性确定，锚杆和混凝土衬砌具体几何参数为实际施工数值，其力学参数根据地勘资料确定（表 4-23）。

数值分析计算参数　　　　　　　　　　　　　　　　　　　表 4-23

材料类型	计算参数
Ⅲ级围岩	$E=8GPa$，$\gamma=24kN/m^3$，$\mu=0.28$，$C=1.0MPa$，$\varphi=64°$
Ⅳ级围岩	$E=1.5GPa$，$\gamma=22kN/m^3$，$\mu=0.33$，$C=0.65MPa$，$\varphi=53°$
Ⅴ级围岩	$E=1.0GPa$，$\gamma=18kN/m^3$，$\mu=0.37$，$C=0.2MPa$，$\varphi=45°$
初衬	$E=27.5GPa$，$\gamma=24.5kN/m^3$，$\mu=0.2$
二衬	$E=30GPa$，$\gamma=24.5kN/m^3$，$\mu=0.2$

钢拱架采用等效方法考虑，即将钢拱架弹性模量折算给喷射混凝土，计算公式为：

$$E = E_0 + \frac{S_g \times E_g}{S_c} \tag{4-8}$$

式中　　E——折算混凝土的弹性模量；

　　　　E_0——混凝土初始弹性模量；

　　　　S_g——钢拱架截面面积；

　　　　E_g——钢材弹性模量；

　　　　S_c——混凝土截面面积。

折算后，隧道喷射混凝土的弹性模量取为 27.5GPa，初期支护采用实体单元模拟。二衬弹性模量为 30GPa，采用梁单元模拟二次衬砌作用。

（4）边界条件的选定

对模型左右面、上下面、下底面等五个自由面进行位移约束。其中，左右面施加垂直模型长度的水平位移约束，前后面施加沿模型长度方向的水平位移约束，下底面固定，上表面设置为自由面。

2）Ⅲ级围岩模拟结果分析

根据《铁路隧道设计规范》（TB 10003—2016）给出的Ⅲ级围岩二次衬砌参考厚度为35cm，分别以 35cm、30cm、25cm 作为隧道二次衬砌厚度建立模型，并计算得出如下二次衬砌内力图。

（1）内力分析

由表4-24可以看出，二衬的最大正弯矩发生在拱顶，且随着二衬厚度增大弯矩值

Ⅲ级围岩不同厚度衬砌弯矩、轴力分布 表 4-24

厚度	弯矩图	轴力图
25cm	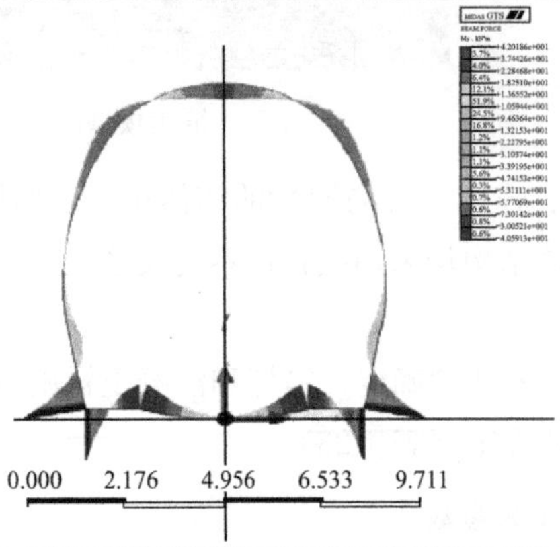	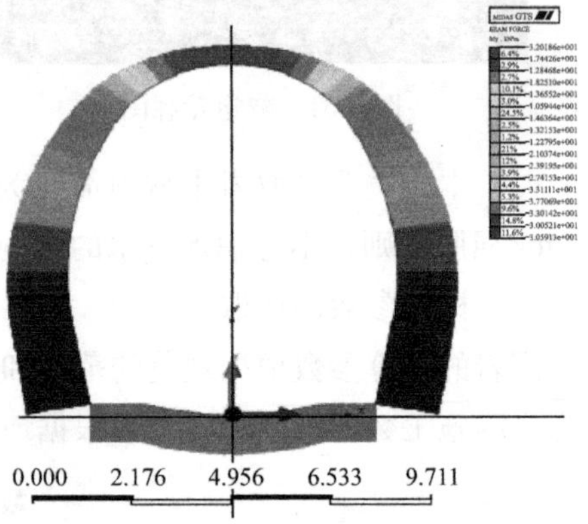
30cm	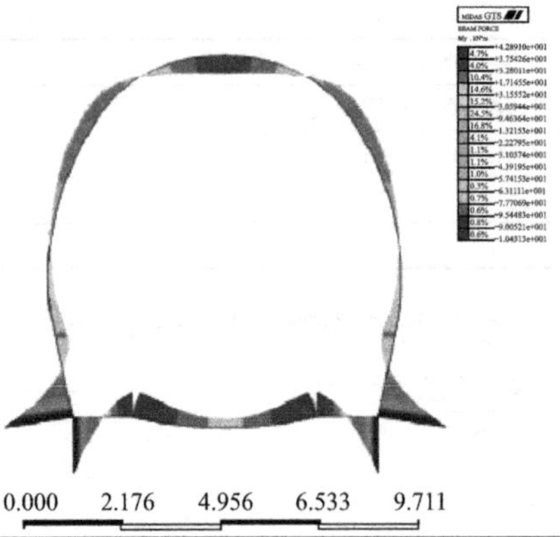	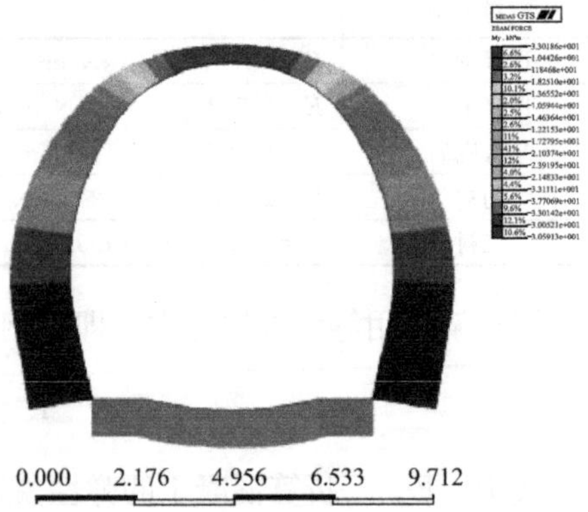
35cm	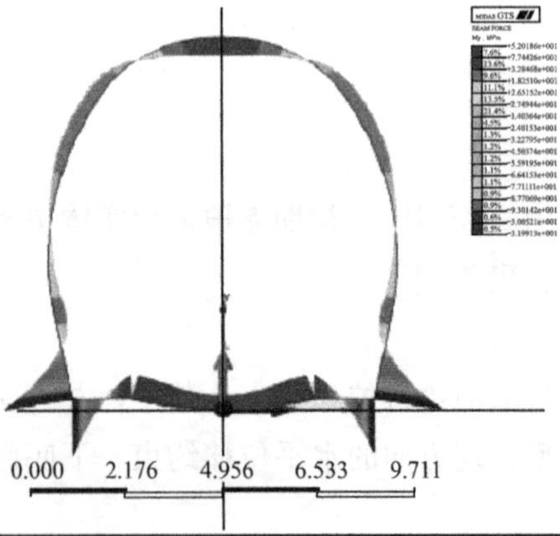	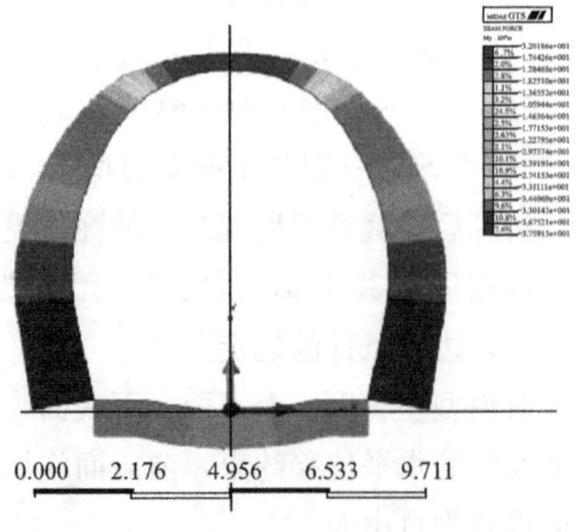

也逐渐增加，二衬的最大负弯矩发生在边墙底部，且随着二衬厚度增大，弯矩值也逐渐增加，衬砌厚度为 35cm 时最大正、负弯矩达到最大值，最大正弯矩为 50.36kN·m，最大负弯矩数值为 119.68kN·m。

二衬的拱顶、拱脚和侧墙的轴力为压力。二衬的最大受压轴力集中在两侧边墙处，并且随着二衬厚度增大，最大轴力值也逐渐增加，衬砌厚度为 35cm 时轴力达到最大值，其数值为 279.45kN，发生在边墙墙角。

从内力图可以看出，在墙角处的内力都很大，尤其是弯矩值特别大，有应力集中现象。因此，建议在拐角处采用圆弧过渡，并加厚此处的衬砌结构厚度。从混凝土受力上也可以看出，为了满足长期安全性的要求，二次衬砌需要配置一定量的钢筋。

（2）衬砌强度安全系数计算

为了分析二次衬砌厚度变化对隧道稳定安全性的影响，根据衬砌内力计算衬砌结构的强度安全系数，对衬砌的安全性能进行检验。按照《铁路隧道设计规范》（TB 10003—2016）的计算公式，对隧道二衬单元的安全系数进行了计算，见表 4-25。由于墙角处未采用圆弧过渡，使得此处应力集中，内力值很大。选取拱顶、拱脚、边墙、仰拱中部四个具有代表意义的位置计算安全系数。

衬砌强度安全系数统计表　　　　　　　　　　　　　　表 4-25

截面位置	二衬厚度（cm）	弯矩（kN·m）	轴力（kN）	衬砌安全系数
拱顶	25	27.13	96.23	8.29
	30	32.34	93.90	9.51
	35	36.93	92.48	10.70
拱脚	25	16.01	184.46	26.31
	30	18.24	196.30	32.37
	35	21.90	199.56	36.18
边墙	25	12.16	243.26	28.59
	30	17.48	255.80	30.40
	35	18.89	263.76	35.88
仰拱中部	25	3.63	191.94	46.55
	30	15.42	201.90	36.41
	35	30.53	211.00	25.74

由表 4-25 可以看出，随着二衬厚度的增加，拱顶、拱脚和边墙处的安全系数也随之增大，可见二次衬砌厚度是影响其强度安全系数的一个重要因素。仰拱中部的安全系数随着二衬厚度的增加而减小了，但此处的安全系数远远超过了规范规定的安全值 2.0。三种不同衬砌厚度的最小安全系数均出现在拱顶处，分别为 8.29、9.51、10.70，都超过了规定最小安全系数 2.0。墙角因应力集中是低安全系数的危险区，在施工中要注意边墙和底板要尽量采用圆顺连接，可以改善边墙底部的受力状态，避免边墙与底板连接处应力集中，能够增大衬砌强度的安全系数。

作为结构的安全储备，设置二次衬砌是必要的。但是衬砌的厚度过厚，会造成衬砌刚度过大，开挖跨度过大，荷载过大，增加了施工难度，形成衬砌设计技术经济恶性循环。上面的数值计算显示了Ⅲ级围岩下二衬厚度分别为25cm、30cm、35cm的衬砌强度安全系数都满足最小安全系数2.0的要求，通过比较说明25cm厚的二衬也可以提供足够的安全储备。

3）Ⅳ级围岩模拟结果分析

根据《铁路隧道设计规范》（TB 10003—2016）给出的Ⅳ级围岩二次衬砌参考厚度为35cm，分别以35cm、30cm、25cm作为隧道二次衬砌厚度建立模型，并计算得出二次衬砌内力图。

（1）内力分析

由表4-26可以看出，二衬的最大正弯矩发生在仰拱中部，且随着二衬厚度增大弯矩值也逐渐增加，二衬的最大负弯矩发生在边墙底部，且随着二衬厚度增大弯矩值也逐渐增加，衬砌厚度为35cm时最大正、负弯矩达到最大值，最大正弯矩数值为87.79kN·m，最大负弯矩数值为215.74kN·m。

Ⅳ级围岩不同厚度衬砌弯矩、轴力分布　　　　　　　　　　　　　　　表4-26

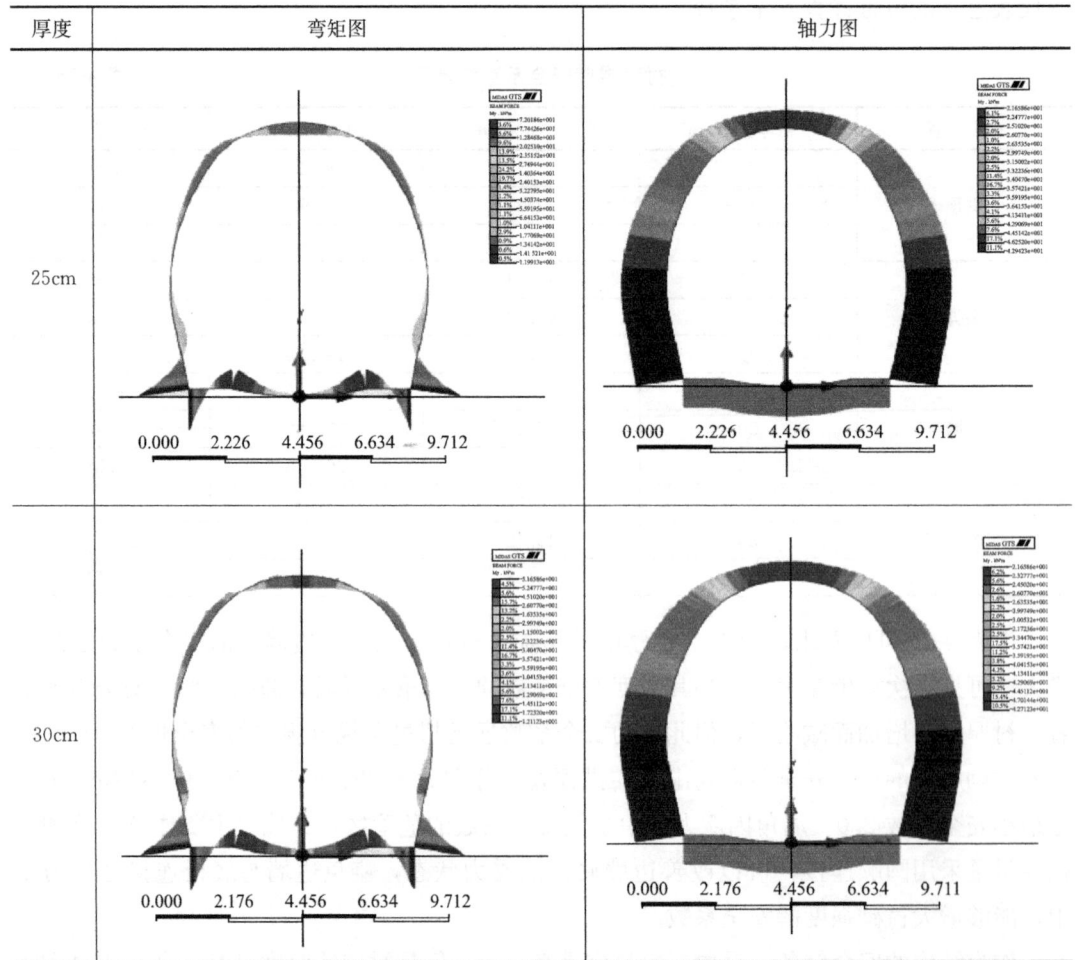

厚度	弯矩图	轴力图
25cm		
30cm		

厚度	弯矩图	轴力图
35cm	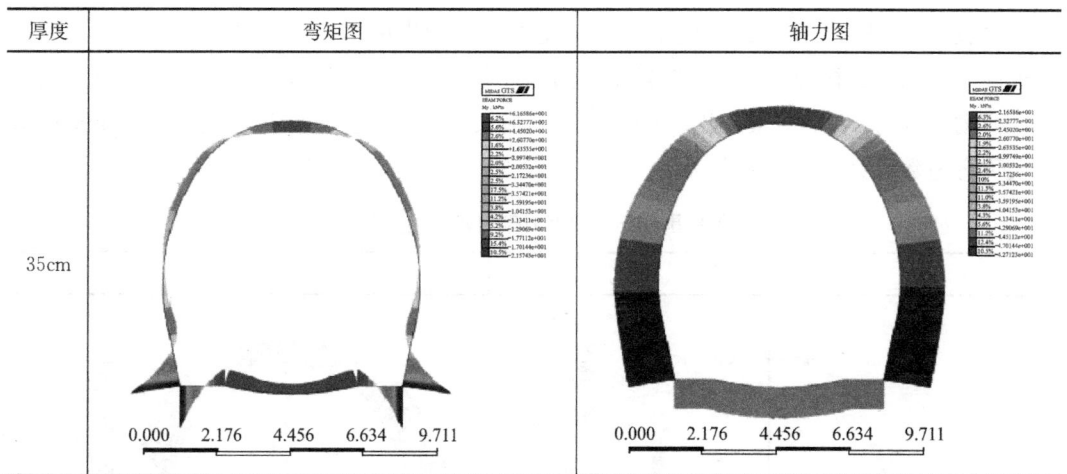	

二衬的拱顶、拱脚和侧墙的轴力为压力。二衬的最大受压轴力集中在两侧边墙处，且随着二衬厚度增大，最大轴力值也逐渐增加，衬砌厚度为35cm时轴力达到最大值，其数值为496.73kN，发生在边墙墙角。

（2）衬砌强度安全系数计算

按照《铁路隧道设计规范》（TB 10003—2016）的计算公式，隧道二衬单元的安全系数计算结果见表4-27。由表中可以看出，Ⅳ级围岩下二衬厚度为25cm、30cm、35cm，计算出三种不同二衬厚度下最小安全系数分别为6.46、8.01、9.51，超过了规定最小安全系数2.0。

衬砌强度安全系数统计表 表4-27

截面位置	二衬厚度（cm）	弯矩（kN·m）	轴力（kN）	衬砌安全系数
拱顶	25	43.90	219.15	6.46
	30	50.37	216.10	8.01
	35	56.27	214.00	9.51
拱脚	25	27.22	333.29	15.37
	30	27.51	359.25	20.28
	35	28.69	377.56	24.35
边墙	25	28.18	459.92	13.64
	30	33.20	466.62	16.30
	35	35.67	471.73	19.54
仰拱中部	25	6.48	360.17	24.97
	30	27.28	373.11	20.08
	35	53.02	384.19	14.96

4）Ⅴ级围岩模拟结果分析

根据《铁路隧道设计规范》（TB 10003—2016）给出的Ⅴ级围岩二次衬砌参考厚度为45cm，分别以45cm、40cm、35cm作为隧道二次衬砌厚度建立模型，并计算得出如下二次衬砌内力图。

（1）内力分析

由表 4-28 可以看出，二衬的最大正弯矩发生在仰拱中部，且随着二衬厚度增大弯矩值也逐渐增加，二衬的最大负弯矩发生在边墙底部，且随着二衬厚度增大弯矩值也逐渐增加，衬砌厚度为 45cm 时最大正、负弯矩达到最大值，最大正弯矩数值为 305.55kN·m，最大负弯矩数值为 868.68kN·m。

V 级围岩不同厚度衬砌弯矩、轴力分布　　　　　　　　　　表 4-28

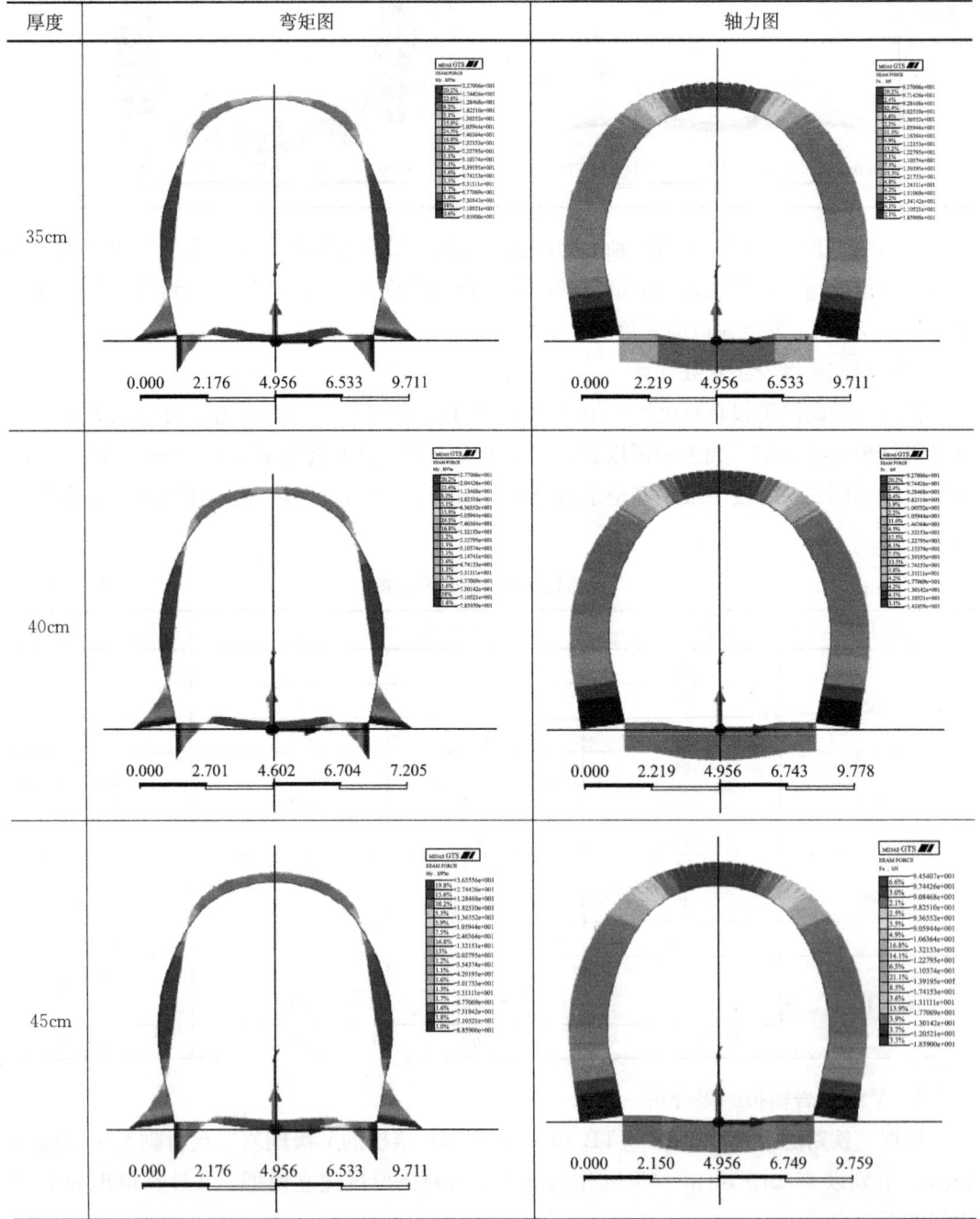

二衬的拱顶、拱脚和侧墙的轴力仍为压力。二衬的最大受压轴力集中在两侧墙角处，并且随着二衬厚度增大，最大轴力值逐渐减小，衬砌厚度为35cm时轴力达到最大值，其数值为1410.25kN，发生在边墙墙角。

（2）衬砌强度安全系数计算

按照《铁路隧道设计规范》（TB 10003—2016）的计算公式，对隧道二衬单元的安全系数计算结果见表4-29。由表中可以看出，Ⅴ级围岩下二衬厚度为35cm、40cm、45cm，计算出三种不同二衬厚度下最小安全系数分别为2.76、2.94、3.18，超过了规定最小安全系数2.0。

衬砌强度安全系数统计表　　　　　　　　　　　　　　　　表 4-29

截面位置	二衬厚度（cm）	弯矩（kN·m）	轴力（kN）	衬砌安全系数
拱顶	35	68.89	897.75	10.19
	40	131.98	869.24	7.71
	45	193.63	848.50	5.73
拱脚	35	184.78	1089.05	4.01
	40	194.54	1024.38	4.86
	45	198.34	982.94	6.01
边墙	35	243.72	1233.24	2.76
	40	276.81	1175.26	2.94
	45	304.58	1127.30	3.18
仰拱中部	35	160.23	1151.55	4.95
	40	186.60	1147.85	5.38
	45	221.24	1144.61	5.49

4.3.2 衬砌局部厚度不足

对于衬砌局部厚度不足缺陷，考虑衬砌不足厚度为20cm，因模型、荷载及缺陷区域的对称性，只列出拱顶、左拱肩、左拱腰、左拱脚和仰拱的安全系数，右侧对应部位与左侧一致。根据数值模拟分析数据分别计算衬砌所选部位的安全系数，结果如表4-30、表4-31所示。

不同位置衬砌局部厚度受力分布　　　　　　　　　　　　表 4-30

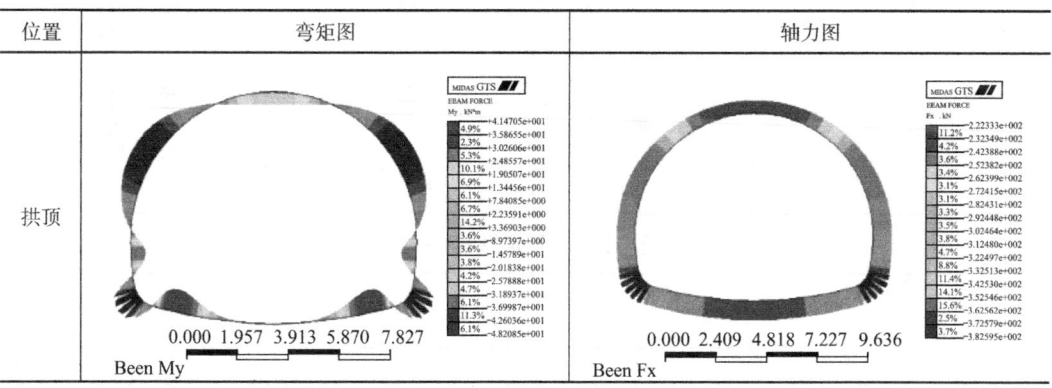

续表

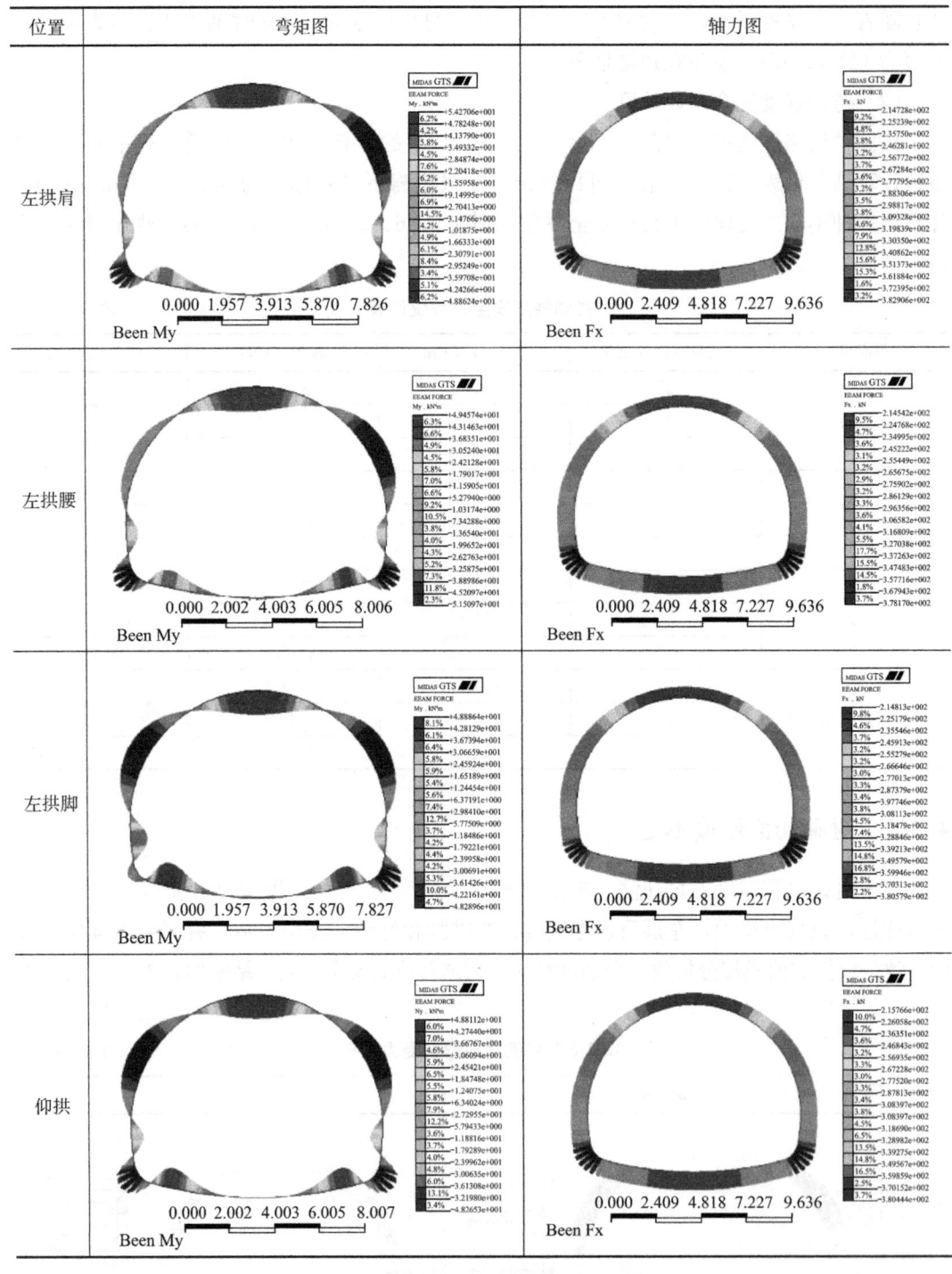

位置	弯矩图	轴力图
左拱肩		
左拱腰		
左拱脚		
仰拱		

衬砌受局部厚度不足影响的安全系数　　　　表 4-31

影响部位 \ 缺陷部位	无缺陷	拱顶	左拱肩	左拱腰	左拱脚	仰拱
拱顶	2.40	1.58	4.70	2.68	2.74	2.74

续表

影响部位＼缺陷部位	无缺陷	拱顶	左拱肩	左拱腰	左拱脚	仰拱
左拱肩	6.01	5.50	5.43	8.29	9.03	9.57
左拱腰	20.17	18.12	18.38	9.87	17.42	18.83
左拱脚	4.20	4.07	3.91	3.50	2.88	4.04
仰拱	22.34	20.72	20.86	21.10	20.83	10.58
右拱脚	5.01	4.83	5.02	5.04	4.89	2.44
右拱腰	18.19	16.21	16.86	17.26	16.87	16.88
右拱肩	5.43	4.84	2.60	7.38	6.93	7.08

综合分析如下：

（1）拱顶局部厚度不足

从表 4-30、表 4-31 和图 4-53 可知，拱顶部位存在局部厚度不足时，拱顶部位刚度开始下降，该部位出现应力集中，内力会重分布。根据以上图表可知，随着拱顶局部厚度不足缺陷的出现，隧道衬砌拱顶部位最大轴力有所上升而最大弯矩略有下降。拱肩处轴力略有上升，而弯矩未有明显变化。总体上拱顶厚度不足对衬砌结构内力略有影响，但衬砌结构安全系数未见明显变化。

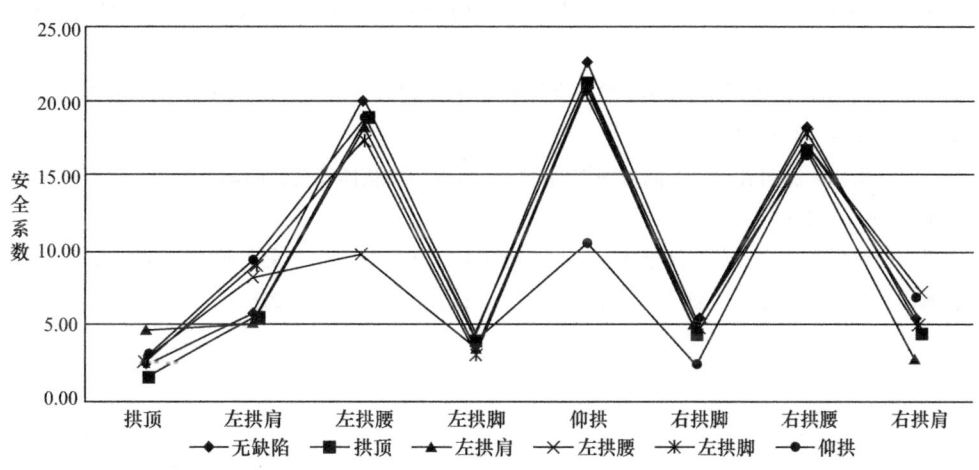

图 4-53 受局部厚度不足影响安全系数变化图

（2）左拱肩局部厚度不足

从表 4-30、表 4-31 和图 4-53 可知，隧道左拱肩、右拱肩部位二次衬砌结构安全系数均出现明显下降，而拱顶部位的安全系数却有明显上升。由于左拱肩局部厚度不足，左拱肩部位二次衬砌局部厚度不足较无缺陷时弯矩下降幅度较大，轴力无明显变化；右拱肩部位弯矩轴力均有不同程度下降，从而造成衬砌结构安全系数下降。而拱顶部位衬砌结构弯矩略有下降，轴力上升幅度较大。

（3）左拱腰局部厚度不足

从表 4-30、表 4-31 和图 4-53 可知，左拱腰部位结构安全系数明显下降，左拱肩、右拱肩部位结构安全系数明显上升。左拱肩厚度不足导致结构刚度降低，从而安全系数下降；受左拱腰缺陷部位应力集中影响，左右拱肩轴力略有上升，弯矩未见明显变化，左右拱肩部位结构安全系数明显上升。

（4）左拱脚局部厚度不足

从表4-30、表4-31和图4-53可知，左拱肩结构安全系数略有下降，左右拱肩安全系数有明显上升。由于左拱脚缺陷部位受结构刚度降低影响安全系数略有下降，左右拱肩轴力略有上升，弯矩未见明显变化，左右拱肩部位结构安全系数明显上升。

（5）仰拱局部厚度不足

从表4-30、表4-31和图4-53可知，仰拱、右拱脚部位结构安全系数存在大幅度下降现象，左右拱肩处结构安全系数略有上升。仰拱处厚度不足缺陷现场检测出现较少，但该缺陷对结构安全影响较大。由于仰拱局部厚度不足，结构内力分布在不规则处出现应力集中现象，右拱脚弯矩未见明显增加，轴力增大导致结构安全系数降低。左右拱肩轴力弯矩升降不一致导致结构安全系数明显上升。

参 考 文 献

[1] 孙文龙. 毛坪隧道衬砌缺陷致害机理与加固措施研究 [D]. 重庆：重庆交通大学，2014.

[2] 冯岗. 隧道衬砌厚度不足和背后空洞对衬砌结构安全性影响研究 [D]. 北京：北京交通大学，2013.

[3] 王华牢，李宁，褚方平. 公路隧道衬砌厚度不足对衬砌安全性影响 [J]. 交通运输工程学报，2009，9（2）：32－38.

[4] 孙铁军，王伟，罗明睿等. 不同衬砌结构缺陷对隧道结构整体安全性的影响 [J]. 建筑科学与工程学报，2017，34（3）：82-90.

[5] 李讯. 公路隧道结构安全与健康状态标识系统研究 [D]. 成都：西南交通大学，2014.

[6] 郭海洋. 偏压隧道二次衬砌优化设计研究 [D]. 长春：吉林大学，2017.

5 衬砌背后空洞影响分析

隧道工程质量日益受到人们的重视，衬砌结构在混凝土浇筑过程中会受到地质因素、人为因素、技术因素的影响，衬砌背后空洞在各类隧道病害中占有很大的比重，已广泛形成安全隐患。

围岩与支护结构的相互作用是一对动态平衡关系，早期见图 5-1 中的 C 点，围岩所需的支护约束力很大，而此时支护结构所能供给的支护力则很小。因此围岩继续变形，在变形过程中支护结构的支护力进一步增大，而围岩所需的支护约束力则减小，围岩的特征曲线和支护结构的支护补给曲线会相交于一点 A 而达到平衡状态，如图 5-1 所示。正常状况下，围岩和支护结构在达到平衡状态时，支护结构特征曲线中的支护阻力极限值大于围岩所需要的支护阻力，从而形成一个力学上稳定平衡的地下结构体系。

衬砌背后空洞的出现打破了这一动态平衡状态，空洞邻近区域的围岩由于缺乏衬砌结构的约束而发生自由变形，围岩的粘聚力和摩擦角逐渐减少，围岩需求的支护阻力值增大。另一方面，根据日本的研究结果，衬砌背后存在空洞时衬砌结构将挤出弯曲变形而提前进入开裂或压溃状态，支护结构所能提供的极限支护阻力值将明显降低，进而支护结构补给曲线的极限值降低。

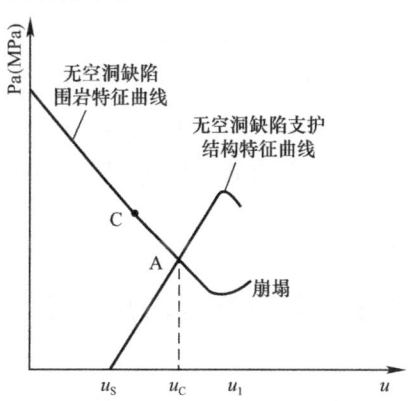

图 5-1 正常状况下围岩支护相互作用关系曲线

图 5-2 从"围岩支护"结构相互作用的角度对隧道的崩塌机理进行了分析。当衬砌背后空洞较小时，在长期的外界环境作用下空洞邻近区域围岩恶化，围岩特征曲线值增大，而支护结构特征曲线值降低，但是此时支护结构的极限支护阻力值仍然大于围岩所需的支护阻力值，围岩特征曲线与支护结构特征曲线仍能相交于一点 B，隧道结构体系仍能维持稳定，如图 5-2(a)所示。

衬砌背后空洞较大时，在长期的外界环境作用下空洞邻近区域围岩严重恶化，围岩特征曲线值会显著增大，支护结构特征曲线值则进一步降低，此时支护结构能够提供的极限支护阻力值已不能满足围岩所需的支护阻力值，即围岩特征曲线和支护结构特征曲线不能相交于一点，隧道结构体系无法维持稳定，进而隧道结构失稳塌落，如图 5-2(b)所示。

隧道空洞引发隧道崩塌的根本原因是空洞邻近区域围岩需求的支护阻力大幅增加，而支护结构能够提供的支护阻力显著降低。支护结构提供的支护阻力值小于围岩需求的支护阻力值，隧道结构无法形成动态平衡体系而失稳。

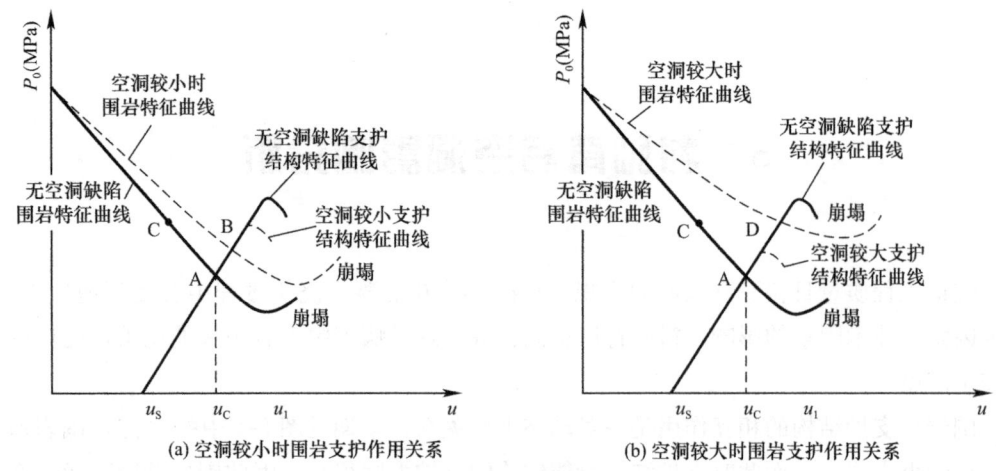

图 5-2　隧道崩塌发生机制

从力学的角度来说，设计人员在进行隧道设计时，通过所获得的工程地质勘察资料，进行隧道横截面尺寸、衬砌的支护类型、支护强度等的设计，并未考虑空洞存在的因素，虽然在设计时会考虑安全系数，但是一旦空洞存在，所设计的隧道截面尺寸及支护参数很有可能无法满足空洞产生后的应力重分布，若应力集中的现象较为突出，超出支护结构所承受的范围，则势必会产生重大灾难性的后果。

总之，对空洞进行详细有效的分析，能增加研究人员与工程建设者对空洞病害的认识，也能更有效地指导实践，为空洞的预防及治理提供理论依据。

5.1　空洞位置与尺寸变化的影响

在实际工程中，除了拱顶位置以外，拱肩、拱腰位置也常常发生超挖现象，若回填不密实也将形成空洞。分析衬砌背后不同位置出现空洞对隧道支护结构位移、应力以及安全性的影响，具有十分重要的工程价值。

5.1.1　无空洞缺陷

计算模型以某实体隧道工程为例，该隧道最大埋深约 92m，断面设计采用三芯圆断面。拱顶半径 $R=5.44$m，曲墙半径 $R=9.0$m，断面净宽 10.88m，净高 7.1m，仰拱半径为 16.80m，仰拱和边墙采用 $R=1$m 的圆弧顺接。该隧道 IV 级围岩深埋段支护结构设计参数见图 5-3。

围岩与初期支护采用三维 8 节点实体单元 solid45 模拟，二次衬砌采用三维壳单元 shell63 模拟。为提高求解准确性，在隧道结构以及分析部分附近采用细密单元，整个模型单元总数 38016 个，节点总数 48001 个。计算模型的边界条件为顶底面及两侧面采用法向约束边界。计算模型如图 5-4 所示。

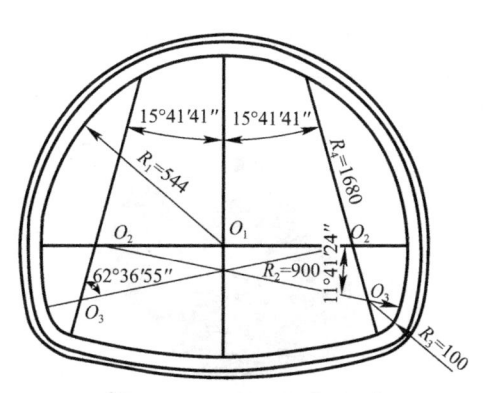

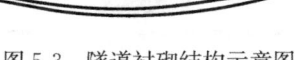

图 5-3 隧道衬砌结构示意图

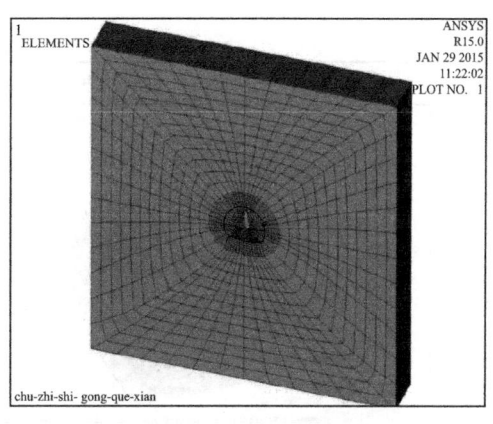

图 5-4 ANSYS 模型图

模型物理力学参数取自工程的地质勘察报告对Ⅳ类围岩的物性指标，考虑到计算结果在同类工程中的推广价值，参考《公路隧道设计细则》（JTG/T D70—2010）围岩物理力学参数，具体选择见表 5-1。无缺陷时初期支护位移与应力分布分析结果见表 5-2。

各材料物理力学参数
表 5-1

材料参数	弹性模量 E(GPa)	泊松比 μ	容重 γ(kN/m³)	粘聚力 C(MPa)	摩擦角 φ (°)
Ⅳ级围岩	2.0	0.313	19.5	0.4	30
初期支护	26	0.2	24	—	—
二次衬砌	26	0.2	24	—	—
回填材料	26	0.2	24	—	—

无缺陷时初期支护位移与应力分布结果
表 5-2

类型	初期支护位移（m）与各主应力（Pa）分布分析	
位移等值线分布	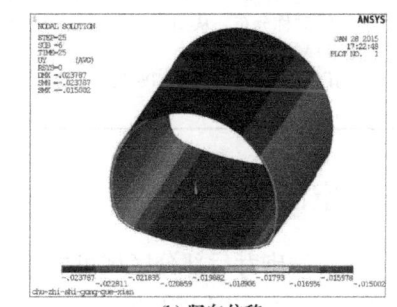 (a) 水平位移	(b) 竖向位移
位移分析	从图中可以看出，初期支护水平方向位移在量值上基本上沿隧道中轴线呈对称分布，最大位移与最小位移分别产生于左右两侧拱肩处，其值分别为 3.71mm 与 −3.74mm；说明拱肩部位衬砌相对净空收敛变化较大，从图中可以看出拱脚处相对位移也较大，这与台阶法开挖有关；不同的是拱肩部位水平位移表现为向隧道内侧收敛，而拱脚处则表现为向隧道外侧；在实际工程中，这两处也是台阶法施工时，监控量测测点布置的部位，需要重点监测。拱顶部位衬砌沉降量最大，最大值达到 −23.79mm；仰拱部位沉降值最小，有相对拱起现象。总体来说，隧道结构的位移变化均不大，满足隧道安全性要求，说明隧道的设计较合理	

类型	初期支护位移（m）与各主应力（Pa）分布分析	
应力等值线分布	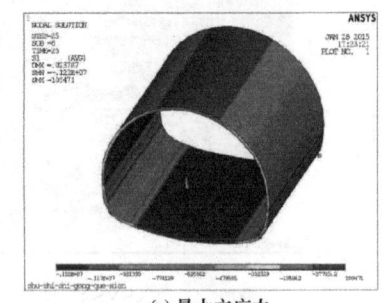 (a) 最大主应力	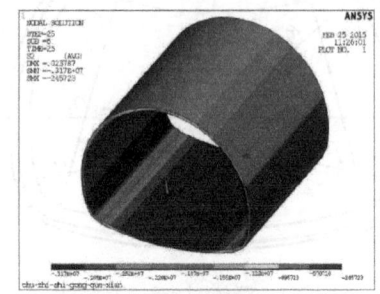 (b) 中间主应力
	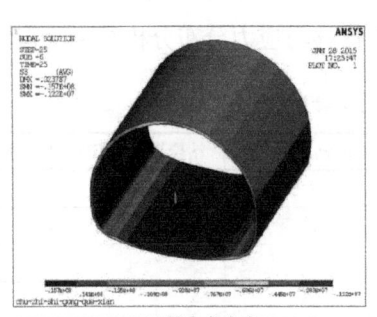 (c) 最小主应力	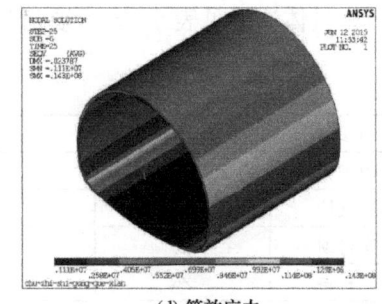 (d) 等效应力
应力分析	从图中可以看出初期支护结构应力集中主要在拱脚处，最小主应力集中最为明显，其值达到−15.7MPa，拱脚处为薄弱区域，易产生破坏，应加强设计或增设锁脚锚杆防止拱脚剪切破坏。各主应力沿隧道纵向中轴线对称分布。从图中可以看出仰拱底以及拱腰初期支护有拉应力集中现象，拱底处最大拉应力值为0.11MPa，量值较小，建议应在初期支护稳定后尽早施作二次衬砌与仰拱。整体来看，初期支护各主应力均以受压状态为主，初期支护受力状态良好，能发挥衬砌支护的拱效应	

5.1.2 空洞位置变化

而对于衬砌背后部分区域可能存在回填不密实，由于该状况围岩压力无法确定，可假设围岩压力不变而围岩约束作用降低，可将计算模型中弹性链杆的弹性刚度系数降低来模拟，但目前回填不密实检测技术尚不够成熟，弹性刚度系数难以量化。

对于空洞位置的选择，为便于对比分析，以拱顶处空洞为准，空洞位置向右侧进行偏移，每次偏移30°。

1）偏拱顶30°空洞

偏拱顶30°衬砌背后存在空洞时，开挖土体及空洞模型见图5-5、图5-6，初期支护位移与应力分布分析结果见表5-3。

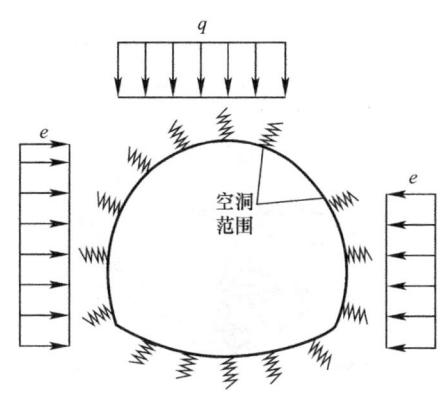

图 5-5 衬砌背后空洞缺陷模型

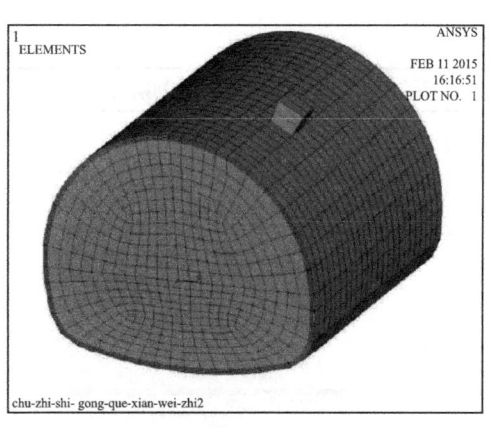

图 5-6 偏拱顶 30°空洞模型

2）偏拱顶 60°空洞

偏拱顶 60°衬砌背后存在空洞时，开挖土体及空洞模型见图 5-7，初期支护位移与应力分布分析结果见表 5-4。

偏拱顶 30°衬砌背后空洞初期支护位移与应力分布结果 表 5-3

类型	初期支护位移（m）与各主应力（Pa）分布分析	
位移等值线分布	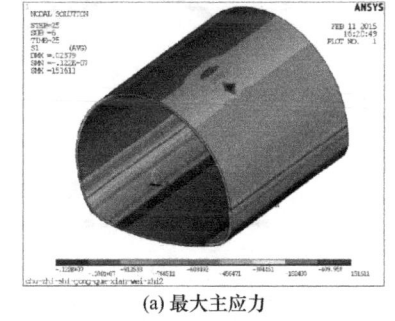（a）水平位移	（b）竖向位移
位移分析	从图中可以看出，拱肩位置是水平相对位移最大处，其值为左侧 3.72mm，右侧－3.75mm；最大沉降在拱顶位置，最大沉降量达到－23.79mm	
应力等值线分布	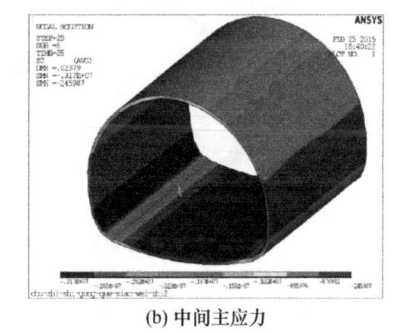（a）最大主应力	（b）中间主应力

155

类型	初期支护位移（m）与各主应力（Pa）分布分析	
应力等值线分布	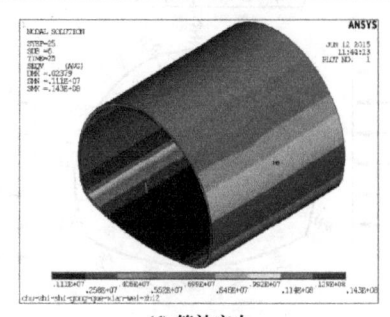 (c) 最小主应力	(d) 等效应力
应力分析	从图中可以看出，随着空洞位置的变化，各主应力均有相应变化。最大主应力的拉应力集中现象出现在空洞下方附近，最大拉应力值为 0.15MPa，最大主应力在空洞附近区域有增大；中间主应力在空洞附近有明显变化，近拱顶一侧应力增大，近拱腰一侧应力减小；最小主应力在空洞附近变化趋势与中间主应力相同	

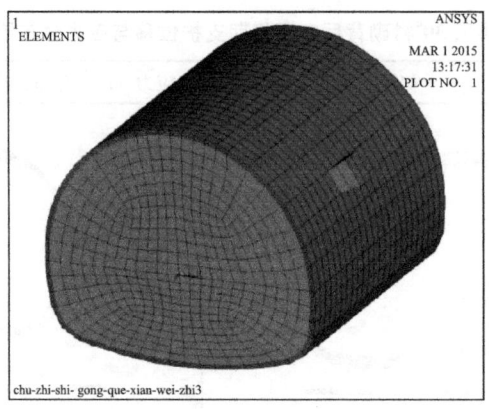

图 5-7　偏拱顶 60°空洞模型

偏拱顶 60°衬砌背后空洞初期支护位移与应力分布结果　　　　　　表 5-4

类型	初期支护位移（m）与各主应力（Pa）分布分析	
位移等值线分布	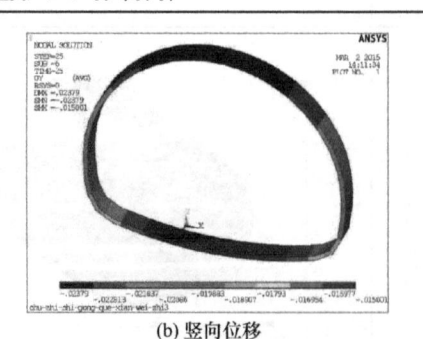 (a) 水平位移	(b) 竖向位移
位移分析	从图中可以看出，拱肩位置是水平相对位移最大处，其值为左侧 3.71mm，右侧－3.72mm；最大沉降在拱顶位置，最大沉降量达到－23.79mm	

续表

类型	初期支护位移（m）与各主应力（Pa）分布分析	
应力等值线分布	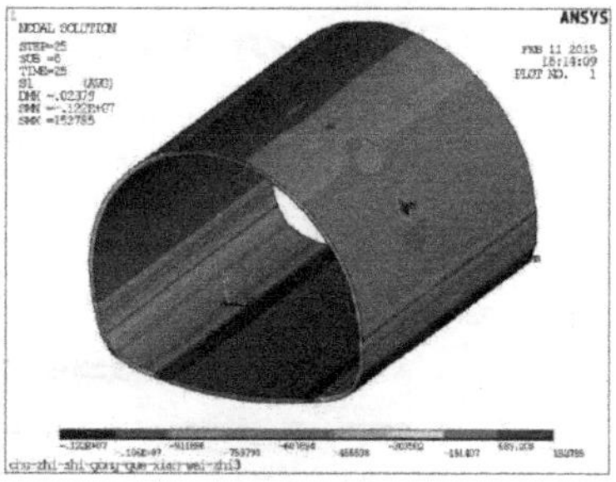 (a) 最大主应力	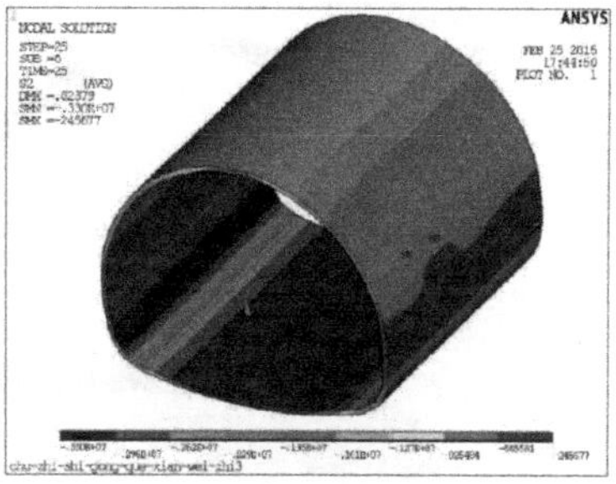 (b) 中间主应力
	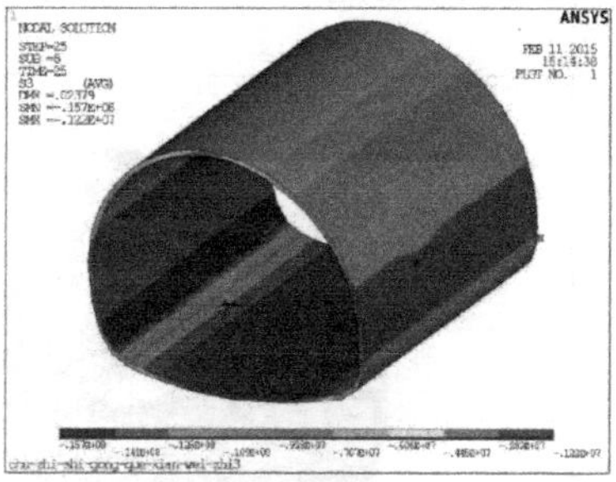 (c) 最小主应力	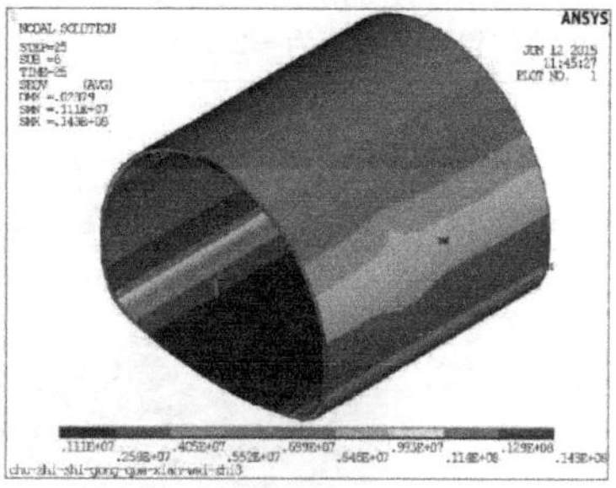 (d) 等效应力
应力分析	从图中可以看出，空洞的存在对衬砌结构的应力影响明显，随着空洞位置的移动，最大主应力的拉应力集中现象出现在空洞下方附近，最大拉应力值为 0.15MPa；中间主应力在空洞附近也有变化，沿着环向两侧应力增大；最小主应力在近拱顶侧增大，在近拱腰侧减小	

3）偏拱顶 90°（拱腰）空洞

拱腰位置衬砌背后存在空洞时，开挖土体及空洞模型见图 5-8，初期支护位移与应力分布分析结果见表 5-5。

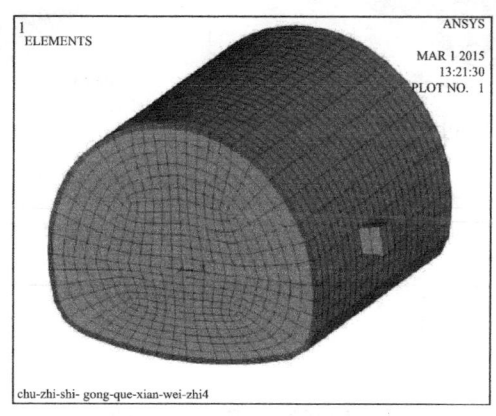

图 5-8 拱腰处空洞模型

偏拱顶 90°衬砌背后空洞初期支护位移与应力分布结果	表 5-5

类型	初期支护位移（m）与各主应力（Pa）分布分析	
位移等值线分布	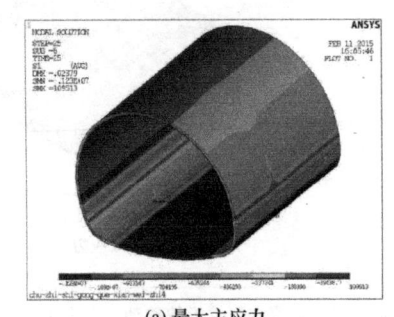 (a) 水平位移	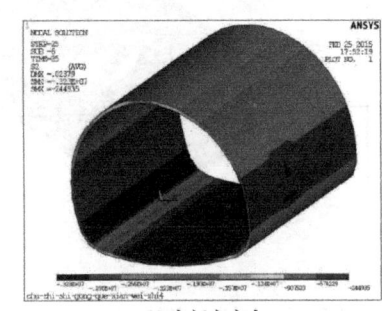 (b) 竖向位移
位移分析	从图中可以看出，拱肩位置是水平相对位移最大处，其值为左侧 3.71mm，右侧—3.73mm；最大沉降在拱顶位置，沉降值为—23.79mm	
应力等值线分布	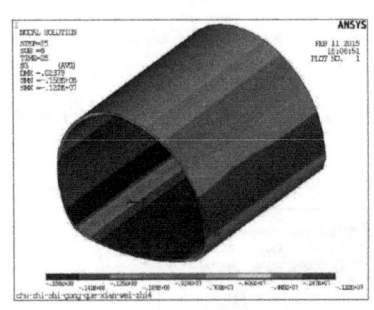 (a) 最大主应力	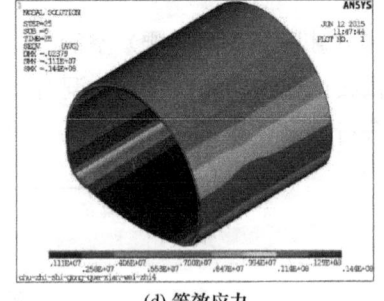 (b) 中间主应力
	(c) 最小主应力	(d) 等效应力
应力分析	从图中可以看出，拱腰位置空洞对衬砌支护结构的应力有改变。最大主应力在空洞处量值有所减小，但并未出现拉应力集中；中间主应力在空洞处有压应力集中，最大压应力值—3.2MPa；最小主应力在空洞位置略有波动，但改变较小	

4）不同位置空洞对比分析

（1）位移分析

图 5-9 为不同位置空洞下方衬砌随开挖位移量变化曲线。从图中可以看出，拱顶位置存在空洞时，衬砌结构位移量最大，其次为偏拱顶 30°空洞，而偏 60°空洞与拱腰位置空洞

对衬砌结构位移影响相对较小；拱顶存在空洞时，空洞下方衬砌最大位移量为 25.7mm，拱腰存在空洞时，空洞对应衬砌最大位移量为 8.41mm。说明衬砌背后在拱顶与拱肩位置存在空洞时，对衬砌结构影响较大；随着空洞位置下移，空洞对衬砌结构的影响也逐渐降低。

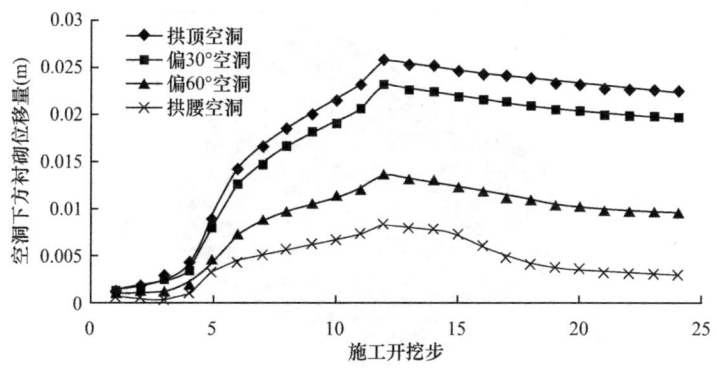

图 5-9 不同位置空洞下方衬砌位移随开挖变化曲线

（2）应力分析

衬砌背后空洞的存在对其附近应力有影响，为比较分析空洞处于不同位置对衬砌结构应力的影响，在空洞下方初期支护断面选取应力考察点，见图 5-10。

从图 5-11 中可以看出拱顶处空洞使空洞下方衬砌出现拉应力集中，最大拉应力值达 0.193MPa，其次为偏拱顶 30°位置空洞，空洞下方衬砌最大拉应力值达 0.052MPa，偏拱顶 60°空洞与拱腰位置空洞对衬砌结构应力影响不大。拱顶位置空洞仅对空洞附近有影响，拱肩位置空洞对拱顶、拱肩与拱腰均有影响；随着空洞位置下移，空洞对衬砌结构应力的影响也逐渐减小。

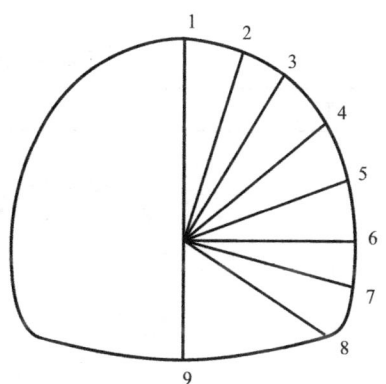

图 5-10 不同位置空洞各测点拉应力分布图

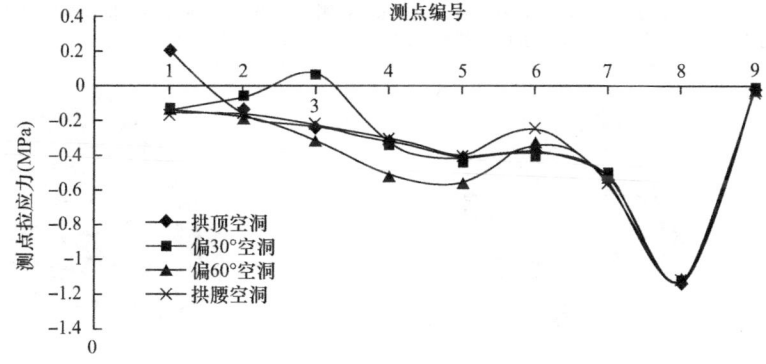

图 5-11 不同位置空洞各测点拉应力

5.1.3 空洞环向尺寸变化

各向 0.5m 的空洞处于拱顶正上方，纵向 4～4.5m。空洞模型见图 5-12，初期支护位移与应力分布分析结果见表 5-6。

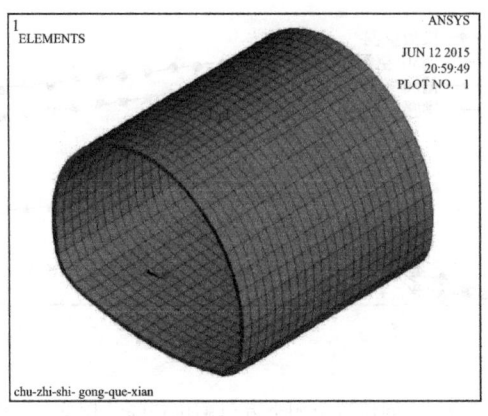

图 5-12 各向 0.5m 空洞模型

拱顶背后各向 0.5m 空洞初期支护位移与应力分布结果　　　　　　表 5-6

类型	初期支护位移（m）与各主应力（Pa）分布分析	
位移等值线分布	(a) 水平位移	(b) 竖向位移
位移分析	从图中可以看出，相对于无空洞存在，衬砌背后存在各向 0.5m 空洞时，初期支护位移整体趋势变化不大。最大水平位移仍在拱肩位置，其值为左侧 3.76mm，右侧－3.79mm。沉降最大位置在拱顶处，最大沉降量为－23.76mm。水平方向和竖直方向位移变化的量值均不大，满足隧道安全要求	
应力等值线分布	(a) 最大主应力	(b) 中间主应力

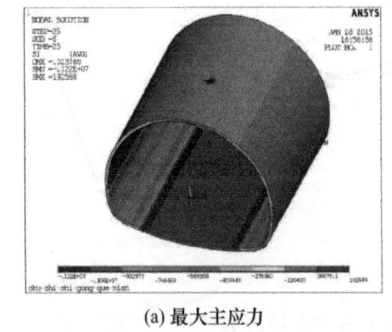

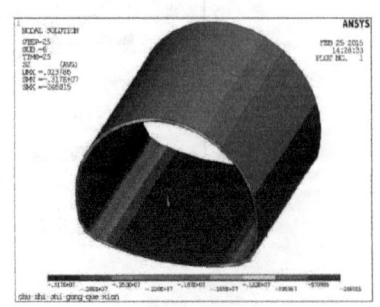

类型	初期支护位移（m）与各主应力（Pa）分布分析	
应力等值线分布	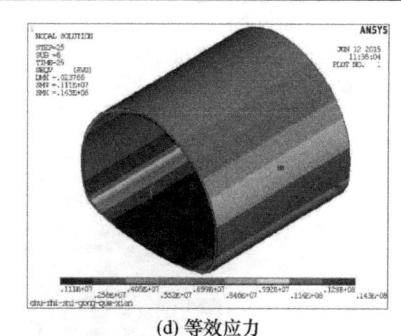 (c) 最小主应力	(d) 等效应力
应力分析	从图中可以看出初期支护应力集中部位仍在拱脚位置，最小主应力在拱脚处集中最为明显，达到－15.7MPa，与无空洞时基本一致。拱顶空洞下方初期支护位置产生拉应力集中现象，拉应力最大值达到0.19MPa，中间主应力在空洞处也有减小现象。通过对各主应力等值线图分析可以发现，衬砌背后空洞的存在对衬砌结构的应力产生较为明显的影响，空洞下方初期支护产生拉应力集中现象，使支护结构外侧受拉，内侧受压；衬砌结构整体仍为压应力控制，而局部拉应力集中产生应力突变，应力集中区域边界处衬砌结构容易被剪切破坏	

为了解环向空洞不同尺寸对衬砌结构的影响规律，以各向 0.5m 空洞为基准，在环向上增大尺寸，分别取 1m、1.5m、2m 进行研究。

1）环向 1m 空洞

拱顶衬砌背后存在环向 1m 空洞时，空洞模型示意见图 5-13，初期支护位移与应力分布分析结果见表 5-7。

2）环向 1.5m 空洞

拱顶衬砌背后存在环向 1.5m 空洞时，空洞模型见图 5-14，初期支护位移与应力分布分析结果见表 5-8。

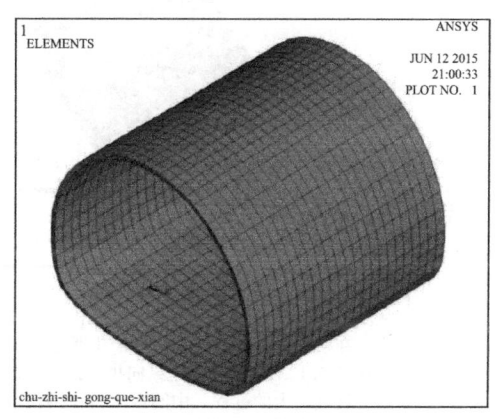

图 5-13 环向 1m 空洞模型

拱顶背后环向 1m 空洞初期支护位移与应力分布结果 表 5-7

类型	初期支护位移（m）与各主应力（Pa）分布分析	
位移等值线分布	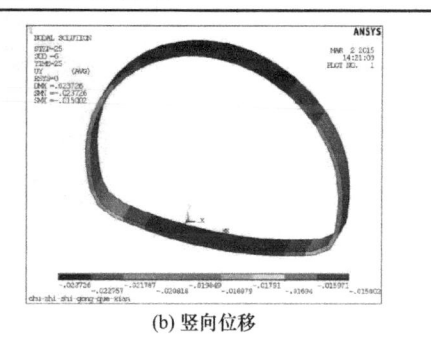 (a) 水平位移	(b) 竖向位移

类型	初期支护位移（m）与各主应力（Pa）分布分析
位移分析	从图中可以看出，由于空洞环向尺寸增加，初期支护水平方向位移量较大的区域，沿隧道环向有所扩大。拱肩位置仍是水平相对位移最大处，其值为左侧 3.80mm，右侧−3.84mm；竖向位移最大沉降在拱顶位置，最大沉降值为−23.73mm，拱顶附近沉降量随着空洞环向尺寸增加，整体位移趋势与前面基本相同
应力等值线分布	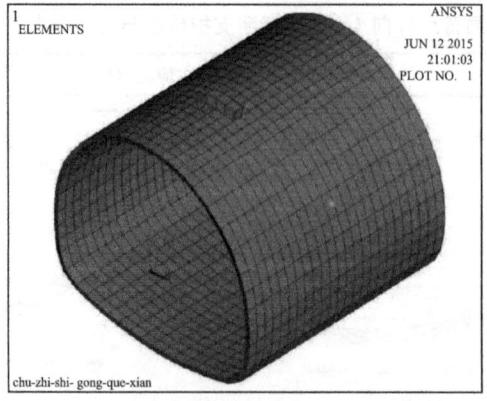 （a）最大主应力　（b）中间主应力 （c）最小主应力　（d）等效应力
应力分析	从图中可以看出应力集中在拱脚位置，且最小主应力集中最突出，与前述及工况一致。初期支护的最大主应力在拱顶空洞下方初支位置产生明显的拉应力集中现象，集中区域形状为沿环向的长条形；最大拉应力值达到 0.13MPa；沿隧道纵向拱顶最大主应力呈先增大，后逐渐减小，直到由压应力变化为拉应力，然后又逐渐增大的过程。中间主应力在拱顶空洞下方部位出现较明显的减小现象。通过各主应力云图的分析，可以发现衬砌背后存在环向 1m 空洞，初期支护应力状态改变较为明显

图 5-14　环向 1.5m 空洞模型

拱顶背后环向 1.5m 空洞初期支护位移与应力分布结果 表 5-8

类型	初期支护位移（m）与各主应力（Pa）分布分析	
位移等值线分布	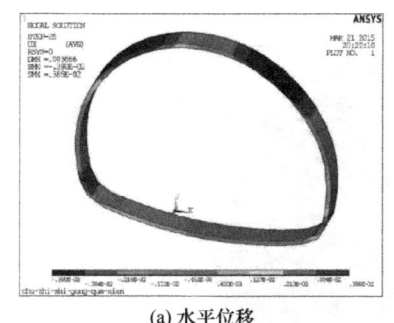 (a) 水平位移	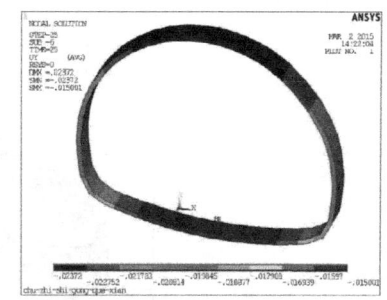 (b) 竖向位移
位移分析	从图中可以看出，由于空洞环向尺寸增加，初期支护水平方向位移量较大的区域，沿隧道环向有所扩大。拱肩位置仍是水平相对位移最大处，其值为左侧 3.86mm，右侧—3.90mm；竖向位移，最大沉降在拱顶位置，最大沉降值为—23.72mm，拱顶附近区域沉降量随着空洞环向尺寸增加，也有所增大	
应力等值线分布	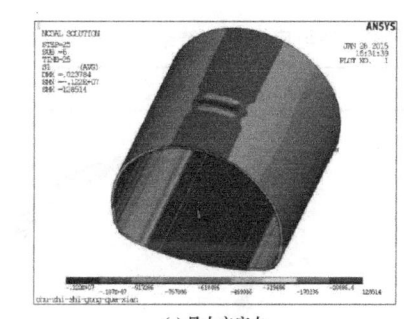 (a) 最大主应力	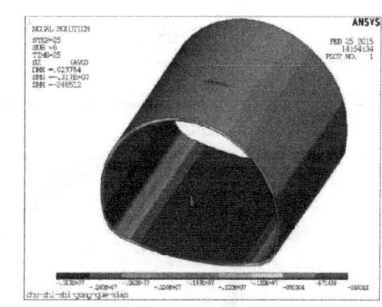 (b) 中间主应力
	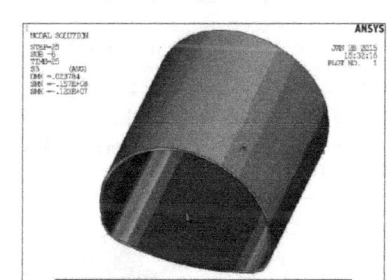 (c) 最小主应力	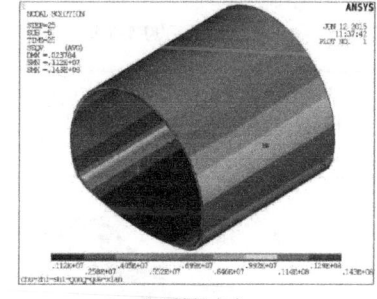 (d) 等效应力
应力分析	从图中可以看出，初期支护的最大主应力在拱顶空洞下方初支位置拉应力集中比较明显，集中区域形状为沿环向呈长条形；最大拉应力值达到 0.13MPa；沿隧道纵向拱顶最大主应力呈现先增大，后逐渐减小直到由压应力变化为拉应力，然后又逐渐增大的过程。中间主应力在拱顶空洞下方部位附近出现较明显的减小现象，最小主应力在此区域也有减小现象。通过各主应力云图的分析，可以发现衬砌背后存在环向 1.5m 空洞，对初期支护应力状态改变较为明显	

3）环向 2m 空洞

拱顶衬砌背后存在环向 2m 空洞时，空洞模型见图 5-15，初期支护位移与应力分布分析结果见表 5-9。

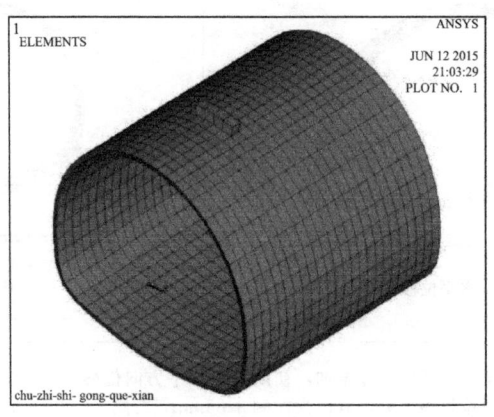

图 5-15 环向 2m 空洞模型

拱顶背后环向 2m 空洞初期支护位移与应力分布结果　　　　　表 5-9

类型	初期支护位移（m）与各主应力（Pa）分布分析	
位移等值线分布	(a) 水平位移	(b) 竖向位移
位移分析	从图中可以看出，由于空洞环向尺寸增加，初期支护水平方向位移量较大的区域，沿隧道环向有所扩大。拱肩位置仍是水平相对位移最大处，其值为左侧 3.92mm，右侧—3.93mm；竖向位移最大沉降在拱顶位置，最大沉降值为—23.72mm，随着空洞环向尺寸增加，拱顶附近区域沉降量增大	
应力等值线分布	(a) 最大主应力	(b) 中间主应力

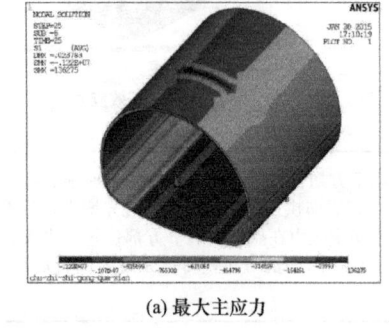

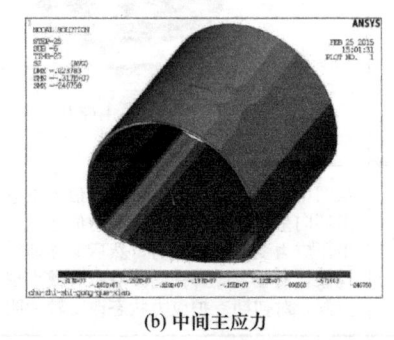

类型	初期支护位移（m）与各主应力（Pa）分布分析	
应力等值线分布	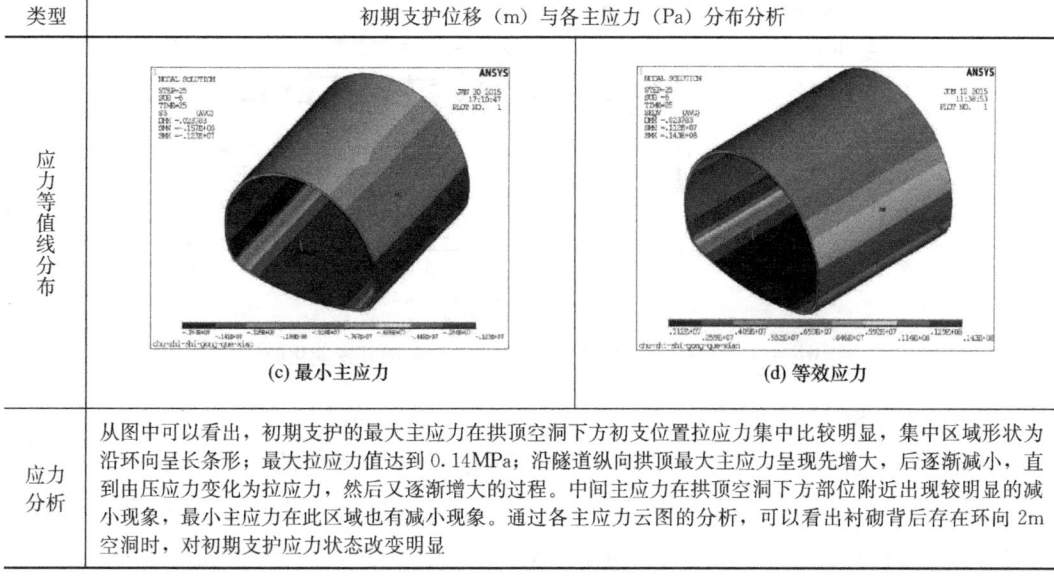	
	(c) 最小主应力	(d) 等效应力
应力分析	从图中可以看出，初期支护的最大主应力在拱顶空洞下方初支位置拉应力集中比较明显，集中区域形状为沿环向呈长条形；最大拉应力值达到 0.14MPa；沿隧道纵向拱顶最大主应力呈现先增大，后逐渐减小，直到由压应力变化为拉应力，然后又逐渐增大的过程。中间主应力在拱顶空洞下方部位附近出现较明显的减小现象，最小主应力在此区域也有减小现象。通过各主应力云图的分析，可以看出衬砌背后存在环向 2m 空洞时，对初期支护应力状态改变明显	

4）环向空洞对比分析

为了清楚衬砌背后空洞不同环向尺寸对隧道结构的影响，下面对施工过程衬砌结构的变形及应力进行分析。

（1）位移分析

图 5-16、图 5-17 列出了衬砌背后空洞不同环向尺寸在开挖支护过程中拱顶沉降量以及拱腰周边净空收敛量的变化曲线。从图中可以看出，随着上台阶开挖进行，拱顶沉降量呈线性增大，最大沉降值均出现在第 12 步，上台阶开挖结束时，最大值达到 26.14mm，但是随着下台阶的开挖，拱顶沉降又有平缓减小，说明围岩具有一定自稳能力；隧道的周边收敛情况则表现为在未开挖至目标断面时，收敛量值不大且逐渐减小，开挖进行到目标断面及之后三个施工步中，收敛量急剧增大，达到 7.61mm，之后收敛量基本平稳。有空洞存在时，开挖至目标断面，拱顶沉降值有明显减小趋势，随着空洞尺寸增大，沉降减小量值及趋势越明显。从拱顶沉降以及拱腰收敛的趋势可以看出，隧道结构位移随开挖过程表现整体较稳定。

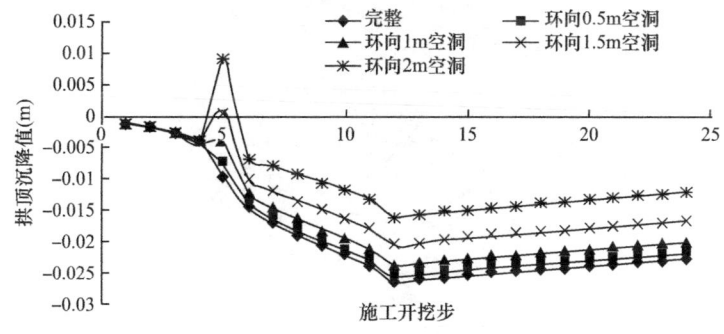

图 5-16 环向不同尺寸空洞拱顶沉降随开挖变化曲线

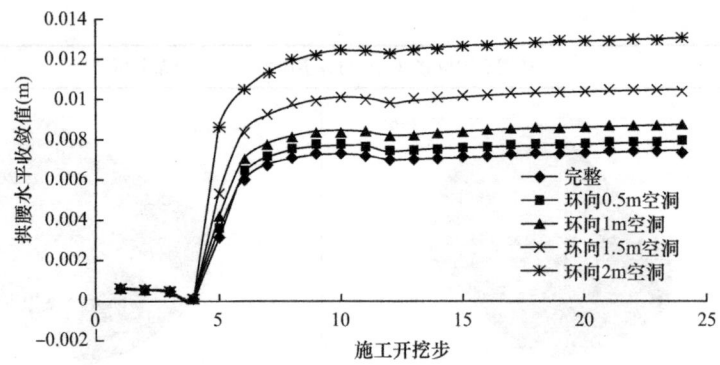

图 5-17　环向不同尺寸空洞拱腰水平收敛随开挖变化曲线

（2）应力分析

随着环向空洞尺寸的增大，拱顶处沉降逐渐减小，从完整时的−22.7mm 减小到环向 2m 空洞时的−12.1mm，说明拱顶处存在空洞使衬砌结构有向上拱起的趋势，随着空洞尺寸的增大，这种向上趋势就越明显；隧道净空收敛随着空洞尺寸的增大逐渐增大，从完整时的 7.45mm 增大到环向 2m 空洞时的 13.0mm。之前已经指出，拱腰处收敛表现为向隧道内侧的位移，说明拱腰处衬砌结构两侧有向隧道内侧偏移的趋势，随着空洞规模的扩大，这种收敛趋势更突出明显；综合拱顶位置沉降以及拱腰位置收敛，可以得到：空洞的存在使隧道衬砌结构受力状态发生改变，衬砌外侧受拉，内侧受压。

5.1.4　空洞纵向尺寸变化

空洞纵向尺寸以各向 0.5m 空洞为基准在纵向变化，每次增大 0.5m 长度，分别为 1m、1.5m、2m。

1）纵向 1m 空洞

拱顶衬砌背后存在纵向 1m 空洞时，空洞模型见图 5-18，初期支护位移与应力分布分析结果见表 5-10。

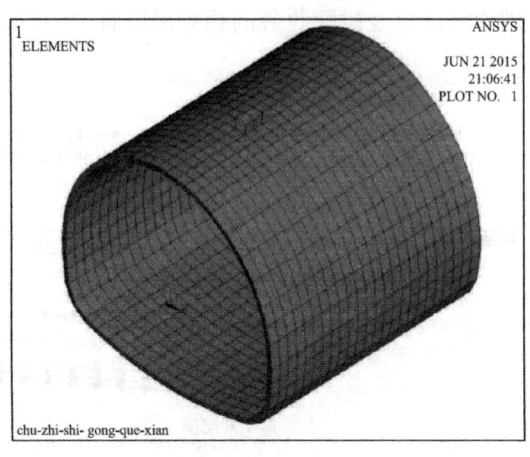

图 5-18　纵向 1m 空洞模型

拱顶背后纵向 1m 空洞初期支护位移与应力分布结果   表 5-10

类型	初期支护位移（m）与各主应力（Pa）分布分析	
位移等值线分布	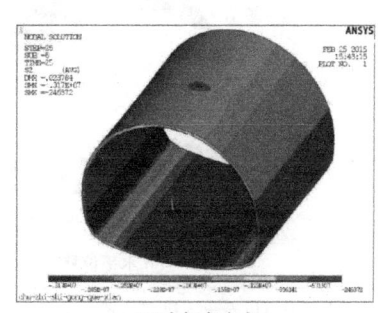 (a) 水平位移	(b) 竖向位移
位移分析	从图中可以看出，拱肩是水平相对位移最大处，其值为左侧 3.82mm，右侧−3.86mm；最大沉降在拱顶位置，最大沉降量达−23.75mm	
应力等值线分布	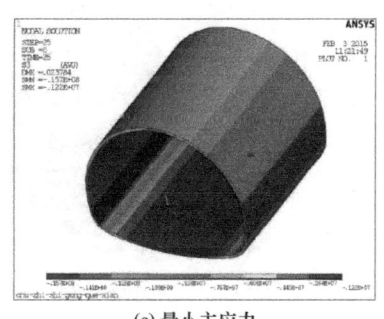 (a) 最大主应力	(b) 中间主应力
	(c) 最小主应力	(d) 等效应力
应力分析	从图中可以看出，初期支护的最大主应力在拱顶空洞下方，初支出现明显的拉应力集中现象，集中区域为空洞下方初支，沿纵向呈条形；最大拉应力值达到 0.19MPa；中间主应力在拱顶空洞下方减小较为明显。通过各主应力云图的分析，衬砌背后纵向 1m 空洞对初期支护应力状态改变较为明显	

2）纵向 1.5m 空洞

拱顶衬砌背后存在纵向 1.5m 空洞时，空洞模型见图 5-19，初期支护位移与应力分布分析结果见表 5-11。

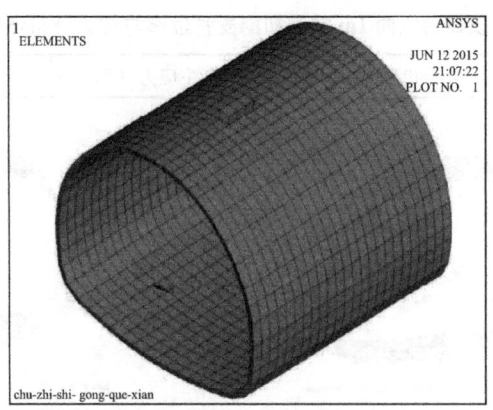

图 5-19　纵向 1.5m 空洞模型

拱顶背后纵向 1.5m 空洞初期支护位移与应力分布结果　　　　　　表 5-11

类型	初期支护位移（m）与各主应力（Pa）分布分析	
位移等值线分布	(a) 水平位移	(b) 竖向位移
位移分析	从图中可以看出，拱肩位置是水平相对位移最大处，其值为左侧 3.87mm，右侧－3.92mm；最大沉降在拱顶，最大沉降量达到－23.75mm	
应力等值线分布	(a) 最大主应力	(b) 中间主应力
	(c) 最小主应力	(d) 等效应力

类型	初期支护位移（m）与各主应力（Pa）分布分析
应力分析	从图中可以看出，初期支护的最大主应力在拱顶空洞下方初支位置产生明显的拉应力集中现象，集中区域为空洞下方初支，沿纵向呈条形；最大拉应力值达到 0.18MPa；中间主应力在拱顶空洞下方部位减小较为明显。通过各主应力云图的分析，衬砌背后存在纵向 1.5m 空洞对初期支护应力状态改变较为明显

3）纵向 2m 空洞

拱顶衬砌背后存在纵向 2m 空洞时，空洞模型见图 5-20，初期支护位移与应力分布分析结果见表 5-12。

4）纵向空洞对比分析

（1）位移分析

图 5-21、图 5-22 列出了衬砌背后纵向不同尺寸空洞在开挖支护过程中拱顶沉降量以及拱腰周边净空收敛量的变化曲线。从图中可以看出有空洞存在时，开挖至目标断面，拱顶沉

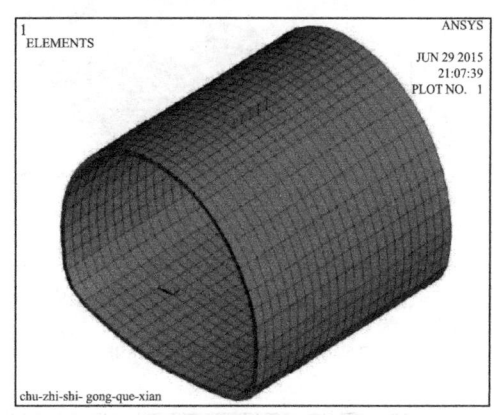

图 5-20 纵向 2m 空洞模型

降值有明显减小趋势，随着空洞尺寸增大，沉降减小量值及趋势越突出。从拱顶沉降以及拱腰收敛的趋势可以看出，隧道结构位移随开挖过程整体较稳定。

拱顶背后纵向 2m 空洞初期支护位移与应力分布结果 表 5-12

类型	初期支护位移（m）与各主应力（Pa）分布分析	
位移等值线分布	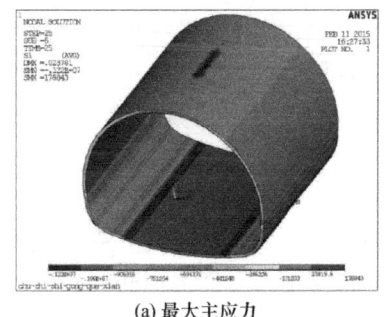 (a) 水平位移	(b) 竖向位移
位移分析	从图中可以看出，拱肩位置是水平相对位移最大处，其值为左侧 3.93mm，右侧-3.97mm；最大沉降在拱顶位置，最大沉降量达到-23.75mm	
应力等值线分布	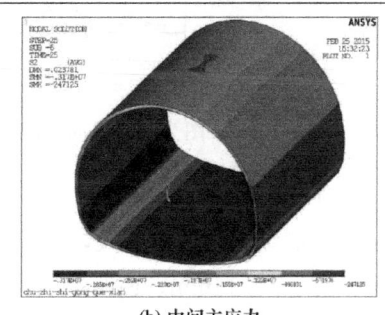 (a) 最大主应力	(b) 中间主应力

类型	初期支护位移（m）与各主应力（Pa）分布分析	
应力等值线分布	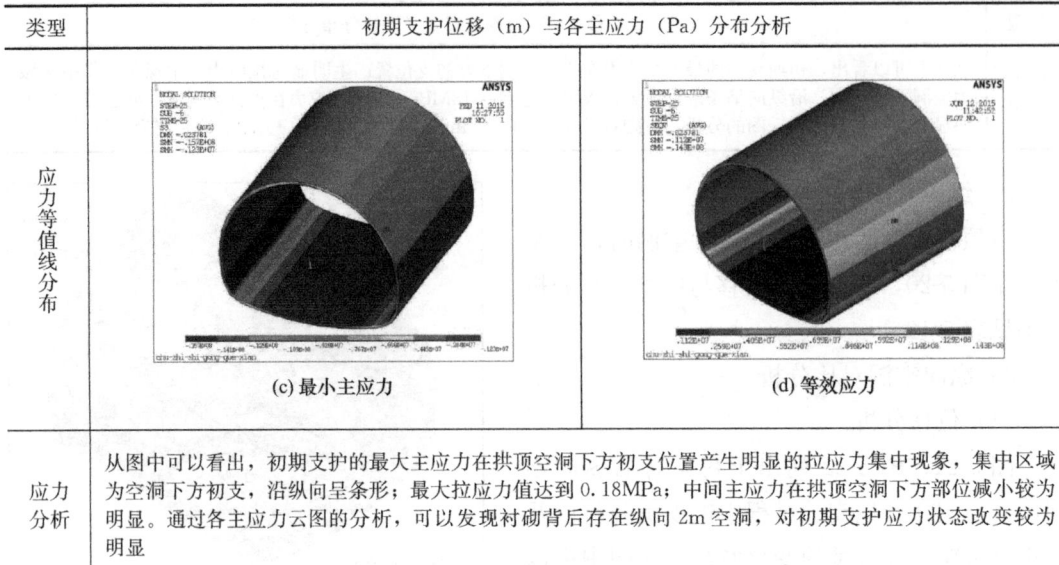	
	(c) 最小主应力	(d) 等效应力
应力分析	从图中可以看出，初期支护的最大主应力在拱顶空洞下方初支位置产生明显的拉应力集中现象，集中区域为空洞下方初支，沿纵向呈条形；最大拉应力值达到0.18MPa；中间主应力在拱顶空洞下方部位减小较为明显。通过各主应力云图的分析，可以发现衬砌背后存在纵向2m空洞，对初期支护应力状态改变较为明显	

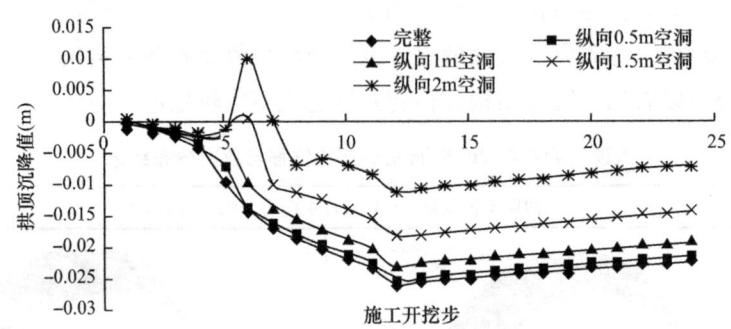

图 5-21 纵向不同尺寸空洞拱顶沉降随开挖变化曲线

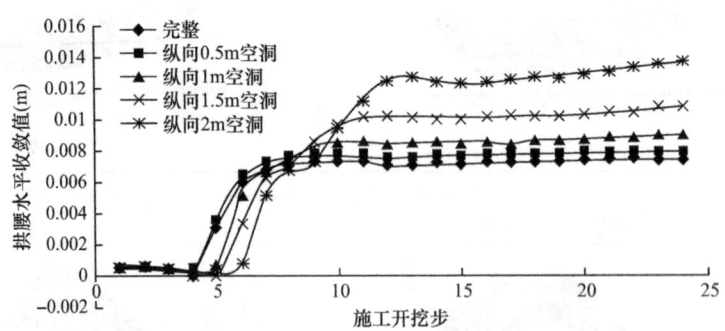

图 5-22 纵向不同尺寸空洞拱腰水平收敛随开挖变化曲线

（2）应力分析

随着空洞纵向长度的增大，拱顶处沉降逐渐减小，从完整时的−22.7mm减小到纵向2m空洞时的−7.14mm，说明拱顶处存有空洞使衬砌结构有向上拱起的趋势，随着空洞尺寸的增大，这种向上趋势就越明显；隧道净空收敛随着空洞尺寸的增大逐渐增大，从完整时的 7.45mm 增大到纵向长度 2m 空洞时的 13.7mm，说明拱腰处衬砌结构两侧有向隧道内侧偏移的趋势，随着空洞尺寸的增大，这种向内收敛就越明显；综合拱顶处沉降以及拱腰处收敛，可以得到：空洞的存在使隧道衬砌结构拱腰以上衬砌内侧有向内挤压的趋势，外侧有被张拉的趋势；空洞对应位置衬砌支护的受力状态发生改变，出现外侧受拉，内侧受压。

5.1.5 空洞高度变化

空洞高度尺寸以各向 0.5m 空洞为基准在竖向进行变化，每次增大 0.5m 高度，分别为 1m、1.5m、2m。

1）高度 1m 空洞

拱顶衬砌背后存在高度 1m 空洞时，空洞模型见图 5-23，初期支护位移与应力分布分析结果见表 5-13。

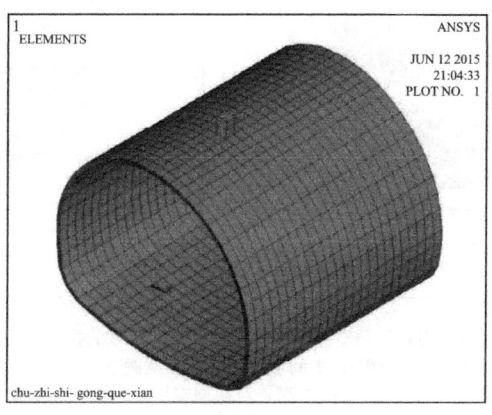

图 5-23　高度 1m 空洞模型

拱顶背后高度 1m 空洞初期支护位移与应力分布结果　　　　表 5-13

类型	初期支护位移（m）与各主应力（Pa）分布分析	
位移等值线分布	(a) 水平位移	(b) 竖向位移
位移分析	从图中可以看出，拱肩位置是水平相对位移最大处，其值为左侧 3.80mm，右侧−3.83mm；最大沉降出现在拱顶位置，最大沉降值为−23.76mm	

续表

类型	初期支护位移（m）与各主应力（Pa）分布分析	
应力等值线分布	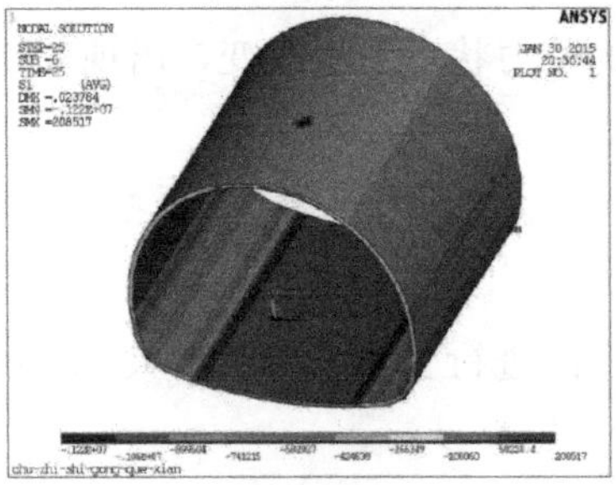 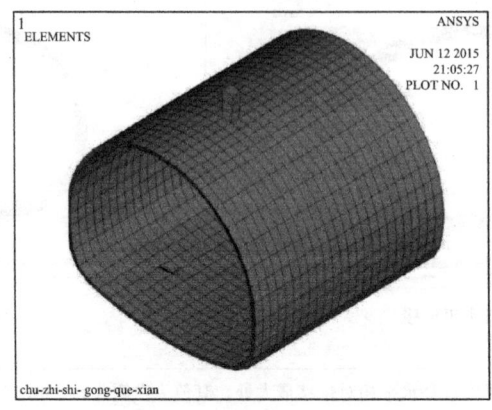 (a) 最大主应力	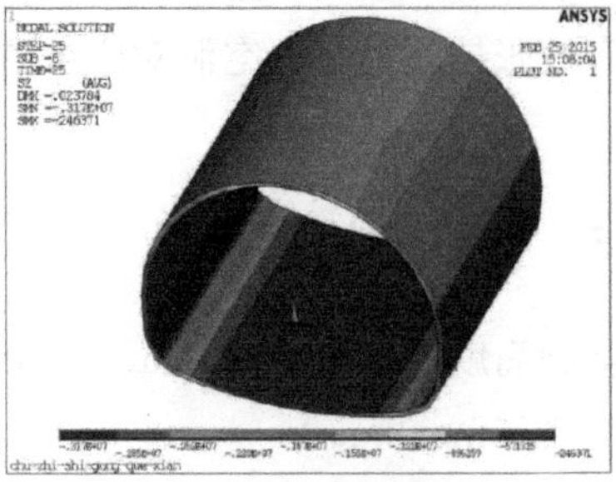 (b) 中间主应力
	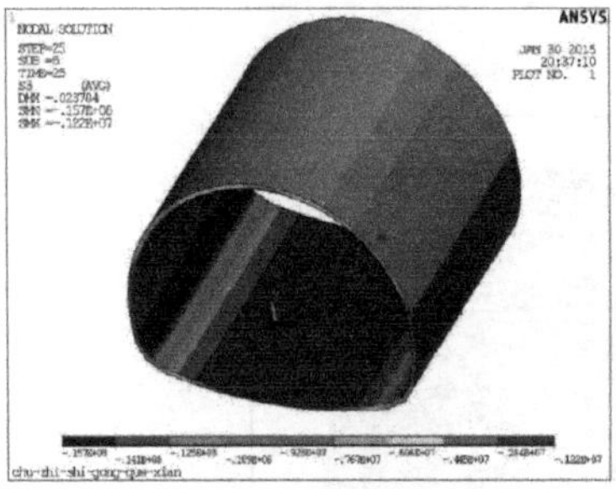 (c) 最小主应力	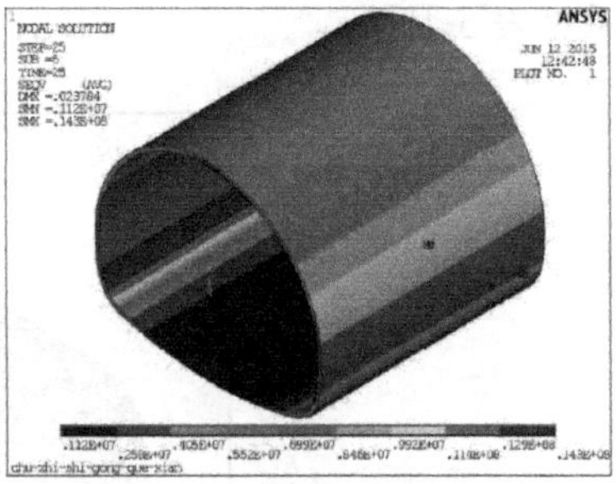 (d) 等效应力
应力分析	从图中可以看出，最大主应力在拱顶空洞下方初支位置产生明显的拉应力集中现象，且集中区域为空洞下方初支；最大拉应力值达到0.21MPa；中间主应力在拱顶空洞下方部位出现减小现象。通过各主应力云图的分析，可以发现衬砌背后存在高度1m空洞，对初期支护应力状态改变较为明显	

2）高度1.5m空洞

拱顶衬砌背后存在高度1.5m空洞时，空洞模型见图5-24，初期支护位移与应力分布分析结果见表5-14。

图 5-24 高度1.5m空洞模型

拱顶背后高度 1.5m 空洞初期支护位移与应力分布结果	表 5-14

类型	初期支护位移（m）与各主应力（Pa）分布分析	
位移等值线分布	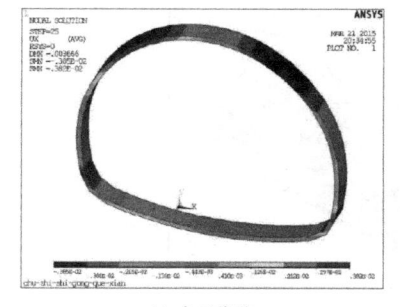 (a) 水平位移	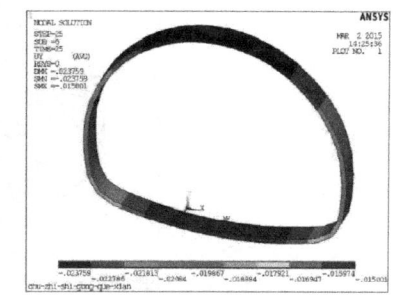 (b) 竖向位移
位移分析	从图中可以看出，拱肩位置是水平相对位移最大处，其值为左侧 3.82mm，右侧－3.85mm；竖向位移，最大沉降在拱顶位置，最大沉降值为－23.76mm	
应力等值线分布	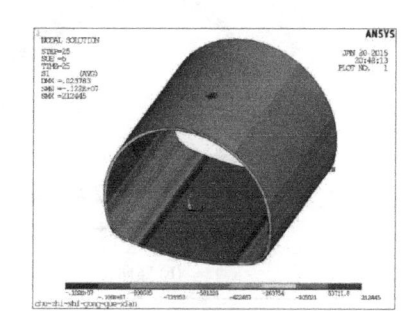 (a) 最大主应力	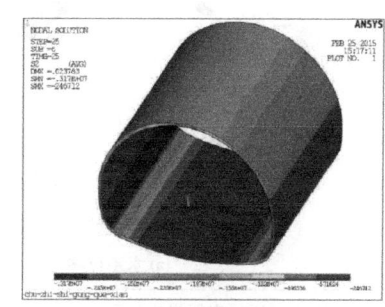 (b) 中间主应力
	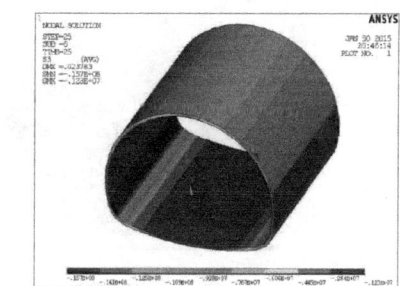 (c) 最小主应力	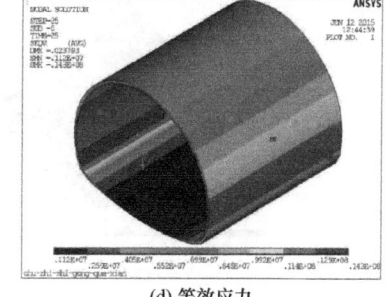 (d) 等效应力
应力分析	从图中可以看出，初期支护的最大主应力在拱顶空洞下方初支位置产生明显的拉应力集中；最大拉应力值达到 0.21MPa；中间主应力在拱顶空洞下部部位出现减小现象。通过各主应力云图的分析，可以发现衬砌背后存在高度1.5m空洞，对初期支护应力状态改变较为明显	

3）高度 2m 空洞

拱顶衬砌背后存在高度 2m 空洞时，空洞模型见图 5-25，初期支护位移与应力分布分析结果见表 5-15。

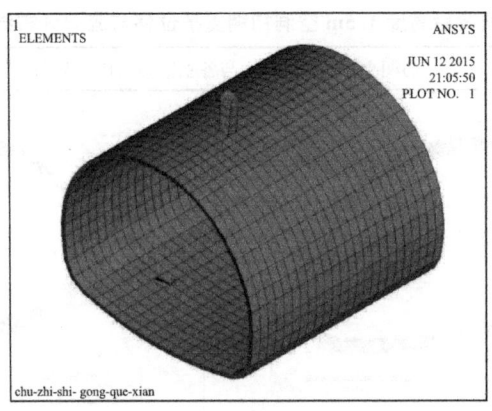

图 5-25　高度 2m 空洞模型

拱顶背后高度 2m 空洞初期支护位移与应力分布结果　　　　　　　　　　表 5-15

类型	初期支护位移（m）与各主应力（Pa）分布分析	
位移等值线分布	(a) 水平位移	(b) 竖向位移
位移分析	从图中可以看出，拱肩位置是水平相对位移最大处，其值为左侧 3.84mm，右侧—3.87mm；最大沉降出现在拱顶位置，最大沉降量为—23.76mm	
应力等值线分布	(a) 最大主应力	(b) 中间主应力
	(c) 最小主应力	(d) 等效应力

类型	初期支护位移（m）与各主应力（Pa）分布分析
应力分析	从图中可以看出，初期支护的最大主应力在拱顶空洞下方初支位置产生明显的拉应力集中现象；最大拉应力值达到 0.21MPa；中间主应力在拱顶空洞下方部位出现减小现象。通过各主应力云图的分析，可以发现衬砌背后存在高度 2m 空洞，对初期支护应力状态改变较为明显

4）空洞高度对比分析

（1）位移分析

图 5-26、图 5-27 列出了衬砌背后不同空洞高度在开挖支护过程中拱顶沉降量以及拱腰周边净空收敛量的变化曲线。从图中可以看出有空洞存在时，开挖至目标断面，拱顶沉降值有减小趋势，随着空洞尺寸增大，沉降减小量值及趋势越明显。从拱顶沉降以及拱腰收敛的趋势可以看出，隧道结构位移随开挖过程整体较稳定。

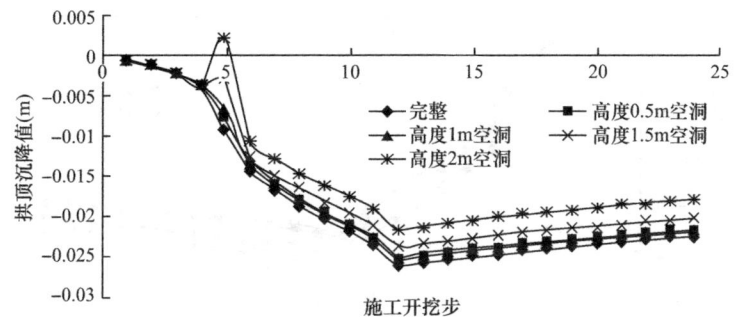

图 5-26　不同空洞高度拱顶沉降随开挖变化曲线

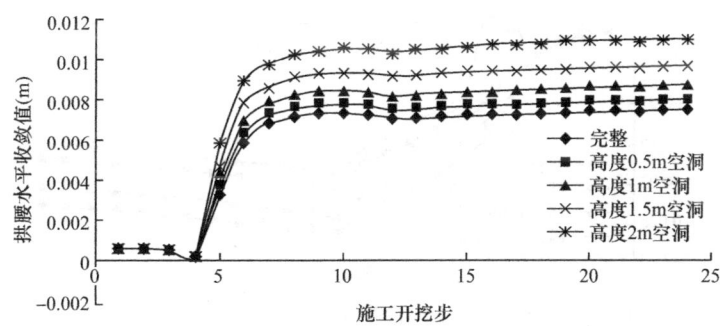

图 5-27　不同空洞高度拱腰水平收敛随开挖变化曲线

（2）应力分析

随着空洞高度的增大，拱顶处沉降逐渐减小，从完整时的 -22.7mm 减小到高度 2m 空洞时的 -18.0mm，说明拱顶处存有空洞使衬砌结构有向上拱起的趋势，随着空洞尺寸的增大，这种向上趋势就越明显；隧道净空收敛随着空洞尺寸的增大逐渐增大，从完整时的 7.45mm 增大到高度 2m 空洞时的 11.0mm，说明拱腰处衬砌结构两侧有向隧道内侧偏移的趋势，随着空洞尺寸的增大，这种向内收敛就越明显；综合拱顶处沉降以及拱腰处收敛，可以得到：空洞的存在使隧道衬砌结构拱腰以上衬砌内侧有向内挤压的趋势，外侧有被张拉的趋势；空洞对应位置衬砌支护的受力状态发生改变，出现外侧受拉，内侧受压。

5.1.6 空洞各方向对比

为了分析空洞不同方向对衬砌结构稳定性的影响差异，将同一空洞量级不同方向拱顶沉降以及周边收敛随开挖步的变化曲线列出，见图 5-28～图 5-30。从图中可以看出，不同方向的空洞在相同规模时，纵向空洞拱顶沉降值最大，环向空洞略低于纵向，高度方向空洞引起的拱顶沉降较其他方向小；随着空洞规模的扩大，这种方向上的差异就越明显，这从图 5-31 最终沉降值也可以看出。图 5-32 可以看出拱腰的收敛也表现为纵向空洞收敛略大于环向空洞，高度方向空洞收敛较其他两个方向为小。说明纵向空洞对衬砌结构稳定性影响要略大于环向空洞，而空洞高度对衬砌结构的影响相对较小。在实际工程中，隧道空洞病害分级时可根据方向的不同区别对待。

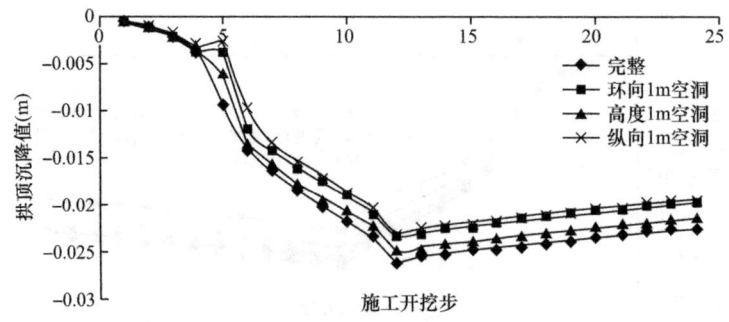

图 5-28　各向 1m 空洞拱顶沉降随开挖步变化曲线

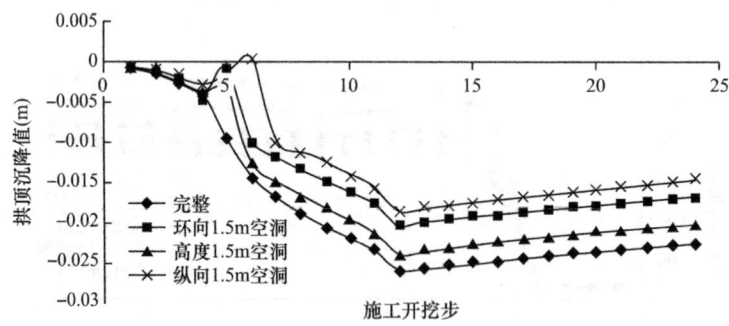

图 5-29　各向 1.5m 空洞拱顶沉降随开挖步变化曲线

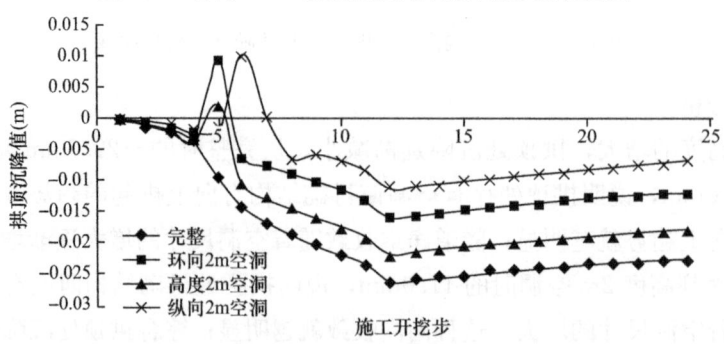

图 5-30　各向 2m 空洞拱顶沉降随开挖步变化曲线

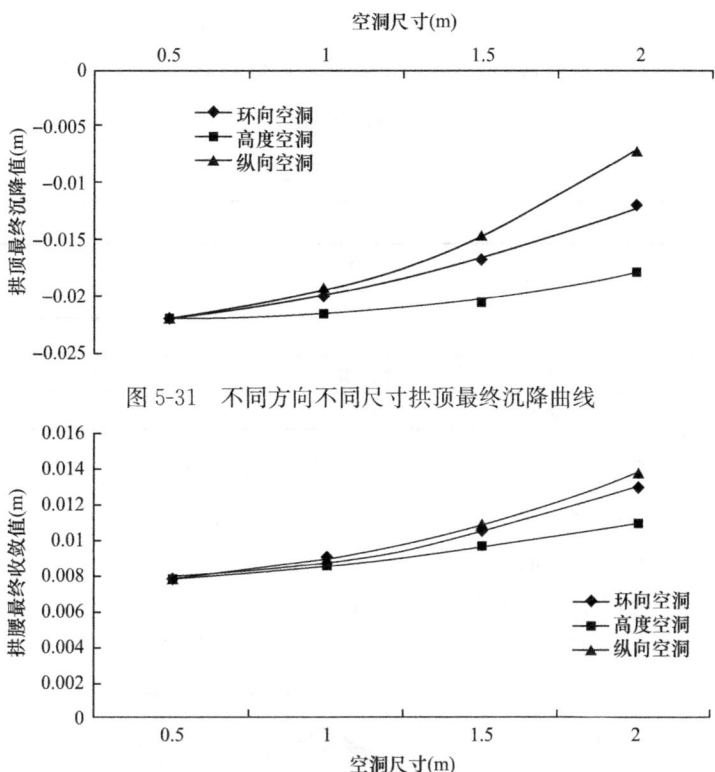

图 5-31　不同方向不同尺寸拱顶最终沉降曲线

图 5-32　不同方向不同尺寸拱腰最终收敛曲线

不同空洞模式下隧道衬砌结构受力分布具有明显的演化规律：

（1）空洞的影响主要集中在空洞范围内及其邻近位置处，空洞的范围越大，影响的范围也越大。拱腰较拱顶出现空洞时对结构安全性更为不利。

（2）当空洞范围较小（0°～15°）时，较之无空洞情况，衬砌结构各截面安全系数有所增加，特别是拱顶空洞处及其邻近位置增幅明显。当空洞范围较大时，随着空洞尺寸的增大，衬砌结构最小安全系数急剧减小，危险截面也急剧增多。

（3）当出现多处空洞时，空洞之间相互作用，联合影响结构的安全性。空洞范围较小时，空洞之间相互作用较弱，空洞效应只影响空洞处及临近位置衬砌结构的安全性；而随着空洞范围的增大，不同位置空洞的相互作用将快速增强，衬砌整体安全性下降明显，危险截面的比例快速增大。

（4）不同位置空洞的敏感性表现为：拱腰＞拱顶＞空洞邻近处，且拱腰邻近处＞拱顶邻近处。

5.1.7　空洞规模变化

按照实际工程情况，衬砌背后存在的空洞，通常并非规则形状，而且形状复杂多样。通过对大量公路病害隧道的统计分析发现，从衬砌背后存在空洞的大小以及数量上来说，隧道拱顶位置出现衬砌背后空洞现象最为严重，隧道拱肩以及拱腰位置出现衬砌背后空洞现象次之，而边墙及其他部位较少存在空洞。因此，选取拱顶空洞为主要研究对象，从环向、高度以及纵向三个方向存在不同程度空洞情况进行研究，并对拱顶位置、拱肩（偏拱顶30°、60°）以及拱腰处空洞进行对比，分析衬砌背后存在不同工况空洞对隧道结构位移场、应力场与结构安全性的影响规律。空洞各工况如表 5-16 所示。

不同空洞尺寸及位置　　　　　　　　　　　　　　表 5-16

空洞类型	具体空洞尺寸或位置			
环向	0.5m	1m	1.5m	2m
高度	0.5m	1m	1.5m	2m
纵向	0.5m	1m	1.5m	2m
位置	拱顶	偏拱顶30°	偏拱顶60°	拱腰
三维规模	0.5m×0.5m×0.5m	1m×1m×1m	1.5m×1.5m×1.5m	2m×2m×2m

空洞的规模取值为 0.5m×0.5m×0.5m 空洞、1m×1m×1m 空洞、1.5m×1.5m×1.5m 空洞以及 2m×2m×2m 空洞。

1) 拱顶 1m×1m×1m 空洞

各向 1m 空洞位置位于沿隧道纵向 4~5m，空洞模型示意见图 5-33，初期支护位移与应力分布分析结果见表 5-17。

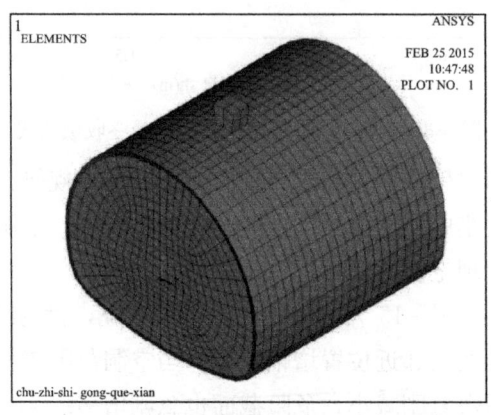

图 5-33　拱顶 1m×1m×1m 空洞模型

拱顶 1m×1m×1m 空洞初期支护位移与应力分布结果　　　　　表 5-17

类型	初期支护位移（m）与各主应力（Pa）分布分析	
位移等值线分布	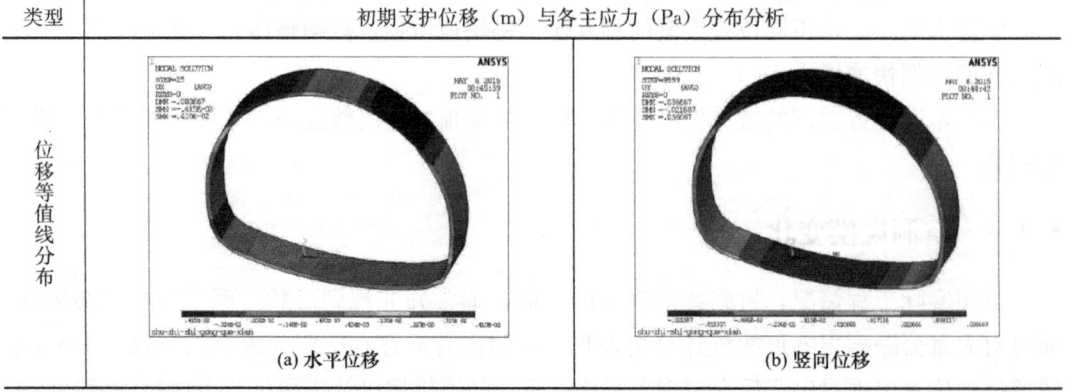	
	(a) 水平位移	(b) 竖向位移

续表

类型	初期支护位移（m）与各主应力（Pa）分布分析		
位移分析	从图中可以看出，拱肩位置是水平相对位移最大处，其值为左侧 4.10mm，右侧－4.15mm；最大沉降在拱顶位置，最大沉降量达到－21.87mm			
应力等值线分布	(a) 最大主应力		(b) 中间主应力
	(c) 最小主应力		(d) 等效应力
应力分析	从图中可以看出，最大主应力在拱顶空洞下方初支位置产生明显的拉应力集中，集中区域为空洞下方支护；最大拉应力值达到 1.55MPa；中间主应力在拱顶空洞下方部位减小较为明显。公路隧道设计规范中规定喷射混凝土 C20 抗拉强度设计值为 1.1MPa，这种情况下，拱顶空洞下方初期支护受到的拉应力已经超过限制，说明衬砌已经出现破坏		

2）拱顶 1.5m×1.5m×1.5m 空洞

各向 3m 空洞位置位于沿隧道纵向 4～5.5m，空洞模型示意见图 5-34，初期支护位移与应力分布分析结果见表 5-18。

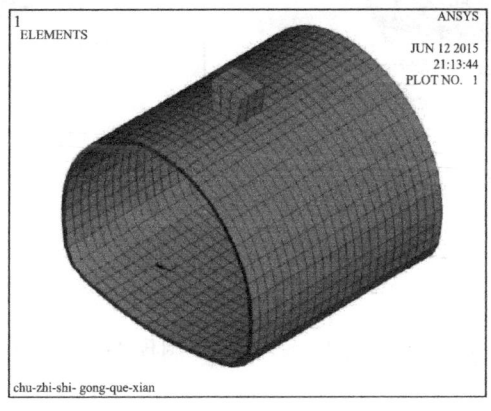

图 5-34　拱顶 1.5m×1.5m×1.5m 空洞模型

拱顶 1.5m×1.5m×1.5m 空洞初期支护位移与应力分布结果　　　表 5-18

类型	初期支护位移（m）与各主应力（Pa）分布分析	
位移等值线分布	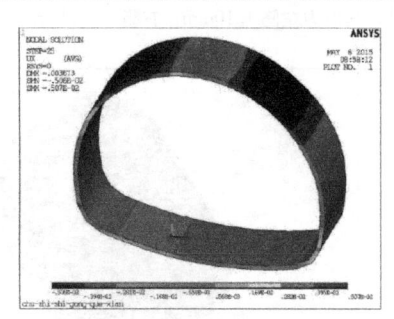 (a) 水平位移	 (b) 竖向位移
位移分析	从图中可以看出，拱肩位置是水平相对位移最大处，其值为左侧 5.07mm，右侧−5.06mm；最大沉降在拱顶位置，最大沉降量达到−20.31mm，空洞下方初支沉降量明显较附近区域小，说明该部位初支相对向上隆起	
应力等值线分布	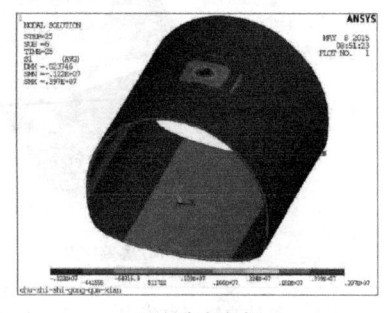 (a) 最大主应力	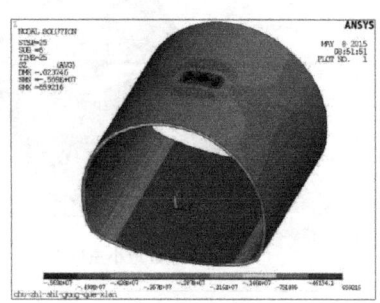 (b) 中间主应力
	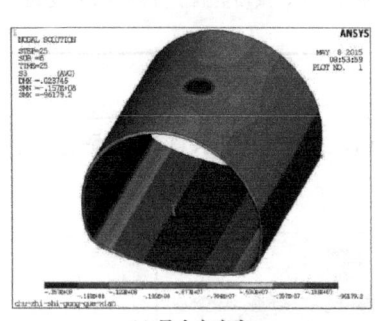 (c) 最小主应力	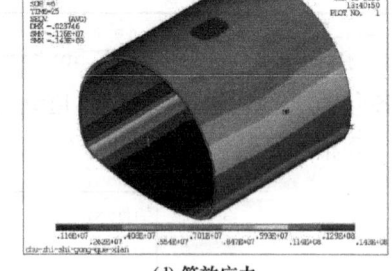 (d) 等效应力
应力分析	从图中可以看出，最大主应力在拱顶空洞下方初支位置产生明显的拉应力集中，集中区域为空洞下方支护；最大拉应力值达到 3.97MPa；中间主应力在拱顶空洞下方部位减小较为明显。拉应力超过规范限制，说明衬砌已经破坏	

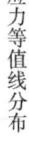

3）拱顶 2m×2m×2m 空洞

各向 2m 空洞位置位于沿隧道纵向 4～6m，空洞模型示意见图 5-35，初期支护位移与应力分布分析结果见表 5-19。

4）不同规模空洞对比分析

（1）位移分析

图 5-36、图 5-37 列出了衬砌背后拱顶不同规模空洞在开挖支护过程中拱顶沉降量以及拱腰周边净空收敛量的变化曲线。从图中可以看出拱顶位置竖向位移因空洞存在有向上变化趋势，空洞规模小于各向 2m 时，沉降量随空洞规模扩大逐渐减小，当空洞规模达到各向 2m 时，空洞下方初支位移量为向上隆起 8.97mm。支护结构水平位移以拱腰位置最大，

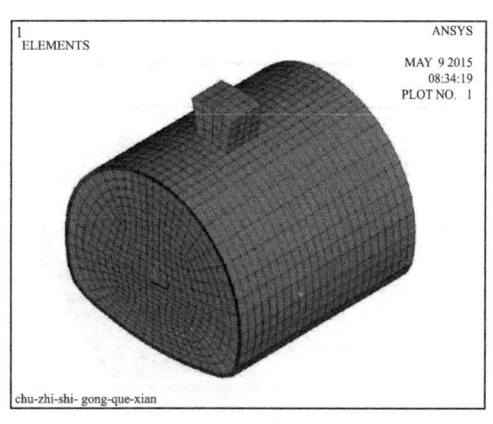

图 5-35 拱顶 2m×2m×2m 空洞模型

随着各向空洞规模扩大，收敛量值逐渐增大，各向 1m 空洞时拱腰收敛量 7.55mm，各向 2m 空洞时收敛值增大到 13.4mm。可以看出衬砌结构拱腰位置向隧道内挤压、拱顶位置空洞下方衬砌向上隆起的趋势比较明显，空洞下方衬砌易出现内侧压溃、外侧拉裂，拱腰位置易出现纵向裂缝。

拱顶 2m×2m×2m 空洞初期支护位移与应力分布结果 　　　　　　　　　　表 5-19

类型	初期支护位移（m）与各主应力（Pa）分布分析	
位移等值线分布	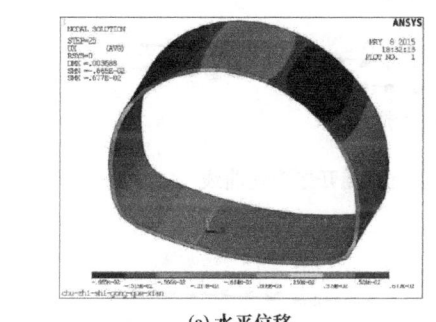 (a) 水平位移	 (b) 竖向位移
位移分析	从图中可以看出，拱肩位置是水平相对位移最大处，其值为左侧 6.77mm，右侧 −6.65mm；最大沉降在拱顶，最大沉降量达到 −18.49mm，空洞下方初支沉降量明显较附近区域小，说明该部位初支相对向上隆起	
应力等值线分布	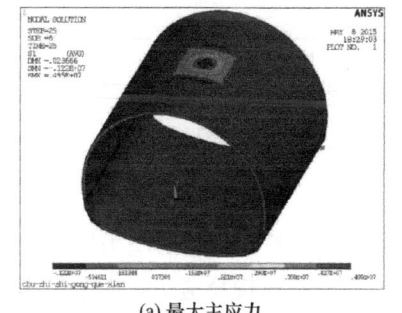 (a) 最大主应力	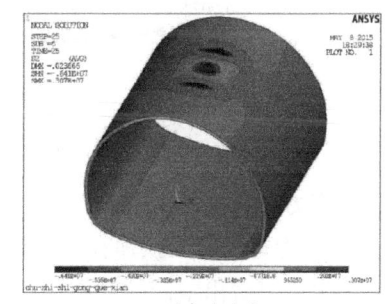 (b) 中间主应力

类型	初期支护位移（m）与各主应力（Pa）分布分析	
应力等值线分布	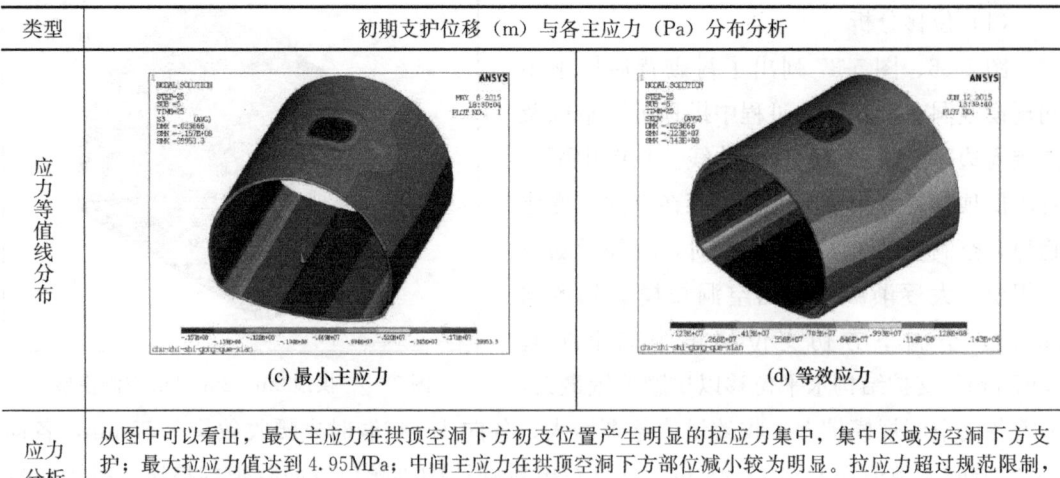 (c) 最小主应力	(d) 等效应力
应力分析	从图中可以看出，最大主应力在拱顶空洞下方初支位置产生明显的拉应力集中，集中区域为空洞下方支护；最大拉应力值达到 4.95MPa；中间主应力在拱顶空洞下方部位减小较为明显。拉应力超过规范限制，说明衬砌已经破坏	

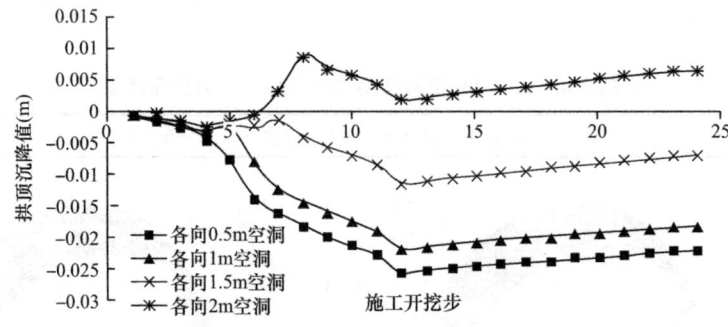

图 5-36 不同规模空洞拱顶沉降随开挖变化曲线

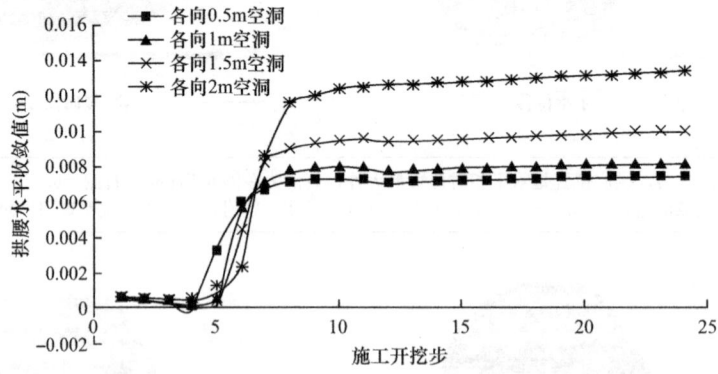

图 5-37 不同规模空洞拱腰水平收敛随开挖变化曲线

（2）应力分析

图 5-38 为衬砌背后拱顶存在不同规模空洞时空洞下方初支拉应力随开挖施工变化情况，从图中可以看出空洞的存在使得空洞下方初期支护出现拉应力，随着空洞规模的扩大拉应力量值也逐渐增大。各向 0.5m 空洞时，空洞下方初支拉应力量值最大达到 0.58MPa；各向 1m 空洞时，拉应力量值最大达到 1.57MPa，已经超过规范中规定的喷射

混凝土抗拉设计强度 1.1MPa 的要求；各向 1.5m 空洞时，拉应力最大值达到 3.97MPa；各向 2m 空洞时，拉应力最大值达到 4.95MPa；说明当空洞规模达到或者超过各向 1m 时，初支已经被破坏。

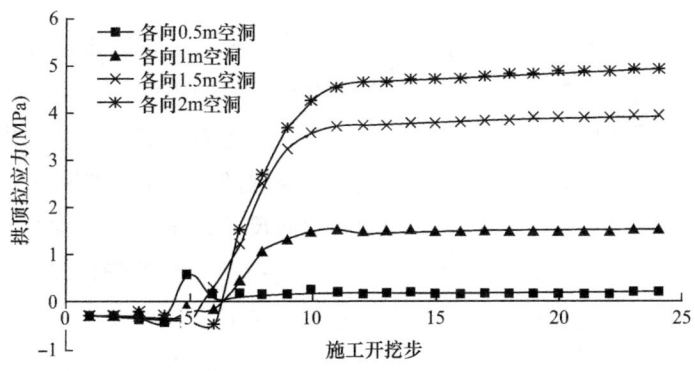

图 5-38　不同规模空洞拱顶拉应力随开挖变化曲线

5.2　自重应力下空洞对衬砌受力影响

衬砌背后空洞的存在改变了隧道衬砌-围岩的支持作用关系，空洞两侧出现的应力重分布是空洞影响衬砌结构受力的力学机理。下面通过数值模拟分析在自重应力下空洞变化对衬砌受力的影响。

某双向铁路隧道 IV 级围岩，二次衬砌厚度为 35cm，初支喷射混凝土厚度为 15cm，在数值计算模型中将衬砌厚度设定为 50cm，二次衬砌采用 C30 混凝土，隧道断面如图 5-39 所示。数值计算模型采用地层-结构模型，隧道埋深 40m，模型上边界取自地表，其余边界各取 5 倍洞径，上边界自由，其余边界施加外法线方

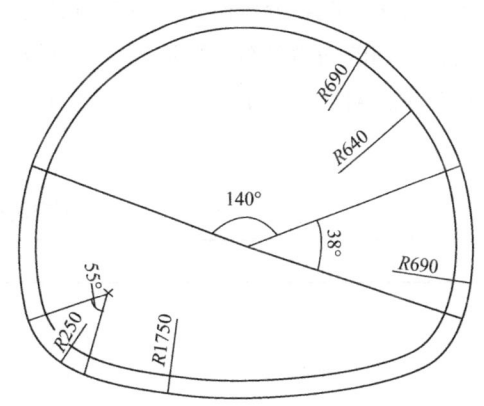

图 5-39　隧道衬砌结构横断面

向约束。围岩采用 ABAQUS 中的平面应变单元（CPE4）模拟，衬砌结构采用 ABAQUS 中的梁单元（BEAM21）模拟，围岩与衬砌结构力学参数见表 5-20。围岩本构关系满足摩尔-库伦准则。

围岩及衬砌结构力学参数　　　　　　　　　　　　　　　　表 5-20

材料	泊松比 μ	弹性模量 E(GPa)	重度 γ(kN·m^{-3})	粘聚力 C(MPa)	内摩擦角 φ(°)
围岩	0.3	3	23	0.5	30
衬砌	0.2	30	25	—	—

实际地层中围岩初始应力场千变万化，这里选取地应力场-自重地应力场（$\sigma_x : \sigma_y = 1 : 2$），研究在自重应力场下拱顶空洞对隧道结构内力的影响规律。

5.2.1 空洞环向尺寸变化

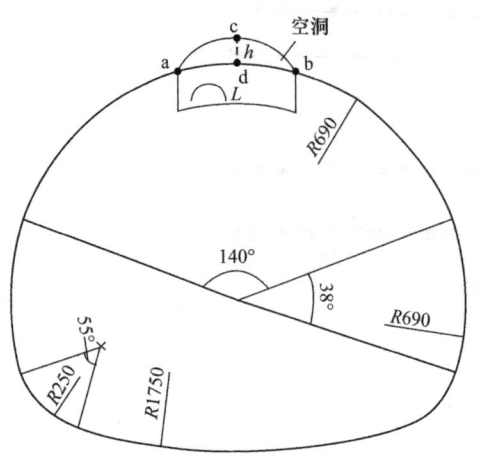

图 5-40　拱顶空洞简化及其几何参量

对于拱顶背后空洞作如下近似简化：假定拱顶空洞的上轮廓线是过空洞边界点 a、b 与最高点 c 的圆弧线，将空洞的竖向特征尺寸定义为空洞边界最高点 c 与衬砌拱顶点 d 的连线，即空洞的高度 h，如图 5-40 所示。对于空洞的横向尺寸，将衬砌结构中无围岩约束段弧长 L 作为拱顶空洞的横向尺寸。由于该段弧长 L 无围岩约束，对衬砌结构有利的围岩弹性抗力不存在，故此段弧长 L 的大小将对整个隧道结构产生重要影响，将弧长 L 作为空洞的横向特征长度来评估拱顶空洞对衬砌结构的影响。

为研究拱顶空洞横向尺寸与竖向尺寸对隧道结构内力影响并对比哪一参数对衬砌结构内力影响作用更强，设置如下对比试验方案。表 5-21 共设计四种工况，分析拱顶空洞横向尺寸（弧长 L）一定，拱顶空洞竖向尺寸 h 增大时衬砌结构内力的分布与变化规律；表 5-21 共设计五种工况，分析研究拱顶空洞竖向尺寸 h 一定，拱顶空洞横向尺寸（弧长 L）增大时衬砌结构的内力分布与变化规律。选取拱顶测点 A、拱肩测点 B、拱腰测点 C、边墙测点 D 与拱脚测点 E 共五个控制截面测点，对不同工况下的计算结果进行统计分析，如图 5-41 所示。

拱顶空洞横向尺寸 L 设计方案　　　　　　　　　　　表 5-21

工况	洞深 h(m)	弧长 L（m）
拱顶空洞	1.6	2
		3
		4
		5
		6

自重地应力场中，隧道衬砌背后无空洞时，衬砌结构轴力和弯矩分布如图 5-42 所示。从计算结果看，衬砌结构轴力边墙处最大，仰拱中部最小；弯矩分布规律表现为在拱脚部负弯矩值最大，仰拱部正弯矩值最大，其他位置较小。计算结果作为分析拱顶空洞对隧道结构内力影响的基础数据。

根据表 5-22 中的设计方案，拱顶空洞高度 $h=1.6$m，拱顶空洞弧长 L 分别等于 2m、3m、4m、5m、6m 时，经计算自重地应力场中五种工况下衬砌结构的轴力图和弯矩图如表 5-22 所示。

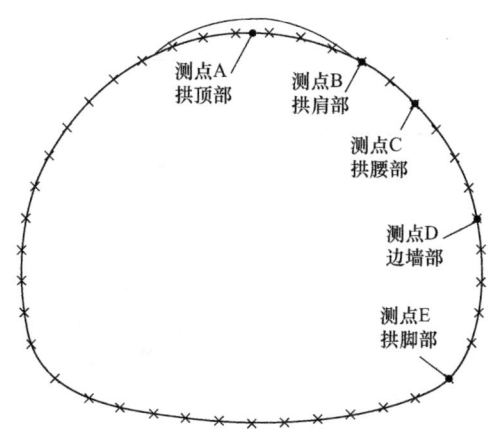

图 5-41　衬砌结构控制截面测点

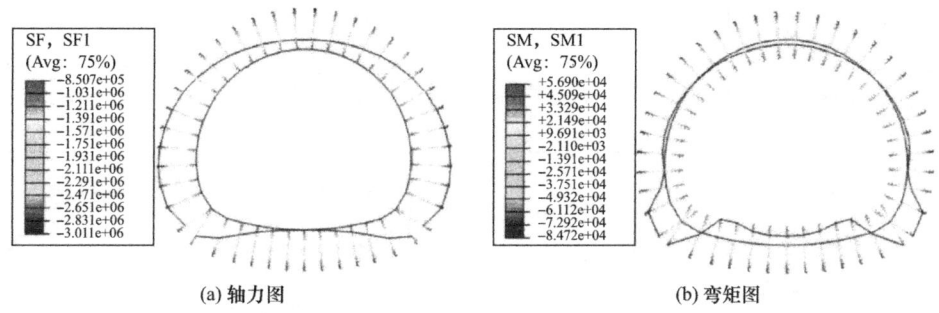

(a) 轴力图　　　　　　　　　　　　　(b) 弯矩图

图 5-42　自重地应力场中衬砌结构内力分布

自重地应力场拱顶空洞宽度变化时隧道结构的轴力图和弯矩图　　　　表 5-22

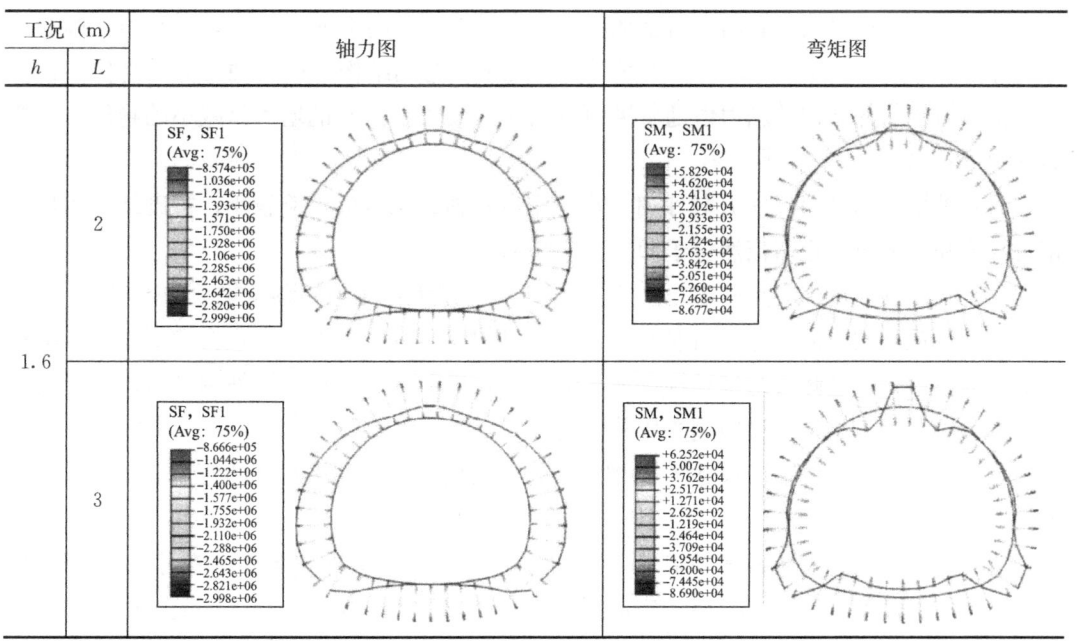

工况（m）		轴力图	弯矩图
h	L		
1.6	2		
	3		

工况（m）		轴力图	弯矩图
h	L		

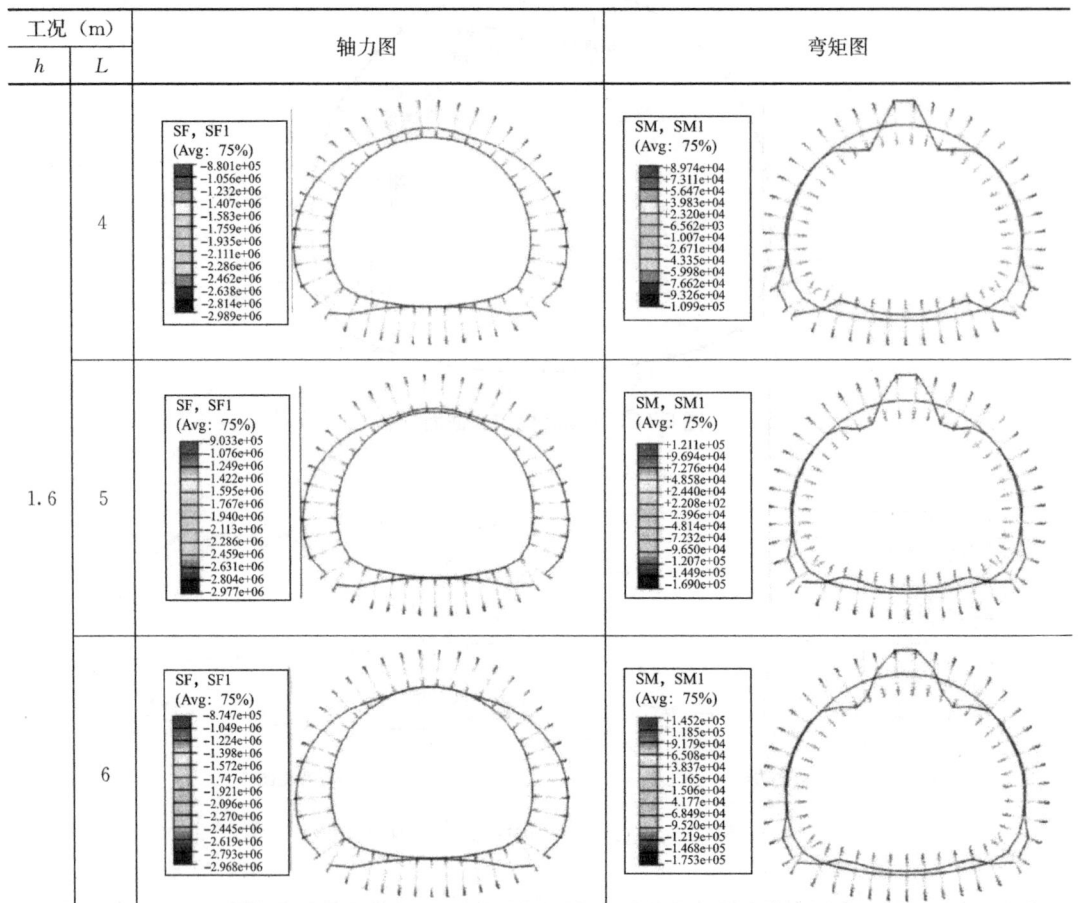

从轴力图中可以明显看出，自重地应力场中拱顶空洞高度 $h=1.6\mathrm{m}$，拱顶空洞弧长 L 分别等于 2m、3m、4m、5m、6m 五种计算工况下，衬砌结构的最大轴力值始终位于边墙处，拱顶与拱肩部结构的轴力值随着拱顶空洞横向尺寸弧长 L 的增大呈减小的趋势。从弯矩图中可看出：

（1）拱顶空洞横向尺寸 L 较小时，拱顶空洞对衬砌结构的影响较小，衬砌结构的最大正弯矩值和最大负弯矩值依然位于仰拱和拱脚部位。

（2）当拱顶空洞横向尺寸 $L>3\mathrm{m}$ 时衬砌结构的最大弯矩值转移至拱顶和拱肩部。

（3）拱顶空洞横向尺寸 L 即使很小，拱顶部衬砌结构弯矩的性质也会发生改变，由正弯矩变为负弯矩，意味着衬砌结构拱顶部由无空洞状态下的内侧受拉外侧受压，转变为拱顶空洞影响下衬砌结构拱顶内侧受压外侧受拉。

（4）随着拱顶空洞横向尺寸 L 的增大，衬砌结构拱顶部和拱肩部的弯矩值呈不断增大的趋势。

为分析衬砌结构五个截面控制测点轴力值和弯矩值随拱顶空洞横向尺寸 L 的变化规律，拱顶空洞高度 $h=1.6\mathrm{m}$，拱顶空洞弧长 L 分别等于 2m、3m、4m、5m、6m 五种计算工况下，五个截面控制测点的轴力值和弯矩值如表 5-23 所示。分析统计可得五个截面控制点的轴力变化曲线和弯矩变化曲线图，如图5-77、图5-78所示。

自重地应力场拱顶空洞宽度 L 增大时截面控制测点内力统计　　　表 5-23

工况		测点 A		测点 B		测点 C		测点 D		测点 E	
h	L	弯矩	轴力	弯矩	轴力	弯矩	轴力	弯矩	轴力	弯矩	轴力
m	m	kN·m	MN	kN·m	MN	kN·m	MN	kN·m	MN	kN·m	MN
无空洞		15.11	−1.35	9.44	−1.68	0.22	−2.08	−10.9	−2.82	−84.7	2.55
1.6	2	−18.35	−1.63	16.5	−1.61	1.125	−2.00	−10.2	−2.79	−86.8	−2.56
	3	−69.95	−1.58	26.0	−1.52	2.388	−1.95	−11.3	−2.77	−86.6	−2.56
	4	−109.7	−1.43	59.7	−1.41	−2.18	−1.87	−10.7	−2.75	−86.6	−2.58
	5	−169	−1.09	109	−1.15	1.867	−1.72	−11.5	−2.70	−87.5	−2.59
	6	−175.1	−0.89	145	−1.0	2.675	−1.59	−11.2	−2.67	−88.3	−2.60

轴力变化曲线（图5-43）显示拱顶部测点A、拱肩部测点B和拱腰部测点C的轴力值随拱顶空洞横向尺寸L的增大而迅速减小，边墙控制测点D的轴力值随拱顶空洞横向尺寸L增大略有减小，拱脚部测点E的轴力值几乎不受拱顶空洞横向尺寸L的影响。以上说明自重地应力场中拱顶空洞横向尺寸L的增大对衬砌结构拱顶、拱肩和拱腰部的轴力值影响最大，对衬砌结构边墙部和拱脚部的轴力值影响很小。

对于截面控制测点的弯矩，从图5-44中可以看出，只有拱顶控制测点A和拱肩控制测点B的弯矩值随着拱顶空洞横向尺寸L的增大而迅速增大，其余截面控制测点的弯矩值几乎不受拱顶空洞横向尺寸L变化的影响。

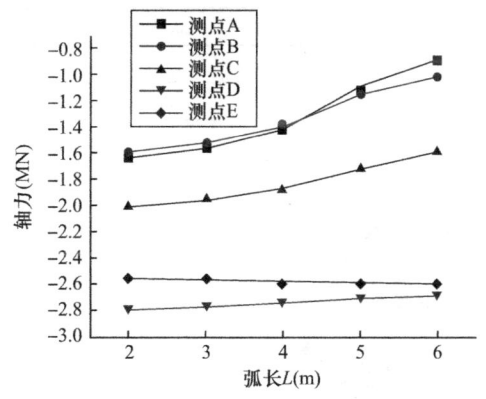

图 5-43　拱顶空洞宽度 L 值增大时测点轴力变化　　　图 5-44　拱顶空洞宽度 L 增大时测点弯矩变化

通过以上分析，自重地应力场中拱顶空洞横向尺寸L的增大对衬砌结构的内力值影响显著，拱顶空洞横向尺寸L越大，拱顶部和拱肩部的弯矩值也愈大而轴力值愈小。这可能是因为拱顶空洞的横向尺寸L越大，衬砌结构拱顶不受地层约束的面积也愈大，隧道结构拱顶部的挤出弯曲变形更显著，进而造成衬砌结构相应部位的弯矩值显著增大。

5.2.2　空洞高度变化

如图5-45所示，为研究拱顶空洞横向尺寸与竖向尺寸对隧道结构内力影响，并对比哪一参数对衬砌结构内力影响作用更强，设置了对比试验方案。表 5-24 共设计四种工况，分析拱顶空洞横向尺寸（弧长 L）一定，拱顶空洞竖向尺寸 h 增大时衬砌结构内力的分布与变化规律；选取拱顶测点 A、拱肩测点 B、拱腰测点 C、边墙测点 D 与拱脚测点 E 共五个控制截面测点，对不同工况下的计算结果进行统计分析，如图 5-46 所示。

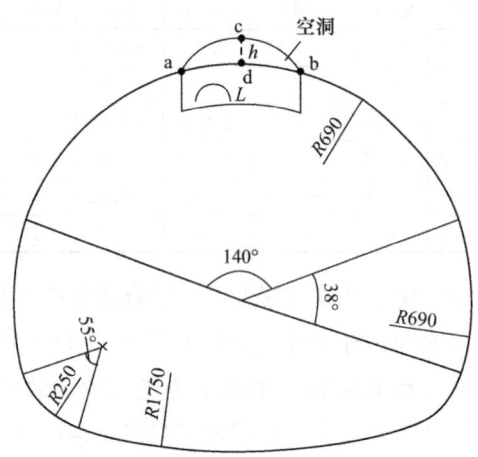

图 5-45　拱顶空洞简化及其几何参量

拱顶空洞竖向尺寸 h 设计方案　　　　　　　　　　　　　　　表 5-24

工况	弧长 L/m	洞深 h/m
拱顶空洞	6	0.4
		0.8
		1.2
		1.6

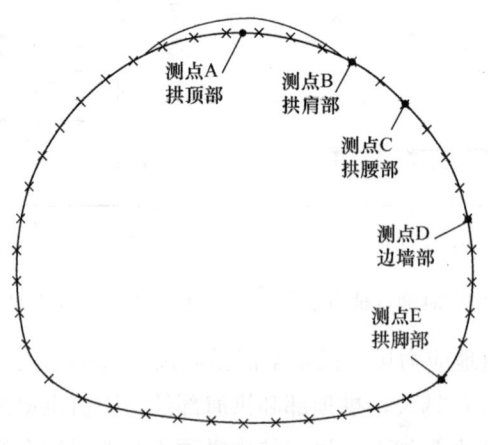

图 5-46　衬砌结构控制截面测点

　　根据表 5-24 中的设计方案，经计算，四种工况下衬砌结构的轴力图和弯矩图如表 5-25 所示。关于轴力图与弯矩图中的正负符号约定如下：轴力图中结构受拉为正，受压为负，弯矩图中结构内侧受拉为正，外侧受拉为负，图中的正负号不表示力的大小，而是代表结构体的受力性质。

自重地应力场拱顶空洞高度 h 变化时隧道结构的轴力图和弯矩图　　表 5-25

工况（m）		轴力图	弯矩图
L	h		
6	0.4	SF, SF1 (Avg: 75%) -7.308e+05 -9.195e+05 -1.108e+06 -1.297e+06 -1.485e+06 -1.674e+06 -1.863e+06 -2.051e+06 -2.240e+06 -2.429e+06 -2.617e+06 -2.806e+06 -2.995e+06	SM, SM1 (Avg: 75%) +1.192e+05 +9.771e+04 +7.624e+04 +5.476e+04 +3.329e+04 +1.181e+04 -9.665e+03 -3.114e+04 -5.261e+04 -7.409e+04 -9.557e+04 -1.170e+05 -1.385e+05
	0.8	SF, SF1 (Avg: 75%) -7.736e+05 -9.578e+05 -1.142e+06 -1.326e+06 -1.510e+06 -1.695e+06 -1.879e+06 -2.063e+06 -2.247e+06 -2.432e+06 -2.616e+06 -2.800e+06 -2.984e+06	SM, SM1 (Avg: 75%) +1.282e+05 +1.050e+05 +8.180e+04 +5.857e+04 +3.535e+04 +1.213e+04 -1.109e+04 -3.431e+04 -5.753e+04 -8.076e+04 -1.040e+05 -1.272e+05 -1.504e+05
	1.2	SF, SF1 (Avg: 75%) -8.296e+05 -1.008e+06 -1.187e+06 -1.366e+06 -1.545e+06 -1.724e+06 -1.902e+06 -2.081e+06 -2.260e+06 -2.439e+06 -2.618e+06 -2.796e+06 -2.975e+06	SM, SM1 (Avg: 75%) +1.362e+05 +1.113e+05 +8.643e+04 +6.154e+04 +3.665e+03 +1.176e+04 -1.313e+04 -3.802e+04 -6.291e+04 -8.780e+04 -1.127e+05 -1.376e+05 -1.625e+05
	1.6	SF, SF1 (Avg: 75%) -8.747e+05 -1.049e+06 -1.224e+06 -1.398e+06 -1.572e+06 -1.747e+06 -1.921e+06 -2.096e+06 -2.270e+06 -2.445e+06 -2.619e+06 -2.793e+06 -2.968e+06	SM, SM1 (Avg: 75%) +1.452e+05 +1.185e+05 +9.179e+04 +6.508e+04 +3.837e+04 +1.165e+04 -1.506e+04 -4.177e+04 -6.849e+04 -9.520e+04 -1.219e+05 -1.486e+05 -1.753e+05

（1）在自重地应力场中，对比无空洞状态下衬砌结构的轴力图和拱顶空洞高度 h 分别为 0.4m、0.8m、1.2m、1.6m 四种设计工况下的轴力图，可得到如下规律：

① 无空洞工况下及四种设计工况下衬砌结构轴力的最大值均位于边墙部位，且最大轴力值随着拱顶空洞高度 h 的增大呈现略微减小的趋势。

② 隧道拱顶有空洞时拱顶部衬砌结构的轴力值较无空洞时明显减小。

（2）在自重地应力场中，对比无空洞状态下衬砌结构的弯矩图和拱顶空洞高度 h 分别为 0.4m、0.8m、1.2m、1.6m 四种设计工况下的弯矩图可以看出，拱顶空洞的存在显著改变了衬砌结构弯矩的分布规律：

① 隧道拱顶空洞影响下衬砌结构拱顶和拱肩位置的弯矩值急剧增大，可见拱顶空洞对空洞范围内及其邻近区域的衬砌结构弯矩影响较大。

② 隧道衬砌结构拱顶位置的弯矩由正常无空洞状态下的正弯矩变为负弯矩，表明衬砌结构的拱顶部受力状态发生质的转变，由正常无空洞状态下拱顶部内侧受拉外侧受压转变为拱顶空洞状态下拱顶内侧受压外侧受拉。

③ 在隧道拱顶空洞影响下，衬砌结构的最大正弯矩值和最大负弯矩值均随着拱顶空洞高度 h 的增大而增加。

（3）在自重地应力场中，隧道拱顶空洞横向尺寸弧长 $L=6$m，拱顶空洞高度 h 分别为 0.4m、0.8m、1.2m、1.6m 四种计算工况，图 5-46 中五个截面控制测点的轴力和弯矩统计值如表 5-26 所示。分析统计表中数据，可得四种设计工况下五个截面控制测点的轴力变化和弯矩变化曲线图，如图 5-47、图 5-48 所示。

自重地应力场拱顶空洞高度 h 增大时截面控制测点内力统计　　　　表 5-26

工况		测点 A		测点 B		测点 C		测点 D		测点 E	
L	h	弯矩	轴力	弯矩	轴力	弯矩	轴力	弯矩	轴力	弯矩	轴力
m	m	kN·m	MN	kN·m	MN	kN·m	MN	kN·m	MN	kN·m	MN
无空洞		15.11	−1.35	9.44	−1.68	0.22	−2.08	−10.9	−2.82	−84.7	2.55
6	0.4	−138	−0.74	119	−1.09	−0.6	−1.76	−11.1	−2.73	−87.6	−2.59
	0.8	−150	−0.79	128	−1.05	0.76	−1.69	−10.4	−2.69	−88.3	−2.59
	1.2	−162	−0.84	136	−1.04	0.87	−1.65	−11.3	−2.69	−88.0	−2.59
	1.6	−175	−0.89	145	−1.0	2.68	−1.59	−11.2	−2.67	−88.3	−2.6

观察轴力变化曲线（图 5-47）可知，A、B、C、D、E 五个截面控制测点的轴力值随拱顶空洞高度 h 的增大，拱顶测点 A 的轴力值呈线性增加的趋势；拱肩测点 B、拱腰测点 C 与边墙测点 D 的轴力值呈略微减小的趋势；拱脚测点 E 的轴力值基本不变。从弯矩变化曲线（图 5-48）可以看出，随着拱顶空洞高度 h 值的增大，拱顶测点 A 与拱肩测点 B

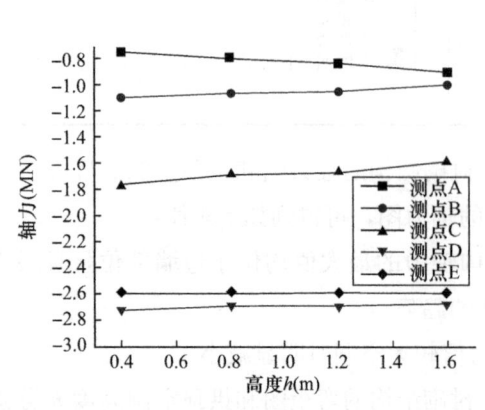

图 5-47　拱顶空洞 h 值增大时测点轴力变化

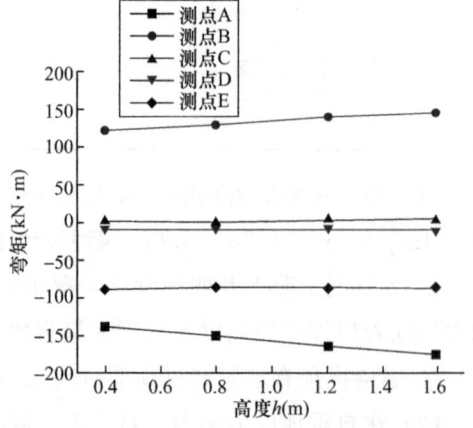

图 5-48　拱顶空洞 h 值增大时测点弯矩变化

的弯矩值均呈线性增加，而拱腰测点 C、边墙测点 D 与拱脚测点 E 的弯矩值基本不受拱顶空洞高度 h 值增大的影响。

通过以上分析综合来看，自重地应力场中拱顶空洞的存在显著改变了衬砌结构内力的分布规律，尤其是弯矩的分布。拱顶空洞高度 h 的增大造成拱顶部与拱肩部弯矩值增大。此外，拱顶空洞高度 h 的增大会引起拱顶部轴力值的增大及拱肩和拱腰部轴力值的降低。综合衬砌结构的内力来看，拱顶空洞高度的增大对衬砌结构的拱顶部最为不利。

5.2.3 空洞环向与高度变化对比

由以上可知，拱顶空洞大小对拱顶部及其邻近区域隧道结构内力值影响显著，而对距离拱顶空洞较远的边墙和拱脚等部位基本无影响。

为对比分析拱顶空洞的横向尺寸 L 和高度 h 哪一参数对隧道结构轴力影响更大，根据拱顶空洞高度 h 增大时的轴力变化曲线（图 5-47）和拱顶空洞弧长 L 增大时的轴力变化曲线（图 5-43），计算求得受拱顶空洞影响较大的截面控制测点 A、B 与 C 的轴力曲线变化速率，如表 5-27 所示。从表可知，K_A^L 比 K_A^h 大 50%，即截面控制测点 A 在拱顶空洞横向尺寸 L 影响下的轴力变化速率比拱顶空洞竖向尺寸 h 影响下的轴力变化速率大 50.2%；K_B^L 比 K_B^h 大 109.6%，即截面控制测点 B 在拱顶空洞横向尺寸 L 影响下的轴力变化速率比拱顶空洞竖向尺寸 h 影响下的轴力变化速率大 109.6%；可见拱顶空洞横向尺寸 L 对拱顶测点 A 和拱肩测点 B 轴力变化速率的影响大于拱顶空洞竖向尺寸 h 对其轴力变化速率的影响；K_C^L 比 K_C^h 小 25.6%，即截面控制测点 C 在拱顶空洞横向尺寸 L 影响下的轴力变化速率比拱顶空洞竖向尺寸 h 影响下的轴力变化速率小 25.6%，说明距离拱顶空洞略远的拱腰测点 C，拱顶空洞竖向尺寸 h 对其轴力变化速率影响更大。

自重地应力场拱顶空洞横向尺寸 L 与高度 h 对隧道结构轴力影响分析 表 5-27

测点	轴力曲线变化速率		速率值对比	增大或减少百分比
测点 A	K_A^h	K_A^L	$(K_A^L-K_A^h)/K_A^h$	增加 50.2%
	122.5	184	0.502	
测点 B	K_B^h	K_B^L	$(K_B^L-K_B^h)/K_B^h$	增加 109.6%
	71.7	150.3	1.096	
测点 C	K_C^h	K_C^L	$(K_C^L-K_C^h)/K_C^h$	减少 25.6%
	139.2	103.5	−0.256	

注：表中 K_X^h 表示拱顶空洞高度 h 变化时测点轴力的变化速率，如 K_A^h 表示拱顶空洞高度 h 变化时拱顶测点 A 的轴力变化速率；表中 K_X^L 表示拱顶空洞弧长 L 变化时测点轴力的变化速率，如 K_A^L 表示拱顶空洞弧长 L 变化时拱顶测点 A 的轴力变化速率。

根据拱顶空洞高度 h 增大时的弯矩变化曲线（图 5-48）和拱顶空洞弧长 L 增大时的弯矩变化曲线（图 5-44），计算求得受拱顶空洞影响较大的截面控制测点 A 与 B 的弯矩曲线斜率绝对值，如表 5-28 所示。从表中可以看出，T_A^L 比 T_A^h 大 27%，即截面控制测点 A 在拱顶空洞横向尺寸 L 影响下的弯矩变化速率比拱顶空洞竖向尺寸 h 影响下的弯矩变化速率大 27%；T_B^L 比 T_B^h 大 49%，即截面控制测点 B 在拱顶空洞横向尺寸 L 影响下的弯矩变化速率比拱顶空洞竖向尺寸 h 影响下的弯矩变化速率大 49%。拱顶空洞横向尺寸 L 引起的拱顶控制测点 A 与拱肩控制测点 B 的弯矩增加速率大于空洞高度 h 增大引起的测点 A 与测点 B 弯矩增大速率，可见拱顶空洞横向尺寸 L 对隧道结构弯矩的影响要大于空洞高度 h 对隧道结构弯矩的影响。

自重地应力场拱顶空洞横向尺寸 L 与高度 h 对隧道结构弯矩影响分析   表 5-28

测点	弯矩曲线变化速率		速率值对比	增大或减少百分比
测点 A	T_A^h	T_A^L	$(T_A^L - T_A^h)/T_A^h$	增加 27%
	30.8	139.2	0.27	
测点 B	T_B^h	T_B^L	$(T_B^L - T_B^h)/T_B^h$	增加 49%
	21.6	32.2	0.49	

注：表中 T_X^h 表示拱顶空洞高度 h 变化时测点弯矩的变化速率，如 T_A^h 表示拱顶空洞高度 h 变化时拱顶测点 A 的弯矩变化速率；表中 T_X^L 表示拱顶空洞弧长 L 变化时测点弯矩的变化速率，如 T_A^L 表示拱顶空洞弧长 L 变化时拱顶测点 A 的弯矩变化速率。

综上所述，自重地应力场中拱顶空洞横向尺寸 L 变化时隧道结构控制测点 A 与测点 B 轴力与弯矩变化速率均大于拱顶空洞高度 h 变化时隧道结构控制测点 A 与测点 B 轴力与弯矩变化速率。可以认为自重地应力场中拱顶空洞横向尺寸 L 对隧道结构内力值的影响更大，但也不可以忽视拱顶空洞高度 h 对隧道结构内力的影响，因为上述数据可看出拱顶空洞横向尺寸 L 变化引起的测点 A 与测点 B 轴力与弯矩变化速率值和拱顶空洞高度 h 变化引起的测点 A 与测点 B 轴力与弯矩变化速率值基本处于同一数量级下。

在自重地应力场中，拱顶空洞对隧道结构内力有如下的影响规律：

（1）自重地应力场中，拱顶空洞竖向尺寸 h 的增大造成拱顶与拱肩部弯矩值增大。

（2）自重地应力场中，拱顶空洞竖向尺寸 h 的增大导致拱顶部轴力值增大，而拱肩与拱腰部的轴力值降低。

（3）自重地应力场中，拱顶空洞横向尺寸 L 越大拱顶部和拱肩部的弯矩值愈大而轴力值愈小。

（4）结合隧道结构拱顶与拱肩截面控制测点的轴力和弯矩变化速率，拱顶空洞横向尺寸 L 对隧道结构内力的影响大于拱顶空洞竖向尺寸 h 对隧道结构内力的影响。但是拱顶空洞竖向尺寸 h 对隧道结构内力的影响同样不可忽视，两参数影响下隧道结构轴力与弯矩的变化速率基本处于同一数量级。

5.3 水平应力下空洞对衬砌受力影响

大量的地应力资料表明，围岩初始应力场中水平应力与垂直应力的比值常常大于 1，有的甚至高达 $7\sim 8$。另外，已发表的一些地应力测量资料表明我国内陆地区初始应力场具有以下规律：在一定的深度内，垂直应力的量值随深度增加线性增大，而且水平应力普遍大于垂直应力。以上资料均表明实际地应力场大多为水平地应力场。只有在埋深较浅而又比较破碎的岩体中，由于构造应力释放殆尽，地应力才是以自重应力场为主。所以研究水平地应力场中，拱顶空洞对隧道结构内力的影响有着重要的现实意义。

5.3.1 空洞环向尺寸变化

假定水平地应力场 $\sigma_x : \sigma_y = 2 : 1$，即地层侧压力系数 $\lambda = 2$。拱顶空洞仍采用前述的有关假定，研究拱顶空洞横向尺寸 L 与竖向尺寸 h 参数对隧道结构的影响。设置对比试验方案，如表 5-29 所示，设计方案共 5 种工况，分析水平地应力场中拱顶空洞高度 h 一定，拱顶空洞横向尺寸 L 增大时，隧道结构的内力分布与变化规律。

拱顶空洞横向尺寸 L 设计方案　　　　　　　　　　表 5-29

工况	洞深 h(m)	弧长 L(m)
拱顶空洞	1.6	2
		3
		4
		5
		6

水平地应力场中隧道无空洞缺陷时，计算得到的衬砌结构轴力和弯矩分布规律如图 5-49 所示。从计算结果看，水平地应力场下隧道结构轴力分布规律为拱顶位置最大，在边墙处轴力最小，刚好与自重地应力场中隧道结构的轴力分布规律相反；隧道结构弯矩分布规律表现为在拱脚部为负弯矩值最大，边墙部正弯矩值最大，其余位置较小。

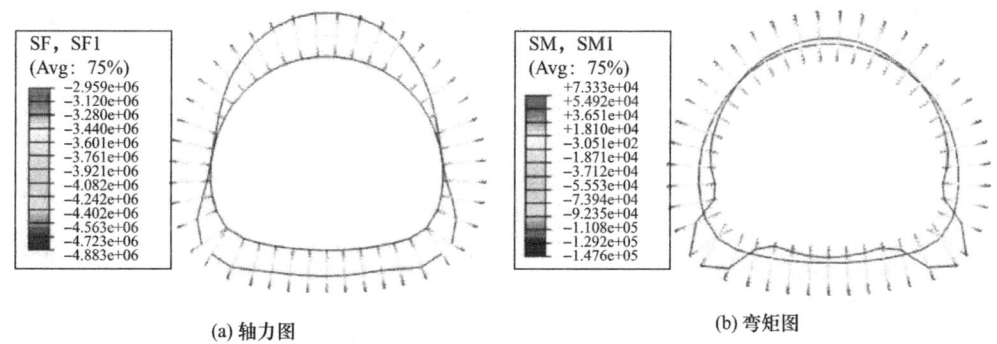

(a) 轴力图　　　　　　　　　　　　　　(b) 弯矩图

图 5-49　水平地应力场隧道无空洞时隧道结构内力分布

根据表 5-29 中的设计方案，水平地应力场中隧道拱顶空洞高度 $h = 1.6$m 不变，拱顶空洞横向尺寸弧长 L 分别等于 2m、3m、4m、5m、6m 五种计算工况时，隧道结构的轴力图和弯矩图如表 5-30 所示。

从轴力图中可以明显看出，水平地应力场中随着拱顶空洞横向尺寸 L 的增大，衬砌结构拱顶部的轴力值逐渐减小，衬砌结构最大轴力值位置逐渐由拱顶部转移至拱脚部。

水平地应力场中拱顶空洞横向尺寸 L 变化时衬砌结构弯矩规律如下：

(1) 拱顶空洞横向尺寸弧长 L 较小时（如 $L = 2$m），隧道结构的最大正弯矩值位于边墙位置，拱顶空洞横向尺寸弧长 $L > 3$m 时拱肩部的正弯矩值最大。

水平地应力场拱顶空洞宽度变化时隧道结构的轴力图和弯矩图　　　　表 5-30

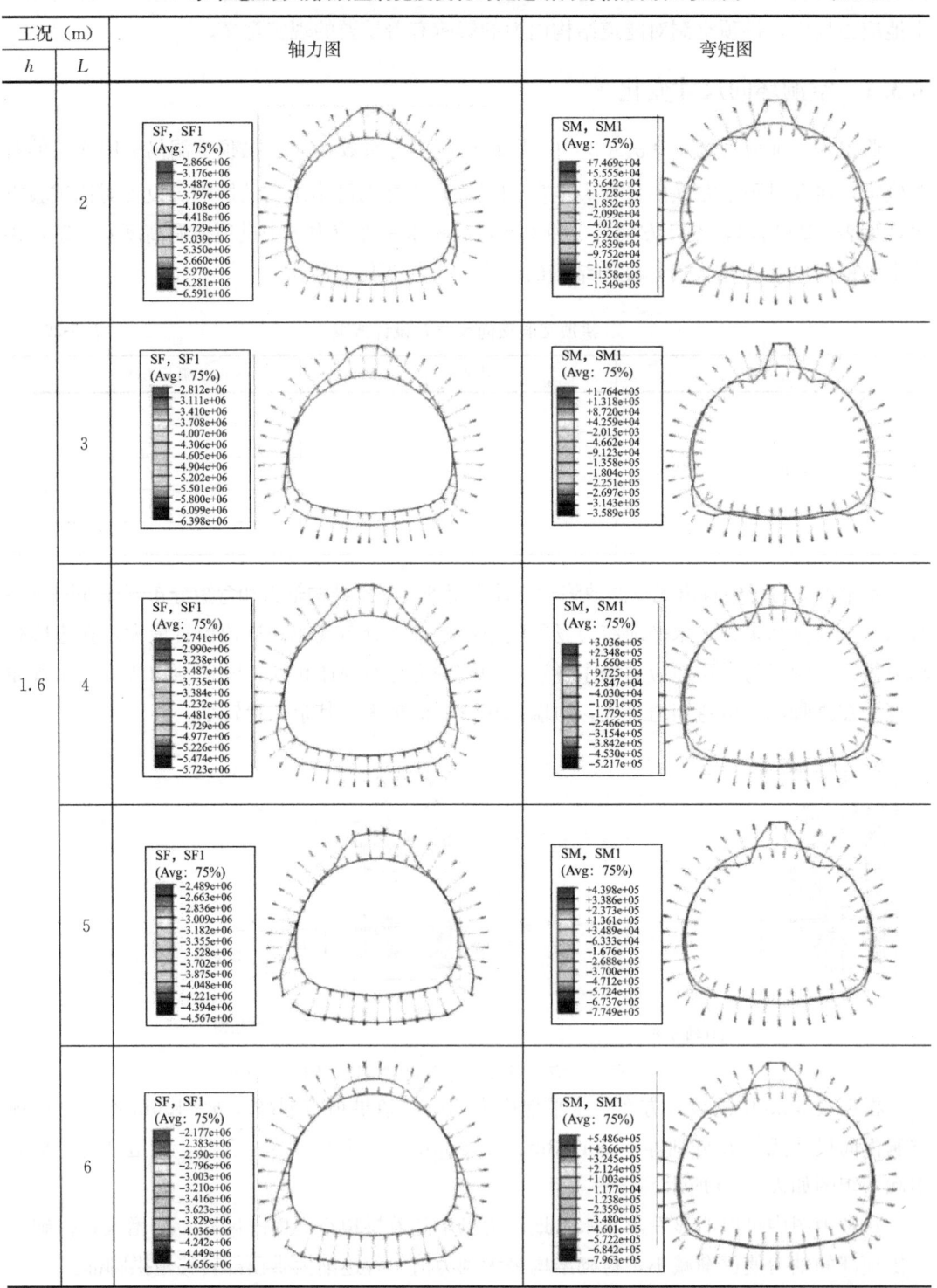

工况（m）		轴力图	弯矩图
h	L		

（2）水平地应力场中拱顶空洞横向尺寸 L 的增加对隧道结构弯矩的影响十分显著，随着拱顶空洞横向尺寸 L 的增大，拱顶部和拱肩部衬砌结构的弯矩值急剧增大（表 5-31）。

水平地应力场中拱顶空洞弧长 L 增大时衬砌结构内力统计　　　　　　　表 5-31

工况		测点 A		测点 B		测点 C		测点 D		测点 E	
h	L	弯矩	轴力	弯矩	轴力	弯矩	轴力	弯矩	轴力	弯矩	轴力
m	m	kN·m	MN	kN·m	MN	kN·m	MN	kN·m	MN	kN·m	MN
无空洞		−25.97	−4.88	−12.44	−4.39	0.52	−3.82	29.82	−2.96	−145.4	−4.29
1.6	2	−157.4	−6.59	15.42	−4.14	3.35	−3.56	35.61	−2.87	−153.7	−4.36
	3	−358	−6.4	53.1	−3.86	2.31	−3.39	35.95	−2.81	−153.3	−4.37
	4	−518.2	−5.72	172.8	−3.59	−13.12	−3.16	36.00	−2.74	−156.1	−4.42
	5	−771.6	−4.29	400.4	−2.88	4.33	−2.59	35	−2.56	−161.3	−4.48
	6	−794.1	−3.36	548.6	−2.56	5.37	−2.22	34.19	−2.43	−164.5	−4.55

　　水平地应力场中隧道拱顶空洞高度 $h=1.6$m 不变，拱顶空洞横向尺寸弧长 L 分别等于 2m、3m、4m、5m、6m，隧道结构五个截面控制测点 A、B、C、D、E 的轴力值和弯矩值统计如表 5-31 所示。分析表中数据可得衬砌结构五个截面控制测点的轴力变化曲线和弯矩变化曲线，如图 5-50 和图 5-51 所示。

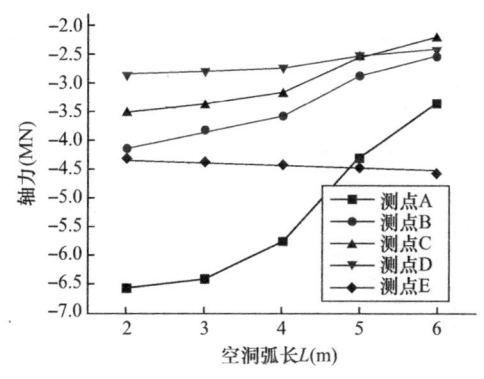 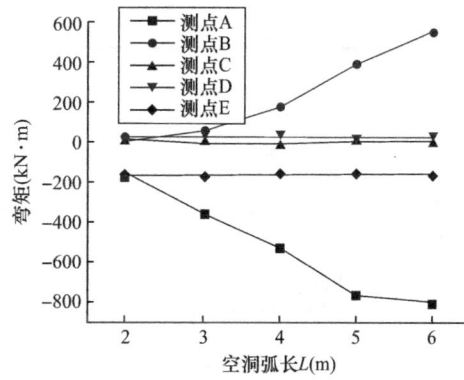

图 5-50　拱顶空洞弧长 L 值增大时测点轴力变化　　图 5-51　拱顶空洞弧长 L 值增大时测点弯矩变化

　　从轴力变化曲线（图 5-50）可以看出，水平地应力场中随着拱顶空洞横向尺寸 L 的增大，隧道结构截面控制拱顶测点 A、拱肩测点 B、拱腰测点 C 和边墙测点 D 的轴力值均呈减小的趋势，拱脚测点 E 轴力值略有增大。

　　由图 5-51 可知，水平地应力场中拱顶测点 A 与拱肩测点 B 弯矩值随着拱顶空洞横向尺寸 L 的增加呈线性增大的趋势，拱腰测点 C、边墙测点 D 与拱脚测点 E 的弯矩值变化很小，基本不受拱顶空洞横向尺寸值 L 变化的影响。

　　综合以上，水平地应力场中隧道拱顶空洞横向尺寸 L 的增大会造成衬砌结构拱顶、拱肩与拱腰部轴力值的大幅减小，而衬砌结构拱顶与拱肩部的弯矩值随着拱顶空洞横向尺寸 L 的增大而呈线性增加的趋势。

5.3.2　空洞高度变化

　　假定水平地应力场 $\sigma_x : \sigma_y = 2 : 1$，即地层侧压力系数 $\lambda=2$。拱顶空洞仍采用前述的有关假定，研究拱顶空洞竖向尺寸 h 参数与横向尺寸 L 对隧道结构的影响。设置如下对比试验方案，如表 5-32 所示设计方案共四种工况，分析水平地应力场中拱顶空洞横向尺寸 L 一定，拱顶空洞高度 h 增大时隧道结构内力的分布与变化规律。

拱顶空洞高度 h 设计方案 表 5-32

工况	弧长 L（m）	洞深 h（m）
拱顶空洞	6	0.4
		0.8
		1.2
		1.6

根据表 5-32 中的设计方案，水平地应力场中拱顶空洞弧长 $L=6$m 一定，拱顶空洞高度 h 分别等于 0.4m、0.8m、1.2m、1.6m 四种工况时，计算得到的隧道结构轴力图和弯矩图如表 5-33 所示。

水平地应力场拱顶空洞高度变化时隧道结构的轴力图和弯矩图 表 5-33

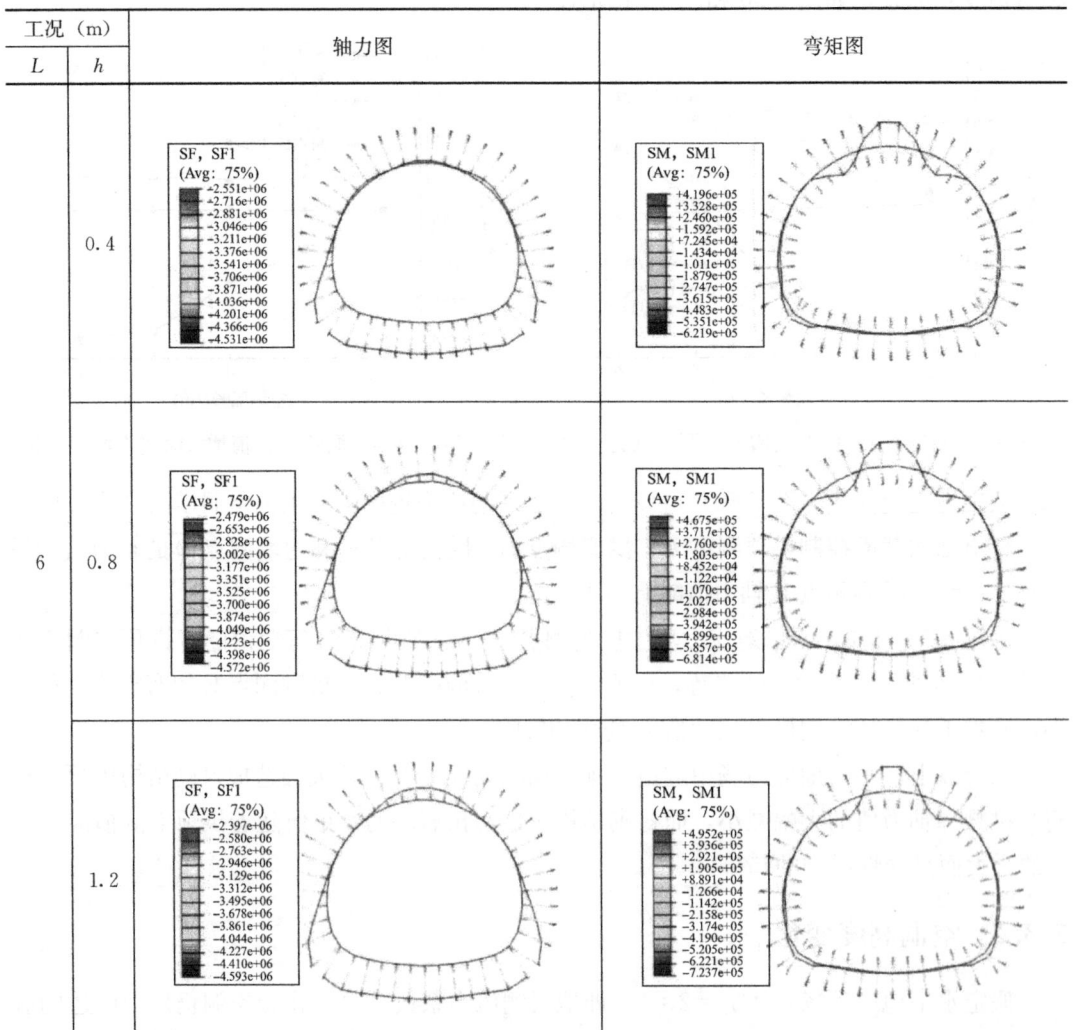

续表

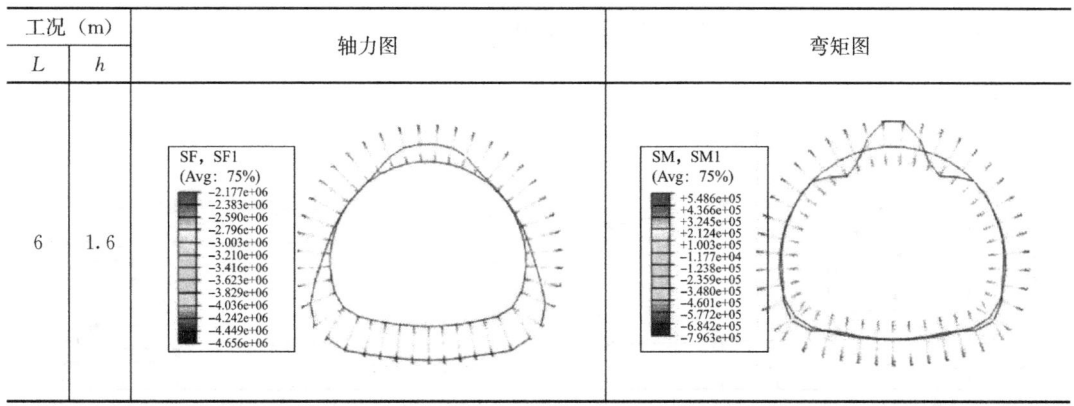

工况（m）		轴力图	弯矩图
L	h		
6	1.6		

由表5-33可以发现如下变化：

（1）水平地应力场中，拱顶空洞影响下隧道结构的最大轴力值所在位置由无空洞衬砌结构的拱顶部转移至衬砌结构的拱脚位置，而隧道结构的最大弯矩值所在位置由无空洞衬砌结构的拱脚和边墙转移至衬砌结构的拱顶和拱肩位置。

（2）从轴力图可看到水平地应力场中随着拱顶空洞竖向尺寸 h 值的增大，衬砌结构拱顶部轴力值呈增大趋势。

（3）从弯矩图中可以发现，水平地应力场中随着拱顶空洞竖向尺寸 h 值的增大，衬砌结构拱顶和拱肩位置的弯矩值呈增大趋势。

水平地应力场中隧道拱顶空洞横向尺寸弧长 $L=6$m，拱顶空洞高度 h 分别为0.4m、0.8m、1.2m、1.6m四种计算工况下，衬砌结构截面控制测点A、B、C、D、E的轴力值和弯矩值统计结果，如表5-34所示。根据表中的统计数据分析可得五个截面控制测点的轴力变化曲线和弯矩变化曲线，如图5-52和5-53所示。

水平地应力场拱顶空洞高度 h 增大时截面控制测点内力统计　　表5-34

工况		测点 A		测点 B		测点 C		测点 D		测点 E	
L	h	弯矩	轴力	弯矩	轴力	弯矩	轴力	弯矩	轴力	弯矩	轴力
m	m	kN·m	MN	kN·m	MN	kN·m	MN	kN·m	MN	kN·m	MN
无空洞		−25.97	−4.88	−12.44	−4.39	0.52	−3.82	29.82	−2.96	−145.4	−4.29
6	0.4	−619.4	−2.67	419.6	−2.69	−5.41	−2.73	27.68	−2.65	−159.2	−4.46
	0.8	−681.3	−2.89	467.5	−2.56	2.29	−2.53	35.95	−2.56	−161.4	−4.48
	1.2	−721.9	−3.09	494.3	−2.57	−3.05	−2.40	35.19	−2.52	−162.4	−4.50
	1.6	−794.1	−3.36	548.6	−2.56	5.37	−2.22	34.19	−2.43	−164.5	−4.55

水平地应力场中，轴力变化曲线（图5-52）显示随着拱顶空洞竖向尺寸 h 值的增大，拱顶测点A的轴力值呈现线性增加的趋势；拱肩测点B、拱腰测点C与边墙测点D的轴力值随拱顶空洞高度 h 的增大呈线性减小的趋势；拱脚测点E的轴力值基本不受拱顶空洞竖向尺寸 h 增大的影响。

从弯矩变化曲线（图5-53）可以看出，随着拱顶空洞竖向尺寸 h 值的增大，拱顶测点

A 与拱肩测点 B 的弯矩值呈线性增加趋势，而拱腰测点 C、边墙测点 D 与拱脚测点 E 的弯矩值基本不受拱顶空洞竖向尺寸 h 值变化的影响。

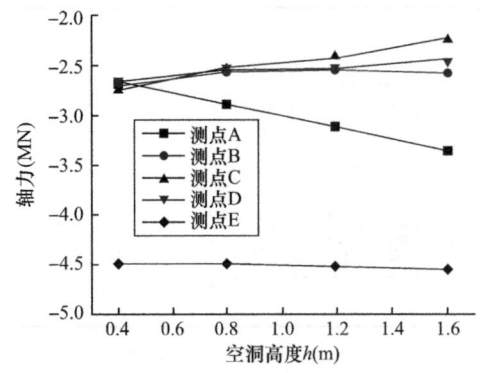 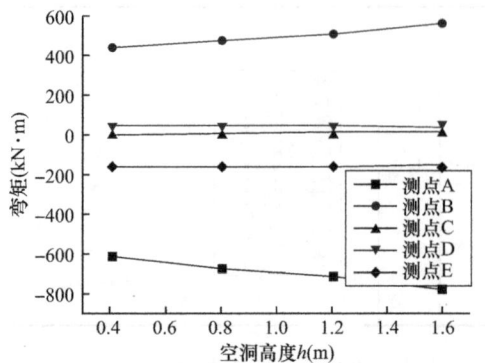

图 5-52　拱顶空洞高度 h 值增大时测点轴力变化　　　图 5-53　拱顶空洞高度 h 值增大时测点弯矩变化

通过以上分析综合来看，水平地应力场中拱顶空洞显著影响着衬砌结构的内力分布规律，尤其是弯矩的分布。隧道拱顶空洞高度 h 的增大会造成拱顶与拱肩部弯矩值急剧增大。此外，随着拱顶空洞高度 h 的增加衬砌结构拱顶部的轴力值呈线性增大。综合来看，拱顶空洞高度 h 增大时衬砌结构的拱顶与拱肩部受力更为不利。

5.3.3　空洞环向与高度变化对比

根据水平地应力场中拱顶空洞高度 h 增大时隧道结构的轴力变化曲线（图 5-52）和拱顶空洞弧长 L 增大时轴力变化曲线（图 5-50），计算出受拱顶空洞影响较大的截面控制测点 A、B 与 C 的轴力变化速率，如表 5-35 所示。由表可知，l_A^h 比 l_A^L 大 40.1%，即拱顶空洞横向尺寸 L 变化时拱顶测点 A 的轴力变化速率比拱顶空洞竖向尺寸 h 变化时拱顶测点 A 的变化速率大 40.1%；l_B^h 比 l_B^L 大 274.1%，即拱顶空洞横向尺寸 L 变化时拱肩测点 B 的轴力变化速率比拱顶空洞竖向尺寸 h 变化时拱肩测点 B 的变化速率大 274.1%。可知水平地应力场中，拱顶空洞横向尺寸 L 对拱顶测点 A 与拱肩测点 B 的轴力变化速率的影响大于拱顶空洞竖向尺寸 h 对其轴力变化速率的影响。l_C^L 比 l_C^h 小 21.7%，即截面控制测点 C 在拱顶空洞横向尺寸 L 影响下的轴力变化速率比拱顶空洞竖向尺寸 h 影响下的轴力变化速率小 21.7%，说明距离拱顶空洞略远的拱腰测点 C，拱顶空洞竖向尺寸 h 对其轴力变化速率影响更大。

水平地应力场拱顶空洞横向尺寸 L 与高度 h 对隧道结构轴力影响分析　　　表 5-35

测点	轴力曲线变化速率		速率值对比	增大或减少百分比
测点 A	l_A^h 576.7	l_A^L 807.8	$(l_A^L - l_A^h)/l_A^h$ 0.401	增大 40.1%
测点 B	l_B^h 105	l_B^L 392.8	$(l_B^L - l_B^h)/l_B^h$ 2.741	增大 274.1%

测点	轴力曲线变化速率		速率值对比	增大或减少百分比
测点 C	l_C^h 428.3	l_C^L 335.3	$(l_C^L - l_C^h)/l_C^h$ -0.217	减少 21.7%

注：表中 l_X^h 表示拱顶空洞高度 h 变化时测点轴力的变化速率，如 l_A^h 表示拱顶空洞高度 h 变化时拱顶测点 A 的轴力变化速率；表中 l_X^L 表示拱顶空洞弧长 L 变化时测点轴力的变化速率，如 l_A^L 表示拱顶空洞弧长 L 变化时拱顶测点 A 的轴力变化速率。

根据水平地应力场中拱顶空洞高度 h 增大时的弯矩变化曲线（图 5-53）和拱顶空洞弧长 L 增大时的弯矩变化曲线（图 5-50），计算求得受拱顶空洞影响较大的截面控制点 A 与 B 的弯矩变化速率，如表 5-36 所示。由表可知，P_A^L 比 P_A^h 大 9.3%，即拱顶空洞横向尺寸 L 影响下拱顶测点 A 的弯矩变化速率比拱顶空洞竖向尺寸 h 影响下拱顶测点 A 的弯矩变化速率大 9.3%；P_B^L 比 P_B^h 大 24%，即拱顶空洞横向尺寸 L 影响下拱肩测点 B 的弯矩变化速率比拱顶空洞竖向尺寸 h 影响下拱肩测点 B 的弯矩变化速率大 24%。可见水平地应力场中拱顶空洞横向尺寸 L 对隧道结构的弯矩值影响较大。

水平地应力场拱顶空洞横向尺寸 L 与高度 h 对隧道结构弯矩影响分析 表 5-36

测点	弯矩曲线变化速率		速率值对比	增大或减少百分比
测点 A	P_A^h 145.6	P_A^L 159.2	$(P_A^L - P_A^h)/P_A^h$ 0.093	增大 9.3%
测点 B	P_B^h 107.5	P_B^L 133.3	$(P_B^L - P_B^h)/P_B^h$ 0.24	增大 24%

注：表中 P_X^h 表示拱顶空洞高度 h 变化时测点弯矩的变化速率，如 P_A^h 表示拱顶空洞高度 h 变化时拱顶测点 A 的弯矩变化速率；表中 P_X^L 表示拱顶空洞弧长 L 变化时测点弯矩的变化速率，如 P_A^L 表示拱顶空洞弧长 L 变化时拱顶测点 A 的弯矩变化速率。

由上可知，水平地应力场中拱顶空洞横向尺寸 L 变化时隧道结构控制测点 A 与测点 B 的轴力和弯矩变化速率均大于拱顶空洞高度 h 变化时隧道结构测点 A 与测点 B 的轴力与弯矩变化速率。可见在水平地应力场中，同样是拱顶空洞的横向尺寸 L 对隧道结构内力值的影响更大，但拱顶空洞高度 h 对隧道结构内力的影响同样不容忽视，从表 5-36 中的相关数据可以看出，拱顶空洞横向尺寸 L 引起的隧道弯矩变化速率与拱顶竖向尺寸 h 引起的隧道弯矩变化速率相差很小。

在水平地应力场中，拱顶空洞影响下隧道结构内力的变化规律如下：

（1）水平地应力场中，拱顶空洞高度 h 的增大造成拱顶与拱肩部弯矩值增大，而隧道结构的轴力值随着拱顶空洞高度 h 的增大，除拱顶部增大外，拱肩、拱腰和边墙部均减小。

（2）随着拱顶空洞横向尺寸 L 增大，隧道结构拱顶和拱肩部的弯矩值均呈线性增大的趋势，隧道结构拱腰、边墙与拱脚部的弯矩值变化很小，基本不受拱顶空洞横向尺寸值 L 变化的影响。

（3）水平地应力场中，拱顶空洞横向尺寸 L 对隧道结构内力的影响大于拱顶竖向尺寸 h 对隧道结构内力的影响。但拱顶空洞高度 h 对隧道结构内力的影响同样不容忽视，因为

拱顶空洞横向尺寸 L 引起的隧道弯矩变化速率与拱顶竖向尺寸 h 引起的隧道弯矩变化速率相差很小。

5.4 外水压力下空洞对衬砌受力影响

这里采用 ANSYS 软件,分析特定接触模式下(绑定外水压力)隧道衬砌结构受力。

1)计算模型

根据模型试验和依托工程实际条件,选取典型断面,隧道开挖过程采用地层-结构法,

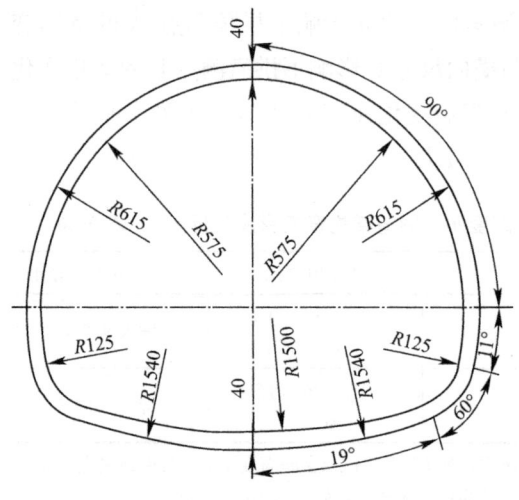

图 5-54 二次衬砌结构图

为了控制开挖过程中的位移值,施工步参考 CD 工法,水荷载施加采用荷载结构法直接施加在二次衬砌外表面(图 5-54)。

全封闭抗水压结构设计具有与其他种类隧道结构不同的受力特点,对作用在支护结构上的荷载进行分析,计算中假设围岩和衬砌均处于弹塑性应力状态,各向同性,选取Ⅲ类围岩,开挖后围岩释放 50% 的应力,施作初期支护后应力释放 100%。其计算参数见表 5-37,荷载释放系数建议取值见表 5-38。

2)计算结果与分析

衬砌拱顶处的外水压力为取 15m 的水头压力 0.15MPa,不考虑水压力折减等因素的影响。表 5-39 显示衬砌不承受水压和承受水压接触状态的比较。

计算参数表 表 5-37

物理参数	重度(kN/m³)	弹性模量(MPa)	泊松比	粘聚力(MPa)	内摩擦角(°)
Ⅲ类围岩	25	13000	0.3	0.8	36
C20 喷混凝土（含 18 号工字钢拱架）	22	24295	0.1667	1.848	52.643
C30 模筑混凝土	25	31000	0.1667	—	—

荷载释放系数建议取值表 表 5-38

围岩级别	围岩	初期支护	二次衬砌
Ⅲ类	50%～70%	50%～30%	0

根据表 5-39 可知,施加水荷载之前初支和二衬之间存在接触穿透(CONTPENE)现象,施加水荷载之后,由于水荷载施加在二衬边缘,二次衬砌各部位将产生变形,初支和二衬之间产生了接触间隙(CONTGAP)。由于 ANSYS 有限元软件的原因,初支和二衬

之间产生接触时，初支和二衬之间会产生一定的接触应力，而在实际的隧道模筑二次衬砌过程中，初支和二衬之间接触压力只考虑二衬衬砌的自重力，位于仰拱和仰拱隅角处，因此加载水压力后要综合比较接触应力的变化；加载水荷载后，二衬仰拱及仰拱隅角处接触应力变化明显，说明仰拱和仰拱隅角受到较大力的作用，是抗水压衬砌需要着重考虑安全性的地方。

水压力加载前后接触状态对比 表 5-39

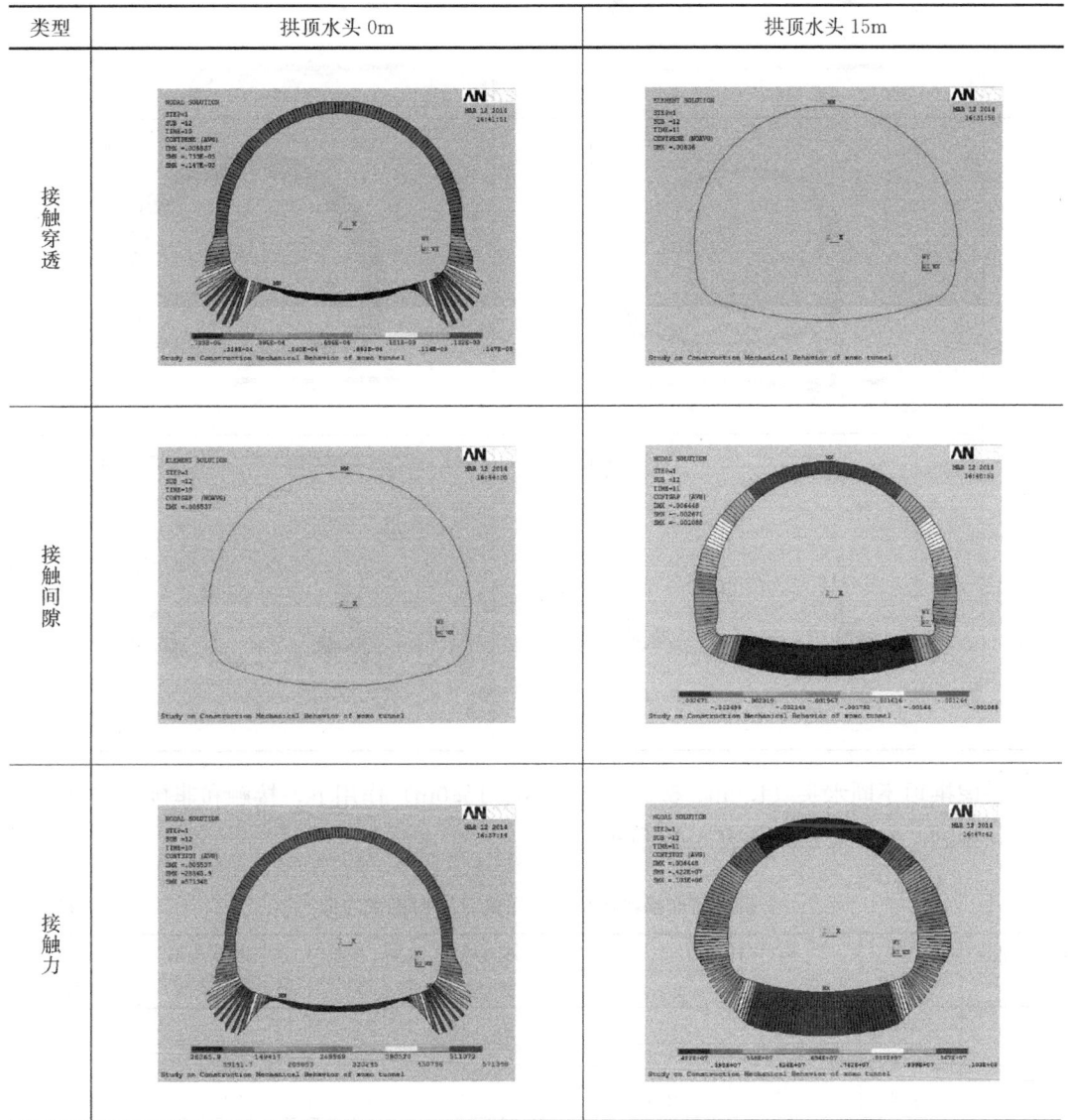

类型	拱顶水头 0m	拱顶水头 15m
接触穿透		
接触间隙		
接触力		

ANSYS 有限元软件提供了多种接触模型，对于初期支护和二次衬砌绑定的接触，也可以在建模时将二次衬砌建在初期支护内侧，不使用接触单元，这里统称为非接触分析。不使用接触单元也可以实现初支和二衬绑定的效果，下面将对接触和非接触分析结果进行比较，如表 5-40 所示，即施加水荷载情况下非接触和接触分析衬砌计算云图对比。

水压力下接触与非接触分析对比 表 5-40

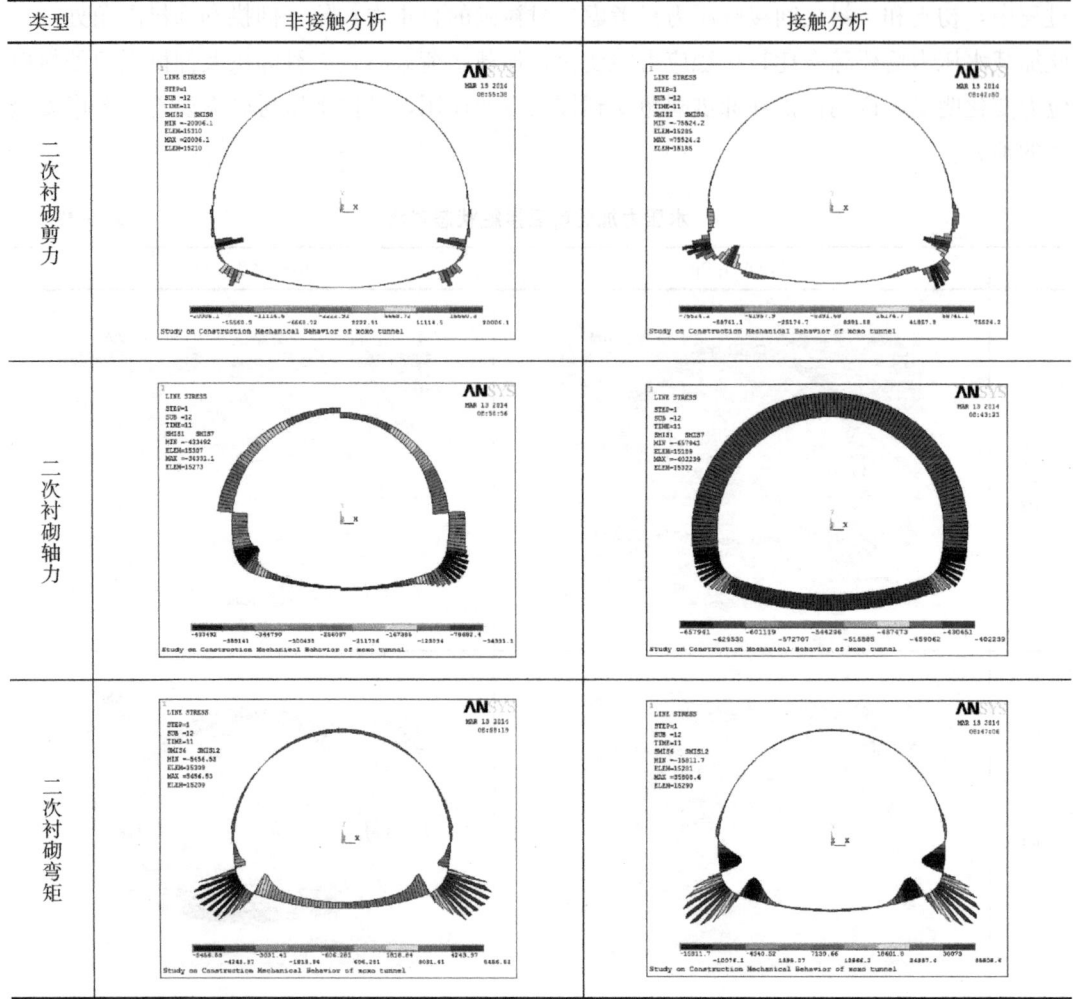

类型	非接触分析	接触分析
二次衬砌剪力		
二次衬砌轴力		
二次衬砌弯矩		

考虑拱顶不同水头（1.0m、5.0m、10.0m、15.0m）作用下，接触和非接触分析对比分析，得到二衬计算结果如表 5-41 所示。

接触与非接触作用方式下的二次衬砌内力值 表 5-41

拱顶水头（m）	类别	剪力最值（kN）		轴力最值（kN）		弯矩最值（kN·m）	
		最大值	最小值	最大值	最小值	负弯矩最大值	正弯矩最大值
1.0	非接触	13.0	1.4	288.4	−1.2（拉应力）	3.8	3.8
	接触	23.6	2.6	209.9	155.1	7.4	11.0
5.0	非接触	20.5	2.3	310.3	10.7	4.0	4.0
	接触	33.1	3.7	278.7	170.6	6.9	16.1
10.0	非接触	32.4	3.6	368.7	22.6	4.7	4.7
	接触	58.2	6.5	463.0	281.1	11.3	25.8
15.0	非接触	44.3	4.9	433.5	34.3	5.5	5.5
	接触	75.5	8.4	657.9	402.2	15.8	35.8

根据表 5-40 绘制关系曲线，如图 5-55～图 5-57 所示。

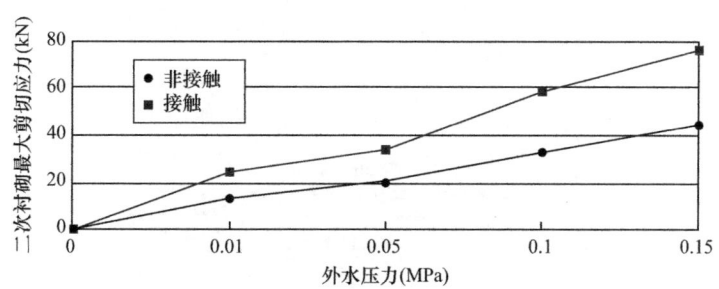

图 5-55　二次衬砌最大剪力-外水压力关系曲线

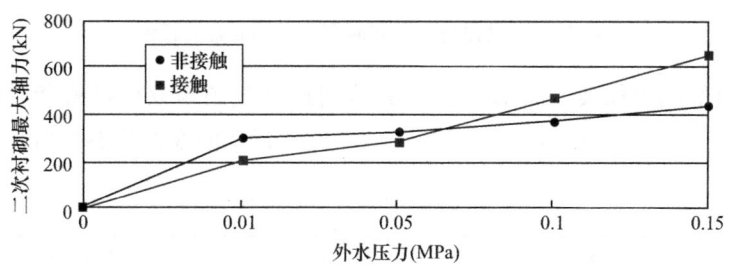

图 5-56　二次衬砌最大轴力-外水压力关系曲线

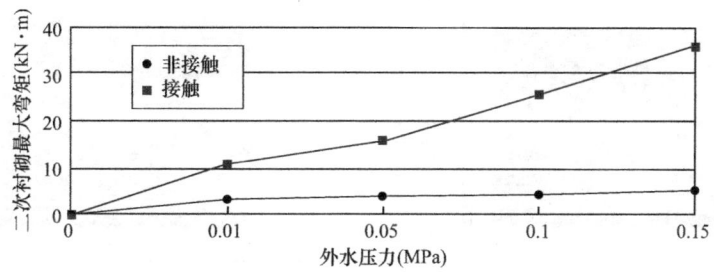

图 5-57　二次衬砌最大弯矩-外水压力关系曲线

根据表 5-39，二次衬砌的剪力和轴力最大值随着水压力的增大，接触和非接触的差值也越来越大，接触分析计算值比非接触分析计算值大 50% 左右；尤其是二衬的弯矩值，非接触分析计算值和接触分析相差较大，接触分析计算值比非接触分析计算值更符合工程实际，这也表现出非接触分析模拟的局限性。

5.5　多空洞叠加对衬砌受力影响

5.5.1　拱顶与拱腰背后空洞叠加

隧道衬砌的拱顶与拱腰背后同时存在空洞的现象也是衬砌背后空洞分布的一种形式，运用有限元法进行数值模拟分析时，选取拱顶与拱腰背后均出现直径为 1m 的圆形空洞为研究对象，其计算模型如图 5-58 所示。

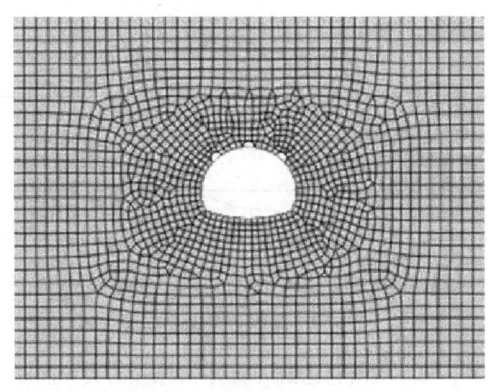

图 5-58　拱顶与拱腰同时存在空洞时计算模型

模型分析计算结果如表 5-42 所示，分别为衬砌在拱顶与双侧拱腰背后同时存在空洞与无空洞时围岩总位移的分布图、衬砌所受弯矩图、衬砌的变形状态分布与结果分析。

拱顶与双侧拱腰背后存在空洞与无空洞对比　　　　　　　　表 5-42

类型		无空洞	存在空洞
围岩总位移（m）	分布图	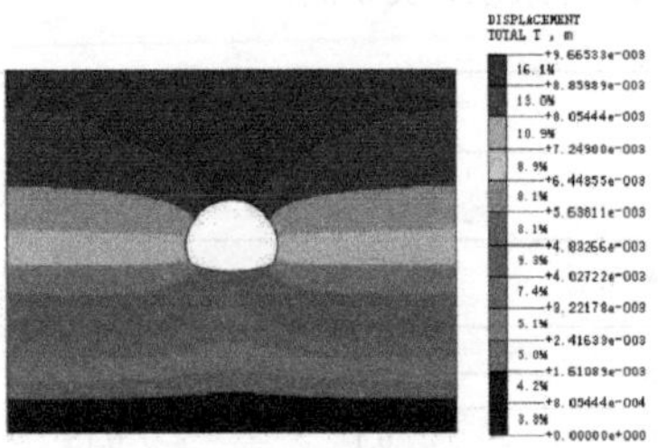	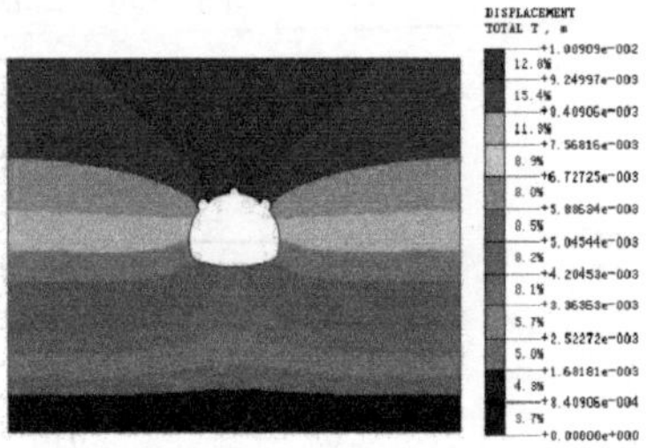
	结果分析	当拱顶与拱腰同时出现空洞时，在拱顶处，位移值由 9.66mm 增大为 10.09mm，拱腰处位移值由 8.85mm 增大为 9.24mm，边墙处位移值由 6.44mm 增大为 6.72mm，在仰拱部位位移值由 5.63mm 减小为 4.20mm。整体呈现由拱顶至边墙部位的位移增大趋势，仰拱部位位移的减小趋势。围岩总位移值的变化将对衬砌结构的变形状态产生影响	
衬砌所受弯矩图（kN·m）	分布图	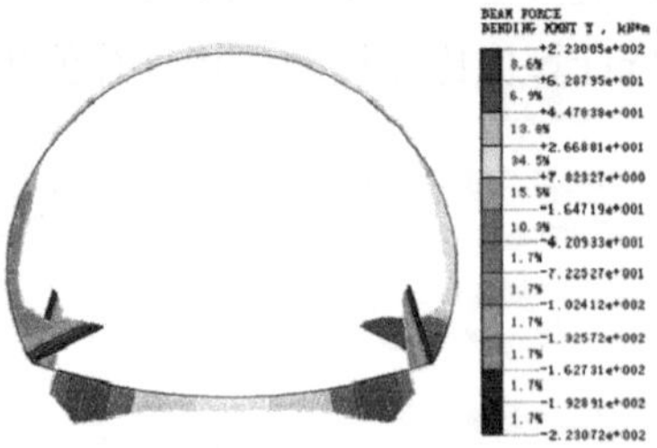	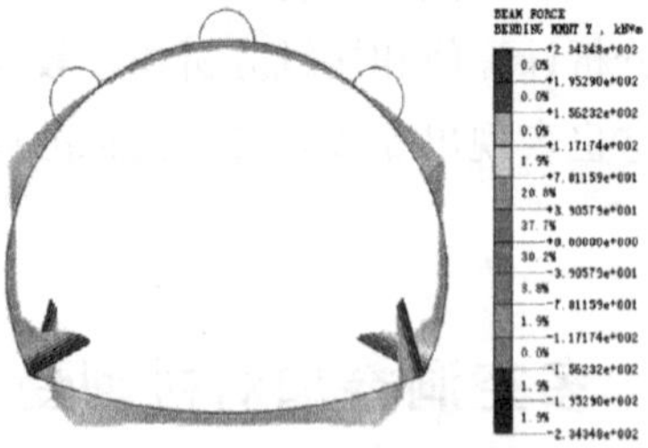
	结果分析	在拱顶处，衬砌由没有空洞时的外侧受压变为拱顶与拱腰同时存在空洞时的内侧受压，弯矩值由外侧受压时的 26.6kN·m 变为内侧受压时的 39kN·m；在拱腰与边墙之间位置处，弯矩呈现增大的趋势，弯矩值由没有空洞时的 7.8kN·m 增加到 78kN·m；在拱脚部位及仰拱的两边缘位置处，弯矩分布形式并未发生变化，但弯矩值都呈现增大的趋势。通过对比可以看到，弯矩值在拱腰与边墙之间呈现较明显增大现象，此位置随弯矩的增大衬砌截面安全性呈现降低，同时拱脚部位及仰拱的两侧边缘位置处因弯矩的增大易出现衬砌裂损或其他衬砌病害	

类型		无空洞	存在空洞
衬砌变形状态图	分布图	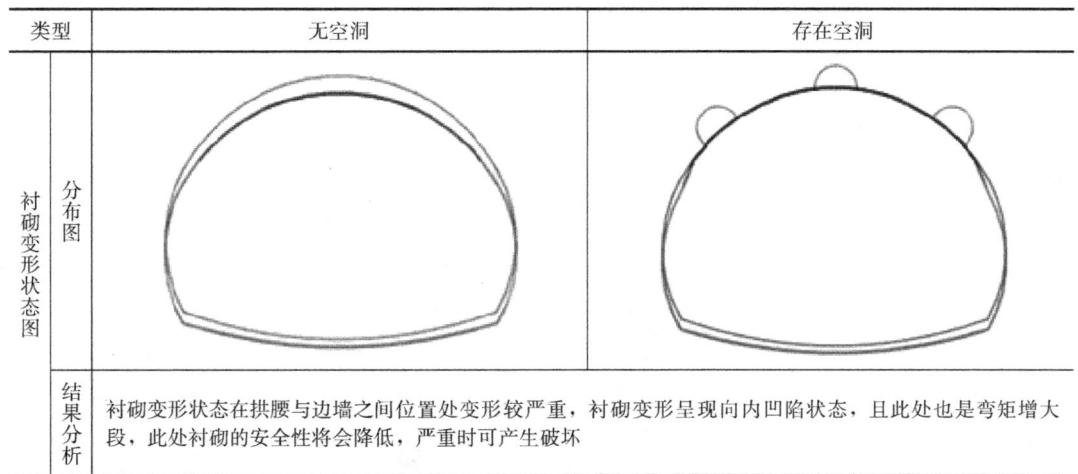	
	结果分析	衬砌变形状态在拱腰与边墙之间位置处变形较严重，衬砌变形呈现向内凹陷状态，且此处也是弯矩增大段，此处衬砌的安全性将会降低，严重时可产生破坏	

5.5.2 拱顶与边墙背后同时存在空洞

拱顶与边墙衬砌的背后位置产生空洞的时候，此时同样以 1m 直径的圆形空洞为研究对象，其计算模型如图 5-59 所示。

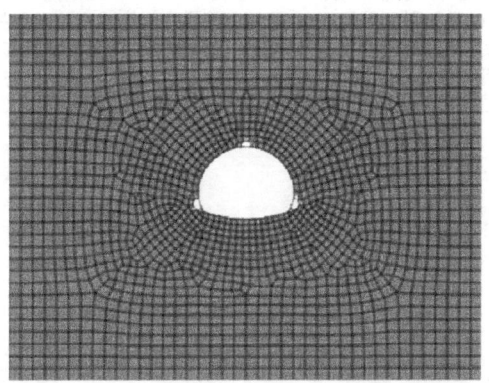

图 5-59 拱顶与边墙背后同时存在空洞的计算模型

模型分析计算结果如表 5-43 所示，分别为衬砌在拱顶与边墙背后同时存在空洞与无空洞时围岩总位移的分布图、衬砌所受弯矩图、衬砌的变形状态分布与结果分析。

拱顶与边墙背后存在空洞与无空洞对比 表 5-43

类型		无空洞	存在空洞
围岩总位移（m）	分布图		

类型		无空洞	存在空洞
围岩总位移（m）	结果分析	对比没有空洞时的围岩总位移云图，拱顶与边墙背后产生空洞时，拱顶处位移值由 9.66mm 增加到 10.3mm，拱腰处位移值由 8.85mm 增加到 9.51mm，边墙处位移值由 6.44mm 增加到 6.91mm，仰拱处位移值由 5.63mm 减小到 4.32mm。总体来说，围岩位移值在拱顶至边墙部位处于增大趋势，在仰拱位置处呈现为减小趋势	
衬砌所受弯矩图（kN·m）	分布图	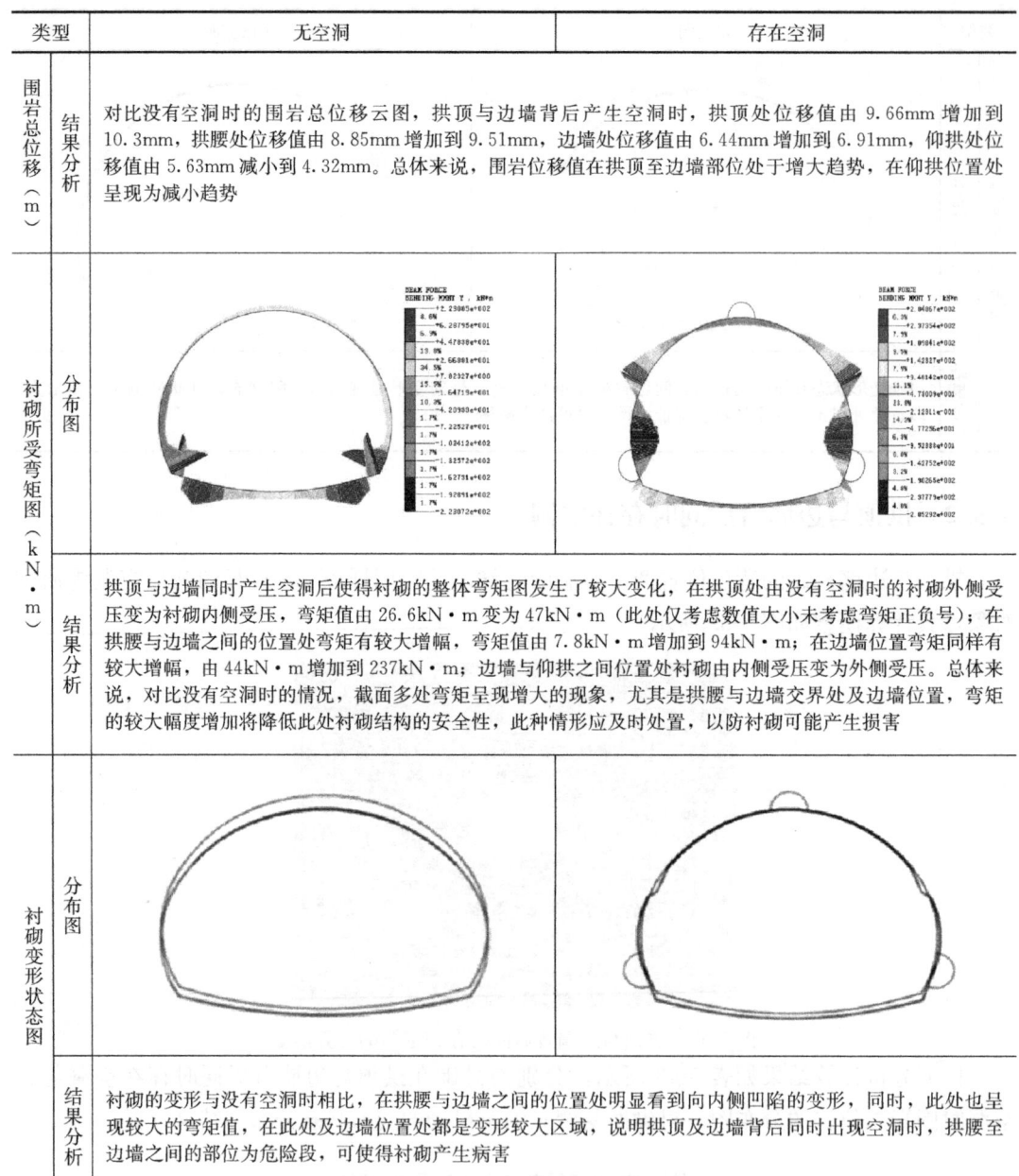	
	结果分析	拱顶与边墙同时产生空洞后使得衬砌的整体弯矩图发生了较大变化，在拱顶处由没有空洞时的衬砌外侧受压变为衬砌内侧受压，弯矩值由 26.6kN·m 变为 47kN·m（此处仅考虑数值大小未考虑弯矩正负号）；在拱腰与边墙之间的位置处弯矩有较大增幅，弯矩值由 7.8kN·m 增加到 94kN·m；在边墙位置弯矩同样有较大增幅，由 44kN·m 增加到 237kN·m；边墙与仰拱之间位置处衬砌由内侧受压变为外侧受压。总体来说，对比没有空洞时的情况，截面多处弯矩呈现增大的现象，尤其是拱腰与边墙交界处及边墙位置，弯矩的较大幅度增加将降低此处衬砌结构的安全性，此种情形应及时处置，以防衬砌可能产生损害	
衬砌变形状态图	分布图		
	结果分析	衬砌的变形与没有空洞时相比，在拱腰与边墙之间的位置处明显看到向内侧凹陷的变形，同时，此处也呈现较大的弯矩值，在此处及边墙位置处都是变形较大区域，说明拱顶及边墙背后同时出现空洞时，拱腰至边墙之间的部位为危险段，可使得衬砌产生病害	

5.5.3 拱腰与边墙背后同时存在空洞

针对拱腰与边墙背后同时存在空洞的现象，选取直径为 1m 的圆形空洞为研究对象，探讨此时衬砌受力状态、围岩位移值与衬砌变形状态。计算模型如图 5-60 所示。

模型分析计算结果如表 5-44 所示，分别为衬砌在拱腰及边墙背后同时存在空洞与无空洞时围岩总位移的分布图、衬砌所受弯矩图、衬砌的变形状态分布与结果分析。

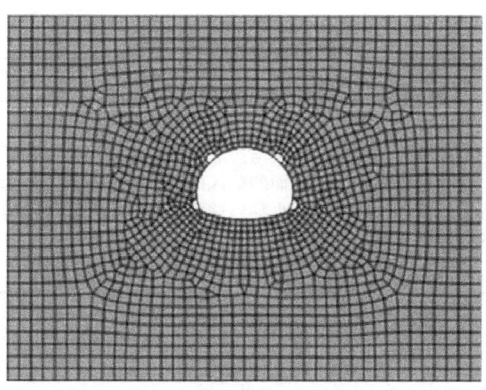

图 5-60　拱腰与边墙背后存在空洞的计算模型

拱腰及边墙背后存在空洞与无空洞对比　　　　　表 5-44

类型		无空洞	存在空洞
围岩总位移（m）	分布图	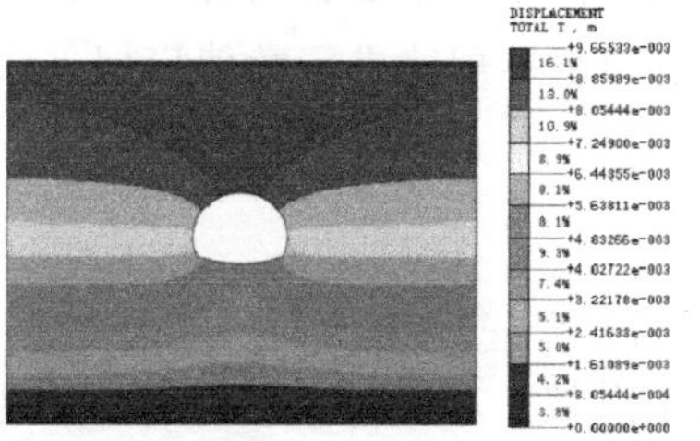	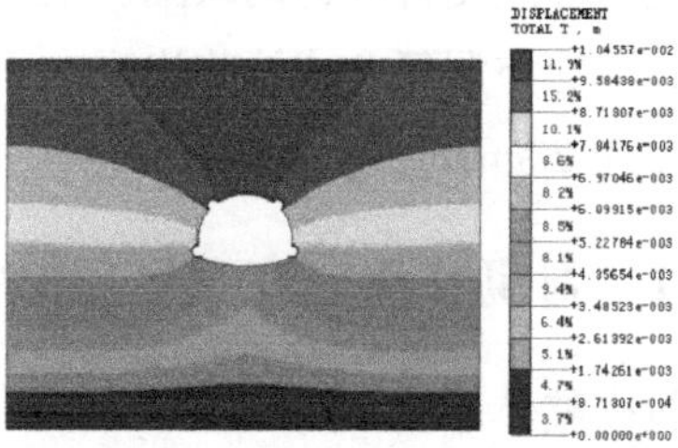
	结果分析	拱腰与边墙背后存在空洞时，拱顶位移值由 9.66mm 增加为 10.45mm，拱腰处位移值由 8.85mm 增加到 9.58mm，在边墙处位移值由 6.44mm 增加到 6.97mm，在仰拱处位移值则由 5.63mm 减小为 4.35mm。位移值的变化显示拱顶至边墙处位移值均呈现增大现象，在仰拱处位移值则出现减小的趋势	
衬砌所受弯矩图（kN·m）	分布图	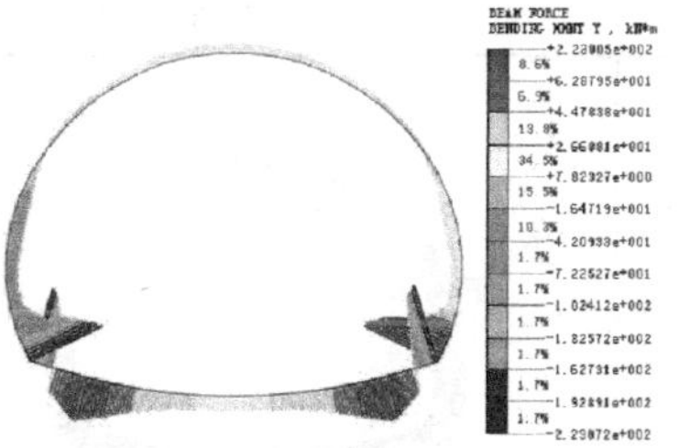	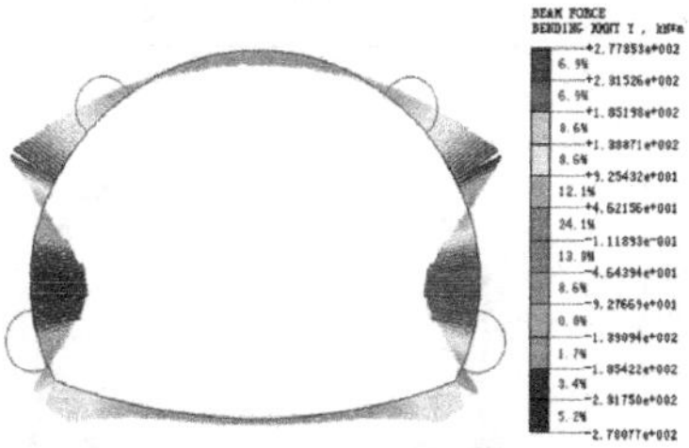
	结果分析	当拱腰及边墙衬砌背后出现空洞时，拱顶由没有空洞时的外侧受压变为内侧受压，弯矩值由 26.6kN·m 变为 46kN·m（仅考虑数值未考虑正负号），拱腰与边墙交界处弯矩呈较大增长趋势，由 7.8kN·m 增加到 185kN·m，边墙处最大弯矩值由 44kN·m 增加到 231kN·m，增幅较大。拱腰与边墙之间部位及边墙部位均为弯矩较大幅度增加段，衬砌安全性在拱腰至边墙段将呈现下降趋势，此时衬砌两侧拱腰及以下位置危险性将会增加	
衬砌变形状态图	分布图	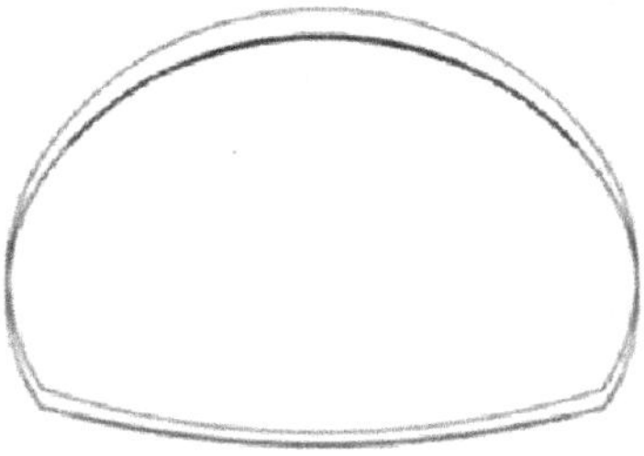	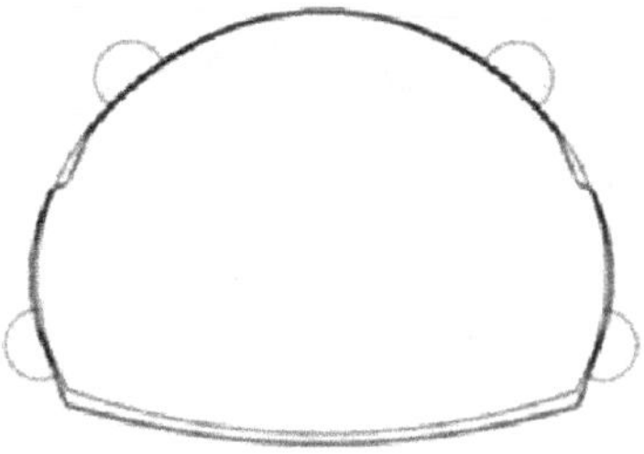

续表

类型		无空洞	存在空洞
衬砌变形状态图	结果分析	相比没有空洞存在时的衬砌圆润的变形，拱腰与边墙背后存在空洞时在拱腰与边墙之间的部位衬砌变形出现向内侧凹陷的情形，此处衬砌外侧受压，而凹陷区的下方段衬砌相接处则出现衬砌内侧受压的情况，在凹陷区段衬砌较大变形及边墙处衬砌的变形也导致这两处弯矩增大，使得衬砌由拱腰至边墙区段成为衬砌产生破损及其他病害的危险位置	

5.6 衬砌复合缺陷力学分析

从隧道衬砌复合缺陷致害性实际工程中发现，隧道衬砌厚度不足和背后空洞时常会同时出现，形成复合式衬砌缺陷。下面分别对衬砌整体厚度不足、局部空洞和衬砌局部厚度不足、局部空洞复合式缺陷出现在不同位置时的致害性规律进行数值模拟（取衬砌厚度不足时 h 为 20cm）。

5.6.1 衬砌整体厚度不足局部空洞

衬砌整体厚度不足局部（拱顶、左拱肩、左拱腰、左拱脚、仰拱）空洞弯矩、轴力对比与结果分析见表5-45，衬砌受整体厚度不足局部空洞影响的安全系数见表5-46、图5-61。

衬砌整体厚度不足局部空洞弯矩、轴力对比　　　　　　　表 5-45

类型		局部空洞弯矩分布图	局部空洞轴力分布图
整体厚度不足拱顶空洞	分布图	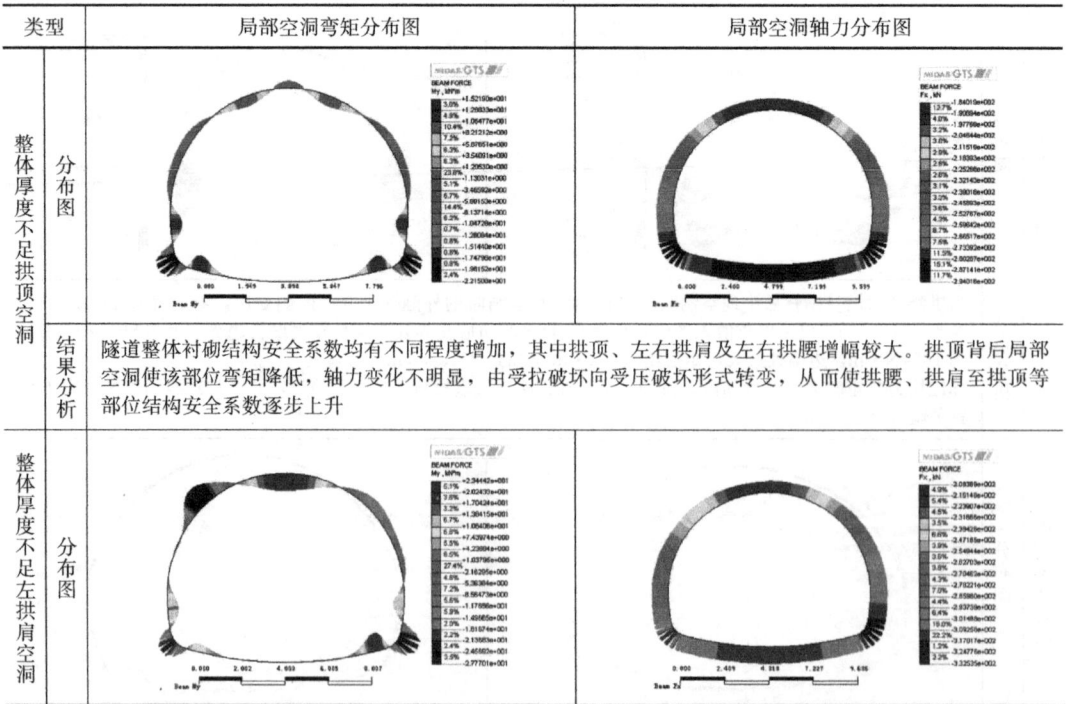	
	结果分析	隧道整体衬砌结构安全系数均有不同程度增加，其中拱顶、左右拱肩及左右拱腰增幅较大。拱顶背后局部空洞使该部位弯矩降低，轴力变化不明显，由受拉破坏向受压破坏形式转变，从而使拱腰、拱肩至拱顶等部位结构安全系数逐步上升	
整体厚度不足左拱肩空洞	分布图		

类型		局部空洞弯矩分布图	局部空洞轴力分布图
整体厚度不足左拱肩空洞	结果分析	隧道左拱肩、右拱肩部位二次衬砌结构安全系数均出现明显下降，其他部位安全系数较仅存在厚度不足缺陷时未见明显变化。从建模后数据分析可知，由于左拱肩整体厚度不足空洞缺陷，左、右拱肩部位二次衬砌弯矩增大，轴力略微减小；衬砌结构破坏形式由小偏心受压向大偏心受拉转变，从而造成衬砌结构安全系数下降	
整体厚度不足左拱腰空洞	分布图		
	结果分析	左拱腰部位安全系数较仅存在整体厚度不足缺陷时未见明显变化	
整体厚度不足左拱脚空洞	分布图		
	结果分析	出现整体厚度不足拱脚处空洞使衬砌结构受力出现不对称现象；拱顶、左拱肩、左拱腰、左拱脚和右拱肩衬砌结构安全系数均出现不同程度降低，尤其是左拱脚衬砌结构安全系数已处于破坏状态。左拱脚部位衬砌结构弯矩大幅度增加，而轴力略有上升，结构破坏形式由小偏心受压向大偏心受拉转变，安全系数降低。左拱脚部位衬砌结构的破坏导致左拱腰等其他衬砌部位的内力重分布，从而使得多部位衬砌结构安全系数明显降低	
整体厚度不足仰拱空洞	分布图		
	结果分析	仰拱部位结构安全系数较仅存在整体厚度不足缺陷时略有下降，其他衬砌部位结构安全系数未见明显变化	

衬砌受整体厚度不足局部空洞影响的安全系数　　　　　　　表 5-46

缺陷部位　影响部位	0.20m	拱顶	左拱肩	左拱腰	左拱脚	仰拱
拱顶	2.55	14.82	1.65	2.59	1.98	2.55
左拱肩	7.47	14.90	1.21	8.01	3.83	7.45
左拱腰	9.29	11.13	10.21	9.86	2.90	9.29
左拱脚	1.62	1.88	2.08	2.62	0.40	1.62
仰拱	11.51	13.15	12.04	11.38	12.08	10.85
右拱脚	2.11	2.43	2.28	2.08	1.86	2.11
右拱腰	7.40	12.58	8.64	7.16	8.15	7.40
右拱肩	8.46	13.93	4.54	8.66	3.98	8.40

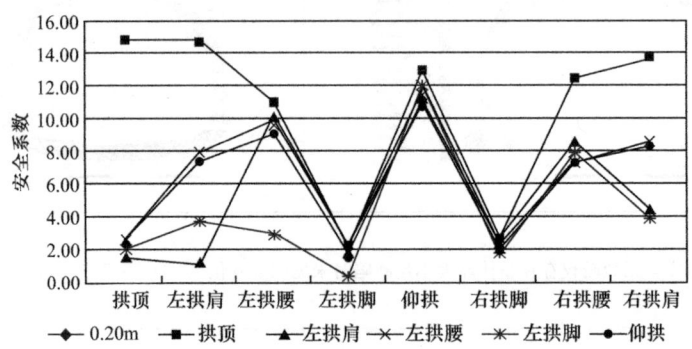

图 5-61　衬砌受整体厚度不足局部空洞影响的安全系数变化图

5.6.2　衬砌局部厚度不足局部空洞

衬砌局部厚度不足局部（拱顶、左拱肩、左拱腰、左拱脚、仰拱）空洞弯矩、轴力对比与结果分析见表 5-47，衬砌受整体厚度不足局部空洞影响的安全系数见表 5-48、图 5-62。

衬砌整体厚度不足局部空洞弯矩、轴力对比　　　　　　　表 5-47

类型		局部空洞弯矩分布图	局部空洞轴力分布图
拱顶局部厚度不足空洞	分布图		
	结果分析	拱顶部位存在局部厚度不足空洞时，拱顶、左拱肩及右拱肩等部位衬砌结构安全性系数均大幅度增加，其他部位结构安全系数未见明显变化。由于拱顶、左拱肩及右拱肩衬砌局部厚度不足空洞缺陷，该部位衬砌结构弯矩大幅度降低，轴力未见明显增加，结构安全系数上升。其他隧道部位衬砌结构安全系数未见明显变化	

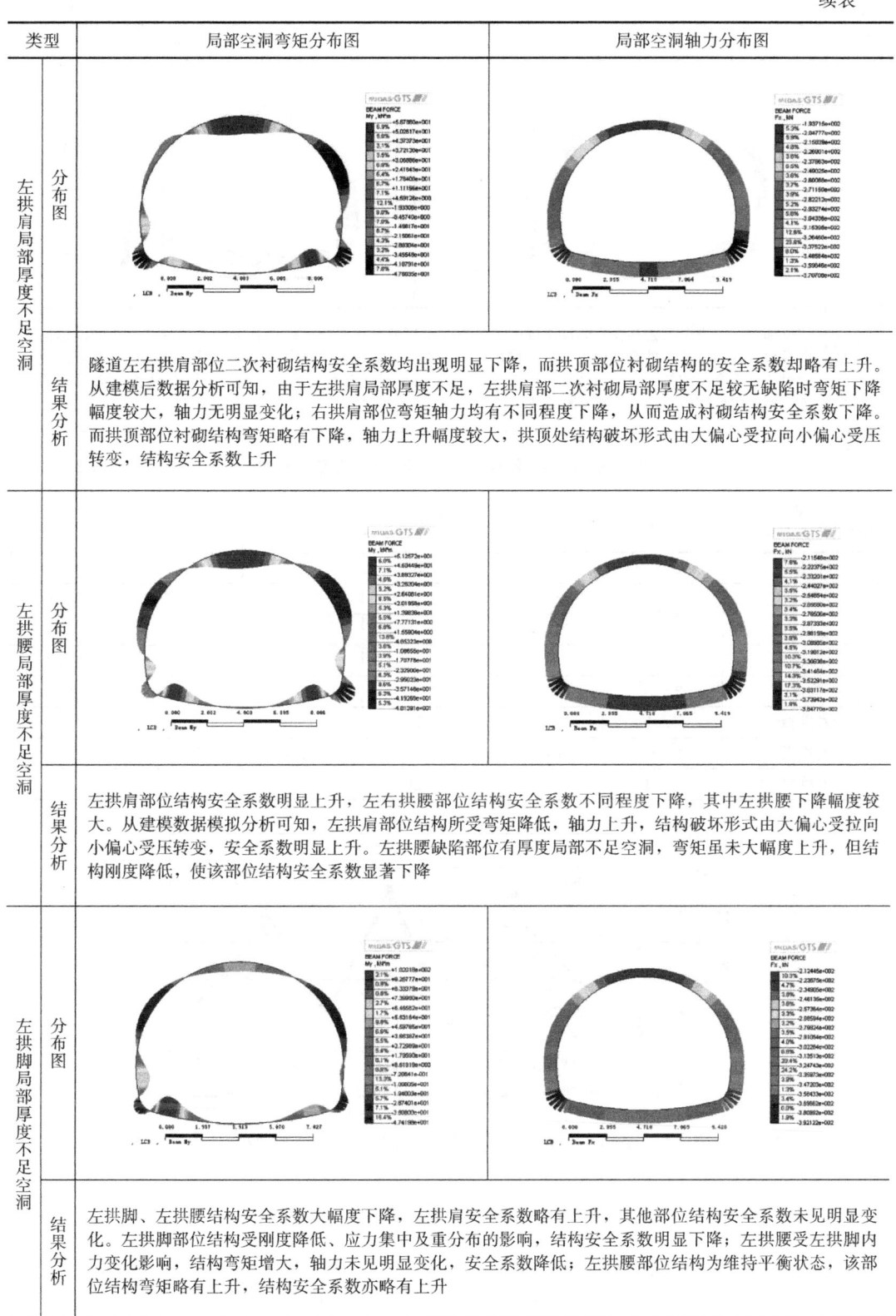

类型		局部空洞弯矩分布图	局部空洞轴力分布图
左拱肩局部厚度不足空洞	分布图		
	结果分析	隧道左右拱肩部位二次衬砌结构安全系数均出现明显下降，而拱顶部位衬砌结构的安全系数却略有上升。从建模后数据分析可知，由于左拱肩局部厚度不足，左拱肩部位二次衬砌局部厚度不足较无缺陷时弯矩下降幅度较大，轴力无明显变化；右拱肩部位弯矩轴力均有不同程度下降，从而造成衬砌结构安全系数下降。而拱顶部位衬砌结构弯矩略有下降，轴力上升幅度较大，拱顶处结构破坏形式由大偏心受拉向小偏心受压转变，结构安全系数上升	
左拱腰局部厚度不足空洞	分布图		
	结果分析	左拱肩部位结构安全系数明显上升，左右拱腰部位结构安全系数不同程度下降，其中左拱腰下降幅度较大。从建模数据模拟分析可知，左拱肩部位结构所受弯矩降低，轴力上升，结构破坏形式由大偏心受拉向小偏心受压转变，安全系数明显上升。左拱腰缺陷部位有厚度局部不足空洞，弯矩虽未大幅度上升，但结构刚度降低，使该部位结构安全系数显著下降	
左拱脚局部厚度不足空洞	分布图		
	结果分析	左拱脚、左拱腰结构安全系数大幅度下降，左拱肩安全系数略有上升，其他部位结构安全系数未见明显变化。左拱脚部位结构受刚度降低、应力集中及重分布的影响，结构安全系数明显下降；左拱腰受左拱脚内力变化影响，结构弯矩增大，轴力未见明显变化，安全系数降低；左拱腰部位结构为维持平衡状态，该部位结构弯矩略有上升，结构安全系数亦略有上升	

续表

类型		局部空洞弯矩分布图	局部空洞轴力分布图
仰拱局部厚度不足空洞	分布图	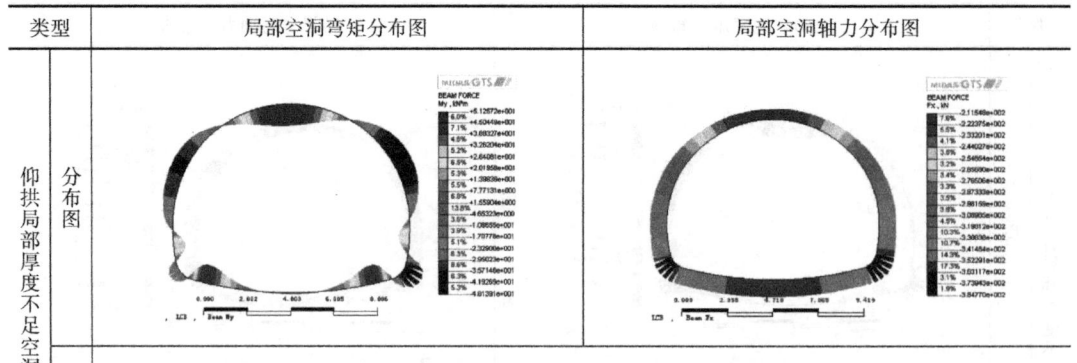	
	结果分析	仰拱部位结构安全系数存在大幅度下降现象，左右拱肩处结构安全系数略有上升，其中左拱肩部位结构安全系数上升幅度较右拱肩部位大。尽管仰拱处厚度不足缺陷现场检测出现较少，但该部位再出现空洞现象时对结构安全影响较大，不容忽视。由于仰拱局部厚度不足空洞缺陷的出现，会引起结构内力分布的现象，左右拱肩部位结构安全系数略有上升	

衬砌受局部厚度不足局部空洞影响的安全系数　　　　　　　表 5-48

缺陷部位 影响部位	无缺陷	拱顶	左拱肩	左拱腰	左拱脚	仰拱
拱顶	2.40	14.00	5.04	2.63	2.55	2.74
左拱肩	6.01	23.66	1.79	24.20	7.57	9.72
左拱腰	20.17	21.42	18.37	9.39	3.18	19.00
左拱脚	4.20	4.12	4.13	15.10	0.69	4.10
仰拱	22.34	22.63	21.99	20.68	21.44	10.22
右拱脚	5.01	4.94	5.79	5.06	5.33	4.86
右拱腰	18.19	19.41	18.71	16.64	19.19	16.88
右拱肩	5.43	27.65	2.39	5.93	5.85	7.02

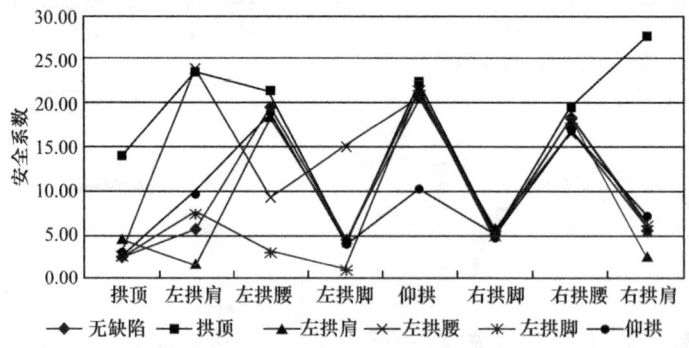

图 5-62　衬砌受局部厚度不足局部空洞影响的安全系数变化图

参 考 文 献

［1］　Wang Jifei, Huang Hongwei, Xie Xiongyao, Bobet Antonio. Void-induced liner deformation and stress redistribution ［J］. Tunnelling and Underground Space Technology，2014，40（2）：263-276.

［2］　王伟. 基于施工缺陷的公路隧道结构影响分析与病害防治研究 ［D］. 西安：长安大学，2015.

［3］ 宋瑞刚，张顶立."接触问题"引起的隧道病害分析［J］. 中国地质灾害与防治学报，2004，15（4）：69-72.

［4］ 傅鹤林，陈琛，张加兵，谢芳. 衬砌脱空对现役隧道结构安全性影响研究［J］. 铁道科学与工程学报，2016，13（3）：517-522.

［5］ 叶艺超，彭立敏，雷明锋，林越翔. 不同脱空模式下隧道结构安全状态分析［J］. 铁道科学与工程学报，2018，（11）：2875-2883.

［6］ 曾宇. 考虑接触效应的外水压力下隧道衬砌计算方法研究［D］. 重庆：重庆交通大学，2014.

［7］ 段永凯. 隧道空洞缺陷对衬砌结构的影响及其裂损规律研究［D］. 北京：北京交通大学，2017.

［8］ 孙文龙. 毛坪隧道衬砌缺陷致害机理与加固措施研究［D］. 重庆：重庆交通大学，2014.

［9］ 江星宏，闫明超，曾鹏，杨新安. 高铁隧道复合衬砌脱空统计分析与防治［J］，华东交通大学学报，2015，32（6）：8-13.

6 衬砌背后接触类病害检测方法

隧道结构无损检测通常包括净空与限界的检测、衬砌裂缝检测、结构强度检测、钢筋锈蚀受力检测、衬砌厚度检测、衬砌背后接触状态检测等。目前国内外用于隧道病害无损检测的方法主要包括：地质雷达法、瞬变电磁雷达法、弹性波法（超声/声波法）、红外线检测法、钻芯法等（表6-1）。其中，地质雷达是使用较为广泛的一种无损检测方法，用于探测衬砌厚度、确定钢筋及格栅钢架的分布位置及数量、查明衬砌背后空洞和回填不密实区域等。

隧道接触类病害常见无损检测方法 表 6-1

检测方法	隧道工程中的用途	不足	优点
地质雷达法	检测衬砌中钢筋布置、衬砌厚度、衬砌内裂缝及背后空洞等	初衬和二衬表面位置难以确定，电磁波在非均匀介质中的传播速度不易确认，衬砌空洞位置定位不精准，测量结果判读对人员经验的依赖性较强	无损伤，检测连续，操作简便灵活，探测精度高、速度快、抗干扰能力强等
瞬变电磁雷达法	检测衬砌中钢筋分布、衬砌厚度及背后空洞等	衬砌空洞深度定位不精准	无损伤，检测连续，操作简便灵活，横向探测精度高、速度快、抗干扰能力强、探测深度大
弹性波法（超声/声波法）	衬砌强度和完整性检测	声波法检测速度慢，不适用于大面积的隧道病害检测；超声法则对高强度混凝土的反应不够敏感，很难全面反映混凝土整体质量	检测结果能较好地反映被测混凝土结构的局部质量，且检测方法有较好的灵活性
红外线检测法	主要用于衬砌渗漏水的检测	能较好地检测被测物的表面热状态，但很难确定被测物内部的热状态；检测设备更新速度快，购买维护成本较高	无接触、高灵敏度、高效率，可进行大面积检测
钻芯法	隧道衬砌强度、衬砌厚度、衬砌背后空洞	首先钻孔取样耗时多、效率低，其次钻孔检测时容易对隧道防水层造成破坏且影响隧道美观	检测结果直观、准确、代表性强

6.1 地质雷达法

地质雷达（GPR）是一种利用地下介质对广谱电磁波的不同响应来确定地下介质分布特征的地球物理技术。在隧道工程检测方面，地质雷达法可用于探测衬砌背后空洞、回填不密实区域位置及范围、衬砌厚度与裂缝，以及衬砌内钢筋及钢格栅分布情况等。但地质雷达在使用时也存在局限性，比如电磁波的变动会随水和黏土的增加而增大，检测钢筋密布衬砌缺陷时更加困难，检测深度受材料性质影响较大。

6.1.1 探测空洞病害原理

6.1.1.1 探测机理

探地雷达探测的基本任务是根据所观测的数据揭示地质体的形态、结构和性质，好的采集数据是获取高质量地质解释剖面的基础，在不同的应用场合，所需探测的对象千差万别，必须根据探测对象的状况及所处的地质环境采用相应的测量方法以保证探测记录质量，目前常用的探地雷达测量方法有反射方式的剖面法、透射法、共中心点法和宽角法。共中心点法和宽角法主要用于求取探测介质的电磁波传播速度；透射法主要用于现场条件允许情况下的建筑物、桥梁检测及近距离孔间透视。

剖面法是探测时发射天线向岩土体内部连续发射脉冲电磁波，接收天线接收回波信号，发射天线和接收天线以固定间距沿测线同步移动的一种测量方式，如图 6-1(a)所示。波在介质中传播时遇到不良地质体界面将产生反射，电磁波在界面突变处会产生振幅、相位和频率变化。收发天线每移动一次便获得一个记录，当连续移动时便会形成由一个个记录组成的探地雷达时间剖面图像。横坐标为测线的位置，纵坐标为电磁波在介质中的双程走时，这样就可根据记录的旅行时间、幅度与波形资料推断正下方介质的结构及反射面的形态，如图 6-1(b)所示。

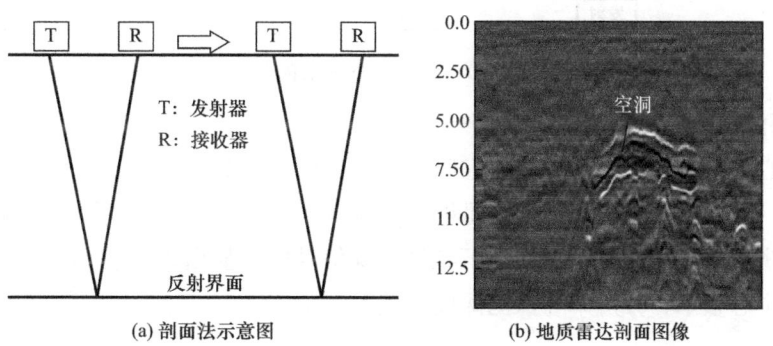

(a) 剖面法示意图   (b) 地质雷达剖面图像

图 6-1 剖面观测方式

6.1.1.2 探测仪器

为了满足不断变化的工程实际需要，出现了越来越多的探地雷达系统，并逐渐由通用雷达系统向单一目标或特殊目标探测转变，向机型小型化、信号处理和识别功能智能化转变，由单通道向多通道或阵列雷达转变。探地雷达按仪器原理分为时间域探地雷达系统和频率域探地雷达系统。时间域探地雷达系统在野外探测时图像效果直观，因而目前国内投入野外生产的探地雷达主要为时域脉冲探地雷达，主要有瑞典 MALA 公司的 RAMAC 系列、美国 GSSI 公司的 SIR 系列、俄罗斯 GEOTECH 公司的 OKO 系列和中国光电二十二所的 LTD 系列等产品。如图 6-2 为 MALA/GPR 第三代数字式主机（ProEx）系统。ProEx

系统的硬件主要由控制单元、发射机、接收机、天线、电脑、测量轮和传输光纤组成，天线与所有 MALA 系列的探地雷达都兼容，主要有 100MHz、250MHz、400MHz、800MHz、1000MHz、1200MHz、1600MHz 的屏蔽天线，及各种相对低频的非屏蔽天线和孔中天线，其他系列雷达系统组成基本类似。

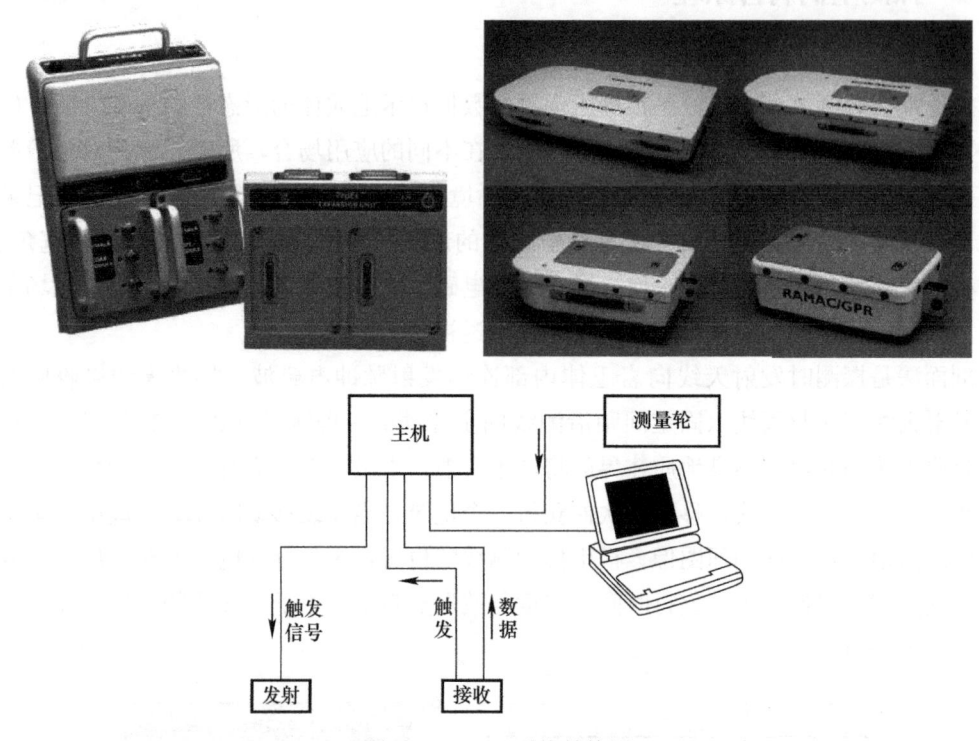

图 6-2　ProEx 系统结构图

6.1.1.3　探测天线

天线中心频率影响地下目标体的空间分辨率和探测深度，空间分辨率和探测深度又是相互矛盾的。所以在保证地下目标体足够的探测深度的前提下，尽量提高天线频率，目标体的空间分辨率增大，使目标体在地下各种干扰信号中凸显出来。表 6-2 是通过经验总结出来的天线中心频率、分辨率与探测深度的关系。

天线中心频率与分辨率/探测深度的关系　　　　表 6-2

天线频率（MHz）	探测目标尺寸（m）	探测深度范围（m）	最大探测深度（m）
25	≥1.0	5～30	35～60
50	≥0.5	5～20	20～30
100	0.1～1.0	2～15	15～25
200	0.05～0.5	1～10	5～15
250	0.05～0.5	1～10	5～15
400	≈0.05	1～5	3～10
500	≥0.05	1～5	3～10
800	≥0.03	0.4～2	1～6
1000	≥0.025	0.05～2	0.5～4

地质雷达的有效应用环境为相对高阻环境。在良导体上进行地质雷达探测，一般探测深度较浅。

6.1.1.4 测线布置

现场检测测线布置原则按照《铁路隧道衬砌质量无损检测规程》（TB 10223—2004）要求：隧道施工过程中质量检测以纵向布线为主，横向布线为辅。纵向布线的位置应在隧道拱顶、左右拱腰、左右边墙和隧底各布1条；横向布线可按检测内容和要求布设线距；采用点测时每断面不少于6个点。检测中发现不合格地段应加密测线或测点。另外，双线隧道隧底需布设2条测线，分别布设在左右线路中线位置。如图6-3、图6-4所示。

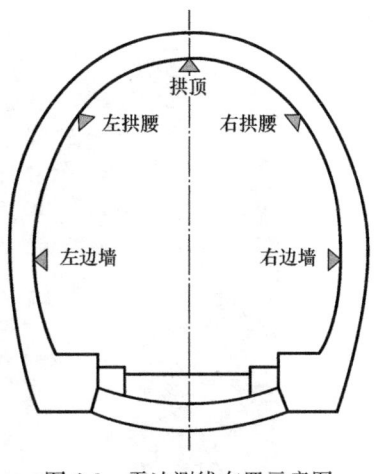

图 6-3　雷达测线布置示意图

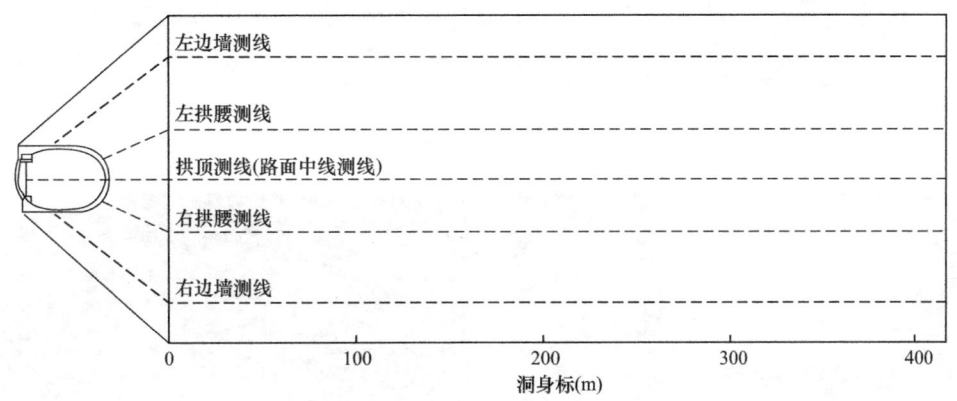

图 6-4　雷达测线纵断面布置图

6.1.1.5 介电常数标定

按照《铁路隧道衬砌质量无损检测规程》（TB 10223—2004）要求：地质雷达检测隧道前应对衬砌混凝土的介电常数或电磁波速做现场标定，且每座隧道应不少于1处，每处实测不少于3次，取平均值为该隧道的介电常数或电磁波速。当隧道长度大于3km、衬砌材料或含水量变化较大时，应适当增加标定点数。

1）标定方法

在已知厚度部位或材料与隧道相同的其他预制件上测量，在洞口或洞内避车洞处使用双天线直达波法测量或钻孔实测。标定目标体的厚度一般不小于15cm，且厚度已知；标定记录中界面反射信号应清晰、准确。

（1）已知厚度部位测量

在隧道洞口出露的衬砌部位测试，然后在雷达波谱上找到反射波同相轴，在已知深度和采样时间的情况下，计算雷达波在混凝土中的传播速度，进一步反算混凝土介电常数，具体做法如图6-5、图6-6所示。

图 6-5　在洞口已知厚度部位测量

图 6-6　在横通道/变截面处已知厚度部位测量

介电常数计算公式：

$$\varepsilon_r = \left(\frac{0.3t}{2h}\right)^2, v = \frac{2h}{t} \times 10^9 \tag{6-1}$$

式中　ε_r——相对介电常数；

　　　v——电磁波速（m/s）；

　　　t——双程旅行时间（ns）；

　　　h——标定目标体厚度或距离（m）。

（2）双天线直达波法测量

见图 6-7，介电常数计算公式：

$$
\left\{
\begin{aligned}
H_1 &= \sqrt{h^2 + x^2} \\
H_2 &= \sqrt{h^2 + (x + \Delta x)^2} \\
H &= v \times \frac{t}{2} \\
v &= \frac{c}{\sqrt{\varepsilon_r}}
\end{aligned}
\right.
$$

$$
\varepsilon_r = \frac{c^2(t_2^2 - t_1^2)}{4\Delta x(\Delta x + 2x)} \tag{6-2}
$$

备注：t_1、t_2 分别为雷达电磁波第一次、第二次双程走时。

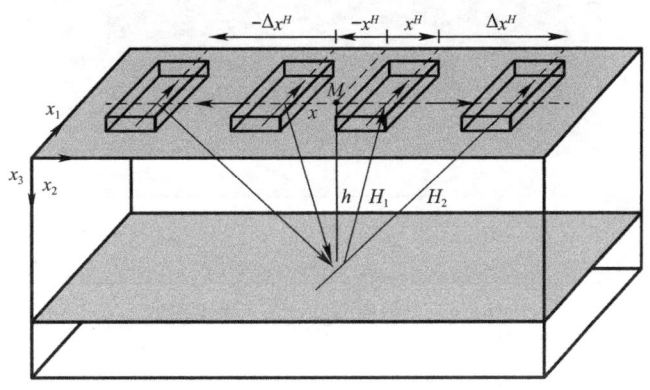

图 6-7　共中心点测量速度示意图

（3）钻孔实测

如图 6-8 所示，介电常数计算公式：

$$
\left.
\begin{aligned}
h &= v \times \frac{t}{2} \\
v &= \frac{c}{\sqrt{\varepsilon_r}}
\end{aligned}
\right\}
\qquad
\varepsilon_r = \left(\frac{c \times t}{2h}\right)^2 \tag{6-3}
$$

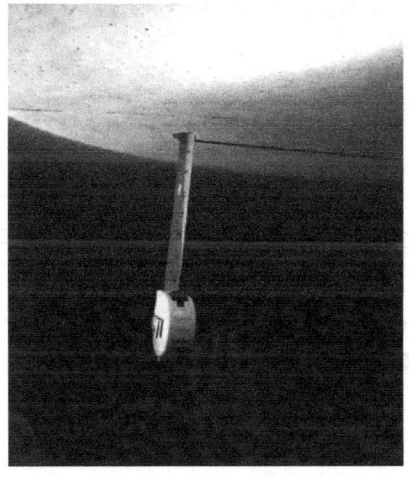

图 6-8　通过钻孔测量衬砌厚度

2）注意事项

标定目标体的厚度一般不小于15cm，且厚度已知。如图6-9所示，标定记录中界面反射信号应清晰、准确。

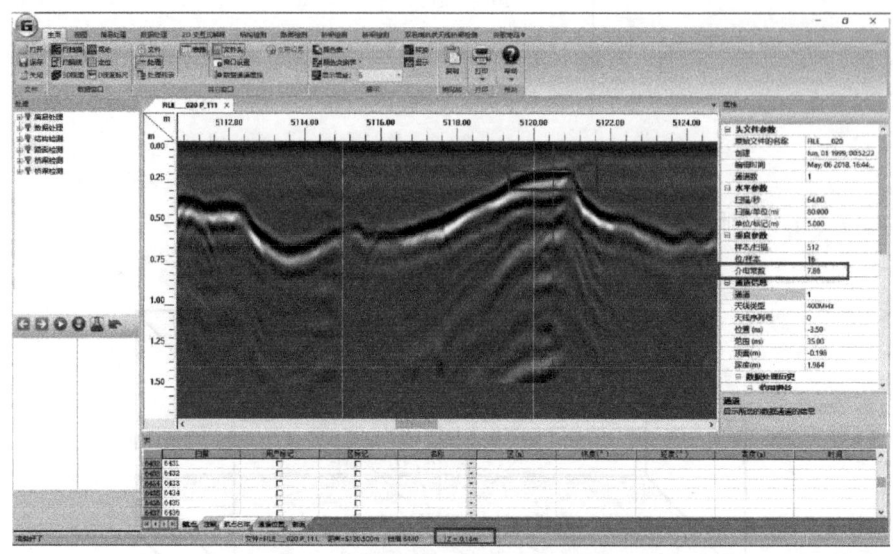

图6-9 目标层厚度过小易带来误差

6.1.1.6 分辨率

（1）垂直分辨率

垂直分辨率是垂直方向上可以区分的最薄层次，理论上把雷达天线主频波长的1/8作为垂直分辨率的极限，但由于外界干扰等因素，一般把波长的1/4作为其下限，即

$$d_v = \frac{1}{4}\lambda \approx \frac{c}{4f\sqrt{\varepsilon_r}} \tag{6-4}$$

式中：d_v为垂直分辨率，为电磁波波长；c为光速；f为电磁波频率；ε_r为介电常数。

从图6-10可以看出，天线的频率越高，其最小分辨距离越小，分辨能力越强。如选用400MHz的天线，若岩体的相对介电常数为9，则最小分辨距离d约为0.06m。

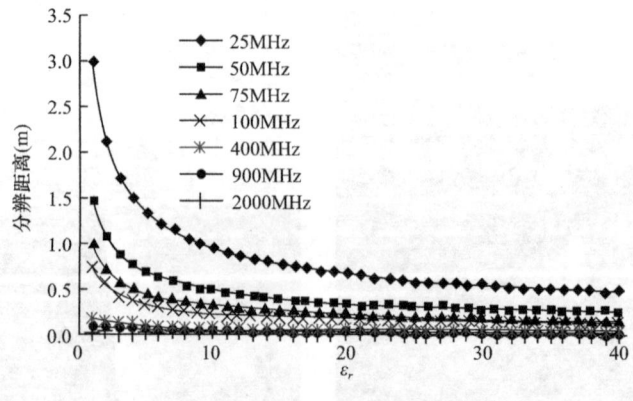

图6-10 垂直方向最小分辨距离

（2）水平分辨率

水平分辨率是雷达天线在地面上拖过时，可以分辨地下最小目标的横向尺寸。水平分辨率一般由第一菲涅尔带直径确定，其大小为：

$$d_h = \sqrt{\frac{\lambda h}{2}} = \sqrt{\frac{ch}{2f\sqrt{\varepsilon_r}}} \tag{6-5}$$

式中：d_h 为垂直分辨率，h 为测距。

如图 6-11 所示，可分辨的最小距离不仅与天线频率有关，还随着目标体深度的增大而逐渐变大，即目标体深度越大，对目标体的几何形状分辨能力越低。

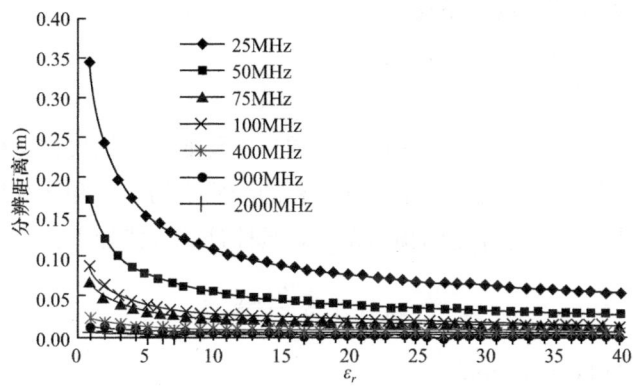

图 6-11 水平方向最小分辨距离

6.1.1.7 数据采集

1）地质雷达采集参数

由于工程类型侧重点不同、结构物各异，地质雷达检测有不同的配套天线，故须根据实际情况进行采集参数的设置。地质雷达检测的采集参数主要有以下 5 个，它们将直接影响地下目标体的垂向分辨率与横向分辨率等。

（1）天线中心频率

它决定了地质雷达检测的最大探测深度和最小分辨率。一般天线中心频率越高，分辨率越高，最大探测深度越小。所以，实际检测中，要依据实际情况所需的分辨率与探测深度选择合适的天线中心频率，且满足分辨率的情况下尽量选择较低的中心频率。一般可按式（6-6）选用天线的中心频率：

$$f = \frac{150}{x\sqrt{\varepsilon_r}} \tag{6-6}$$

式中　f——天线中心频率，单位 MHz；

　　　x——所需的空间分辨率，单位 m；

　　　ε_r——围岩相对介电常数，无量纲。

（2）发射与接收天线的间距

合适的发射接收天线间距，可适当地增强目标体的反射波信号。介电折射率随深度增加，反射振幅系数则会随入射角度增大而增加，从而地质雷达所记录反射波组的振幅受几何波发散与衰减项增大的影响而趋于减小，故存在最优天线距离。目前，发射、接收天线的计算公式可采用式（6-7）。但式（6-7）的实用效果并不好，实际探测时发射、接收天线的间距宜根据现场的实际情况、工程的实际需要及实际检测经验确定；同时，隧道实际应用中，鉴于雷达设备的发射、接收天线均为一体，故实际应用情况下天线间距多为定值。

$$s = \frac{2d_{\max}}{\sqrt{\varepsilon_r}} \tag{6-7}$$

式中　s——发射与接收天线的间距，单位 m；

　　　$d_{\max}$——最大探测深度，单位 m；

　　　ε_r——相对介电常数，无量纲。

（3）时窗

它是指地质雷达图像所显示时间深度的范围，主要取决于地质雷达检测的最大探测深度和电磁波在介质中的传播速度。鉴于实际工程的介质不均匀性和多变性，时窗计算中乘以 1.3 倍作为地层速度和目标深度的预留余量，具体计算公式如下：

$$t_w = 1.3\frac{2d_{\max}}{v} \tag{6-8}$$

式中　t_w——时窗，单位 ns；

　　　$d_{\max}$——最大探测深度，单位 m；

　　　v——介质电磁波速度，单位 ns/m。

（4）测点点距

它是指剖面法测量中发射接收天线同步移动的步长，须依奈奎斯特-香农采样间隔取为介质波长的 1/4 以确保目标体的响应在空间上不重叠，可按式（6-9）计算。

$$n_x = \frac{c}{4f\sqrt{\varepsilon_r}} = \frac{75}{f\sqrt{\varepsilon_r}} \tag{6-9}$$

式中　n_x——测点点距，单位 m；

　　　c——空气中电磁波的传播速度，单位 m/s；

　　　f——天线中心频率，单位 MHz；

　　　ε_r——相对介电常数，无量纲。

（5）采样频率（采样速度或采样率）

它定义了在连续信号中每秒提取的组成离散信号采样个数，以 Hz 为单位。依奈奎斯特-香农采样定律，采样频率至少为所记录反射波最高频率的两倍，为使记录的波形更为完整，一般取采样频率为中心频率的 6 倍。

采样频率的倒数为采样周期，可以用式（6-10）表示：

$$\Delta t = \frac{1000}{6f} \tag{6-10}$$

式中　Δt——采样周期，单位 ns；

f——天线中心频率，单位 MHz。

（6）扫描样点数

$$S = 2 \cdot \Delta T \cdot f \cdot K \times 10^{-3} \qquad (6\text{-}11)$$

式中　S——扫描样点数；

　　　ΔT——时窗长度（ns）；

　　　f——天线中心频率（MHz）；

　　　K——系数，一般取 6～10。

2）现场检测基本要求

隧道检测高空作业车在现场检测时的基本要求：

（1）人员配置：检测单位 2～3 人，负责仪器操作、里程标记提示（不使用测距轮时）、指挥检测车辆人员；施工单位 4～5 人，负责检测车辆驾驶、雷达天线托举、照明等相关事项。如图 6-12 所示。

图 6-12　隧道现场数据采集

（2）隧道检测工程师负责仪器设备操作及原始数据记录，检测时需保持不间断观察仪器显示屏，当采集出现异常情况时，必须第一时间喊停，调试正常后方可继续采集。

（3）里程标记提示人员要确保雷达天线与里程标记断面重合时迅速提示。避免提前、推迟或漏报，导致缺陷判识里程与实际产生较大偏差，无法准确找到缺陷准确位置。

（4）单个雷达数据采集文件不宜过大，建议 300m 左右保存一次数据。

（5）同一测线分段采集时需进行搭接，相邻测量段搭接长度不应小于 1m。

（6）检测过程中的天线移动需保持密贴、平稳、均匀。切记移动速度不可忽快忽慢，会导致数据归一化后，雷达图谱被压缩或拉长，图像产生变形。

（7）检测前需对所有参与检测人员进行安全技术交底，高空作业人员必须佩戴安全带、安全帽。

6.1.1.8 图像识别

地质雷达时间深度剖面图可以从振幅变化、频谱特性（振幅、相位等）和同相轴形态特征三个方面进行判读与识别。

（1）振幅变化。反射系数 $\alpha=\dfrac{\sqrt{\varepsilon_1}-\sqrt{\varepsilon_2}}{\sqrt{\varepsilon_1}+\sqrt{\varepsilon_2}}$ 越大，反射波越强烈。其中，ε_1、ε_2 分别为相邻 1、2 层介质的介电常数。反射波从相对介电常数较小的介质进入较大的介质，即 $\varepsilon_1 < \varepsilon_2$，则反射系数为负，反射波振幅反向，反射波组表现为黑色；反之，则表现为白色。

（2）频谱特性。不同介质有不同的结构特性，则其内部反射波的频谱特征（振幅、频率）也有所不同，从而可以区分不同物质界面。

（3）同相轴形态特征。同相轴是指记录上各道波形相位相同的极值（俗称波峰或波谷）的连线。金属导体反射波波组同相轴为向下开口的抛物线；钢筋呈鱼鳞状；单个空洞反射波的同相轴形似双曲线；脱空区反射波正反相间，同相轴中部为水平状，两端为向下开口的半支抛物线。

6.1.2 衬砌背后空洞理论模拟

6.1.2.1 二维正演理论计算

在二维直角坐标系中，电磁波的麦克斯韦方程可写为：

$$\left.\begin{aligned}
\frac{\partial E_z}{\partial y} &= -\mu\frac{\partial H_x}{\partial t} - \sigma_m H_x \\
\frac{\partial E_z}{\partial x} &= \mu\frac{\partial H_y}{\partial t} + \sigma_m H_y \\
\frac{\partial H_y}{\partial x} - \frac{\partial H_x}{\partial y} &= \varepsilon\frac{\partial E_z}{\partial t} + \sigma E_z
\end{aligned}\right\} \tag{6-12}$$

式中，E 为电场强度；H 为磁场强度；σ 为电导率，σ_m 为导磁率；ε 为介电常数；μ 为磁导率。

当地质雷达探测正演模型中不含有磁性介质时，有 $\sigma_m=0$，$\mu=1$，即仅考虑 σ、ε 的影响即可。二维电磁波的麦克斯韦方程只含有 H_x、H_y 和 E_z 三个变量，分别表示 x、y 方向的磁场强度和 z 方向的电场强度。

二维时域有限差分（FDTD）法将模型空间划分为矩形差分网格，并把 Y_{ee} 元胞作为最小的单位差分网格。二维 Y_{ee} 元胞如图 6-13 所示，电场和磁场在时间顺序上具有交替取样的特性，其取样时间间距彼此相差半个时间步，因此，可以得到二维电磁波的 FDTD 公式为：

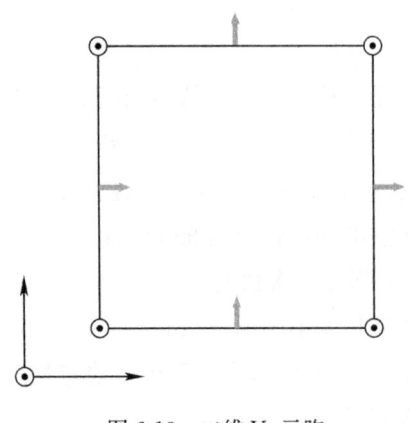

图 6-13 二维 Y_{ee} 元胞

$$H_x^{n+1/2}(i,j+1/2) = CP \times H_x^{n-1/2}(i,j+1/2) - CQ \times \frac{E_z^n(i,j+1)-E_z^n(i,j)}{\Delta y}$$

$$H_y^{n+1/2}(i+1/2,j) = CP \times H_x^{n-1/2}(i+1/2,j) + CQ \times \frac{E_z^n(i+1,j)-E_z^n(i,j)}{\Delta x}$$

$$E_x^{n+1}(i,j) = CA \times E_x^n(i,j) + CB \times \left[\frac{H_y^{n+1/2}(i+1/2,j) - H_y^{n+1/2}(i-1/2,j)}{\Delta y} - \right.$$

$$\left. \frac{H_x^{n+1/2}(i,j+1/2) - H_x^{n+1/2}(i,j-1/2)}{\Delta y} \right]$$

$$(6-13)$$

其中

$$CA = \frac{2\varepsilon(i,j) - \sigma(i,j) \times \Delta t}{2\varepsilon(i,j) + \sigma(i,j) \times \Delta t}$$

$$CB = \frac{2\Delta t}{2\varepsilon(i,j) + \sigma(i,j) \times \Delta t}$$

$$CP = \frac{2\mu(i,j) - \sigma_m(i,j) \times \Delta t}{2\varepsilon(i,j) + \sigma_m(i,j) \times \Delta t}$$

$$CQ = \frac{2\Delta t}{2\mu(i,j) + \sigma_m(i,j) \times \Delta t}$$

$$(6-14)$$

式中，Δx 和 Δy 分别为 Y_{ee} 元胞 x 和 y 方向上的空间步长；Δt 为时间步长；n 为时间步；(i, j) 为节点坐标。

6.1.2.2 模型物性参数

隧道衬砌病害地质雷达正演模拟常用的各种介质电导率与相对介电常数见表 6-3。

不同介质的电导率与相对介电常数取值　　　表 6-3

介质名称	电导率 σ(S/m)	相对介电常数 ε_r（F/m）
空气	0	1
沥青（干燥）	$10^{-3} \sim 10^{-2}$	$2 \sim 4$
沥青（潮湿）	$10^{-2} \sim 10^{-1}$	$6 \sim 12$
混凝土（干燥）	$10^{-3} \sim 10^{-2}$	$4 \sim 10$
混凝土（潮湿）	$10^{-2} \sim 10^{-1}$	$10 \sim 20$
淡水	$10^{-4} \sim 10^{-2}$	81
海水	4	81
雪（密实）	$10^{-6} \sim 10^{-5}$	$8 \sim 12$
土壤（干砂质）	$10^{-4} \sim 10^{-2}$	$4 \sim 6$
土壤（湿砂质）	$10^{-2} \sim 10^{-1}$	$15 \sim 30$
黏土（干燥）	$10^{-3} \sim 10^{-1}$	$2 \sim 6$
黏土（潮湿）	$10^{-1} \sim 1$	$15 \sim 40$
永冻土	$10^{-5} \sim 10^{-2}$	$4 \sim 8$
花岗岩（干燥）	$10^{-8} \sim 10^{-6}$	5
金属	10^{10}	300

6.1.2.3 衬砌厚度模拟

隧道衬砌结构往往具有明显的分层特征，如围岩、初衬及附属设施、二衬等。根据衬砌设计的几何结构，建立衬砌的二维分层地电模型（图 6-14）。

图 6-14 中，"T""R"分别为电磁波脉冲发射和接收装置；二衬厚度为 40cm，介电参数分别为介电常数 ε_1、电导率 σ_1；初支厚度 10cm，介电参数分别为介电常数 ε_2、电导率 σ_2；围岩厚度 20cm，介电参数分别为介电常数 ε_3、电导率 σ_3；衬砌脱空缺陷存在于二衬与初衬之间。脱空缺陷、圆形缺陷和矩形缺陷的填充体分别为纯水、空气和砂土，其介电参数设为 ε_i、电导率 σ_i。各种材料参数如表 6-4 所示。

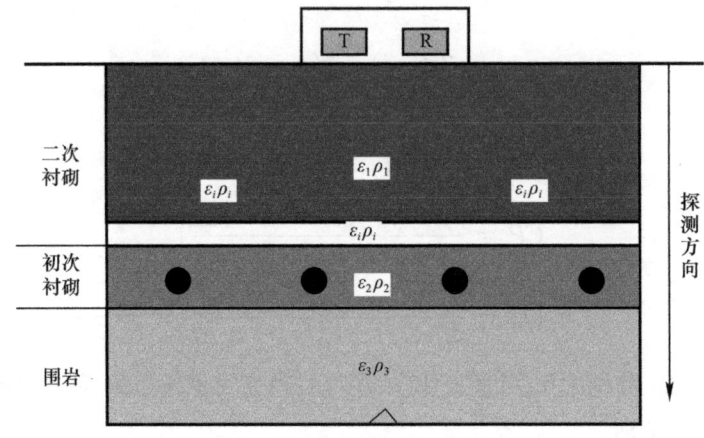

图 6-14 衬砌的二维分层地电模型

各种实际材料参数 表 6-4

材料	介电常数 ε_r	电导率 $\sigma/(S \cdot m^{-1})$	衰减率/(dB·m^{-1})	电磁波速度/(m·ns^{-1})
砂土	3	1.4×10^{-4}	0.01	0.150
泥土	5～30	1×10^{-3}～0.11	1～100	0.070
混凝土	7	0.5	0.4～1	0.120
纯水	80	1×10^{-4}	2×103	0.033
空气	1	0	0	0.300

试验方案选择衬砌检测中经常出现的空洞几何形状：圆形、矩形作为研究对象，并以水、空气、砂土分别作为空洞的填充物。具体方案如下：

（1）衬砌脱空缺陷模型：设置脱空厚度分别为 1、5、10、15cm，填充体分别为水、空气、砂土。

（2）矩形缺陷模型：设置矩形脱空的边长为 4、6、8、10cm，填充体分别为水、空气、砂土。

（3）圆形缺陷模型：设置空洞半径为 2、3、4、5cm，填充体为水、空气、砂土。

地电模型结构的相关参数如下。

（1）地质雷达子波主频

根据衬砌结构的基本特征，模型高 0.45m，水平距离 2.5m。主要分为 2 层，第一层

（0.3～0.45m）为混凝土即衬砌结构，介电常数值为6，电导率0.01S·m⁻¹，内部均匀布置点列以模拟衬砌中的钢筋；第二层为砂土（0.0～0.3m），取介电常数值为20，电导率0.1S·m⁻¹。地电模型如图6-15所示。

随着地质雷达探测天线频率的提高，电磁波在各个分层的速度和衰减程度会发生改变，因此对衬砌结构的分层厚度等几何尺寸的判断必然出现误差。

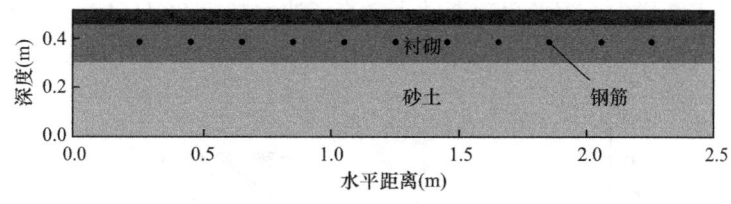

图6-15 地电模型

这里利用数值模拟软件400MHz～1000GHz的子波主频分别迭代计算，不同子波主频模拟扫描如图6-16所示（图中右侧柱状图正值表示正方向波幅，负值表示反方向波幅，下同）。在图6-16中，电磁波衰减和衍射随着频率改变出现多规律性的变化：

① 测量有效范围，子波主频为400MHz时，电磁波场强的有效范围从0～12ns，而随着电磁波子波主频的升高，电磁波场强在深度范围内的有效范围逐渐缩小，也就是探测深度依次减小，子波主频为2GHz时，有效范围仅为0～3ns；

② 多次波干扰，子波主频为400MHz时，电磁波多次波的干扰绕射情况比较复杂多样，在有效的钢筋反射弧上出现一系列的干扰绕射波，而随着电磁波子波主频的升高，多次波绕射情况逐渐减弱，这种多次波绕射情况和电磁波信号强度相关，子波主频为2GHz时，只在4ns处出现多次波绕射；

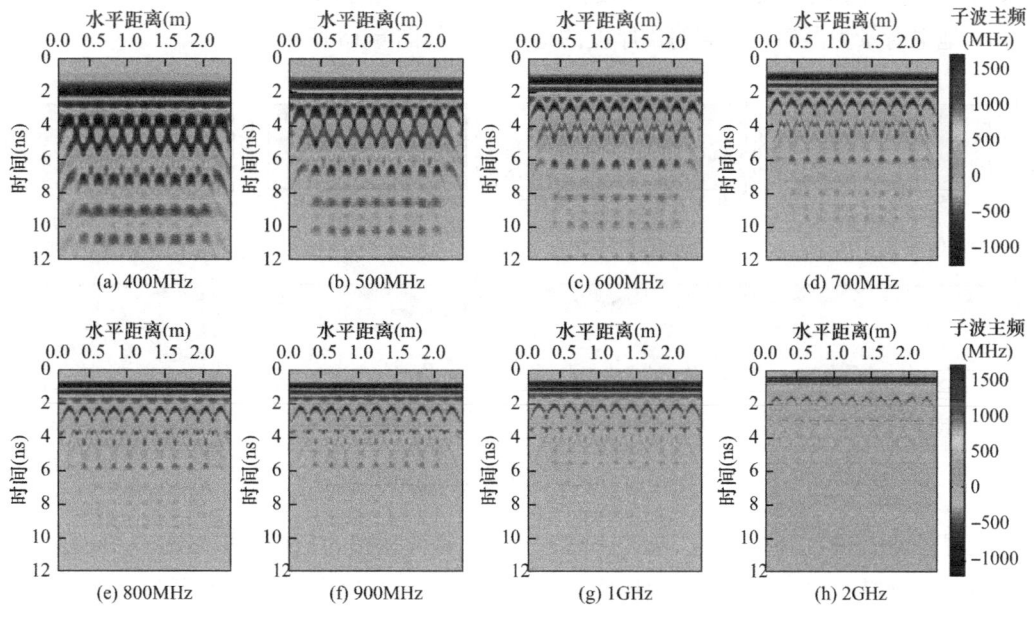

图6-16 不同子波主频模拟扫描图

③ 采样的空间尺寸精确度，一般的直达电磁波反射深度信息误差较小，但是经过电磁波的多次叠加干扰之后，回波信息较为复杂，从图 6-16 中可以看出，同样的目标体显示的深度范围并不一致，随着频率的增加，深度精度越高。以钢筋的位置为准，研究各个子波主频下的目标体深度和解析解法的相关偏差。

由图 6-17 可知，子波主频为 400MHz 时，各地层电磁波速度与数值解的偏差较大，随着子波主频的不断增大，误差也逐渐减小，当子波主频为 2GHz 时，误差最小。这里根据实际探测性能选取 900MHz 进行数值分析。

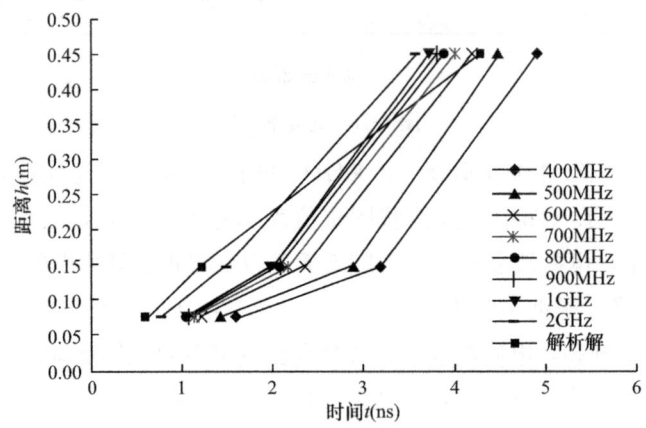

图 6-17　不同子波主频在各地层速度分布图

（2）衬砌厚度

隧道衬砌检测的重要内容就是衬砌厚度的检测，为了研究衬砌厚度变化时电磁波波形和反射规律，根据现场测试结果的厚度范围设置参数分别为 5、10、15、20、25、30、35、40cm，地电背景为湿砂。不同衬砌厚度的地电模型如图 6-18 所示。

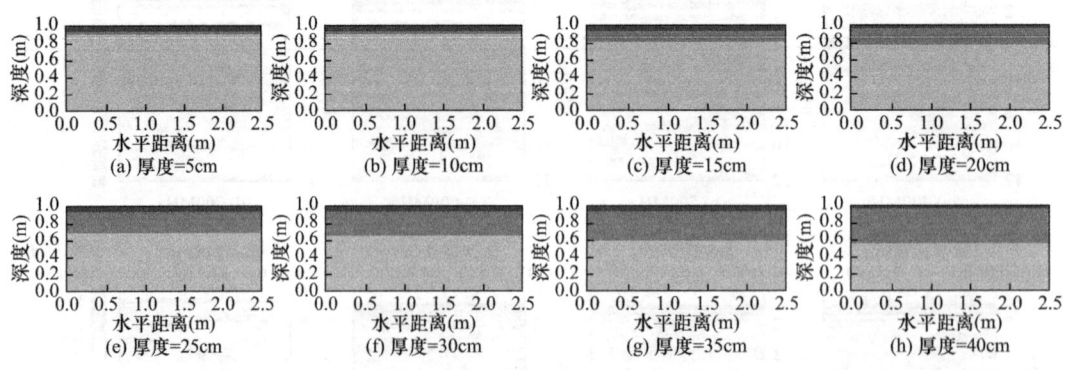

图 6-18　不同衬砌厚度的地电模型

设置子波主频为 400MHz，迭代计算 119 次，得到模拟的扫描结果如图 6-19 所示，图中是不同衬砌厚度时的扫描图，地质雷达波对衬砌和围岩交界面的反射更为强烈和明显，但是，随着衬砌厚度的增加，电磁波的透射效果明显提高，衬砌较厚时对于深层的岩性情况也有一定的识别判断能力。这说明衬砌厚度的空间距离可以直观地通过电磁波速度与双程走时的时间之积得出；电磁波在混凝土材料中的衰减损失明显优于在湿土中的衰减损失，电磁波衰减的状态则由电磁波的波形信息读出。

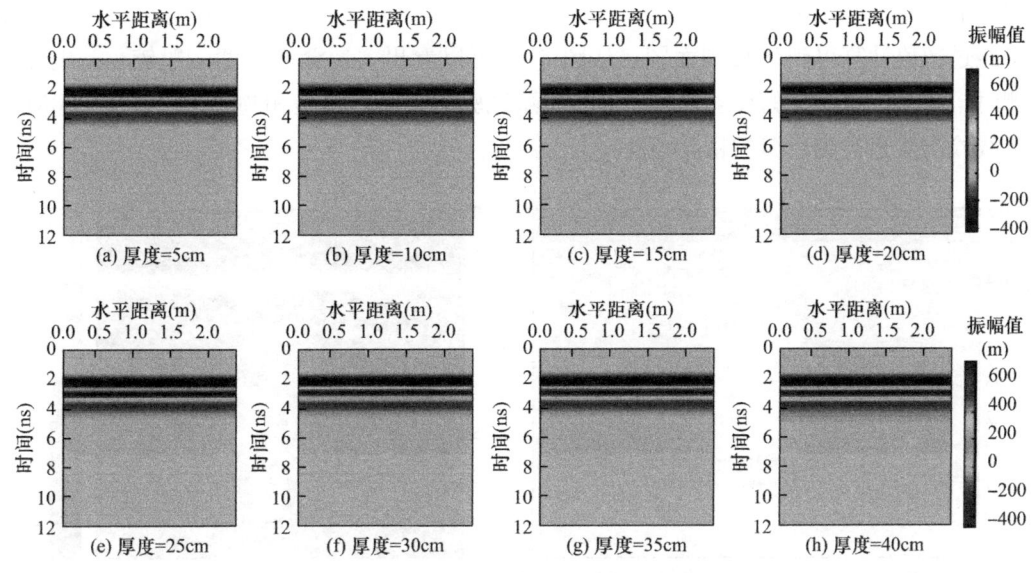

图 6-19　不同衬砌厚度时的模拟扫描图

图 6-20 中列举电磁波通过不同厚度衬砌时的波形图，当衬砌厚度较小时，电磁波的反射特征主要体现为界面反射，这和图 6-19 中反映的趋势一致；在 1000～1500ns 区域，衬砌厚度逐渐增加，电磁波的波幅变化明显，因此通过这种波幅的变化可以相应解读电磁波在衬砌与基岩界面的反射位置等重要信息。

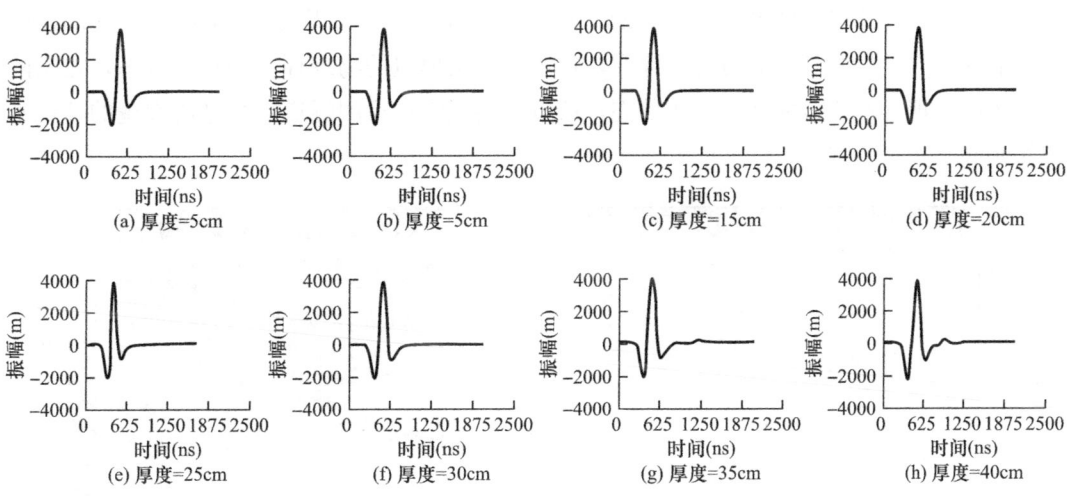

图 6-20　电磁波经过不同衬砌厚度时的波形图

6.1.2.4　衬砌裂缝模拟

为了研究裂缝的雷达波谱，下面进行地质雷达检测裂缝的正演数值模拟。

（1）天线频率为 800MHz，竖向裂缝

图 6-21 为裂缝的仿真建模图，图中裂缝的位置为混凝土表面下 0.1m 处，裂缝长度为 0.1m，裂缝宽度为 6mm，天线的中心频率为 800MHz，混凝土的介电常数取值为 8.0，电导率取值为 0.001S/m。

经过数值计算得到仿真剖面图，从图 6-22 可以看出，裂缝的宽度一般较小，电磁波检测时，不会产生明显的反射信号，这与模型试验的检测结果是相吻合的，说明 800MHz 的天线检测隧道衬砌裂缝的精度不高。

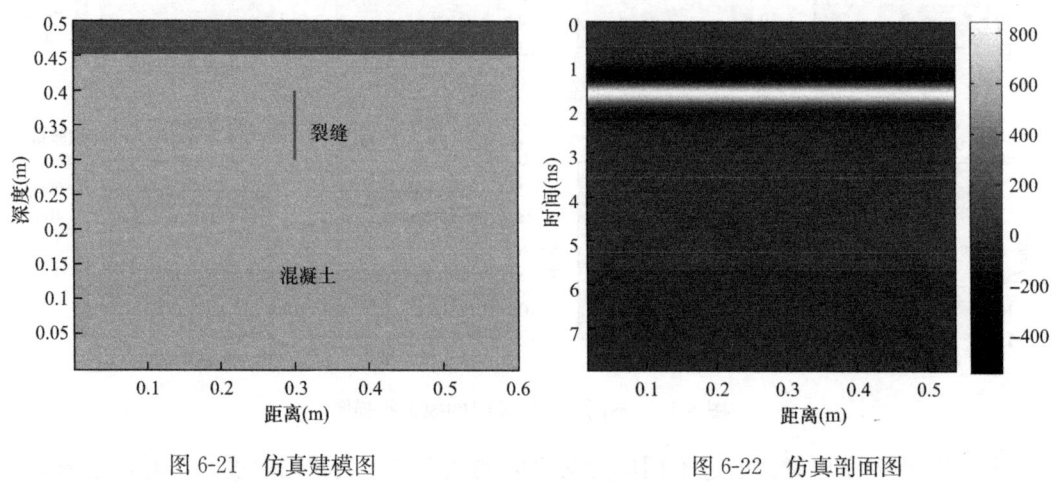

图 6-21 仿真建模图　　　　　　　　　　图 6-22 仿真剖面图

（2）天线频率为 1.4GHz，竖向裂缝

为了探究当天线频率更高时地质雷达是否能够检测到裂缝，模拟时把天线的中心频率设置为 1.4GHz，其正演模拟结构如图 6-23 所示。

经过数值计算得到仿真剖面图 6-24，从图中可以看出，当天线的中心频率为 1.4GHz 时，能够隐约地检测到竖向裂缝的存在，但因为数值模拟的物理环境为理想状态，在实际工程中的物理环境不可能达到理想状态，所以用地质雷达检测隧道衬砌竖向裂缝的精度不是特别高。

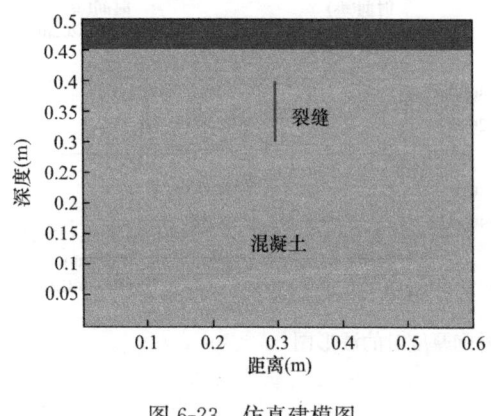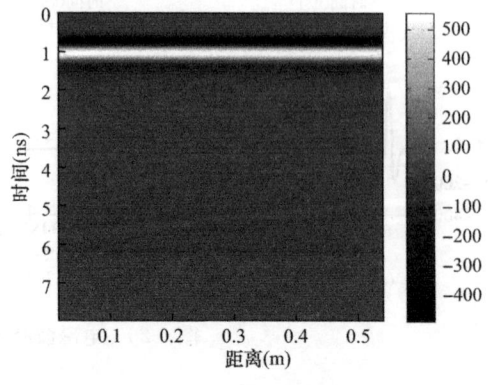

图 6-23 仿真建模图　　　　　　　　　　图 6-24 仿真剖面图

（3）天线频率为800MHz，水平裂缝

图6-25为裂缝的仿真建模图，图中裂缝距模型顶部0.3m，裂缝长度为0.1m，裂缝宽度为6mm，天线的中心频率为800MHz，混凝土的介电常数取值为8.0，电导率取值为0.001S/m。

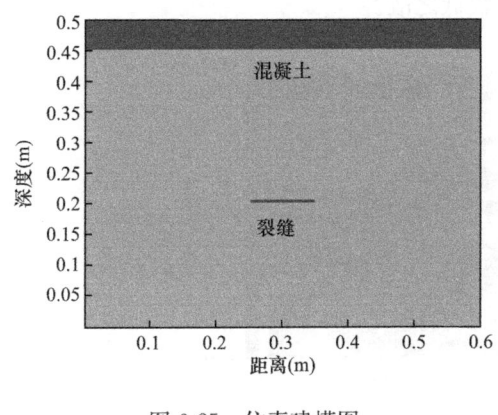 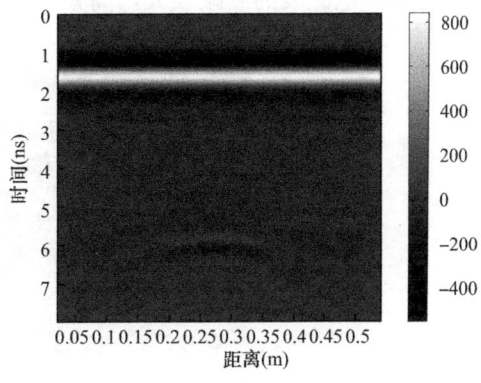

图6-25　仿真建模图　　　　　　　　　图6-26　仿真剖面图

经过数值计算得到仿真剖面图，从图6-26可以看出，高度为6mm的水平裂缝，其地质雷达波的反射信号较微弱，相位变化较小。

6.1.2.5　衬砌渗漏水模拟

衬砌渗漏水模型如图6-27所示，模型尺寸为5.0m（x轴方向为长度）×2.5m（y轴方向为深度），其余参数与衬砌裂缝模型探测算例相同，其中深灰色介质为混凝土衬砌，浅灰色介质为围岩，左侧黑色区域为围岩破碎带，右侧黑色分叉区域为围岩裂隙、破碎带和裂隙构成导水通道，内部充水，相关介质的电性参数见表6-3。

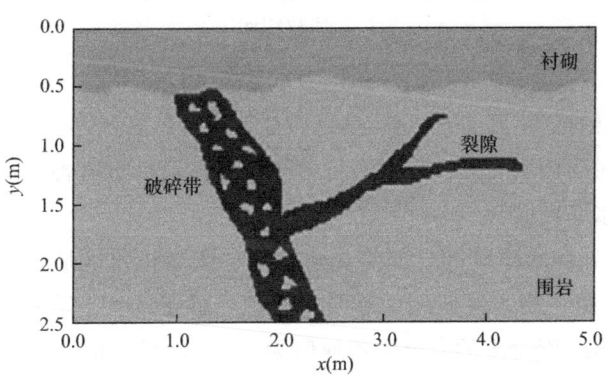

图6-27　衬砌渗漏水模型

衬砌渗漏水模型FDTD正演结果如图6-28所示，其中①区域为探测到的围岩分界面，电磁波遇到含水通道后产生很强的反射振幅（②区域），这是因为水与围岩的介电常数之差很大，且二者的电磁波反射信号相位发生了180°反转，电磁波反射信号同相轴的形态与围岩破碎带、裂缝的形态较为一致；电磁波遇到围岩破碎带时产生比较杂乱的强反射信号

（③区域）。

对无水通道和含水通道分别进行频谱分析，得到二者的频谱对比如图 6-29 所示，从图中可以看出，无水通道反射波的主频在 370MHz 左右（位置②处），含水通道反射波的主频在 250MHz 左右（位置①处），由此可见，含水通道的反射波主频明显降低，这是由于水对高频电磁波的衰减较大，高频反射波能量较低之故。

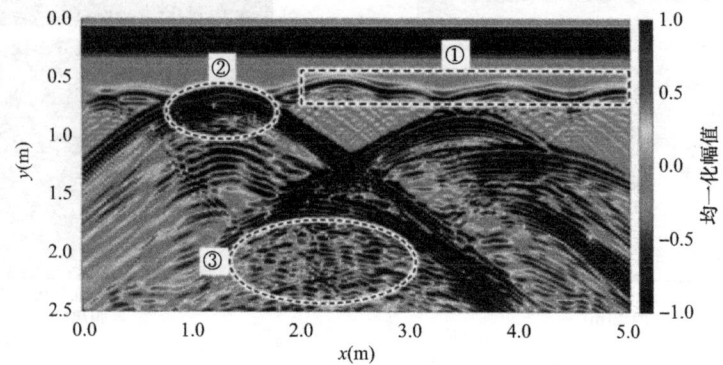

图 6-28 衬砌渗漏水模型 FDTD 正演结果

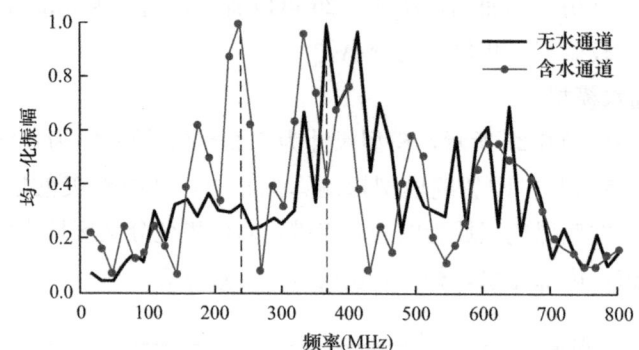

图 6-29 无水通道、含水通道频谱对比

6.1.2.6 衬砌析水模拟

为了研究隧道衬砌析水病害，下面进行地质雷达隧道析水病害的正演数值模拟。

（1）析水处含水率较低

图 6-30 为析水处含水率较低时的仿真建模图，图中析水区域的高度为 0.15m，位置为混凝土层下 0.2m 处，析水区域用干砂质来模拟，砂子的相对介电常数取值为 5.0，电导率取值为 0.01S/m，混凝土的介电常数取值为 8.0，电导率取值为 0.001S/m。

经过数值计算得到仿真剖面图，从图 6-31 可以看出，雷达波进入析水区时，会在析水区顶面及底面产生反射，其反射信号不是特别明显，并且在析水区域内部没有产生多次反射。

（2）析水处含水率较高

图 6-32 为析水处含水率较高时的仿真建模图，图中析水区域的高度为 0.15m，位置为混凝土层下 0.2m 处，析水区域用湿砂质来模拟，砂子的相对介电常数取值为 15.0，电导率取值为 0.1S/m，混凝土的介电常数取值为 8.0，电导率取值为 0.001S/m。

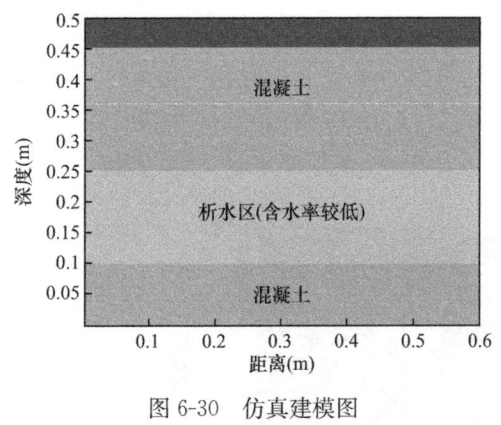

图 6-30 仿真建模图

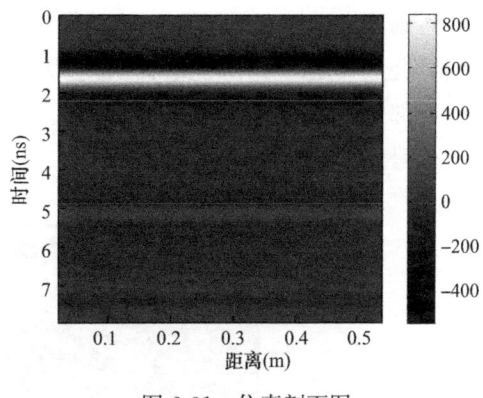

图 6-31 仿真剖面图

经过数值计算得到仿真剖面图，从图 6-33 可以看出，电磁波进入析水区时，会在析水区域顶面产生明显的反射信号，并且反射信号较强，而在析水区域底部没有产生明显反射，这是由于湿砂质材料的含水率较高，800MHz 频率的电磁波不容易穿透。

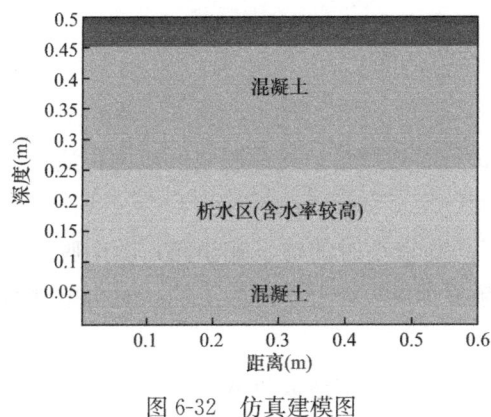

图 6-32 仿真建模图

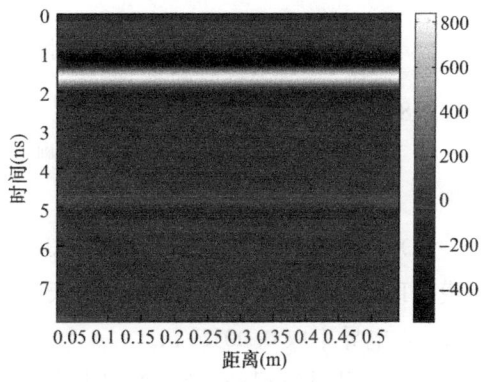

图 6-33 仿真剖面图

6.1.2.7 衬砌不密实模拟

衬砌不密实模型如图 6-34 所示，模型参数与衬砌裂缝模型探测算例相同，其中深灰色介质为混凝土衬砌，浅灰色介质为围岩，黑色点状区域为不密实部位，黑点表示小空洞，内部填充空气，相关介质的电性参数见表 6-3。

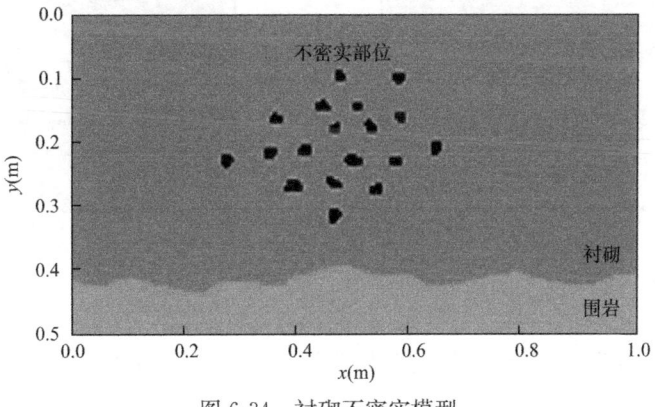

图 6-34 衬砌不密实模型

衬砌不密实模型 FDTD 正演结果如图 6-35 所示，①区域出现大量不规则抛物线状反射信号叠加，是由于不密实部位存在大量小空洞，电磁波信号发生多次反射叠加形成的，不密实部位的强反射同相轴发生错乱、不连续甚至断开；②区域为雷达探测到的围岩分界面，信号强度较弱。

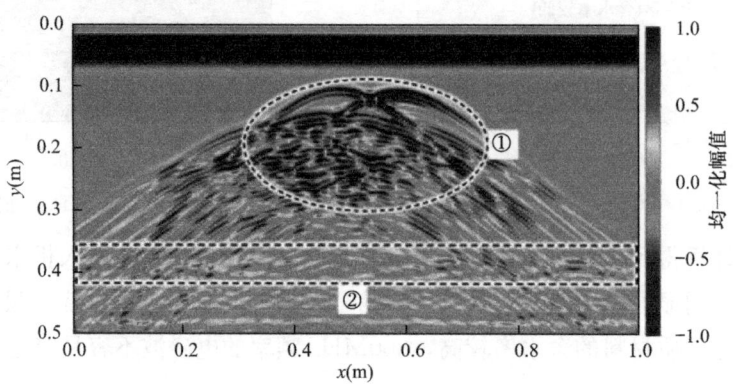

图 6-35　衬砌裂缝模型 FDTD 正演结果

6.1.2.8　衬砌脱空模拟

为了研究脱空区域的地质雷达检测剖面图，进行了地质雷达检测脱空区域的正演数值模拟。

（1）脱空区高度为 0.05m。图 6-36 为脱空区高度较小时的仿真建模图，图中脱空区距模型顶部 0.2m，高度为 0.05m，天线的中心频率为 800MHz，混凝土的相对介电常数取 8.0，电导率取 0.001S/m。

经过数值计算得到仿真剖面图，从图 6-37 可以看出，雷达波进入脱空区域时，会产生明显的反射信号，由于脱空区高度较小，脱空区域顶部和底部反射回来的雷达波会产生叠加，所以其相位变化较明显。

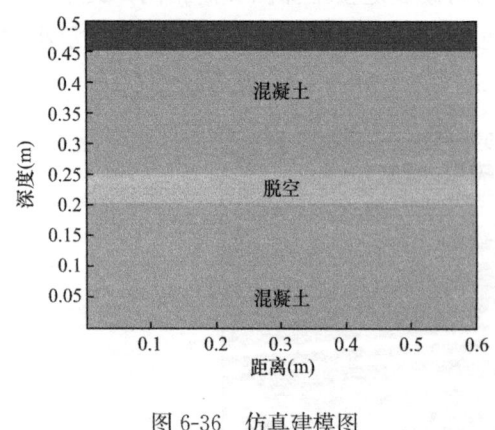

图 6-36　仿真建模图

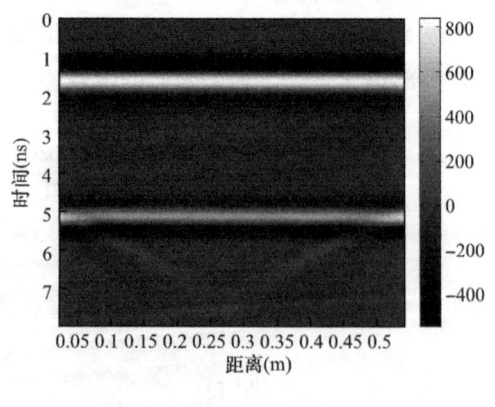

图 6-37　仿真剖面图

（2）脱空区高度为 0.15m。图 6-38 为脱空区高度 0.15m 的仿真建模图，图中脱空区距模型顶部 0.2m，高度为 0.15m，天线的中心频率为 800MHz，混凝土的相对介电常数取 8.0，电导率取 0.001S/m。

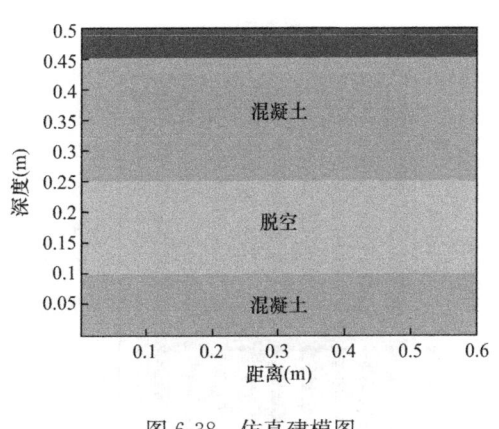

图 6-38 仿真建模图

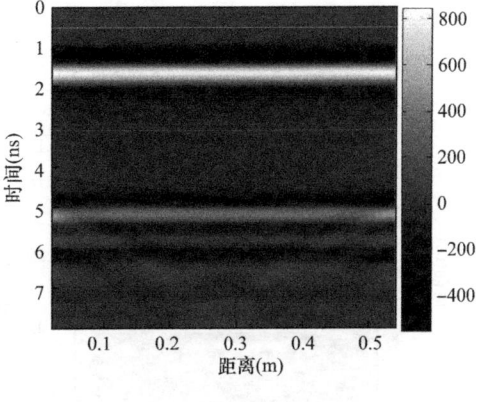

图 6-39 仿真剖面图

经过数值计算得到仿真剖面图，从图 6-39 中可以看出，雷达波进入脱空区域时，会产生明显的反射信号，且雷达波会在脱空区域产生多次反射。

6.1.2.9 素混凝土空洞模拟

分析隧道衬砌内空洞模型的正演结果，加深地质雷达对不同类型衬砌内空洞反射剖面的认识，提高衬砌内缺陷判定的可靠性和解释精度，而且利用正确的空洞正演模拟结果进行反演，亦可验证隧道内空洞反演算法的正确性，为反演方法提供可靠依据。

1）空洞形状影响

（1）矩形空洞模型

矩形空洞模型的探地雷达正演模拟如图 6-40 所示。模型大小为 100cm×70cm，空洞大小为 30cm×25cm，矩形空洞位于模型水平方向的中心位置，距衬砌混凝土表面 35cm，混凝土相对介电常数为 6.5，电导率为 0.005S/m，空洞的介电常数为 1，取等距网格，网格步长 $\Delta x = \Delta y = 0.005m$，时窗长度为 14ns，天线的中心频率为 500MHz，采

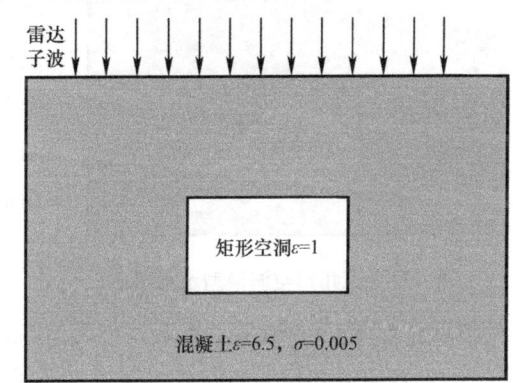

图 6-40 矩形空洞模型示意图

用自激自收的收发方式，采样从左边 0.1m 位置处每隔 0.005m 采集一道数据，共采集了 161 道数据，吸收边界为 UPML，吸收边界的层数为 8 个网格层。合成的扫描图如图 6-41 所示，合成的探地雷达波列图如图 6-42 所示。

（2）三角形空洞模型

三角形空洞模型探地雷达正演模拟如图 6-43 所示，模型大小为 100cm×60cm，三角形空洞的顶点位于模型水平方向的中心，距模型顶面 35cm，三角形高度为 15cm，为等腰三角形，底面宽 30cm，混凝土相对介电常数为 10，电导率为 0.005S/m，三角形空洞的介电常数为 1，网格取等距网格，网格步长 $\Delta x = \Delta y = 0.005m$，时窗长度为 13ns，天线的中

心频率为 500MHz，采样方式、采样道数、吸收边界条件、层数与矩形空洞模型一致。

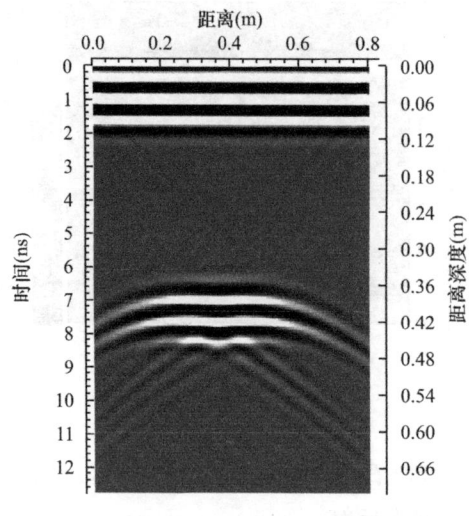

图 6-41　矩形空洞正演合成扫描图

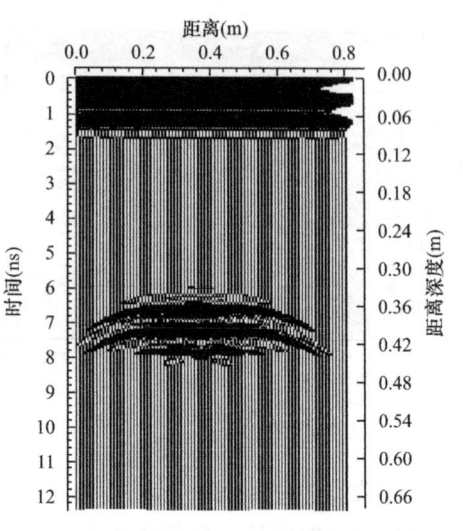

图 6-42　矩形空洞正演合成波列图

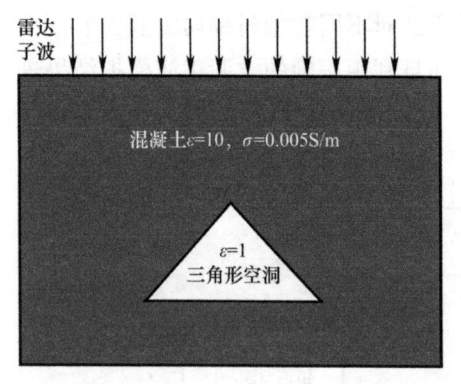

图 6-43　三角形空洞模型示意图

三角形空洞模型的合成扫描图如图 6-44 所示，其合成的探地雷达波列图如图 6-45 所示，从图 6-44、图 6-45 中可以看出，三角形的顶点可看成一个点状体，因而其响应特征类似圆状体，在深度方向 0.35m 左右形成一抛物线形，下面的两个角点也产生绕射现象，并伴有多次反射，下面两个角点的绕射波产生交叉，好似又形成了一个新的绕射波但能量较弱。

（3）矩形和梯形组合空洞模型

矩形和梯形组合空洞地电模型探地雷达正演模拟示意如图 6-46 所示，模型大小为 200cm×80cm，以模型左上角角点的坐标为（$x=0$，$y=0$），在矩形和梯形空洞之间选用水平间距为 10cm 和 40cm 分别进行模拟，矩形空洞的尺寸为 30cm×20cm，矩形的上底面为 10cm，下底面为 30cm，高为 20cm，矩形和梯形在同一水平线上，距模型底面 40cm，当矩形与梯形空洞相距 10cm 时，矩形空洞左上角角点的坐标为（65cm，40cm），梯形空洞左上角角点的坐标为（105cm，40cm）；当间距为 40cm 时，矩形空洞左上角角点的坐标为（50cm，40cm），梯形空洞左上角角点的坐标为（120cm，40cm），混凝土相对介电常数为 7，电导率为 0.005S/m，矩形和梯形空洞的介电常数为 1，网格取等距网格，网格步长 $\Delta x = \Delta y = 0.005m$，总时间步 $n = 630$，时窗长度约为 16.6ns，天线的中心频率为 500MHz，采用自激自收的收发方式，采样从模型左边 0.1m 位置处每隔 0.005m 采一道数据，共采集了 361 道数据，吸收边界条件和层数与矩形空洞模型一致。

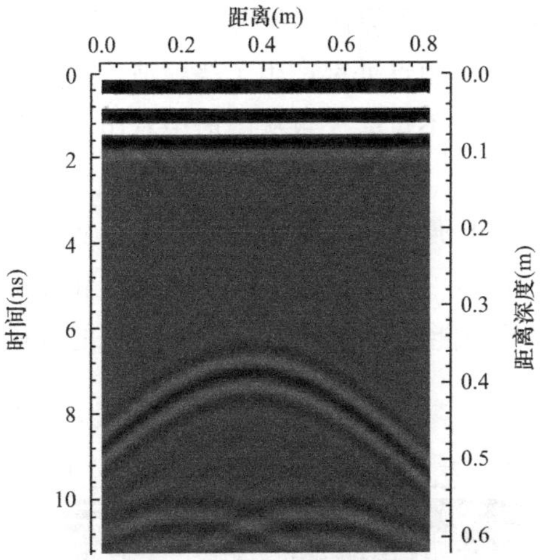

图 6-44　三角形空洞正演合成扫描图 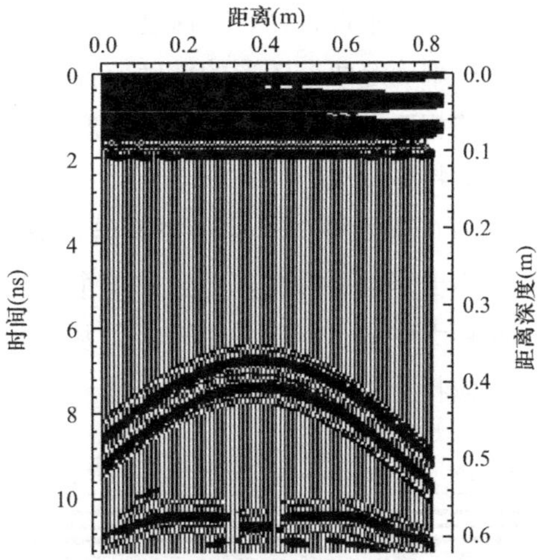　　　图 6-45　三角形空洞正演合成波列图

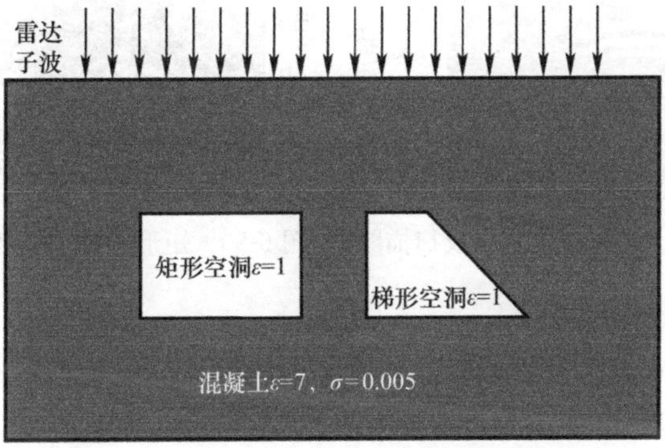

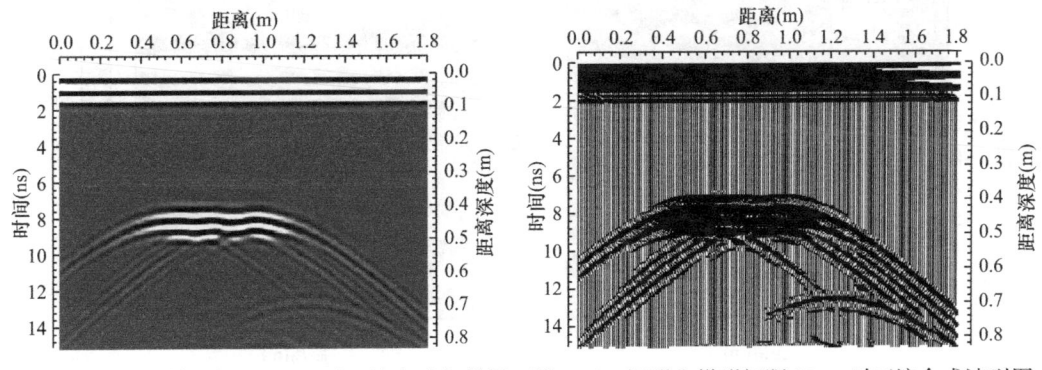

图 6-46　矩形和梯形组合空洞模型示意图

矩形和梯形间距为 10cm 时空洞模型的合成扫描图如图 6-47 所示，其合成的探地雷达波列图如图 6-48 所示，矩形和梯形间距为 40cm 时空洞模型的合成扫描图如图 6-49 所示，其合成的探地雷达波列图如图 6-50 所示，使用 500MHz 的天线，在相对介电常数为 7 的混凝土中的波长 $\lambda=c/(f\sqrt{\varepsilon_r})\approx0.23$，当空洞埋藏深度为 0.4m 时，第一菲涅尔带直径 $d_F=\sqrt{\lambda H/2}\approx0.21$m，从图 6-47、图 6-48 中可以看出，由于矩形和梯形的水平间距为了 10cm，

图 6-47　矩形和梯形间距 10cm 时正演合成扫描图　图 6-48　矩形和梯形间距 10cm 时正演合成波列图

小于第一菲涅尔带直径，在深度方向 0.4m 处矩形和梯形顶界面的反射连成一体，因而从图像中很难确定两个图形的精确位置，在矩形和梯形的角点处都产生了绕射波，顶面各角点绕射波相互干涉甚至叠合以致波形看起来相对复杂，不过能大致从图谱中看出矩形和梯状的图谱特征。

从图 6-49、图 6-50 中可以看出，绕射波得到了正确归位，绕射能量汇聚。从图像上基本分不出矩形和梯形，更像一单个的梯形图谱特征，图 6-49、图 6-50 中矩形和梯形的水平间距大于第一菲涅尔带直径，从探地雷达图像中能清晰分辨出矩形和梯形的准确位置，图像特征与单个空洞模型一致。

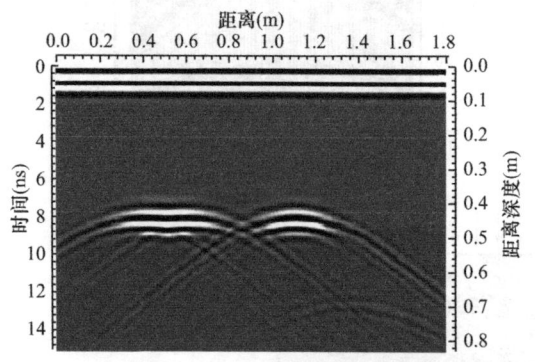

图 6-49　矩形和梯形间距 40cm 时正演合成扫描图

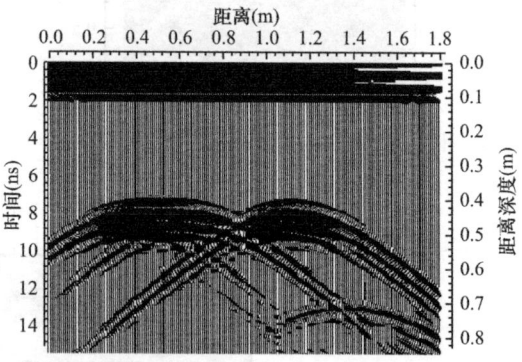

图 6-50　矩形和梯形间距 40cm 时正演合成波列图

2）空洞大小、埋深影响

为了研究空洞大小、位置和地质雷达天线频率等因素对地质雷达检测精度的影响，这里对地质雷达检测空洞时可能遇到的几种情况进行了正演数值模拟，分别得到了地质雷达检测空洞的仿真建模图和仿真剖面图。

（1）空洞尺寸较大、埋深较浅

图 6-51 为空洞尺寸较大、埋深较浅时的仿真建模图，图中空洞的圆心位置为（0.3m，0.345m），直径为 11cm，天线的中心频率为 800MHz，混凝土的相对介电常数取 8.0，电导率取 0.001S/m。

经过数值计算得到仿真剖面图 6-52，从图中可以看出当空洞位置较浅且尺寸较大时，

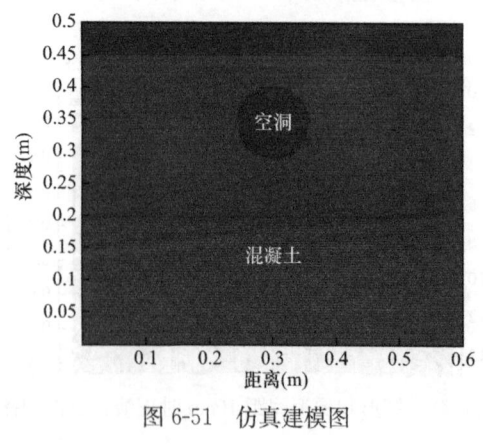

图 6-51　仿真建模图

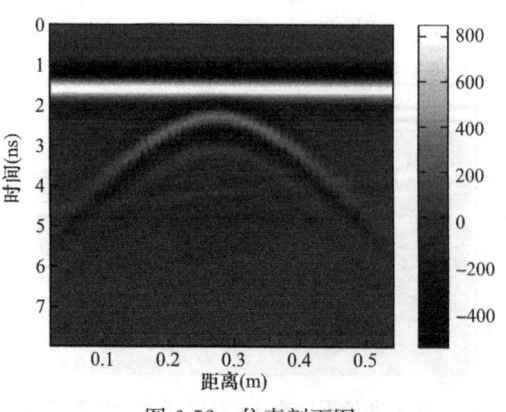

图 6-52　仿真剖面图

中心频率为 800MHz 的地质雷达天线能够探测到空洞，并且其雷达反射波振幅较大，相位变化较强。

（2）空洞尺寸较大、埋深较深

图 6-53 为空洞尺寸较大、埋深较深时的仿真建模图，图中空洞的圆心位置为（0.3m，0.105m），直径为 11cm，天线的中心频率为 800MHz，混凝土的相对介电常数取 8.0，电导率取 0.001S/m。

经过数值计算得到仿真剖面图，从图 6-54 可以看出，当空洞位置较深且尺寸较大时，中心频率为 800MHz 的地质雷达天线能够探测到空洞，但雷达反射波的振幅较小，相位变化较弱。

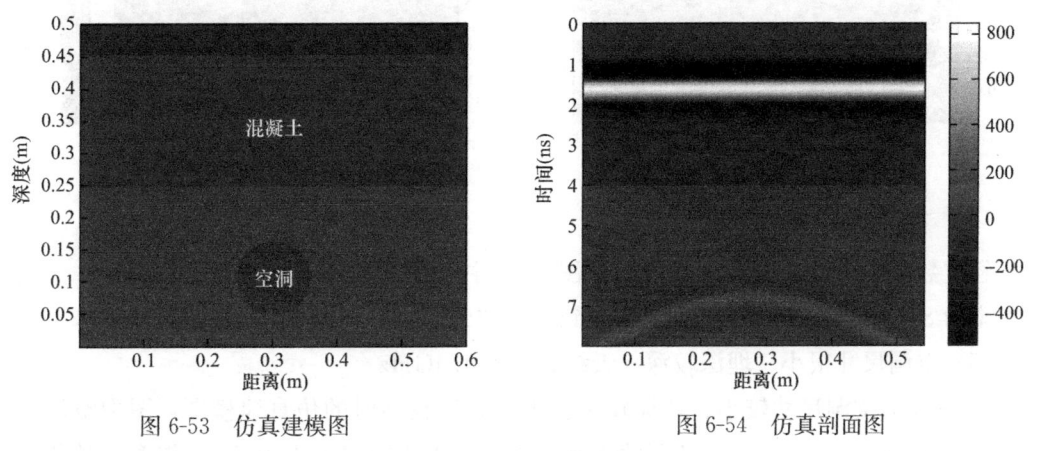

图 6-53　仿真建模图　　　　　　　　　图 6-54　仿真剖面图

（3）空洞尺寸较小、埋深较深

图 6-55 为空洞尺寸较小、埋深较深时的仿真建模图，图中空洞的圆心位置为（0.3m，0.105m），直径为 5cm，天线的中心频率为 800MHz，混凝土的相对介电常数取 8.0，电导率取 0.001S/m。

经过数值计算得到仿真剖面（图 6-56），从图中可以看出，当空洞尺寸较小时（直径为 5cm），天线中心频率为 800MHz 的地质雷达可以探测到空洞，但雷达反射波的相位变化不明显，且雷达反射波的振幅也较小。

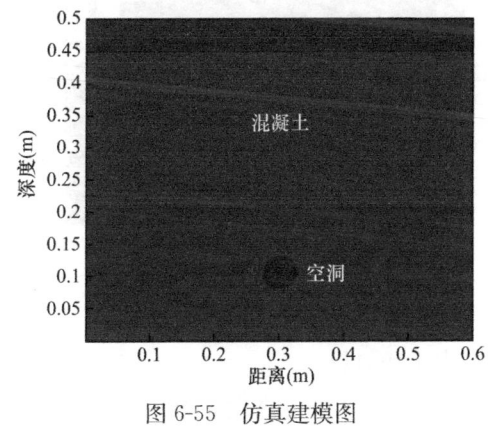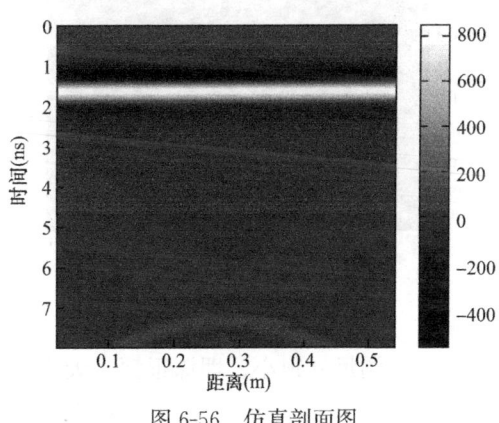

图 6-55　仿真建模图　　　　　　　　　图 6-56　仿真剖面图

（4）空洞尺寸很小、埋深较深

图 6-57 为空洞尺寸较小、埋深较深时的仿真建模图，图中空洞的圆心位置为（0.3m，0.105m），直径为 2cm，天线的中心频率为 800MHz，混凝土的相对介电常数取 8.0，电导率取 0.001S/m。

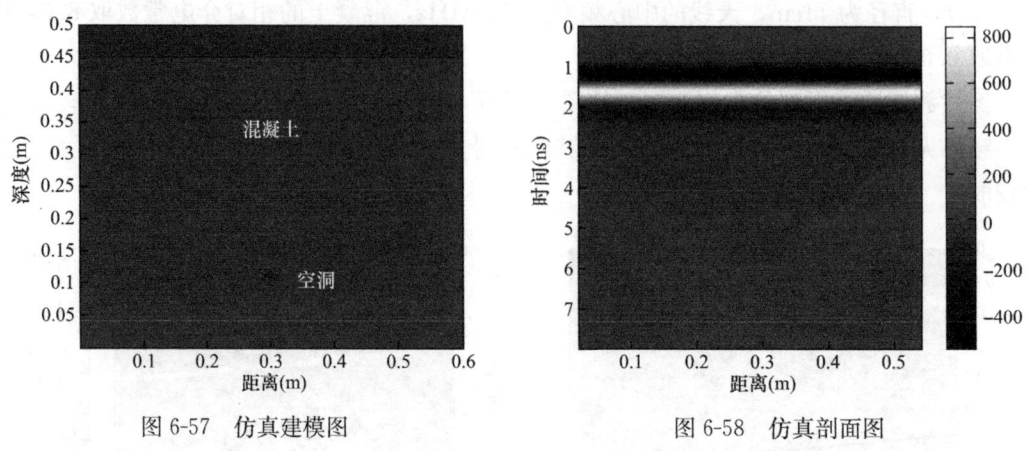

图 6-57　仿真建模图　　　　　　　图 6-58　仿真剖面图

经过数值计算得到仿真剖面图，从图 6-58 中可以看出，当空洞尺寸很小时，天线中心频率为 800MHz 的地质雷达很难探测到尺寸如此小的空洞。

（5）空洞尺寸很小、埋深较深，天线频率为 1.4GHz

图 6-59 为空洞尺寸很小、埋深较深且天线频率较高时的仿真建模图，图中空洞的圆心位置为（0.3m，0.105m），直径为 2cm，天线的中心频率为 1.4GHz，混凝土的相对介电常数取 8.0，电导率取 0.001S/m。

经过数值计算得到仿真剖面图，从图 6-60 中可以看出，当地质雷达天线的中心频率为 1.4GHz，即使空洞尺寸很小（直径为 2cm）也能探测到，说明提高天线中心频率，地质雷达的探测精度会得到提升。

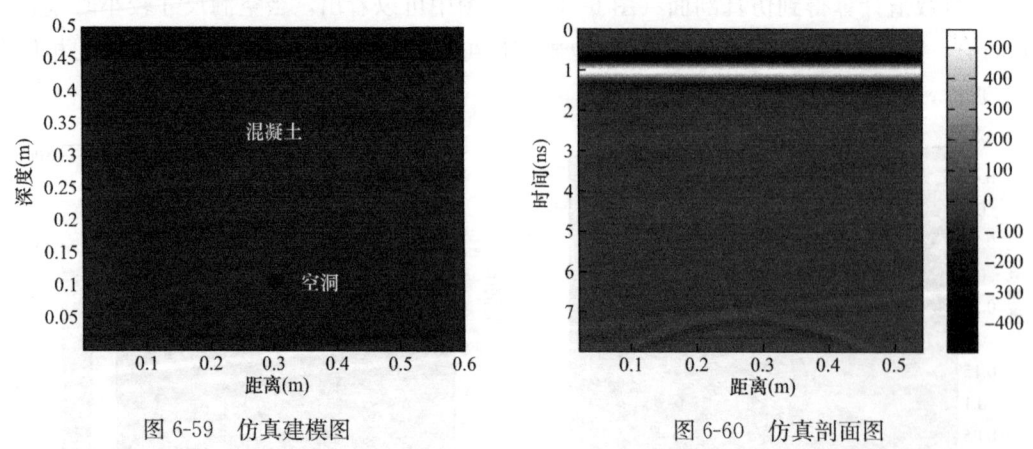

图 6-59　仿真建模图　　　　　　　图 6-60　仿真剖面图

（6）空洞尺寸很小、埋深很深，天线中心频率为 1.4GHz

图 6-61 为空洞尺寸很小、埋深很深（0.8m）且天线频率较高时的仿真建模图，如

图 6-61 中空洞的圆心位置为（0.3m，0.105m），直径为 2cm，天线的中心频率为 1.4GHz，此模型的尺寸为 0.6m×0.95m。

经过数值计算得到仿真剖面图，从图 6-62 中可以看出，当空洞埋深很深（距地表约 0.8m）时，即使天线的中心频率为 1.4GHz 也不能够探测到直径为 2cm 的空洞。

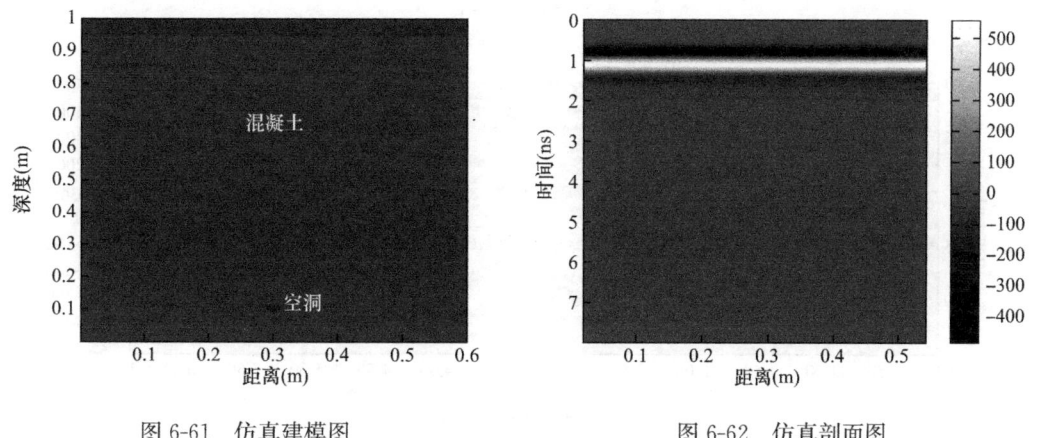

图 6-61　仿真建模图　　　　　　　图 6-62　仿真剖面图

通过对空洞的位置不同、空洞尺寸大小不同、天线中心频率不同这几种工况的地质雷达正演数值模拟，可以得出如下结论：当空洞尺寸较大（直径为 11cm）且埋深较浅时，地质雷达较容易探测到，且反射回来电磁波的振幅较大，相位变化也较强；当空洞尺寸较大、埋深较深时，地质雷达也能够较容易探测到空洞，但反射回来电磁波的振幅明显较小，且相位变化较弱；当空洞的尺寸较小（直径为 5cm）且埋深较深时，地质雷达也可以探测到空洞，但其反射回来的电磁波的振幅较小，相位变化很弱；当空洞的尺寸很小（直径为 2cm），埋深较深时，800MHz 天线的地质雷达就比较难探测到空洞；当空洞尺寸很小（直径为 2cm）埋深较深时，1.4GHz 天线的地质雷达可以探测到空洞，但反射回来电磁波的振幅很小，且相位变化很弱；当空洞尺寸很小（直径为 2cm）埋深很深时（距地面距离 0.8m），即使 1.4GHz 天线的地质雷达也很难探测到。

（7）空洞的埋深变化

考虑空洞的尺寸为 80mm、50mm 和 20mm，埋深分别为 420mm、260mm 和 100mm，空洞间距为 250mm，如图 6-63(a)所示。

由图 6-63(b)，对比相同尺寸空洞在不同埋深下的波组特征，可明确得出：埋深越小，反射波组强度越强、特征越明显。而当尺寸为 50mm、埋深在 420mm 左右时空洞很难被发现；若尺寸在 20mm 左右时，埋深为 260mm 时就更难以辨识。

3）空洞形状、尺寸影响

主要考虑圆形、矩形、三角形和半圆形四种形状，同时为避免埋深的影响，埋深均设为 390mm，圆形空洞尺寸主要有 110mm、80mm、50mm 和 20mm 四种，空洞间距为 350mm，见图 6-64(a)。

根据图 6-64(b)，很容易发现圆形、矩形与三角形的反射波组图存在细微的差异。由于三角形自上而下宽度逐渐增大，所以其尖点附近几乎没有反射波组，很容易辨识。

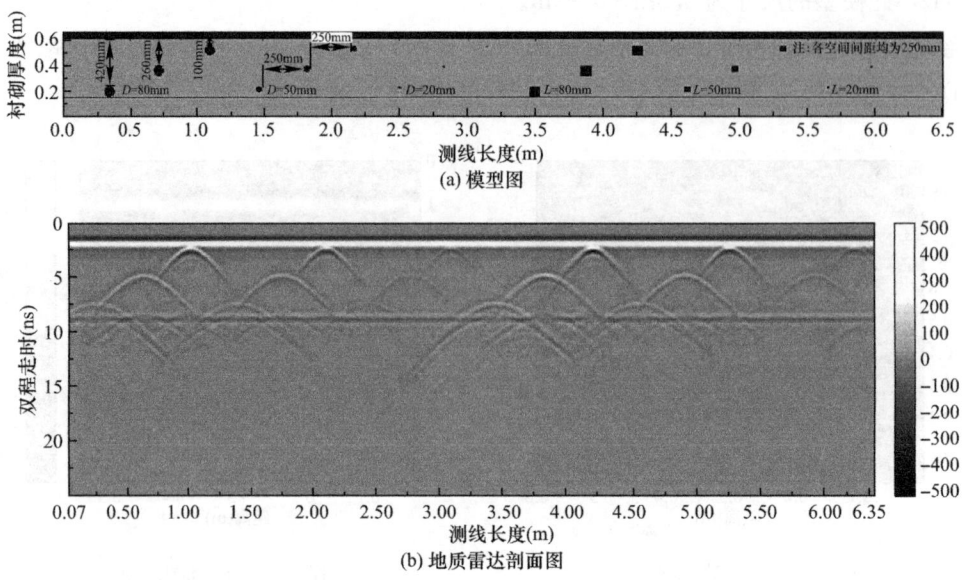

图 6-63　不同埋深对空洞检测的影响

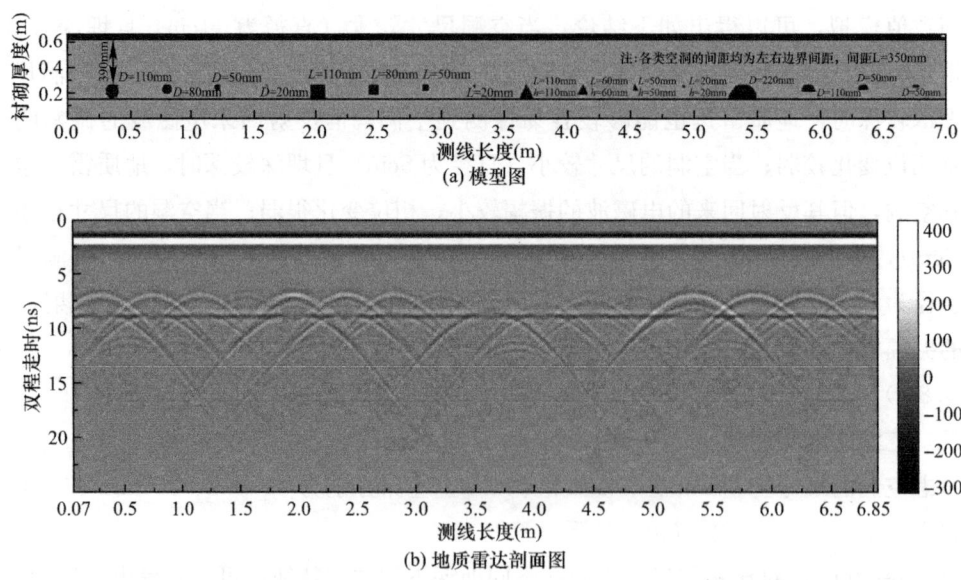

图 6-64　不同形状与尺寸对空洞检测的影响

对于矩形，当其宽度尺寸大于 110mm 时才表现出其独自的特点（反射波组出现平面），易于区别，而当其尺寸较小（小于等于 80mm）时，其反射波组的同相轴特征与圆形类似，无法辨识。对比半圆形与圆形可知，相同高度的空洞其反射波组特征随宽度增加而更加明显；而相同宽度与埋深不同高度的空洞其波组特征类似，区别不大。

4）空洞形状、积水影响

对不同形状（圆形、矩形、三角形和半圆形）的空洞在相同埋深下进行不同积水状态

（含水量依次为100%、50%和0）的设置；且为防止反射波组的相互叠加，空洞间距设为400mm，见图 6-65（a）。

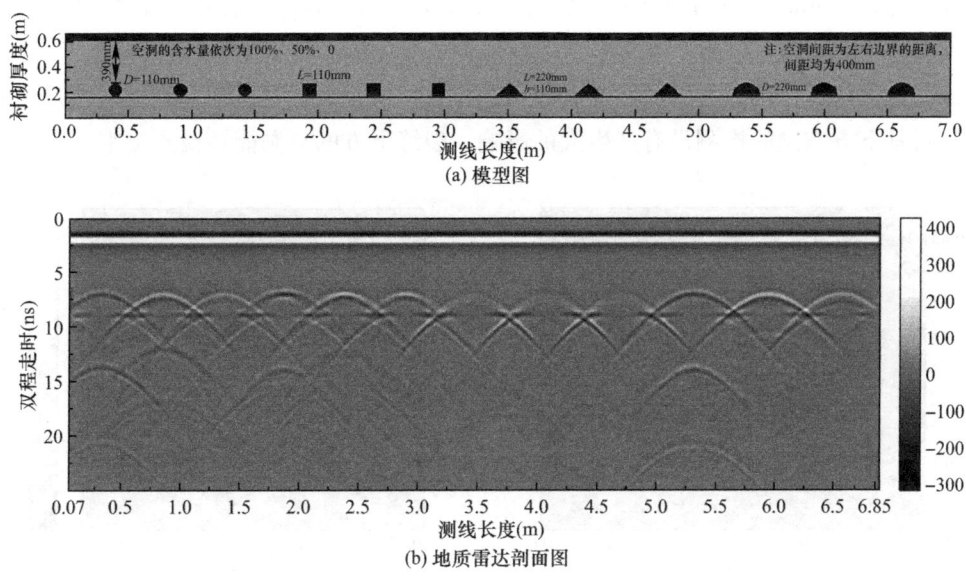

图 6-65 不同含水状态对空洞检测的影响

由图 6-65（b）发现：含水空洞存在多次反射现象；满含水空洞反射波组的同相轴特征表现为白-黑-白，与半含水空洞和无水空洞（黑-白-黑）不同。

5）裂缝-脱空在垂直方向叠加

图 6-66 为裂缝-脱空在垂直方向上叠加的仿真建模图，图中裂缝距模型顶部 0.05m，宽度为 6mm；脱空区域高 0.15m，距模型顶部 0.2m，天线中心频率为 800MHz，混凝土的介电常数取值为 8.0，电导率取值为 0.001S/m。

经过数值计算得到仿真剖面图，从图 6-67 中可以看出，雷达波遇到裂缝时会产生轻微绕射，由于对其下方脱空区域的检测没有产生大的影响，裂缝下方的脱空区域能够检测出来。

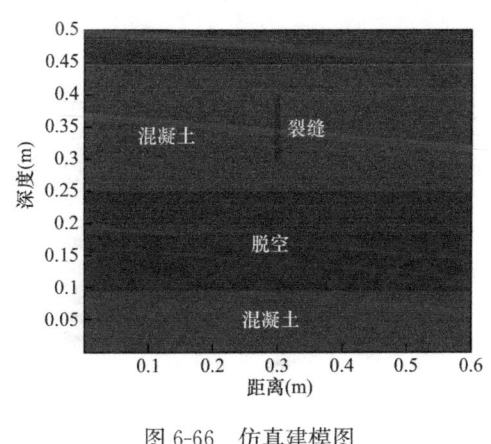

图 6-66 仿真建模图

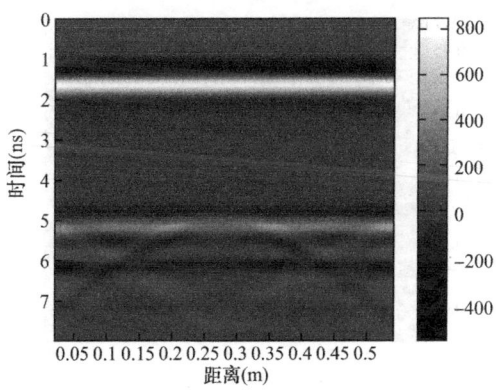

图 6-67 仿真剖面图

6) 裂缝-空洞在垂直方向叠加

图 6-68 为裂缝-空洞在垂直方向上叠加的仿真建模图，图中裂缝的位置距模型顶部 0.05m，宽度为 6mm；空洞的圆心位置为（0.3m，0.105m），空洞的半径为 11cm，天线中心频率为 800MHz，混凝土的介电常数取值为 8.0，电导率取值为 0.001S/m。

经过数值计算得到仿真剖面图 6-69，从图中可以看出，雷达波遇到裂缝时会产生轻微绕射，对其下方空洞的检测没有产生大的影响，裂缝下方的空洞能够检测出来。

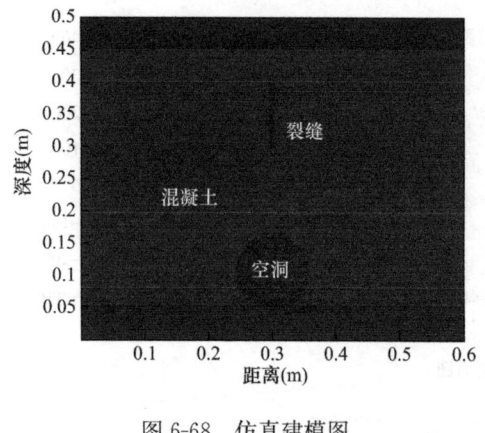

图 6-68　仿真建模图　　　　　　　　　图 6-69　仿真剖面图

7) 脱空-空洞在垂直方向叠加

为了研究缺陷在垂直方向上叠加时的地质雷达扫描图像，进行了地质雷达检测空洞-脱空在垂直方向上叠加、裂缝-脱空在垂直方向上叠加以及裂缝-空洞在垂直方向上叠加时的数值正演模拟。

（1）空洞-脱空在垂直方向上叠加

图 6-70 为空洞-脱空缺陷在垂直方向上叠加的仿真建模图，图中空洞的圆心坐标为（0.3m，0.345m），埋深为 0.5m；脱空区域的高度为 0.15m，距模型顶部 0.2m，混凝土的介电常数取值为 8.0，电导率取值为 0.001S/m，天线中心频率为 800MHz。

经过数值计算得到仿真剖面图，从图 6-71 中可以看出，电磁波遇到空洞时会产生

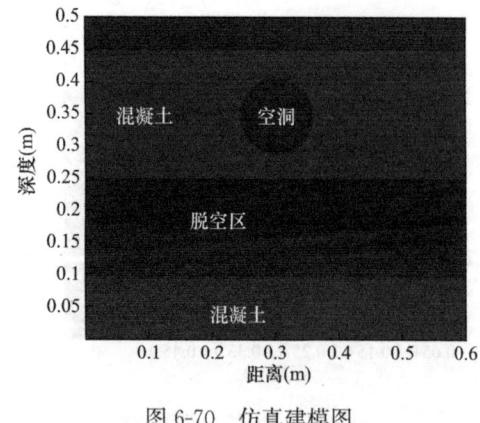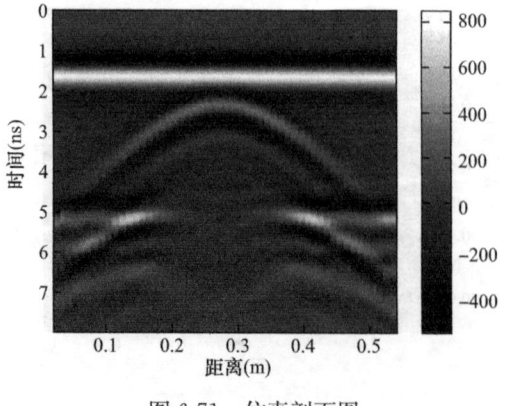

图 6-70　仿真建模图　　　　　　　　　图 6-71　仿真剖面图

绕射，对其下方病害的检测产生了影响，不能够很好地检测出其下方缺陷的准确信息，这和上述模型试验的结果相吻合。

（2）空洞-脱空组合影响

衬砌空洞（脱空）模型如图 6-72 所示，模型参数与衬砌裂缝模型探测算例相同，其中灰色介质为混凝土衬砌，浅灰色介质为围岩，左侧黑色区域为空洞，右下方黑色区域为衬砌脱空区，空洞和脱空区内部填充空气，相关介质的电性参数见表 6-3。

衬砌空洞（脱空）模型 FDTD 正演结果如图 6-73 所示。

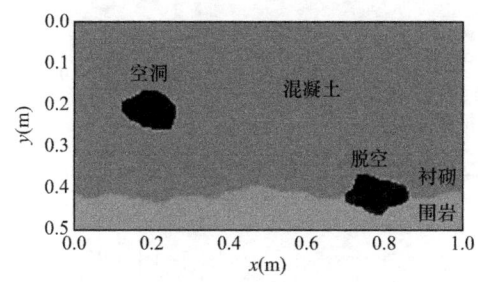
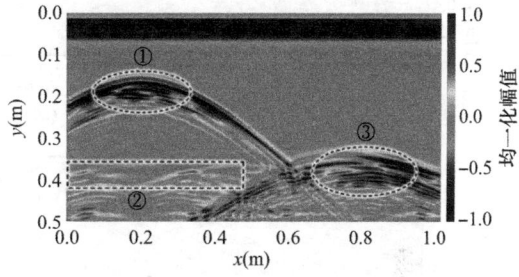

图 6-72　衬砌空洞（脱空）模型　　　　图 6-73　衬砌空洞（脱空）FDTD

从图 6-73 中可以看出，电磁波遇到空洞后产生强反射。①区域电磁波强反射同相轴为一大型抛物线，比较容易识别为一个大型空洞；②区域为雷达探测到的围岩分界面，信号强度较弱；③区域电磁波强反射同相轴为一大型抛物线，结合围岩分界面位置和深度信息，可以推断为衬砌脱空区。

8）小结

通过对隧道衬砌的常见病害（空洞、脱空、析水、钢筋下方病害、裂缝、病害在垂直方向上的重叠）进行正演数值模拟，分别得到了这几种病害的仿真建模图与仿真剖面图，从数值模拟方面研究了地质雷达检测这几类病害的精确度。通过分析仿真剖面图可以得到以下结论：

800MHz 天线的地质雷达能够检测到尺寸较大（直径 11cm）的空洞，但当尺寸较小（直径 2cm）时，800MHz 天线不能够检测到；当换成 1.4GHz 频率的天线时，能够检测到直径为 2cm 的空洞。

800MHz 天线能够检测到脱空区域，当脱空区域的高度不同，其仿真剖面图的特征也会呈现不同特点；当衬砌中含有钢筋时，上层钢筋的雷达反射波会对其背后缺陷的检测带来影响，导致对其背后缺陷的检测不准确。

800MHz 天线不能够准确检测到裂缝，当天线换成 1.4GHz 频率时，对裂缝的检测效果还是不好，其雷达仿真剖面图的特征不是特别明显；对于缺陷在垂直方向上叠加的情况，当上方缺陷尺寸较大（如直径为 11cm 的空洞）时，对下方病害的检测结果影响较大，但当上方缺陷的尺寸较小（如宽度为 6mm 的裂缝）时，对下方病害的检测结果基本没有影响。

6.1.2.10 钢筋混凝土空洞模拟

1）钢筋网对空洞的影响

考虑到实际检测中初衬铺设有钢筋网，为了查看初衬钢筋网对衬砌空洞缺陷的检测影响，从不同形状、不同积水状态、不同尺寸与不同埋深四个方面进行了空洞布设；且为防止反射波组的相互叠加，空洞间距设为450mm。其中，初衬中钢筋网设置直径为25mm，间距为200mm，见图6-74(a)、图6-75(a)。

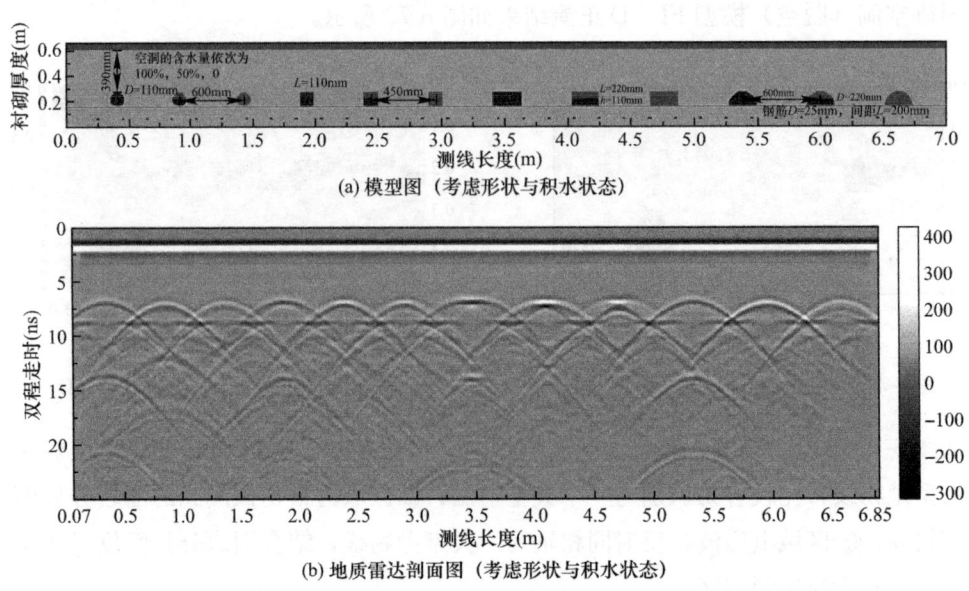

(a) 模型图（考虑形状与积水状态）

(b) 地质雷达剖面图（考虑形状与积水状态）

图6-74 初衬中钢筋网对空洞（积水）检测的影响

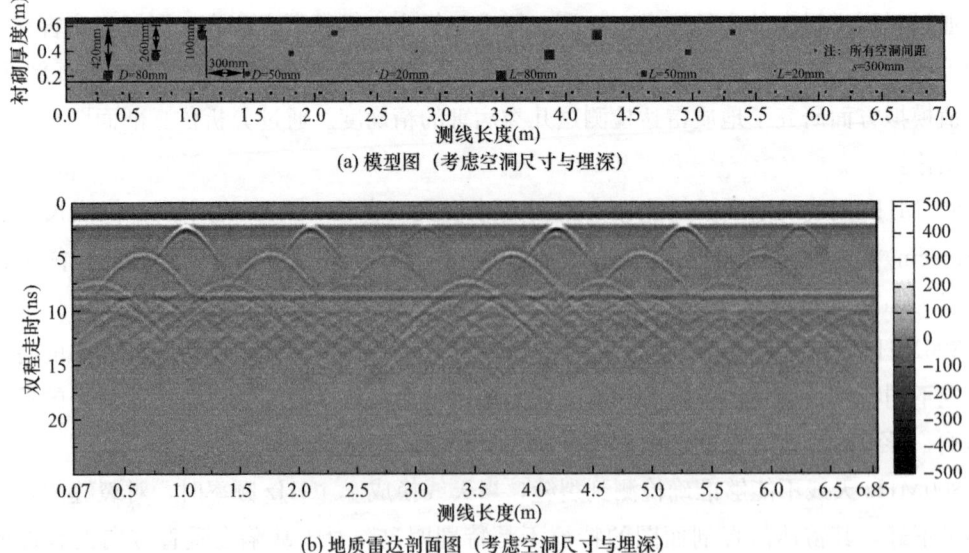

(a) 模型图（考虑空洞尺寸与埋深）

(b) 地质雷达剖面图（考虑空洞尺寸与埋深）

图6-75 初衬中钢筋网对空洞检测的影响

由图6-74、图6-75可知：初衬中钢筋网对于二衬中空洞病害的检测影响很小，在初衬中布设有钢筋网时，即使空洞尺寸较小（50mm）、埋深较深（420mm），依然可隐约检测到；并且衬砌混凝土病害很少的情况下，能依稀可见初衬中布有钢筋网（仍无法确定数量）。所以，若要检测初衬中钢筋网布设情况，仍需要在二衬施工前进行。

2）衬砌内部空洞

（1）方形空洞模型

模型介质为混凝土，模型大小 2.5m×0.6m，在模型中，深度 15cm 处有一大小 0.2m×0.1m 的方形空洞，混凝土的介电常数为 6，导电率为 0.005S/m，空洞介电常数为 1，导电率为 0.0001S/m，模拟的道数为 115，步长为 0.0025m，道间距为 0.02m，天线中心频率为 900MHz，时窗 12ns。

模拟介质为混凝土，介电常数为 6，导电率为 0.005S/m，在中心深度 10cm 间隔 20cm 放置直径 2.5cm 的钢筋，在模型深度 30cm 处放置直径 10cm 的空管，其介电常数为 1，导电率为 0.0001S/m，模拟的道数为 115，空间步长为 0.0025m，道间距为 0.02m，天线中心频率为 900MHz，时窗 12ns。

从图 6-76、图 6-77 可以看出，钢筋网的反射信号清晰，虽然相邻反射有部分叠加，但不影响对其深度、间距及数量的判断。从图 6-77 可以看出，在走时 6ns 处有一反射信号与空洞位置相符合，反射能量明显减弱，这是由于钢筋的屏蔽作用对钢筋下方的雷达信号有一定的屏蔽效果，这与实际工作也是相符合的。

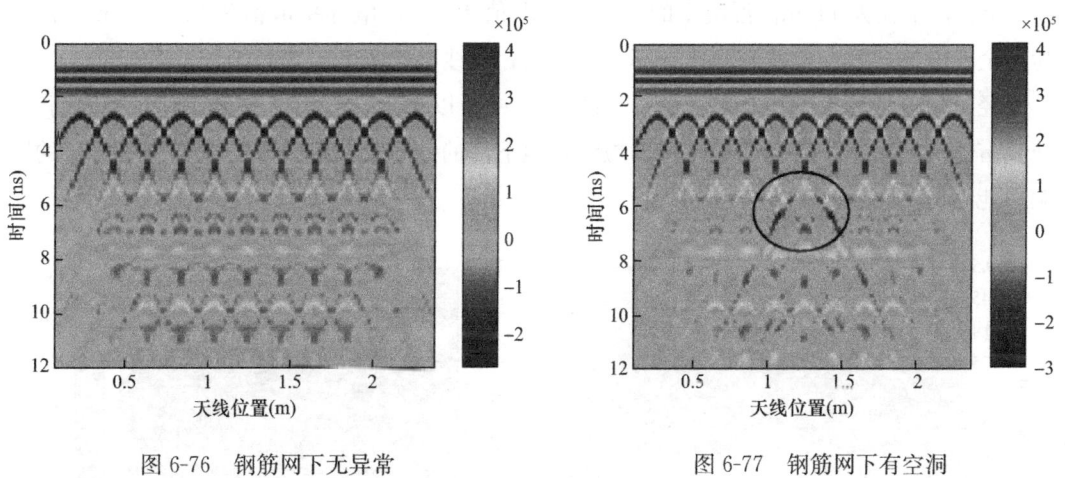

图 6-76　钢筋网下无异常　　　　　　　　图 6-77　钢筋网下有空洞

（2）单层钢筋背后有空洞

为了研究钢筋背后缺陷的地质雷达波谱，进行了地质雷达检测钢筋背后缺陷的正演数值模拟。

图 6-78 为单层钢筋背后有空洞的仿真建模图，图中钢筋的位置距混凝土面层 0.05m，直径为 16mm，钢筋间距为 200mm，钢筋为完全导电体，其介电常数和电导率为无穷大。空洞的圆心位置为（0.3m，0.105m），半径为 11cm，混凝土的介电常数取值为 8.0，电导率取值为 0.001S/m，天线中心频率为 800MHz。

经过数值计算得到仿真剖面图，从图 6-79 可以看出，单根钢筋反射信号较清晰，反射信号没有发生多次反射，这可以与空洞的反射信号区别开来。图中空洞的反射信号由于钢筋的影响不容易识别,这与模型试验的结论相吻合。在钢筋反射信号的影响作用下,钢筋背后缺陷的检测容易受到钢筋的影响。

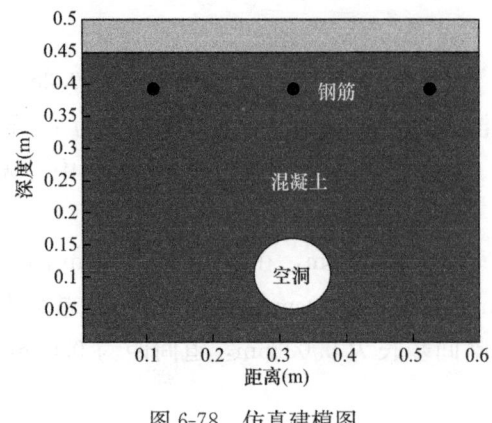

图 6-78　仿真建模图

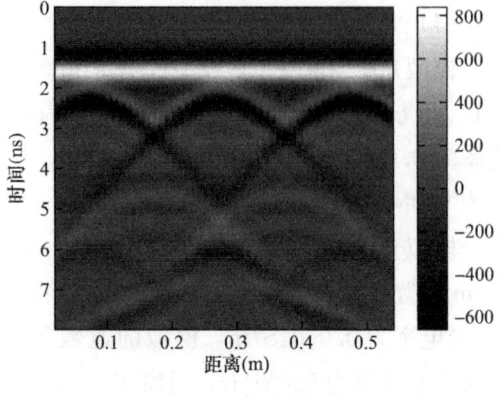

图 6-79　仿真剖面图

（3）双层钢筋中间有空洞

图 6-80 为双层钢筋中间有空洞的仿真建模图,图中钢筋有两排,钢筋直径为 16mm,上面一排距模型顶面 0.05m,下面一排距模型底面 0.05m；空洞的圆心坐标为（0.3m,0.205m）,半径为 11cm。混凝土的介电常数取值为 8.0,电导率取值为 0.001S/m；钢筋为完全导电体,其介电常数和电导率为无穷大,天线中心频率为 800MHz。

经过数值计算得到仿真剖面图,从图 6-81 中可以看出,当衬砌中布置有双层钢筋时,地质雷达能够对第一层钢筋进行准确检测,但下部的钢筋及缺陷由于受上层钢筋信号的影响不能够检测出来。

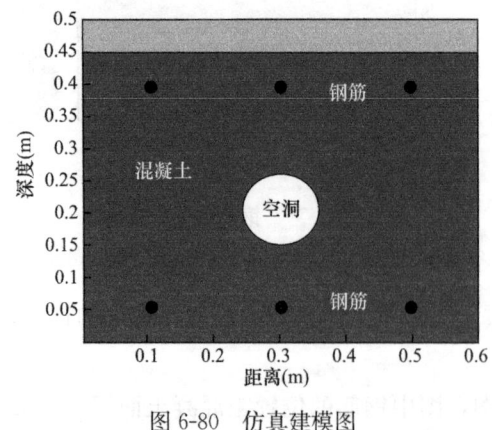

图 6-80　仿真建模图

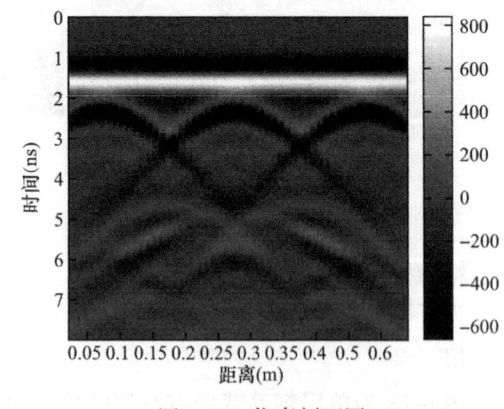

图 6-81　仿真剖面图

（4）钢筋下多形状空洞

为了研究钢筋混凝土区空洞病害的检测应用与影响因素,主要从下层钢筋、上层钢筋和双层钢筋三个方面对不同状态的空洞进行了检测研究,具体见图 6-82～图 6-85。

由图 6-82、图 6-83 可知：二衬中钢筋网对其上方空洞病害的检测略有增强作用；下层钢筋数量的检测受其上方空洞尺寸、埋设深度及布设间距等的影响，且较大尺寸（大于等于80mm）空洞下方的钢筋处反射波组叠加现象明显，难于辨识钢筋的具体数量；钢筋间距为200mm时，反射波叠加现象更为明显。

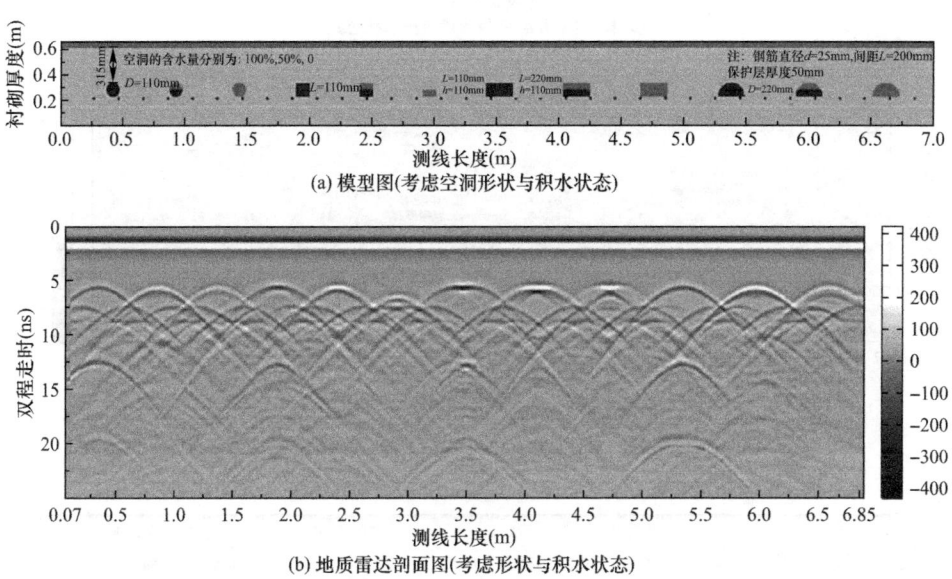

图 6-82　考虑形状与积水状态下层钢筋对不同积水状态空洞的检测影响

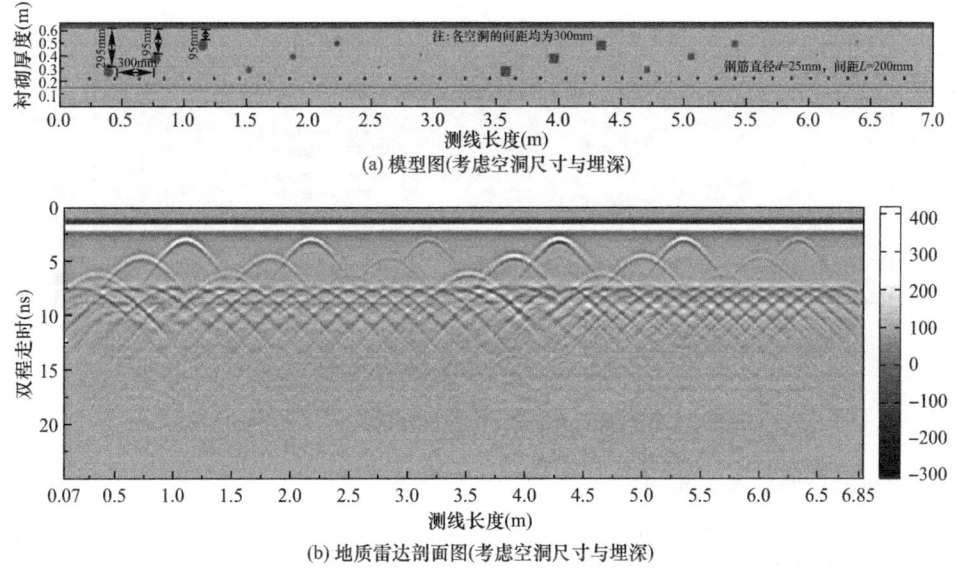

图 6-83　考虑空洞尺寸与埋深下层钢筋对不同积水状态空洞的检测影响

由图 6-84、图 6-85 可知：二衬中钢筋网对其下方空洞病害的检测影响很大，钢筋下方大尺寸空洞隐约可辨识，但仍需要对反射波组进行信号细化处理来增强空洞病害的辨识精度。

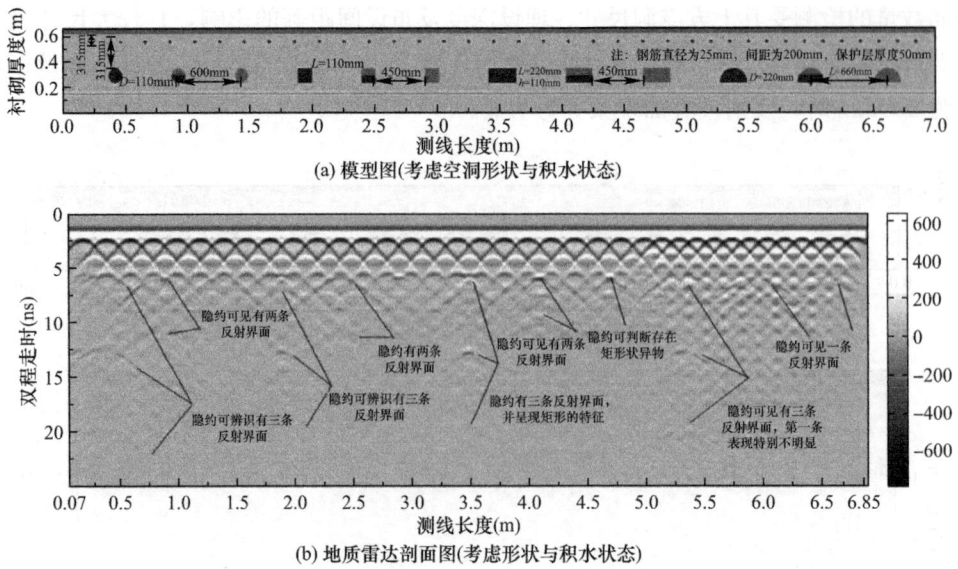

图 6-84　上层钢筋对不同积水状态空洞的检测影响

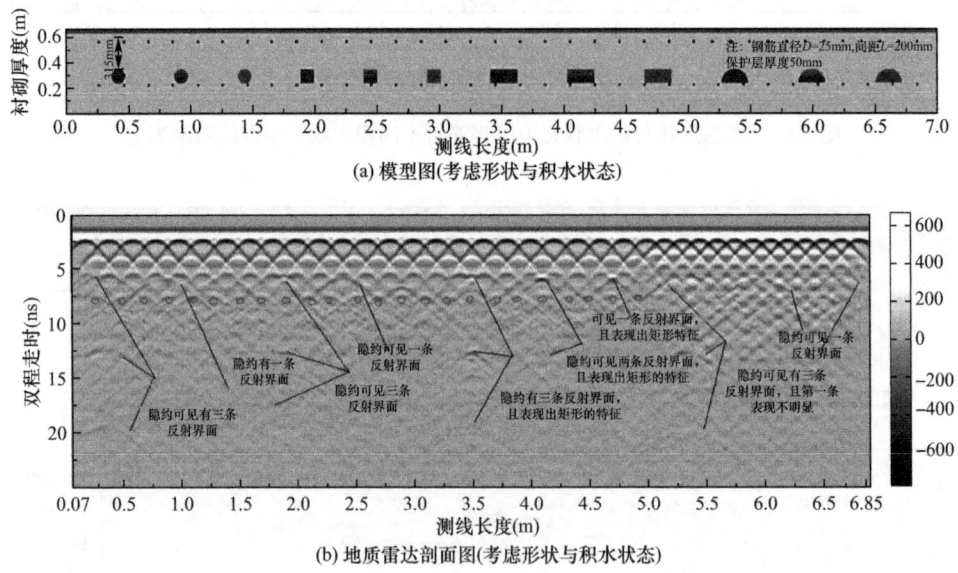

图 6-85　二次衬砌双层钢筋对不同积水状态空洞检测的影响

3）衬砌脱空厚度及填充物

衬砌脱空区主要指衬砌施作过程中，由于喷层灌浆不当，引起初衬与围岩、二衬与初衬之间出现一定的空隙，支护的完整性受到影响，直接影响衬砌的运营和使用寿命。另外这种间隙填充体并不单纯，往往出现泥质甚至填充水体等直接影响衬砌稳定性的不利因素。这里以初衬与二衬之间的层状空洞为研究对象，根据衬砌结构特征，建立围岩及衬砌的地电模型，如图 6-86 所示。

分别设置空隙厚度 $H=1$、5、10、15cm 的地电模型（图 6-86）。衬砌脱空的填充体分为 3 种，从左至右分别为纯水、空气、砂土，初次衬砌层设置间距为 1m 的钢拱架。通过对以上模型的时域有限差分计算，得到扫描图如图 6-87 所示。就其空间位置而言，图 6-87(a)中空气层厚度较小，初衬的视深度位置基本和模型一致，电磁波穿越时脱空层有明显的反射层面；图 6-87(b)～(d)中脱空层厚度逐渐增加，初衬表面的视深度明显相比模型中初衬面更为接近扫描面。

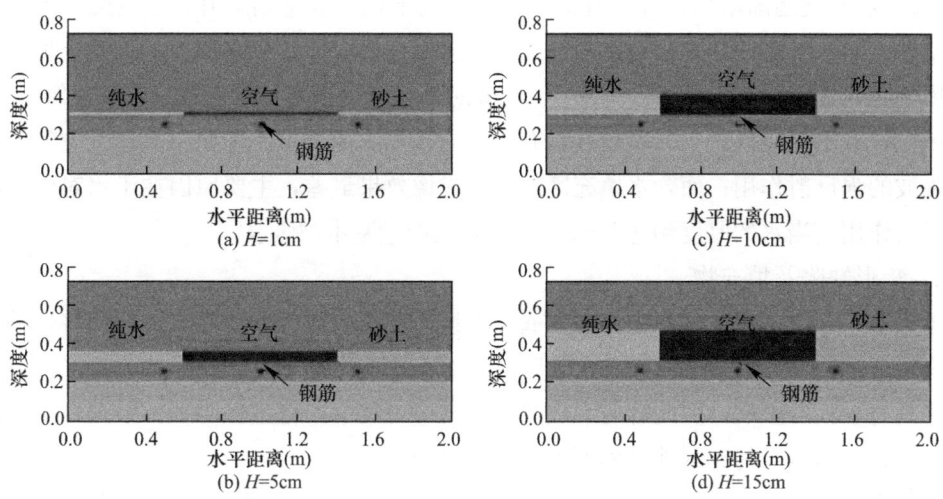

图 6-86 脱空层地电模型

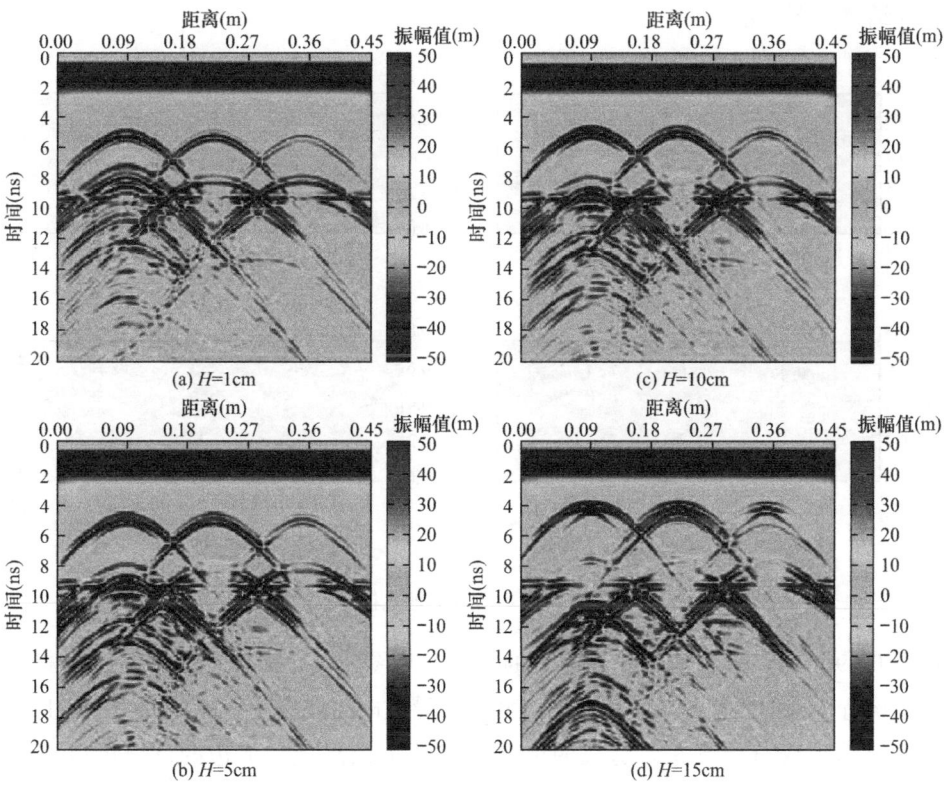

图 6-87 脱空层模拟扫描图

就其填充体而言，图 6-87(a)中左侧脱空填充水对电磁波具有较强的吸收作用，对脱空背后的钢拱架不能形成明显的反射弧，在 14ns 处形成多次反射波；中部为无填充脱空，脱空处存在明显反射波，而初衬中的钢拱架也可形成较为明显的反射弧；右侧为砂土填充体，脱空层电磁波反射相对较小，初衬钢拱架反射弧明显，多次波现象较小。图 6-87(b)～(d)中脱空层厚度逐渐增加，含水脱空区的多次波干扰影响急剧上升，且电磁波不能穿越该脱空层；而中部脱空层的反射作用加强，初衬钢拱架成像效果逐渐变差；砂土填充脱空层的影响相对较小，脱空层厚度增加至 15cm 时，初衬钢拱架仍可以较为明显成像。

因此，砂土填充区比空气填充区具有更好的探测成像效果，主要原因在于空气填充区对电磁波的强反射作用；而含水填充区的探测成像效果最差，主要原因在于水对电磁波的强烈吸收作用，当水的厚度到达 5cm 时，电磁波能量基本被吸收。

4）矩形缺陷及填充物

矩形缺陷是由于灌浆过程中出现的偶然失误，造成二衬内部的缺陷。我们将这种缺陷归纳为矩形缺陷和圆形缺陷，以对比缺陷形状对雷达成像的影响。矩形缺陷对二次衬砌的完整性具有较大的影响，因此容易形成二次衬砌应力集中，稳定性降低。根据矩形缺陷结构特征，建立围岩及衬砌的地电模型如图 6-88 所示。

分别设置矩形缺陷边长为 4、6、8、10cm。填充体分为 3 种，从左至右分别为：纯水、空气、砂土，初衬设置间距为 1m 的钢拱架。通过对以上模型的时域有限差分计算，得到扫描结果见图 6-89。

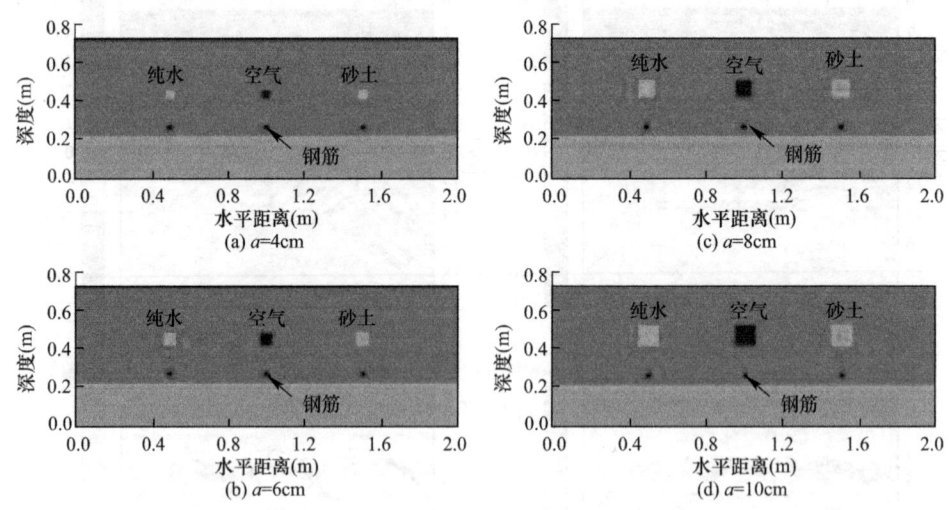

图 6-88　矩形缺陷地电模型

由图 6-89 可知，随着矩形缺陷边长的增加，从图像特征及缺陷空间位置分析，矩形缺陷的图像特征近似，但是缺陷的几何尺寸增加导致电磁波的反射弧更为明显，且砂土填充体的反射弧出现分层现象，这表明电磁波在矩形缺陷上、下边的反射可以逐渐区分出来。

根据填充体分析，左部含水区域随着矩形缺陷的增大，深部的多次波效果明显增强，对初衬的钢拱架成像具有较强干扰作用；而中部气体填充体对电磁波造成较强的反射效果，进而影响钢拱架成像；右部砂土填充体缺陷的反射较弱，且对钢拱架以及围岩界面等成像影响较小。

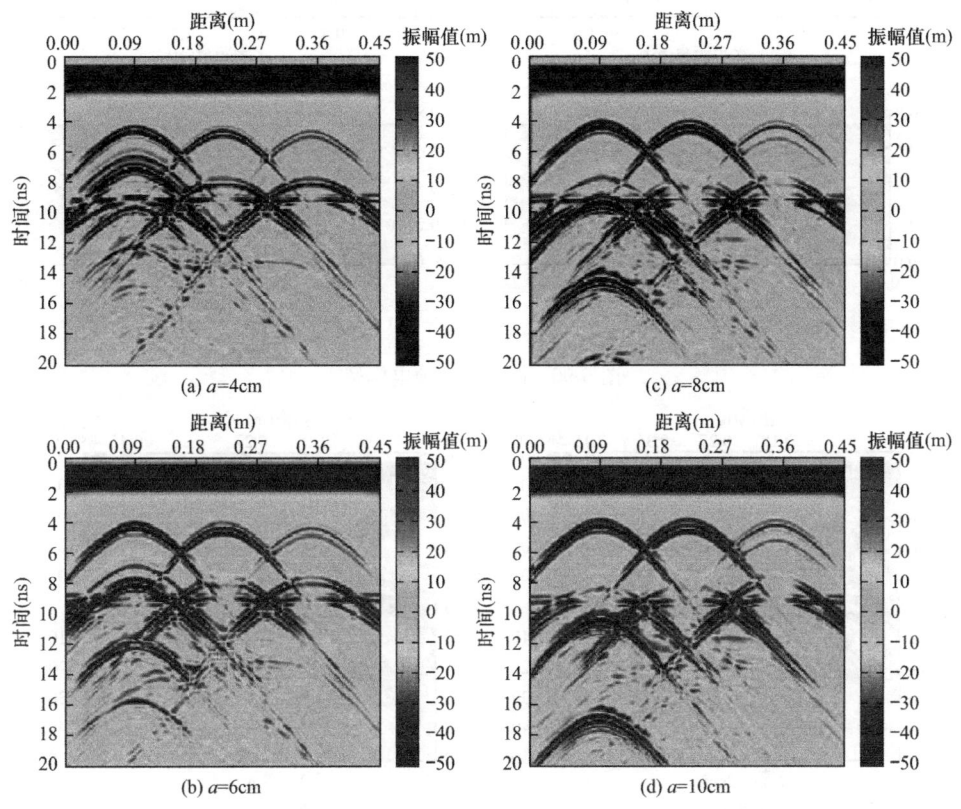

图 6-89　矩形缺陷模拟扫描图

5）圆形缺陷及填充物

圆形截面缺陷是衬砌中较为常见的缺陷类型，根据矩形缺陷结构特征，建立围岩及衬砌的地电模型，如图 6-90 所示。分别设置圆形缺陷半径 $r = 2$、3、4、5cm。填充体分为 3 种，从左至右分别为：纯水、空气、砂土，初衬设置间距为 1m 的钢拱架。通过对以上模型的时域有限差分计算，得到扫描结果如图 6-91 所示。

当 $r = 2cm$ 时，含水空洞的反射波明显强于气体填充洞以及砂土填充洞，含水空洞对初衬钢拱架的成像正好形成叠加干扰，且在扫描图深部出现多次波；随着空洞半径逐渐增加，含水空洞造成的多次波干扰明显增强。衬砌中空洞的反射波较为强烈明显，导致钢拱架的成像较为一般。砂土填充空洞成像效果较为理想。

以上总结如下：

（1）电磁波衰减和衍射随着频率的增加探测精度提高。

（2）地质雷达波对衬砌-围岩接触面的反射较强烈和明显，但是随着衬砌厚度的增加，电磁波的透射效率明显提高，衬砌较厚时对于深层的围岩情况也有一定反映。

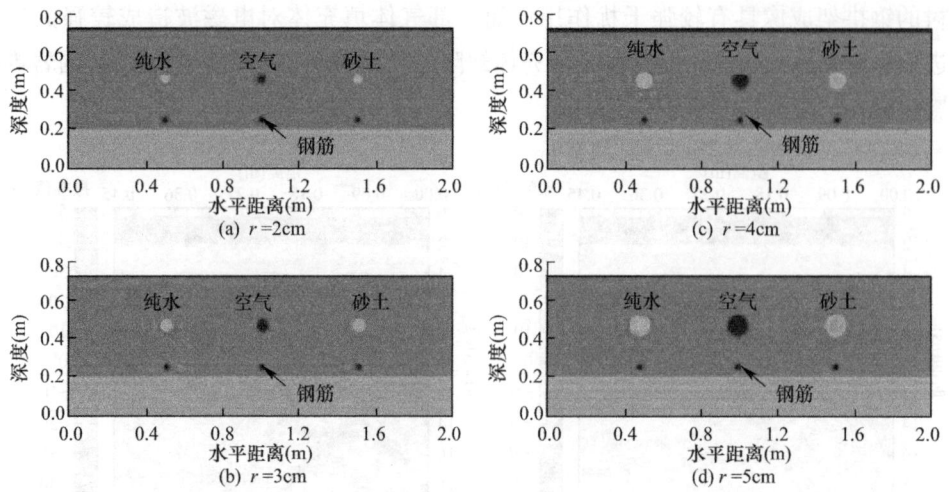

图 6-90　圆形缺陷地电模型

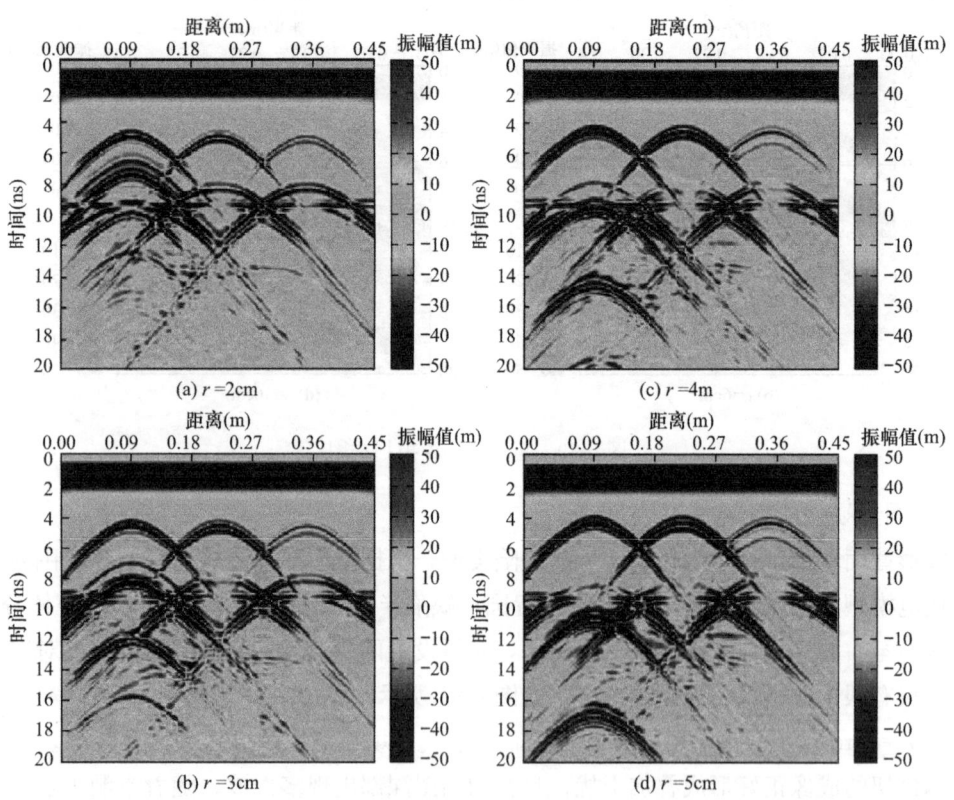

图 6-91　圆形缺陷模拟扫描图

（3）地质雷达波对空洞位置具有较强的识别能力，但对于几何形状的分辨仍有一定的局限性；但是等半径情形下圆形断面具有清晰的多次反射波，而矩形断面的多次波分布较为连续。因此电磁波对矩形的棱角反射较圆形反射效果更为明显。

（4）电磁波对水和空气等不同填充材料的检测效果较为明显，对等截面的水、气、砂土填充体的扫描图像甄别效果较好，砂土填充区比空气填充区具有更好的探测效果，因为空气填充区对电磁波有强反射作用，而含水填充区的探测成像效果最差，其原因在于水对电磁波的强烈吸收作用，当水的厚度达到 5cm 时，电磁波能量基本被吸收。

6）钢筋-裂缝-空洞组合

衬砌钢筋干扰模型如图 6-92 所示，模型参数与衬砌裂缝模型探测算例相同，其中深灰色介质为混凝土衬砌，浅灰色介质为围岩，圆点

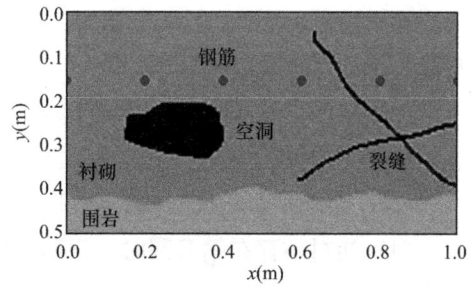

图 6-92 衬砌钢筋干扰模型

状所示为钢筋，左侧黑色区域为空洞，右侧黑色线条为衬砌裂缝，空洞和裂缝内部均填充空气，相关介质的电性参数见表 6-3。

衬砌钢筋干扰模型 FDTD 正演结果如图 6-93 所示，从图中可以看出，由于钢筋为金属材质，对电磁波信号表现为全反射，钢筋产生了很强的抛物线状绕射信号，由于钢筋的强反射干扰导致钢筋下层区域探测效果较差，但仍可以看到一处强反射信号（如①区域所示），可以判断为空洞，其位置及尺寸与模型较为一致；②区域可以看到反射信号同相轴连续一段距离，推断为衬砌裂缝，且同相轴形态与衬砌裂缝形态较为一致；由于钢筋产生的电磁波干扰信号很强，导致难以识别围岩分界面。

对每道雷达探测记录进行频谱分析，综合多道雷达探测记录绘制二维频谱图，如图 6-94 所示。图中①区域能量明显增强，与模型中空洞位置相吻合，在 370MHz 附近频谱能量最强，与无水通道反射波的主频一致；②区域裂缝位置处同样存在能量异常。

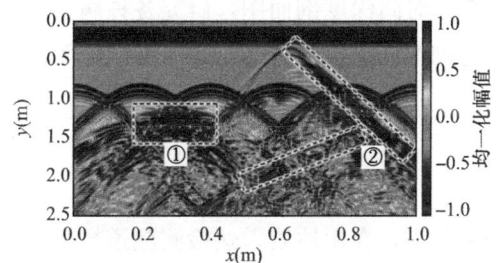

图 6-93 衬砌钢筋干扰模型 FDTD 正演结果

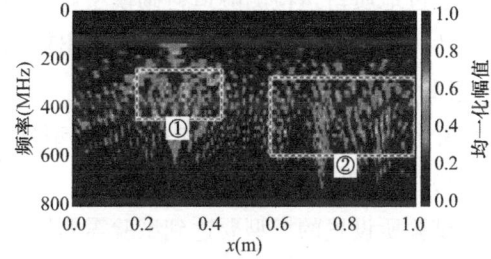

图 6-94 衬砌钢筋干扰模型二维频谱图

地质雷达检测空洞的正演数值模型主要从空洞的形状、尺寸、埋深、积水状态及钢筋影响五种情况，建立从形状、埋深、含水状态、初衬钢筋网、二衬钢筋五类相应的隧道衬砌仿真模型，并通过 GPRMAX2D 软件仿真分析可得出一系列的建模图形和相应的地质雷达时间深度剖面图。

7）小结

通过对圆形、矩形、三角形、半圆形空洞不同尺寸、不同埋深和不同的含水量及不同的钢筋布设情况进行的模拟研究结果，可得出以下主要结论：

（1）空洞埋深越大、尺寸越小，反射波波组表现特征越微弱，并且尺寸相近的几种空洞，反射波波组的反射强度有所不同：矩形＞圆形＞三角形；矩形尺寸较小时，反射波波组

的同相轴特征也表现为双曲线型，与圆形相近；半圆形与圆形的反射波波组特征差异甚小。

（2）空洞存在积水时，会发生多次反射，从而出现三个（满水状态）或两个（半水状态）较明显的反射界面；并且电磁波在水介质中传播时衰减更快。

（3）空洞的深度位置与密集程度会影响防水层的检测。

（4）初衬中存在钢筋网时，钢筋的检测受到防水板和其上部病害与钢筋间距以及尺寸的影响，反射波组强度低，只隐约可见；二衬中存在积水空洞时，甚至无法确定钢筋网的存在。故应在二次衬砌施工前进行初衬中钢筋或钢拱架的检测。

（5）二衬为钢筋混凝土时，下层钢筋的检测主要受其上侧空洞尺寸及空洞与钢筋间距的影响，同时对上侧空洞的检测有增强作用，含水空洞对与其紧挨的下侧钢筋数量和位置的辨识影响严重；上层钢筋对距其一定距离的较大尺寸空洞及含水空洞的辨识影响不大，但钢筋间距越小影响越大；对于双层钢筋网之间的空洞由于受上层钢筋的影响，含水空洞和下层钢筋隐约可见，但受上层钢筋间距的影响较大。

衬砌的空洞缺陷是地质雷达检测隧道衬砌中最重要的内容，空洞和脱空是常见的两种缺陷。目前工程界对空洞和脱空的几何形状识别仍具有一定的不确定性。这里针对可能存在的空洞形状、脱空及其填充物，人为设定空洞几何形状为三角形、半圆形、矩形，并对气体、液体、固体等填充物分别进行数值模拟分析，得出了有实用价值的结论。

6.1.3 衬砌背后空洞物理模拟

通过地质雷达检测隧道衬砌模型，得到地质雷达时间深度剖面图，研究各种病害的地质雷达时间深度剖面图的特征，总结出辨识隧道衬砌常见病害的雷达时间深度剖面图的一些规律。

6.1.3.1 空洞、脱空、不密实综合模型试验

1）试验设计

试验所设置的模型要达到试验需要取得的成果要求，在用地质雷达检测隧道衬砌病害时，一般是按照隧道的纵向方向设置若干条测线，衬砌病害只有在与布置的测线相交才会被地质雷达检测到，因此，模型的设计必须能够反映隧道衬砌的常见病害。试验的初衬与二衬尺寸如图 6-95、图 6-96 所示。

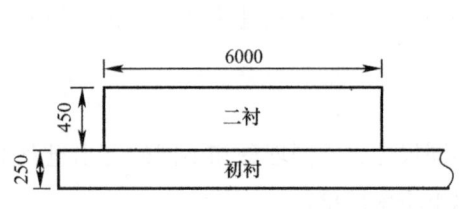

图 6-95 初衬与二衬尺寸（单位：mm）

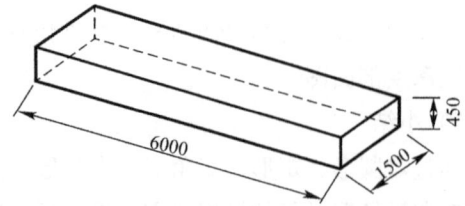

图 6-96 试验二衬尺寸（单位：mm）

试验主要模拟隧道衬砌里面的空洞、脱空、裂缝、析水等病害，病害布置在二衬中，为

了方便标记病害位置，在病害的结构上都用数字与英文字母作了标记，病害布置如图6-97~图6-99所示。

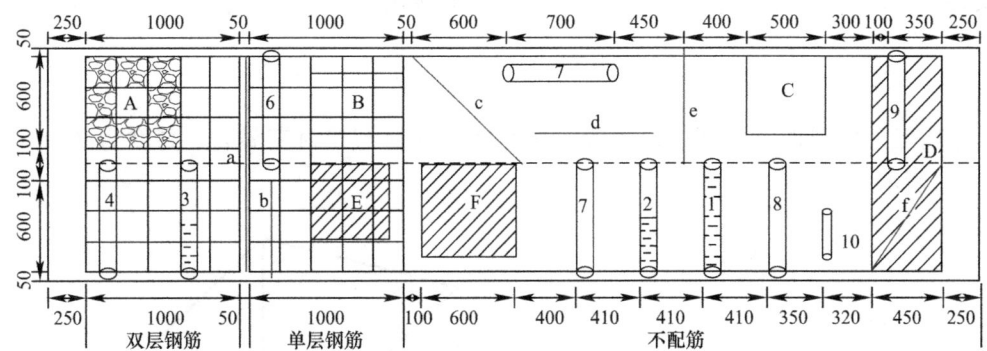

图 6-97　病害布置平面图

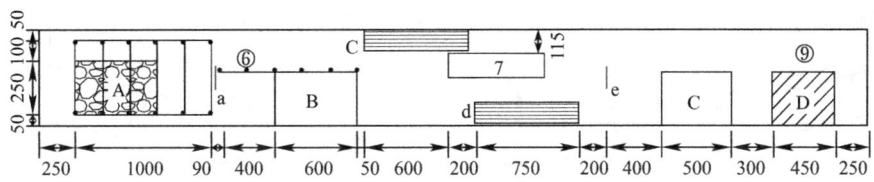

图 6-98　病害布置西方向立面图（W）

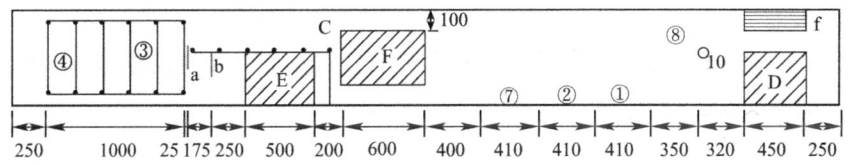

图 6-99　病害布置东方向立面图（E）

说明：① A、B、C号构件模拟的是析水病害；

② 1号构件模拟的是衬砌空洞中充满水；

③ 2、3号构件模拟的是衬砌空洞中充了一半水；

④ 4、6、7、8、9、10号构件模拟的是衬砌中空洞无水情况；

⑤ a、b、c、d、e、f号构件模拟的是衬砌裂缝；

⑥ D、E、F号构件模拟的是衬砌脱空。

试验在材料的选用方面，与衬砌实际情况尽可能地相似，此试验主要模拟隧道二衬、初衬。二衬尺寸为6m×1.5m×0.45m。为了更真实地模拟隧道衬砌的真实情况，在初衬与二衬间加防水板，防水板材料采用塑料板。二衬混凝土采用厂拌混凝土，强度等级为C30，体量为4m³。钢筋网采用焊接绑扎而成，钢筋直径为16mm，由于在实际衬砌施工时二衬设有单层钢筋、双层钢筋和不设钢筋三种情况，所以在试验中也设置成单层钢筋、双层钢筋和不设钢筋三部分。二衬浇筑之前先将缺陷模型、钢筋网、防水卷材放置就位，尽量保证模型试验与实际情况相似。

（1）空洞及空洞中充水

空洞采用 PVC 管制作，大尺寸管的直径为 110mm，小尺寸管的直径为 50mm。空洞充水是在直径为 110mm 的 PVC 管中注入 100% 的水和 50% 的水，两端密封。如图 6-100 所示。

（2）脱空

采用三合板制作，把制作好的脱空区布置在初衬与二衬交界处，高度为 25cm。如图 6-101 所示。

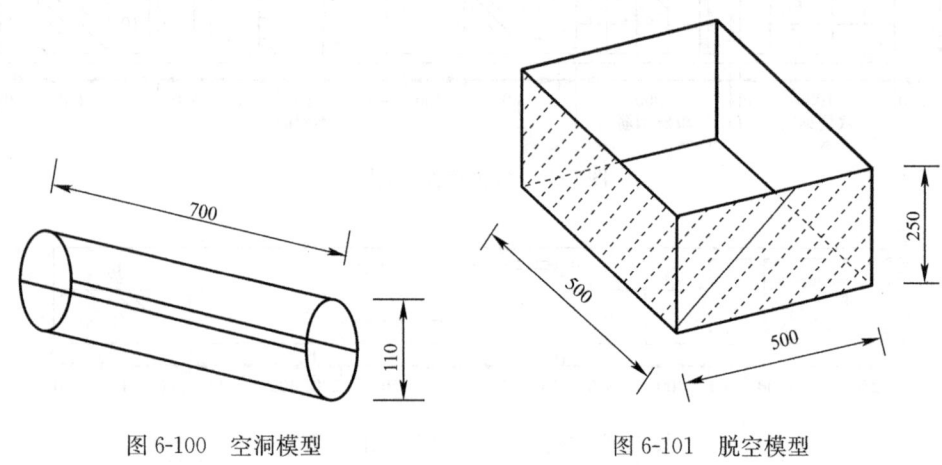

图 6-100 空洞模型   图 6-101 脱空模型

（3）析水

采用细砂和碎石模拟混凝土析水，把砂和碎石倒入预先制作好的模型中，模型采用三合板制作。如图 6-102 所示。

（4）裂缝

裂缝采用厚度为 5mm 的塑料板模拟，裂缝高度为 100mm，厚度为 10mm 和 5mm，如图 6-103 所示。

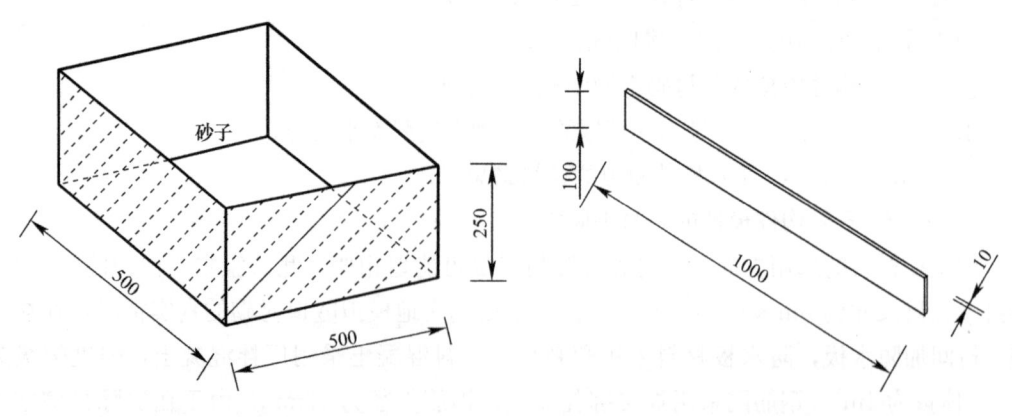

图 6-102 析水模型（单位：mm）   图 6-103 裂缝模型（单位：mm）

2）模型制作

模型的各个部件按照试验方案中设计的尺寸由室内试验室制作完成，然后到试验场地进行装配。模型的制作过程如图 6-104 所示。

3）试验检测

养护 28d 后，采用 MALA 雷达（图 6-105），ProEX 主机，配 800M 天线进行检测。

图 6-104　病害放置及模型浇筑图

图 6-105　MALA 地质雷达

（1）测线布置

如图 6-106 所示，分别布置 E 测线与 W 测线。800MHz 天线的采样参数见表 6-5。

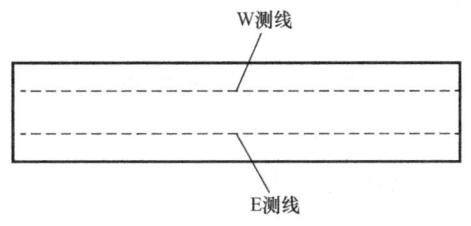

图 6-106　测线布置图

800MHz 天线的采样参数

表 6-5

地质雷达工作参数	发射和接收天线间距（m）	测点点距（m）	采样时窗（ns）	采样率（样/扫描）	扫描率（扫描/s）
设定值	0.10	0.01	25	512	60

（2）数据采集

① 按照测线设计，在试验衬砌上用粉笔标画出测线位置。

② 将地质雷达主机与电脑相连，将主机与天线相连。

③ 天线沿着测线在模型上以每小时 3～5km 的速度匀速拖动，通过采集软件 GroundViion2 采集地质雷达检测数据（图 6-107）。

4）数据处理

试验完成后，在每条测线上都可以得到相应的采集数据，采用专用的地质雷达处理软件 REFLEXW 处理采集到的数据，得到地质雷达时间深度剖面图。剖面图可以通过波形特征、

图 6-107　数据采集

振幅变化、同相轴和时差变化规律进行识别。

（1）波形特征

电磁波在介质中传播时遇到一个完整界面反射回来的电磁波传播路径是相近的，传播过程中所受到的介质的影响（透射、折射等）也是相近的，所以雷达天线接收到的电磁回波波形特征在相邻道上也是相近的，包括波形、相位数、振幅等。

（2）振幅变化

电磁波在传播过程中遇到不同电性介质时会产生反射，反射波振幅的强弱与两边介质的电性差异大小有关，且电磁波在同一介质中传播时会产生衰减。因此当反射波的振幅产生突变则可能表明电磁波进入到新的介质中，并且当探测点距离电磁波发射源较远时，其振幅也会降低。

（3）同相性

电磁波传播进入两种电性不同的介质中时，会在地质雷达剖面图上找到相应的反射波。把相邻道上的反射波进行对比分析，不同道同一相位各个相似的反射波连接起来便形成了同相轴。属同一同向轴波阻的相位特征，即波长和波幅相近的波，位置在时间轴上基本上不变化或连续渐变。这一特征往往也就成为判断是否属于同一均匀介质层的重要依据。

（4）时差变化规律

地质雷达的天线基本上都是屏蔽式，天线收发端的间距相对于被探测物的深度来说非常小，可以把收发天线看作同一点，所以辨识地质雷达波形图时，绕射波的同相轴为一条曲线，反射波的同相轴也为一条直线。根据时差变化规律可以较准确地对地质雷达时间深度剖面图进行识别。

5）结果分析

（1）E测线的地质雷达检测结果分析

研究分析E测线的地质雷达时间深度剖面图，可以得出如下结论：

① 钢筋对地质雷达检测信号的影响

从图6-108中能够准确地辨识出钢筋数量，但在双层钢筋处的下层钢筋位置与实际布置位置相差较大。在病害位置设计及实际浇筑时，两层钢筋之间的间距为350mm，而从

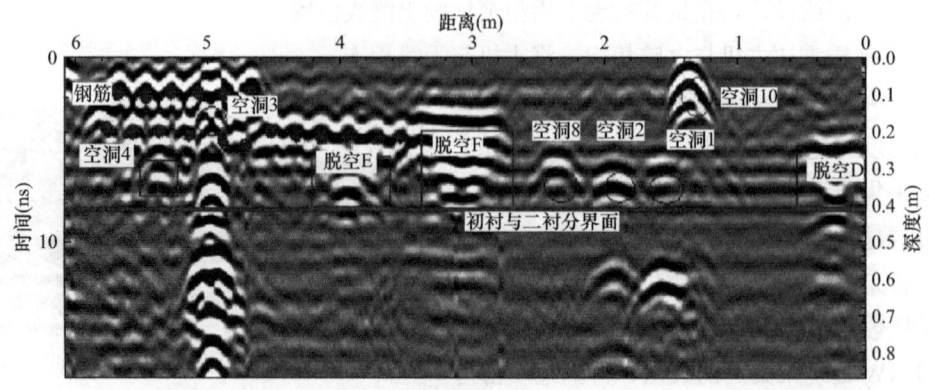

图 6-108　E测线雷达时间深度剖面图

雷达剖面图中可以看出两层钢筋的间距只有大概100mm；空洞3（含水50%）处的雷达反射波极不规律，与空洞2（含水50%）处的雷达时间深度剖面图相对比，其波形图特征完全不同；空洞4（不含水）的实际放置位置处于两层钢筋之间，但从图中可以看到空洞4的位置却处于第二层钢筋之下。

经分析，造成上述检测结果的误差是因为地质雷达使用的是高频电磁波，高频电磁波具有准光学特性，即当它遇到金属时，会发生全反射，部分能量被接收，部分又被反射到钢筋处，从而形成了电磁波在天线和钢筋之间的多次反射，在时间深度剖面上，这严重影响了对钢筋背后的钢筋或是缺陷的判断。

② 空洞含水在地质雷达剖面图中的特征

空洞2与空洞3中均含50%的水，空洞1中含100%的水。空洞1有两个反射界面，空洞2有3个反射界面，空洞3由于钢筋的影响其反射特征极不规律。空洞1有两个反射界面是因为空洞1中充满水，电磁波在水中的传播速度（2.2×10^8 m/s）比在空气中的传播速度（3×10^8 m/s）更慢，所以其会有两个反射界面，这可以用来区分隧道内部空洞是否存有水等其他杂质的病害。空洞2的雷达反射波形图有3个反射界面，这是由于空洞2中含50%的水，电磁波传播进入空洞2时，电磁波依次从混凝土-空气-水-混凝土中穿过，所以会有三个反射面。空洞3的雷达深度剖面图的波谱极不规律，其含有50%的水，造成空洞3雷达时间深度剖面图不规律的原因是其放置在两层钢筋中间，电磁波受到钢筋的影响。由上可以得出当雷达剖面图中的同一道数据上有两个或三个反射波界面时，就可以判定被检测处有空洞且空洞中含有水或其他介质。

空洞8和空洞10中都不含水，其直径为11cm，空洞8的埋置深度比空洞10更大，对比空洞8和空洞10的雷达深度剖面图可以看出，空洞10的反射波振幅和相位变化比空洞8要强。这是由于电磁波在介质中传播时会有能量上的衰减，传播距离越长，其能量衰减越大。

脱空区域3的地质雷达剖面图特征：从脱空区域D与F可以看出，电磁波通过脱空区域时，会产生强烈的反射信号，并且出现多次反射弧。脱空区域正中间部位的反射能量最强。由于脱空区域的横向长度要比高度大很多，所以雷达波的反射信号呈现出长方形的特征，并且反射能量由中间向两边逐渐减弱。

4号空洞的地质雷达剖面图特征：在试验中放置了直径为50mm的小号管，深度处于衬砌中间，具体位置如图6-108所示。在雷达时间深度剖面图中不能够观测到电磁波的反射信号，因此对于尺寸较小的空洞，800MHz的天线不能检测出来，需要采用更高频率的天线进行检测。

（2）W测线的地质雷达检测结果分析

研究分析E测线的地质雷达时间深度剖面图，可以得出如下结论：

① 析水区域的地质雷达剖面图特征

从图6-109中可以看出，在双层钢筋处，析水区域A（碎石模拟）处的雷达反射波由于受到了钢筋的影响，呈现较不规律的形状，并且第二层钢筋的雷达波反射信号也受到了影响。析水区域 B 是用细砂来模拟的，处于单层钢筋之下，其雷达反射波信号跟脱空区 F 的反射波信号较相似，呈现出长方形的特征，并且反射能量由中间向两边逐渐减弱。析水区域 C 使用的同样是细砂模拟，由于细砂的电导率与介电常数和水泥相差不大（表 6-3），所以其雷达波的反射信号不是特别强烈，但仍旧会产生反射。由于 B 和 C 采用的是同一种介质，但其雷达时间深度剖面图特征却存在一定的差异。在素混凝土段，其雷达波反射能量较弱；在单层钢筋下部时，其雷达反射波能量较强。由于细砂的介电常数接近于混凝土，所以其反射波能量较弱，而处于单层钢筋下细砂的雷达反射波能量较强，可能是受到了钢筋的影响。综合分析，地质雷达能够检测到混凝土产生的析水病害，但其雷达波反射不是特别明显，需要有丰富的经验才能够辨识。

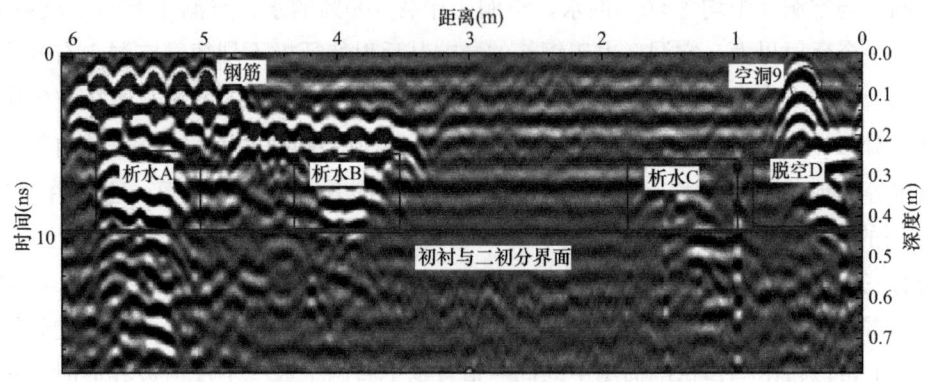

图 6-109　W 测线的雷达时间深度剖面图

② 病害叠加区域的地质雷达时间深度剖面图特征

空洞 9 布置在脱空区域 D 上方，由于雷达波入射到空洞 9 时会产生绕射，从图中可以看出，空洞 9 对脱空区域 D 的地质雷达检测结果有较大的影响，以至于从雷达时间深度剖面图中不能够很好辨识出脱空区域 D 的信息。

③ 裂缝的地质雷达剖面图特征

在衬砌模型中布置的所有裂缝都没有在地质雷达时间深度剖面图中显示，说明天线频率为 800MHz 的地质雷达对空间尺寸较小病害（裂缝）的检测精度不高。

④ 防水板的地质雷达剖面图特征

试验中在初衬和二衬之间布置了防水板，从时间深度剖面图中看不出防水板的信息，所以地质雷达检测防水板是不可行的；在剖面图中能够准确找到初衬与二衬的分界面，说明地质雷达可以检测出隧道衬砌厚度。

⑤ 地质雷达对不处于测线正下方的病害检测结果

衬砌中空洞 7 的位置不处于测线的正下方，在雷达时间深度剖面图中，空洞 7 完全没有显示，说明地质雷达只能够检测衬砌正下方位置的病害。在实际工程中，如对检测精度要求较严格时，需加大测线密度，确保地质雷达能够完整地检测出隧道病害状况。

6）小结

通过模型试验研究了地质雷达检测隧道衬砌各种常见病害时的雷达时间深度剖面图，

可得出如下结论：

（1）当衬砌中布置有钢筋时，采用地质雷达法检测钢筋背后缺陷不能够准确反映缺陷的信息，应该采用其他检测方法加以验证。

（2）天线中心频率为800MHz的地质雷达能够较准确地检测隧道衬砌中含有尺寸较大的空洞，但当空洞尺寸较小（直径为5cm）时，其检测的精度不高；当空洞中含有水或其他介质时，地质雷达能够检测出来水或其他介质的存在。

（3）天线中心频率为800MHz的地质雷达不能用来检测隧道衬砌裂缝，其对裂缝的检测精度不高。

（4）地质雷达不能够用来检测防水板层，但天线中心频率为800MHz的地质雷达能够准确地找出初衬和二衬的分界面，即地质雷达能够较好地检测出衬砌厚度。

（5）地质雷达能够对初衬与二衬之间的脱空进行检测，其检测结果较准确；同时也能够检测衬砌混凝土的析水，其检测结果较准确。

（6）采用地质雷达检测病害在垂直方向上叠加的情况时，从雷达时间深度剖面图中可以看出，处于下方病害的检测结果会受到处于上方病害的影响，不能够准确辨识出病害的信息。

6.1.3.2 不同填充物空洞模拟

1）试验设计

为了尽量减少外部因素对雷达探测的影响，模型材料选择应匀质，这里采用水泥砂浆构筑物理模型，采用的配比为水泥：砂：石膏：水＝1：4：0.1：0.6。

试验物理模型如图6-110所示。在每一次试验过程中，分别在模型Ⅰ面上沿着定位测线AB（图6-110b中已标出）探测3次，取效果最好的1次，作为试验探测结果。

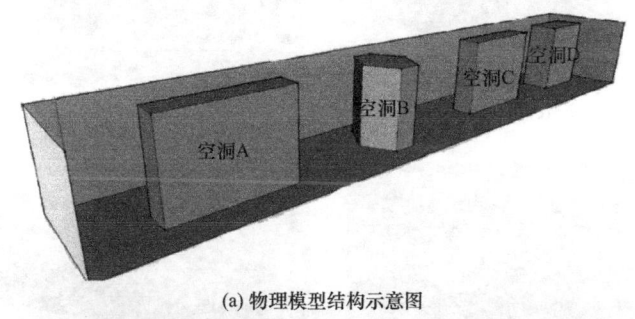

(a) 物理模型结构示意图

(b) 物理模型实体图

图6-110 物理模型（一）

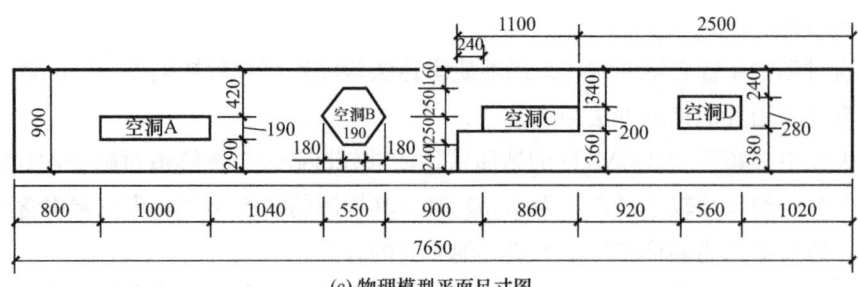

(c) 物理模型平面尺寸图

图 6-110 物理模型（二）

　　根据每次试验的目的，在模型预留的空洞 A、空洞 B、空洞 C、空洞 D 里组合填充水、空气、泥土、砂、碎石、泥浆等不同物质，各空洞填充不同物质如图 6-111 所示。

| (a) 空洞A球填充干砂 | (b) 空洞A填充粗碎石 |

| (c) 空洞B填充水 | (d) 空洞B填充泥浆 |

| (e) 空洞C填充干土 | (f) 空洞D无填充 |

图 6-111 各空洞填充不同物质

　　2）参数设置

　　在使用探地雷达试验前，需对探地雷达相关采集参数进行设置，主要包括电磁波速、采样时窗、采样点数和道间距等。根据物理模型的现场工作环境，设置采集参数如表 6-6 所示。

探地雷达参数表　　　　　　　　　　　　　　　　　　　　表 6-6

中心频率（MHz）	波速（cm/ns）	采样时窗（ns）	道间距（m）	采样点数（点）
600	10	100	0.02	512

图 6-112 为试验一和试验二的探测剖面进行增益后的结果，说明：①A 填充干砂，B、C、D 无填充；②A 填湿土、B 填湿砂、C 填碎石、D 填干土。从图中可以看出右侧探测区域空洞 C 和空洞 D 反射波明显增强，据此能够大致判断出各空洞的位置及范围，且反映各空洞内不同填充物的图像区域存在一定差异。

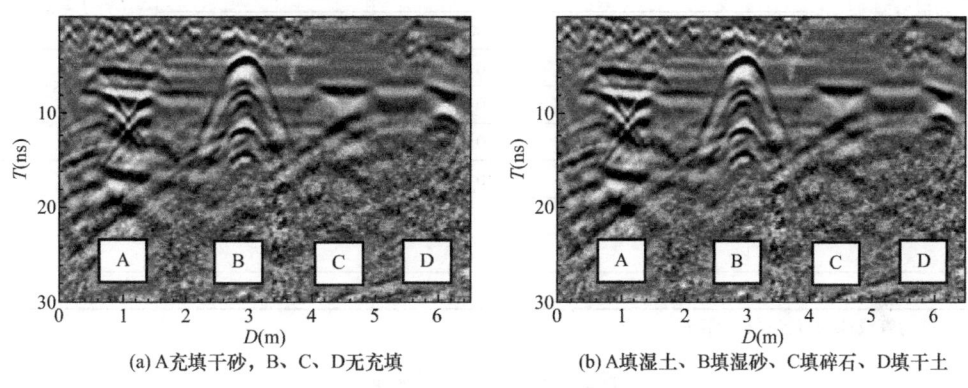

(a) A充填干砂，B、C、D无充填　　　　　　(b) A填湿土、B填湿砂、C填碎石、D填干土

图 6-112　试验一和试验二雷达增益后的图像

6.1.3.3　空洞形状、积水模拟

1) 试验设计

由于隧道衬砌施工时二衬主要有设置钢筋和不设钢筋两种情况，而素混凝土区围岩地质情况较好，所以隧道衬砌中素混凝土区存在的病害往往不被人们重视。试验模型尺寸为 6.24m×1.2m×0.6m，初衬厚度为 20cm，二衬厚度为 40cm，初衬和二衬间布设土工布和防水板，如图 6-113 所示。

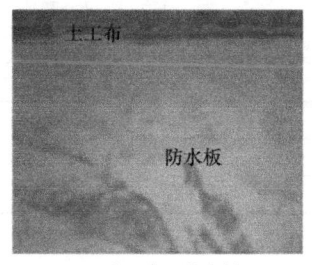

(a) 土工布、防水板　　　　　　(b) 空洞模拟材料　　　　　　(c) 二衬空洞布置

图 6-113　试验材料

为了考虑空洞积水的各种情况，用防水胶带密封和灌水的方法设置了无积水、部分积水（50%含水量）、充满积水（100%含水量）三种情况。同时，为了进一步分析雷达对空洞的检测精度，对小球及 PVC 管进行了不同尺寸（直径）在不同埋深状态的对比；并且选用了球形、椭球形及心形塑料小球、立方形塑料盒和 PVC 管来观察不同形状空洞对雷达检测效果的影响。空洞病害的具体布置如表 6-7、表 6-8 及图 6-114 所示。

测线 1 剖面空洞病害布设 表 6-7

病害	编号	含水量（%）	埋深（mm）	尺寸（mm）
柱形空洞	1	100	70	$D=50$ $L=300$
	2	100	180	
	3	100	340	$D=50$ $L=300$
	4	0	210	
	5	0	330	
	7	100	80	$D=20$ $L=300$
	8	100	200	
	9	100	290	
	10	0	80	$D=20$ $L=300$
	11	0	180	
	12	0	290	
	13	0	150	$D=30$ $L=300$
	14	0	50	
	15	0	285	
球形空洞	6	100	240	$D=160$

注：D 为管或球的直径；L 为管长。

测线 2 剖面空洞病害布设 表 6-8

病害	编号	含水量（%）	埋深（mm）	尺寸（mm）
球形空洞	16	100	80	$D=80$
	17	100	200	
	18	100	330	
	19	0	75	
	20	0	195	
	21	0	330	
椭球形空洞	22	0	330	$a=110$ $b=70$
	24	100		
心形空洞	23	0	330	长方向长 100
	25	100		
盒子形空洞	26	0	320	$140\times90\times45$
	27	0	280	$190\times125\times65$
	28	0	230	$295\times198\times100$

注：D 为球形直径；a 为椭圆长轴长；b 为椭圆短轴长。

为了全面研究空洞病害的辨识规律，主要从形状、尺寸、埋深、积水状态四个方面综合考虑空洞的布设。

2）试验检测

用意大利 RIS 地质雷达、600MHz 屏蔽天线和 K2FastWave 数据采集软件采用剖面法进行数据采集，天线频率 600MHz，发射-接收器的间距为 0.1m，测点间距 0.01m，时窗 40ns，采样率 512 样/扫描，并用专用的地质雷达处理软件 Launch GREDHD 进行数据处理，得到地质雷达时间深度剖面，如图 6-115 所示。

3）结果分析

对比图 6-114、图 6-115，主要从四个方面对波谱规律进行分析。

（1）形状影响。球形和圆柱形空洞反射截面均为圆形截面，圆形截面空洞雷达反射波组图表现为双曲线；椭圆形空洞与球形空洞波组图类似，但椭圆形空洞波组图底部趋平缓；三角形空洞与盒子形空洞的反射截面为矩形，而矩形截面空洞反射波波组图表现为顶面抛物线、底面趋于水平。

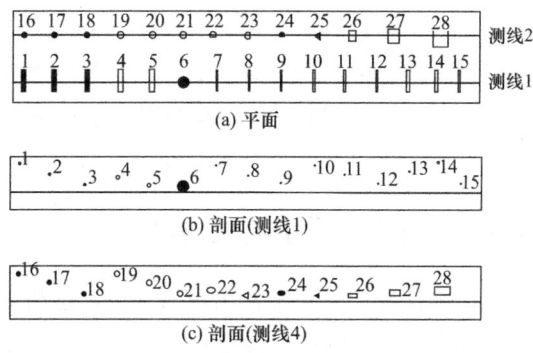

图 6-114 隧道二衬模型及空洞病害布设

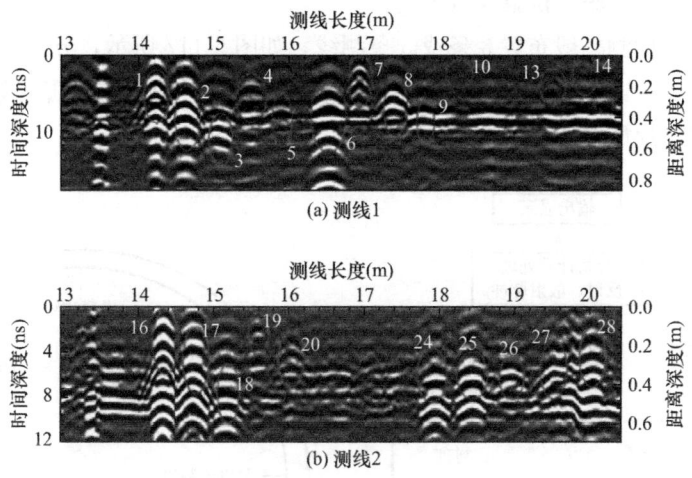

图 6-115 地质雷达时间深度剖面（600MHz 天线）

（2）含水影响。对比空洞 2 和 4、3 和 5、7 和 10、16 和 19、17 和 20，图 6-115 中空洞 2、3、7、16 和 17 的反射波组图更加明显，自衬砌外表面开始出现强反射区，同相轴连续，相位反转，其后反射波向衬砌内部有一段衰减过程，而后才交替出现显著的强弱反射（同相轴连续）。主要原因是含水空洞处的介质转换为混凝土-水-混凝土，电磁波在水中能量衰减较快，而水的介电常数较大，反射界面的两侧电常数差异大，反射界面更明显，反射系数也越大，所以电磁波反射更强烈。

（3）尺寸影响。结合图 6-114、图 6-115，对比空洞 4、11、13 反射波组图可以看出，圆柱形空洞 11（直径为 20mm）在埋深 180mm 时，600MHz 天线检测不出空洞，而相同直径的 8 号含水空洞在埋深 200mm 的反射波组却比较明显。从而可知空洞存在积水时，因反射界面的介电常数差异大，反射更明显，易于检测。

而实际检测中不含水直径 20mm 尺寸大小的空洞较难识别，需通过对雷达图的细致观察处理来达到检测小尺寸空洞的目的。对比盒子形空洞 26、27 和 28，可知沿测线方向空洞尺寸越大（试验中即宽度和半径），病害的反射波波形特征越明显。

（4）埋深影响。对比空洞 1、2 和 3、7、8 和 9 等，可知埋深较浅的空洞其电磁反射波能量衰减较少，反射波形更强烈，与电磁波能量衰减理论一致，而埋深较深且尺寸较小（直径 20mm）的 11、12 号空洞因能量衰减较多检测不出来。对比 22 和 24，23 和 25 相同埋深下，含水空洞比不含水空洞更容易检测，不含水空洞甚至检测不出。

6.1.4 衬砌背后空洞现场检测

拱顶是隧道病害常常出现的部位，这与隧道的施工工艺密切相关。衬砌背后空洞探测原理如图 6-116 所示。检测时将雷达密贴于隧道衬砌表面，雷达发射的电磁波经过衬砌到达空洞、接触不密实等区域，再由接收天线接收，经过计算、处理、分析得到检测结果。由于不同接触状态的物性差异较大，电磁波会有不同的双向走时，根据其到达时间，计算出衬砌厚度、衬砌背后脱空位置及规模。

隧道衬砌质量检测一般布置 3 条或 5 条测线，如图 6-117 所示，分别为拱顶、右拱腰、右边墙、左拱腰及左边墙测线，根据现场检测情况，检测过程中在病害密集区段适当加密测线，现场检测照片如图 6-118 所示。

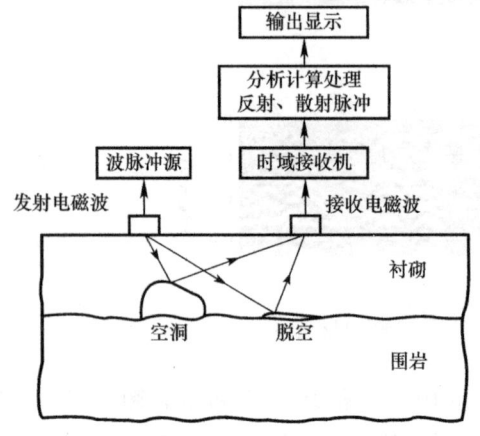

图 6-116　地质雷达探测空洞原理示意图

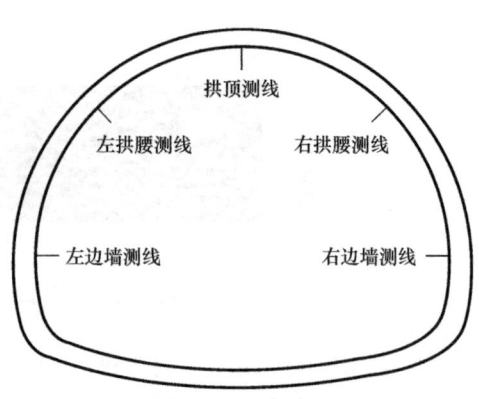

图 6-117　衬砌背后脱空检测雷达测线布置示意图

图 6-118　衬砌无损检测现场照片

某隧道二次衬砌质量检测采用 GPR 地质雷达 SIR3000，天线频率为 900MHz。ZK74＋006～ZK74＋018 里程段内地质雷达检测图像如图 6-119 所示。

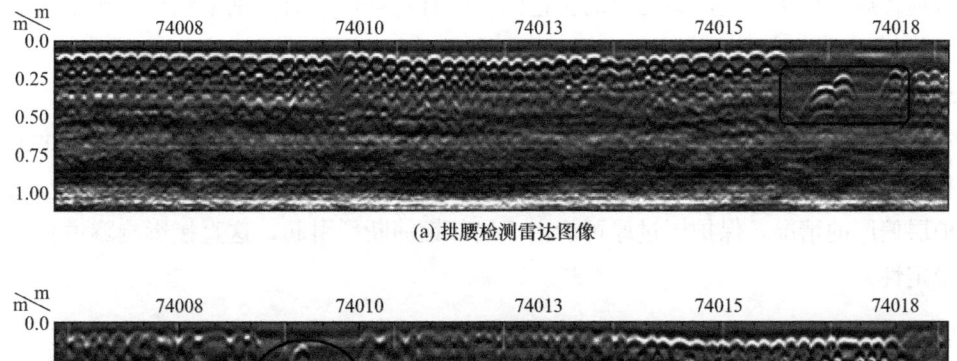

(a) 拱腰检测雷达图像

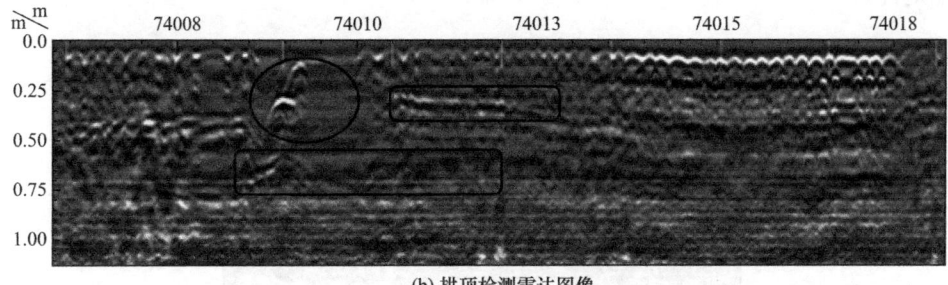

(b) 拱顶检测雷达图像

图 6-119　ZK74＋006—ZK74＋018 里程范围拱顶位置检测图像

图 6-119(a)为拱腰位置处地质雷达检测图像，从检测图像分析可得：ZK74＋006～ZK74＋016 里程范围内，钢筋保护层厚度平均为 7cm，钢筋间距平均为 20cm；ZK74＋016～ZK74＋018 里程范围内，钢筋出现严重不连续现象。图 6-119(b)为拱顶位置处地质雷达检测图像，其中 ZK74＋009～ZK74＋010 里程范围内，钢筋出现严重不连续现象；ZK74＋011～ZK74＋014 里程范围内，二衬内部出现轻微脱空现象；从防水板位置可以看出，二衬厚度平均约 70cm。对比图 6-119(a)和 6-119(b)可以发现，拱顶部位处二衬混凝土质量病害较拱腰部位更加严重。

图 6-120 为 YK25＋082～YK25＋100 里程段范围内拱腰位置处地质雷达检测图像，其中深度 15cm 处为直达波位置，所以 0～15cm 段为无用信息。从检测图像分析可得：YK25＋085～YK25＋100 里程段范围内，深度 45cm 位置附近，二衬与初支间混凝土出现脱空现象，并由此判断，二衬厚度平均为 45cm。对脱空位置需要进行注浆处理。

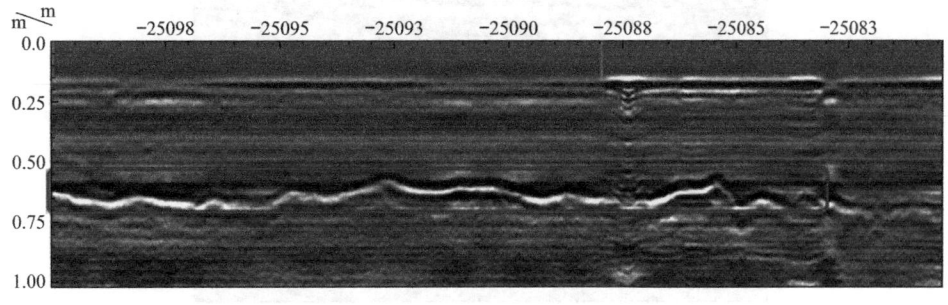

图 6-120　YK25＋082—YK25＋100 里程段范围内拱顶位置地质雷达检测图像

6.1.5 衬砌背后接触类病害典型图谱

衬砌背后各种接触类病害对应的雷达图像各有特点，下面分别举例介绍典型图谱，便于现场检测人员识别。

6.1.5.1 保护层厚度

隧道欠挖或超挖都容易造成保护层厚度不合标准。欠挖容易造成保护层厚度过薄；超挖容易造成保护层过厚。如图 6-121 所示，右边点线显示了正常的保护层厚度，左侧黑线是保护层偏厚的情况，保护层过厚可能由于局部钢筋断裂引起，这直接影响隧道衬砌的强度和稳定性。

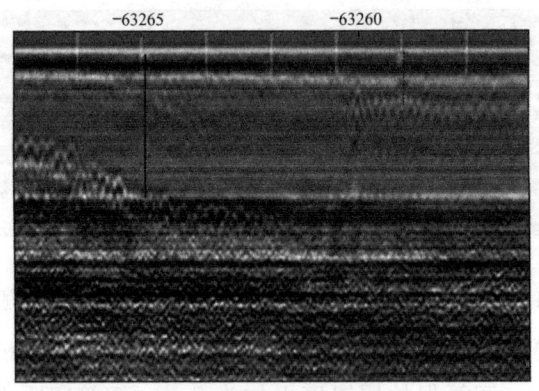

图 6-121 某隧道衬砌保护层雷达反射图像

6.1.5.2 钢筋及钢拱架等分布

由于钢筋和钢拱架较周围岩层或混凝土性质差异较大，在有钢筋和钢拱架处呈现强反射，其中钢筋呈连续的小月牙形分布，钢拱架呈单个大月牙分布，波幅较钢筋大，较容易识别。在处理后的雷达图像上很容易看出钢筋以及钢拱架的数目，以及存在钢筋布置不均匀、衬砌钢筋保护层偏厚等质量缺陷。如图 6-122 所示，用两条黑线标出了衬砌中双层钢筋的排布情况。

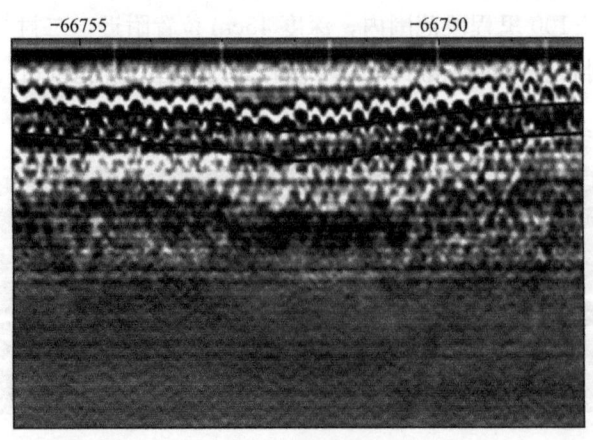

图 6-122 衬砌双层钢筋雷达反射图像

如图 6-123 所示，黑色三角形区域为单个钢拱架，图中可清晰地看到钢拱架的排布情况。

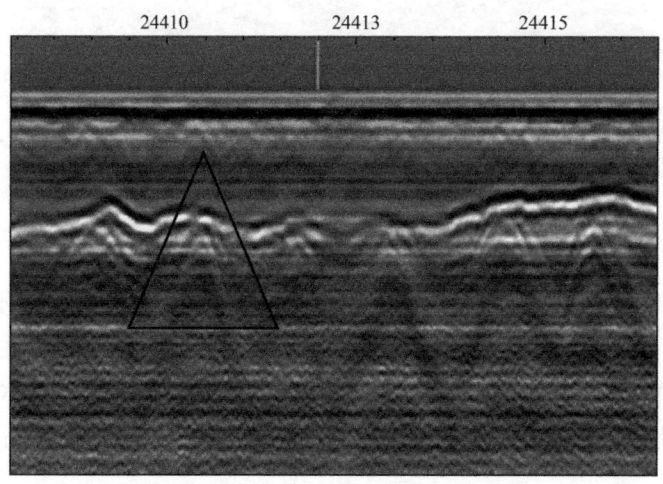

图 6-123 衬砌背后钢拱架雷达反射图像

当出现塌方时，常采用金属管棚加固。金属管棚加固雷达图像如图 6-124 所示。

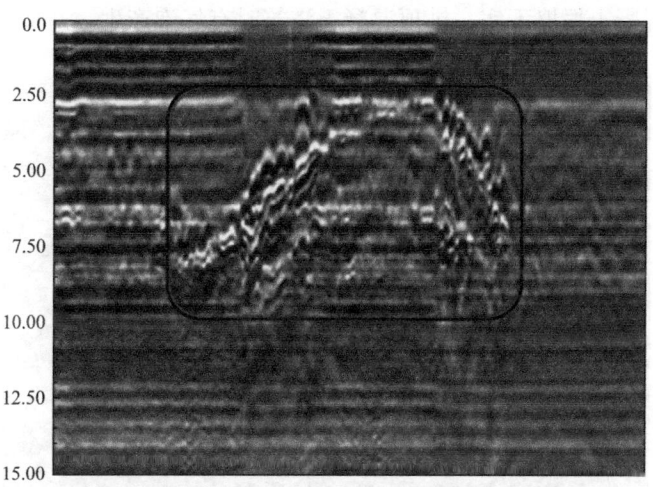

图 6-124 衬砌背后管棚雷达反射图像

从图 6-125、图 6-126 中可以看出钢筋的详细分布，但由于钢筋对雷达波的影响，钢筋背后结构的病害状况不能够准确地辨别出来。

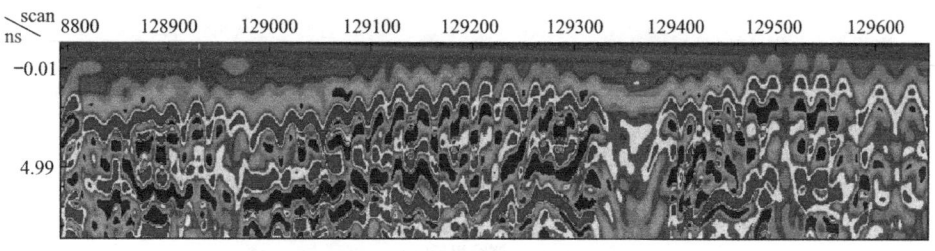

图 6-125 衬砌钢筋典型时间深度剖面图

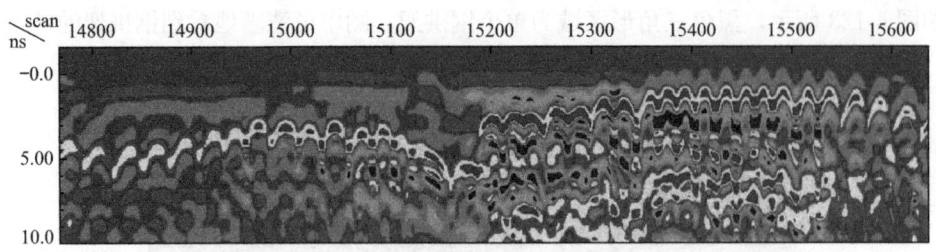

图 6-126　衬砌钢筋典型时间深度剖面图

6.1.5.3　衬砌不密实

由于隧道衬砌施工工艺的限制，常常会出现不密实的情况。因振捣问题引起的不密实称为灌筑不密实；因回填杂物引起的不密实，称回填不密实，前者多发生于衬砌内部，后者多发生于衬砌背部。不密实造成衬砌空隙率变大、强度降低、易遭受水及风化侵蚀，在雷达图谱上表现为区域性的凌乱强反射区，波形较为杂乱，同相轴错断，均表现为"杂乱"的波阻特征。

如图 6-127 所示，矩形框内反射比较混乱，可看出比较明显的反射界面。防水板铺设时不紧密，有褶皱出现，常常造成初衬与二衬之间的不密实；混凝土调配不合理，含水率过大容易掉落或混凝土振捣不实；拱顶混凝土浇筑时有气泡产生，造成衬砌内部不密实。

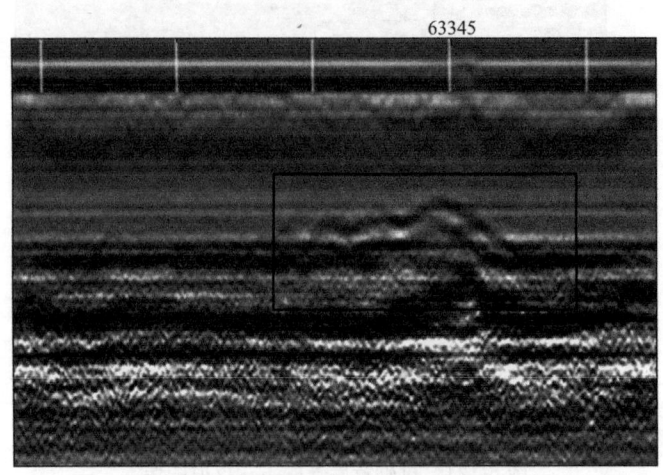

图 6-127　衬砌不密实雷达反射图像

如图 6-128 所示，某隧道拱顶部位，其 730～755m 处地质雷达探测结果剖面，其中位置①处出现了反射信号同相轴错乱、不连续的现象，推断为不密实部位；位置②处反射

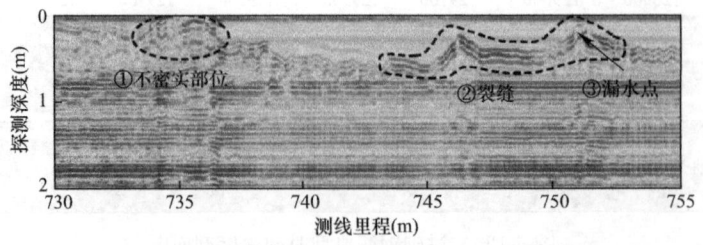

图 6-128　某隧道拱顶测线 730～755m 不密实、渗漏地质雷达剖面图

信号很强，根据同相轴形态推断为衬砌裂缝；位置③处裂缝延伸至衬砌表面，推断为漏水点，雨水可以沿导水通道流向衬砌，再通过衬砌中的裂缝从漏水点渗漏出。

如图 6-129 所示，某隧道拱顶测线 220～245m 处地质雷达探测结果，其中位置①处出现了抛物线状强反射信号，推断为衬砌中的空洞；位置③处反射信号很强，根据同相轴形态推断为衬砌裂缝；位置②、④处根据深度信息和同相轴形态，推断为围岩中的裂隙，雨季将成为导水通道。

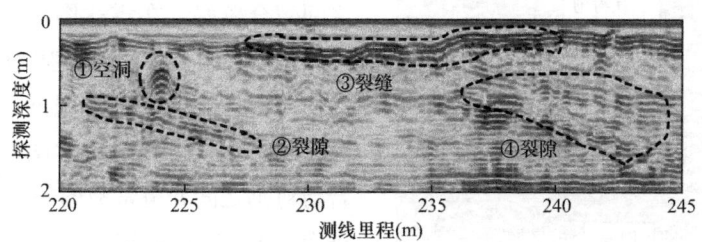

图 6-129　某隧道拱顶测线 220～245m 空洞、裂隙地质雷达剖面图

如图 6-130 所示，某隧道边墙部位，距离地面高度 2m，其 970～995m 处地质雷达探测结果，其中位置①、④处出现了反射信号同相轴错乱、不连续的现象，推断为不密实部位；位置②处出现了抛物线状反射信号阵列，推断为钢筋；位置③处反射信号很强，根据同相轴形态推断为衬砌裂缝。

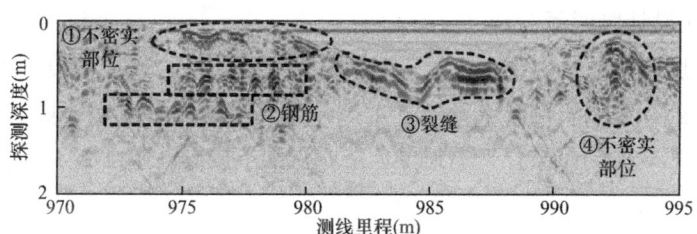

图 6-130　某隧道边墙测线 970～995m 不密实、裂缝地质雷达剖面图

如图 6-131 所示，初衬与围岩之间的不密实，导致电磁波由衬砌混凝土进入到不密实区域时，两者介电常数的差异较大，雷达电磁波产生杂乱无章的强反射。

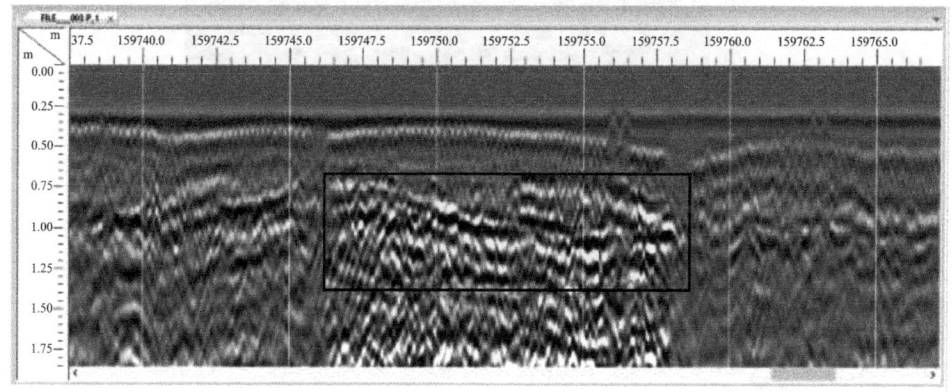

图 6-131　某隧道边墙测线 159740～159765m 不密实地质雷达剖面图

273

6.1.5.4 初衬厚度

初衬与围岩的介电常数差异明显，因此造成反射信号有着显著不同，在探地雷达图像上，初衬与围岩相交的界面层处常常表现为明显的反射界限。

由于施工技术的限制，隧道围岩的开挖面会出现凹凸不平的问题，这就使得隧道初衬

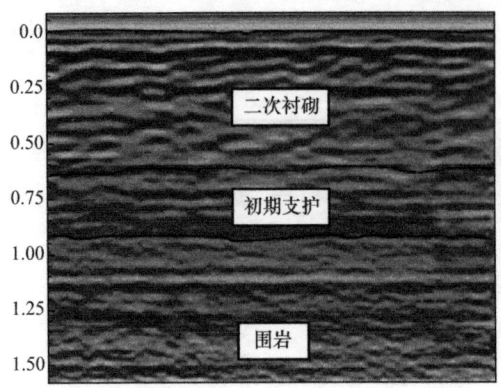

图 6-132　某隧道二衬-初衬-围岩分界线
雷达反射图像

与围岩接触部分呈现出高低不平的起伏。二衬与初衬介电常数有细微的差别，如果它们之间契合较好，在雷达图像上则不易观察到分界面。当衬砌中有钢拱架和钢筋网存在时，它们对雷达波的反射较强烈，在雷达图像上可看到连续、强烈的反射图像。可以根据围岩与衬砌之间介电常数的差异形成反射界限，进而推断出衬砌的厚度。如图 6-132 所示，黑线标出了二次衬砌、初期支护和围岩的分界线。

如图 6-133 所示，在黑色矩形标识内，可以看出明显的绵延反射界限，反射强度较周围大，根据它与上边界的距离推断出衬砌厚度。雷达反射波形显示衬砌厚度不足（设计衬砌厚度 45cm）。后经钻孔验证发现该处衬砌厚度为 38cm，比设计厚度薄 7cm。

造成衬砌厚度不足的原因很多，一是毛洞开挖不平整或防水板铺设不密贴，造成衬砌与围岩之间有空隙，如果长期受水及风化侵蚀，造成衬砌开裂或者掉块，衬砌厚度减少。二是施工过程偷工减料，而监管又不到位，造成衬砌未按设计厚度施工。

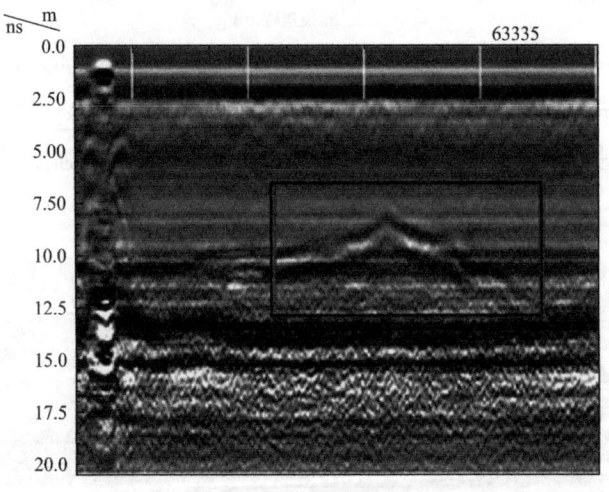

图 6-133　某隧道衬砌与围岩界面雷达反射图像

6.1.5.5 脱空与空洞

脱空包括衬砌内部的空洞，二衬与初衬之间的空洞，初衬与围岩之间的脱空等。其

中，衬砌内部的空洞一般是因为二衬注浆不密实或者初衬喷浆不到位所致，这样的空洞一般比较小，在雷达剖面上表现为双曲线。二衬与初衬之间的空洞是由于在施作二衬的时候模板下沉，台车变形，或者混凝土收缩导致两者之间出现脱空区，这种脱空区的图像并非双曲线，而是出现了同相轴的异常。初衬与围岩之间的脱空也是同样的道理。

如图 6-134 所示，椭圆形范围内出现了二衬的空洞，常呈弧形、长方形或三角形，存在局部的强反射界面，内部反射杂乱。

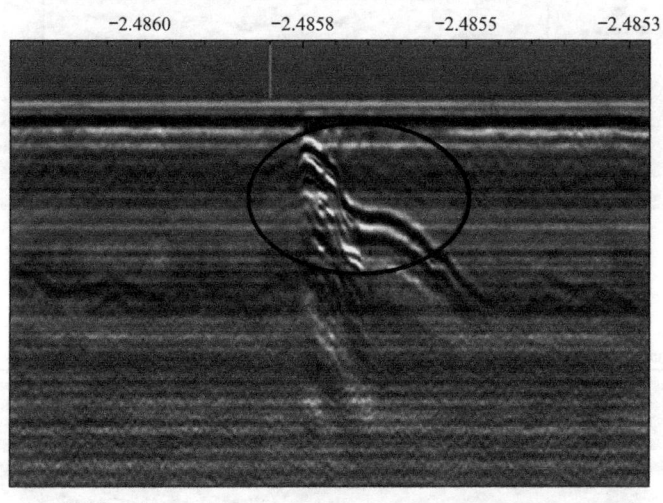

图 6-134　某隧道衬砌背后空洞雷达反射图像

如图 6-135 所示，当采用模筑泵送混凝土工艺施工衬砌时，拱顶接缝处易出现三角形空洞。

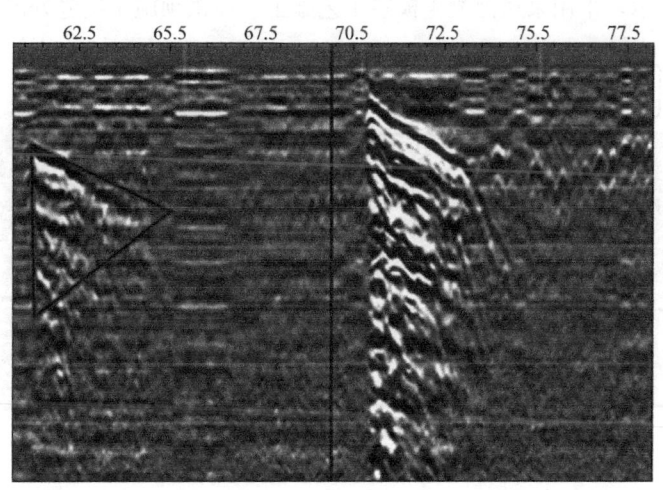

图 6-135　隧道衬砌接缝处雷达反射图像

如图 6-136、图 6-137 所示，本段检测图像反映的是隧道衬砌脱空情况。施工时，由于种种原因，二衬混凝土与初衬砌结合不够紧密，导致其间存在一层空隙。当电磁波由衬砌混凝土进入到空隙时，产生强烈的反射信号，但相位不发生改变；同理，当电磁波再从空隙进入到围岩时，再产生一次强烈的反射信号，同时相位发生改变。

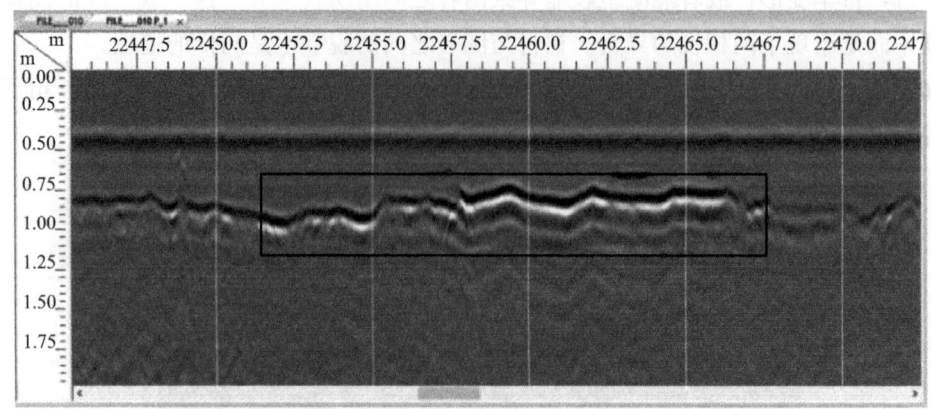

图 6-136　衬砌背后脱空雷达图像

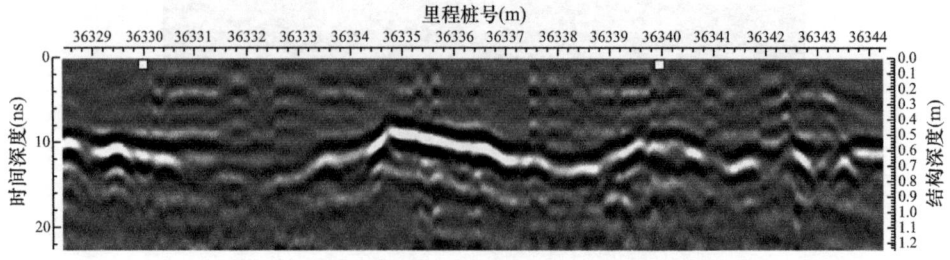

图 6-137　衬砌 36333～36345m 的背后脱空雷达图像

如图 6-138 所示，采用泵送混凝土模筑工艺施工，在拱顶施工接缝处出现三角形空洞。

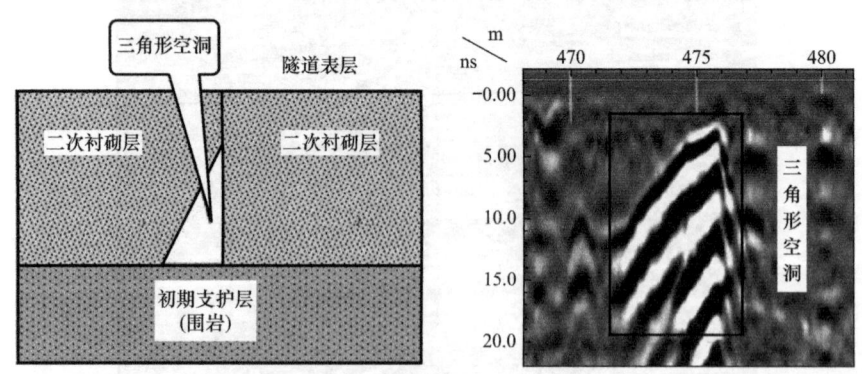

图 6-138　衬砌背后空洞雷达图像

如图 6-139 所示，某隧道里程 37733～37735m 拱顶两板接缝处出现三角形空洞并伴随厚度不足，里程 37735～37739m 衬砌背后出现脱空。

如图 6-140 所示，某隧道 37695～37697m 拱顶两板接缝处出现三角形空洞。

如图 6-141 所示，某隧道里程 37904～37907m 拱顶两板接缝出现三角形空洞并伴随里程 37900～37904m 衬砌背后脱空。

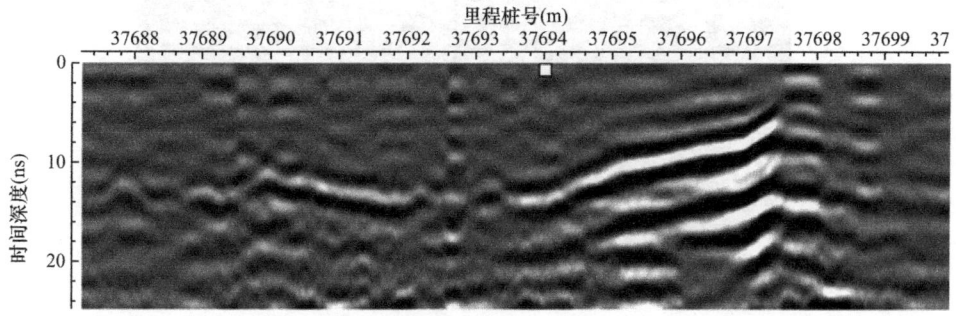

图 6-139 衬砌背后脱空与空洞雷达图像

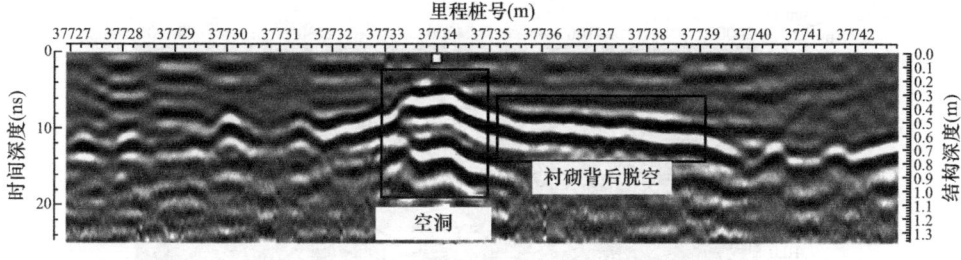

图 6-140 衬砌背后脱空与空洞雷达图像

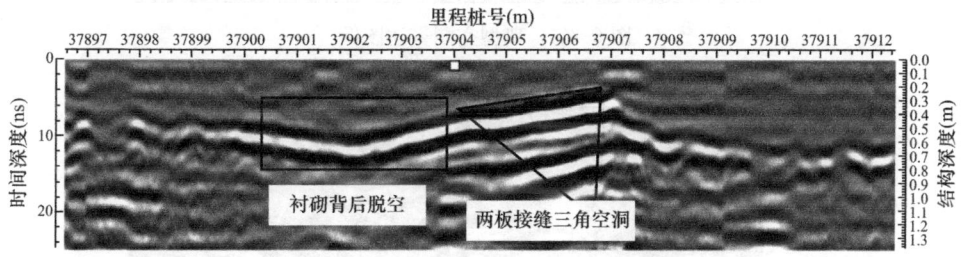

图 6-141 衬砌背后脱空与空洞雷达图像

如图 6-142、图 6-143 所示，由于衬砌中存在脱空病害，雷达波在脱空区域产生多次反射，其反射波呈层状形式。

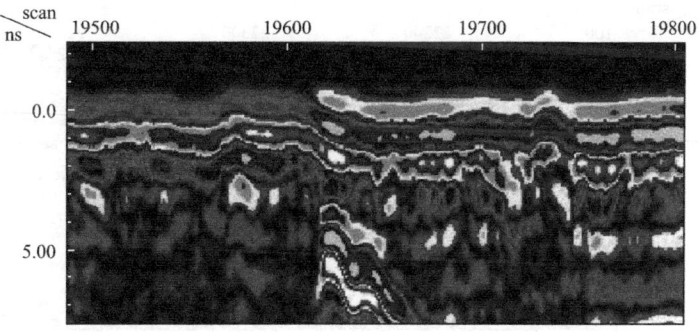

图 6-142 衬砌背后脱空典型雷达图像

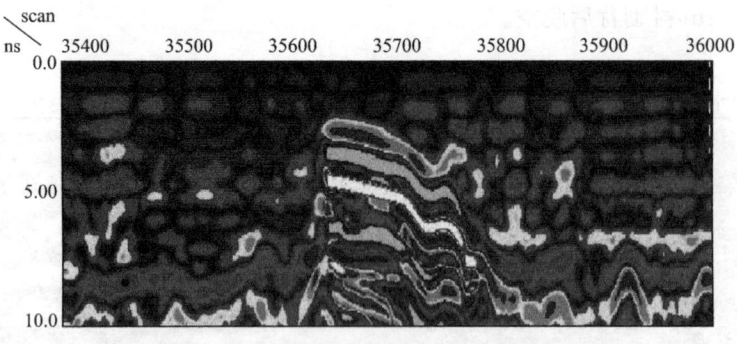

图 6-143　衬砌背后脱空典型雷达图像

如图 6-144～图 6-146 为某隧道衬砌背后空洞典型地质雷达剖面图。

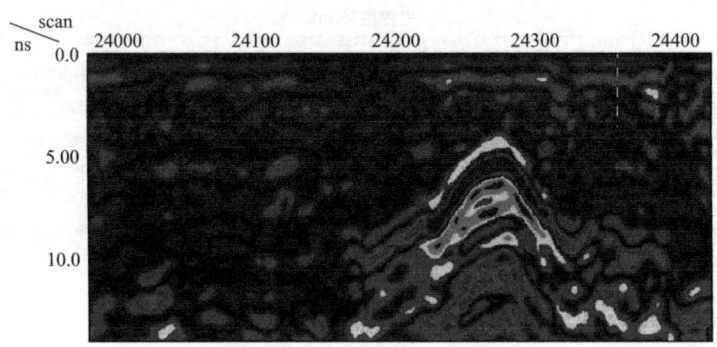

图 6-144　典型空洞雷达图像

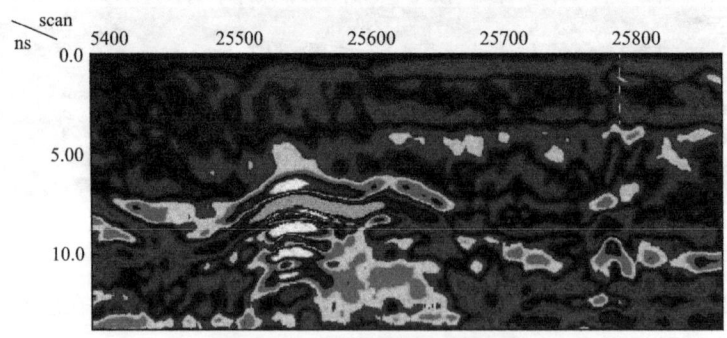

图 6-145　典型空洞雷达图像

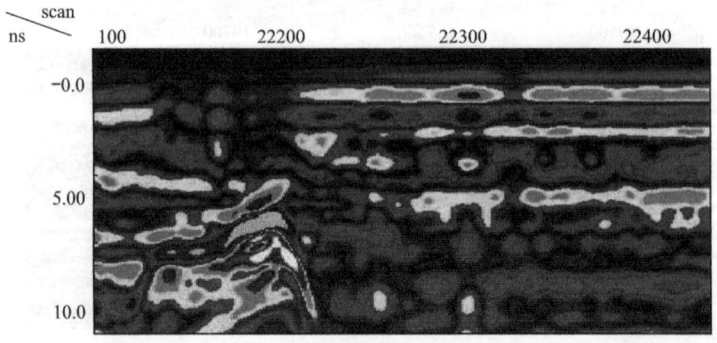

图 6-146　典型空洞雷达图像

初衬与围岩间的空洞积水也是引起隧道渗漏病害的重要原因之一，这种隧道病害在降雨量丰富地区比较常见。在围岩超挖回填不密实区域，围岩稳定性差，不密实区域规模变大而逐渐形成空洞，这些空洞随着时间的积累，容易形成充水洞，将会影响隧道衬砌和围岩的稳定性和强度。

图 6-147 为某隧道拱顶 DK10＋160（左洞出口）处雷达图像，图像上有多组黑白间隔的双曲线型，判断此处存在空洞，而空洞前后界面的双曲线表现形式相反（白-黑-白与黑-白-黑），进一步判断空洞内部充水，经钻孔验证，此处存在空洞且内部充水。

经上述分析发现，在隧道衬砌病害检测中，虽然能够通过探地雷达图像初步判断衬砌脱空、不密实体、空洞积水等多种病害，但仍可能有误判，因此需要对病害处进行钻孔验证后，才能确定病害的存在。

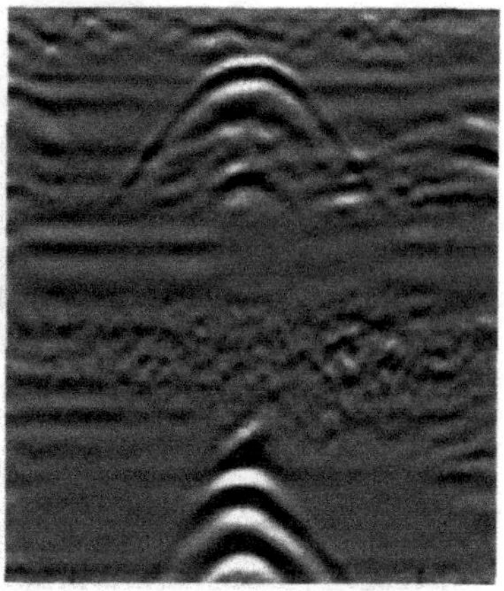

图 6-147　某隧道空洞积水雷达图像

6.1.5.6　围岩裂隙发育

岩溶地区围岩破碎带内常常含有地下水，成为隧道的重大安全隐患。因此，掌握围岩中地下水流动路径十分重要。裂隙、节理是地下水流动的基本路径，可能受到较大水压及水力侵蚀。水与围岩有明显不同的介电常数，雷达波在富水区表现为强反射，在雷达图谱上很容易判断出衬砌的含水区域。水不但对隧道衬砌质量有影响，而且在雷达图像解译中起着重要的作用。围岩破碎富水的雷达图像如图 6-148 中三角形区域所示。在该处衬砌层内有对雷达波呈现强吸收衰减特性的介质区存在，对应介质含水率升高，导电率增强，对雷达波的吸收增强。"相位宽、振幅强"是判断衬砌内部积水的重要相波依据。

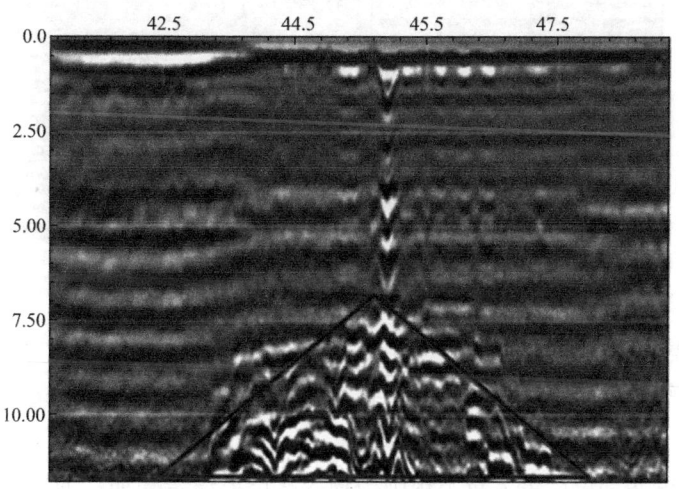

图 6-148　衬砌背后裂隙雷达反射图像

如图 6-149 所示，由于地下水存在会加剧围岩或衬砌的破坏，造成围岩开裂，矩形区域内显示裂隙较为发育。

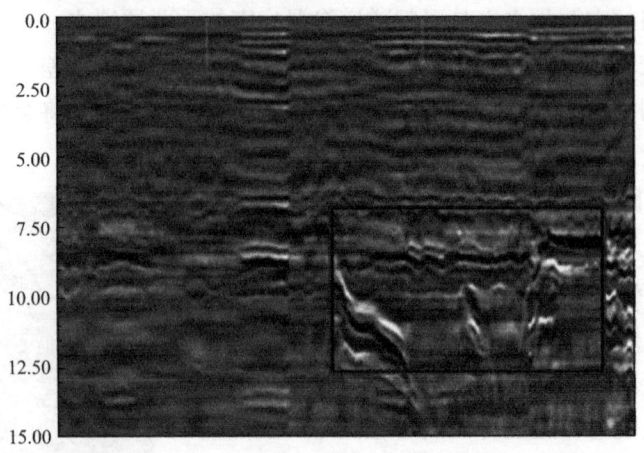

图 6-149 衬砌背后裂隙发育雷达反射图像

6.1.5.7 雷达天线脱离衬砌表面

在隧道衬砌的检测中，由于作业条件的限制以及作业面高低不平、检测车行驶不稳等因素容易造成雷达天线与隧道衬砌表面脱离。一旦发生这种情况，就会造成这一部分及其下方区域雷达图像难以识别，如图 6-150、图 6-151 所示。这种情况常常形成贯通整个雷达图像的强反射区，反射信号明显且异常。

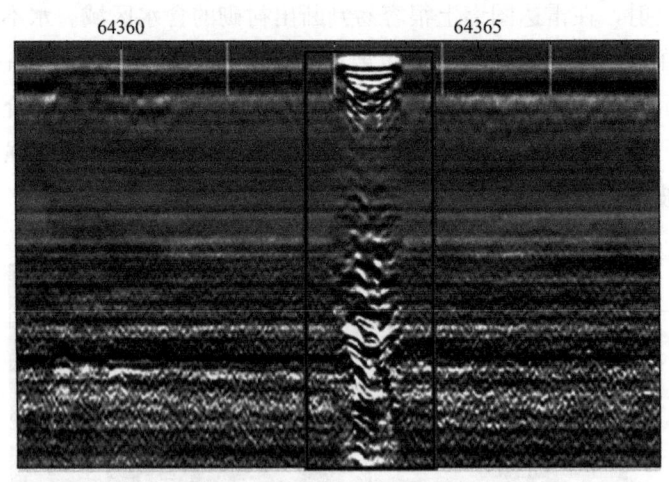

图 6-150 雷达天线脱离衬砌反射图像

6.1.5.8 衬砌类病害雷达波谱特征

（1）衬砌裂缝产生的强反射同相轴形态与裂缝形态一致，在裂缝边缘产生抛物线状绕射信号。

（2）衬砌不密实部位产生大量不规则抛物线状反射信号叠加，强反射同相轴错乱、不连续甚至断开。

（3）衬砌背后空洞的强反射同相轴为一大型抛物线，再结合围岩分界面位置和深度信息，可以判断是否为衬砌脱空或空洞。

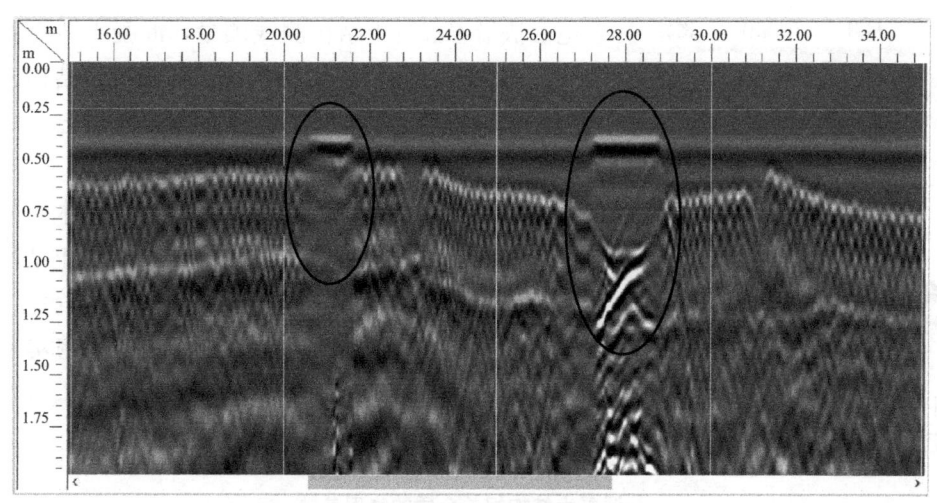

图 6-151　雷达天线离开衬砌表面雷达图谱

（4）电磁波遇到含水通道后，反射信号振幅增强，相位发生 180°反转，主频降低。

（5）钢筋对电磁波信号全反射，产生很强的抛物线状绕射信号，当钢筋附近存在衬砌病害时，仍可以产生强反射信号，可以根据强反射同相轴的形态对衬砌病害类型进行判断。

（6）电磁波从衬砌进入脱空区时有一个反射信号，然后达到脱空区底部时又产生反射，当脱空区厚度较小时，一次反射后进入衬砌混凝土，最后被接收天线接收，此时，脱空底部界面较容易确定。当脱空区厚度较大时，电磁波在脱空区内多次反射，在没有任何已知信息情况下（如有无塌方、回填等），很难确定脱空区底部界面，也就难以确定脱空区厚度，导致结果误差较大。

6.2　瞬变电磁雷达法

隧道衬砌-围岩接触类病害检测是浅层瞬变电磁法的一个比较新的应用领域。

6.2.1　探测空洞的物性前提

瞬变电磁法探测结构病害是基于视电阻率差异，而早期电磁响应、高分辨率信号采集、抗干扰能力则需要研究地质雷达的采样机制、正反向过零叠加、拟地震信号处理等技术。

瞬变电磁法探测混凝土结构的原理是利用混凝土结构、岩土体、空气、水等介质电阻率的差异为前提。混凝土结构可认为是有规律分布钢筋的均匀相同介质，混凝土结构病害表现为开裂、渗漏水、空洞，这些病害特征都与视电阻率有关。如图 6-152 所示，在隧道衬砌、注浆体、围岩中钢筋和水的电阻率低，而混凝土、空洞、岩石都为高电阻率。瞬变

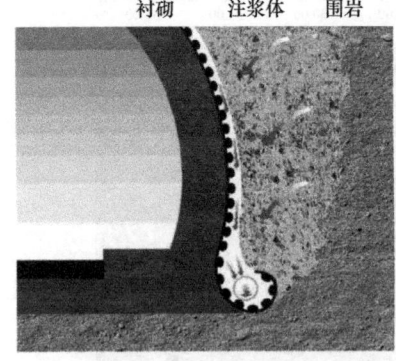

图 6-152　隧道衬砌横向结构

电磁法沿着混凝土结构测线测量，混凝土结构病害的视电阻率是随着位置变化的函数。混凝土结构、注浆体、围岩的组合视电阻率特征是判断混凝土结构病害的基础。

受诸多因素影响，混凝土结构、岩土体相关介质的物理参数见表 6-9。从表 6-9 可知：混凝土结构与岩体（花岗岩、砂岩、黄土等）之间存在着物性差异；缺陷部位混凝土结构被水或空气填充，与密实混凝土的物性有明显差异。因此，采用地质雷达法、声波法、瞬变电磁法（视电阻率）等对混凝土结构质量进行检测是可行的。

与混凝土结构相关介质的物理参数　　　　　　　　　　表 6-9

介质	介电常数	电导率（ms·m^{-1}）	传播速度（m·ns^{-1}）	衰减系数（db·m^{-1}）
空气	1	0	0.3	0
水	80	0.5	0.033	0.1
砂岩	6	0.04	—	—
灰岩	4～8	0.5～2	0.12	0.4～1
花岗岩	4～6	0.01～1	0.13	0.01～1
混凝土	4～20	1～100	0.11	—
黏土	5～40	2～1000	0.06	1～300

6.2.2　瞬变电磁结构雷达技术

瞬变电磁法探测结构需要解决类似雷达的扫描式探测系统、针对结构探测的天线装置、数据处理与成像等系列技术。

1）瞬变电磁雷达系统

瞬变电磁雷达系统（Transient Electromagnetic Radar，简称 TER）是使用调制的瞬变电磁波形和定向天线向地下空间中的特定空域发射电磁波以搜索目标。搜索域内的物体（目标），把能量的一部分反射回雷达接收机处理这些回波，从中提取距离、速度、角度位置和其他目标识别特征等目标信息。TER 系统如图 6-153 所示。

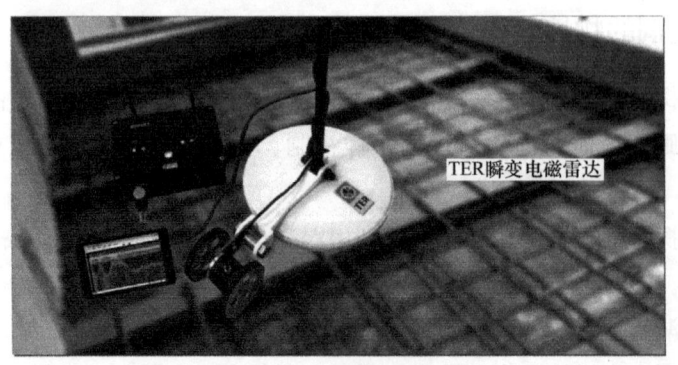

图 6-153　TER 瞬变电磁雷达

TER 瞬变电磁雷达由北京市市政工程研究院研制，TER 系统由电磁发射机、电磁接收机、天线及处理软件组成。TER 结构雷达技术指标见表 6-10。

TER 结构雷达技术指标   表 6-10

发射机		接收机	
发射频率	$0.0625 \sim 222$Hz	采样频率	$4.096 \sim 52.734$kHz
断电时间	$<100\mu$s	A/D 分辨率	24bit 高精度
供电电流	$0 \sim 16$A	动态范围	175dB
触发方式	上升沿	同步方式	电缆
发射方式	连续/测量轮	延时窗口	1000
电流波形	双极性方波，占空比可调	叠加次数	$1 \sim 9999$
操作方式		菜单式人机对话	
通信接口		Wi-Fi	
工作电源		$6 \sim 12.6$V（锂电内置）	
仪器箱体		$240 \times 160 \times 103$mm	
仪器重量		2kg	

其中的连续、测量轮发射方式可用于结构的精细探测。

2）"欠阻尼"中心回线装置

对于常规瞬变电磁法来说，浅层瞬变电磁法记录信息更全面，所记录信息为电流开始关断时刻以后的纯瞬变二次磁场，该场定义为全程瞬变二次磁场。

目前，大部分 TEM 仪器野外工作时通常使用接收线圈观测瞬变电磁感应电压，主要采用多匝空心线圈和多匝磁心线圈两种方式，其模型可以等效如图 6-154 所示。V_i 为接收线圈的感应电压，是理论上的瞬变电磁感应电压信号，r 为接收线圈的内阻，L 为接收线圈的电感，C_r 表示接收线圈的分布电容，R_a 和 C_a 分

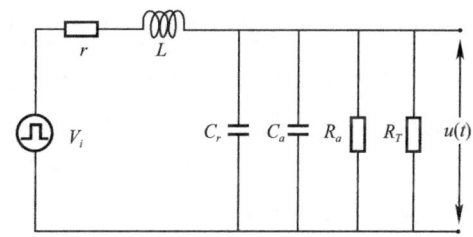

图 6-154 接收线圈等效电路

别为前置放大器的输入电阻与输入电容，R_T 为并联在接收线圈两端的阻尼电阻，调节 R_T 的大小可以使得线圈的过渡过程处于临界状态，一般情况下 $R_T \ll R_a$。

在阶跃电流激励下，接收线圈有一定的响应，其响应特征方程可以表示为：

$$\frac{d^2V(t)}{dt^2} + 2\delta\frac{dV(t)}{dt} + \omega^2 V(t) = \frac{1}{LC}\varepsilon(t) \tag{6-15}$$

通过对式（6-15）进行时间-频率拉普拉斯变换，可得瞬变电磁接收系统接收函数：

$$g(s) = \frac{1}{LC(s^2 + 2K\omega s + \omega^2)} \tag{6-16}$$

上式中，$s = 2\pi i f$ 为复变量，其中 f 为接收线圈的响应频率；$K = \delta/\omega$，δ 为接收系统的阻尼系数。对式（6-16）进行频率-时间拉普拉斯逆变换，可得瞬变电磁探测系统接收脉冲函数表达式：

$$g(t) = L^{-1}[g(s)] = \begin{cases} 0, & (\xi > 1) \\ \dfrac{1}{LC\alpha} e^{-\xi} sh(\alpha t), & (\xi \leqslant 1) \end{cases} \tag{6-17}$$

根据电路信号数理理论及信号线性时不变理论，电路理论信号被线圈接收以后输出的电动势发生一定的变化，其值为频率与效度乘积，即

$$V(t) = g(t) \times \varepsilon(t) \tag{6-18}$$

通过式（6-18）可以求出斜阶跃电流脉冲下理论电信号 $\varepsilon(t)$ 所对应接收 $V(t)$。根据电磁振荡理论可知，电路有谐振与固有两种频率，电路振荡临界系数可定义为 $K = \dfrac{\delta}{\omega} = \sqrt{\alpha}$ $\left(\dfrac{1}{2R}\right)\sqrt{L/C} + \dfrac{1}{2}r\sqrt{C/L}$。

式（6-15）～式（6-18）中：

$V(t)$——接收线圈接收参数即输出电动势；

$$\delta = (rC + L/R)/2LC;$$

r——瞬变电磁电路系统中接收线圈 R_x 内阻；

R——外接电阻即配置电阻；L 为接收线圈电感；

C——系统中接收线圈的分布电容；

$\omega = \sqrt{(r/R+1)/LC}$ 为接收线圈的谐振频率；

$\alpha = \omega\sqrt{|K^2-1|}$，当 $K<1$、$K=1$、$K>1$，接收系统分别处于欠阻尼、临界阻尼和过阻尼状态，不同的接收状态对接收信号造成不同的影响。

图 6-155 给出了欠阻尼和过阻尼状态时全程瞬变电磁感应电动势过渡过程示意图，欠阻尼状态下，早期信号产生了严重的振荡；过阻尼状态下，过渡过程持续时间较长。通常，可以通过调节匹配电阻来调节整个工作电路处于临界阻尼状态下工作，从而可避免外界电磁信号干扰致使线圈处于欠阻尼状态下工作。

但是欠阻尼状态下，早期信号产生的振荡使得瞬变二次场出现拟地震波，如图 6-156 所示，这种震荡的电磁波在早期信号形成一系列稳态震荡，有规律的震荡其同相轴与雷达波、地震波的类似。

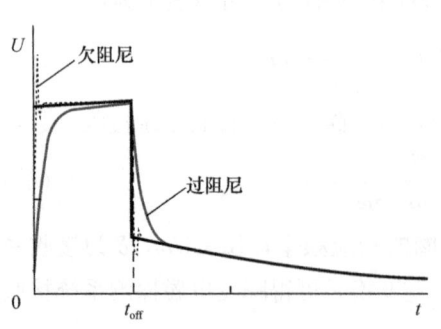

图 6-155 感应电动势欠阻尼和过阻尼过程

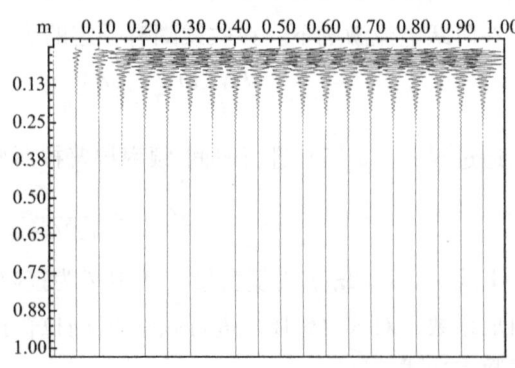

图 6-156 欠阻尼产生的震荡

研制的欠阻尼中心回线装置如图 6-157 所示，它利用二次场震荡产生的同相轴来分辨异常体。由于混凝土结构的钢筋或病害会引起欠阻尼中心回线二次场震荡变化，从而表现出切割同相轴的异常。如图 6-158 所示，由于切割震荡同相轴而显示出异常体的形状。

图 6-157 欠阻尼中心回线装置

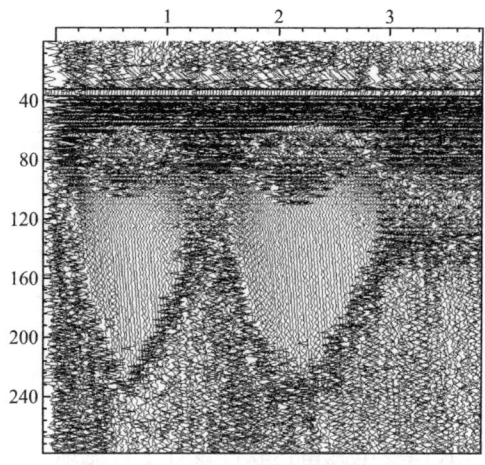

图 6-158 拟地震波谱图

3）全期视电阻率 ρ_i 计算

在瞬变电磁法中，视电阻率等于相同瞬变电磁系统和测量装置下，在同一时刻产生与测量值相同瞬变场响应的均匀导电半空间的电阻率。中心回线全期的视电阻率 $\rho_i(t)$ 计算如下：

在理想场源激发下，均匀大地地表处的感应电压或磁场响应分别为：

$$U_i(t) = \frac{I\rho}{a^3}\left[3erf(u) - \frac{2}{\sqrt{\pi}}u(3 + 2u^2)\mathrm{e}^{-u^2}\right] \tag{6-19}$$

$$B_z^i = \frac{I\mu_0}{2a}\left[\frac{3}{\sqrt{\pi}u}\mathrm{e}^{-u^2} + \left(1 - \frac{3}{2u^2}\right)erf(u)\right] \tag{6-20}$$

其中，a 为发射回线半径；ρ 为均匀半空间电导率；t 为发射电流关断后的延迟时间，$U_i(t)$ 为中心回线感应电动势。误差函数 $erf(u) = \frac{2}{\sqrt{\pi}}\int_0^u \mathrm{e}^{-t^2}dt$，$u$ 为与电阻率和测量装置相关的参数。

中心回线，
$$u = \sqrt{\frac{\mu_0 a^2}{4\rho t}} \tag{6-21}$$

记
$$f(u) = g(t) - g_m(t) = 0 \tag{6-22}$$

其中 $g(t)$ 为式（6-19）、式（6-20）中的感应电压或磁场，$g_m(t)$ 为工程测量数据，由式（6-23）反演迭代计算出 u，再由式（6-19）、式（6-22）即可计算出中心回线在任意延时时刻的视电阻率值。

$$\rho_i(t) = \frac{\mu_0 a^2}{4tu^2} \tag{6-23}$$

图 6-159 为某地铁管片两环视电阻率波密度图，白色代表高阻，灰色代表低阻。

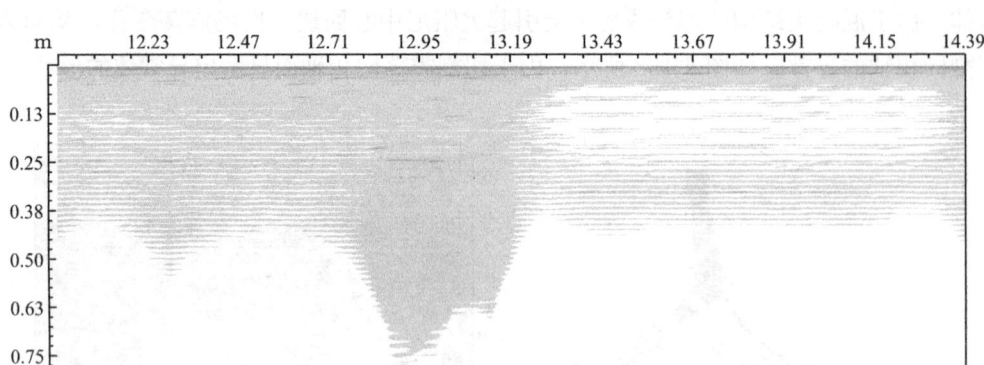

图 6-159 地铁管片两环视电阻率波密度图

4）拟地震波谱显示

TER 瞬变电磁雷达软件设计了常见地震波的各种波形图，波形曲线见图 6-160，波密度见图 6-161，等值线见图 6-162，变密度加等值线见图 6-163。图形设计主要是为便于同相轴追踪、结构异常比较与辨识。

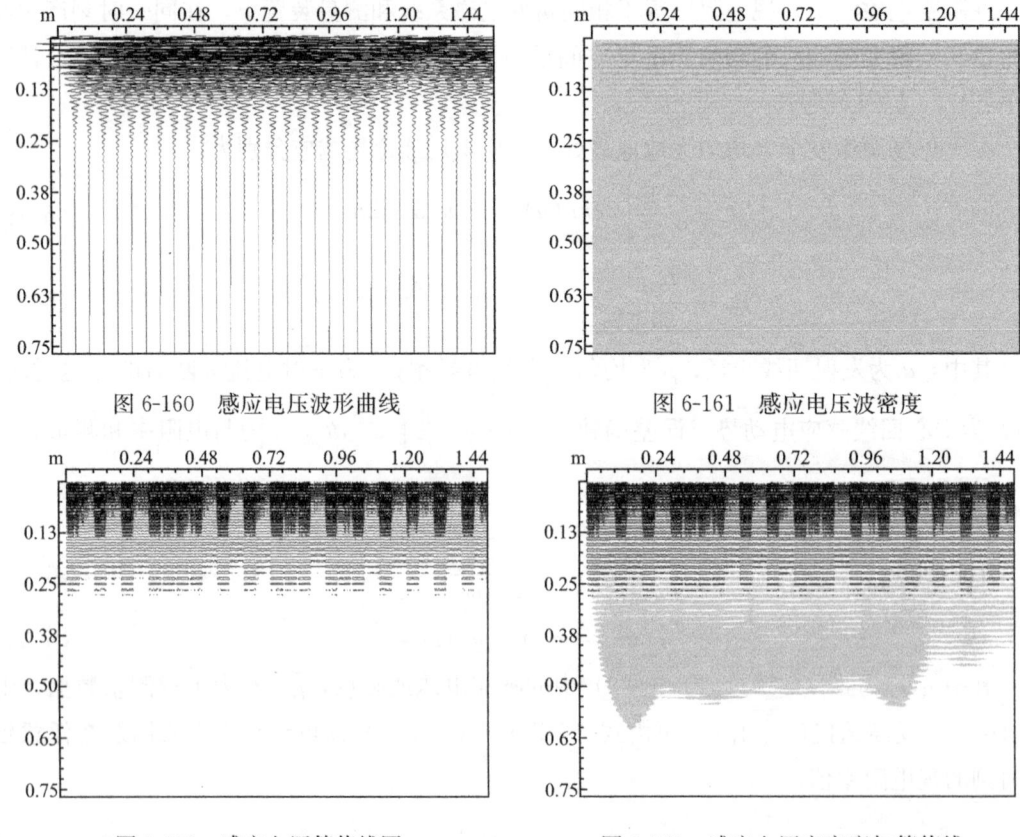

图 6-160 感应电压波形曲线　　　　　图 6-161 感应电压波密度

图 6-162 感应电压等值线图　　　　　图 6-163 感应电压变密度加等值线

6.2.3 衬砌背后空洞正演模拟

1）模型参数设置

为探索视电阻率在管片衬砌背后不同接触状态下的变化规律，在其他参数相同的情况下，分别考虑衬砌背后脱空区域内为空气、积水、松散土体、与围岩密实接触四种状态，并根据填充物质的实际电阻率参数，设置三层介质的地质模型进行计算。为研究脱空厚度内填充不同介质时视电阻率变化曲线，选取合适的脱空厚度进行模拟计算，综合考虑实际脱空检测中常出现的厚度，选取厚度为 0.5m 时作为研究对象。

模型参数设置情况如表 6-11 所示。第一层介质钢筋混凝土衬砌依据文献试验，约按 $100\Omega \cdot m$ 考虑。由于影响土体电阻率的主控因素为含水率，第三层介质根据电阻率试验结果，含水率 25%，潮湿的沉积黏土电阻率设为 $30\Omega \cdot m$。第二层介质依次拟设为：①脱空状态，即脱空区域内为空气，电阻率为无穷大；②脱空区域内填充地下水，依据试验结果，地下水电阻率范围为 $10\sim100\Omega \cdot m$；③松散接触状态，即脱空区域内为带有空洞孔隙的潮湿松散土体，孔隙率 30%～37%，饱和度 30%～100%，含水量 6.3%～21% 时，土体电阻率约为 $200\sim600\Omega \cdot m$；④密实状态，即管片与围岩接触良好，无第二层介质。

模型参数表　　　　　　　　　　　　　表 6-11

层数	介质	电阻率（$\Omega \cdot m$）	厚度（m）
1	管片（钢筋混凝土）	100	0.3
2	脱空（空气）	1000000（∞）	0.5
	填充地下水	10～100	
	松散接触	200～600	
	密实接触	—	—
3	干燥砂质黏土、砂土	30	10

针对地电模型，采用 TEM 法计算，为验证瞬变电磁雷达可行性，计算所用参数为瞬变电磁雷达仪器实际参数，回线边长 0.3m，发送电流为 10A，匝数为 30，接收线圈面积为 $2.7m^2$，时间范围为 $10^{-6}\sim1s$，关断时间 T_{off} 为 0s。

2）填充地下水

脱空区域填充地下水时，如图 6-164 所示。由于地下水的电阻率相对较低，当低于第三层土体 $30\Omega \cdot m$ 时，视电阻率越低异常越明显，说明 TEM 法对于低阻薄层的探测较为敏感。

3）松散接触状态

脱空区域为松散接触状态时，视电阻率变化如图 6-165 所示，随着中间层电阻率的逐渐增大，曲线分布较为集中，均逐渐趋近于脱空状态，说明当中间层为相对高阻时，视电阻率曲线变化规律较为相似。

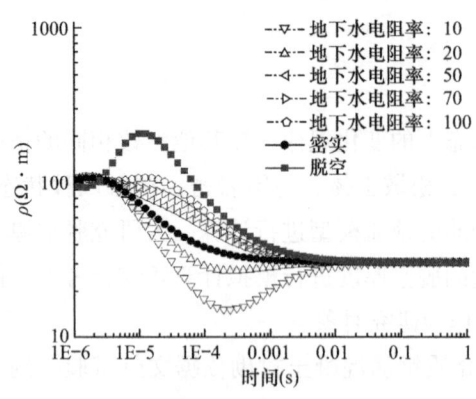

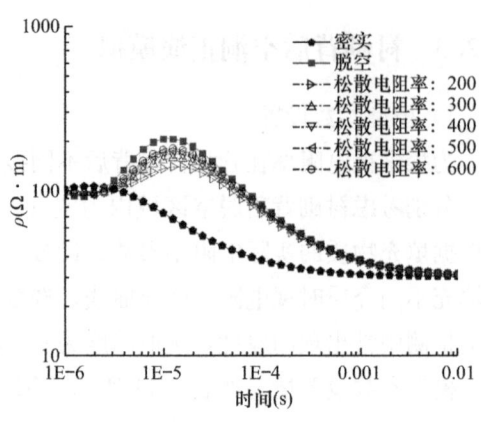

图 6-164　填充地下水时视电阻率变化情况　　　图 6-165　松散接触状态下视电阻率变化情况

6.2.4　衬砌背后空洞模拟试验

1）试验设计

为验证 TER 对于管片衬砌背后不同接触状态的测试效果，选用盾构区间标准环 A 型

图 6-166　模型试验管片图

管片，如图 6-166 所示，管片厚度为 30cm，管片配筋及测线平面布置如图 6-167 所示。将管片背后填充带孔隙的水泥砂浆用于模拟松散接触状态，测线及测点布置如图 6-168 所示。参考视电阻率计算情况，将常见管片背后不同接触状态按电阻率不同划分不同视电阻率曲线类型，可分为：①松散接触状态：管片＋水泥砂浆；②密实接触状态：管片＋土体；③脱空状态：管片＋空气。由于管片配筋为对称结构，以上三种情况可在测线 1 的不同区段试验。

试验采用 TER 参数：发射天线为欠阻尼中心回线装置，发射频率 6.25Hz，波形为双极性方波，供电电流 10A，占空比 10%～20%，采用测量轮触发，接收采样频率 26kHz，通道数 330，24Bit 高精度采样，测点间隔 0.5～1cm。视电阻率计算采用全期视电阻率计算公式（6-23）。

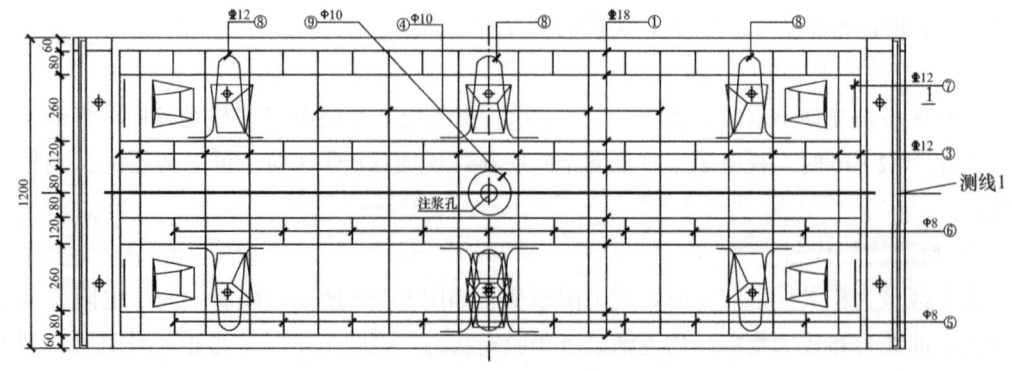

图 6-167　管片配筋及测线平面布置

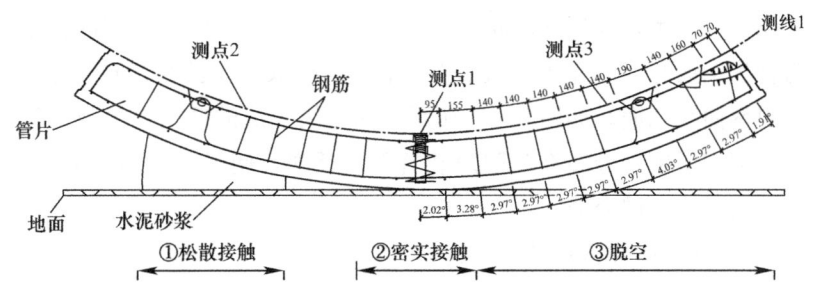

图 6-168 管片背后不同接触状态

2) 管片自身的视电阻率特征

为了研究管片相同配筋情况下不同填充介质的视电阻率曲线特征，首先对管片自身的视电阻率类型进行研究。

利用测线 1 测试数据作等值线图，取管片厚度部分，得到管片钢筋分布的视电阻率影像图，如图 6-169 所示。图中圆圈所指深色部分为视电阻率较低区域，钢筋在视电阻率波谱中为向上的反射弧，图中可清楚看到钢筋的分布，其分布的位置及个数与实际管片情况均相同。

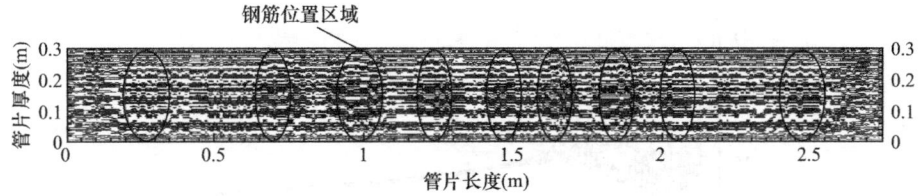

图 6-169 TER 视电阻率管片内部钢筋分布图

利用 TER 测试测线 1 提取视电阻率数据生成的三维影像图，如图 6-170 所示。图中

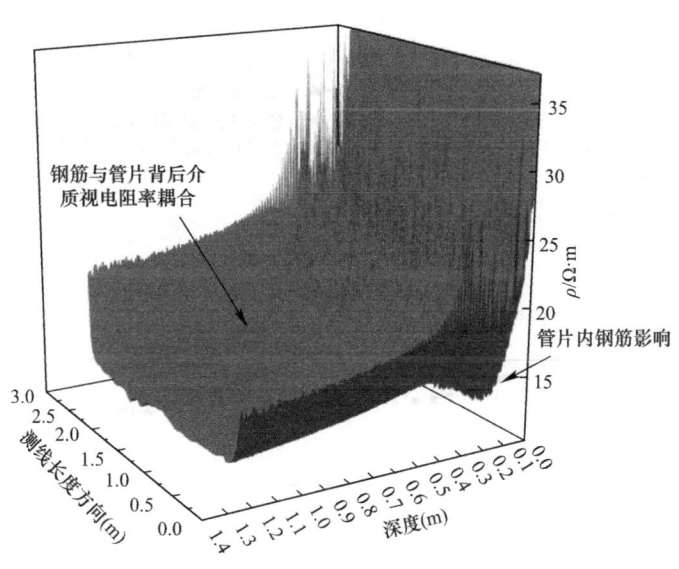

图 6-170 测线 1 视电阻率三维影像图

沿测试深度方向第一层为管片配筋反映，图中出现多处反射尖峰，切割同相轴的为钢筋分布；第二层为管片钢筋与背后介质电阻率耦合响应。提取测线长度方向管片任意点处瞬变电磁雷达视电阻率曲线剖面，如图 6-171 所示。曲线第一层的低电阻率为管片内部配筋反映，由于管片内部多层钢筋分布在欠阻尼装置下的反映，使得第一层视电阻率跳跃变化，随后抬高再衰减进入第二层介质。

3）管片背后不同介质异常特征

（1）正演模拟计算

取测线 1 任意一点处的视电阻率曲线与正演模拟计算结果同作对数处理进行对比，如图 6-172 所示。由于正演模拟计算管片背后不同介质时并未考虑管片内部钢筋影响，故视电阻率曲线未有振荡起伏。总体上，正演模拟计算结果与利用 TER 所得到的视电阻率变化及走势较为相近，说明理论计算结果与实测结果相符。

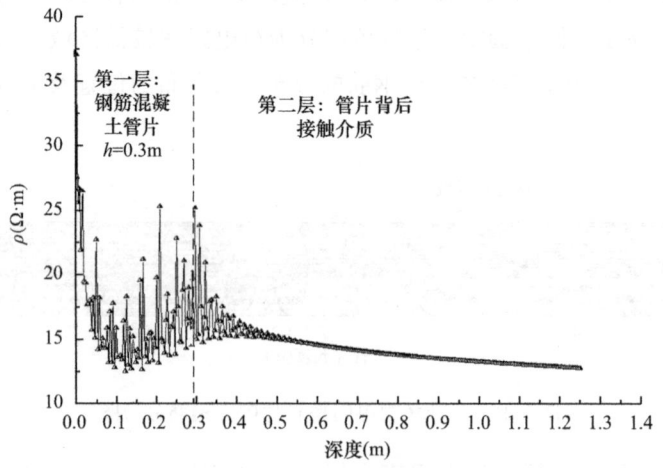

图 6-171　测线 1 任意一点处视电阻率曲线特征

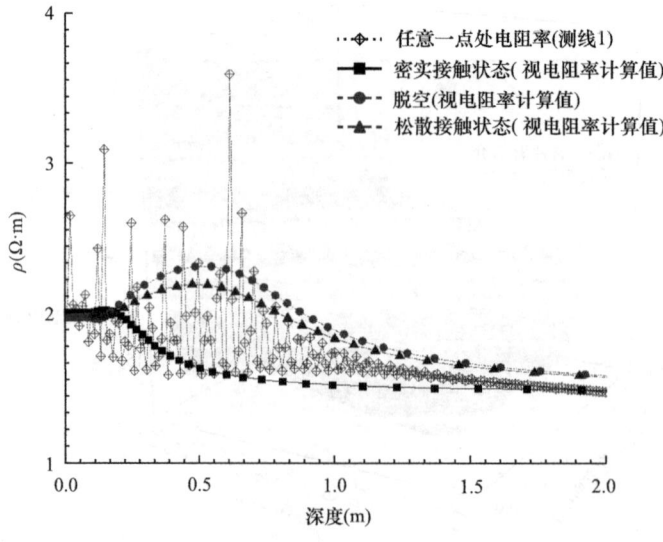

图 6-172　TER 测试数据与正演模拟计算结果对比

（2）松散接触状态

为研究管片背后松散接触状态的视电阻率变化情况，将水泥砂浆填充于管片背后，信号特征变化如图 6-173 所示。图中深色部分视电阻率相对较高。

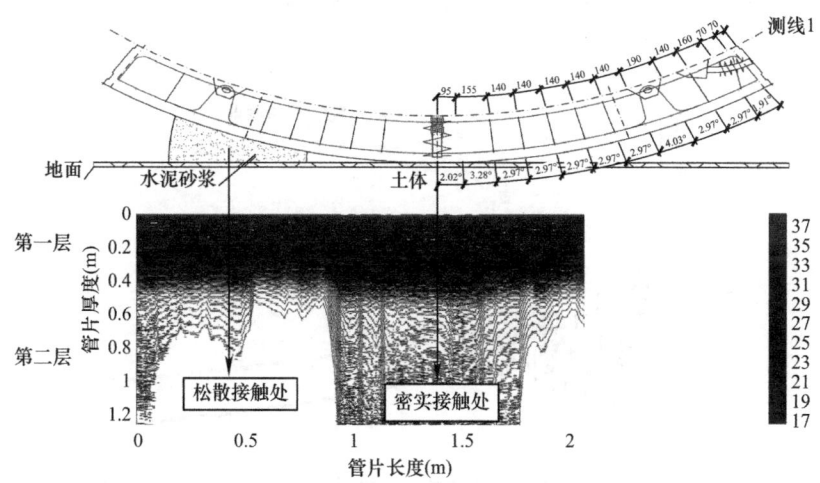

图 6-173　测线 1 填充水泥砂浆时 TER 视电阻率

从图中可明显看出松散和密实接触位置，对于①松散接触状态：管片＋水泥砂浆，由于水泥砂浆为低阻，其视电阻率叠加异常为低阻，图中管片长度方向 0.5m 附近，TER 视电阻率为耦合低阻异常；对于②密实接触状态：管片＋土体，其电阻率高低取决于土体的含水量，本次试验土体视电阻率略低，其视电阻率叠加异常为相对低阻，图中管片长度方向 1.3m 附近，TER 视电阻率为相对低阻异常，曲线变化较为缓慢。

（3）脱空状态

为研究管片背后脱空状态的视电阻率变化情况，未填充水泥砂浆时，提取测线 1 视电阻率测试数据作等值线图，如图 6-174 所示。由于第一层介质管片有规则的配筋，因此，管片自身的 TER 瞬变电磁视电阻率有固定的异常特征。而第二层管片背后不同填充介质的电阻率异常，通常都是管片配筋和背后介质异常的叠加耦合。

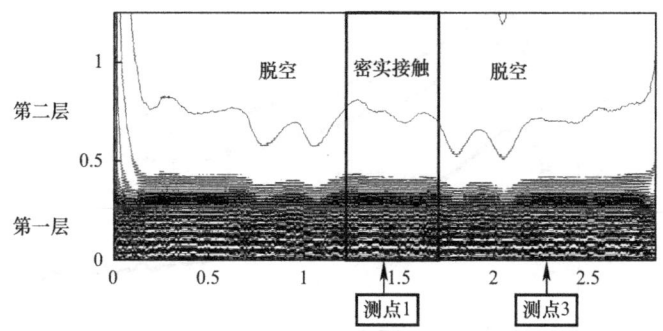

图 6-174　测线 1 未填充水泥砂浆时 TER 视电阻率

从图中可看出，对于③脱空状态：管片＋空气，由于空气为高阻，其视电阻率叠加异常为相对高阻，TER 视电阻率主要为管片配筋的异常响应，曲线呈对称分布，特点为尖峰、陡立异常明显。

提取测点 1、3 位置视电阻率对比，如图 6-175 所示。管片背后脱空相对于密实状态，第二层视电阻率曲线尾部电阻率较高，高阻异常往深部延伸较多，尾部电阻率亦有震荡。

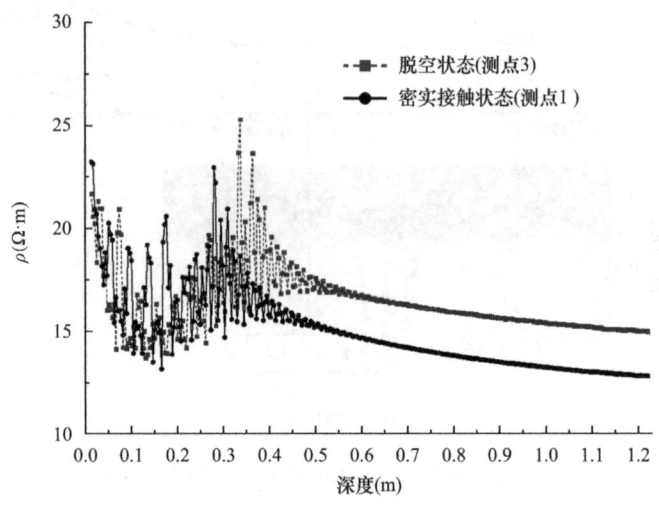

图 6-175　管片背后脱空与密实的视电阻率曲线对比

4）管片背后接触状态视电阻率特征

为使视电阻率变化规律更为明显，忽略测线管片内钢筋影响，提取测点 1、测点 2、测点 3 视电阻率数据，对信号数据进行圆滑处理对比得到图 6-176。从图中可以看出，管片背后不同接触状态的视电阻率变化不同，接触状态的视电阻率从大到小依次为：脱空、松散、密实。当中间层介质内有空气时，如脱空、松散接触情况下，视电阻率尾部有明显

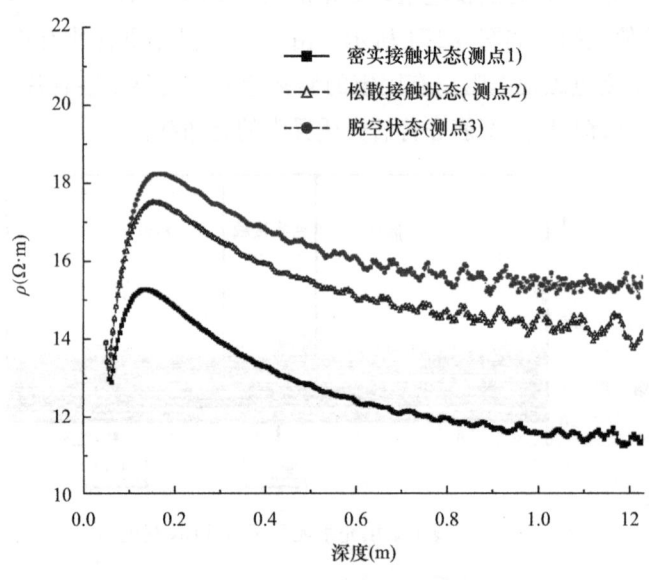

图 6-176　测点圆滑处理对比图

振荡。总体上，管片背后接触状态的视电阻率信号有如下特征：

（1）管片背后完全脱空，其视电阻率剖面图主要反映管片内部钢筋分布，异常往往对称规则分布，曲线陡立、尖峰，高低变化较快。相对于密实状态第二层视电阻率曲线尾部电阻率较高，高阻异常往深部延伸较多，振荡明显。

（2）管片背后松散接触状态介于密实和脱空状态之间，视电阻率曲线由于耦合低阻异常，变化相对平缓，但同样受到中间层空气的影响，尾部电阻率亦有振荡。

（3）在实际地铁管片检测时，应针对相同类型管片进行异常比较，只要找出同类管片中相对视电阻率高的部位，通常就是管片背后有脱空处。相反，同类管片中相对视电阻率低的部位，就是管片背后密实处。

6.2.5 TER现场检测应用

6.2.5.1 复合衬砌检测

1）成昆铁路复线某隧道工程

（1）现场检测

隧道衬砌质量检测所用瞬变电磁（结构）雷达，由探测天线、电磁发射机、电磁接收机及处理软件组成。本次检测电磁发射机参数设置为测量轮 20 点/m，发射频率 6.25Hz，占空比 10%，电磁接收机采样率 26376Hz，增益为 1。测线布置如图 6-177 所示，隧道检测工作平台如图 6-178 所示。

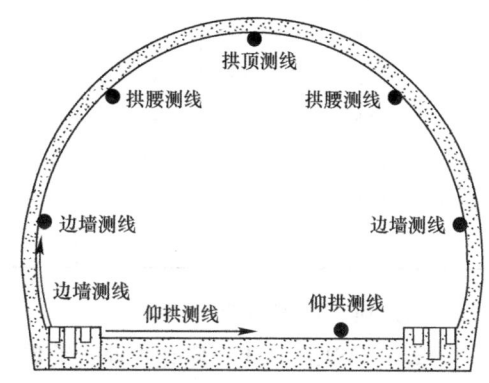

图 6-177　瞬变电磁雷达测线布置示意图

利用瞬变电磁雷达对隧道拱顶、两侧拱腰部位、左右边墙及仰拱部位进行检测，同时利用地质雷达对同一标段进行二次检测（图 6-179）。

图 6-178　隧道检测工作平台

图 6-179　MALA 地质雷达检测

选取缺陷范围内桩号进行现场钻孔验证，得到衬砌缺陷情况如表 6-12 所示。对地质雷达检测和钻孔数据进行处理分析，并与瞬变电磁雷达检测结果进行对比，检测结果表明衬砌质量缺陷主要集中在拱顶、拱腰部位，拱顶部位最为严重。上述标段拱顶部位衬砌厚度均有所欠缺，且衬砌背后存在与围岩接触不良及脱空现象，部分标段衬砌脱空达 20～30cm，是后续注浆治理的主要部位，而隧道边墙部位则较为密实且质量缺陷情况较少。

隧道衬砌缺陷检测汇总 表 6-12

序号	里程桩号范围	缺陷位置	缺陷情况描述	钻孔桩号	标准支护参数 (cm)	钻孔结果 (cm)
1	D2K542＋385～393	右拱腰	衬砌厚度不足	D2K542＋391	45	26
2	D2K542＋564～577	拱顶	空洞	D2K542＋567	50	28
3	D2K543＋040～050	拱顶	空洞、厚度不足	D2K543＋049	35	15
4	D2K544＋600～610	拱顶	脱空	D2K544＋605	40	35
5	D2K544＋780～788	拱顶	脱空	D2K544＋787	35	34
6	D2K545＋165～170	拱顶	脱空	D2K545＋169	40	28
7	D2K554＋207～225	拱顶	脱空欠厚	D2K554＋211	40	11
8	D2K556＋610～615	拱顶	脱空	D2K556＋614	40	34
9	D2K556＋650～670	拱顶	空洞	D2K556＋668	40	37.8

（2）典型图像分析

运用 USEP（TER 配套软件）采集处理一体式软件对数据进行处理分析。对数据采用浅层视电阻率进行处理，通过不断抽取密度图的显示范围，得到隧道拱顶、拱腰、边墙等不同部位质量缺陷的结构剖面图，选取其中典型的图像与 REFLEXW 软件处理后的地质雷达图像进行对比分析，分析结果如下所述。

① 拱顶检测图像

图 6-180 为拱顶部位检测剖面图。瞬变电磁雷达检测图像起止桩号选取 D2K542＋564～577 段。由图可知该拱顶段二次衬砌平均厚度为 33cm，D2K542＋564、D2K542＋567 段衬砌厚度均为 28cm。根据设计资料查得该标段衬砌设计厚度为 50cm，故存在衬砌厚度严重不足现象。由于瞬变电磁雷达图像采用视电阻率处理，则断面图中高电阻率对应衬砌空洞部位，低电阻率对应衬砌中的型钢等。图中 D2K542＋567～570 段、D2K542＋572～574 段、D2K542＋575～577 段衬砌背后图像显示均为高电阻率特征。故判定对应标段衬砌背后存在空洞现象，其中 D2K542＋575～D2K542＋577 段存在较大深度的欠厚和脱空现象，衬砌质量缺陷最为严重。同时 D2K542＋566 段图像特征为纵向高电阻率通缝，图像较规则，判定为两板接缝处。

同地质雷达图像进行分析比对，结果表明上述标段在地质雷达图像中均显示存在空洞现象，且 D2K542＋567～570 段脱空严重，同时 D2K542＋566 段为两板接缝处，这与瞬变电磁雷达图像分析结果基本吻合。而衬砌缺陷最严重的 D2K542＋575～577 段地质雷达图像则显示脱空现象并不明显。

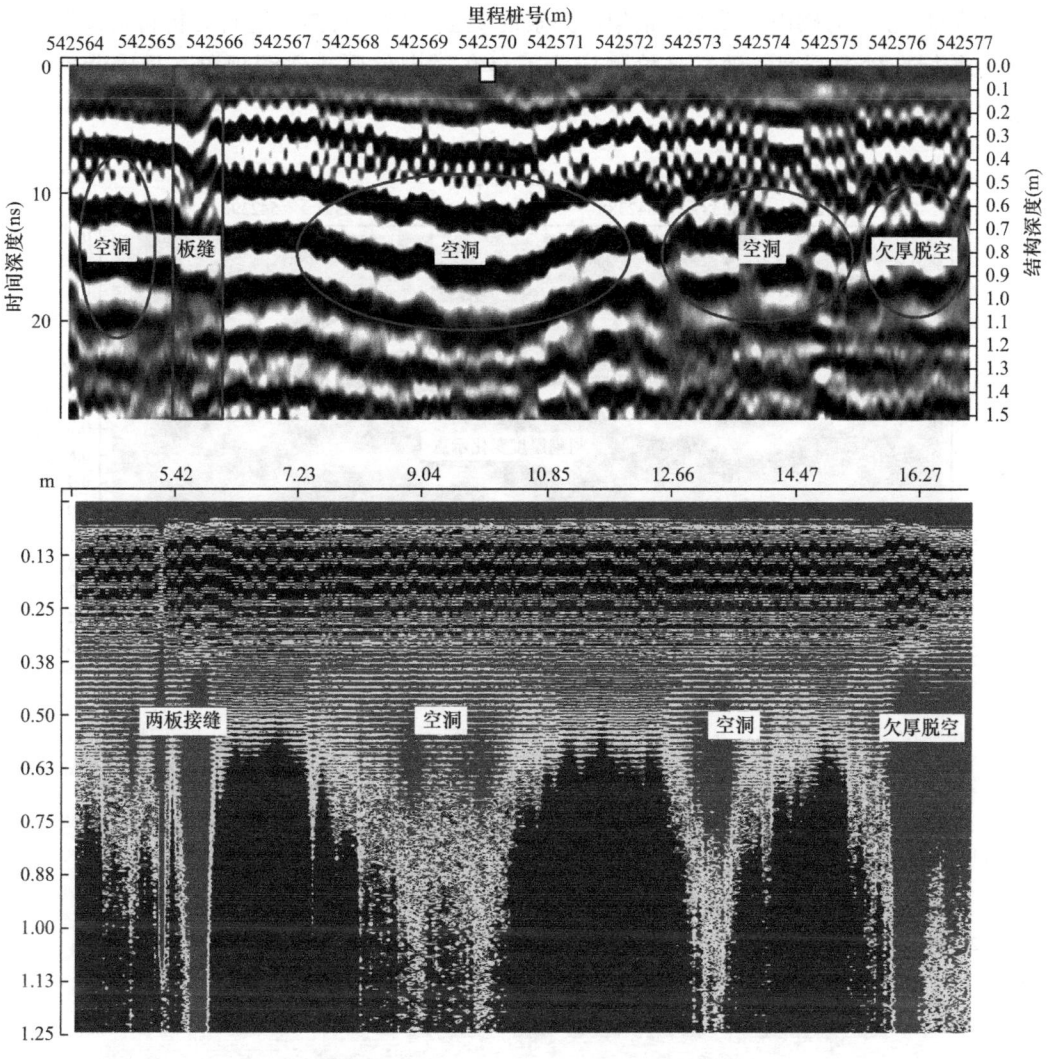

图 6-180　D2K542+564～577 拱顶检测图像

② 拱腰检测图像

图 6-181 为拱腰部位检测剖面图，瞬变电磁雷达检测起止桩号选取 D2K542+385～393 段。根据设计资料查得该标段衬砌设计厚度为 45cm，由瞬变电磁雷达图像可得 D2K542+385～391 段衬砌厚度为 43cm，D2K542+391～392 段衬砌厚度为 28cm，同时对该标段选取的钻孔桩号为 D2K542+391 段，钻孔结果为 26cm，钻孔数据与实测数据接近，故瞬变电磁雷达图像证明该标段拱腰部位存在衬砌不足现象。地质雷达图像中衬砌厚度变化如图 6-181 所示，分析结果表明 D2K542+389～392 标段衬砌存在严重欠厚现象，其余标段厚度则达到设计要求，这与瞬变电磁雷达图像分析结果基本吻合。同时两幅检测图像均显示不存在空洞现象，故该标段拱腰衬砌质量缺陷主要以衬砌欠厚为主。

③ 边墙检测图像

图 6-182 为隧道右边墙部位检测剖面图。里程桩号为 D2K552+827～850，该标段围

岩级别为Ⅲa型，衬砌内不设型钢钢架，为素混凝土衬砌。对图像进行分析得衬砌厚度为45cm，与标准衬砌厚度一致，且检测标段不存在衬砌欠厚或空洞现象，衬砌背后较为密实。

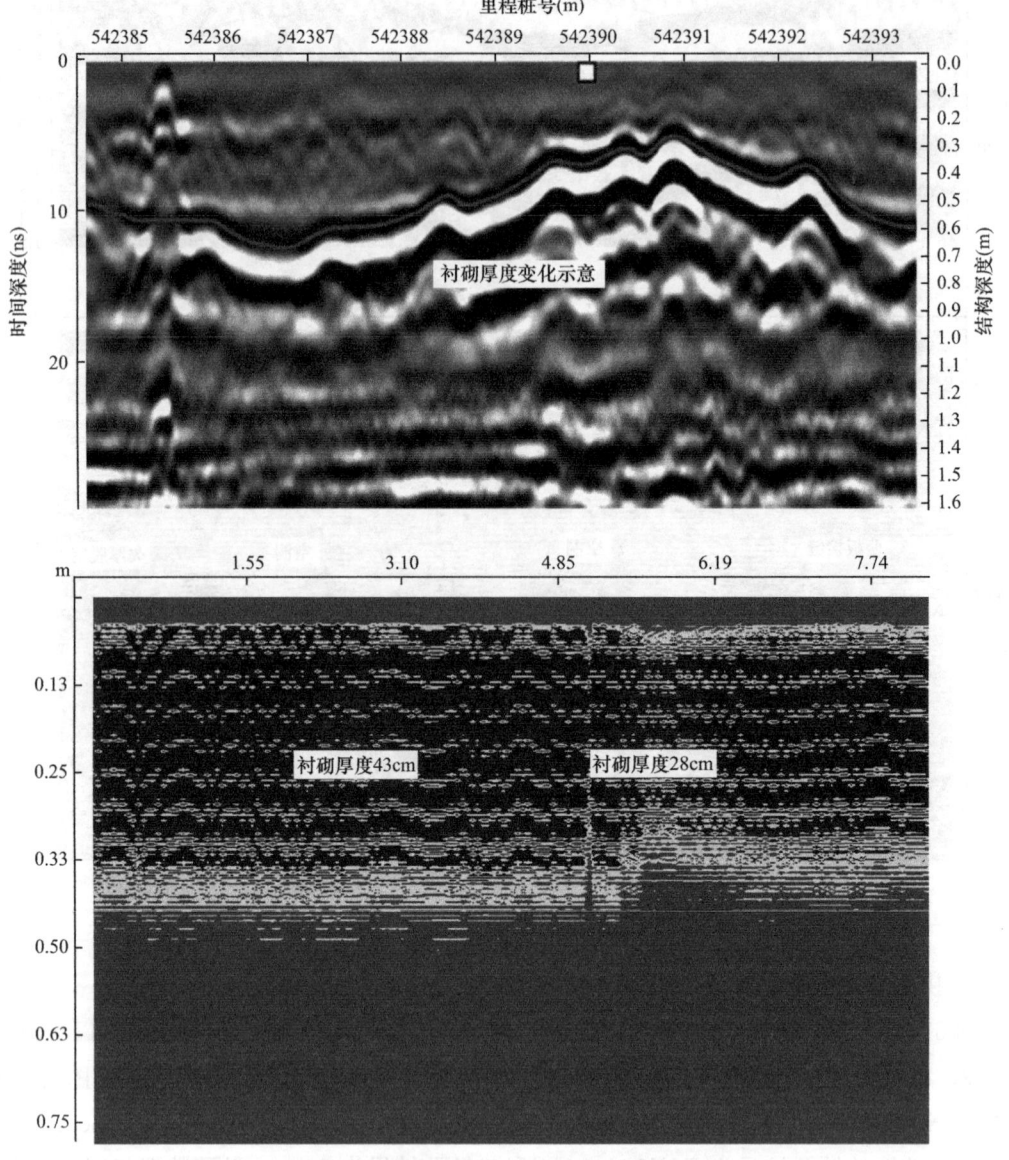

图 6-181　D2K542+385～393 拱腰检测图像

④ 仰拱检测图像

图 6-183 是隧道仰拱的检测图像。检测部位里程桩号为 D2K552+845，在排水沟处有钢板搭接连接左右路面（图 6-184）。对仰拱进行横向检测，检测方向自右向左，其中排水沟上部雷达波形显示复杂，呈低电阻率特征，判定为钢板区域。排水沟内部图像显示为高电阻率特征，判定其内无水体存在且均为空气部分。现场实际情况与判定结果对应，故

TER 雷达图像较好地反映了隧道该标段仰拱横向范围的实际情况。

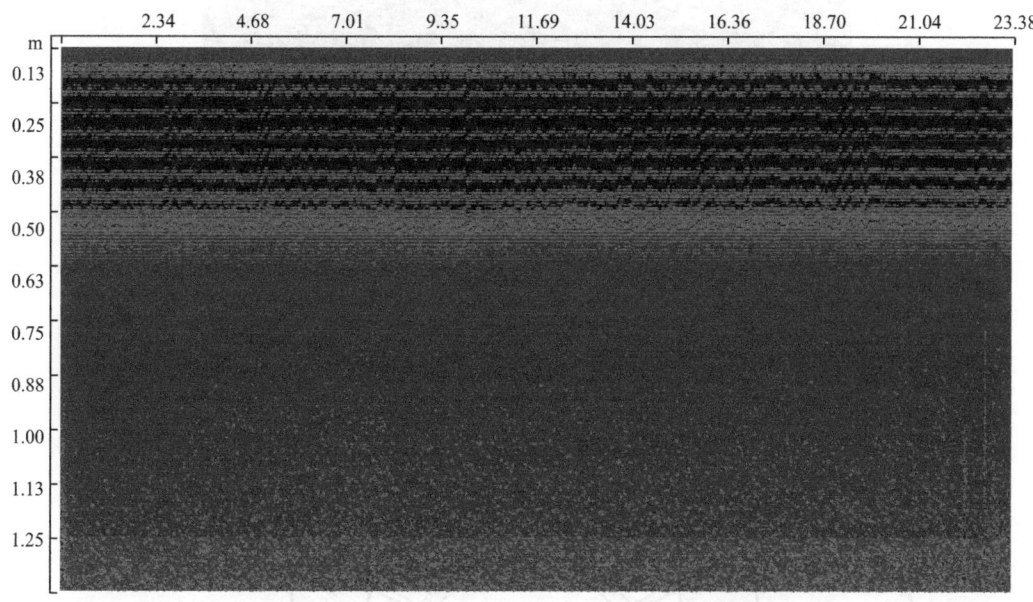

图 6-182 D2K552＋827～850 右边墙检测图像

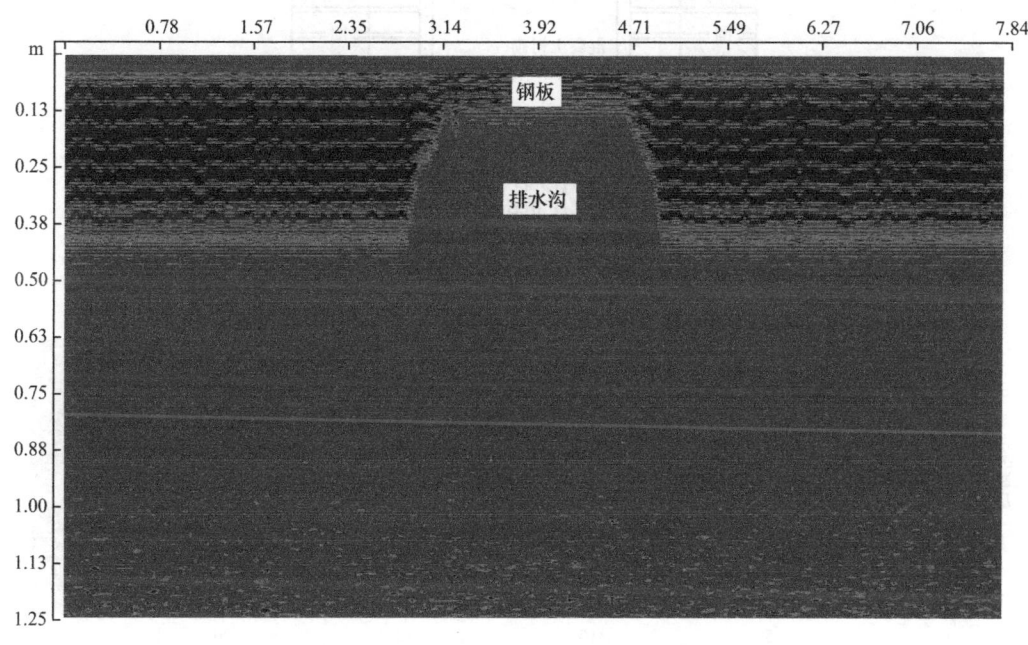

图 6-183 D2K552＋845 仰拱检测图像

2）蒙华铁路某隧道工程

该隧道为整体衬砌，素混凝土或砌体结构，瞬变电磁雷达视电阻率分三层，衬砌层、支护层、围岩，如图 6-185、图 6-186 所示。其中，二衬 35cm，初支 15cm，初支内型钢支撑、格栅支撑有明显反映。衬砌背后围岩整体电阻率较高，但基本均匀，变化不大，可认为围岩与初支密贴接触。

图 6-184　D2K552＋845 仰拱测线

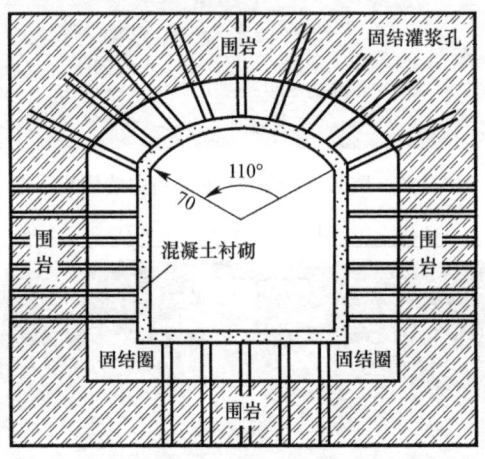

图 6-185　整体式衬砌结构

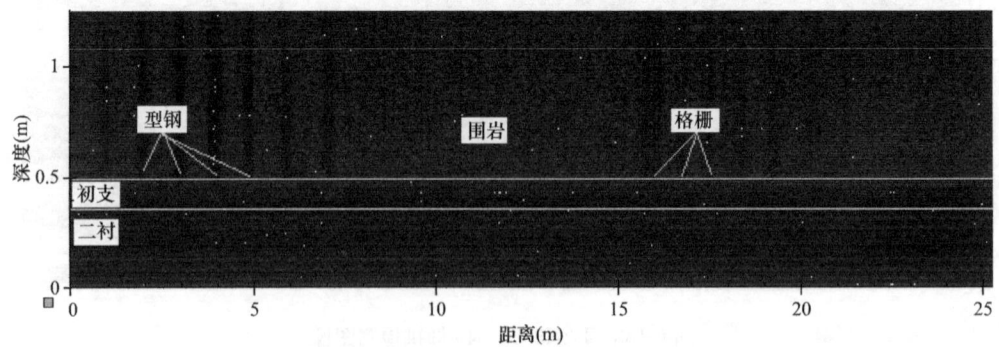

图 6-186　蒙华铁路整体衬砌结构

6.2.5.2　盾构管片衬砌检测

1）厦门地铁长翁隧道工程

为验证 TER 在实际工程中的检测效果，在厦门地铁 2 号线长翁隧道中对盾构管片背后接触状态进行检测。隧道全线长约 900m，测线 L1 沿隧道走向布置于拱腰位置处，取

0～48环管片检测结果进行研究，如图 6-187 所示。

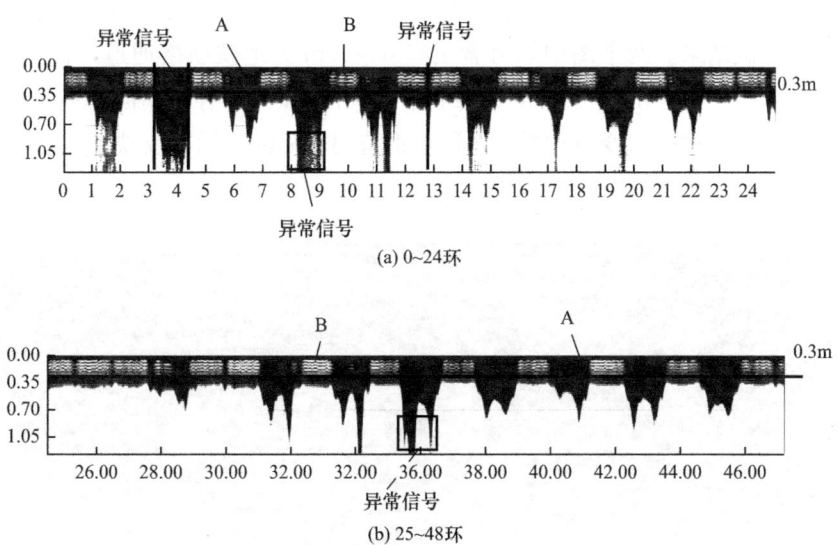

图 6-187 瞬变电磁雷达 L1 电阻率图谱

由于长翁隧道区间盾构管片类型由 A 型和 B 型组成，管片设计厚度为 0.3m，图 6-191 中显示了两种类型管片的视电阻率图。依据视电阻率在管片背后不同接触状态中的变化规律分析可知，电阻率异常往深度方向延伸越长，且尾部电阻率伴随有振荡，如测线 L1 第 4、9 环所示，可判断为管片背后接触状态介于脱空与密实之间。受空气影响，异常往往对称规则分布，曲线陡立、尖峰，高低变化较快，如测线 L1 第 13、36 环可判断为脱空状态。

通过钻芯取样验证（图 6-188），与测试结果较为相符，说明 TER 在隧道管片背后接触状态检测中的有效性，以及通过视电阻率变化规律对于判断接触状态具有可行性。

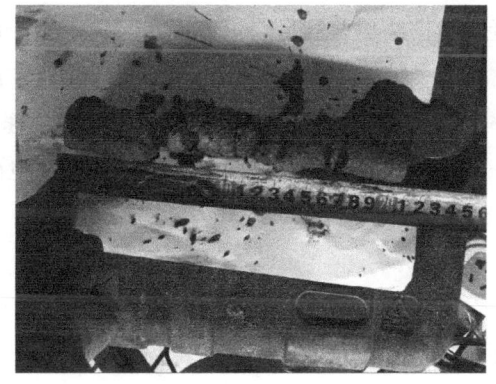

图 6-188 现场取芯验证

2）厦门地铁天竺山隧道工程

地铁内管片结构比较均匀，每种管片有相同类型的视电阻率异常特征，对同一种类型的管片进行横向 TER 视电阻率特征比较，寻找同种管片与背后注浆体、围岩的耦合异常特征。图 6-189、图 6-190 分别为意大利 IDS-RIS（900M）地质雷达与瞬变电磁雷达在同一条测线上的测试结果。两个图中均可看出在 6~10m 为地铁联络通道，在 6m、10m 处两处钢板衬砌，两个边墙由两种类型管片组成，两种管片分布有规律但又不完全相同。这个基本规律在地质雷达和瞬变电磁雷达图谱上都有很明显的显示，反映了两种管片配筋规律的不同。

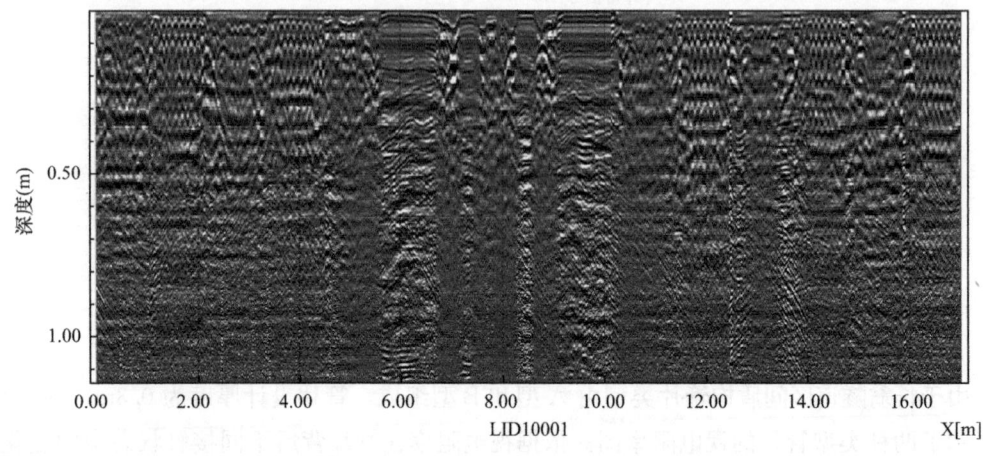

图 6-189　意大利 IDS-RIS（900M）雷达波谱

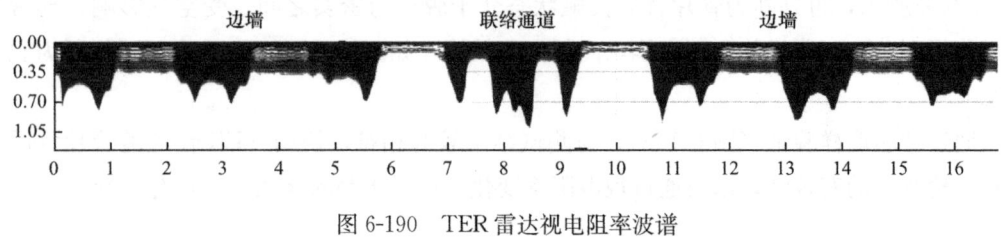

图 6-190　TER 雷达视电阻率波谱

混凝土结构质量检测目前仍有许多问题，由于地质雷达功率小、频率高，在遇到混凝土钢筋密布时，使得地质雷达穿透能力大大降低。试验研究表明：瞬变电磁结构雷达功率大、频率低、拟地震波谱的处理解释以及无损快速探测有望拓展混凝土质量检测的内容，通过进一步的试验与设备功能改进，将揭开瞬变电磁结构雷达在混凝土结构探测中新的应用方向。

6.3　弹性波法

弹性波法可分为振动法和冲击回波法。振动法适用于表层或浅层脱空检测，冲击回波法采用弹性波反射特性，通过阻抗差异对衬砌结构的内部状况进行检测，其探测深度与击振能量有关，深度可达到 80cm 以上，对于二衬脱空检测相对适用。弹性波遇缺陷时会发生多次反射和折射，且对于钢筋、水等影响相对地质雷达不敏感。

地震波、声波、超声波的力学本质是相同的，只是频率不同，都属弹性波。弹性波检测比探地雷达更复杂，工程检测中，一般情况下探测深度大于 5m 的选用地震波法，大于 20cm 的选用声波法，小于 20cm 的选用超声波法。在隧道工程无损检测应用中，超声波通常与回弹法结合，以提高检测精度。声波法检测则包括直达波法和反射波法两种，应根据不同的检测目的选用，其中直达波法用于检测隧道衬砌表层混凝土质量，判定浅部典型病害，而反射波法适用于检测隧道衬砌混凝土厚度、内部缺陷等。

锤击法利用小锤在物体表面施加冲击荷载，产生的应力波在物体两侧表面之间来回反射，引起物体产生局部瞬时共振，通过传感器测得冲击点附近的响应信号来判断被测试物体的缺陷状况。该方法适用于检测只具有一个测试面的混凝土结构，如隧道衬砌结构。由于弹性波波长较长，在非匀质材料内部传播时离散性差，锤击法在混凝土结构上的检测效果较好，能够穿透 10m 左右的混凝土，测试深度较其他方法有显著提高。

根据测试要求不同，实测过程中选用不同的锤头所激发的应力波频率范围存在差异。根据击振频率范围不同，锤击法分为脉冲响应法和冲击回波法。脉冲响应法多用于深基础的完整性测试，在桩基完整性检测方面需要较大的击振能量，大质量锤头的击振频率较低，一般在 1kHz 以内，通过分析低频范围（0～80Hz 内）的速度导纳曲线及动刚度来评价桩基的缺陷类型；相比于脉冲响应法，冲击回波法使用的小锤产生的弹性波能量较小，频率更高（可达几万赫兹）。冲击回波法是在脉冲响应法之后开发的，其测试精度较脉冲响应法更高，它是基于弹性波和物体内部结构相互作用产生共振，由共振频率来计算混凝土结构厚度、缺陷位置和表面开口裂纹深度的无损检测方法。

6.3.1 国内外研究现状

20 世纪 70 年代初，冲击回波技术已经广泛应用于混凝土深基础的完整性检测。应力波理论在一维细长杆状结构（如桩基）中应用成熟，而且回波在桩长方向传播间隔较大，波形分析相对简单。

20 世纪 70 年代，美国弗吉尼亚州发生了两起重大的工程事故，美国国家标准与技术研究所（原先的国家标准局）调查后决定开发一种新的无损检测技术，以评估混凝土现场浇筑后的早期强度。

从 1983 年开始，国家标准局采用弹性波法来检测混凝土内部缺陷，开发并命名了冲击回波法。最初的研究通过有限元法和控制缺陷的试验方法证明了其在混凝土板状结构中检测缺陷的能力。

到 1987 年，康奈尔大学的 Marry Sansalone 教授负责这项技术的后续研究工作。康奈尔大学的研究使得冲击回波法具备了工程应用价值，第一代现场检测仪器面世。1997 年 Sansalone 和 Streett 合作出版了一本专著，对不同情况下使用冲击回波技术时的室内试验、现场检测及数据处理均作了详细论述。在 20 世纪 90 年代末，美国国家标准与技术研究所与康奈尔大学合作制定了一份关于冲击回波技术实际应用的标准方案草稿，美国材料与试验协会于 1998 年采用了这个标准。

随后冲击回波法开始运用于检测混凝土结构中的缺陷。常见的缺陷包括空洞、蜂窝、裂缝、分层及剥离等，这些缺陷出现于素混凝土、加筋混凝土结构和后张预应力混凝土结构中，包括板状（混凝土板、路面、墙）、层板状（包括沥青覆盖混凝土层）、梁和柱（圆形、方形、矩形及截面为 I 形和 T 形）及空心柱（管道、隧道、矿井巷道衬砌）。1993 年 Olson 等运用表面波法、冲击回波法和脉冲响应法对隧道衬砌和竖井壁进行了动力无损检测，结果显示冲击回波法可用于测试衬砌厚度及完整性；而脉冲响应法在厚度较薄的衬砌检测中快速可行，但无法区分衬砌背后空洞及近表面分层裂缝，而且无法提供缺陷深度等信息。

2000 年 Guevremont 等使用麦吉尔大学开发的 MSR Impact-Echo 测试系统对某矿井喷射混凝土衬砌进行了无损检测，该系统的进步之处在于同时发射 P 波和 S 波测试物体，结果表明衬砌厚度检测误差为 2%～5%。

2003 年 Norbert 等针对地铁隧道中出现的各种病害问题，比较了快速扫描和细部检测两种方式包括十几种无损检测方法，针对某隧道进行了现场测试。冲击回波法作为一种细部检测手段，可用于检测裂缝、剥离及衬砌内部缺陷，特别对于单测面结构检测具有优势，缺点是检测速度慢。

2005 年 Allen 等利用脉冲响应法对隧道衬砌进行了现场测试，采用平均导纳、动刚度和空穴系数等指标评价衬砌背后的支撑状况，并判断是否存在空洞，如图 6-191 所示。将脉冲响应法和脉冲雷达法结合使用，为隧道衬砌质量评估提供了一种快速、经济、有效的方法。

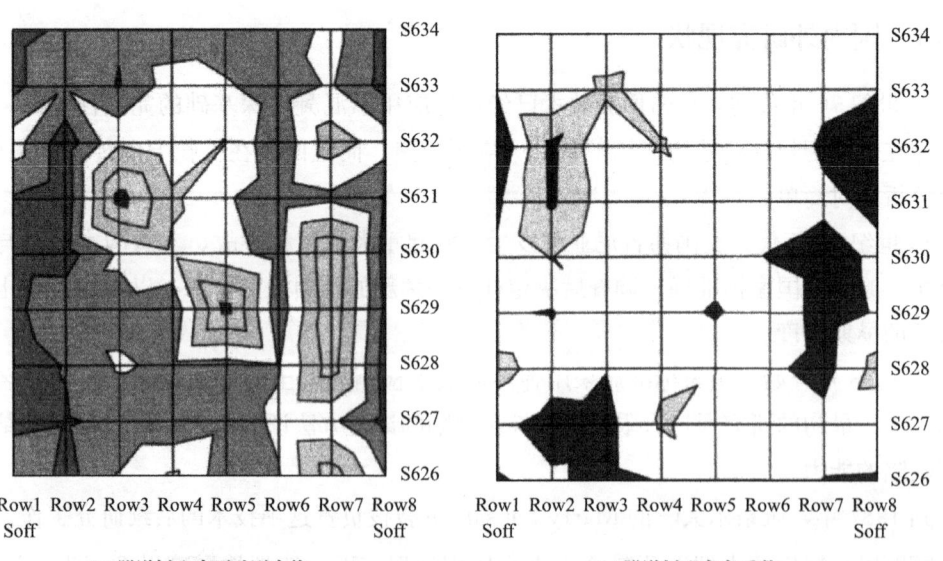

(a) 隧道衬砌表面动刚度值　　　　　　　(b) 隧道衬砌空穴系数

图 6-191　脉冲响应法检测隧道衬砌支撑状况评价指标

2006 年 Paul 和 Sathapom 等采用外观检查、回旋冲击法、冲击回波法和地质雷达法对地铁隧道进行了现场无损检测，并比较了四种方法的优缺点，结果表明对于衬砌较深处的缺陷，冲击回波法的检测效果最好。

2007 年德国联邦公路研究所出版了一本指导书，规定了冲击回波技术在隧道衬砌厚度检测方面的应用方法。在隧道拱顶位置沿纵向布置 5 条测线，横向接缝处布置 2 条测线，以边长 0.8m 的方格间距布置测点（缺陷处加密测点布置），检测数据采用等值线图表示，直观地显示出混凝土衬砌厚度的变化情况。

2008 年 Aggelis 等利用冲击回波法对盾构隧道衬砌背后的注浆质量进行了评价研究，通过时域波形的定量统计方法和小波变换技术分析能量的时频分布情况，结果表明冲击回波技术检测衬砌背后的注浆状况是十分有效的。小波分析盾构隧道衬砌背后注浆质量如图 6-192 所示。

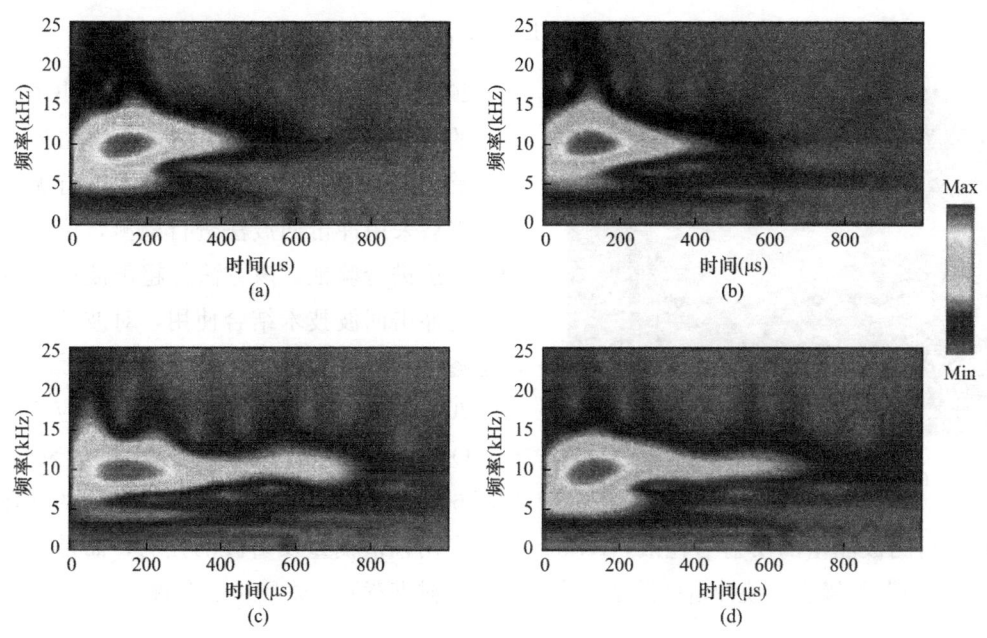

图 6-192　小波分析盾构隧道衬砌背后注浆质量

Lehmannt 对尼泊尔某采用钻爆法施工的单层衬砌隧道 2550m 长的区段进行了冲击回波法无损检测，拱顶布置 7 条测线，测点多达 24000 个。Lehmannt 提出了缺陷密度的概念，较全面地描述了衬砌缺陷随区间的变化趋势。

2009 年 Song 和 Cho 对喷射混凝土衬砌背后的不良接触和空洞情况进行了冲击回波法测试分析研究，形成了较为系统的评价体系，如图 6-193 所示。采用短时傅里叶变换比较了不同接触工况下能量在时频图上的分布形状，并以相关系数实现了衬砌接触状况的定量评价。此外，通过数值模拟对接触状态、地层类型、衬砌厚度、接触面状况以及击振锤的选择均作了分析研究，并进行了现场测试，结果验证较为一致。

2010 年 Gibson 总结了冲击回波法在隧道喷锚衬砌检测方面的进展，采用响应时域波形衰减特征评价衬砌与围岩间接触状况，并用 P 波波速和表面硬度来估计喷射混凝土的早期强度。

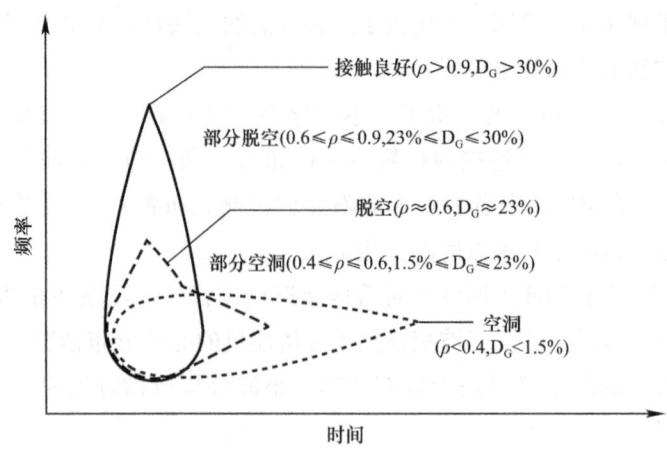

图 6-193　喷射混凝土衬砌背后接触状况评价体系

图 6-194　混凝土板隧道衬砌模型

2012 年 Krzysztof 和 Tomasz 等提出了一种先进的声学技术无损检测方法，该方法分为三步：首先采用超声波层析成像技术进行无损检测，然后采用冲击回波法进行检测，第三步采用钻芯法进行验证。该方法将超声波层析成像技术与冲击回波技术结合使用，对波兰某热力输送隧道衬砌厚度的测试取得了良好的效果。

2013 年 Ryden 等尝试采用冲击响应放大因子（Q 因子）来评价管片衬砌背后的注浆质量，如图 6-194、图 6-195 所示。注浆质量的好坏直接影响应力波能量的反射与耗散，Ryden 没有采用幅值衡量反射波的强弱，而是提出了"质量因子"的概念，使冲击回波法成为一种检测衬砌背后注浆质量的有效方法。

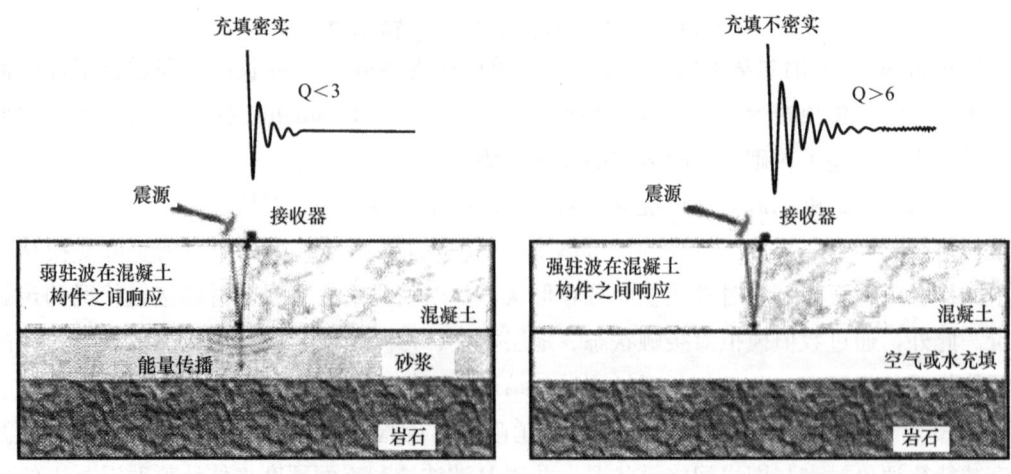

图 6-195　因子评价衬砌背后注浆质量

2015 年 Azari 等在喷射混凝土衬砌的质量评估研究中，使用冲击回波法和超声表面波法对普通混凝土板和喷射混凝土板进行了试验研究，试验模型如图 6-196 所示。预先在板中埋置各种缺陷，诸如分层、空洞及含水空洞等，测试缺陷的位置及深度。喷射混凝土板的材料各向异性及表面粗糙导致冲击回波法在厚度检测方面不太精确。

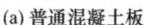

(a) 普通混凝土板　　　　　　　　　　　　　(b) 喷射混凝土板

图 6-196　普通混凝土板及喷射混凝土板试验模型

Azari 等使用一种便携式地震路面分析仪对美国弗吉尼亚州的某隧道进行了无损检测，该仪器同时使用冲击回波法和超声表面波法测试衬砌，分别通过共振频率特征和弹性模量变化来评价衬砌与围岩间的脱空情况，并用缺陷图表示出具体位置。

2016 年 Yu 等采用冲击回波法对隧道管棚支护体系中的导管注浆率进行了试验和现场测试研究，通过傅里叶变换和小波变换分析了应力波群速度及响应主频率随注浆率的变化情况，结果表明主频比群速度的评价效果更好，该研究没有考虑导管内注浆分布不均匀的情况。

Joshua 等分别采用外观检查、地质雷达法、超声层析技术和冲击回波法对某沉管隧道进行无损检测，比较了各种方法的优缺点，提出综合使用多种检测方法能大大提高检测效果的可靠性。冲击回波法在衬砌厚度及深部缺陷的检测中具有优势，但是无法提供关于衬砌中钢筋网的信息。

国内关于隧道病害动力无损检测方面的研究相对较少，主要研究如下：

南京水利科学研究院从 1989 年开始研究冲击回波测试技术，随后研制出一整套检测系统——IES-A 型冲击反射测试系统。该系统在路面、楼房、隧洞等各类结构上实测，并在引滦入津隧洞工程混凝土衬砌检测工作中应用，均取得良好效果，测量厚度误差小于 5%。

2006 年傅翔等对新疆某泄洪隧洞混凝土浇筑衬砌进行了现场冲击回波测试，结果表明，对于隧洞衬砌等单面结构的厚度检测，冲击回波法是一种有效方法，其测量厚度范围为 5～200cm。

2010 年王广伟采用冲击回波法对某公路隧道二次衬砌厚度进行了检测，并用钻芯法校正，检测厚度相对误差在 5% 以下，表明冲击回波法对于隧道衬砌厚度检测较为准确可靠。

2013年刘可、姚菲采用有限元软件MSC.MARC对冲击回波法识别地铁盾构隧道注浆缺陷进行了模拟研究，通过管片特征频率可对注浆密实、空洞和不密实三种不同工况进行有效识别。随后开展了试验研究，与理论值吻合较好。

2016年苏建洪、姚菲采用数值模拟研究了注浆层声阻抗大小对冲击回波法测试的影响，结果表明注浆层与管片声阻抗的相对值对该方法检测的有效性影响显著。

综上所述，锤击法在隧道结构中应用较少，相应的研究尚处于起步阶段。因为隧道结构周边环境更为复杂，使用锤击法在检测过程中容易受到较多的干扰因素，如地层条件、地下水位等，因此锤击法在隧道检测应用中面临更多的挑战。目前，锤击法在隧道结构检测应用中存在以下主要问题：

（1）简单将锤击法在混凝土板结构检测中的经验应用于隧道衬砌检测，忽略了围岩参数等影响因素；

（2）评价方法过于单一，传统的锤击法在混凝土结构缺陷检测应用中主要使用时域分析与频域分析方法，后来随着时频分析技术的发展，部分学者将短时傅里叶变换、小波变换等时频分析方法引入到隧道动力无损检测中，但应用相对较少；

（3）利用锤击法检测隧道衬砌背后空洞时，仅对有、无空洞情况进行定性分析，较少对空洞大小及其影响范围进行研究；

（4）锤击法在隧道衬砌检测的应用中，缺乏有效的定量评价方法。

6.3.2 探测衬砌背后空洞原理

1）锤击法基本原理

锤击法是利用机械冲击物体表面产生的应力波在被测物体内部传播来检测物体缺陷的一种方法。测试时，首先用小锤对被测结构表面施加一脉冲荷载，冲击产生的应力波包括在被测结构内部传播的P波、S波以及沿结构表面传播的R波。

P波和S波在物体内部传播过程中，遇到缺陷或边界等声阻抗不同的分界面时会发生反射与折射，而且在声阻抗差越大的分界面处反射效应越明显。反射的应力波在被测结构两侧表面之间来回多重反射，引起被测物体的局部瞬时共振。瞬时共振引起质点产生垂直于冲击面方向的位移，在锤击点附近布置传感器采集振动响应，通过数据处理得到接收信号与被测结构质量之间的关系，从而达到动力无损检测的目的。

由小锤激发的应力波中P波传播速度最快、穿透力最强，在冲击点附近引起的表面位移比其他波要大很多，因此传感器接收的主要是P波信号。传感器接收的脉冲响应信号由数据采集仪记录、存储，然后在计算机上显示、分析。锤击法测试的基本流程如图6-197所示。

2）应力波激发

锤击试验采用的冲击力锤既是一种激励工具，又是一种测量仪器。采用冲击力锤对被测试结构施加一个脉冲荷载，同时通过锤头前的测力传感器测量力值的大小。用这种力锤，对结构激发振动既快又方便，可以帮助找出结构的谐振点和缺陷，用于结构模态测试或者健康检测等。

冲击力锤一般由三部分组成：

（1）锤头：由不同的材料制成，如钢、铝和尼龙等，以获得不同脉宽的冲击力；

（2）力传感器：用以测量击振力的大小；

（3）锤柄及锤头：它的尺寸和质量根据被测试结构质量和大小而定。其典型结构如图 6-198所示。

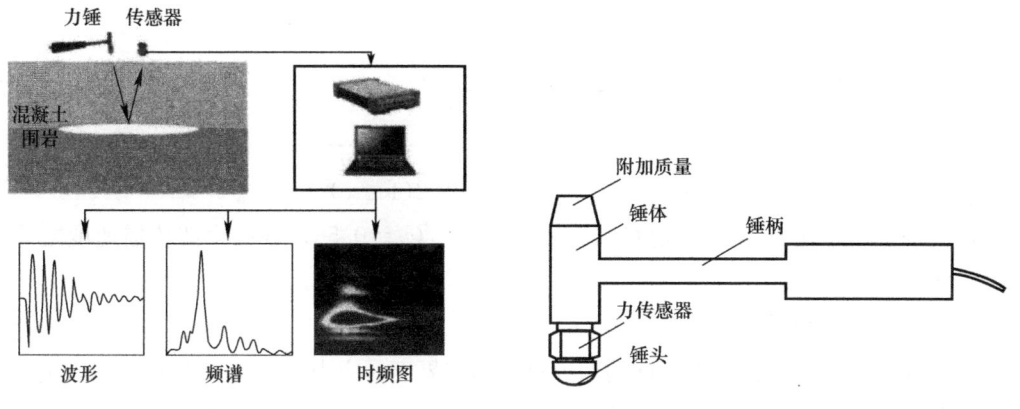

图 6-197　锤击法测试流程图　　　　　　　　　　图 6-198　带力传感器的冲击锤

3）应力波传播

当在结构表面施加冲击荷载时，产生的应力波有三种不同的形式：P 波、S 波和 R 波。P 波和 S 波在固体中以球面波阵面传播，其中 P 波引起质点振动的方向与波的传播方向平行，产生压缩或拉伸应力，S 波引起质点振动的方向与波的传播方向垂直，产生剪切应力。R 波沿固体表面传播，其引起质点的振动特征为椭圆。三种应力波的传播方式如图 6-199所示。

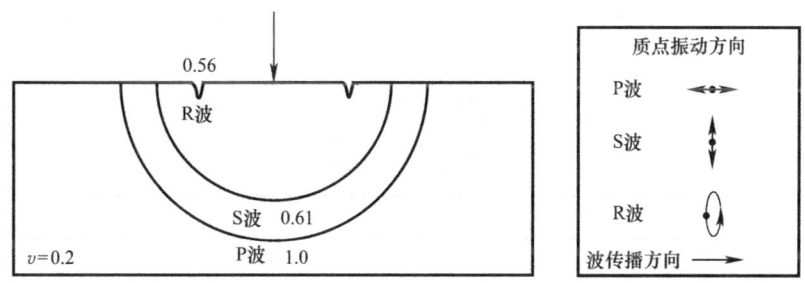

图 6-199　应力波传播示意图

应力波在各向异性、有界固体中的传播十分复杂，例如 P 波在混凝土薄板或长杆中传播，其波速取决于固体介质尺寸与波长之间的关系。但在各向异性、半无限的弹性固体介质中的传播规律较为简单，可以有助于理解材料性质与波速之间的关系。在半无限、弹性固体中，应力波波速是弹性模量 E、密度 ρ 和泊松比 v 的函数。

P 波、S 波和 R 波在介质中的传播速度如式（6-24）～式（6-26）所示：

$$C_p = \sqrt{\frac{E(1-v)}{\rho(1+v)(1-2v)}} \qquad (6\text{-}24)$$

$$C_s = \sqrt{\frac{G}{\rho}} = \sqrt{\frac{E}{2\rho(1+v)}} \qquad (6\text{-}25)$$

$$C_r = \frac{0.87+1.12v}{1+v}C_s = \frac{0.87+1.12v}{1+v}\sqrt{\frac{(1-2v)}{2(1-v)}}C_p \qquad (6\text{-}26)$$

P波、S波和R波之间的速度比仅取决于泊松比，它们之间的关系如式（6-27）、式（6-28)所示：

$$\frac{C_s}{C_p} = \sqrt{\frac{1-2v}{2(1-v)}} \qquad (6\text{-}27)$$

$$\frac{C_r}{C_p} = \frac{0.87+1.12v}{1+v}\sqrt{\frac{1-2v}{2(1-v)}} \qquad (6\text{-}28)$$

取混凝土泊松比 $v=0.2$，则 $C_s/C_p=0.61$，$C_r/C_p=0.56$，各应力波传播速度之间的关系见图 6-199。

4）应力波反射与折射

分界面是指在声学性质上不同的两种材料的交界面。应力波在界面上的状态取决于材料的声阻抗，更准确地说，取决于两种材料的声阻抗差。声阻抗是材料密度与波速的乘积，取决于材料自身的性质。当应力波传播到具有不同声阻抗的两种材料交界面时，应力波就会发生反射与折射。

反射波的幅值取决于以下四个方面：交界面两侧不同材料的声阻抗差、入射波的角度、击振点与交界面间的距离和传播过程中能量的耗散。

P波波速对应的声阻抗如式（6-29）所示：

$$Z = \rho C_p \qquad (6\text{-}29)$$

P波波速 C_p 近似等于 $\sqrt{\frac{E}{\rho}}$，故

$$Z = \sqrt{\rho E} \qquad (6\text{-}30)$$

不同材料 P 波对应的声阻抗值如表 6-13 所示。

不同材料声阻抗值　　　　　　　　　　　　　表 6-13

材料	密度（kg/m³）	P波波速（m/s）	声阻抗值（kg/（m²s））
空气	1.205	343	0.413
混凝土*	2300	3000~4500	6.9~10.4×10⁶
花岗岩	2750	5500~6100	15.1~16.8×10⁶
石灰岩	2690	2800~7000	7.5~18.8×10⁶
大理岩	2650	3700~6900	9.8~18.3×10⁶
土	1400~2150	200~2000	0.28~4.3×10⁶
结构用钢	7850	5940	46.6×10⁶
水	1000	1480	1.48×10⁶

* 混凝土密度取决于各组成成分的占比，表中给出的混凝土密度值仅为平均数值。

为简单起见，假定 P 波的传播方向垂直于结构面，此时反射波和折射波的振幅仅取决于交界面两侧材料的声阻抗差。反射 P 波与折射 P 波振幅分别由式（6-31）、式（6-32）给出。

$$A_{reflected} = A_i \frac{Z_2 - Z_1}{Z_2 + Z_1} \tag{6-31}$$

$$A_{refracted} = A_i \frac{2Z_2}{Z_2 + Z_1} \tag{6-32}$$

上式中 Z_1、Z_2 分别为介质 1 和介质 2 的声阻抗，A_i 为入射 P 波的振幅。

$A_{reflected}$ 和 A_i 的比值记为反射系数 R：

$$R = \frac{A_{reflected}}{A_i} = \frac{Z_2 - Z_1}{Z_2 + Z_1} \tag{6-33}$$

下面分三种情况讨论 Z_1、Z_2 之间的关系。

（1）$Z_1 \gg Z_2$：Z_1 远大于 Z_2 时，R 接近于 -1，$A_{reflected}$ 约等于 $-A_i$，$A_{reflected}$ 约等于 0。"—"表示与入射波相比较反射波的相位发生了变化。当应力波传播到混凝土-空气交界面时会发生这种情况，此时，几乎全部的能量都被反射回来，这也是锤击法在结构检测中应用较为成功的原因之一。

（2）$Z_1 \ll Z_2$：Z_1 远小于 Z_2 时，R 接近于 1，$A_{reflected}$ 约等于 A_i，$A_{reflected}$ 约等于 $2A_i$。此种情况下，反射波与折射波均没有相位上的变化。在锤击法测试中，交界面为混凝土-钢界面时，就会出现这种情况。在混凝土结构中出现钢筋时，这种情况对测试结果的解释是非常有用的。

（3）$Z_1 \approx Z_2$：假设 $Z_1 = Z_2$，则 $A_{reflected} = 0$，$A_{reflected} = 1$。当混凝土或交界面两侧材料声阻抗值接近时，就会出现这种情形。此时，几乎所有的应力波能量均会透过交界面传播。对于锤击法测试而言，只有当反射系数大于 0.24，由反射波引起质点位移的相对振幅才有意义。

6.3.3 空洞病害模拟试验

1）试验设计

试验砂坑尺寸为 3.12m×1.44m×1.04m（图 6-200），为削弱弹性波在砂坑壁上的反射

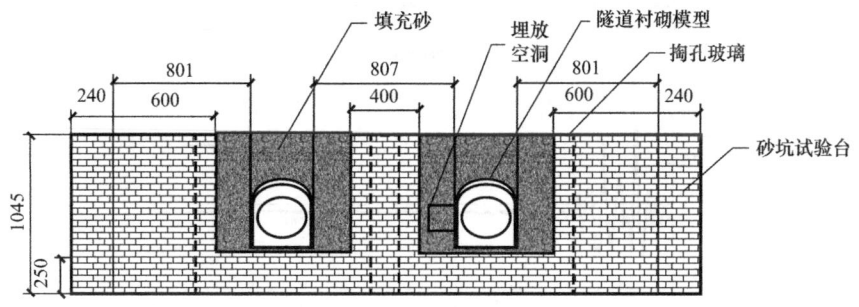

图 6-200 试验台布置图

309

效应，在内壁均设置了减振的岩棉材料。隧道模型采用PVC板材粘结而成，按照1∶16的比例制作2个模型。

隧道断面为马蹄形，尺寸见图6-201。考虑有空洞和无空洞两种工况。其中，有空洞工况采用尺寸285mm×145mm×155mm的硬纸盒埋置于隧道衬砌与土之间来模拟。

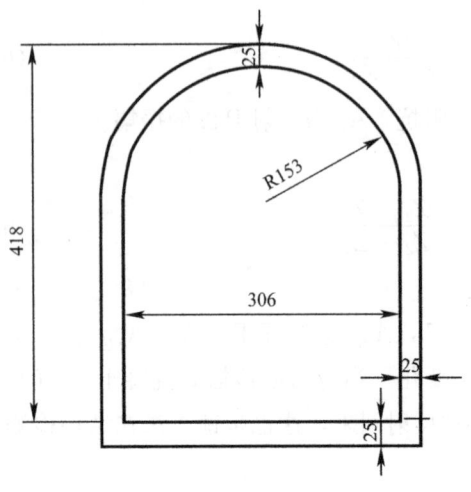

| 图 6-201 隧道模型图 | 图 6-202 传感器布置位置图 |

试验测试系统包括力锤、加速度传感器（Lance AS0105，采样频率最高在6000Hz以上）、数据线、数据采集仪（INV3018C）和笔记本电脑。试验时在模型内侧壁安置传感器（图6-202），手持力锤从玻璃孔洞处伸入模型内部锤击侧壁，锤击点距离传感器2cm。每种工况各进行10组试验。

2）数据分析

（1）时域分析

图6-203为两种工况下时域波形图对比。可以看出，在无空洞工况中，衬砌对锤击荷载

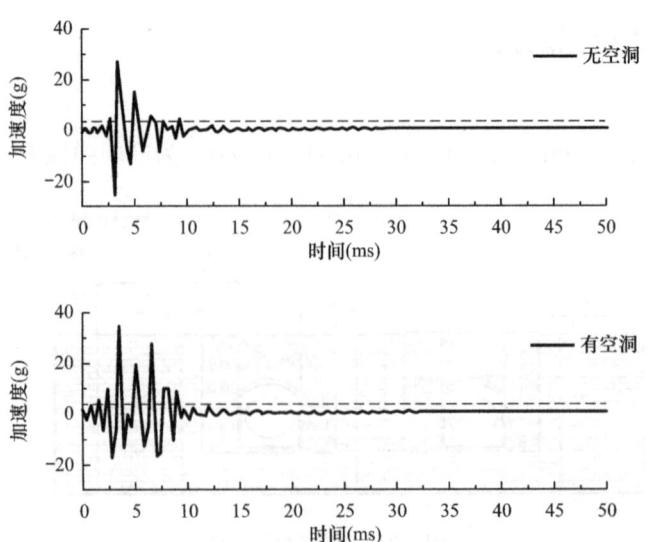

图 6-203 不同工况下时域波形

响应的最大峰值出现后，振动自由衰减，能量主要集中在0～10ms时间段内。在有空洞工况中，衬砌对锤击荷载响应的最大峰值出现后，有较为明显的第二波峰，这与衬砌外侧与

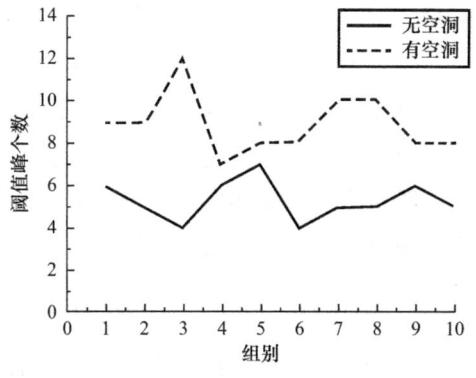

空洞交界面对振动的完全反射有关。此外，其能量主要集中在0～15ms时间段内，持续时间较无空洞工况要长。可见，空洞会使波形出现第二峰值，且使能量衰减速度减缓。

为量化上述波形衰减趋势，将每一波形最大峰值的10%作为阈值（图6-203中用虚线表示），比较不同工况下波形超过阈值的波峰个数，记为阈值峰数。图6-204为两种工况阈值峰个数对比图。可以看出，有空洞工况明显比无空洞工况阈值峰多。

图6-204 阈值峰个数统计

（2）频域分析

利用傅里叶变换分析两种工况的频谱图（图6-205）。

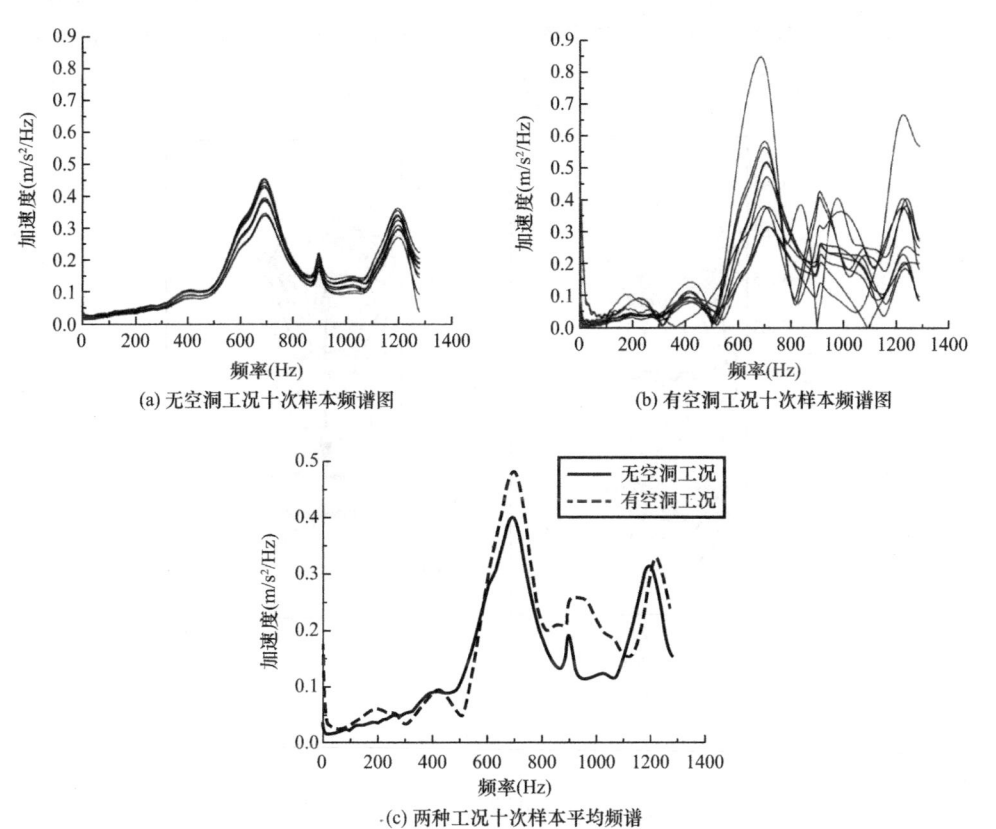

(a) 无空洞工况十次样本频谱图

(b) 有空洞工况十次样本频谱图

(c) 两种工况十次样本平均频谱

图6-205 锤击荷载下衬砌响应频谱

对比图6-205(a)、(b)可见，无空洞工况下的各次锤击样本的频谱曲线分布较规律；而有空洞工况下各次锤击样本的频谱曲线离散程度较高。从图6-205(c)中看出，两种工况

均在 690Hz 左右出现最大共振峰值，而有空洞工况在大部分频段上幅值大于无空洞工况，反映出隧道结构整体动刚度降低。此外，有空洞工况在 300Hz 及 500Hz 左右均存在反共振峰。

（3）时频分析

傅里叶变换将信号在时域上整体求积，反映的是信号的静态频谱特性，对于非平稳信号，其频率随时间变化而变化，傅里叶变换无法反映其局部的频率变化。短时傅里叶变换（STFT）是一种基本的时频分析方法，通过采用时间窗移动的方式可同时提供时间、频率两个维度的信息，连续短时傅里叶变换定义为：

$$STFT[s(t)] = \int_{-\infty}^{\infty} s(\tau)x(\tau-t)e^{-j\omega\tau}d\tau \tag{6-34}$$

其中，$x(t)$ 为有时频局限性的时间窗函数，本书计算采用 Hanning 窗函数。

式（6-34）的离散形式表示为：

$$STFT[s(n)] = \sum_{m=0}^{N-1} s(mT)x(mT-kT)e^{-j\omega mT} \tag{6-35}$$

式中，$s(n)$ 为均匀采样时间序列；$n=kT$，$k=0$，1，$\cdots n-1$；T 为采样周期。

将传感器采集的加速度时程信号经由短时傅立叶变换处理，结果分别如图 6-206、图 6-207（等值线图与三维图均关于归一化频率轴 $f=0.25$ 对称）所示。

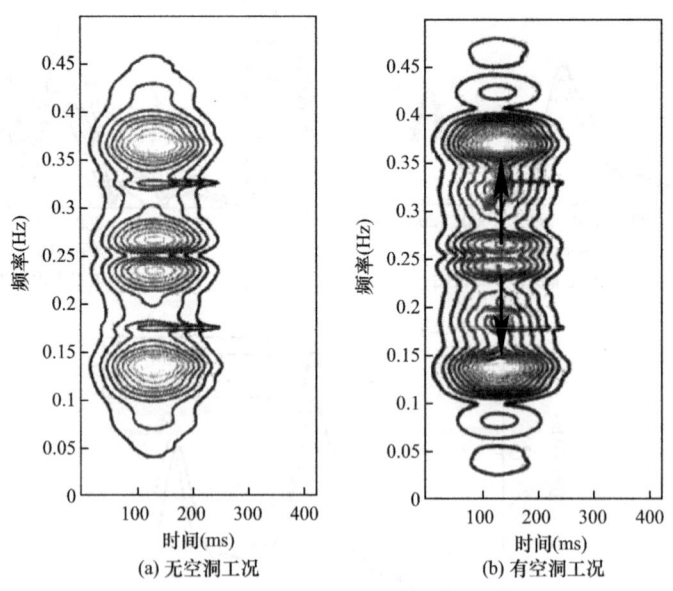

图 6-206　不同工况下 STFT 处理结果等值线图

对比图 6-206、图 6-207 中两种工况测试结果，相较于无空洞工况，有空洞工况存在能量向频率轴两端移动的趋势。无空洞工况下，频率轴两端能量接近于 0，而在有空洞工况下，频率轴两端存在一个能量峰且能量沿时间轴分布较广，说明有空洞工况下低频能量衰减较缓。为证明有空洞工况存在能量频移趋势现象，验证时将模型埋置空洞的一侧砂土全部掏空，锤击十次，其加速度时程数据经 STFT 处理后如图 6-208 所示。

此时相当于模拟空洞无限大的极限情况，与图 6-207 中时频图相比，能量频移现象更加明显，能量由频率轴中间移向两端，而且能量大部分集中在频率两端。能量沿时间轴衰减，低频能量衰减较缓。

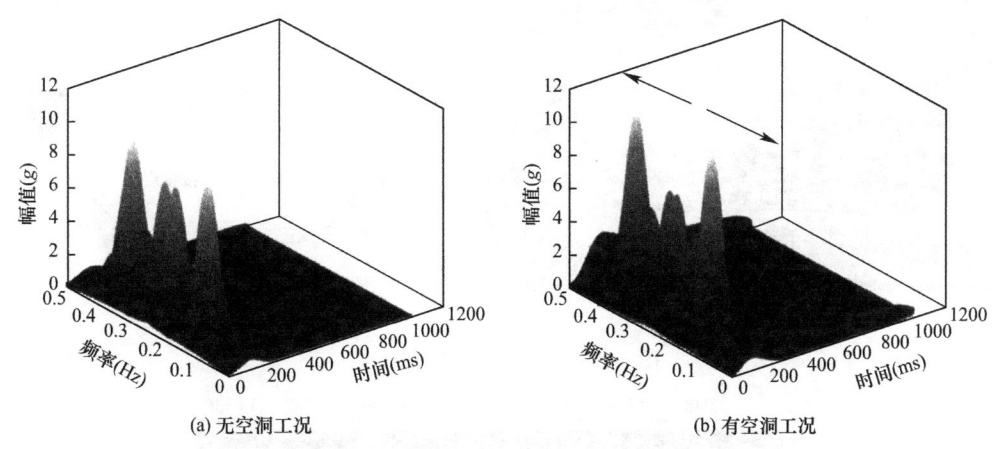

(a) 无空洞工况   (b) 有空洞工况

图 6-207　不同工况下 STFT 处理结果三维图

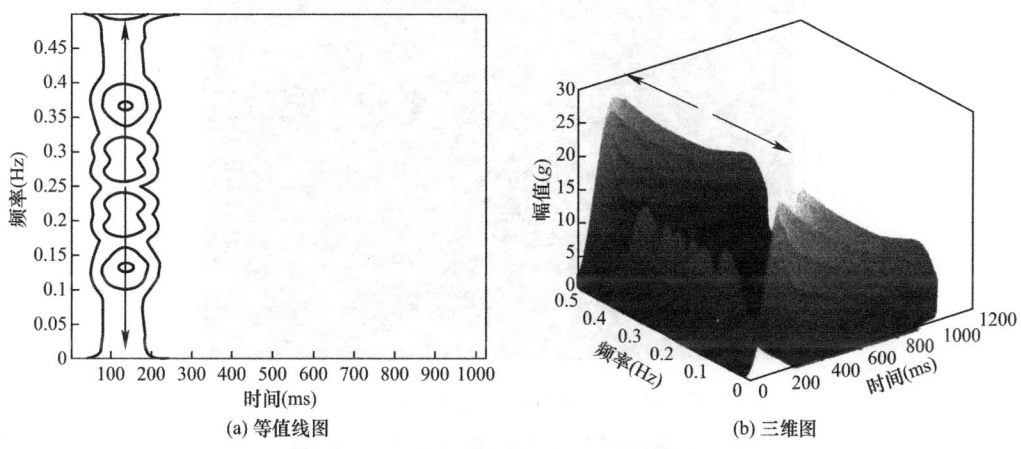

(a) 等值线图   (b) 三维图

图 6-208　模型一侧砂土掏空后 STFT 处理结果图

6.3.4　圆形冲击回波法

1）基本原理

如图 6-209(b)所示，利用圆中心激发，接收检波器按圆形等距排布，避免时距校正，通过采集器接收，利用 Wi-Fi 上传到平板电脑，并在专业软件 USEP 显示，见图 6-210。纵向 9 个通道，横向时间窗口，通过圆形冲击回波法可实现衬砌厚度与衬砌背后缺陷的半定量无损检测，提高了隧道衬砌与围岩接触类病害探测的深度和精度。

2）模型试验

如图 6-211 为圆形冲击回波模型试验图，其中 1、2、3、7、8、9 检波器下方为混凝土实体，4、5、6 检波器下方混凝土板悬空（模拟脱空）。

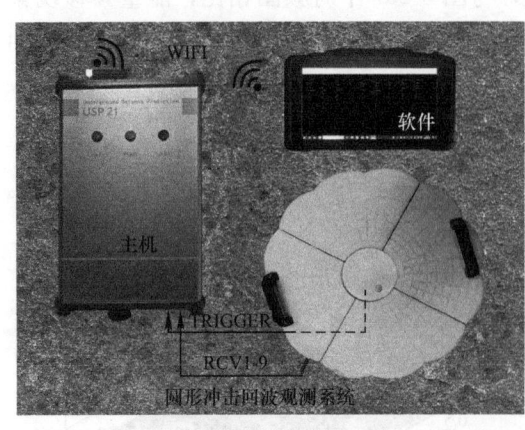

(a) 观测系统   (b) 排列装置

图 6-209 圆形冲击回波法示意

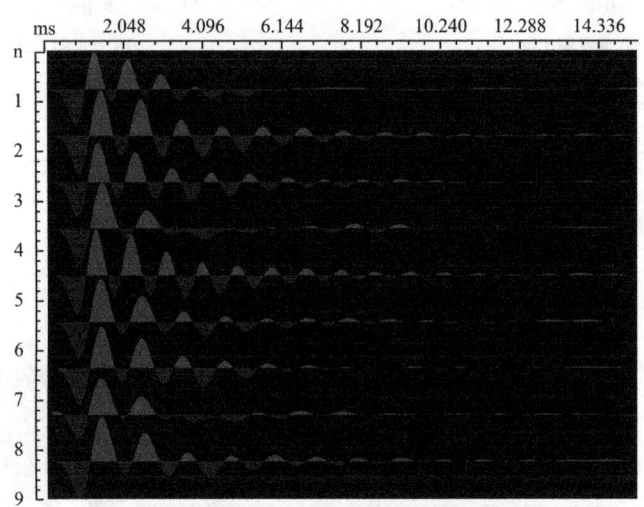

图 6-210 圆形冲击回波法 9 通道波形

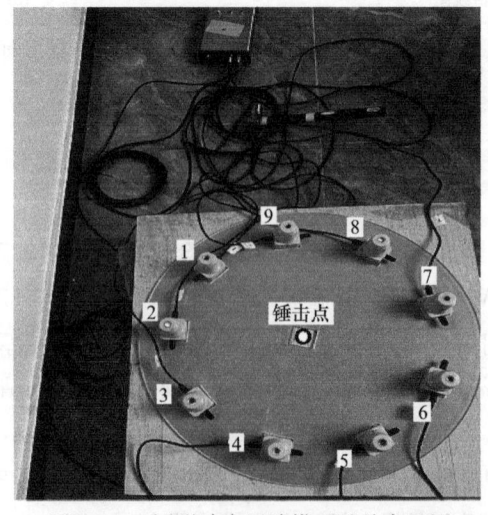

图 6-211 圆形冲击回波模型试验布置图

检测原始波形如图 6-212 所示，图中 1、2、3、7、8、9 检波器波形相对简单，正常衰减，而 4、5、6 检波器波形多次反射，波形有缺陷。图 6-213 为 9 通道波密度图，脱空区 4、5、6 检波器缺陷波形反射更明显。数据未作处理，仅原始波形就能看出密实与脱空波形有较大差异。

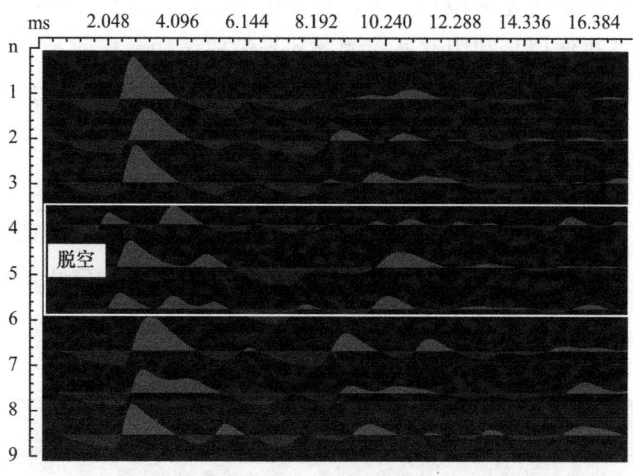

图 6-212　圆形冲击回波模型试验波形

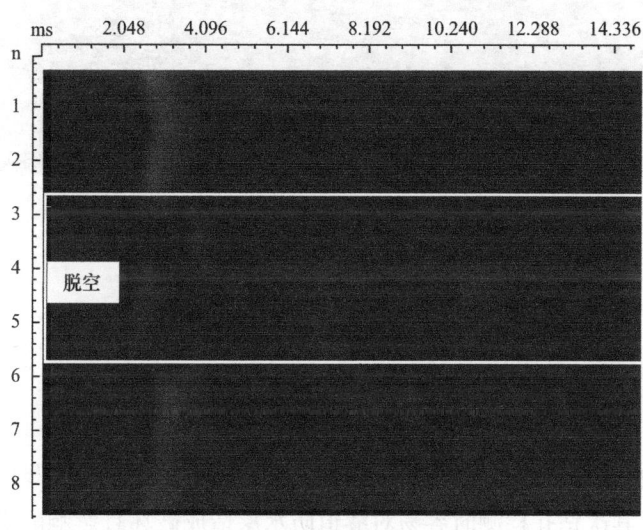

图 6-213　圆形冲击回波模型试验波密度

6.4　红外热成像法

红外线温度场照相技术通过发射红外线检测结构表面的温度分布情况以反映内部异常状况。该技术在应用于隧道检测时，一般将红外线照相机或扫描器安装在运动的支架上进行量测，可以确定不同温度下衬砌与围岩间水的流动、衬砌缺陷、衬砌背后地质条件的改变以及空洞情况。

在使用红外线温度场照相技术对隧道结构进行检测时，衬砌表面与围岩之间的温差应保持在 2～4℃，如图 6-214 所示，而且衬砌表面不应有任何覆盖物或设施，以防阻碍红外线的辐射。红外线温度场照相技术检测灵敏度没有地质雷达高，需与其他技术结合使用。

红外线法属于非接触性无损检测技术，其使用的红外热像仪检测不受时间、空间的限制，较为灵活。红外热像仪是利用红外探测器和光学成像物镜接收被测目标的红外辐射能量分布图形反映到红外探测器的光敏元件上，从而获得红外热像图，这种热像图与物体表面的热分布场相对应。其检测无接触、速度快、结果直观、可进行大面积检测的优点，使得红外线无损检测技术应用前景非常广阔。

国内某正在研发的公路隧道病害集成检测车针对隧道渗漏水的检测就使用了红外热像仪，试验时其所检测的隧道衬砌表面渗漏水红外图像经过多指标修正后，与实际所测结果相近。

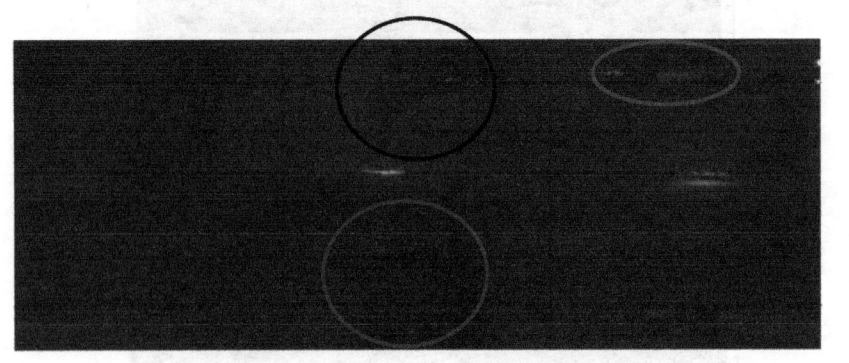

图 6-214 热成像技术检测隧道衬砌病害

6.5 钻芯法

钻孔取芯法检测结果直观、准确、代表性强。但是其缺点也是明显的，首先钻孔取样耗时多、效率低，其次钻孔检测时容易对隧道防水层造成破坏且影响隧道美观。同时钻孔取芯检测不宜大面积使用，只能选择性地进行，对工人在钻孔位置选择方面的经验要求很高，选择不合理容易造成检测结果失准，难以对整条隧道质量进行综合评判与推定。因此钻孔取芯法不宜单独使用，通常用来对回弹法和超声回弹综合法等检测结果进行校正，以提高检测的可靠性。

钻孔取芯分为混凝土芯与岩芯两部分。钻芯法在隧道衬砌结构上直接钻取芯样，通过将加工处理的芯样进行抗压强度试验来确定隧道衬砌的实际抗压强度。采用钻芯法检测混凝土强度具有直观、精度高、能真实反映混凝土强度等诸多优点，可用于隧道结构中衬砌强度及裂缝的检测，并可用于对无损检测结果的验证。

由于隧道衬砌内部均配置一定数量的钢筋，钻芯取样前对钢筋的定位尤为重要，取样时应尽量避免切断钢筋，因为钢筋对结构的承载力起着决定性的作用。

钻芯时工作人员的劳动强度大，测试成本高；在钢筋密集区域内取样，需要避开钢筋位置，取样困难；钻芯结束后，需要对破损部位进行修补。由于种种原因，钻芯取样在实际工程应用中常遭遇诸多困难。

由于钻芯法的测定值就是圆柱状芯样的抗压强度，即参考强度或现场强度。所以，钻芯法的关键问题是如何用适当的机具钻取合格的芯样。混凝土芯样的抗压强度除了受到钻机、锯切机等设备的质量和操作工艺的影响外，还受到芯样本身各种条件的影响。如芯样直径的大小、高径比、断面平整度、断面与轴线间的垂直度、芯样的湿度等。

此外，芯样在进行抗压试验时，其轴线方向承受压力，不允许存在与轴线相互平行的钢筋。当难以避开钢筋时，芯样最多只允许有 2 根直径小于 10mm 的钢筋存在，否则将会影响到抗压强度。由于钢筋直径小且数量少，影响程度被强度本身的变异性所掩盖。含有钢筋的芯样强度比不含钢筋的芯样强度稍高一点，影响并不显著。但当芯样中部存在钢筋，影响就会大些。另外，当芯样周边存在一小段钢筋时，由于钢筋与砂浆间的粘结力不如砂浆和粗骨料间的粘结力强，相应降低了芯样强度。

参 考 文 献

[1] 铁道部工程设计鉴定中心. 高速铁路隧道 [M]. 北京：中国铁道出版社，2006.

[2] 铁道部第二勘测设计院. 铁路工程技术手册（隧道）[M]. 北京：中国铁道出版社，1995.

[3] 郭俊. 地质雷达检测隧道衬砌质量的技术研究 [D]. 南昌：华东交通大学，2011.

[4] 牛超，马蒙，梁瑞华等. 基于锤击法的隧道衬砌背后空洞检测试验研究 [J]. 现代隧道技术，2016，53（增刊2）：576-581.

[5] 李尧，李术才，徐磊等. 隧道衬砌病害地质雷达探测正演模拟与应用 [J]. 岩土力学，2016，37（12）：3627-3634.

[6] 周陈婴. 隧道衬砌检测探地雷达图像分析与工程应用 [J]. 山东大学学报（工学版），2018，48（4）：61-68.

[7] 舒志乐. 隧道衬砌内空洞探地雷达探测正反演研究 [D]. 重庆：重庆大学，2010.

[8] 韦鸿耀. 探地雷达目标识别方法及其在隧道衬砌检测中的应用研究 [D]. 南宁：广西大学，2016.

[9] 肖建平，吴旭东，柳建新，王韵棋. 探地雷达隧道衬砌病害检测正演模拟及应用 [J]. 物探化探计算技术，2017，39（4）：425-429.

[10] 李洪梅. 公路隧道衬砌空洞缺陷的检测与评估 [D]. 南昌：华东交通大学，2015.

[11] 吕高，李宁，刘新星，朱才辉. 公路隧道衬砌缺陷几何形态及填充物 FDTD 正演分析 [J]. 岩石力学与工程学报，2014，33（7）：1415-1423.

[12] 梁国卿，耿大新，胡方小，周昌. 隧道衬砌背后空洞的地质雷达检测试验与模拟研究 [J]. 施工技术，2017，46（1）：66-69.

[13] 曾昭发，刘四新，冯晅等. 探地雷达原理与应用 [M]. 北京：电子工业出版社，2010.

[14] 张鸿飞，程效军，高攀等. 隧道衬砌空洞探地雷达图谱正演模拟研究 [J]. 岩土力学，2009，30（9）：2810-2815.

［15］ 刘新荣，舒志乐，朱成红等. 隧道衬砌空洞探地雷达三维探测正演研究 ［J］. 岩石力学与工程学报，2010，29（11）：2221-2229.

［16］ 杨艳青，贺少辉，齐法琳等. 铁路隧道衬砌地质雷达非接触检测模拟试验研究 ［J］. 岩石力学与工程学报，2011，30（9）：1761-1771.

［17］ 叶英. 浅层瞬变电磁雷达 ［M］. 北京：地质出版社，2016.

［18］ 叶子剑，叶英，张成平. 欠阻尼中心回线瞬变电磁效应 ［J］. 地球物理学进展，2019（3）：2106-2111.

［19］ 叶子剑，张成平，叶英. 瞬变电磁雷达探测盾构管片背后接触状态的模拟试验研究 ［J］. 铁道学报，2019（12）：121-131.

［20］ 耿庆桥，王晓亮，叶英. 基于瞬变电磁雷达的检测技术及其在隧道衬砌中的应用 ［J］. 交通运输研究，2019（6）：119-129.

7 衬砌与围岩接触类病害评价

　　安全就是预知人类活动各个领域里存在的固有潜在的危险，并且为消除这些危险所采取的各种方法、手段和行动的总称。安全是相对危害、危险而言的。在生产活动中，人们处于各种不同的危险源和相关因素中，安全就是要消除或控制这些危险源和相关因素，使其达不到危害、危险的程度。

　　隧道发生病害，如同人生病，只有"对症下药"，才能祛病强身。与医学的研究方法类似，隧道病害的研究也包括"望闻问切""对症下药"等不同的阶段、方法和程序，只有遵循科学合理的隧道病害研究方法和原则，找到隧道病害的"病根"，评估"病情"，方可"对症下药"，达到最后"药到病除"和"祛病强身"的效果。

　　除了"对症下药"，还应当视病情下药，即所谓"重症下猛药"。隧道病害多种多样，不同病害的表现特征、危害程度、严重程度都不尽相同，如何准确判定不同类型、特征、严重程度的病害对隧道健康状况的影响程度是隧道健康诊断的要旨所在。

　　隧道衬砌结构承载能力是隧道安全运行的前提和基础，故有必要从力学机理入手，深入分析不同类型的隧道病害力学特征，将具有相同或类似力学特征的病害进行归类，在此基础上利用定量的方法建立隧道病害计算模型以及病害结构安全性评价方法。隧道健康诊断计算模型是利用量化和力学的方法分析研究病害对衬砌结构的承载能力、安全系数的研究方法，为判定病害隧道结构安全性奠定基础，为采取合理的隧道病害养护和治理措施提供依据，这是隧道健康诊断的主要研究内容，具有重要的研究意义。

　　多少年来，人们总想找到一个办法能够预测到事故发生的可能性，掌握事故发生的规律，作出定性和定量的评价。以便能使隧道管理工作者在隧道管理中对发生事故的危险性加以辨识，并且能够根据对危险性的评价结果，提出相应的安全措施、达到控制事故的目的。

　　目前运营隧道中衬砌背后空洞对衬砌质量安全的影响评价，在相关隧道运营养护规范中仍未给出具体的评价方法和评价标准。为了合理利用检测结果，定性定量对衬砌背后空洞状态进行评价，确保隧道的安全稳定运营，下面基于层次分析法建立衬砌背后空洞的评价体系。

7.1　评价方法概述

7.1.1　安全评价概述

　　安全评价的目的是实现系统安全。它是运用系统工程的方法对系统存在的危险性进行综合评价和预测，并根据其形成事故的风险大小，采取相应的安全措施，以达到系统安全的过程。安全评价不仅成为现代安全生产的重要环节，而且对安全管理的现代化、科学化中也起到积极的推动作用。

1）评价定义

安全评价（Safety Evaluation）亦称危险度评价或风险评价（Risk Evaluation），是以实现系统安全为目的，应用安全系统工程原理与方法，对系统中存在的危险因素、有害因素进行辨识与分析，判断系统发生事故和职业危害的可能性及严重程度，从而为制定防范措施和管理决策提供科学依据。安全评价、危险源辨识、风险控制是安全系统工程的基本内容，危险源辨识是安全评价和风险控制的基础，三者之间是相互关联、相互渗透的关系。

2）评价目的

安全评价的目的是实现系统安全，即要寻求系统的最低事故率、最少损失和最优的安全投资效益，包括以下四个方面：

（1）从计划、设计、制造、运行、贮运和维修等全过程系统地进行安全控制；

（2）对潜在危险进行定量、定性分析和预测，建立使系统安全的最优方案；

（3）为实现安全技术、安全管理的标准化和科学化创造条件；

（4）促进实现本质安全化。

3）评价分类

根据不同的分类标准，安全评价的分类方法有很多种，常见的有以下几种：

（1）按照评价对象的不同阶段可分为安全预评价、安全验收评价、安全现状综合评价、专项安全评价；

（2）根据安全评价量化程度分为定性评价和定量评价；

（3）根据安全评价内容分为工厂设计的安全性评价、安全管理的有效性评价、人的行为的安全性评价、生产设备的安全可靠性评价、作业环境条件评价、化学物质危险性评价；

（4）根据安全评价性质分为系统固有危险性评价、系统现实危险性评价。

4）评价程序

安全评价包括资料收集、危险辨识、评价过程、提出对策等步骤，一般程序如图 7-1 所示。

5）评价原则

安全评价是落实"安全第一，预防为主"方针的重要技术保障，是安全生产监督管理的重要手段，关系到被评价的项目能否符合国家规定的安全标准，能否保证劳动者安全与健康的关键性工作。安全评价不但具有较复杂的技术性，而且还有极强的政策性，因此，做好安全评价，必须以被评价项目的具体情况为基础，以国家安全法规及有关技术标准为依据，用严肃的科学态度，认真负责的精神，强烈的责任心和事业心，全面、细致、深入地开展和完成评价任务，在工作中必须始终坚持政策性、科学性、公正性、严肃性、针对性原则。

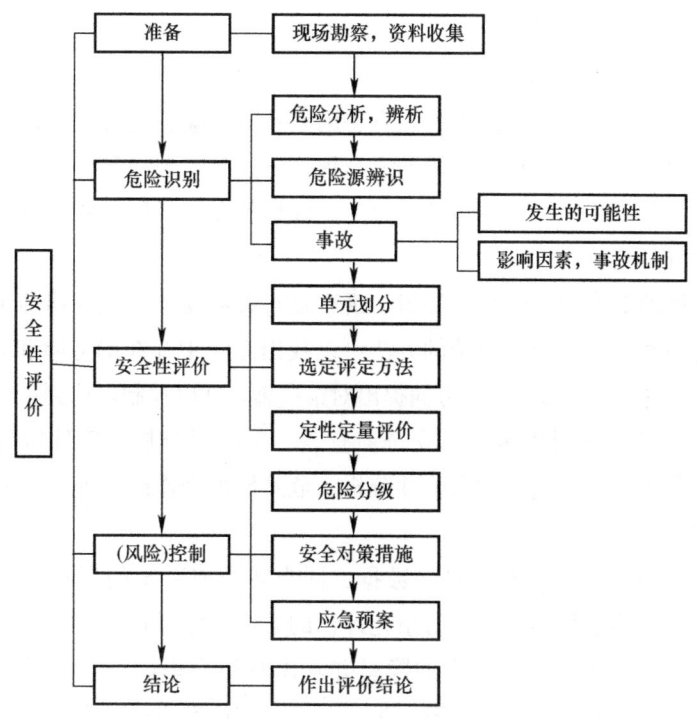

图 7-1 安全性评价一般程序

（1）政策性

安全评价是国家以法规形式确立的，旨在从根本上控制、消除事故隐患，促进安全管理的一个有效制度，政策、法规、标准是安全评价的依据，政策性是安全评价的灵魂。

（2）科学性

安全评价涉及学科范围广，影响因素复杂多变，为保证安全评价准确反映被评价项目的客观实际和评价结论的正确性，评价工作必须依据科学的方法、程序，以严谨的态度全面、准确、客观地进行，提出科学的对策措施，作出科学的结论。

（3）公正性

安全评价的每一项工作都要做到客观和公正，既要防止受评价人员主观因素影响，又要排除外界因素干扰，以国家和劳动者的利益为重，充分保障劳动者在劳动中的安全与健康，要依据有关标准法规和经济技术的可行性提出明确的要求和建议，避免出现不合理、不公正。

（4）严肃性

安全评价涉及国家的利益和声誉，涉及生产建设单位能否正常运行，涉及人员的安全、健康以及设备的正常运转，是一项非常严肃的工作。

（5）针对性

进行安全评价，首先要针对被评价项目的实际情况收集资料，其次要针对主要危险、有害因素及重要单元进行重点评价。另外还要有针对性地选用评价方法，同时还必须从实际经济、技术条件出发，提出有针对性的、操作性强的对策措施，作出客观公正的评价结论。

6）评价方法

安全评价方法是对系统的危险因素、有害因素及其危险、危害程度进行分析评价的方法，伴随着安全评价的发展，目前应用的安全评价方法已有数十种，各种方法的特点、使用范围和应用条件各不相同，按其特性可分为定性评价和定量评价两大类。

（1）定性评价

定性评价是借助对事物的经验、知识、观察及对事物发展变化规律的了解，科学地进行分析、判断的一类方法。定性评价的方法可以找出系统中存在的危险和有害因素，进一步根据这些因素从技术、管理、教育方面提出对策措施，加以控制，达到系统安全的目的。

定性评价方法目前应用较多的有安全检查表、事故树分析、事件树分析、危险度评价、预先危险性分析、故障类型和影响性分析、危险性可操作研究等。

（2）定量评价

定量评价是指根据统计数据、监测数据、同类或类似系统的资料数据，按照有关标准，应用科学的方法构造数学模型进行量化评价的方法。定量评价有两种类型，一种以可靠性、安全性为基础，先查明系统中的隐患并求出其损失率，有害因素的种类及危害程度，然后再与国家标准或规定进行比较、量化，常用方法有事故树分析、事件树分析、模糊数学综合评价、层次分析法等。另一种则是以物质系数为基础，采取综合评价的危险度分级方法，常用方法有美国道化学公司的"火灾、爆炸危险指数评价法"、英国帝国化学公司蒙德部的"火灾、爆炸、毒性指标法"、日本劳动省的"六阶段法"等。

7）评价限制因素

安全评价是根据经验和预测方法进行的，在理论和实际上都存在很多限制因素，主要有：

（1）评价不完整性

安全评价的不完整性有两方面原因。首先，评价人员不能够保证找出被评价项目的所有危险源；其次，不能够考虑到已找出的危险源可能引发事故的所有原因和事故后果。

（2）评价不一致性

许多安全评价具有高度的主观性，不同的评价人员使用相同的资料评价同一个对象，可能会得出不同的结果。

（3）经验相关性

安全评价在很大程度上取决于评价人员的相关经验，有些评价方法需要依靠评价人员凭经验判定可能导致事故的原因及其产生的后果，评价结果的可靠性与评价人员的经验密切相关，在某种程度上评价人员的经验比评价方法更重要。

（4）应用困难性

过多的假设条件往往与实际情况相差较大，多种不确定因素也往往会导致出人意料的结果，这些对安全评价的实际应用带来困难。克服安全评价限制因素影响的关键在于不断提高评价人员的素质，要求安全评价人员以认真负责和实事求是的工作态度，认真学习专业知识，努力掌握评价理论，注意收集有关信息，正确使用各种评价方法，积累经验，以期取得较好的评价结果。

7.1.2 现有的评价方法与体系

1) 现有的评价方法

（1）现场调查与理论分析相结合的方法

该法属半概率范畴，其中以鉴定系统数法应用最多。它是通过有经验的隧道技术人员对隧道的全面检测，根据用文字描述的定性和定量检测结果对隧道质量进行分类、评分，目前在评分的标准、方法上已有大量的研究，此类评定技术已逐渐成熟。

（2）专家系统法

所谓专家系统是以专家的知识为依据，模拟专家的推理来解决具体问题的一种计算机软件。在隧道工程领域，无论是在设计、施工还是管理方面，均存在一些不确定性的因素或理论研究还没有涉及的因素，这些因素大多难以用数值计算加以解决。使用专家系统，便能以接近专家的水平来解决问题。但是该法需要对大量同领域的专家进行知识采集，而属于专家个人经验的知识采集是较困难的。

（3）用可靠度理论评估

随着结构可靠度概念在隧道工程中的应用，人们逐渐把可靠度理论引入隧道评价中。在隧道的养护维修工作中，需要对有限的资金进行合理的分配，如何用最少的资金使隧道达到容许的安全等级，对于这个问题，可以采用可靠度理论探求合理的方法。但对于既有隧道结构，其荷载和抗力都是不确定的、随时间而变的。随着荷载的增加、结构的破损，隧道系统的可靠度随时间逐渐减小，同时由于钢筋锈蚀等因素影响，结构抗力呈退化趋势。通常，采用时变的可靠性计算方法，并考虑结构抗力退化的影响，对隧道结构在剩余使用期内承载能力失效概率进行分析计算。

（4）模糊综合评判法

该方法是模糊数学与多因素评价相结合的一种常用于解决复杂多因素决策与评判问题的综合评价方法。该方法能把带有模糊性质的定性描述转化为定量描述，可以有效地处理种种非确定性问题。该方法综合性与层次化较强，能够对受多因素影响的客观事物作出一个更为全面与客观的评价。

隧道状态是一个外延不太明确而内涵很丰富的概念，状态的好坏是模糊的，因此，采用模糊数学的方法对隧道状态进行综合评估比管理部门常采用的人工经验的定性方法更为科学。对隧道状态进行综合评判，必须确定影响状态的各种因素，对各种因素进行检测，分析它们对状态的影响程度，同时考虑它们彼此的重要性，然后用模糊综合评判的方法进行评判。

2) 现有的评价体系

根据《公路隧道养护技术规范》（JTG H12—2015）中对在役隧道病害检查方面的规定，其在结构检查上，根据结构检查的目的、内容、方法等因素，分为四类检查：日常检查、定期检查、特别检查和专项检查，它是一种预先设定的对策，以便发现结构异常情况时能迅速作出反应，其工作流程如图 7-2 所示。

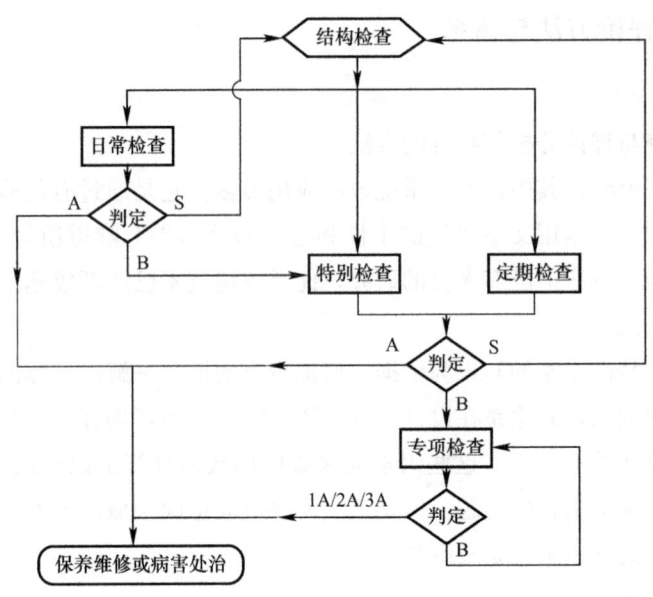

注：S——Safe，安全/正常；

B——Back，返回、需进一步检查或观测/异常情况不明；

A——Alert，警报/异常情况；

根据异常情况的严重程度，专项检查进一步区分为：

1A——破损；

2A——较严重破损；

3A——严重破损。

图 7-2　隧道土建结构检查工作流程图

而专项检查主要是根据结构的破损程度、发展变化趋势和对交通安全、结构设施安全的影响等因素进行判定，如表 7-1 所示。

专项检查结果的判定因素

表 7-1

判定分类	判定因素				对策
	破损程度	破损发展趋势	对行人、行车安全的影响	对结构、设施安全的影响	
B	轻微	无或趋于稳定	无或轻微	无或轻微	监视、观测
1A	一般	较慢	暂无，将来可能构成危险	暂无，将来可能构成危险	准备采取对策措施
2A	较重	较快	已有一定的威胁，比较危险	已有一定的威胁，比较危险	尽快采取对策措施
3A	严重	迅速	危险	危险	立即采取紧急对策措施

在役隧道结构方面，专项检查的项目通常由定期检查或特别检查报告提出，并由此确定专项检查的内容和要求等，一般可按表 7-2 的内容选择实施。

专项检查项目表　　　　　　　　　　　　　　　　　表 7-2

检查项目		检查内容
结构变形检查	道路线性、高程检查	道路中线位置、路面高度、缘石高度以及纵横坡度等测量
	隧道横断面检查	隧道横断面测量，周壁位移测量（与相邻或完好断面比较）
	净空变化检查	隧道内壁间距测量（自身变化比较）
裂缝检查	裂缝简易检查	裂缝的位置、宽度、长度、开展范围或程度等
	裂缝变形检查	裂缝的发展变化趋势及其速度；裂缝的方向及深度等
漏水检查	漏水简易调查	漏水的位置、水量、浑浊、冻结及原有防排水系统的状态
	漏水检测	水温、pH 值检查、电导度检测、水质化学分析
材质检查	衬砌强度检查	强度简易测定，钻孔取芯，各种强度试验等
衬砌及围岩状况检查	无损检查	无损检测衬砌厚度、空洞、裂缝和渗漏水，以及围岩状况
	钻孔检查	钻孔测定衬砌厚度等，内窥镜观测衬砌及围岩内部状况
荷载状况检查	衬砌应力及拱背压力检查	衬砌不同部位的应力及其变化，拱背压力的分布及其变化

　　由于隧道是地下工程结构物，异常情况比较复杂，其判定分类需要较丰富的知识和经验。判断时，应根据结构类型与破损或病害的形式、部位、状态以及发展趋势等因素进行综合分析，对比判断。针对隧道的衬砌变异，规范主要从三个方面分类并制定判定标准。

　　（1）主要是针对衬砌裂缝、剥落及突发性坍塌。规范从裂缝是否存在发展，裂缝发展的方向及裂缝的宽度和长度作出判定；对衬砌起层、剥落方面分为拱部和侧墙两方面提出判定标准。

　　（2）对衬砌材质裂化等破损的检查，主要从结构物的功能和行车安全性的角度进行基本判定。以衬砌混凝土的强度要求和混凝土剥落的有无作为判定因素。对于钢筋混凝土结构物等，还应从钢材腐蚀的角度进行附加判定。衬砌断面强度的变化以有效衬砌厚度和设计衬砌厚度之比来表示。

　　（3）主要从裂缝或施工缝漏水方面进行分类并判定。当漏水与冻害或盐害以及其他结合，可能会促使衬砌材质裂化、混凝土腐蚀等情况。

7.2　模糊综合评判法

　　模糊综合评判法（Fuzzy Comprehensive Assessment）就是应用模糊变换原理和最大隶属度原则，综合考虑被评事物或其属性的相关因素，进而对某事物进行等级或类别评价。模糊综合评判法是模糊数学中最基本的数学方法之一，该方法是以隶属度来描述模糊界限的。由于评价因素的复杂性、评价对象的层次性、评价标准中存在的模糊性以及评价影响因素的模糊性或不确定性、定性指标难以定量化等一系列的问题，使得人们难以用绝对的"非此即彼"来准确地描述客观现实，经常存在着"亦此亦彼"的模糊现象，其刻划与描述也多用自然语言来表达，而自然语言最大的特点是它的模糊性。从逻辑上讲，模糊现象不能用 1 真（是）或 0 假（否）二值逻辑来刻划，而是需要一种区间 [0，1] 的多值（或连续值）逻辑描述，很难用经典数学模型加以统一量度。因此，建立在模糊集合基础上的模糊综合评判方法，从多个指标对被评价事物隶属等级状况进行综合性评判，它把被评价事物的变化区间作出划分，一方面可以顾及评判对象的层次性，使得评价标准、影响因素的模糊性得以体现；另一方面，在评价中又可以充分发挥人的经验，使评价结果更客观，符合实际情况。模糊综合评判可以做到定性和定量因素相结合，扩大信息量，使评价精度得以提高，评价结论可信。

模糊综合评判方法是在模糊环境下，将受多种复杂因素影响的事物按照评判目的与一定的评判准则进行综合评判，进而确定事物最终决策结果的一种评判方法。其主要思想是运用精准的数学来反映模糊现象，对带有模糊性质的被评价对象作出比较合理和科学的量化评价。此方法原理简单，层次分明，实际操作性较强，信息利用率高。其主要步骤如下：

（1）因素集以及评语集确定；

（2）指标权重计算；

（3）隶属函数的确定与模糊关系矩阵的建立；

（4）多级模糊运算；

（5）评判结果处理。

7.2.1 模糊集合相关概念

通常，元素与集合的关系不是两个独立的点，而是从"属于"到"不属于"这样一个连续的区间，而这种模糊性概念往往很难用经典集合加以概述。在数学上用模糊集合来表现这种模糊性概念。

关于模糊集合的几个概念：

（1）因素集

按照评判目的，确定并建立被评判事物的因素集：$V = \{v_1, v_2, \cdots, v_n\}$。

（2）评语集

对各因素进行评价时，人们按各评价因素满足标准的程度给出各因素所对应的不同等级评价结果，构成评语集，记为 $U = \{u_1, u_2, \cdots, u_n\}$。但主观认识往往存在一定的模糊性，一般难以给出明确的评价等级，一般使用隶属函数来反映因素的模糊性。

（3）隶属函数

在论域 U 中，存在模糊集合 A，赋予 A 左右两个极点数值 0 与 1。对于 $\forall \mu \in U$，在 [0，1] 的数的连续统中都存在着一个数 $\lambda_A(\mu)$ 与之对应，$\lambda_A(\mu)$ 用来描述 μ 对 A 的隶属关系，称 μ 对 A 的隶属度。映射 $\lambda_A: U \rightarrow [0，1]$ $\mu | \rightarrow \lambda_A(\mu) \in [0，1]$ 称为模糊集合 A 的隶属函数，反映评语集与隶属度的映射关系。

隶属函数能够将模糊信息定量描述。由于概念并非主观臆构，是人的主观意识对客观事物认识过程的产物，受客观事物所制约，所以在构造隶属函数时，应当注重主客观的协调性和统一性，进而保证所构造出来的隶属函数能够更准确、更全面地反映复杂事物的根本性质。

（4）模糊关系矩阵

对集合 U 中各因素 U_i 作对评语集 V 中各评语的单因素评判，进而可得到一个表示 U 和 V 之间模糊关系的模糊矩阵 R：

$$R = \begin{bmatrix} r_{11} & r_{12} & \cdots & r_{1n} \\ r_{21} & r_{22} & \cdots & r_{2n} \\ \cdots & \cdots & \cdots & \cdots \\ r_{m1} & r_{m2} & \cdots & r_{mn} \end{bmatrix} \tag{7-1}$$

并记为 $R = (r_{ij})_{m \times n}$。

式中　r_{ij}——U_i 隶属于评语集 V 中等级 V_j 的程度，其值可由实测数据代入隶属函数或定性评价求得。矩阵每行称为各因素的评价模糊集。

$[r_{i1}, r_{i2}, \cdots, r_{in}]$——$U_i$ 因素的评价模糊集即 U_i 因素对评语集 V 的评判结果。

模糊综合评判方法的步骤如图 7-3 所示。

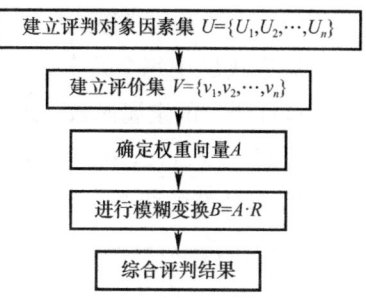

图 7-3　模糊综合评判方法的步骤

7.2.2　隶属函数的确定

隶属度是根据各因素的隶属函数计算得到的。隶属函数的确定虽然带有主观色彩，但还是具有一定的客观规律性与科学性。隶属函数的确定应注意以下几点：

（1）从实际问题的具体特征出发，总结和吸取人们长期积累的实践经验，特别要重视专家们的经验。虽然隶属函数的确定容许有一定的人为技巧，但最终还是要以符合客观实际为标准。

（2）在某些情况下，隶属函数可以通过模糊统计试验来确定，一般说来，这种方法是比较有效的。

（3）隶属函数还可以用概率统计的处理结果来确定。

（4）在一定条件下，隶属函数也可以作为推理的产物，只要实验符合实际即可。

（5）有些隶属函数可以通过模糊运算"并、交、余"求得。

（6）在许多应用中，由于人们认识事物的局限性，开始只能建立一个近似的隶属函数，然后通过学习逐步修改使之完善。

（7）判断模糊函数是否符合实际，主要看它是否正确地反映了元素从隶属集合到不属于集合这一变化过程的整体特性，而不在于单个元素的隶属数值如何。

对于应用问题，首先需要建立模糊集的隶属函数，确定隶属函数的一般方法有模糊统计法、三分法、模糊分布法等。在客观事物中，最常见的是以实数作为论域的情形，并把以实数为模糊集而建立的隶属函数称为模糊分布。根据不同情况，选择符合实际情况的分布，则隶属函数的确定显得十分简便。常见的模糊分布有矩形分布或半矩形分布、半梯形分布与梯形分布、三角形分布、抛物线分布、正态分布、哥西分布、岭形分布等。

1）常见的隶属函数确定方法

（1）模糊统计法

将由多次试验得到的大量重复的且来源于不同个体意识的数据进行统计运算，进而得出隶属函数。此方法常用于处理随机性问题，并能较好地反映社会的一般意识。

（2）专家经验法

根据诸多权威专家凭借自身经验和理解，对模糊信息进行数学处理，以此得出隶属函数；并且专家会根据事物的性质与实践经验不断地调整与完善隶属函数，使其逐渐靠近实际目标。

（3）二元对比排序法

对论域 U 中每个元素 u 对应于评语集的隶属度进行两两比较并排序，由此确定出各元素对该评语集的隶属函数与隶属度。

设 $U = \{x, y, z, \cdots\}$ 为给定的论域，A 为某一模糊概念。实施步骤大致如下：

① 对任意的两个元素 x，$y \in U$ 进行对比，求出 $f_y(x)$ 和 $f_x(y)$。

其中：$f_y(x)$——以 y 为标准 x 隶属于 A 的程度值；

$f_x(y)$——以 x 为标准 y 隶属于 A 的程度值。

② 计算相对优先值函数：

$$f(x, y) = \frac{f_y(x)}{\max\{f_x(y), f_y(x)\}}, \forall x, y \in U$$

或者
$$f(x, y) = \frac{f_y(x)}{f_x(y) + f_y(x)}, \forall x, y \in U \tag{7-2}$$

显然，
$$0 \leqslant f(x/y) \leqslant 1, \forall x, y \in U$$

③ 构造相对优先矩阵 G：

$$G = \begin{bmatrix} f(x/x) & f(x/y) & f(x/z) & \cdots \\ f(y/x) & f(y/y) & f(y/z) & \cdots \\ f(z/x) & f(z/y) & f(z/z) & \cdots \\ \cdots & \cdots & \cdots & \cdots \end{bmatrix} \tag{7-3}$$

④ 对 G 的每一行取最小值或平均值，得出 A 的隶属函数：

$$A(x) = \min_{y \in U}\{f(x/y)\}, \forall x \in U$$

或者
$$A(x) = \frac{1}{|U|} \sum_{y \in U} f_y(x), \forall x \in U \tag{7-4}$$

（4）指派方法

依据实际问题的性质和特点，选择现成的隶属函数来直接描述客观事物，并依据实际情况得到函数中的参数值。后期需通过不断的实践来检验与调整函数，使之完善。

2）几种常见的隶属函数

常见的隶属函数见表 7-3。

常见隶属函数

表 7-3

类型 / 模糊分布	偏小型	中间型	偏大型
矩形分布或半矩形分布	$A(u)=\begin{cases}1, & u\leqslant a\\ 0, & u>a\end{cases}$	$A(u)=\begin{cases}0, & u<a\\ 1, & a\leqslant u\leqslant b\\ 0, & b<u\end{cases}$	$A(u)=\begin{cases}0, & u<a\\ 1, & u\geqslant a\end{cases}$
梯形分布或半梯形分布	$A(u)=\begin{cases}1, & u<a\\ \dfrac{b-u}{b-a}, & a\leqslant u\leqslant b\\ 0, & b<u\end{cases}$	$A(u)=\begin{cases}\dfrac{u-a}{b-a}, & a\leqslant u\leqslant b\\ 1, & b\leqslant u<c\\ \dfrac{d-u}{d-c}, & c\leqslant u\leqslant d\\ 0, & u<a\text{ 或 }u>d\end{cases}$	$A(u)=\begin{cases}0, & u<a\\ \dfrac{u-a}{b-a}, & a\leqslant u\leqslant b\\ 1, & b<u\end{cases}$
高斯分布或半高斯分布	$A(u)=\begin{cases}1, & u\leqslant a\\ e^{-\left(\frac{u-a}{\sigma}\right)^2}, & a<u\end{cases}$	$A(u)=e^{-\left(\frac{u-a}{\sigma}\right)^2},$ $-\infty<u<+\infty$	$A(u)=\begin{cases}1-e^{-\left(\frac{u-a}{\sigma}\right)^2}, & u\leqslant a\\ 1, & a<u\end{cases}$
柯西分布或半柯西分布	$A(u)=\begin{cases}1, & u\leqslant a\\ \dfrac{1}{1+a(u-a)^\beta}, \\ a<u,\ a>0,\ \beta>0\end{cases}$	$A(u)=\dfrac{1}{1+a(u-a)^\beta},$ $a>0,\ \beta>0$	$A(u)=\begin{cases}\dfrac{1}{1+a(u-a)^\beta}, \\ u\leqslant a,\ a>0,\ \beta>0\\ 1,\ a<u\end{cases}$

模糊分布 ＼ 类型	偏小型	中间型	偏大型
K 次抛物线或半抛物形分布	$A(u)=\begin{cases}1, & u<a\\ \left(\dfrac{b-u}{b-a}\right)^k, & a\leqslant u\leqslant b\\ 0, & b<u\end{cases}$	$A(u)=\begin{cases}\left(\dfrac{u-a}{b-a}\right)^k, & a\leqslant u<b\\ 1, & b\leqslant u<c\\ \left(\dfrac{d-u}{d-c}\right)^k, & c\leqslant u\leqslant d\\ 0, & u<a \text{ 或 } d<u\end{cases}$	$A(u)=\begin{cases}0, & u<a\\ \left(\dfrac{u-a}{b-a}\right)^k, & a\leqslant u<b\\ 1, & b<u\end{cases}$
岭形分布或半岭形分布	$\begin{cases}A(u)=1, & u\leqslant a\\ \dfrac{1}{2}-\dfrac{1}{2}\sin\dfrac{\pi}{b-a}\left(u-\dfrac{a+b}{2}\right), & a<u\leqslant b\\ 0, & b<u\end{cases}$	$\begin{cases}A(u)=0, & u\leqslant -b\\ \dfrac{1}{2}+\dfrac{1}{2}\sin\dfrac{\pi}{b-a}\left(u+\dfrac{a+b}{2}\right), & -b<u<-a\\ 1, & -a<u<a\\ \dfrac{1}{2}-\dfrac{1}{2}\sin\dfrac{\pi}{b-a}\left(u-\dfrac{a+b}{a}\right), & a<u\leqslant b\\ 0, & b<u\end{cases}$	$\begin{cases}A(u)=0, & u\leqslant a\\ \dfrac{1}{2}+\dfrac{1}{2}\sin\dfrac{\pi}{b-a}\left(u-\dfrac{a+b}{2}\right), & a<u\leqslant b\\ 1, & b<u\end{cases}$

7.2.3 层次分析法（AHP）

客观赋权法与主观赋权法是确定指标权重的两大方法。客观赋权法对数据的依赖性高，不适用于缺乏数据的指标权重的求解，且很难体现各项指标真正的价值。运用主观赋权法确定指标权重，结果存在着较大的主观随意性。确定指标权重时，只有综合考量其主客观信息，得到的指标权重值才会更接近实际。

1）层次分析法理论

层次分析法是一种定量与定性相结合的多准则决策方法。此方法能把多目标复杂问题中的各种因素，按照隶属关系将其结构化、条理化、逻辑化和系统化，形成一个多层级的且相互联系的递阶梯级结构。其次，专家凭借自身专业知识及经验，并根据层次结构，比较各层次每两个因素的相对重要性，进而确定各因素的权重。层次分析法能够将各种因素、决策者主观评价与专家意见较好地结合起来，并将问题的决策思维过程数学化，进行主观向客观转化的科学处理，从而确保了结果具有一定的客观性，大大降低了主观成分的作用，能较准确地反映实际情况。

2）层次分析法的基本步骤

（1）建立递阶层次结构

根据决策问题要实现的目标，明确并深入分析系统中各评价因素及因素的彼此联系，确定出一个由系统中各因素组成的逐层支配的、系统的、条理化的递阶层次结构。

（2）构造判断矩阵

根据所建立的递阶层次结构，分别进行同一层次评判因素的两两比较，得出同层次指标彼此的相对重要性，由此构成判断矩阵：$\{A\}_{n \times n} = (a_{ij})_{n \times n}$。其中，$a_{ij}$ 表示为两个因素的相对重要程度，以 $1 \sim 9$ 的标度对其进行赋值，表 7-4 给出了 $1 \sim 9$ 标度的含义。

1～9 标度含义表　　　　表 7-4

标度	因素 i 与 j 的相对重要程度（i 比 j）
1	同等重要
3	稍微重要
5	明显重要
7	强烈重要
9	极端重要
2、4、6、8	上述相邻判断间的中值
倒数	因素 j 与 i 的相对重要程度为 $a_{ji} = 1/a_{ij}$

（3）求解权重向量

确定每个评价因素在评价体系中所起作用的大小或重要程度的权重有多种方法，如专家直接经验法、调查统计法、因素敏感度法、数理统计法、层次分析法等。由于评价因素的复杂性、不可逆性、模糊性，用精确的数学模型来求取评价因素的权重难度很大，有时对评价因素系统分析不够，过分地相信定权的数学模型，反而使得权重不尽合理，而根据专家的经验判断有时其结果还较为合理。目前，模糊综合评判中应用最多的是层次分析法确定权重，它是多位专家的经验判断结合适当的数学模型再进一步运算确定权重，是一种较为合理可行的系统分析方法。

求解公式：
$$A \cdot \omega = \lambda_{max} \omega \tag{7-5}$$

式中　λ_{max}——判断矩阵 A 的最大特征值；

　　　ω——判断矩阵 A 的最大特征值 λ_{max} 对应的特征向量，进行归一化处理后的各分量即为所求的权重分配。

常用的求解权重向量的方法有最小二乘法、方根法、和积法、几何平均法等，这里列出了方根法与和积法的基本公式。

方根法：

$$\omega_i = \frac{\sqrt[n]{\left(\prod_{j=1}^{n} a_{ij}\right)}}{\sum_{i=1}^{n} \sqrt[n]{\left(\prod_{j=1}^{n} a_{ij}\right)}} \qquad i,j = 1,2,\cdots,n \tag{7-6}$$

和积法：

$$\omega_i = \frac{1}{n} \sum_{j-1}^{n} \frac{a_{ij}}{\sum\limits_{k=1}^{n} a_{kj}} \qquad i,j,k = 1,2,\cdots,n \tag{7-7}$$

按行求和归一化为：

$$\omega_i = \frac{\sum\limits_{i=1}^{n} a_{ij}}{\sum\limits_{i=1}^{n} \sum\limits_{j=1}^{n} a_{ij}} \qquad i,j,k = 1,2,\cdots,n \tag{7-8}$$

（4）进行一致性检验

为了防止出现例如"A 比 B 重要，B 比 C 重要，C 比 A 重要"等一系列重要性前后矛盾的现象，需对判断矩阵进行一致性检验。一致性检验过程如下：

① 计算一致性指标 CI：

$$CI = \frac{\lambda_{\max} - n}{n - 1} \tag{7-9}$$

指标 CI 体现的是评判专家在进行因素的两两比较时保持思维逻辑上的一致性程度。

② 计算一致性比率 CR：

$$CR = \frac{CI}{RI} \tag{7-10}$$

式中 RI——平均随机一致性指标，其数值见表 7-5。

平均随机一致性指标 RI

表 7-5

矩阵阶数	1	2	3	4	5	6	7	8	9	10
RI	0.00	0.00	0.58	0.90	1.12	1.24	1.32	1.41	1.45	1.49

若 $CR<1.0$ 时，则判断矩阵符合一致性要求，其一致程度可以被接受。反之应调整修改判断矩阵中各元素的取值，直至达到一致性要求。

7.2.4 多级模糊综合评判

1）单级模糊综合评判数学模型

将权重向量 A 与模糊关系矩阵 R 运算合成，得到由各个单因素评判结果组成的被评价对象的模糊综合评判结果 B。

模糊综合评判计算模式可表示为：

$$B = A \cdot R \tag{7-11}$$

即单级模糊综合评判数学模型：

$$B = [b_1, b_2, \cdots, b_n] = [a_1, a_2, \cdots, a_m] \cdot \begin{bmatrix} r_{11} & r_{12} & \cdots & r_{1n} \\ r_{21} & r_{22} & \cdots & r_{2n} \\ \cdots & \cdots & \cdots & \cdots \\ r_{m1} & r_{m2} & \cdots & r_{mn} \end{bmatrix}$$

式中　"·"——模糊合成算子，即 $M(\wedge^*, \vee^*)$，其中"$\vee$"表示"或"，"$\wedge$"表示"并"；

　　　　b_j——因素从总体上对评语集 V_j 的隶属程度；

　　　　a_i——同层次各指标对应的权重；

　　　　r_{ij}——因素集 U 中因素 U_i 对应于评语集 V 中等级 V_j 的隶属度。

现常采用的四种模糊运算模型及特点分别见表 7-6 和表 7-7。

模糊算子模型　　　　　　　表 7-6

模糊算子模型	运算公式
$M(\wedge, \vee)$	$b_j = \bigvee\limits_{i=1}^{m}(a_i \wedge r_{ij}) \quad j=(1,2,\cdots,n)$
$M(\cdot, \vee)$	$b_j = \bigvee\limits_{i=1}^{m}(a_i \cdot r_{ij}) \quad j=(1,2,\cdots,n)$
$M(\cdot, \oplus)$	$b_j = \bigoplus\limits_{i=1}^{m}(a_i \cdot r_{ij}) = \min\{1, \sum\limits_{i=1}^{m} a_i \cdot r_{ij}\} \quad j=(1,2,\cdots,n)$
$M(\wedge, \oplus)$	$b_j = \bigoplus\limits_{i=1}^{m}(a_i \wedge r_{ij}) = \min\{1, \sum\limits_{i=1}^{m}(a_i \wedge r_{ij})\} \quad j=(1,2,\cdots,n)$

模糊算子模型特点　　　　　　　表 7-7

特点	算子			
	$M(\wedge, \vee)$	$M(\cdot, \vee)$	$M(\cdot, \oplus)$	$M(\wedge, \oplus)$
体现权数作用	不明显	明显	不明显	明显
综合程度	弱	弱	强	强
利用 R 的信息	不充分	不充分	比较充分	充分
类型	主因素突出型	主因素突出型	加权平均型	加权平均型

通常选择"$M(\cdot, \oplus)$"模型来解决工程的综合评估问题。该模型能够考虑所有评价因素对评价结果的贡献，即综合考虑各因素对被评判事物的影响，更加符合实际。

2）多级模糊综合评判数学模型

在对复杂问题进行综合分析与决策时，仅进行单级模糊综合评判，难以体现问题中的各因素的层次隶属关系、各因素模糊性与相对重要程度，进而很难得到与实际相符的评判结果。而多级模糊综合评判能够全面地考虑各个因素的重要性与模糊性，以及多种因素不同层次间的隶属关系，可以解决由于因素复杂难以分配权重的问题，能对一个复杂系统进行更为综合、合理的分析与评判，这与层次分析法的思路基本相吻合。

二级综合评判数学模型：

$$B' = A' \cdot R' = A' \cdot \begin{bmatrix} B_1 \\ B_2 \\ \cdots \\ B_s \end{bmatrix} = A' \cdot \begin{bmatrix} A_1 \cdot R_1 \\ A_2 \cdot R_2 \\ \cdots \\ A_S \cdot R_s \end{bmatrix} \tag{7-12}$$

式中，$B' = (b_1, b_2, \cdots, b_n)$ 为最终的二级模糊综合评判结果。

其评判的基本思想：首先依照评判模型，对最底层的各因素进行评判，分别构成模糊关系矩阵 $R_1 \sim R_s$，将 $R_1 \sim R_s$ 分别与对应的因素权重向量 A 结合运算，得到各自的评判结果 $B_1 \sim B_s$，此评判过程为一级模糊综合评判。将由此得到的 S 个评判结果重新组合，作为二级模糊评判中的模糊关系矩阵 R'，其中 R' 包含了一级模糊评判中的各因素重要程度与模糊性，即各因素权重与隶属度信息，将 R' 与相对应的因素权重向量结合运算，得到最终的二级模糊综合评判结果。

如果 U 被划分为更多的层次，可得到三级以至多级的综合评判模型。从最底层（第 k 层）开始，向上逐层运算，直到得到最终的综合评判结果。第 k 层的评判结果就是第 k-1 层因素的评价模糊集。多级模糊综合评判模型见图 7-4。此类模型对于处理较复杂的工程问题和大系统问题具有良好的适用性。

3) 评判结果的处理

最大隶属度原则是针对某一单个论域，根据数据所属某一最大值区域来划分等级，这样会导致部分数据的等级不能对应到本来所属的区域，从而造成各个等级区域的数据均有不同程度的丢失，或导致一些评判结果失效，不能准确地反映实际情况。

这里按照非对称贴近度原则对最终的模糊综合评判结果进行分析，进而得出被评价对象的具体决策结果。该方法运用非对称贴近度来描述事物与等级标准之间的贴近程度，并根据贴近程度将所计算的数据精确地划分到不同的等级区域。

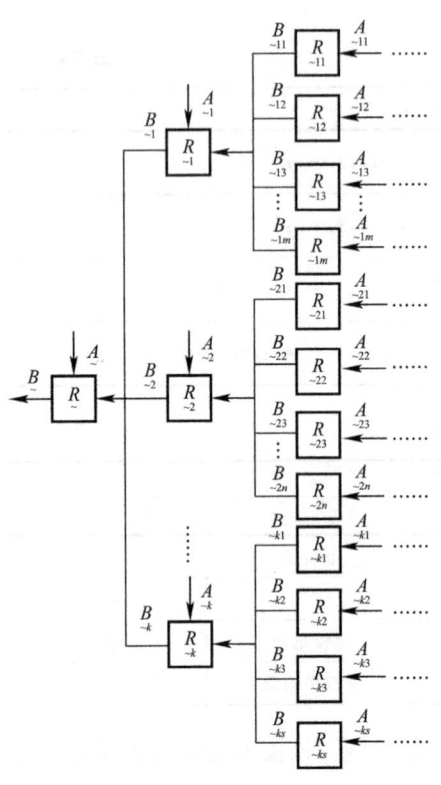

图 7-4　多级模糊综合评判模型

非对称贴近度的定义：

$$N(A,B) = 1 - \frac{1}{n}\sum_{k=1}^{n} |\mu_A^p(V_k) - \mu_B^p(V_k)|^{\frac{1}{k}} \qquad (7\text{-}13)$$

式中　$\mu_A^p(V_k)$——各因素隶属于 v_k 的隶属度；

p——适当正实数，当用于等级评估时，取 $p=1$ 即可；

A、B——模糊向量。

在评估等级 $V = \{v_1, v_2, v_3, \cdots, v_m\}$ 中，等级 $v_j (j \in J_m)$ 中含理想子集 $(0, \cdots, 1, \cdots, 0)$，其中 1 是第 j 个分量，此向量为 v_j 的理想目标，记为 B_j。

在计算 $N(A, B_j)(2 \leqslant j \leqslant n)$ 时，应将 A 标准化：

$$A^{(j)} = \{a_j, a_{j-1}, a_{j+1}, a_{j-2}, a_{j+2}, \cdots\}$$

则 $N(A, B_j) = N(A^{(j)}, B_1)$，$B_1 = \{1, 0, 0, \cdots, 0\}$。

7.3　衬砌背后接触类病害安全性模糊评判

由于影响接触类病害安全性的重要因素和模糊信息众多，且因素与因素之间相互影响，所以对其安全性的鉴定是一个复杂的过程。利用模糊数学中的隶属函数与层次分析法相结合的模糊综合评判方法对接触类病害安全性进行鉴定与评估是一种合理可行的手段。

在1997年颁布的我国铁路行业标准《铁路桥隧建筑物劣化评定标准-隧道》中，规定采用劣化度的方法判定铁路隧道结构物的功能状态，并将铁路隧道劣化等级分为五级，如表7-8所示。

我国铁路隧道劣化等级划分　　　　　　　　　　　　　表7-8

劣化等级		对结构功能及行车安全的影响	措施
A	AA（极严重）	结构功能严重劣化，危及行车安全	立即采取措施
	Al（严重）	结构功能严重劣化，进一步发展危及行车安全	尽快采取措施
B（较重）		劣化继续发展会升至A级	加强监视，必要时采取措施
C（中等）		影响较少	加强检查，正常维修
D（轻微）		无影响	正常保养及巡检

7.3.1　评判模型的建立

建立衬砌背后接触类病害安全评价体系的目的是能够了解隧道接触类病害在运营一段时间后的状态，分析隧道接触类病害中存在的安全问题和隐患，并为提出相应的解决方案提供可靠的科学依据，隧道接触类病害安全评价体系的建立，应当遵循以下原则。

（1）系统性原则

隧道接触类病害安全系统是一个复杂的与围岩环境有关的大系统，在分析解决隧道接触类病害的安全问题时需要以系统工程的思想进行思考。

（2）定量为主、定性为辅的原则

指标体系的选取应当满足定性与定量相结合的原则，在定性分析的基础上，进一步对指标进行量化处理，使指标能够更为客观地反映评价对象某方面的特征，具有较好的可量度性，有利于进行准确、科学、合理的评价。对于难以获取数据或者缺少数据的指标，可依据专家打分的方法实现指标值的量化。

（3）指标之间的独立性原则

所选择评价指标的含义应当明确，不能用多个指标来表达相同或相似的内容，即要保证同一层次评价指标之间具有相互独立性，如此才能够保证安全评价结果尽可能地真实。

（4）实用性原则

评价指标的测定应该简便易行，具有良好的可操作性，保证能够准确快速地获取指标值。

（5）科学性与可靠性原则

对隧道接触类病害进行安全评价的最终目的是提高隧道结构的安全管理水平，确保隧道运营的安全品质，因此，必须要保证评价指标的科学性与可靠性。

从内涵上讲，隧道接触类病害安全系统是一个由二衬、初支、接触带以及围岩环境等构成的复杂大系统，具有整体性、相关性、层次性、目的性、环境适应性等一般系统的特性。按照隧道接触类病害安全的需要，隧道结构的接触类问题应包括衬砌自身、接触状态和围岩。

实际上对系统进行安全评价并非指标越多越好，关键在于评价指标在评价中所起到的作用，一般原则应当选取尽可能少的重要指标用于实际评价中。

在构建安全评价指标体系时，将单个隧道衬砌分成等长度的小段，对每一小段进行多因素评价，因此在获取体系中的指标值时，也是以小段为单位，通过定性与定量相结合的方式来获取。

根据接触类病害安全性评定体系内容，并结合层次分析法相关理论与隧道接触类病害结构特点，建立隧道接触类病害安全性评定的三级模糊综合评判模型。第一层次：评定结构构件的可靠性；第二层次：评定由各构件构成的系统的可靠性；第三层次：评定由系统组成的整个结构体系的可靠性。

基于隧道衬砌接触类病害机理特点及相关检测技术的研究，围绕衬砌接触类病害对衬砌结构稳定性的影响因素，选取评价指标体系，如图7-5所示。

这里从隧道衬砌结构安全的所有相关因素出发，对诸多影响因子进行定性和定量的

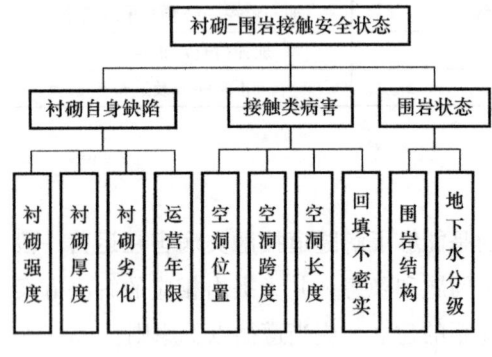

图7-5 评价指标体系

划分，提出针对既有隧道结构接触类病害安全性的模糊评估方程和方法。

7.3.2 建立因素集

因素集是以影响对象的各种因素为元素所组成的一个普通集合。在考虑衬砌自身缺陷、接触类病害和围岩状态的前提下，选取衬砌强度、衬砌厚度、衬砌劣化、运营年限、空洞位置、空洞大小、回填不密实、围岩结构、地下水等级等10个一级影响因素，根据其相互关系，建立相应的递阶状层次结构。根据所选取的影响因素建立因素集：

$$U = (U_1, U_2, U_3) \tag{7-14}$$

式中：U_1代表衬砌自身缺陷，U_2代表接触类病害，U_3代表围岩状态。

根据其层次关系，建立相应的因素等级集：

$$U_1 = \{U_{11}, U_{12}, U_{13}, U_{14}\} \tag{7-15}$$

其中U_{11}代表衬砌强度；U_{12}代表衬砌厚度；U_{13}代表衬砌劣化；U_{14}代表运营年限。

$$U_2 = \{U_{21}, U_{22}, U_{23}, U_{24}\} \tag{7-16}$$

其中 U_{21} 代表空洞位置；U_{22} 代表空洞跨度；U_{23} 代表空洞长度；U_{24} 代表回填不密实。

$$U_3 = \{U_{31}, U_{32}\} \tag{7-17}$$

其中 U_{31} 代表围岩结构；U_{32} 代表地下水等级。

式中，u_{ij} 分别代表 10 个一级影响因素。

7.3.3 建立评判集

将隧道结构安全等级分为轻微、中等、较严重、严重、极严重五个等级，建立其评判集：

$$V = \{v_1, v_2, v_3, v_4, v_5\} \tag{7-18}$$

式中，v_1，v_2，v_3，v_4，v_5 分别代表结构安全等级轻微、中等、较严重、严重、极严重。

7.3.4 建立权重集

隧道接触类病害安全分级的评价指标包括 3 个方面 10 个指标，各评价指标对于隧道结构等级的影响程度是各不相同的，即它们的权重是不一样的。如何确定各评价指标对隧道结构安全等级的影响程度大小有很多种方法，如经验法、调查统计法、数理统计法、层次分析法等。

（1）指标类权重集

设第 i 类指标 U_i 的权数为 $a_i (i = 1, 2, L, s)$，则指标类权重集为：

$$A = \{a_1, a_2, L, a_s\} \tag{7-19}$$

各因素的重要程度一般各不相同，即拥有不同的权重。权重集 $A\{A_1, A_2, A_3\}$ 即表示各风险因素 $\{U_1, U_2, U_3\}$ 对隧道结构安全性的影响程度。

（2）评价指标权重集

设第 i 类中的第 j 个指标 u_{ij} 的权数为 a_{ij}，则指标权重集为：

$$A_i = \{a_{i1}, a_{i2}, L, a_{is}\} \tag{7-20}$$

由于因素集 U 为两级，所以还应确定第二级权重集，即 $\{A_{11}, A_{12}\}$ 表示风险因素 $\{U_{11}, U_{12}\}$ 对 U_1 的相应权重，U_2、U_3 依此类推。

7.3.5 一级综合评判

对每一类的各个指标进行综合评判，设一级模糊综合评判的单因素评判矩阵为：

$$R_i = \begin{bmatrix} r_{11}^{(i)} & r_{12}^{(i)} & L & r_{12}^{(i)} \\ r_{21}^{(i)} & r_{22}^{(i)} & L & r_{2p}^{(i)} \\ M & & & M \\ r_{ni1}^{(i)} & r_{ni2}^{(i)} & L & r_{nip}^{(i)} \end{bmatrix} \tag{7-21}$$

第 i 类指标的模糊综合评判为：

$$B_i = A_i o T R_i$$

$$= (a_{i1}, a_{i2}, L, a_{iui}) o T \begin{bmatrix} r_{11}^{(i)} & r_{12}^{(i)} & L & r_{12}^{(i)} \\ r_{21}^{(i)} & r_{22}^{(i)} & L & r_{2p}^{(i)} \\ M & & & M \\ r_{ni1}^{(i)} & r_{ni2}^{(i)} & L & r_{nip}^{(i)} \end{bmatrix} \tag{7-22}$$

$$= (b_{i1}, b_{i2}, L, b_{ui})$$

任意指标层单因素的隶属向量 $r_i = (r_{i1}\ r_{i2}\ L\ r_{im})$，根据指标层单因素的隶属度向量，可以建立一级模糊综合评判的隶属度矩阵 R_i。由一级模糊综合评判的隶属度矩阵及其相应的指标权重，可得 U_i 的模糊综合评判集 $B_i = W_i \times R_i$，其中 B_i 为一级模糊综合评判结果向量，R_i 为准则层单因素隶属矩阵。

7.3.6 二级综合评判

二级模糊综合评判的单指标评判矩阵，即为一级模糊综合评判矩阵：

$$R = \begin{bmatrix} B_1 \\ B_2 \\ M \\ B_s \end{bmatrix} \tag{7-23}$$

于是二级模糊综合评判为：

$$B = A\ o T R = \begin{bmatrix} A_1\ o T R_1 \\ A_2\ o T R_2 \\ M \\ A_S\ o T R_S \end{bmatrix} = (b_1, b_2, L, b_p \cdots) \tag{7-24}$$

将一级模糊综合评判的结果作为准则层单因素的隶属向量，可组成二级模糊综合评判的隶属度矩阵 $R = (B_1^T\ B_2^T\ L\ B_7^T)^T$。由二级模糊综合评判的隶属度矩阵及其相应的指标权重，可得 U 的模糊综合评判集 $B = W \times R$，其中 B 为二级模糊综合评判结果向量，R 为准则层隶属矩阵。

7.4 评判指标标准

评定隧道接触类病害安全性（可靠性和使用性）的各项指标分级标准主要参照我国现行相关的规范和标准。

我国铁道部门对既有隧道先后制定了《铁路桥隧建筑物劣化评定标准-隧道》《铁路隧道衬砌质量无损检测规程》和《铁路运营隧道衬砌安全等级评定暂行规定》，将铁路隧道病害进行了分类与分级，给出了病害劣化标准、等级评定方法和判定标准。隧道结构安全等级评定标准见表7-9。

隧道结构安全等级评定标准   表 7-9

评定内容	评定标准										
	完好（D）	轻微（C）	较严重（B）			严重（A1）			极严重（AA）		
衬砌病害等级	无病害	1	2	2	2	3	3	3	4	4	4
衬砌缺陷等级	无缺陷	1	2	1	1* 3* 4*	3	2	1* 2* 4*	4	3	1* 2* 3*
围岩级别			Ⅳ～Ⅵ			Ⅳ～Ⅵ			Ⅳ～Ⅵ		
地下水状况			发育			发育			发育		
对行车安全影响		对行车安全无影响	病害有发展，对行车安全尚未产生影响			病害发展较快，存在危及行车安全可能			病害已危及行车安全		

注：表中当衬砌缺陷等级为注有"＊"者，该段衬砌安全等级应通过综合判释确定。

7.4.1 衬砌强度降低的判定标准

隧道在运营一段时间后，由于外界环境的作用，衬砌混凝土的强度会出现不同程度的降低，衬砌混凝土强度指标以实测强度与衬砌设计标准强度的比值表示。基于衬砌混凝土强度降低的隧道安全等级划分如表 7-10 所示。

衬砌混凝土强度水平分级表   表 7-10

水平分级	定义	严重程度取值区间
$0.85{\leqslant}Q_1/Q{<}1$	混凝土剩余强度足够，衬砌强度满足设计使用要求	$0\sim0.25$
$0.75{\leqslant}Q_1/Q{<}0.85$	混凝土剩余强度较大，一般能满足衬砌设计使用要求	$0.25\sim0.50$
$0.65{\leqslant}Q_1/Q{<}0.75$	混凝土剩余强度较不足，衬砌承载能力被削弱，存在安全隐患	$0.50\sim0.75$
$Q_1/Q{<}0.65$	混凝土强度不足，衬砌安全隐患大，易失效	$0.75\sim1.0$

注：（1）Q 表示设计衬砌混凝土强度；Q_1 指检测断面混凝土的强度；
（2）检测值处于水平分级中间时，严重程度值可线性差分取值。

7.4.2 衬砌厚度判定标准

铁道部发布的《铁路运营隧道衬砌安全等级评定暂行规定》（铁运函〔2004〕174 号）第十三条和第十四条中对隧道衬砌混凝土缺陷进行了量化分级，详见表 7-11。

衬砌厚度不足水平分级表   表 7-11

水平分级	定义	严重程度取值区间
$0.90{\leqslant}h_1/h_d{<}1$	衬砌厚度足够，衬砌承载能力好	$0\sim0.25$
$0.75{\leqslant}h_1/h_d{<}0.90$	衬砌厚度基本满足要求，衬砌承载能力较好	$0.25\sim0.50$
$0.50{\leqslant}h_1/h_d{<}0.75$	衬砌厚度较为不足，衬砌承载能力不足，存在安全隐患	$0.50\sim0.75$
$0{\leqslant}h_1/h_d{<}0.50$	衬砌厚度不足，承载能力，衬砌安全隐患大，易失效	$0.75\sim1.0$

注：（1）h_d 表示设计衬砌厚度；h_1 表示检测的实际厚度，若衬砌内部有缺陷，h_1 应计整体的有效衬砌厚度；
（2）检测值处于水平分级中间时，严重程度值可线性差分取值。

当衬砌混凝土存在内部缺陷时，检测衬砌厚度应换算为有效衬砌厚度，即将检测衬砌厚度减去内部缺陷削弱的部分厚度。

7.4.3 衬砌劣化判定标准

隧道衬砌裂损类型主要包括衬砌变形、衬砌移动和衬砌开裂三种。

（1）衬砌变形。衬砌变形有横向变形和纵向变形两种，而横向变形是主要变形。

（2）衬砌移动。是指衬砌的整体或其中一部分出现转动倾斜、平移和下沉或上抬等变化。衬砌移动也有纵向移动与横向移动之分，对于大多已经发生裂损的衬砌，往往是纵向与横向移动同时出现。

（3）衬砌开裂。是指衬砌表面出现裂缝，是衬砌变形的结果，它包括有张裂、压溃和错台三种状态。

衬砌裂损劣化的等级分为 A、D、C、D 四级，衬砌裂损的等级评定是分别进行的。衬砌变形或移动的等级评定方法是按衬砌变形、移动、下沉等的发展速度来划分的。衬砌开裂的等级评定，主要是根据裂缝的长度和宽度来酌定，当然还应考虑裂缝的发展速度加以判定。但目前发展速度限值未能确定，故只能作为参考值。对于压溃劣化等级划分是根据所在的部位（重点是拱部）、范围、深度的大小来确定。

1）衬砌结构变形程度评级基准

根据《铁路桥隧建筑物劣化评定标准-隧道》（TB/T 2820.2—1997）及国外相关文献的规定，针对衬砌结构变形可建立评判标准，如表 7-12 所示。

衬砌结构变形程度评级基准 表 7-12

劣化级别	结构拱、墙局部变形速度 V	严重程度取值区间
A 病害程度非常高	V 超过 12mm/year	0.75～1.0
B 病害程度较高	6mm/year$<V<$12mm/year	0.50～0.75
C 病害程度微小	3mm$\leqslant V<$6mm/year	0.25～0.50
D 大致无病害	V 小于 3mm/year	0～0.25

2）衬砌裂缝判定标准

隧道衬砌结构开裂的情况比较复杂，它涉及裂缝位置、方向、长度、宽度、深度、密度等诸多方面，参考《混凝土结构设计规范（2015 年版）》（GB 50010—2010）和《铁路隧道设计规范》（TB 10003—2016）及《民用建筑可靠性鉴定标准》（GB 50292—2015）规定，分级标准如表 7-13 所示。

衬砌存在裂缝判定标准 表 7-13

结构	裂缝宽度 b(mm)		裂缝长度 l(mm)		判定	严重程度取值区间
	$b>3$	$b\leqslant 3$	$l>5$	$l\leqslant 5$		
衬砌	√		√		2A/3A	0.75～1.0
	√			√	A/2A	0.50～0.75
		√	√		A	0.25～0.50
		√		√	A	0～0.25

3）衬砌剥落程度影响水平分级表

衬砌剥落是隧道衬砌结构劣损的一种常见形式，具体评价标准见表 7-14。

衬砌剥落程度影响水平分级表 表 7-14

水平分级	定义	严重程度取值区间
剥落程度小	衬砌有局部风化剥落，无钢筋漏出	$0 \sim 0.25$
剥落程度一般	拱部压溃范围小于 $1m^2$，剥落掉块厚度不到 30mm，钢筋有漏出，长度在 $5 \sim 10m$	$0.25 \sim 0.50$
剥落程度较大	拱部压溃范围大于 $1 \sim 3m^2$，剥落掉块厚度 $30 \sim 50mm$，钢筋有漏出、偏位，长度在 $10 \sim 15m$	$0.50 \sim 0.75$
剥落程度大	拱部压溃范围大于 $3m^2$，剥落掉块厚度大于衬砌设计厚度的 1/4，钢筋漏出、偏位，长度大于 15m	$0.75 \sim 1.0$

注：检测值处于水平分级中间时，严重程度值可线性差分取值。

4）衬砌材料劣化定级

衬砌材料劣化类型包括混凝土衬砌腐蚀和砌块衬砌腐蚀两大类。

（1）混凝土衬砌腐蚀。混凝土衬砌由于长时间使用，当受到侵蚀介质经常作用时，会出现混凝土强度降低、起毛、疏松、麻面蜂窝、起鼓剥落、孔洞露石、骨料分离等材质破坏现象。有的用手可捏成粉末，严重者呈豆腐渣状。

（2）砌块衬砌腐蚀。用片石、混凝土砌块等材料修成的隧道，可能会产生片石、混凝土砌块本身风化剥落的现象，也可能产生灰缝失去粘结力和抗压强度的现象，从而发生灰缝脱落、砌块松动、衬砌变形、沿灰缝开裂和掉块以及失去支护围岩的能力。

衬砌材料劣化等级。衬砌材料劣化等级可分为 A、B、C、D 四个等级。确定衬砌材料劣化的类型和等级，可以采用目视观察和仪器检测等方法进行。评定衬砌材料劣化等级，由于状况有多项，应按劣化最严重的一项进行评定。参考相关资料结合大量工程经验，建立定级标准，如表 7-15 所示。

材料劣化影响程度定级基准 表 7-15

劣化级别	衬砌厚度 h 和实际强度 f	严重程度取值区间
A 程度极高	$h \leqslant 0.5h_d$ 或 $f \leqslant 0.5f_d$	$0.75 \sim 1.0$
	$0.5h_d < h \leqslant 0.8h_d$ 且 $f < 0.8f_d$ 或 $0.5f_d < f \leqslant 0.8f_d$ 且 $h < 0.8h_d$	
B 程度高	$0.5h_d < h \leqslant 0.8h_d$ 且 $f \geqslant 0.8f_d$ 或 $0.5f_d < f \leqslant 0.8f_d$ 且 $h \geqslant 0.8h_d$	$0.50 \sim 0.75$
C 程度微小	$0.8h_d < h < h_d$ 且 $0.8f_d < f < f_d$	$0.25 \sim 0.50$
	$0.8h_d < h \leqslant h_d$ 且 $f = f_d$ 或 $0.8f_d < f < f_d$ 且 $h = h_d$	
D 无影响	$f = f_d$ 且 $h = h_d$	$0 \sim 0.25$

说明：表中 h_d 为衬砌设计厚度；f_d 为衬砌设计强度。

5）隧道冻害劣化评定

隧道冻害的类型。在严寒地区，地下水或地表水进入隧道后，冻结成冰，造成隧道功能受损害称为冻害。根据冻害的现象，冻害类型可分为挂冰、冰锥、冰塞、冰楔、围岩冻胀、衬砌材质冻融破坏和衬砌冷缩开裂。

(1) 挂冰。衬砌背后的地下水从衬砌漏出的过程中逐渐冻结，形成挂冰，悬挂的叫冰溜（多发生在拱顶范围）。如漏水沿衬砌表面漫流而下，在边墙上则形成冰柱或侧冰。

(2) 冰锥。衬砌漏水落在道床上，逐渐冻结，可生成丘状冰锥，如衬砌漏水和涌水沿隧道底流淌，逐渐冰结，就形成冰漫型冰锥。

(3) 冰塞。隧道内排水设备如果设有可靠的防冻措施，就可能在某一处先行结冰，逐渐造成堵塞，这种现象称冰塞。

(4) 冰楔。衬砌背后积水，冻结后体积膨胀，对衬砌产生冰劈作用或冰压力，使之变形破坏，称为冰楔。

(5) 围岩冻胀。隧道周围围岩具有冻胀性，受冻后自身体积膨胀，压挤衬砌，使衬砌变形开裂，使线路春融翻浆，洞门墙、翼墙前倾开裂，洞口边、仰坡冻融坍塌，这些病害称为围岩冻胀。

(6) 衬砌材质冻融破坏。衬砌的孔隙和裂隙被围岩地下水充满，经反复冻融，材质结构受破坏作用，变得酥松、酥碎、剥落而破坏。

(7) 衬砌冷缩开裂。隧道衬砌修筑和合拢时的气温一般在 0℃以上，修成后遇低温作用衬砌会产生明显的冷缩环向裂纹，产生在洞口的较多，这种病害称为衬砌冷缩开裂。冻害对隧道功能影响程度的等级评定：隧道结构冻害程度可根据不同情况，分为 A、B、C、D 四个级别，其中 A 级又分为 AA 和 1A 两个等级。

隧道结构冻害等级评定的方法：评定等级的基准中有多项，在评定时以最严重的一项作为基准。在评定冻害对隧道功能影响程度时，主要是用肉眼观察及量具测量。

6）渗漏水劣化评定

隧道渗漏水类型主要包括隧道漏水和涌水、隧道衬砌周围积水、潜流冲刷和侵蚀性水对衬砌的侵蚀等几种。

(1) 隧道漏水和涌水。隧道围岩的地下水，或洞顶地表水直接地（无衬砌）和间接地（通过衬砌的薄弱环节）以渗、滴、漏、淌、涌等形式进入隧道内所造成的危害，叫漏水或涌水。这是隧道中最常见的一种病害。

(2) 衬砌周围积水。隧道建成后，地表水或地下水向隧道周围渗流汇集，如不能及时排走将引起隧道出现病害称为积水。

(3) 潜流冲刷。由于地下水渗流和流动对隧道衬砌或围岩产生的冲刷和溶蚀作用而引起的隧道病害称为潜流冲刷。

(4) 侵蚀性水对衬砌的侵蚀（水蚀）。围岩中地下水因含有盐类、酸类和碱类等化学成分，对混凝土衬砌起腐蚀作用而形成的病害（水蚀病害）。渗漏水对隧道功能影响程度的等级评定，可分为 A、B、C、D 四个等级，A 级又可分为 AA 和 1A 两个等级。渗漏水对隧道功能影响程度等级评定时，按病害基准中最严重的一项评定。漏水、涌水的评定方法可用肉眼观察：

① 检查漏水的位置，该部位对列车运行、洞内设备功能的影响程度；

② 检查各漏水处的漏水状态，可分为渗水、滴水、淌水、涌水四种；

③ 线路上有无翻浆冒泥现象、钢轨及扣件有无锈蚀现象、排水设备是否良好等。

7.4.4　运营年限

隧道结构会随着运营年限增长而逐渐劣化，这与养护水平有关。具体评价标准见表 7-16。

既有隧道运营情况水平分级表　　　　　　　　　　　　　表 7-16

水平分级	定义	严重程度取值区间
隧道运营正常	隧道使用时间短，或使用时间长但定期养护，未发生突发事故损害衬砌表面	0～0.25
隧道运营较正常	隧道使用时间长但长期养护处理，无明显损害情况	0.25～0.50
隧道运营一般	隧道使用时间长，养护较不到位，偶有部位出现损伤	0.50～0.75
隧道运营差	隧道使用时间长，养护不到位，并在衬砌上积累了一些不利的损伤情况	0.75～1.0

7.4.5　衬砌背后空洞位置影响判定标准

根据国外资料显示，当拱背存在高 30cm 以上的空洞且有效衬砌厚度小于 30cm 时，空腔落石就有可能砸坏衬砌结构，而具体应如何划分空洞病害等级，采取何种针对性处治措施，目前并未有规范对此作出明确的规定。鉴于空洞问题的普遍性与严峻形势，对空洞病害的分类定级已经势在必行。

按照理论计算安全系数变化作为拱顶、拱肩、拱腰空洞病害分级依据。分级结果见表 7-17。

衬砌背后空洞判定标准　　　　　　　　　　　　　表 7-17

位置		空洞大小（D-直径）			
拱顶	范围	0cm≤D＜60cm	60cm≤D＜140cm	140cm≤D＜220cm	D≥220cm
	等级	A	B1	B2	B3
拱肩	范围	0cm≤D＜60cm	60cm≤D＜100cm	100cm≤D＜200cm	D≥200cm
	等级	A	B1	B2	B3
拱腰	范围	0cm≤D＜80cm	80cm≤D＜140cm	140cm≤D＜200cm	D≥200cm
	等级	A	B1	B2	B3

7.4.6　空洞跨度影响判定

根据前述数值模拟的分析，15°、35°与 45°空洞范围可作为空洞病害等级划分的关键分界，依此，将空洞病害划分为 4 个等级，见表 7-18。

空洞病害等级划分　　　　　　　　　　　　　表 7-18

病害等级	后果描述	安全性影响描述
Ⅰ级	轻微的	衬砌背后轻度空洞（0°＜空洞范围＜15°），全断面安全系数高于规范值
Ⅱ级	一般的	衬砌背后中度空洞（15°＜空洞范围＜35°），空洞处安全系数低于规范值
Ⅲ级	较严重的	衬砌背后较严重空洞（35°＜空洞范围＜45°），空洞处及邻近截面安全系数低于规范值
Ⅳ级	严重的	衬砌背后严重空洞（空洞范围＞45°），隧道大部分截面安全系数低于规范值

7.4.7 空洞长度影响判定

结合规范，关于衬砌背后空洞所得的判定：当拱背存在高 30cm 以上的空洞且有效衬砌厚度小于 30cm 时，空腔落石就可能砸坏衬砌结构，因此，发现类似情况时，可按 2A/3A 判定分类，见表 7-19。

衬砌背后空洞长度影响水平分级表 表 7-19

水平分级	定义	严重程度取值区间
kLc≤1m	衬砌背后存在小空洞，情况不严重，可忽略	0~0.25
1m＜kLc≤3m	衬砌背后存在空洞，情况较严重，存在一定的安全隐患	0.25~0.50
3m＜kLc≤5m	衬砌背后空洞长度较大，情况严重，衬砌受力不合理，有较大破坏风险	0.50~0.75
kLc＞5m	衬砌背后空洞长度大，情况很严重，衬砌易破坏	0.75~1.0

说明：（1）kLc 表示衬砌背后回填有空洞地段测线连续长度；
（2）衬砌背后未回填深度及直径大于 10cm，即属于有空洞；
（3）衬砌背后空洞当位于拱脚以上 1m 范围内时，其缺陷等级应提高一级；
（4）检测值处于水平分级中间时，严重程度值可线性差分取值。

7.4.8 回填不密实

衬砌背后回填不密实的分级基准见表 7-20。

衬砌回填不密实 表 7-20

水平分级	定义	严重程度取值区间
sLc≤3m	回填密实度高	0~0.25
3m＜sLc≤9m	回填较密实，稍有空隙	0.25~0.50
9m＜sLc≤15m	回填较不密实	0.50~0.75
sLc＞15m	不密实	0.75~1.0

注：（1）sLc 表示检测出的回填不密实地段的总长，单位为 m；
（2）当不密实情况在拱脚以上 1m 范围内时，需提高严重等级一级；
（3）检测值处于水平分级中间时，严重程度值可线性差分取值。

7.4.9 不良地质分级

依据《混凝土结构设计规范》（GB 50010—2010）和《铁路隧道设计规范》（TB 10003—2016）规定，并借鉴国内多条隧道的设计、施工经验，对于每个评价指标定量划分如下：不良地质（C1）的水平分级情况如表 7-21 所示，该表反映了隧道运营时，受围岩结构潜在作用下的隐患程度。隧道围岩地质条件的取值应是 C1 和 C2 的整体考虑，因此取值时应考虑情况较为严重的一类，当两类情况严重程度都大于 0.75 时，严重程度的取值应提升一级。

不良地质水平分级表 表 7-21

水平分级	定义	严重程度取值区间
强隐患性	围岩结构复杂岩溶发育、地下暗河发育、节理断层发育，围岩整体性差，强度低	0.75~1.0

水平分级	定义	严重程度取值区间
一般隐患性	围岩结构较为复杂，整体性较差，节理断层较发育，强度较低，拱顶上方或隧道附近有中等导水结构	0.50～0.75
弱隐患性	围岩结构整体性较好，强度较高，节理断层较少，隧道附近地下水情况较少	0.25～0.50
无	围岩结构整体性好，强度高，无不良地质现象	0～0.25

7.4.10 地下水分级

据文献资料，相关专家提出以地下水位与隧道底板间的高度差 h 作为在建隧道突水危害的因素，并以 30m 和 60m 作为分界，而既有隧道地下水情况（C2）相对于在建隧道安全性要大许多，根据工程实际分析，确定分界值定为 50m 和 100m，详见表 7-22。

地下水情况水平分级表　　　　　表 7-22

水平分级	定义	严重程度取值区间
致灾隐患大	$h \geqslant 100m$，隧道拱顶地下水水量大，隧道受水影响较大，衬砌破损后易出现漏水现象，隐患巨大	0.75～1.0
致灾隐患一般	$50m \leqslant h < 100m$，隧道拱顶存在地下水情况，水量较大，隧道受水影响较大，存在中等隐患	0.50～0.75
致灾隐患不大	$0m \leqslant h < 50m$，隧道出水时间长，致灾能力弱	0.25～0.50
无致灾性	$h < 0m$，无隧道水害风险	0～0.25

注：（1）地下水位通常受到降雨、地下水补给等因素作用，时常处于变化之中；
　　（2）检测值处于水平分级中间时，严重程度值可线性差分取值。

参 考 文 献

[1] 铁道部工程设计鉴定中心. 高速铁路隧道 [M]. 北京：中国铁道出版社，2006.

[2] 铁道部第二勘测设计院. 铁路工程技术手册（隧道）[M]. 北京：中国铁道出版社，1995.

[3] 宋瑞刚，张顶立."接触问题"引起的隧道病害分析. 中国地质灾害与防治学报 [J]，2004，15（4）：69-72.

[4] 彭跃. 在役城市隧道支护结构安全性评价 [D]. 重庆：重庆大学，2007.

[5] 张成平，冯岗，张旭等. 衬砌背后双空洞影响下隧道结构的安全状态分析 [J]. 岩土工程学报，2015，37（3）：487-493.

[6] 刘海京. 公路隧道健康诊断计算模型研究 [D]. 上海：同济大学，2007.

[7] 张素磊. 隧道衬砌结构健康诊断及技术状况评定研究 [D]. 北京：北京交通大学，2012.

[8] 杨纶标. 模糊数学原理及应用 [M]. 广州：华南理工大学出版社，2011.

8 衬砌与围岩接触病害整治与防治

作为隧道主要承载结构的衬砌，应在设计基准期内保持其状态均衡完好，保证列车安全运行，维持正常使用功能，这是对隧道衬砌结构病害整治的目的。隧道工程维修管理的基本理念是"预防为主、早期发现、及时修复、对症下药"。

8.1 病害整治技术概述

1) 技术现状

国外针对隧道常见类型病害整治在设备、工艺、材料方面进行了大量的研究工作。

日本地下空间相关技术已处于世界领先水平。在隧道病害整治设备方面，日本进行了相关研究。例如设计了一种可进行铁路隧道衬砌高效修补作业的联合作业车，由能在铁路轨道上运行的两台作业车相互连接组成，作业车上分别安装了可沿隧道轴线方向滑动的臂式高空作业平台以及锚杆钻机等设备，其中臂式高空作业平台主要用于施工人员进行隧道衬砌病害的检测及维修等工作，锚杆钻机用于锚杆加固衬砌时锚杆孔的施工作业；研制了一种圆形水工隧道衬砌表面劣化混凝土切削设备，通过可绕隧道轴线旋转的机械臂带动可自转的切削刀具，完成对劣化混凝土的切除作业。在病害整治材料和工艺方面，日本多家世界知名企业从事相关研究工作，以肖邦公司为例，其隧道渗漏水及裂损整治工法达100多种，整治材料有近500多种。

美国、瑞士等在隧道病害整治方面也做了大量研究工作。Gannett Fleming 公司于2001年为美国联邦公路署和联邦交通署开发了隧道管理系统（Tunnel Management System）。该系统可以存储和管理隧道各结构物的状态等级、结构物轮廓、结构物图像、缺陷视频资料、状态描述资料、整治相关资料等。瑞士联邦铁路制定了《隧道结构维修》(2005) 和《隧道主检测手册》(2005) 等。

国内在既有隧道病害综合整治技术方面，铁道部工务局在《铁路工务技术手册（隧道)》中根据铁路隧道病害基本特征，对渗漏水、衬砌腐蚀、衬砌裂损、隧道冻害、洞门损坏、整体道床损坏、附属构筑物损坏七类病害的防治对策和施工方法进行了较为详细的规定。关宝树结合国内和日本隧道衬砌病害加固试验与工程实例，根据病害成因，对地压变异、衬砌劣化与剥落、渗漏水与冻害等几类病害的基本特征进行了分析描述，分别介绍了补强钢拱架、补强锚杆、内衬补强纤维板、护板、架设金属网、喷射内衬、开裂压注、注浆等多种补强治理方法及各方法的使用原则、适用范围和注意事项等。

2）整治方法和工艺

各类隧道病害的常见整治方法大致可以分为病害隧道结构加固、渗漏水病害整治、衬砌裂损病害整治及隧底病害整治等，各病害整治方法具体工艺如表 8-1 所示。

常见隧道病害整治方法和工艺 表 8-1

病害整治方法		病害具体整治工艺
隧道结构加固	回填注浆加固	首先于病害部位梅花形布孔后钻注浆孔，然后将注浆管通过快凝水泥砂浆固定在孔内，最后向衬砌背后压注水泥砂浆
	锚杆加固	首先在病害部位布孔后钻锚杆孔，然后向孔内安装锚杆并注水泥砂浆，最后封口（如采用注浆锚杆，需在封口前安装端头垫板）
	喷射混凝土加固	首先凿除结构疏松的混凝土，衬砌表面凿毛冲洗后钻锚杆孔及施作锚杆，最后布设钢筋网并喷射混凝土
	套衬加固	首先对原衬砌侵限部分进行凿除及原衬砌表面凿毛清洗，然后在原衬砌内植入钢筋轩钉，立好模板后浇筑混凝土
	凿槽嵌钢拱架加固	首先对既有衬砌进行凿槽施工，后在槽内安装钢拱架，然后采用混凝土回填，回填后需对拱架背后压浆
	W 钢带加固	首先对衬砌人工拉槽，然后钻孔并安装锚杆，安装钢带并锚固好后用水泥砂浆抹平，最后对钢带背后注浆
	衬砌外表面补强加固	首先将需加固衬砌表面凿毛、平整，然后再粘贴碳纤维布、纺纶纤维布或钢板等对隧道衬砌进行加固
	BICS 裂缝补强修复	BICS 法又称气球注浆法。首先沿裂缝走向对裂缝两侧衬砌表面进行凿毛清洗，然后使用特定密封胶将注入座粘在裂缝中心，并将注入座周围区域沿裂缝密封，随后将注入器的连接端安装在注入座上，并将混合后的注浆材料泵送到注入器中，在材料注入完成后，敲掉注入器并将作业面打磨平整
渗漏水病害整治	直接堵漏法	首先以漏水点为圆心，根据渗水范围大小凿孔，再将快凝材料捻成与圆孔直径接近的锥形小团，待其初凝时迅速堵塞于孔内，并向孔壁四周挤压，使其与孔壁紧密结合后在表面抹防水面层
	注浆堵漏法	首先在两侧边墙角钻设泄水孔，降低洞内水位和水压，然后钻注浆孔，安设注浆管，通过注浆管压注浆液
	凿槽埋管引排法	首先在漏水处凿 U 形槽，在凿好的槽中渗水较多处打孔眼，使得地下水集中从孔眼排出，然后清洗槽壁后埋半圆管于槽内，最后使用堵水速凝材料埋管，用水泥砂浆对槽身进行封堵，并作表面处理
隧底病害整治	基床翻修	首先采用安设枕木墩、轨束梁及轨距拉杆等步骤架空线路并加固，然后拆除加固段内的轨枕，挖除整治段道床道砟，拆除基床混凝土及侧沟混凝土，清理基底表面后绑扎钢筋、支侧模板并浇灌底板混凝土，最后待基床及侧沟混凝土终凝后回填道砟、拆除线路架空设备，安装线路轨枕及扣件并补充道砟以恢复线路
	修建密井暗管	首先对线路进行挡砟支护，凿除既有水沟后将碎砟清理干净，于基底铺设管节，支立模板后分层浇筑混凝土，最后补充道砟捣固后恢复线路
	隧道基底压浆	首先清理道床表面并预埋钻孔套管，钻孔后埋设注浆管，按顺序逐孔向基底压浆，注浆完成后拔出注浆管并用原浆压浆堵口

3）隧道病害整治材料

病害整治材料种类多且性能差异较大，每种材料都有各自的适用条件，在病害整治前，应根据隧道病害类型、病害等级、整治方法及整治设备合理选取相适应的材料。

病害整治工程中常用到的材料主要有锚杆、钢拱架、钢筋、混凝土及注浆材料等。注浆材料在隧道常见的渗漏水病害及衬砌裂缝整治中应用较多,且种类繁多。

注浆材料按化学组成可分为有机注浆材料、无机注浆材料及有机-无机复合注浆材料三大类。无机材料以水泥类浆料为主,有机类材料主要有环氧树脂、丙烯酰胺类浆材、聚氨酯类浆材、甲基丙烯酸酯类浆材等。有机注浆材料黏度低、可灌性和渗透性好、固化时间可控,在隧道注浆整治作业中应用十分广泛;但有机注浆材料的耐久性相对较差,且有一定程度的毒性,易污染环境并危及人类身体健康。

因此,在针对有机注浆材料缺点进行改性研究的同时,部分学者把目光转到硅酸盐水泥的开发利用上,针对无机注浆材料的缺点进一步深化研究,得到了以超细水泥、水泥-水玻璃等为代表的多种无机及无机复合注浆材料。相关研究表明超细水泥可灌性与化学浆液相当,其应用范围与化学注浆材料基本相同,且无毒不污染环境,在我国水电工程基础加固、建筑物修补、隧道病害整治等领域都有广泛的应用。

虽然传统无机和有机注浆材料性能都得到了大幅改进,但材料本身仍然存在一定程度的缺陷,无法进一步满足注浆施工要求。在研究人员的努力下,能实现两类材料优势互补的有机-无机复合注浆材料应运而生。如美国国家森林局推出的 EN-1 土壤固化剂,能将土壤中的矿物质和土壤分子分解,使其重新结晶生成新的化学键,能有效固结土层;熊进等人将水泥和化学浆液复合,研究出的复合材料在三峡工程断层带取得了成功应用;中国铁道科学研究院研制了一种与水泥配置成的聚合物水泥砂浆。此外,具有无毒、强度高、耐久性好、环保节能、成本低廉的无机多元复合绿色注浆材料的研究及应用也逐步展开。

随着注浆工艺和设备的进步,一大批新型复合注浆材料的研发应用也取得成功,例如立止水、优止水、水泥基 TGRM 特种灌浆料等无机复合灌浆浆料在隧道病害整治中都取得了良好的效果。

8.2 衬砌缺陷病害整治

对既有隧道衬砌病害的治理,首先需要针对裂损结构的具体情况,采取相应措施来稳定劣化趋势,防止结构的进一步劣化,确保衬砌结构及既有隧道的安全,因此要采取"重点解决岩体稳固,同时兼顾岩体稳固与衬砌加固的协同作用"的措施,双管齐下,综合治理。隧道衬砌病害整治目前主要从以下三个方面进行。

(1)对隧道围岩进行加固稳定。采用的方法主要有:深孔压浆对衬砌周围的围岩进行固结;采用锚杆将衬砌周围不稳定的围岩与上层稳定的围岩联结起来,同时压浆使衬砌与围岩共同受力;修筑挡土墙、抗滑桩来预防山体失稳与滑坡。

(2)对隧道衬砌加固补强。采用的方法主要有:衬砌注浆、嵌补衬砌、喷锚加固和衬砌加筑套拱等。

(3)更换隧道衬砌。采用的方法主要有:钢筋混凝土衬砌和钢拱架混凝土衬砌。

8.2.1 衬砌厚度不足

对隧道二次衬砌厚度不足地段，一般结合衬砌背后空洞、衬砌渗漏水、衬砌裂损进行综合整治。采用 R25N 中空注浆锚杆进行结构补强，通过锚杆注浆提高围岩的自承能力来弥补衬砌厚度不足的问题。

对二衬混凝土强度不足地段进一步落实范围和混凝土强度等级后，研究治理方案。对于二衬观感质量良好、实际衬砌厚度小于设计厚度 5cm 的部位，应根据现场实际围岩及二衬混凝土实际强度进行受力验算，满足要求时，可不作处理。对于衬砌厚度小于设计厚度 5cm 以上的部位，针对不同的原因采取相应的处理措施。二次衬砌厚度不足时的整治方法：

（1）对由于初支侵限导致二衬不足的，对二衬厚度不足之处凿除，周边混凝土凿毛，水平方向植筋后，灌注混凝土（混凝土强度较原设计提高一个等级）并预留注浆孔洞，浇筑完成混凝土达到设计强度后填充注浆。

（2）对于二衬背后脱空导致二衬厚度不足的，采用衬砌背后注浆处理措施。确定空洞位置及大小范围，每 0.5m 设置一个钻孔点，每处不少于 3 个钻孔点，梅花形均匀布置在空洞确定范围。注浆示意见图 8-1。

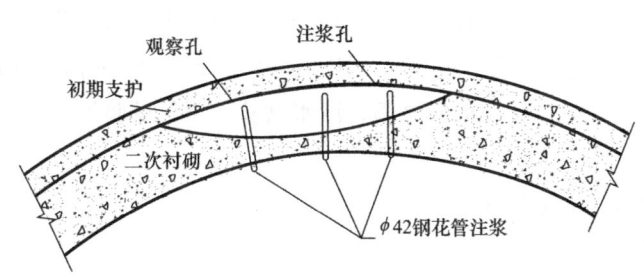

图 8-1 注浆示意图

（3）对于部分隧道地段二衬厚度严重不足的，结合资料进行验算，确实不能满足隧道安全要求时，需要拆除后重新施作，以满足隧道安全运营的要求。

8.2.2 衬砌裂缝修复

（1）表面修复

常用的方法有压实抹平，涂抹环氧粘结剂，喷涂水泥砂浆或细石混凝土，压抹环氧胶泥，环氧树脂粘贴班丝布，增加整体面层，钢锚栓缝合等。

表面涂抹和表面贴补法，表面涂抹适用范围是浆材难以灌入的细而浅的裂缝，深度未达到钢筋表面的发丝裂缝，不漏水的缝，不伸缩的裂缝以及不再活动的裂缝。表面贴补（土工膜或其他防水片）法适用于大面积漏水（蜂窝麻面等或不易确定具体漏水位置、变形缝）的防渗堵漏。

（2）局部修复法

常用的方法有填充法、预应力法，部分凿除重新浇筑混凝土等。

用修补材料直接填充裂缝，一般用来修补较宽的裂缝，作业简单，费用低。宽度小于0.3mm，深度较浅的裂缝或裂缝中有填充物，用灌浆法很难达到效果的裂缝，以及小规模裂缝的简易处理可采取开 V 形槽，然后作填充处理。

（3）水泥压力灌浆法

适用于缝宽≥0.5mm 的稳定裂缝。

此法应用范围广，从细微裂缝到大裂缝均可适用，处理效果好。利用压送设备（压力0.2～0.4MPa）将补缝浆液注入混凝土裂隙，达到闭塞的目的，该方法属传统方法，效果很好。也可利用弹性补缝器将注缝胶注入裂缝，不用电力，十分方便，效果很理想。

（4）化学灌浆

可灌入缝宽≥0.05mm 的裂缝。

（5）减少结构内力

常用方法有卸荷或控制荷载，设置卸荷结构，增设支点或支撑，改简支梁为连续梁。

（6）结构补强

常用的方法有增加钢筋、加厚板、外包钢筋混凝土、外包钢、粘贴钢板和预应力补强体系等。

因超荷载产生的裂缝，裂缝长时间不处理导致的混凝土耐久性降低，火灾造成的裂缝等可采取结构补强法。包括断面补强法、锚固补强法、预应力法等，混凝土裂缝处理效果的检查包括修补材料试验、钻心取样试验、压水试验、压气试验等。

（7）改变结构方案

对结构作出改良，加强整体刚度。

（8）混凝土置换法

混凝土置换法是处理严重损坏混凝土的一种有效方法，此方法是先将损坏的混凝土剔除，然后再置换入新的混凝土或其他材料。常用的置换材料有：普通混凝土或水泥砂浆、聚合物或改性聚合物混凝土或砂浆。

（9）电化学防护法

电化学防腐是利用施加电场在介质中的电化学作用，改变混凝土或钢筋混凝土所处的环境状态，钝化钢筋以达到防腐的目的。阴极防护法、氯盐提取法、碱性复原法是化学防护法中常用而有效的三种方法。这种方法的优点是防护方法受环境因素的影响较小，适用钢筋混凝土的长期防腐，既可用于已裂结构，也可用于新建结构。

（10）仿生自愈合法

仿生自愈合法是一种新的裂缝处理方法，它模仿生物组织对受创伤部位自动分泌某种物质，而使创伤部位得到愈合的机能，在混凝土的传统组分中加入某些特殊组分（如含粘结剂的液芯纤维或胶囊），在混凝土内部形成智能型仿生自愈合神经网络系统，当混凝土出现裂缝时分泌出部分液芯纤维可使裂缝重新愈合。

（11）其他方法

常用方法有拆除重做，改善结构使用条件，通过试验或分析论证不作处理等。

8.2.3　渗漏水整治

由于设计、施工等原因，我国既有铁路隧道水害问题十分严重。多年来铁路工务部门积累了许多有效的治水经验，采用"排、截、堵"结合措施，因地制宜，综合治理，既能自成体系，又能互相配合，形成了完整的隧道治水体系。

（1）"排"。在衬砌外面设置岩石暗槽、盲沟、围岩排水钻孔、纵向排水沟、横向排水沟等设施；在衬砌内设置引水管、泄水孔、引水暗槽等设施，将水引入排水沟中，并增设深水沟。长大隧道内排水沟不能满足要求时增设或疏通原有平行导坑，寒区隧道增设防寒泄水洞等，减少或排除隧道内及衬砌后的积水，根除或减轻隧道水害影响。

（2）"截"。在地表积水对浅埋隧道有较大影响时，采用疏导积水、填平沟谷、砌沟排水等措施，在隧道顶部地表修建良好的排水系统，使水不渗入隧道。

（3）"堵"。按流量和面积将隧道渗漏水分为点、线、面。

① 点状漏水主要采用注浆堵水方法。根据漏水原因与程度分为衬砌内注浆和衬砌背后注浆。注浆材料在可灌性、凝结时间、固结体强度、抗渗性、粘结力、耐久性和环保方面有一定要求，衬砌背后注浆一般采用水泥水玻璃浆液，衬砌内注浆一般采用超细水泥浆液和以聚氨酯为代表的化学浆液。

② 线状漏水主要采用剔槽加设排水盲沟与弹性密封材料封堵方法。常用的密封材料有改性沥青密封膏、聚硫、硅酮、聚氨酯密封胶和遇水膨胀型防水密封胶。

③ 面状渗水主要采用刮、刷、喷等工艺增设附加防水层。要求防水层抗渗性好，凝结固化时间短，并有一定的膨胀性或弹性，可在潮湿基面施工，且必须与基层粘结牢固。常用的抹面防水材料有以无机材料为主的双快水泥、内掺防水剂的各类防水砂浆和对基层具有渗透性的无机渗透结晶材料；以有机材料为主的改性沥青涂料、聚氨酯涂料等；以有机材料使无机材料改性的 JS 涂料、聚合物水泥砂浆及水泥基柔性水泥砂浆等。

8.2.4　衬砌补强加固

一般隧道衬砌裂纹产生后，隧道衬砌均还有相当大的支护能力，在结构自稳较好时，可采用加固补强措施来完善衬砌结构达到继续使用的目的。

1）喷锚加固裂损衬砌

这类方法是目前衬砌加固最常用的方法，其优点是不用拱架、模板，喷层与凿毛洗净的原坬工面粘结力强，施工进度快，对行车干扰少，劳动强度低，工程费用低，安全可靠性高。同时喷层早期强度高，密实度高，抗渗性好（图 8-2）。一般情况下常常和加固隧道围岩结合使用，充分发挥衬砌与围岩的共同承载力。随着喷锚技术的发展，不断有新技术、新设备涌现，工作效率不断提高，施工质量得到充分保证，同时工作环境也得到改善，施工组织也日趋完善。

目前喷锚加固常用的有以下几种方法：

（1）素喷，即不设钢筋网喷射混凝土。这种方法主要适用于围岩压力小，基本稳定，拱部衬砌裂损变形较轻、裂纹较小的情况，一般喷射厚度在 10cm 左右，这种方法比较少用。

（2）网喷，即设钢筋网喷射混凝土。一般钢筋采用主筋直径 16～22mm，辅筋直径 8～10mm，网格 15～25cm，采用钎钉与衬砌相互联结，钎钉深度 20cm 左右。此种方法适用于围岩压力大，病害地段仍在发展的情况，也可适用于衬砌局部裂损加固，此种方法不太常用。

（3）锚网喷，即设锚杆进行网喷。一般锚杆采用直径 20～22mm 的钢筋，长度采用 200～300cm，锚杆间距一般采用半个锚杆长。这种方法适用于围岩较整体或呈大块状，有钻孔成孔锚固条件地段，锚杆也可单独用于拱腰、边墙中部张裂型裂纹加固，这种方法目前采用较多。

（4）喷射钢纤维混凝土，即在喷射的混凝土中加入钢纤维。钢纤维一般为圆形或方形截面，直径或边长 0.3～0.5mm，长度 20～25mm，掺量的体积率宜为 1.0%。喷射钢纤维混凝土不用挂钢筋网，而且抗裂性、抗渗性、抗腐蚀性、抗震性都很好，因此常常配合使用早强混凝土，利用其施工快捷的特点，用于隧道抢险、抗震加固、隧道裂损漏水综合整治。

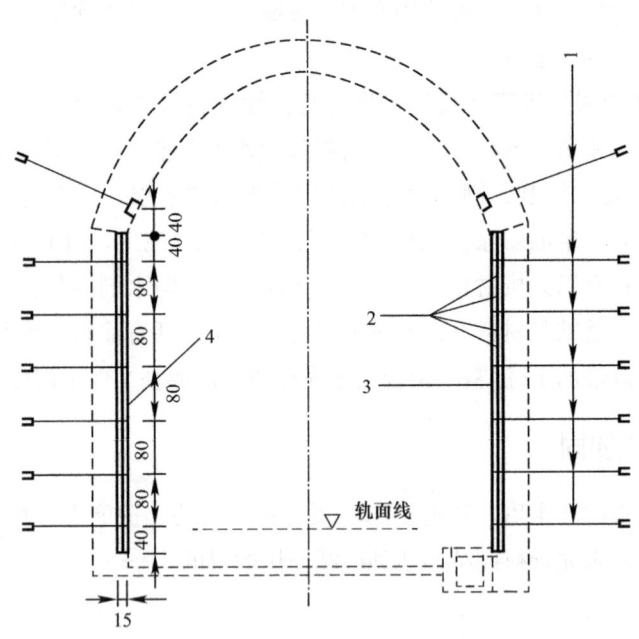

1—金属锚杆；2—钢筋 ϕ6；3—钢筋 ϕ10；4—网喷C20
混凝土(钢筋网格25cm×25cm，锚杆每排间距1m)(单位：cm)

图 8-2 喷锚加固裂损衬砌

（5）嵌轨网喷，即利用旧轨弯成拱形，在衬砌拱部环向凿槽，在边墙凿竖向槽，然后将钢轨嵌入，再打入钎钉，挂钢筋网，进行喷射混凝土的施工。钢轨一般选用 P38 或 P43 的旧轨，嵌轨间距为 0.5～1.5m，轨排中间用直径 18～25mm 的钢筋连接，使之形成一个整体，便于共同受力。这种方法适用于隧道开裂严重，局部剥落掉块，但尚未完全丧失承载能力的情况。或者上部围岩破碎、塌方严重，不宜采用其他整治措施，如病害继续发展，需及时整治，避免整体性破坏。喷射混凝土一般设计强度不小于C20，喷射混凝土厚度在隧道边墙到拱脚一般为10cm左右，拱顶一般为15～20cm，顺至拱脚为10cm。水泥应采用强度等级不小于42.5的新鲜硅酸盐水泥，采用洁净的中粗砂，粒径5～20mm坚硬洁净的碎石或卵石。

2）钢筋混凝土套拱

采用钢筋混凝土套拱加强原衬砌，一般钢筋混凝土厚度为20～30cm。在现场多采用单心圆拱以适应不均匀的围岩压力。钢筋混凝土套拱这种方法主要适用于隧道拱部开裂严重，拱顶压劈掉块，拱腰纵裂错台，但还具有一定的整体性和承载能力，而且边墙基本完好的情况，以及不宜采用喷锚整治而又未严重到需拆除重建的隧道。

各类钢筋混凝土套拱加固如图8-3所示。

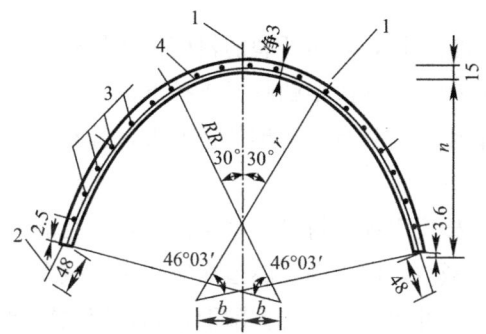

1—钎钉ϕ16；2—钎钉ϕ16；3—钢筋ϕ12；4—钢筋ϕ16

(a) 单层钢筋混凝土套拱断面(单位：cm)

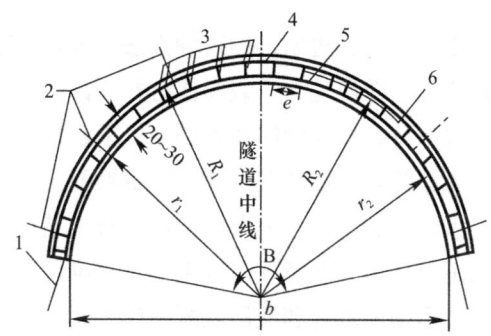

1—钎钉ϕ19(套拱脚与边墙连结)；2—钎钉ϕ19；
3—钢筋ϕ8；4—钢筋ϕ12～19；
5—钢筋ϕ6～ϕ22；6—钢筋ϕ6

(b) 双层钢筋混凝土套拱断面(单位：cm)

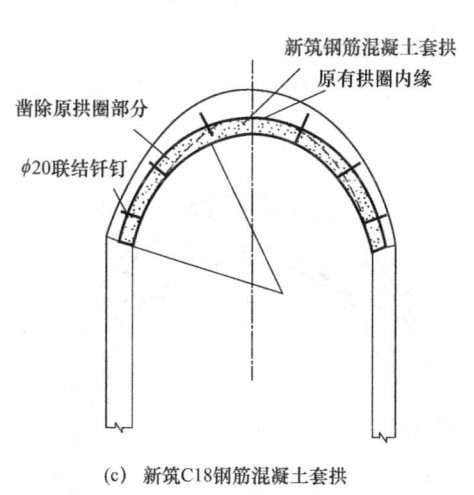

(c) 新筑C18钢筋混凝土套拱

(d) 钢轨拱架

图8-3　各类钢筋混凝土套拱加固

3）全环形加钢拱支撑

如果裂缝发展较快，且有规律，衬砌的整体性也较好，可考虑局部或全环形加设钢拱支撑。钢支撑设置方法、大小、间距等视隧道限界净空尺寸、外载的大小而定。一般是将衬砌凿开，埋入固定钢拱架或钢轨。若拱部设钢拱，拱脚支撑在墙顶或预埋拱脚处牛腿上，如果全断面支撑，则接头要形成刚性节点。为了保证纵向抗弯能力，支撑纵向应加强联结，安装后如隧道净空允许，在原衬砌外再浇筑混凝土套拱。受净空限制时可在钢支撑处浇筑混凝土，使其与原衬砌连成一体共同受力。嵌轨加固应视围岩压力大小、衬砌裂损情况，经分析推断后，以工程类比方法确定构造尺寸。一般采用38～43kg/m的钢轨，镶嵌钢轨拱架的间距不宜过小，以免凿槽过密影响衬砌的完整性，间距一般在50～120cm。

如果隧道衬砌净空允许，钢轨可以不全部嵌入原隧道衬砌内，但外露部分应加做混凝土保护层。钢轨拱架之间应设置纵向连接钢筋，一般用直径12～16mm的钢筋，间距约为40cm，使钢轨拱架形成一个整体，共同受力。

4）更换衬砌

更换拱部、边墙衬砌这种方法一般情况下不宜采用，因为开裂的衬砌仍然具有一定的承载能力。即使是严重裂损错台并局部侵限的衬砌，在钢拱架的临时支护下，可采用凿除其侵限部分、加强网喷的方法来恢复和提高承载能力。只有在衬砌严重变形，其断面大部分侵入建筑限界的情况下才采用更换衬砌的整治方法。

重建的新衬砌一般采用钢筋混凝土结构，这样可以提高衬砌的承载能力，并且能针对不同围岩压力分布情况配置钢筋，衬砌厚度可以减少，便于满足隧道净空要求，减少开挖数量。但钢筋绑扎和灌注混凝土施工比较困难。因此也常常采用拆除旧衬砌，用钢拱架作为临时支撑，然后将钢拱架埋入新建隧道衬砌的混凝土中，形成钢拱架钢筋混凝土。一般采用旧钢轨制作钢拱架，在隧道拱部范围内配置适量钢筋。钢拱架支撑灌注在混凝土中之后，将和混凝土衬砌共同承受后期增长的围岩压力。在较破碎围岩中进行隧道加强施工的工程实践中发现，拆除旧衬砌后围岩压力的增长是很快的，在临时支撑阶段就发展到接近最大值。因此在灌注混凝土后，钢拱架支撑的应力增长就很少，混凝土衬砌内应力也不大，而且是不均匀的，如图8-4所示。为了施工方便，减少对行车的干扰，也可采用预制

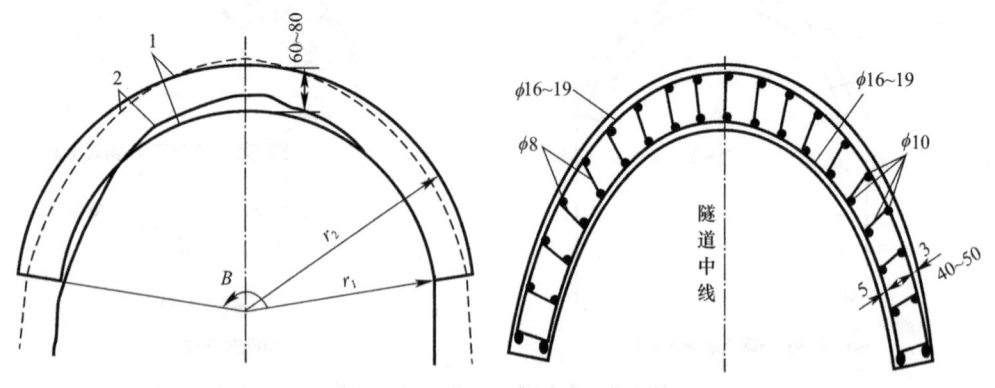

(a) 更换混凝土拱部衬砌断面   (b) 更换钢筋混凝土拱部衬砌断面(单位：mm)

图8-4 更换钢筋混凝土拱部衬砌断面（单位：cm）

1—新建C20混凝土；2—原拱圈

构件的方法来进行衬砌更换。隧道边墙可以全部用预制混凝土块砌筑，衬砌拱圈可以采用预制钢筋混凝土的整片拱圈，也可以采用由钢筋混凝土拱段组合而成的拼装式拱圈。

8.3 衬砌背后空洞处治

围岩、初支和衬砌之间依次较紧密接触是地下结构区别于地面结构的主要特征。对于新奥法施工、复合式衬砌的隧道，初支与围岩共同变形、共同承载，在Ⅱ、Ⅲ级坚固地层中，二次衬砌约承受30%围岩松散荷载，主要作为安全储备。

但在Ⅳ、Ⅴ级软弱围岩中，二次衬砌不再是一种单纯的安全储备，而是受力结构的一个主要组成部分，它承受着50%～70%围岩松散荷载及较大的后期围岩变形压力。隧道开挖完成后，围岩本身应力的释放是一个缓慢的过程，在围岩收敛结束、初支变形完全稳定之后才开始施作二衬，形成抗荷环来保证隧道的安全。但是目前的隧道施工现状，由于进度要求，初期支护往往只是起到一个临时的封闭作用，仅仅是保证连续向前开挖施工过程的安全。当围岩变形过大或初期支护变形不收敛，又难以及时补强时，需提前施作二衬来保证安全。但二衬混凝土在浇筑过程中常常受到多种因素的影响，在初支与衬砌之间形成空隙，改变了两者之间本应较紧密接触的受力状态，对结构承载力产生影响，从而减弱了其支护强度。

由于二衬承载着较大的围岩松散压力，若有脱空存在，则使围岩-初支体系施加于衬砌的荷载不连续，而出现变形增大或裂纹（裂缝）破坏，只是由于结构的设计承载能力余量和初支的过度承载，延迟和减缓了危害发生的时间和程度，因此隧道二衬背后脱空防治就显得尤其重要。

对初期支护背后不密实部位，空洞较小、面积不大的部位可不作处理。否则，应采用钻孔压注水泥浆处理；对衬砌背后脱空部位，采用钻孔压注水泥砂浆或细石混凝土回填处理。二衬修补孔采用高强度微膨胀混凝土封堵。

1）衬砌离析、脱空处治技术

（1）对于隧道衬砌有离析现象时，采用压注超细水泥浆（水灰比不大于0.45），常用参数为超细水泥200kg，外加剂2L，水931L，凝结时间4～8h，7d龄期固结抗压强度7MPa。

（2）对于隧道边墙部位衬砌后有空洞、脱空，其深度小于1.5m时，采用C20片石混凝土回填密实。

（3）对于隧道边墙部位衬砌后有空洞、脱空，其深度1.5m以上时，内侧1.5m范围内用C20片石混凝土回填密实，1.5m以外用M10浆砌片石与围岩密贴相连为一体。

（4）对于隧道拱圈部位衬砌后有空洞、脱空，其深度小于1.0m时，采用分层压注纯水泥浆（水灰比不大于1.0），或喷射/泵送C20混凝土回填密实，其每层厚度不大于30cm，下层压注或喷射/泵送完成并达到设计强度后，方可进行上一层施工。

（5）对于隧道拱圈部位衬砌后有空洞、脱空，其深度在 1.0～2.5m 时采用如下措施：

① 将拱部开 60cm×60cm 的天窗，天窗开挖用马口交错方式，位置必须满足 2 个天窗的间距不小于 10m。天窗的位置应经监理工程师确认后方可进行开挖，并根据开挖后处理过程中的监控量测数据结果来确定隧道的稳定性和是否采用临时支护，并随时进行调整，确保施工安全。

② 当空洞、脱空的深度在 1.0～1.25m 时，在原拱圈外采用喷射或泵送 C20 混凝土，厚 1.0～1.25m，全部填充空洞、脱空深度，与围岩密贴成为护拱加强层。

③ 当空洞、脱空的深度在 1.25～2.5m 时，采取如下措施：

a. 清除洞内四周危石；

b. 在原拱圈外采用喷射或泵送 C20 混凝土，厚 1.25～1.5m，成为护拱加强层；当空洞、脱空深度在 1.5m 以上时，应在 C20 混凝土以上再设置砂砾缓冲层；

c. 为防止拱部上方的围岩发生坍塌，必须再设置砂砾缓冲层于空洞内，其厚度与围岩密贴。

④ 将天窗用微膨胀剂混凝土封住。

（6）对于隧道拱圈部位衬砌后有空洞、脱空，深度在 2.5m 以上时，采取如下措施：

① 将拱部开 60cm×60cm 的天窗，天窗开挖用马口交错方式，位置必须满足两个天窗的间距不小于 10m。天窗的位置应经监理工程师确认后方可进行开挖，并根据开挖后处理过程中的监控量测的数据结果来确定隧道的稳定性和是否采用临时支护，并随时进行调整，确保施工安全。

② 清除洞内四周危石。

③ 在原拱圈外喷射或泵送 C20 混凝土，厚 1.5m，成为护拱加强层。

④ 为防止拱部上方的围岩发生坍塌，在护拱加强层设置不小于 1.0m 的砂砾缓冲层，对拱部上方的落石起缓冲作用。

⑤ 将天窗用微膨胀剂混凝土封住。

（7）处治技术中的注意事项

① 隧道改建中明洞和洞身的开挖，必须在完成以下工序后方可进行。

a. 衬砌后的离析、空洞、脱空处理完毕，并达到设计强度要求后方可进行后续工序；

b. 衬砌强度不足的加固处理，包括混凝土衬砌部位凿除、喷混凝土、挂网及中空锚杆注浆等，必须在完成衬砌后混凝土离析、背后空洞、脱空处理完毕，并达到设计强度要求方可进行后续工序；

c. 纵向和斜向裂缝在衬砌混凝土离析、背后空洞、脱空处理完毕，并达到设计强度要求方可进行后续工序；

d. 当施工拆除原拱脚后，应及时对原衬砌拱脚下围岩进行注浆小导管的加固，确保整体隧道衬砌的稳定。

② 在隧道衬砌后的离析、空洞、脱空施工中应有衬砌临时支护措施，同时必须认真做好记录和密切观察衬砌变形位移及周围裂缝的发展情况，确保施工安全。

③ 在隧道衬砌背后的注浆中应重点保证施工质量的检测项目如下：

a. 注浆配合比；

b. 注浆压力；

c. 注浆密实度和钻心填充效果检查等；

d. 注浆施工过程中的安全保障措施。

④ 在隧道衬砌背后的型钢或钢拱架衬砌加固中应重点保证质量的检测项目：

a. 凿毛情况；

b. 型钢或钢拱架的连接、焊接和与衬砌的密贴情况；

c. 喷射混凝土的配合比和强度；

d. 钢筋网间距、长度、直径、焊接工艺；

e. 喷层厚度及平整度。

⑤ 除上述隧道衬砌混凝土离析、背后空洞、脱空处理等保证质量的检测项目外，监理工程师应根据施工需要及时补充和完善。

隧道个别地段初期支护与衬砌之间存在脱空的现象，采用 $\phi42\text{mm}$ 注浆管对衬砌背后空洞或不密实部位压注水泥砂浆，钻孔位置避开拱顶接触网导线，注浆压力控制在 0.2MPa 以内。当注浆压力达到设计终压并稳定 5min 以上、吸浆量很少或不吸浆时即可结束该孔注浆。为防止压力过大破坏衬砌结构，在压浆时可分几次压浆，确保安全（图 8-5）。

2）拱顶脱空处治

检查拱顶预留注浆管：为避免衬砌脱空及方便处理，在浇筑衬砌混凝土前，每隔 5～8m 在拱顶最高处紧贴防水板位置预埋通长纵向注浆管。

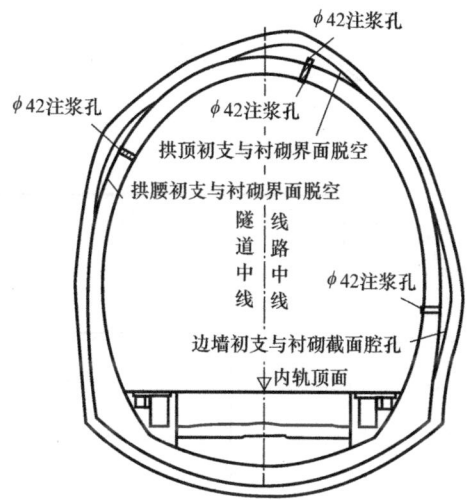

图 8-5 衬砌背后空洞治理示意图

用钢筋往返插入预留的钢管内，若插入顺利不受阻挡，证明注浆管未堵塞，否则即堵塞。将堵塞的注浆管做好标识。沿纵向注浆管方向在距堵塞的注浆孔 50cm 处钻孔（图 8-6），安装 20♯ 注浆管，混凝土孔口缝用胶密封，待胶凝结后方能注浆。

3）边墙脱空处治

打设回填注浆孔：根据检测报告，采取限深措施，沿着脱空位置上下边缘处打设 20♯ 注浆孔（图 8-7）。脱空位置较大的，注浆孔间距为 2m，交错布置。埋设注浆管，长度为 20cm（外露）＋衬砌厚度。

在钻孔过程中，如有操作人员操作不当导致防水板被打穿，可采用扩孔修补的方法进行处理，即在打穿部位人工扩孔，扩孔范围半径不大于 10cm，将防水板修补后采用挂模浇筑微膨胀混凝土封堵。

4）衬砌背后空洞处治

衬砌背后空洞对隧道正常运营有极大影响和威胁。因此，对衬砌空洞本着"以预防为主，治早治小，因地制宜，一次根治，不留后患"的治理原则进行整治。对空洞产生后的治理，要坚持及时、合理、有效的治理方针，针对不同位置、不同大小的空洞，实行因地制宜、合理有效的治理方式，注意治理措施的针对性。

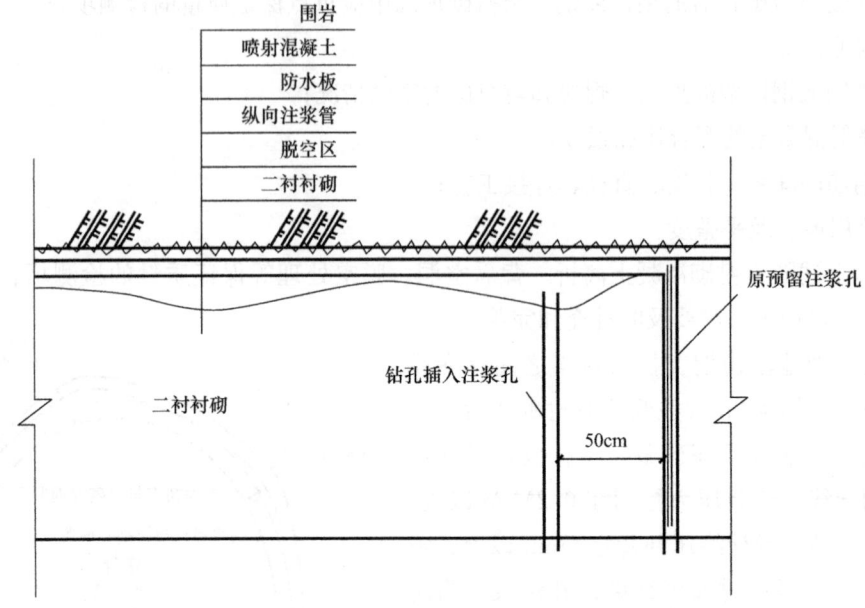

图 8-6　拱顶注浆孔布置

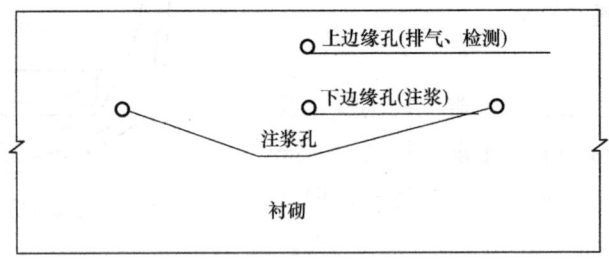

图 8-7　边墙注浆孔布置

初期支护背后存在空洞时，其治理措施如下：

（1）对于由超挖引起的空洞，在回填位置处，应使用细密的材料进行填筑，不能使用较大颗粒材料，以防止出现空隙。在选用适当材料进行填筑后，应振捣密实，对此处喷射混凝土时，应着重处理，填实填充材料的间隙，喷射厚度应与空洞边缘相接处衔接平整。

（2）当地下水发育时，应严格按照新奥法中"防、排、截、堵"的治水原则，做好防水治水工作，及时施作防水层，控制实施好施工工艺。当有裂隙及地下水发育时，应采用中空注浆锚杆对裂隙发育地段进行注浆修复，以加强破碎带的完整性，同时阻塞地下水的流动空间。在铺设时间上，应在初期支护变形趋向稳定、二次衬砌未施筑前铺设，喷射混凝土的表面要平整，便于防水层的铺设。

（3）空洞较小时，为防止其日后的增大应及时做好处理。小的空洞只需在空洞位置边缘处进行注浆修复即可，但要控制好注浆量，注浆过少空洞无法填充密实，注浆过多压力过大会导致衬砌破裂。空洞较大时，需要开仓进行处理，此时也需进行注浆修复，但最好采用水泥砂浆，在注浆完毕后须作加强处理，如挂设钢筋网等。

对衬砌背后空洞地段采用回填注浆处理，如图 8-8 所示。

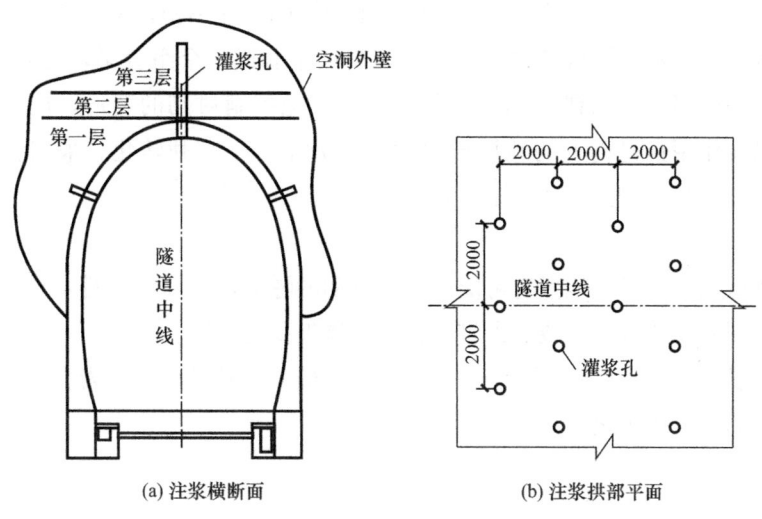

图 8-8　隧道内注浆示意图（单位：mm）

衬砌背后回填注浆工法：注浆采用埋管注浆方式，注浆孔采用风钻钻孔（孔径 45～50mm），注浆管采用 ϕ42mm 马牙扣形注浆管，长度根据既有衬砌的厚度而定。当空洞深度小于 50cm 时，一次性填充水泥砂浆；当空洞深度大于 50cm 时，先填充塑化型气泡混合轻质土（湿密度≥9kN/m³，抗压强度≥7.5MPa），再填充水泥浆或水泥砂浆，直至结构密实。

塑化型气泡混合轻质土是一种新型混凝土材料，是将土（砂性土为主）、水泥、水和发泡剂混制而成的具有流动性的浆液，施工性能优越，在水中空洞注浆不分散、不离析，可有效解决空洞注浆不饱满的难题。

注浆前应进行配合比试验，注浆压力应控制在 0.1～0.2MPa。

8.4　隧道围岩加固

1）深孔压浆法

在衬砌上均匀布置孔位，用风钻打深度 4～6m 的孔，向衬砌周围破碎围岩体内压浆，加固围岩。使衬砌周围的围岩在 1～5m 的范围形成一个固结圈，使作用在衬砌上的地层压力大小和分布产生有利转化，有效地稳定围岩，同衬砌本身共同受力。同时也可防止地下水的渗入，有利于衬砌结构受力与防水。常用的压浆材料为水泥浆、水泥-水玻璃浆液等，也可采用其他化学浆液，如铬木素、聚氨酯等。如果衬砌背后空隙较大，为了节省水泥和投资，可以选用灌注性、抗渗性、耐腐蚀性较好的廉价材料，如水泥粉煤灰砂浆、水泥沸石粉砂浆、水泥砂浆等。

2）深锚杆加固法

对围岩类别较好的岩体，可以在衬砌上均匀布置孔位，用风钻打深度 4～6m 的孔，进行压浆，然后再打入金属锚杆。这样可使衬砌周围的破碎不稳定岩体相互粘结，形成一定厚度的承载拱；在水平层状的岩石中把数层岩层串联成一个组合梁，与衬砌共同受力，防止衬砌变形和破损。采用锚杆加固不仅可以有效地控制衬砌的变形，提高衬砌的稳定性，而且可以使作用在衬砌上的地层压力大小和分布产生有利转化。采用新型的迈式锚杆，进行打眼、压浆、锚固一体施工，效果更好。

3）支挡加固围岩

对偏压隧道或位于滑坡地段有可能产生新滑动的隧道，可以修建排水设施，防止地表水渗入岩体。同时修筑抗滑墙或抗滑桩来预防山体失稳与滑坡。

地下水的浸泡与活动对各种围岩的稳定性削弱最大。通过疏干围岩含水，采取治水措施是稳固围岩的根本措施之一。

8.5 整治效果评估

为确定隧道病害治理完成后是否满足隧道运营的安全要求，必须进行治理效果的检测处理，并根据评估结果判定治理完成后隧道的安全性，防止灾害事故的二次发生。

1）检测方法

对于衬砌病害整治后需进一步检测，用检测结果评定衬砌病害整治后效果，其主要方法如下：

（1）隧道衬砌表面检测：通过目视、高清摄像头连续拍摄法，凭借图像放大、软件查找裂缝等方式对隧道衬砌表面完整性进行检查，以此评估外表情况。

（2）隧道衬砌内部检测：依靠当前隧道病害检测设备，如地质雷达进行全断面的无损检测，探明隧道曾出现密实度不足、空洞厚度不足地段填补效果是否合格。

（3）衬砌病害段沉降与水平位移监测：结合监控量测方法，对出现过病害的地段设置监测点，监测补强处理后的衬砌变形情况，当衬砌变形量符合规范要求时，则认定补强合格，否则需重新修复处理。

2）检测内容

隧道治理之后的检测方法同常规的病害检测方法是一致的，而治理后检测内容主要有衬砌完整度、结构位移。

（1）衬砌完整度

衬砌完整度主要包括衬砌内完整度和衬砌表面完整度两方面。衬砌内完整度主要针对衬砌结构内有无空洞、围岩较大裂隙等内部缺陷影响整个衬砌结构的程度判释。衬砌表面完整度主要针对二衬表面微裂纹的扩展程度和再生情况，这直接导致渗透水问题和衬砌结构位移。

① 衬砌内完整度

主要采用地质雷达法进行检测，地质雷达可较好地对隧道衬砌情况及围岩情况进行显示，是一种快速高效的无损检测方法。衬砌内完整度对于运营期隧道病害治理效果的进一步检测及评价有着重要地位，通过地质雷达法检测，能够直观地给出衬砌结构内有无空洞、围岩结构裂缝等图像表述，可以进一步确认隧道病害治理如注浆等治理手段的成效。

② 衬砌表面完整度

衬砌表面是隧道工作安全状态最直观的表现，凡是出现开裂或者出现渗水现象都已经超过了衬砌表面材料的弹性极限，进入非安全工作状态。在隧道病害治理后，衬砌表面大裂缝几乎被修复治理，但是微裂隙或者表面渗水问题仍可能存在。这些微表观现象不易被发现，但极易进一步发展，从而导致整个衬砌结构的损坏，使掉块和大面积漏水等病害再一次发生。

通过高清摄像头对衬砌表面进行连续拍摄，汇编成衬砌表面图，通过图像放大，软件查找裂缝等手段进一步对衬砌表面微裂隙普查，从而确认隧道病害治理的效果。

（2）衬砌结构位移

监测隧道衬砌结构位移的目的是为获取围岩动态和支护结构的工作状态，并反馈隧道围岩变形、破坏及稳定的情况，利用量测结果验证灾害治理效果的安全可靠性及经济性、合理性，预防二次病害的发生。

对衬砌结构位移的监测主要通过收敛计、全站仪等量测工具。收敛基线的布设，应根据断面大小、开挖方法选择不同的布置形式，其主要方法类似于隧道类监控量测，可参考监控量测方法布置拱顶沉降监测点、周边位移检测点、衬砌收敛监测点等进行监测处理，收集监测数据，分析变形值是否稳定，若变形值稳定则说明治理效果达标，否则需要进一步治理。

8.6 衬砌与围岩接触病害预防

由于体制、理念、工艺等因素，在目前工程界悄然形成了"重工程、轻维护""重治理、轻检验"的错误理念，随着我国隧道数量的快速增长，我国隧道工程将逐步进入维修加固的高峰时期，在运营维护和检修加固中耗费的人力、物力、财力将大幅增加，认真总结已运营隧道中存在的问题，从设计开始就应把隧道的维修管理问题考虑在内，确立"最低限度维修"或"少维修"的设计原则，在施工中切实做到"技术到位"，不留下潜在的缺陷，在运营中建立"预防管理"的维修管理体制。

而空洞病害作为一种十分常见的隧道病害，直接影响隧道衬砌结构受力状态和围岩承载力，从而威胁到运营期隧道的安全与稳定。预防是最好的治理，隧道衬砌背后空洞的预防势在必行，对实际工程设计、施工、维护都具有重要意义。

在隧道设计之前，应对隧道所通过地区的工程地质条件进行详细的勘测，包括自然状况、工程地质特征、水文地质特征、不良地质地段、地震及气象等。掌握的资料越详细，对合理设计越有帮助，勘测应进行设计阶段地质调查与施工阶段地质调查相结合的方式。在隧道施工的过程中，工程人员应根据具体施工段工程地质条件的突发改变，及时反馈给工程咨询人员（如现场围岩快速分级小组）与设计方代表，各方人员及时磋商，合理变更现场围岩状况，更改设计方案，做到"岩变我变"，使设计施工于一体。

施工质量及施工工艺的提升是预防空洞病害产生的重要实践措施。在隧道进行爆破开挖或掘进机开挖时，应根据围岩的级别及岩石岩层的物理性质，做好爆破或掘进措施的精确控制。采用光面爆破时尽量做到开挖轮廓线与设计轮廓线相一致，在进行支护的时候，喷射混凝土的配合比、锚杆的长度数量及间距、二次衬砌混凝土的施工质量与施工工艺、施筑的时间控制等都是施工人员应特别注意的问题，注重隧道工程的施工质量及施工工艺也是工程人员对设计精神的实际运用，严把质量关，才能把空洞及其他隧道病害消灭在萌芽状态，为隧道安全提供保障。

8.6.1　初支背后空洞

空洞的预防是空洞治理中重要的一环，预防措施得当，将会大大降低空洞产生的几率，同时也为隧道的安全持续运营提供保障。

施工企业只要认真遵守设计文件和施工工艺，监管管理单位只要认真检查、督导，空洞完全是可以预防的。

（1）从机械开挖的方式、顺序，有针对性地进行爆破设计优化，从强化钻爆专业人员的技能及其执行力素养等方面着手，造就良好的洞身成型，有效控制超挖于标准之内，使软弱破碎围岩地段纵向余量最小化，并在合格的岩面实施喷混凝土作业。

（2）对分部开挖支护时设置的大拱脚部位进行彻底清理，以避免因该部位初支与围岩之间形成"夹心"松散物而导致脱空；且在需要下部接长钢架之前，施以灌浆固结。

（3）从超前支护和地层改良施工的有效性、准确性着手，避免岩土脱落、坍塌，对超前支护过程中的岩土脱落数量进行有效控制。

（4）对喷射混凝土作业人员进行技能培训并相对固定岗位，尽量配备湿喷机械手，坚持拱部分层分片喷射，水量按围岩和部位不同及时调整。

（5）把好材料进场关，确保添加剂品质合格。

（6）严禁干码、堆填石块、设置隔板等人为脱空的恶劣施工行为。

（7）进行支护设计时，慎用型钢钢架，优先选择格栅钢架；钢筋网的网格最佳选择是 $10cm \times 10cm \sim 15cm \times 15cm$，且钢筋直径为 6mm，凡拱部喷射混凝土总厚度超过 18cm 时均宜按双层钢筋网设置；格栅钢架和钢筋网均可工厂化生产。

（8）在因脱落、超挖严重等原因致使喷射混凝土总厚度超过 25cm 时，均应在初支拱部预设竖向灌浆管或纵向袖阀式灌浆管，进行回填灌浆；应将回填灌浆作为软弱破碎围岩地段初支循环的一道工序。

8.6.2 二衬背后脱空

为防止隧道二衬存在质量缺陷影响交通运输安全，通过对隧道二衬施工中各环节的分析可知，在隧道施工中必须注意以下几方面：

（1）加强光爆控制和初支控制。光爆不好时岩面坑洼不平，极易导致初支面平整度超标，防水板挂设后会在防水板背后形成空洞。防水板挂设前应先对初期支护喷射混凝土平整度进行检验，对喷射混凝土表面凹凸显著的部位，应在保证不出现欠挖的同时分层喷射找平。外露的锚杆头及钢筋网端头应齐根切除，并用水泥砂浆抹平，确保混凝土表面平顺。

（2）加强防水板（含土工布）固定控制和铺设质量控制，固定点间距宜为拱部 0.5～0.8m，边墙 0.8～1m，底部 1～1.5m，呈梅花形排列，基面凹凸较大处应增加固定点。铺设应松紧适度并有余量，实铺长度与初期支护基面弧长比值为 10∶8，以确保混凝土浇筑后与基面密贴。预防防水板太紧会崩裂，太松则形成褶皱导致空洞的出现。

防水板采用热熔焊接时应严格按照设计要求的技术条件执行，尽量保持作业人员的稳定性。此外，防水板最好边挂设边用手将防水板压向岩面，测试松弛度是否合适，尤其要注意拱部吊点的连接数量和间距是否满足设计要求。要保证拱部防水板挂设稳固，防止防水板因挂设不稳在混凝土浇筑过程中掉落压入两侧混凝土，造成拱部空洞。

（3）模板拼接时须随时用电动木工锯按现场需要进行木模加工，确保模板拼接密贴，同时也要加固牢靠。二衬端模施工完毕后要有专人检查并将模板缝密封，浇筑混凝土时也要安排专人随时检查端模漏浆及加固情况，如有异常及时处理。

（4）把好原材料质量关，控制好混凝土的水灰比或采用适量的膨胀混凝土，减小混凝土干缩徐变。混凝土浇筑时务必保证振捣密实，浇筑完成后需要安排专人复检拱部混凝土是否浇筑盈满，若浇筑不满则继续通过地泵压入混凝土直到完全盈满。根据施工经验，以长 12m、高 9.5m 衬砌台车为例，台车上需设置高 40cm、宽 60cm 的振捣窗口 24 个，每侧 12 个。在振捣窗口底边距地面 1.8、3.8、5.8m 处各布设 1 层，窗口沿线路方向间距 3m 均匀布设。附着式振捣器在距地面 7.6、8.9m 处各布置 1 排，沿线路方向间隔 4m 均匀布设，见图 8-9。附着式振捣器开启后振动力强，长时间开启极易造成封端模板爆模，也会导致下部已浇筑好的混凝土表面起砂。当浇筑至拱顶时，上下两层附着式振捣器不可同时开启，每层振捣器开启时间 3s 左右，不宜超过 5s，两次开启的间隔时间为 5～10min。

（5）浇筑过程中振捣密实，尽量排除在混凝土浇筑时被挤压到拱部的空气，仔细观察浇筑情况，确保拱部混凝土填筑饱满。二衬混凝土浇筑时常因浇筑工艺及混凝土和易性差等原因导致混凝土无法压满拱顶。根据施工经验，混凝土的现场坍落度应控制在 180～200mm。坍落度过大易导致混凝土和易性差，粗骨料会在竖向泵管的底部堆积导致堵管；坍落度过小则混凝土流动性不佳，不仅容易堵管，而且受地泵压力限制，难以将拱顶完全压满。

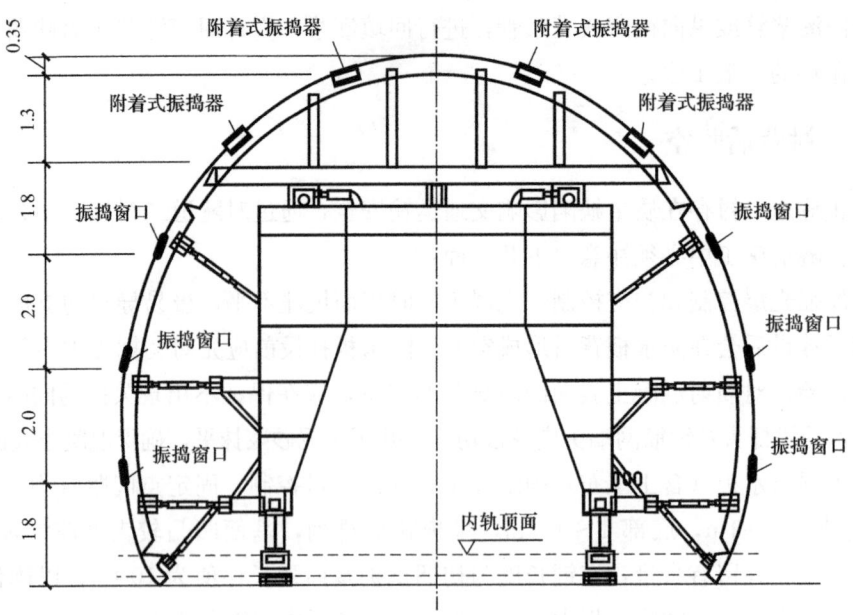

图 8-9　台车振捣窗口及振捣器布置示意（单位：m）

12m 台车在拱顶设置 3 个混凝土灌入口（图 8-10），混凝土先由 1♯输入口压入，将靠近已浇筑端的二衬拱顶浇满混凝土后，逐步将混凝土向模板端推挤，从而既能有效保证靠近已浇筑端的二衬拱顶浇满混凝土，也便于旁站人员从端模处观察拱顶混凝土的浇筑情况。当地泵功率不足以继续输送混凝土时，改由 2♯输送口继续输送至结束。3♯输送口是应急备用口。

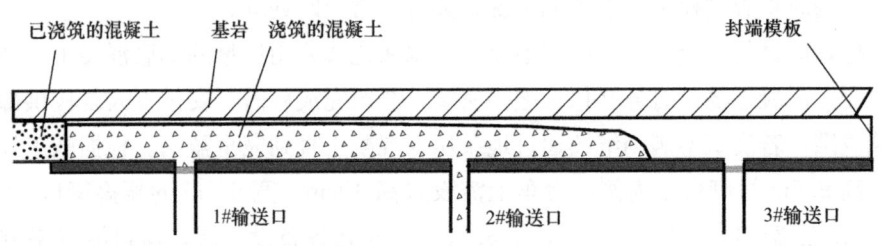

图 8-10　二衬混凝土浇筑口示意

混凝土浇筑到拱部时设置观察孔，安排技术员或质检员值班，及时观察浇筑情况，确保拱部混凝土填筑饱满。

（6）混凝土浇筑时，应安排专人现场值班。混凝土浇筑完成后要求施工人员不要急于拆下输送管，须待混凝土有一定自稳能力（可观察最后一车混凝土试块的凝固情况）后再拆。在拆下输送管的同时，迅速关闭窗口，用球状松软物堵塞，再用条木和楔木支撑牢固，防止漏浆，避免混凝土掉落。

（7）预埋好拱顶注浆管，做好拱顶回填注浆工作。拱顶回填注浆是补救二衬拱部脱空的最佳措施。在隧道最顶部贴紧防水板纵向打孔埋设 PVC 管，再用镀锌钢管引出二衬（引出的管口位于拱顶），在二衬强度达到设计强度后进行拱顶注浆。考虑到拱顶至底板高度差产生的水头压力 0.1MPa 和现场试验的终压，注浆泵出口处注浆压力 0.1~0.2MPa、持压时间 10min 时注浆效果最理想。注浆压力过小，则注浆不密实甚至浆液不能注入注浆管；注浆压力过大，浆液会渗流至纵向盲管，导致盲管堵塞。拱顶注浆管布设见图 8-11。

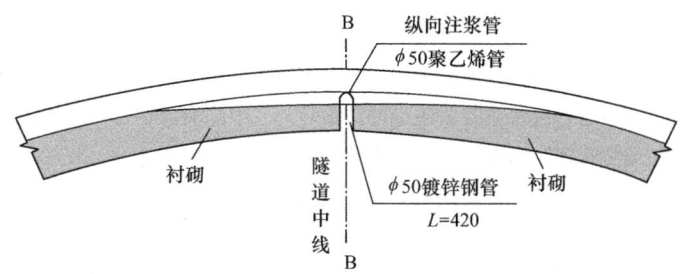

图 8-11 拱顶注浆管布设示意

（8）衬砌台车支撑稳固，做好二衬台车附近的文明施工，防止支垫方木长期被水浸泡。定期检查方木受压能力，防止混凝土浇筑后被压碎引起台车下沉。

（9）要重视二次衬砌的作用，严格按隧道施工技术规范施工。

（10）加强各工序作业人员的质量意识教育，掌握每一道工序的质量标准；加强技术管理人员的责任心教育，把好每一道工序质量关。

毋庸置疑，预防管理是确保和延长隧道结构物寿命的最佳方法。参考日本隧道维护管理案例中提出的观点："只考虑进行适当的维修管理就能够继续永久使用，其使用年限是永久的，是不考虑寿命的结构物"。目前对我们来说最重要的是：彻底改变"重使用、轻维护"的事后管理方法和体制，建立起与"隧道大国"相适应的管理体制和方法。

参 考 文 献

[1] 关宝树. 隧道工程维修管理要点集 [M]. 北京：人民交通出版社，2004.

[2] 何川，佘健. 高速公路隧道维修与加固 [M]. 北京：人民交通出版社，2006.

[3] 王建，李盛桢，李国庆. 哈希勒根隧道衬砌背后离析、脱空的处治技术 [J]. 公路交通科技（应用技术版），2012，88（4）：203-205.

[4] 潘健，陈红兵，乔国华. 鲇门隧道病害整治工程治理技术 [J]. 工程勘察，2008（1）28-31.

[5] 高菊茹，贵逢涛，袁玮，张博. 既有线铁路隧道病害整治技术与设备发展现状 [J]，现代隧道技术，2018，378（1）：7-16.

[6] 孙铁盾，宋飞. 金温铁路大岳 2 号隧道病害整治技术 [J]. 铁道建筑，2014（8）：46-48.

[7] 李明，陈洪凯. 裸洞隧道病害整治及防护技术研究 [J]. 现代隧道技术，2007，44（2）：82-86.

[8] 王锋. 某铁路隧道衬砌空洞病害整治技术 [J]. 施工技术，2014，43 增刊（6）：417-420.

[9] 佘健，何川. 隧道二次衬砌病害通用处治方法研究 [J]. 中国铁道科学，2005，26（1）：25-30.

[10] 刘会迎，宋宏伟. 隧道渗漏水成因分析及治理措施研究 [J]. 重庆交通大学学报（自然科学版），2007，26（4）：54-56，64.

[11] 郭二鹏. 铁路隧道病害有效整治技术研究 [J]. 工程建设与设计，2014（2）：105-110.

[12] 俞翰斌，马伟斌. 铁路隧道运营状态评估及病害整治措施 [J]. 中国铁路，2013（7）：21-24.

［13］ 唐颖. 原位扩建既有隧道空洞病害处治探讨 ［J］. 公路，2019（4）：330-333.

［14］ 叶艺超，彭立敏，雷明锋，林越翔. 不同脱空模式下隧道结构安全状态分析 ［J］. 铁道科学与工程学报，2018，15（11）：2875-2883.

［15］ 王立川，周东伟，吴剑，阳军生. 铁路隧道复合衬砌脱空的危害分析与防治 ［J］. 中国铁道科学，32（5）：56-63.

［16］ 梁敏. 隧道二衬脱空原因分析及防治 ［J］. 铁道建筑，2014（6）：95-97.

［17］ 杨文平，张立兴. 隧道二次衬砌背后脱空的防治 ［J］. 中国港湾建设，2013，188（5）：62-64.

［18］ 关宝树. 建立"预防管理"为主的综合维修管理体制 ［J］. 隧道建设，37（3）：264-274.